Der Autor

Jürgen Telschow, Jahrgang 1936, geboren in Potsdam, Abitur in West-Berlin, Studium der Rechtswissenschaften und der Geschichte an der Freien Universität Berlin und der Albert-Ludwigs-Universität Freiburg i. Br., Referendariat in Baden-Württemberg.

Jurist und Kirchenhistoriker, von 1966 bis 2001 in der Frankfurter Kirche u. a. als Leiter der Verwaltung des Evangelischen Regionalverbandes Frankfurt a. M. tätig, zahlreiche Veröffentlichungen zur Geschichte der evangelischen Kirche in Frankfurt.

Seit 1976 engagiert er sich für die deutsch-polnische Verständigung, als Vorstandsmitglied von „Zeichen der Hoffnung", einer evangelischen Initiative für eine bessere Zukunft von Polen und Deutschen, und in verschiedenen Funktionen für die polnische „Stiftung Kreisau für Europäische Verständigung", die das Gut der Familie von Moltke im heutigen polnischen Kreisau zu einer internationalen Begegnungsstätte wieder aufgebaut hat.

Jürgen Telschow
Geschichte der evangelischen Kirche in Frankfurt am Main
Band II: Vom Anschluss an Preußen bis zum Ende des NS-Staates

Erschienen bei Waldemar Kramer in der Verlagshaus Römerweg GmbH, Wiesbaden.

Impressum

© by Waldemar Kramer in der Verlagshaus Römerweg GmbH, Wiesbaden 2019
Umschlaggestaltung: Karina Bertagnolli, Wiesbaden, unter Verwendung eines Konzepts von Daniel Nachtigal; unter Verwendung eines Fotos von Thomas Ott der Gustav-Adolf-Kirche.
Satz: TypoGraphik Anette Bernbeck, Gelnhausen
Der Titel wurde in der Interstate gesetzt.
Gesamtherstellung: CPI books GmbH, Leck – Germany
ISBN: 978-3-7374-0480-8
www.verlagshaus-roemerweg.de

Außerdem erschienen in der
Schriftenreihe des Evangelischen Regionalverbandes
Frankfurt am Main – Nr. 41
ISBN: 978-3-922179-55-9
ISSN: 0344-3957

JÜRGEN TELSCHOW

GESCHICHTE DER EVANGELISCHEN KIRCHE IN FRANKFURT AM MAIN
BAND II

Vom Anschluss an Preußen bis zum Ende des NS-Staates

Vorwort   8

1. Vom Anschluss an Preußen zum Konsistorialbezirk 1866 bis 1899   10

1.1 LEITGEDANKEN   10

1.2 ZEITGESCHICHTLICHE ZUSAMMENHÄNGE   10
1.2.1 Staat und Kirche 10 • 1.2.2 Die Entwicklung Frankfurts 20

1.3 DIE SITUATION DER EVANGELISCHEN KIRCHE IN FRANKFURT   22
1.3.1 Die Integration der Frankfurter Kirche in die preußische Kirchenorganisation 22 • 1.3.2 Änderungen der grundlegenden Ordnungen 25 • 1.3.3 Der preußische Konsistorialbezirk 28

1.4 AUS DEM KIRCHLICHEN LEBEN   32
1.4.1 Kirchliches Leben im Jahr 1866 32 • 1.4.2 Die Pfarrerschaft 33 • 1.4.3 Theologische und kirchenpolitische Vereinigungen 34 • 1.4.4 Vereinigungen zur Vertretung protestantischer Anliegen 38 • 1.4.5 Internationale Freundschafts- und Friedensarbeit 40 • 1.4.6 Die Kirche und die Öffentlichkeit 44 • 1.4.7 Kirche und Schule 45

1.5 AUS DEM GEMEINDLICHEN LEBEN   46
1.5.1 Neue Gemeindeformen in der Stadt 46 • 1.5.2 Die Landgemeinden 52 • 1.5.3 Das vormals hessische Rödelheim 55 • 1.5.4 Das vormals nassauische Heddernheim 56 • 1.5.5 Gottesdienste 56 • 1.5.6 Konfirmation 57 • 1.5.7 Kirchenmusik 58

1.6 EVANGELISCHE PERSÖNLICHKEITEN   59
1.6.1 Hermann Dechent 59 • 1.6.2 Rose Livingston 61 • 1.6.3 Friedrich Naumann 63 • 1.6.4 Martin Rade 66 • 1.6.5 Gründerinnen und Stifterinnen des Diakonissenhauses 69

1.7. KINDER- UND JUGENDARBEIT   77
1.7.1 Hintergründe 71 • 1.7.2 Der Jünglingsverein 71 • 1.7.3 Die Mainkreisverbindung des Westdeutschen Jünglingsbundes 73 • 1.7.4 Das Marthahaus 73 • 1.7.5 Gemeindliche Kinder- und Jugendarbeit 76

1.8 EVANGELISCHE KIRCHE UND SOZIALE PROBLEME   77
1.8.1 Soziale Fürsorge 77 • 1.8.2 Der Verein für Innere Mission 79 • 1.8.3 Der Diakonissenverein 81 • 1.8.4 Evangelische Arbeitervereine 85 • 1.8.5 Die Cronstett- und Hynspergische evangelische Stiftung 86

1.9 FINANZEN UND GEBÄUDE   86
1.9.1 Finanzen 86 • 1.9.2 Bauen im historischen Stil 87

1.10 DAS VERHÄLTNIS ZU ANDEREN RELIGIONSGEMEINSCHAFTEN   90
1.10.1 Die Katholische Kirche 90 • 1.10.2 Die jüdische Gemeinde 91

2. Der Konsistorialbezirk Frankfurt am Main bis zum Ende des landesherrlichen Kirchenregiments 1900 bis 1918   98

2.1. LEITGEDANKEN   98

2.2 ZEITGESCHICHTLICHE ZUSAMMENHÄNGE   98
2.2.1 Die Entwicklung Frankfurts 98 • 2.2.2 Frankfurter Sozialpolitik 99 • 2.2.3 Politische Spannungen 101

2.3	**DIE SITUATION DER EVANGELISCHEN KIRCHE IN FRANKFURT**	101
	2.3.1 Die allgemeine Lage 101 • 2.3.2 Kritik an der Kirche 103	
2.4.	**AUS DEM KIRCHLICHEN LEBEN**	103
	2.4.1 Die Pfarrerschaft 103 • 2.4.2 Anfänge einer Diakonie innerhalb der Kirche 105 • 2.4.3 Kirchenmusik 106 • 2.4.4 Seelsorge 106 • 2.4.5 Kirche und Schule 107 • 2.4.6 Die Universitätsgründung und die evangelische Theologie 107	
2.5	**AUS DEM GEMEINDLICHEN LEBEN**	110
	2.5.1 Gottesdienst 110 • 2.5.2 Konfirmation 110	
2.6	**EVANGELISCHE PERSÖNLICHKEITEN**	110
	2.6.1 Carola Barth 110 • 2.6.2 Moritz Schmidt-Metzler 111 • 2.6.3 Wilhelm Steinhausen 111	
2.7	**KINDER- UND JUGENDARBEIT**	112
	2.7.1 Der Wartburgverein 112 • 2.7.2 Die Schülerbibelkreise 115 • 2.7.3 Der Bund deutscher Jugendvereine (BDJ) 117 • 2.7.4 Das Burckhardthaus 118 • 2.7.5 Der Neulandbund 119	
2.8	**SOZIALES, MISSIONARISCHES UND GESELLSCHAFTLICHES HANDELN**	120
	2.8.1 Der Verein für Innere Mission 120 • 2.9.2 Der Evangelische Männer- und Jünglingsverein Sachsenhausen 121 • 2.8.3 Der Arbeiterverein 122 • 2.8.4 Frauenorganisationen 123	
2.9	**FINANZEN UND GEBÄUDE**	124
	2.9.1 Die Kirchensteuer 124 • 2.9.2 Kirchliche Stiftungen 125 • 2.9.3 Kirchliches Bauen 126	
2.10	**DAS VERHÄLTNIS ZUR KATHOLISCHEN KIRCHE**	129
2.11	**DIE EVANGELISCHE KIRCHE IM KRIEG**	130
	2.11.1 Kirche und Staat im Krieg 130 • 2.11.2 Der Kriegsbeginn als Gemeinschaftserlebnis 134 • 2.11.3 Pfarrer in Militärdienst, Militär- und Gefangenenseelsorge 136 • 2.11.4 Der Krieg in der Heimat 143 • 2.11.5 Die theologische Auseinandersetzung mit dem Krieg 153 • 2.11.6 Theologische Vorträge 156 • 2.11.7 Ein Reformationsjubiläum im Kriege 161 • 2.11.8 Das Kriegsende 164	
3.	**Der Weg zur Unabhängigkeit vom Staat: die Landeskirche Frankfurt am Main 1918 bis 1932**	**172**
3.1	**LEITGEDANKEN**	172
3.2	**ZEITGESCHICHTLICHE ZUSAMMENHÄNGE**	173
	3.2.1 Staat und Kirche 173 • 3.2.2 Die Entwicklung Frankfurts 181	
3.3	**DIE SITUATION DER EVANGELISCHEN KIRCHE IN FRANKFURT**	185
	3.3.1 Die Frankfurter Kirche in der Revolutionszeit 185 • 3.3.2 Die freie Volkskirche 187	
3.4.	**AUS DEM KIRCHLICHEN LEBEN**	191
	3.4.1 Die wirtschaftliche Situation der Kirche 191 • 3.4.2 Kritik an der Kirche und Kirchenaustritte 194 • 3.4.3 Die Pfarrerschaft 195 • 3.4.4 Kirchenmusik 201 • 3.4.5 Evangelische Kirche und Frankfurter Universität 202 • 3.4.6 Evangelische Schulen 203	

3.5	**AUS DEM GEMEINDLICHEN LEBEN**	203
	3.5.1 Die Aufnahme des Kirchenkreises Bockenheim in die Frankfurter Kirche 203 • 3.5.2 Die Folgen anderer territorialer Veränderungen 206 • 3.5.3 Kirche und Gemeinde in der Altstadt 206 • 3.5.4 Die Deutsche evangelisch-reformierte Gemeinde 209 • 3.5.5 Die Personalkirchengemeinde Nordost 209 • 3.5.6 Gottesdienste 209	
3.6	**DIE VORMALS KURHESSISCHEN GEMEINDEN**	210
	3.6.1 Zur Geschichte des Kirchenkreises Bockenheim 210 • 3.6.2 Bockenheim 216 • 3.6.3 Praunheim 218 • 3.6.4 Ginnheim 218 • 3.6.5 Eschersheim 219 • 3.6.6 Eckenheim 220 • 3.6.7 Preungesheim 221 • 3.6.8 Berkersheim 222 • 3.6.9 Seckbach 222 • 3.6.10 Fechenheim 223	
3.7	**EVANGELISCHE PERSÖNLICHKEITEN**	224
	3.7.1 Wilhelm Bornemann 224 • 3.7.2 Erich Foerster 224 • 3.7.3 Heinrich Heldmann 224 • 3.7.4 Johannes Kübel 226 • 3.7.5 Paul Tillich 226 • 3.7.6 Willy Veit 228 • 3.7.7 Helmut Walcha 228	
3.8	**KINDER- UND JUGENDARBEIT DER EVANGELISCHEN KIRCHE**	230
	3.8.1 Die Situation in der Nachkriegszeit 230 • 3.8.2 Die Schülerbibelkreise 231 • 3.8.3 Der CVJM 232 • 3.8.4 Der Evangelische Verband weiblicher Jugend 233 • 3.8.5 Der Verband evangelischer Vereine für weibliche Jugendpflege 233 • 3.8.6 Der Bund Christdeutscher Jugend 234 • 3.8.7 Der Wartburgverein 235 • 3.8.8 Das Evangelische Jungen- und Jungmännerwerk 235 • 3.8.9 Das Marthahaus 236	
3.9	**SOZIALES, MISSIONARISCHES UND GESELLSCHAFTLICHES HANDELN**	237
	3.9.1 Neue Konzepte 237 • 3.9.2 Der Evangelische Volksdienst 238 • 3.9.3 Der Verein für Innere Mission 239 • 3.9.4 Das Frankfurter Diakonissenhaus 240 • 3.9.5 Das St. Markuskrankenhaus 241 • 3.9.6 Der Evangelische Arbeiterverein 242 • 3.9.7 Die Deutsch-evangelische Volksvereinigung 242	
3.10	**FINANZEN UND GEBÄUDE**	243
	3.10.1 Die Vermögenssituation 243 • 3.10.2 Die Kirchensteuer 244 • 3.10.3 Zur Dotation 245 • 3.10.4 Funktionales Bauen 245	
3.11.	**DAS VERHÄLTNIS ZU ANDEREN RELIGIONSGEMEINSCHAFTEN**	247
	3.11.1 Die Katholiken 247 • 3.11.2 Die evangelische Kirche und die Juden 249	

4. Die Kirche im NS-Weltanschaungsstaat 1933 bis 1945 — 254

4.1	**LEITGEDANKEN**	254
4.2	**ZEITGESCHICHTLICHE ZUSAMMENHÄNGE**	255
	4.2.1 Staat und Kirche 255 • 4.2.2 Die Entwicklung Frankfurts 269	
4.3	**DIE KIRCHLICHE ENTWICKLUNG IN FRANKFURT**	270
	4.3.1 Die kirchliche Situation 270 • 4.3.2 Die Machtübernahme durch die Deutschen Christen 271 • 4.3.3 Der sogenannte Kirchenkampf 274	
4.4	**AUS DEM KIRCHLICHEN LEBEN**	279
	4.4.1 Die kirchenpolitischen Gruppierungen 279 • 4.4.2 Das Freie theologische Seminar 283 • 4.4.3 Die Frauenhilfe 285 • 4.4.4 Die Frankfurter Bibelgesellschaft 286 • 4.4.5 Die Kirchenmusik 288	
4.5	**AUS DEM GEMEINDLICHEN LEBEN**	289
	4.5.1 Die Gemeindestruktur 289 • 4.5.2 Die vormals Nassauer Gemeinden 289 • 4.5.3 Frankfurter Kirchengemeinden im Kirchenkampf 296	

| 4.6 | **EVANGELISCHE PERSÖNLICHKEITEN** | 303 |

4.6.1 Wilhelm Fresenius 303 • 4.2.2 Otto Fricke 305 • 4.6.3 Fritz und Margarethe Kahl 306 • 4.6.4 Johannes Kübel 308 • 4.6.5 Georg Probst 309 • 4.6.6 Bertha Schepeler 311 • 4.6.7 Karl Veidt 312 • 4.6.7 Heinz Welke 314

| 4.7 | **JUGENDARBEIT IM DRITTEN REICH** | 315 |

4.7.1 Evangelische Jugendarbeit in Frankfurt 315 • 4.7.2 Das Evangelische Jungmännerwerk und Paul Both 316 • 4.7.3. Das Evangelische Mädchenwerk und Luise Willig 319

| 4.8 | **SOZIALES, MISSIONARISCHES UND GESELLSCHAFTLICHES HANDELN** | 320 |

4.8.1 Nationalsozialistische Politik als Praktisches Christentum? 320 • 4.8.2 Der Evangelische Volksdienst 321 • 4.8.3 Der Verein für Innere Mission 322 • 4.8.4 Das Diakonissenhaus 325 • 4.8.5 Evangelische Krankenhäuser 327

| 4.9 | **DAS VERHÄLTNIS ZU ANDEREN RELIGIONSGEMEINSCHAFTEN** | 329 |

4.9.1 Das Verhältnis zur Katholischen Kirche 329 • 4.9.2 Das evangelische Frankfurt und die Juden 330

4.10	**DIE FRANKFURTER KIRCHE ZU BEGINN DES 2. WELTKRIEGES**	337
4.11	**DIE FRANKFURTER AMTSKIRCHE UND DER KRIEG**	338
4.12	**BEEINTRÄCHTIGUNGEN DER KIRCHLICHEN ARBEIT**	339
4.13	**PFARRER UND DER KRIEG**	340

4.13.1 Ernst Friedrich: Kein Platz für Wehrdienstverweigerer 340 • 4.13.2 Karl Scheibenberger zum Polenfeldzug 342 • 4.13.3 Warten auf den Tag X 343

| 4.14 | **DIE KIRCHENGEMEINDEN IM KRIEG** | 345 |

4.14.1 Gemeindearbeit im Krieg 345 • 4.14.2 Bestattungsfeiern 346 • 4.14.3 Die Zerstörung der Paulskirche 347 • 4.14.4 Eine Bilanz des Schreckens 349

| 4.15 | **JUGENDARBEIT IM KRIEG** | 351 |

4.15.1 Das Evangelische Jungmännerwerk 351 • 4.15.2 Das Evangelische Mädchenwerk 352 • 4.15.3 Die Jugendarbeit der Bekennenden Kirche 353

| 4.16 | **DIE INNERE MISSION IM KRIEG** | 354 |

4.16.1 Der Verein für Innere Mission 354 • 4.16.2 Das Diakonissenhaus 354

| 4.17 | **EIN RÜCKBLICK** | 357 |

Anhang

ABKÜRZUNGSVERZEICHNIS	364
LITERATURVERZEICHNIS	365
PERSONENREGISTER	378
SACHREGISTER	396
BILDNACHWEIS	407
DANKSAGUNG	408

VORWORT

Nach der freundlichen Aufnahme des ersten Bandes meiner „Geschichte der evangelischen Kirche in Frankfurt am Main" erscheint nun deren zweiter Band. Er umfasst den Zeitraum von der Annexion Frankfurts durch Preußen bis zum Ende des Zweiten Weltkrieges. Für die evangelische Kirche war dies ein Zeitraum, in dem sie sich nicht nur der Entwicklung Frankfurts zum Industriestandort und zur Großstadt zu stellen, sondern auch zwei radikale politische Umbrüche und zwei große Kriege zu bestehen hatte. Dabei umfasste sie zunächst nur das alte Frankfurter Stadtgebiet und die Frankfurter Dörfer. 1929 kam jedoch der ehemals kurhessische Kirchenkreis Bockenheim hinzu und 1933 die vormals nassauischen Stadtteile im Westen. Diese Kirche entwickelte viele Aktivitäten, die wir heute noch mit einer modernen Großstadtkirche verbinden. Das geschah zunächst in Vereinsform und nach der Einführung der Kirchensteuer im Jahre 1906 auch durch die Kirche selbst. Allerdings musste sie im Dritten Reich durch die vielfältigen nationalsozialistischen Zwangsmaßnahmen erhebliche Einschränkungen dessen hinnehmen.

Auch für diesen zweiten Band gilt, dass die Quellenlage durch die Verluste von Archivalien im Zweiten Weltkrieg den Verfasser zwang, sich auf eine begrenzte Zahl von Quellen und Zeitzeugen zu beschränken. So ist das, was berichtet wird, als beispielhaft zu verstehen. Es zeigt Äußerungen und Aktivitäten, die es so gab, ohne dabei Vollständigkeit beanspruchen zu können oder andere Positionen und Aktivitäten ausschließen zu wollen. Hinzu kommt, dass es während des Dritten Reiches und ganz besonders im Zweiten Weltkrieg wegen der politischen Bevormundung und dann auch aus Papiermangel längst nicht die Zahl von kirchlichen Publikationen wie etwa während des Ersten Weltkrieges gab.

Bei meiner Darstellung habe ich mich auch hier von denselben Gesichtspunkten leiten lassen wie beim ersten Band. Das gilt vor allem für die Tatsache, dass es auch im jetzt behandelten Zeitraum noch weitgehend Sache des Staates war, die evangelischen Verhältnisse zu ordnen und zu lenken. Es blieb dabei, dass Kirchenangelegenheiten Staatsangelegenheiten waren; auch über die Annexion durch Preußen hinaus und bis zum Ende des landesherrlichen Kirchenregiments im Jahre 1918. Die Weimarer Reichsverfassung sah dann eine große Eigenständigkeit der evangelischen Kirche vor. Doch behielt die Preußische Gesetzgebung – Frankfurt gehörte weiter zu Preußen – noch bis zum Staatskirchenvertrag von 1931 dem Staat so viele Rechte vor, dass auch da noch nicht von Selbständigkeit der Kirche gesprochen werden konnte. Die zwei Jahre bis zum Dritten Reich reichten nicht aus, damit sich diese Freiheit bewähren konnte. Dann schufen die Nationalsozialisten eine neue Abhängigkeit vom Staat. Erst nach dem Zweiten Weltkrieg kann man also von einer eigenständigen Kirchenorganisation der evangelischen Kirche sprechen.

Die Gliederung der vorliegenden Arbeit orientiert sich daher vor allem an markanten staatlichen Regelungen oder Ereignissen. In diesem zweiten Band sind es nach der preußischen Annexion: die Kirchengemeinde- und Synodalordnung von 1899, das Ende der Staatskirche 1918, der Zusammenschluss Frankfurts mit anderen hessischen Kirchen zur Evangelischen Landeskirche von Nassau-Hessen 1933 und der Zusammenbruch des NS-Kirchensystems 1945.

Dabei kann es auch jetzt nicht um eine Theologiegeschichte gehen. Zwar wird auch immer wieder der Frage Raum gegeben, was die Menschen in ihrer Zeit gedacht und geglaubt haben. Aber im Vordergrund steht die Frage nach dem kirchlichen Leben und den dies mehr oder weniger ermöglichenden Strukturen und Rahmenbedingungen. In den einzelnen Zeitabschnitten geht es deshalb um den zeitgeschichtlichen Kontext, soweit er für die Frankfurter Protestanten relevant ist, die Kirchenorganisation, das allgemeine kirchliche Leben, das gemeindliche Geschehen, die Frankfurter Pfarrerschaft, sonstige evangelische Persönlichkeiten, Finanzen und Gebäude und die Beziehungen zu anderen Glaubensgemeinschaften. Neu in die Frankfurter Kirche aufgenommene Ortschaften und ihre Geschichte sind in dem Zeitraum behandelt, in dem sie aufgenommen wurden.

Bei der Darstellung wird darauf Wert gelegt, dass Menschen und Dokumente mit längeren Zitaten im Originaltext zu Wort kommen. Damit soll der Bericht von ihnen mehr Authentizität erhalten. Um dem Leser die Möglichkeit zu bieten, selbst die Quellen aufzusuchen und ihnen weiter zu folgen, gibt es Quellennachweise, die in den Endnoten nach dem Text zusammengefasst sind. Es wurde allerdings darauf verzichtet, bei den evangelischen Pfarrern aus Frankfurt die Angaben zur Person im Einzelnen zu belegen. Sie beruhen in der Regel auf dem Pfarrerbuch „Die evangelischen Pfarrer von Frankfurt am Main". Ein um kurze persönliche Angaben erweitertes Personenregister erleichtert nicht nur das Auffinden von Personen, sondern ergänzt und entlastet den Text um weitere Informationen zu den erwähnten Personen.

Möge auch dieser Band eine gute Aufnahme finden.

Frankfurt am Main, im Sommer 2018

Jürgen Telschow

1. VOM ANSCHLUSS AN PREUSSEN ZUM KONSISTORIALBEZIRK 1866 BIS 1899

1.1 Leitgedanken

Die alten Frankfurter hatten eher mit Österreich als mit Preußen sympathisiert und die *„Freie Stadt"* als ihr *„Vaterland"* betrachtet. Die als unrechtmäßig empfundene preußische Annexion 1866 war für sie bitter und wurde den Preußen nicht so schnell vergessen. Kirchlich wurde für Frankfurt nun alles von Bedeutung, was die preußische Kirche betraf. Territorial, wirtschaftlich und gesellschaftlich nahm Frankfurt in den folgenden Jahrzehnten einen enormen Aufschwung. Aber die dominierende lutherische Kirche, die noch einige Zeit an ihrer veralteten Struktur festhalten konnte, erschien da als ein letztes Überbleibsel der *„guten alten Zeit"*. Mit moderneren Gemeindeformen wurde in Vereinen experimentiert. Erst die Kirchengemeinde- und Synodalordnung von 1899 brachte die Aufteilung der einen lutherischen Gemeinde in mehrere Ortsgemeinden, die Gründung neuer lutherischer Gemeinden in neuen Wohnvierteln und eine synodale Ordnung. Die Antwort dieser Kirche auf die Herausforderungen einer weithin von Industrie geprägten Großstadt mit großer Armut neben immensem Reichtum waren missionarische Aktivitäten in Form der Inneren Mission. Eine Fülle von Vereinen wandte sich mit beachtlichem ehrenamtlichem Engagement auf diese Weise der Jugend, den Kranken und den Armen zu. Insbesondere einer ganzen Anzahl wohlhabender, engagierter Frauen war dies zu verdanken. Hier liegen die Wurzeln der heutigen kirchlichen Kinder- und Jugendarbeit ebenso wie die der heutigen Diakonie. Im Geist des politisch den-

Abb. 1 Einzug preußischer Truppen 1866

kenden Friedrich Naumann wurden Arbeitervereine gegründet. Naumann aber scheiterte in dieser Kirche. Eduard de Neufville, Martin Rade und Ernst Lohmann beteiligten sich an einer frühen internationalen Partnerschafts- und Friedensarbeit. Erste Neubauten von Kirchen im historisierenden Stil veränderten das äußere Bild der Kirche.

1.2 Zeitgeschichtliche Zusammenhänge

1.2.1 Staat und Kirche

Das Ende der Frankfurter Selbständigkeit
Auch nach der Revolutionszeit beschäftigte die Annexion Holsteins durch Dänemark die Politik. Das führte 1864 zum deutsch-dänischen Krieg, den Österreich und Preußen gemeinsam im Auftrag des Deutschen Bundes siegreich abschlossen. Danach aber war es mit den Gemeinsamkeiten vorbei. Beide rangen um die Hegemonie in Deutschland. Preußen legte dem Bundestag Vorschläge für eine Bundesreform vor, bei der Österreich

aus dem Deutschen Bund ausgeschlossen werden sollte. Der Bundestag sah das mehrheitlich als eine Verletzung der Bundesakte an und beschloss die Mobilmachung eines Teils des Bundesheeres. Zur Mehrheit in der Bundesversammlung gehörte auch Frankfurt. Daraufhin erklärte Preußen die Bundesakte für gebrochen und trat aus dem Bund aus. Es folgte ein Krieg, in dem Frankfurt sich neutral verhalten wollte. Doch nach dem Sieg über Österreich bei Königgrätz eroberte Preußen die noch selbständigen Staaten nördlich des Mains. Am 16. Juli 1866 wurde auch Frankfurt besetzt, nachdem der Senat die Frankfurter aufgerufen hatte, die Preußen freundlich aufzunehmen. Preußen aber ging mit Frankfurt ruppig um. Nach Kriegsrecht zulässig und allgemein üblich, wurde Frankfurt vom kommandierenden General von Manteuffel eine erste Kontribution in Höhe von 5.747.000 Gulden in Silber auferlegt. Das Geld wurde von der Frankfurter Bank vorgeschossen und in acht Eisenbahnwagen nach Berlin geschafft. Vier Tage später wurde eine weitere Kontribution, nun in Höhe von 25 Mio Gulden und zahlbar binnen 24 Stunden, gefordert. Mit der Angst im Rücken, dass im Fall der Nichtzahlung die übliche Plünderung befohlen würde, versuchten die Frankfurter zu verhandeln. Darauf verlangte der neue Kommandant General von Röder von Bürgermeister Karl Fellner eine Liste der Mitglieder der drei städtischen Körperschaften, um sie persönlich mit ihrem Vermögen haftbar zu machen. Betroffen waren die Mitglieder des Senats, der Gesetzgebenden Versammlung und der Bürger-Repräsentation, insgesamt 184 Personen. Fellner war verzweifelt und erhängte sich an einem Baum in seinem Garten. Am 20. September beschloss der Preußische Landtag die Annexion Frankfurts, Nassaus, Kurhessens und Hannovers. Als im Jahre 1867 eine Frankfurter Delegation erneut wegen der Herabsetzung der Kontributionen verhandelte, erklärten ihr sowohl Otto von Bismarck als auch König Wilhelm I., wie die preußische Führung die Sache betrachtete: hätte Frankfurt sich kooperativer gezeigt, hätte man auch günstigere Bedingungen eingeräumt.

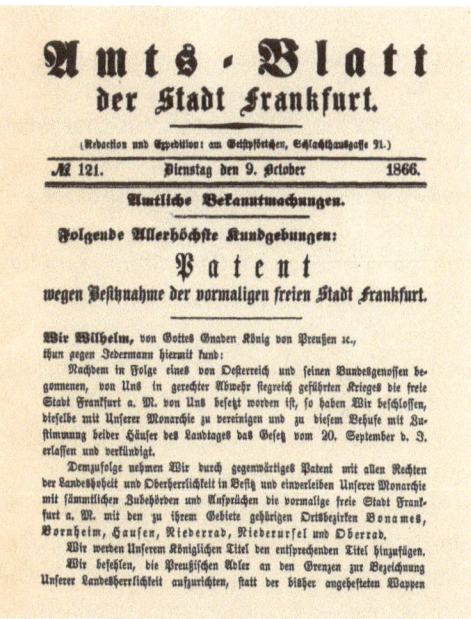

Abb. 2 Preußisches Besitznahme-Patent

Für die Frankfurter war das preußische Verhalten eine Ungeheuerlichkeit. Die Annexion entbehrte jeder Rechtsgrundlage und verletzte das Rechtsempfinden vieler Menschen auf's Tiefste. Hiervon zeugt in besonderer Weise Otto Kanngießers Beschreibung der Angelegenheit.[1] Frankfurt hatte zwar am 14. Juni 1866 im Bundestag dem bayrischen Antrag auf Mobilmachung zugestimmt. Es hatte sich aber damit im Rahmen der Bundesverfassung bewegt und war auch nicht weiter als bis dahin gegangen. Es hatte danach seine Neutralität betont und sich zur offenen Stadt erklärt. Noch am 19. Juni 1866 war die Neutralität in zwei amtlichen preußischen Schreiben ausdrücklich anerkannt worden. Zwischen Preußen und Frankfurt gab es also keinen Kriegszustand. Und selbst im Besitznahmepatent vom 3. Oktober 1866 hieß es schlicht: „*Nachdem infolge eines von Österreich und seinen Bundesgenossen begonnenen Krieges die Freie Stadt Frankfurt von uns besetzt worden ist ...*"[2]

Es gab also keine völkerrechtliche Grundlage für die Annexion Frankfurts.[3] Allerdings gab es in Preußen Aversionen, weil Frankfurt in den Jahren zuvor Schauplatz vieler Veranstaltungen gewesen war, bei denen es um die deutsche Einheit und freiheitliche Bestrebungen gegangen war. Wie Friedrich Bothe schrieb, war es ja gleichsam das politische Herz Deutschlands und ein Zufluchtsort der verfolgten Freiheit gewesen.[4] Auch sympathisierten die Frankfurter mehr mit Österreich als mit Preußen. Aber Preußen überschätzte wohl das Frankfurter politische Engagement; denn Frankfurt war ja keineswegs ein Vorreiter des Fortschritts in Deutschland.[5] Vielmehr war auch immer wieder deutlich geworden, dass die erklärte Politik Frankfurts die Erhaltung des Deutschen Bundes gewesen war. Notgedrungen mussten sich die Frankfurter aber mit der neuen Situation arrangieren.

Der Deutsch-Französische Krieg
Ein tiefgehendes Ereignis war der deutschfranzösische Krieg 1870/71. So sehr man davon überzeugt war, nicht am Krieg schuld zu sein, so sehr hielt man sich aber in Ansprachen und Predigten zurück. In seiner Thronrede am 19. Juli 1870 äußerte König Wilhelm I: „*Wir handeln in dem vollen Bewußtsein, daß Sieg und Niederlage in der Hand des Lenkers der Schlachten ruhen. Wir haben mit klarem Blick die Verantwortlichkeit ermessen, welche vor dem Gericht Gottes und der Menschen den trifft, der zwei große und friedliebende Völker im Herzen Europas zu verheerenden Kriegen treibt. ... Das deutsche wie das französische Volk, beide die Segnungen christlicher Gesittung und steigenden Wohlstands gleichmäßig genießend und begehrend, sind zu einem heilsamen Wettkampf berufen als zu dem blutigen der Waffen.*"[6]

Dann ordnete Wilhelm schon in der Thronrede einen Allgemeinen Bußtag an. Er war sich der „*Gerechtigkeit unserer Sache vor Gott*" gewiss. Deshalb sollte dafür gebetet werden, dass „*Gott uns die Gnade gebe, ... gegen unsere Feinde uns als Christen zu verhalten*".[7] Hof- und Garnisonprediger Bernhard Rogge fügte dem im Bußtagsgottesdienst hinzu: „*fern sei es von uns zu erwähnen, daß unser gutes menschliches Recht zu diesem Kriege uns auch rein und schuldlos vor dem Herrn macht.*"[8] Auch andere Äußerungen waren zurückhaltend. Generalsuperintendent David Erdmann sprach vor schlesischen Geistlichen von der Hoffnung, dass Gott nicht um unserer Sünden willen mit uns ins Gericht gehen werde und die Erwartung „*bleibender Frucht*" nicht für die Nation sondern für das Reich Gottes ausgesprochen werde.[9] Der bayrische Konsistorialpräsident Adolf von Harleß warnte am 23. Juli 1870 gegenüber bayrischen Geistlichen vor Selbstüberhebung.[10] Und die liberale Protestantischer Kirchenzeitung schrieb, dass der Friede das Reich Gottes sei und die Parole „*das Kaiserreich ist der Friede*" die Lüge des Jahrhunderts.[11] Von Harleß stammte auch eine Anweisung aus dem Jahr 1859, derzufolge Geistliche in Kriegszeiten die religiöse Verbrämung der Kriegsereignisse unterlassen sollten.[12] Es war wohl ein Erbe der Erweckungsbewegung, dass viele Prediger gerne alttestamentliche Predigt-

Abb. 3 Reichsgründung am 18. Januar 1871 in Versailles

texte wählten und von Vaterlandsliebe, dem besonderen deutschen Beruf oder der besonderen Verantwortung der Deutschen als Volk der Reformation redeten. Aber sie konzentrierten sich doch vor allem auf die Fragen von Schuld und Buße und enthielten sich chauvinistischer Aussagen.[13]

Die Reichsgründung

Grundlage der Reichsgründung war nicht nur der militärische Sieg über Frankreich, sondern auch das Gefühl, moralischer Sieger zu sein. Die Gründung selbst und die Ereignisse um sie herum tangierten die evangelische Kirche auf mancherlei Weise. Das hängt zunächst mit dem Selbstverständnis der preußischen Könige im 19. Jahrhundert zusammen. Die Formel von der engen Verbindung von *„Thron und Altar"* war ja nicht nur die Beschreibung einer Situation, in der die Kirche dem Staat ausgeliefert war. Vielmehr sollte sie auch zum Ausdruck bringen, dass der König seine Würde und seine Vollmachten direkt von Gott empfangen hat. Als Symbol dafür ließen sich die preußischen Könige bei der Krönung die Krone nicht etwa von einem Geistlichen aufs Haupt setzen, sondern setzten sie sich selbst auf. In diesem Sinne hatte Friedrich Wilhelm III. 1815 nach dem 2. Pariser Frieden mit Zar Alexander und Kaiser Franz II. die *„Heilige Allianz"* geschlossen. Die Urkunde begann mit der Anrufung der *„hochheiligen und unteilbaren Trinität"*, formulierte das Gelöbnis der Herrscher, sich in ihrem politischen Handeln ausschließlich durch die Vorschriften der heiligen Religion leiten zu lassen, und die Erklärung, dass ihr einziger Souverän *„Gott, unser heiliger Erlöser Jesus Christus, das hochwerte Wort, die Weisung des Lebens"* sei. Friedrich Wilhelm IV. hatte 1849 die ihm von der Nationalversammlung angetragenen Kaiserwürde abgelehnt, weil diese ihm nicht von Gott verliehen würde. Wilhelm I. erklärte, dass ihm die preußische Königswürde, weil von Gott verliehen, mehr wert sei als die deutsche Kaiserwürde, beugte sich aber Otto von Bismarck. Am Tag der Kapitulation von Sedan telegrafierte er: *„Welch eine Wendung durch Gottes Führung"*.[14]

Als nun die Krönung bevorstand, gab es durchaus Stimmen in Deutschland, die an Kaiserkrönungen im Heiligen Römischen Reich anknüpfen wollten. Als möglicher Krönungsort wurde auch Frankfurt genannt, das in diesem Sinne eine Adresse an den König gerichtet hatte. Allerdings gab es auch Stimmen, die darin ein Anknüpfen an die katholische Tradition des alten Reiches gesehen hätten, wo doch das neue Reich protestantischen Charakter tragen sollte. Bismarck ging dem aus dem Wege. Die Krönung fand feierlich in Versailles statt, enthielt aber keine religiösen Bestandteile. Die Reichsverfassung nahm auch weder in der Präambel auf Gott Bezug, noch enthielt sie irgendwelche Bestimmungen zu Religion oder Kirche. Damit blieb es für die evangelische Kirche in Preußen bei den bisherigen Regelungen. Der König war von „*Gottes Gnaden*" und blieb der Summus Episcopus der evangelischen Kirche.[15] Die komplizierte Frage, ob der Kaiser trotzdem Obrigkeit sei, umging man für die Altpreußische Union in der Agende von 1871, indem im angeordneten Fürbittegebet um die Gnade für den „*Kaiser, unseren König und Herrn*" gebeten wurde.[16] Für die neupreußischen Gebiete, so auch Frankfurt, gab es diese Regelung nicht. Trotzdem gab es zunächst noch Bestrebungen, die verschiedenen Landeskirchen in Deutschland zusammenzuführen. Sie blieben aber ohne Erfolg.

Kulturkampf und evangelische Kirche
Bald nach der Reichsgründung setzte der sogenannte Kulturkampf ein. Entgegen landläufiger Meinung war dies jedoch nicht nur die Auseinandersetzung des Staates mit der katholischen Kirche. Vielmehr betraf er auch die evangelische Kirche, da die staatlichen Maßnahmen als Gesetzgebungsakte alle Religionsgemeinschaften trafen. Es gibt sogar Stimmen, die besagen, dass der Kulturkampf die evangelische Kirche stärker getroffen habe als die katholische.[17] Das galt für die Einführung der Zivilehe, die Aufhebung der Schulaufsicht, die Einführung des Kulturexamens als eines staatlichen Examens für angehende Theologen, die Aufhebung der preußischen Verfassungsartikel über die Freiheit der Kirchen und den Kanzelparagrafen, der politische Predigten untersagte. Alle Hoffnungen auf eine Neuordnung der evangelischen Kirche waren damit auch hinfällig. Es zeigte sich, dass die Kirche durch ihre enge Verbindung mit dem Staat von sich aus eine Veränderung der Verhältnisse nicht herbeiführen konnte. Zudem blockierte sie sich durch die konfessionellen Gegensätze selbst. Das Luthertum erwies hierbei als die entscheidende Bremse. Da sich aber der Staat seinerseits bei manchem eigenen Interesse an solchen Veränderungen intensiver mit seinen eigenen Problemen beschäftigte, gingen dessen Kräfte ganz in diese Richtung. Für kirchliche Veränderungen war da keine Kraft mehr. Die gleiche Reichsgründung, die auch im Hinblick auf die Kirche zunächst reformerische Kräfte frei gesetzt hatte, erwies sich nun als so kompliziert und problembehaftet, dass eine Neuorganisation des Protestantismus nicht mehr möglich war.

Um eine evangelische Gesamtkirche
Frankfurt verlor also seine Selbständigkeit und wurde mit Nassau und einigen anderen Gebieten Teil des Regierungsbezirks Wiesbaden. Aber die Frage nach der kirchlichen Zukunft Frankfurts war in einen viel größeren Zusammenhang gestellt. Bemühungen des Evangelischen Oberkirchenrates in Berlin, die neu erworbenen Gebiete in die Altpreußische Unionskirche zu integrieren, blieben ohne Erfolg. Die konfessionellen und politischen Schwierigkeiten waren zu groß. Dabei

war es eine Zeit, in der es durchaus Bestrebungen nach einer grundlegenden Neuordnung der Verhältnisse der evangelischen Kirche gab. Die Hoffnung auf eine, neue, Volks- und Nationalkirche war schon in der ersten Hälfte des Jahrhunderts aufgekommen. Das hatte 1846 dazu geführt, dass von 26 deutschen Kirchenregierungen die „Deutsche Evangelische Konferenz" gegründet wurde. Mit dem Scheitern des Einheitsversuches der Paulskirchenversammlung verlief auch die Konferenz im Sande. Zu groß war die Sorge der Regierungen, dass umfassendere Reformen im kirchlichen Bereich die Flamme der Revolution im staatlichen Bereich wieder entzünden könnten. Immerhin bildete dann die 1851 gegründete „Eisenacher Konferenz" einen Kirchenbund, der vielleicht Änderungen vorbereiten konnte. Die preußischen Annexionen im Jahr 1866 zeigten jedoch, wie wenig die kirchlichen Strukturen der Gegenwart angemessen waren. Traten doch auf einmal vor allem lutherische Landeskirchen in den preußischen Staatsverband und unter das preußische Summepiskopat. Damit boten sich für die Lösung der Kirchenfrage durch die Politik drei Wege an: die neuen Kirchen konnten in der (unierten) Altpreußischen Union aufgehen, sie konnten eine selbständige Gemeinschaft bilden oder man konnte den Weg einer Nationalkirche versuchen. Der preußische Kultusminister Heinrich von Mühler trat für die erste Lösung ein. Hofprediger Wilhelm Hoffmann plädierte für eine Einigung des gesamten deutschen Protestantismus. Otto von Bismarck aber entschied sich, im Augenblick nichts zu verändern, um keine Unruhe zu schüren. Auch Mühler stellte etwas später die kirchliche Einigung auf eine Stufe mit der staatlichen, indem er formulierte, die „Idee einer evangelischen Gesamtkirche, welche die einzelnen Bekenntnisse nicht aufhebt" habe „*auf kirchlichem Gebiete gleiche Kraft wie die nationale Idee auf dem politischen; innerlich aber noch ein weit höheres Recht.*"[18] So konnte man hoffen, dass die kirchlichen Bestrebungen im Zusammenhang der Reichsgründung erfolgreicher werden könnten. Wie virulent die nationale Frage blieb, zeigt sich daran, dass der von Johann Hinrich Wichern ins Leben gerufene, aber dahin dümpelnde, Kirchentag 1867 die Nationalkirchenfrage wieder aufgriff. Auch der bekannte Kirchenrechtler Emil Friedberg 1867[19] und sein Kollege Richard Dove 1870[20] forderten zum Bau der Nationalkirche auf. Ihnen folgten andere.[21]

Der preußische Protestantismus im letzten Drittel des 19. Jahrhunderts

Kirchenpolitisch fiel in die 1870er Jahre eine bedeutsame Neuerung, die Otto von Bismarck zu verdanken war: die schon lange Zeit fällige Synodalordnung. Sie bestand aus der Kirchengemeinde- und Synodalordnung von 1973 und der Generalsynodalordnung von 1876. Mit der neuen Ordnung wurden Gemeindekirchenräte, Kreissynoden und Landessynoden geschaffen. Bismarck wollte die kirchliche Stagnation, die seit 1848 eingetreten war, überwinden. Als der brandenburgische Konsistorialpräsident Immanuel Hegel diese neue Ordnung als „*Heimsuchung des Herrn*" verspottete, mischte Bismarck sich in die Diskussion ein. In einem Immediatbericht an den König (Kaiser Wilhelm I.)legte er dar: „*Er (Hegel) sieht nur die Schattenseiten derselben (der neuen Ordnung) und hat kein Verständnis für die evangelische Aufgabe, die dem kirchlichen Leben entfremdeten Elemente zunächst durch formale Beteiligung wiederzugewinnen; er gehört zu den eifrigen, aber kurzsichtigen Kämpfern, welche glauben, die evangelische Kirche auf Petri Schwert bauen zu können, und dadurch*

Abb. 4 Otto von Bismarck 1858

Abb. 5 Kaiser Wilhelm I.

den Riß vertiefen, die Umkehr erschweren ... Um die evangelische Kirche zu regieren, ist ein stärkeres Element der Duldung für die verschiedenen auf christlichem Boden möglichen Auffassungen erforderlich als zum Regimente der katholischen Kirche mit dem unfehlbaren Papst ..."[22] Wilhelm I. setzte folgende Randbemerkung hinzu: „*D. h. Gläubige sollen ausscheiden, um Ungläubigen Platz zu machen."*[23] Bismarck verfasste einen zweiten Immediatbericht und verbreiterte seine Argumentationsgrundlage. Auch damit konnte er Wilhelm nicht überzeugen. Der merkte nun an: „*Da meine sehr ernste Bekämpfung des zu starken Laien-Elements verworfen ward, so sahen wir jetzt schon nach kaum einem Jahre die schauderhaftesten Folgen am 5. Juni hier in Berlin."*[24] Der schauderhafteste Vorfall war, dass auf einer Sitzung der Kreissynode Berlin-Köln-Stadt am 5. Juni 1876 beantragt worden war, das Apostolikum aus der Konfirmations- und Sonntagsliturgie zu streichen. Man sieht, dass die Auseinandersetzungen zwischen Reformern und Konservativen bis in die Staatsspitze gingen; und Bismarck gehörte hier zu den Reformern.

In der Folgezeit zog die katholische Kirche ihre Stärke aus dem ausgebildeten Vereins- und Verbandswesen und aus der Deutschen Zentrumspartei. Verschiedene Vorstöße von evangelischer Seite, es ihr gleich zu tun, scheiterten. So schlug der Versuch, schon während des Kulturkampfes ein „*Evangelisches Zentrum*" zu gründen, fehl.[25] Auch Adolf Stöckers Bestrebungen, in christlich-sozialem Sinne mit der „*Christlich-sozialen Arbeiterpartei*" (1878) politisch tätig zu werden, blieben ohne Erfolg. Friedrich Naumans

Versuch einer national-sozialen Parteigründung mit dem „Nationalsozialen Verein" (1896) scheiterte, so dass er dann bei den Freisinnigen landete. Der „Christlich-soziale Volksdienst" in der Weimarer Zeit blieb eine Randerscheinung und überlebte das Dritte Reich nicht. Und auch Gustav Heinemanns „Gesamtdeutsche Partei" nach dem Zweiten Weltkrieg scheiterte. Alle diese Versuche hätten der Bündelung aller protestantischen Kräfte bedurft. Dies hätte allerdings nicht der „protestantischen Freiheit" entsprochen. So zeigte sich die evangelische Kirche seit dem letzten Drittel des 19. Jahrhunderts in Theologie, Politik und Vereinswesen zersplittert und dementsprechend schwach. Daraus entwickelte sich eine merkwürdige Konstellation. Die Protestanten, die für sich den Einigungsprozess nicht hatten vollziehen können, überhöhten nun um so mehr die nationale Einigung und dem folgend die Nation. Das machte sie anfällig für die Verführungen der Massengesellschaft, etwa der Kriegseuphorie zu Beginn des 1. Weltkriegs oder später des Nationalsozialismus.

Abb. 6 Adolf Stoecker

Stellte die preußische Geschichtsschreibung die Reichsgründung als Erfüllung des „preußischen Berufs" in Deutschland dar, so galt sie den Anhängern des preußischen Staatskirchentums geradezu als Vollendung der Reformation.[26]

„Der reichsdeutsche Nationalprotestantismus stieg binnen kurzem zur stärksten geistigen Macht in der Amtskirche und in den Gemeinden auf, er hat die Sozialmentalität mehrerer politischer Generationen von Protestanten nachhaltig beeinflußt – mit verhängnisvollen Auswirkungen bis weit in das 20. Jahrhundert hinein.."[27] „Im Grunde war man von der Identität nationaldeutscher und protestantischer Gesinnung überzeugt."[28]

Die evangelische Kirche wurde also ihrer traditionellen Rolle, den Staat zu legitimieren und zu stabilisieren, auch im Kaiserreich gerecht. Insbesondere dachte Kaiser Wilhelm II., dass die evangelische Kirche das gesellschaftliche Bollwerk gegen die Sozialdemokratie sein könne. Dem diente z. B. auch die Unterstützung des Kirchenbaus vor allem in den neu entstehenden Arbeiterquartieren.[29]

Dieser Kirche wurde allerdings immer stärker bewusst, wie groß die Not der Arbeiterschaft war und wie weit sie von diesen Menschen entfernt war. Dem wollte z. B. die von Adolf Stoecker in Berlin gegründete „Stadtmission" begegnen. Auch Frankfurter wie Karl Veidt ließen sich hiervon beeindrucken und motivieren. Andererseits versuchte der 1890 gegründete „Evangelisch-Soziale Kongreß", sich sozialkirchlich, sozialethisch und sozialpolitisch (so sein Arbeitsprogramm) mit den sozialen Problemen auseinander zu setzen. Am 17. April 1890 forderte der Evangelische Oberkirchenrat in Berlin – die oberste staatliche Kirchenbehörde Preußens – die Pfarrer auf, sich sozial zu betätigen, jedoch durchaus mit antisozialistischer Absicht. Schon fünf Jahre später – der Kaiser hatte seine arbeiterfreundliche Haltung aufgegeben – machte er einen Rückzieher. Nun hieß es: *„Den hervorgetretenen irrigen Anschauungen gegenüber kann nicht nachdrücklich genug betont werden, daß alle Versuche, die evangelische Kirche zum maßgebend mitwirkenden Faktor in den politischen und sozialen Tagesstreitigkeiten zu machen, die Kirche selbst von dem ihr von dem Herrn der Kirche gestellten Ziele: Schaffung der Seelen Seligkeit ablenken müsse."* Vielmehr müsse die Kirche dazu beitragen, dass *„die Normen des christlichen Sittengesetzes in Fleisch und Blut des Volkes übergehen und damit die christlichen Tugenden erzeugt werden, welche die Grundlagen unseres Gemeinwesens bilden: Gottesfurcht, Königstreue, Nächstenliebe."*[30]

Der Rückzug aus den *„politischen und sozialen Tagesstreitigkeiten"* ist umso verwunderlicher, als die Kirche sich zunehmend bisher nicht gekannten Gegnern zu stellen hatte. Das waren zum einen die naturwissenschaftlichen Erkenntnisse, die viele christliche Erklärungsmuster in Frage stellten. Bekanntester Vertreter derer, die die Entstehung der Welt und damit des Menschen naturwissenschaftlich erklärten, war der Biologe Ernst Haeckel mit seinen Werken *„Natürliche Schöpfungsgeschichte"* (1868) und *„Die Welträtsel"* (1899), die viele Leser fanden. Danach war der christliche Glaube einfach nicht mehr zeitgemäß. Ein anderer Gegner war der Sozialismus. Auch er berief sich auf eine wissenschaftliche Grundlage seiner Weltanschauung, in der Gott und das Christentum keinen Platz mehr haben sollten. Glaubte er doch, einen gesetzmäßigen Ablauf der Weltgeschichte entdeckt zu haben. Vertreten wurde er in der Kommunistischen Partei und der Sozialdemokratischen Partei, beide mit wachsenden Anhängerzahlen. Die Religiösen Sozialisten blieben da nur eine Randgruppe. Beide Gegner der Kirche wurden getragen von der festen Überzeugung, dass herrliche neue Zeiten kommen würden. Haeckel konnte schreiben: *„Die alte Weltanschauung Idealismus mit ihren ... Dogmen versinkt in Trümmer; aber über diesem gewaltigen Trümmerfelde steigt hehr und herrlich die neue Sonne unseres Realmonismus auf."*[31] Nach der marxistischen Theorie lief die Weltgeschichte auf die Herrschaft des Proletariats hinaus. Das Leben würde klassenlos, produktiv und lebenswert sein.

Was stellte die evangelische Kirche dem entgegen? Auch in ihr dachte man in der zweiten Hälfte des 19. Jahrhunderts an bessere Zeiten. Als Anzeichen dafür wurde der immense Neubau von Kirchen gesehen.[32] Vielleicht war es aber, wenn ich Frankfurt betrachte, doch der starke Druck, der sich aus der kirchlichen Unterversorgung ganzer Stadtteile ergab. Man baute nicht für die Zukunft, sondern trug Vergangenheit und Gegenwart Rechnung. Mit Johann Hinrich Wichern schöpfte man auch Hoffnung aus den Erweckungsbewegungen in vergangenen schwierigen Zeiten. So erinnerte er in seiner Stegreifrede 1848 in Wittenberg an den Anfang des Jahrhunderts: *„Als der wilde Orkan und das vulkanische Beben Europa zu erschüttern begann und auch Deutschland in das Meer der Revolution hinabstürzte und Seuchen, Aufruhr und Krieg die Gerichte Gottes verkündeten, sahen in denselben jene*

Wartenden die Geburtswehen eines besseren Zeitalters im Reiche Gottes."[33] Die Erweckung war es für ihn, die den Glauben, die Sittlichkeit und die Nächstenliebe neu beleben würde. Ihr seien verschiedenste Aktivitäten gegen das Elend der Zeit zu verdanken, die nun als „Innere Mission" in einem Gesamtkonzept koordiniert werden müssten. Dabei war ihm das Kommunistische Manifest von 1848 bekannt, dessen Ansatz er aber, weil unchristlich, ablehnte.

Den typischen protestantischen Christen um die Jahrhundertwende hat Herbert Kemler so beschrieben:[34] *„ Er hat ein immenses Gottvertrauen, traut Gott richtige Wunder zu. Er weiß, daß der wahre, echte Glaube sich in Liebe und aktiver Liebestätigkeit äußert. Er identifiziert sich mit dem deutschen Volk, fühlt sich als Vertreter deutschen Wesens und deutscher Tradition, Deutschtum und Reformation gehören unauflösbar zusammen. Er leidet darunter, daß es Menschen, Gruppen, Parteien, Völker gibt, die kein Verständnis für seinen Glauben, seine Aktivität, seine Werte haben und sie bekämpfen: Wissenschaftler, Sozialisten, Katholiken, viele andere Völker, nicht zu vergessen: die Juden. Für die Zukunft erhofft er eine tiefgreifende Erneuerung des Glaubens und der Sittlichkeit des Volkes."*

Kaiser Wilhelm II., der 1888 das Amt übernahm, war ein überzeugter Protestant. Für ihn war die Kirche ein wichtiges Bindemittel für den Aufbau des Staates in preußischer Tradition. Nur war ihm eine Vermischung von Politik und Kirche suspekt. In der ihm eigenen Art brachte er dies in einem Telegramm vom 15. Mai 1896 zum Ausdruck: *„Christlich-sozial ist Unsinn ... Die Herren Pastoren sollen sich um die Seelen ihrer Gemeinden kümmern, die Nächstenliebe pflegen, aber*

Abb. 7 Kaiser Wilhelm II.

die Politik aus dem Spiel lassen, dieweil sie das gar nichts angeht."[35] Aber die Verhältnisse, die waren nun mal nicht so. Hofprediger Adolf Stoecker[36] und Pfarrer Friedrich Naumann waren zwei solche Pfarrer, die sich in die Politik einmischten. Der Kontakt mit Stoecker hatte in den Jahren 1887/88 sogar zu dem ersten Konflikt Wilhelms, damals noch Kronprinz, mit Otto von Bismarck geführt. Stoecker, in Halberstadt geboren, war nach dem Studium in Halle und Berlin sowie einer Tätigkeit als Militärpfarrer in Metz 1874 Dom- und Hofprediger in Berlin geworden. Hier engagierte er sich sozial, wurde Vorsitzender der Stadtmission und gründete 1878 die Christlichsoziale Arbeiterpartei. Die Arbeiterfrage trieb ihn um. Lösungen der großen sozialen Probleme sah er aber weder im Liberalismus noch in der Sozialdemokratie. Christlich-sozial war vielmehr das Gegenprogramm der Konservativen. Aus christlicher Nächstenliebe wollte man soziale Hilfe im Rahmen der bestehenden politischen und gesellschaftlichen Ordnung organisieren. Der Partei war wenig Erfolg beschieden, auch wenn Stoecker als einer der ersten im 19. Jahrhundert den Antisemitismus für seine politischen Ziele instrumentalisierte. Mehr Einfluss und Unterstützung gewann Stoecker aber mit seiner *„Berliner Bewegung"* im Bürgertum. Ein Förderer war General Alfred Graf Waldersee, als Generalstabschef Nachfolger Helmut von Moltkes. In Waldersees Haus versammelte sich 1887 eine Runde von Stoeckeranhängern; eingeladen war auch der Kronprinz, der teilnahm und vom Gehörten sehr angetan war. Als Kanzler Bismarck davon erfuhr, kritisierte er den Kronprinzen, der ihm daraufhin einen Rechtfertigungsbrief schrieb und sich auf Friedrich II. von Preußen bezog. Bismarck nahm das nicht als Einlenken sondern wurde deutlich. *„Es lag nicht in der Art des großen Königs, auf Elemente wie die Innere Mission zu setzen."*[37] Zwar diene die Stadtmission einem wohltätigen Zweck, doch die Öffentlichkeit messe sie an den handelnden Personen, denen gegenüber man Vorsicht walten lassen müsse, insbesondere ein Kronprinz. Der Kronprinz war pikiert und vergaß das Bismarck nicht. Hierzu trug bei, dass Waldersee alles tat, um Bismarck beim Kronprinzen in Misskredit zu bringen. Nun wissen wir, dass Wilhelm II. sich 1890 von Bismarck und Stoecker trennte, aber auch 1891 von Waldersee. Er war gewillt, seine Politik in die eigenen Hände zu nehmen.

Nicht zu vergessen ist aber auch Wilhelms Frau Auguste Viktoria. Mit ihrem kirchlichen Engagement lebte sie vor, wie sich wohl auch der Kaiser christliches Leben vorstellte. Unermüdlich unterstützte sie Werke der christlichen Liebestätigkeit und den Bau neuer Kirchen auch finanziell. Im Volksmund hieß sie bald die *„Kirchenjuste"*.

1.2.2 Die Entwicklung Frankfurts

Die Folgen der Annexion
Die Annexion brachte zunächst einmal territoriale Veränderungen mit sich. Frankfurt als Stadtstaat hatte ja auch Besitzungen außerhalb seiner Grenzen gehabt. Nunmehr wurde aus den Territorien des ehemaligen Herzogtums Nassau, der ehemals Freien Stadt Frankfurt und aus einigen anderen Gebieten der preußische Regierungsbezirk Wiesbaden gebildet. In ihm war Frankfurt eine Provinzstadt, die sich natürlich territorial auf ihr Stadtgebiet zu beschränken hatte. Frankfurt musste deshalb Bonames, Bornheim, Hausen und Oberrad an Preußen abtreten. Nieder-Erlenbach und Dortelweil fielen an das Großherzogtum Hessen.

Außerdem waren die Rechts- und Vermögensangelegenheiten Frankfurts zu regeln, das nun nicht mehr Staat und Kommune in einem, sondern nur noch Kommune war. Entsprechende Verhandlungen wurden schon bald aufgenommen.[38] Der Grundgedanke war klar: Vermögenswerte staatlichen Charakters oder solche Verpflichtungen sollten an Preußen fallen. Objekte kommunalen Charakters und entsprechende Schulden sollten bei der Stadt bleiben. In einer Vielzahl von Fällen war die Regelung einfach. Wer konnte schon zweifeln, dass die Kasernen dem Staat und das Rathaus der Kommune zugeordnet werden mussten. Doch gab es auch Streitfälle, und einer bereitete erhebliche Schwierigkeiten: die Kontributionsverpflichtungen. Die Frankfurter wollten sie ohnehin nicht bezahlen und den Preußen leuchtete nicht ein, dass sie diese nun übernehmen oder erlassen sollten. So wurden die Verhandlungen von beiden Seiten mit Zähigkeit und Ausdauer, auch mit Drohungen, geführt und konnten erst im Jahre 1869 mit einer salomonischen Lösung abgeschlossen werden.[39] Der preußische Staat übernahm die Rückzahlung von Darlehen in Höhe von fast 7 Mio Gulden, die von der Stadt 1866 aufgenommen worden waren, um die erste Kontributionsrate zu zahlen. Zugleich verpflichtete sich die Stadt aber zur Abnahme von zwei staatlichen Anleihen in Höhe von zusammen 3 Mio Gulden.

Hinter diese für Frankfurt sehr wichtigen Fragen traten natürlich jene Regelungen zurück, die kirchliche Verhältnisse betrafen. Sie fanden sich vor allem in Artikel 13 des Auseinandersetzungsrezesses. Im Einzelnen ging es dabei um Folgendes:

– Die Stadt Frankfurt behielt das Patronat an Kirchen und Schulen im Stadtgebiet und in den nunmehr preußischen Dörfern, soweit ein Patronat bisher bestanden hatte. – Die Stadt trug auch weiterhin alle Unterhaltungspflichten an Kirchen, Pfarreien und Schulen, die sie bisher gehabt hatte, und soweit sie das Stadtgebiet sowie die Ortschaften Oberursel, Schwanheim, Praunheim, Bonames und Hausen betrafen.
– Der Staat übernahm die Pflichten und Rechte gegenüber den Kirchen, Pfarreien und Schulen in den Ortschaften Bornheim, Oberrad, Niederrad und Niederursel.
– Alle zur Dotation oder zur Benutzung für die Kirchen, Pfarreien und Schulen der Dörfer bestimmten Gebäude, Grundstücke und Berechtigungen wurden Eigentum der betreffenden Kirchen, Pfarreien und Schulen bzw. der entsprechenden Gemeinden. Eine

Regelung, die übrigens in zwei Fällen grundbuchlich erst in den 1970er Jahren vollzogen wurde.

Für die Kirche war bei all' dem wichtig, dass es zwar Veränderungen im rechtlichen Gegenüber gab, dass aber doch ihre Ansprüche nicht in Zweifel gezogen wurden. Trotz der ausführlichen Regelungen gab es jedoch in der Folgezeit immer wieder Kompetenzstreitigkeiten, z. B. bei der Bestätigung von Pfarrwahlen, bei der Pensionierung von Geistlichen, bei der Übernahme der Kosten des Konsistoriums oder bei der Oberaufsicht über die Stiftungen. Es lässt sich jedoch nicht sagen, ob der Staat oder die Stadt das härtere oder nachgiebigere Gegenüber waren. Beide zeigten sich gleich hartleibig, wenn es um die Bewilligung von Geldern für kirchliche Zwecke ging.

Frankfurt wird Großstadt
Bis zum Beginn des 19. Jahrhunderts war das städtische Siedlungsgebiet in etwa begrenzt durch den Verlauf der ab 1805 geschleiften Festungswälle, heute erkennbar im Anlagenring. Außerhalb dessen waren lediglich ab 1740 mainabwärts und ab 1770 entlang der Bockenheimer Landstraße einzelne Villen und Landhäuser errichtet worden. Schritt für Schritt griff dann aber im 19. Jahrhundert die Bebauung weiter ins Frankfurter Umland. Um 1850 wurden schließlich das Westend, dann folgend das Nordend, das Ostend und die Sachsenhäuser Gemarkung systematisch beplant und bebaut. Ab 1886 folgte das Bahnhofsviertel. Doch Staat und Stadt reagierten auf die Entwicklungen nicht nur durch die Planung von Neubaugebieten. Im Jahre 1885 gab es auch eine Gebietsreform der Provinz Hessen-Nassau, in deren Zusammenhang neben der Stadt Frankfurt der Landkreis Frankfurt entstand. Ein weiteres

1811	1851	1871	1891	1900	1910	1914
41.000	61.000	91.000	180.000	289.000	414.000	437.000

Die Bevölkerungsentwicklung Frankfurts

Mittel der Gestaltung der Strukturen war schließlich die Eingemeindung: im Jahre 1877 von Bornheim; im Jahre 1895 von Bockenheim (bis 1867 kurhessisch); im Jahre 1900 von Oberrad, Niederrad und Seckbach (bis 1867 kurhessisch); im Jahre 1910 von Bonames, Hausen, Rödelheim (bis 1867 hessendarmstädtisch), Praunheim, Niederursel, Ginnheim, Eschersheim, Eckenheim, Preungesheim, Berkersheim (alle bis 1867 kurhessisch) und Heddernheim (bis 1867 nassauisch), also des gesamten Landkreises.

Nach dem Krieg 1870/71 partizipierte Frankfurt an den Gründerjahren. Die Stadt wurde von einer Handels- zu einer Industriestadt. Der Hauptbahnhof, Fabriken und technische Anlagen bestimmten nun mehr und mehr das Stadtbild. Im Osten und im Westen entstanden Industrieviertel und Arbeiterwohngebiete. Menschen strömten aus dem näheren und ferneren Umland in die Stadt. Alles dies waren Auswirkungen der neuen Gewerbe- und Niederlassungsfreiheit. Dabei gab es im Stadtgebiet selbst nur mittlere Betriebe. Die großen Produktionsanlagen lagen jenseits der Stadtgrenzen in Bockenheim, Griesheim, Höchst und Fechenheim.

Allerdings war diese Entwicklung nicht die Folge einer bewussten Öffnung. Eigentlich wollte man die Stadt als großbürgerliches Refugium erhalten und mehr in den Fremdenverkehr investieren. Deshalb sorgte die Stadtregierung für eine hohe Prokopfsteuerbelastung. Aber das Lohnniveau und das ausgebaute Wohlfahrtswesen zogen Arbeitswillige und Pflegebedürftige an. So wuchs Frankfurt nun sprunghaft.

Zuwanderungen, Geburtenüberschuss und Eingemeindungen waren die Ursache. Mit einem jährlichen Durchschnittseinkommen von 4.791 Mk. im Jahre 1902 wurde Frankfurt die reichste Stadt Preußens. Und doch hatte diese Blütezeit auch ihre Schattenseiten. Um 1900 betrug der jährliche Durchschnittslohn eines Facharbeiters 1.500 M. Was besagt da schon ein Durchschnittseinkommen von weit über 4.000 M. Im Jahre 1912 waren über 100 Personen in Frankfurt mehrfache Millionäre. Andererseits galten 87 v. H. der Bevölkerung als minderbemittelt, denn der Reichtum lag in den Händen von nur 1 v. H. der Bevölkerung. Diese Zahlen lassen auf manches schließen, dem sich die Kirche zuwenden musste: soziale Not und innere Zerrissenheit der Bevölkerung. Doch die Kirche tat sich schwer. Die kirchliche Organisationsstruktur folgte der Entwicklung zunächst nicht.

1.3 Die Situation der evangelischen Kirche in Frankfurt

1.3.1 Die Integration der Frankfurter Kirche in die preussische Kirchenorganisation

Die beachtliche territoriale Erweiterung Preußens mit 4 Millionen neuen Staatsbürgern warf natürlich auch die Frage nach der künftigen Organisationsstruktur der evangelischen Kirche auf. Unterschiedlichste Positionen wurden vertreten. So plädierte das strenge Luthertum für eine Beseitigung der Union und eine hierarchisch gegliederte Bischofskirche. Die Unionsfreunde wollten die Integration der neuen Kirchengebiete in die vorhandene Landeskirche. Und schließlich plädierte eine dritte Gruppe für eine unterschiedlich beschriebene Konföderation.[40] Nicht selten schlug dabei die Vorstellung von der „*Mission Preußens*" durch. So, wie es dessen historische Aufgabe sei, im staatlichen Bereich die politische Einigung Deutschlands herbeizuführen, sah man es im kirchlichen Bereich als preußische Aufgabe an, eine deutsch-nationale Reichskirche zu schaffen. Aber die verschiedenen Kirchenparteien konnten sich nicht gegen die preußische Staatsregierung und namentlich gegen Otto von Bismarck durchsetzen. Hier wurde die kirchliche Integration im Interesse der politischen Integration zurückgestellt. Die Regierung wollte das politisch ohnehin nicht einfache Verhältnis zu den neuen Provinzen nicht noch durch kirchenpolitische Risiken belasten.[41]

Ein Entwurf des Kultusministeriums zur Reorganisation der evangelischen Kirchen in Neupreußen im Juli 1867 ließ sich dann auch von den Grundsätzen der möglichsten Schonung aller provinziellen Eigenheiten und der Wahrung der Rechtskontinuität leiten.[42] Als Rechtsgrundlage wurde der Akt der Einverleibung angesehen. Damit seien die kirchenhoheitlichen Befugnisse der früheren Landesherren auf den König von Preußen übergegangen. Dieser hätte sie zunächst auf die Generalgouverneure und Administratoren übertragen und sie später an den Kultusminister delegiert. Auf dieser Grundlage wurde nun gehandelt. Die zunächst so sehr diskutierte und auch vom Evangelischen Oberkirchenrat geforderte Fortbildung der preußischen Kirchenverfassung scheiterte 1869.[43] Die alten und die neuen Provinzen wurden bis 1918 kirchenrechtlich unterschiedlich behandelt und gingen auch eigene Wege, wie das Frankfurter Beispiel zeigt.

Die Stimmung in den Frankfurter Kirchengemeinden nach 1866 schlug sich in einem anonymen Artikel nieder: „*… daß weder die Lutherische, noch die reformierte Gemeinde zu Frankfurt, sich einem unierten Consistorium zu Wiesbaden unterzuordnen, für verpflichtet halten. Nein! unsere Jugend dient schon längst im Preußischen Heer; wir zahlen der Staatskasse all zu schwere Steuern geduldig und ergeben; wir haben stramme Polizei; unser Handel und Verkehr wird durch eine weitläufige Geschäftsführung in Wiesbaden und Cassel nicht befördert; laissez faire! gilt nicht in Preußen; mit männlicher Entschlossenheit ringen wir gegen diese plötzliche Veränderung der ehemals vielleicht allzu behaglichen Zustände; welchen Vortheil könnte die preußische Regierung dabei finden, einen lange andauernden Kampf der Evangelischen Gemeinden, der Maße der Frankfurter Bevölkerung, wegen Gewissens-Zwang zu entzünden? Denn unsere kirchliche Verfassung schützt unseren Glauben, und wie wir sie von den Vorfahren empfangen haben, wollen wir sie behaupten.*"[44] Die zunächst bestehenden Spannungen zwischen der Besatzungsmacht und der Frankfurter Bevölkerung, schienen die Sorgen zu bestätigen.

Allseits fürchtete man, dass nicht nur das politische Gemeinwesen, sondern auch die Kirche durch Preußen einverleibt würde, man also Teil der preußischen Landeskirche würde. Dabei waren es weniger konfessionelle Vorbehalte der Frankfurter Lutheraner und Reformierten gegenüber den unierten Preußen. Vielmehr hatten die Frankfurter ja eine kirchliche Ordnung mit einer großen Selbständigkeit der Kirche. Nun fürchtete man die *„in jener Kirche vorherrschende retrogade und antediluvianische Tendenz"*[45] Mit einem gewissen Recht. Hatte doch in Preußen die jahrzehntelange Diskussion über die Einführung synodaler und presbyterialer Elemente in die Kirchenverfassung bis dahin nicht zu entscheidenden Verbesserungen geführt.[46] Selbst ein so überzeugter Anhänger Preußens wie der deutsch-reformierte Pfarrer Rudolf Ehlers sprach sich für die Beibehaltung der Grundzüge der bisherigen Kirchenverfassung aus. Als solche sah er die presbyteriale Vertretung, die freie Pfarrwahl, die selbständige Vermögensverwaltung, die Lehrfreiheit und die Mitentscheidung über liturgische Veränderungen.[47] Dabei hatte er aber wohl vor allem die reformierten Gemeinden vor Augen. Lediglich die Konsistorialverfassung stellte er zur Disposition. Hielt er es doch für undenkbar, dass der Staat seine Oberaufsicht in die Hände einer Behörde legte, die von den zu Beaufsichtigenden zum Teil selbst gewählt war.[48] Andererseits war die kirchliche Indifferenz in Frankfurt so groß, dass die Mehrzahl der Frankfurter kein Interesse an kirchlichen Dingen bekundete.

Mit der Annexion galt in Frankfurt nun preußisches Recht, auch das preußische Kirchenrecht. Frankfurt gehörte nun zur preußischen Provinz Hessen-Nassau. Für diese Provinz wurde in Wiesbaden ein Konsistorium geschaffen, dem Frankfurt aber kirchlich nicht unterstand.[49] Bereits am 6. Dezember 1866 erklärte der Preußische Minister der geistlichen Angelegenheiten im Abgeordnetenhaus, *„daß die evangelische Kirche im Frieden sich selbst bauen müsse"*. Die Königliche Verordnung vom 22. September 1867 über die Errichtung des Konsistoriums in Wiesbaden sagte ausdrücklich: *„Im Gebiete der ehemals freien Stadt Frankfurt bleiben, bis auf Weiteres, die dort bestehenden Consistorien in Wirksamkeit!"* Bald aber nahm man in Frankfurt mit Erstaunen zur Kenntnis, dass die Anordnung eines Gebetes für den Landtag über den nassauischen Bischof nach Frankfurt übermittelt wurde. Und schließlich erhielt der Gemeindevorstand Ende des Jahres 1867 *„sichere Nachricht"*, dass die Absicht bestünde, die Frankfurter Konsistorien aufzulösen und die Frankfurter Gemeinden dem Wiesbadener Konsistorium zu unterstellen. Im Juni, Juli und August 1868 verhandelte der Präsident des Wiesbadener Konsistoriums tatsächlich auch im Auftrag des Kultusministeriums mit den Frankfurter Konsistorien, dem Predigerministerium, dem lutherischen Gemeindevorstand und dem Magistrat wegen der kirchenregimentlichen Befugnisse der Frankfurter Konsistorien.[50] Dabei gab es jedoch keine Ergebnisse. Schließlich legte der Gemeindevorstand am 17. September 1868 eine Eingabe vor, mit der er die kirchliche Selbständigkeit Frankfurts energisch vertrat. Er berief sich dabei sowohl auf die preußische Verfassungsurkunde als auch auf das geltende Frankfurter Kirchenrecht. Ähnlich äußerte sich auch das Presbyterium der Deutschen evang.-reformierten Gemeinde. Aber es gab keine staatliche Reaktion. Tatsächlich wurde jedoch von nun an die Frankfurter Kirchenverfassung von den preußischen Behörden anerkannt.[51]

So erhielt sich die Frankfurter Kirchenverfassung als letzter Teil der alten freistädtischen Herrlichkeit bis zum Ende des 19. Jahrhunderts. Es gab weiter eine lutherische Stadtgemeinde, an deren sechs Kirchen zwölf Pfarrer tätig waren. Außerdem gehörten die lutherischen Kirchengemeinden in den Dörfern Bornheim, Oberrad, Niederrad, Bonames, Hausen und Niederursel zur Frankfurter Kirche. Dazu kamen die Deutsche evang.-reformierte Gemeinde und die Französisch-reformierte Gemeinde. Ihnen übergeordnet waren das lutherische und das reformierte Konsistorium. Nur Dortelweil und Nieder-Erlenbach, also die an das Großherzogtum Hessen gefallenen Gemeinden, schieden auch aus dem kirchlichen Verband aus.

1.3.2 Änderungen der grundlegenden Ordnungen[52]

Die Frankfurter hatten also ihre Kirchenverfassung retten können. Doch sie konnte nicht auf alle Zeiten so erhalten bleiben, wie sie unter dem seitherigen Kirchenregiment gegolten hatte. So kam es gegen den Widerstand des lutherischen Gemeindevorstandes[53] 1872 zu einer Änderung der Gemeindeordnung. Nach deren Art. 2 war Mitglied der lutherischen Gemeinde, wer das Frankfurter Bürgerrecht besaß sowie getauft und konfirmiert war. Ein Frankfurter Bürgerrecht gab es jedoch seit 1866 nicht mehr. So musste diese Vorschrift dem Kommunalrecht angepasst werden. An die Stelle des Bürgerrechts trat jetzt der Frankfurter Wohnsitz. Nach Art. 3 hatte das passive Wahlrecht, wer den Bürgereid geleistet hatte. Von nun an genügte die Eintragung in das Gemeinderegister und ein beliebig hoher jährlicher Beitrag an eine der Gemeindekassen. Zehn Jahre später, wurde dann auch die Zusammensetzung des lutherischen Konsistoriums geändert.[54] Natürlich konnten schon seit 1866 nicht mehr zwei Senatoren vom Senat in das Konsistorium entsandt werden. Stattdessen wurde nun der Vorsitzende vom König und ein zweites Mitglied vom Magistrat ernannt, aber vom König bestätigt. Eine entsprechende Regelung gab es auch für das reformierte Konsistorium. Bemerkenswert war jedoch, dass die beiden Frankfurter Konsistorien sich auch jetzt noch nicht „*Königliches Konsistorium*" nannten. Es blieb beim „*Evangelisch-lutherischen Konsistorium*" und beim „*Reformierten Konsistorium*". Doch das waren nur Anpassungen an veränderte rechtliche Gegebenheiten und keine der dringend benötigten Reformen.

Die evangelische Kirche in Frankfurt hatte im Jahre 1814 in der Stadt und in den Landgemeinden etwa 36.000 Mitglieder gezählt. Im Jahre 1891 waren es etwa 180.000. Doch ihre Organisation und ihre personelle wie sachliche Ausstattung konnte sie seither den veränderten Gegebenheiten nicht anpassen. Die Kirchengebäude gehörten der Stadt, die auch die Pfarrer besoldete. Die Pfarrer konnten deshalb schon die Gottesdienste und die Amtshandlungen kaum bewältigen. Fast alle Formen moderner kirchlicher Arbeit mit Männern, Jünglingen, Jungfrauen, Arbeitern, um nur einige zu nennen, oder Innere Mission waren in Vereinsform organisiert. Überall fehlte es an Geld. Die Gemeinden besaßen kein Steuerrecht und keine kirchliche Verwaltung. In einer Stadtgemeinde mit zwölf Pfarrern suchten sich die Gemeindeglieder ihren Pfarrer selber aus, von Einzelgemeinden konnte man nicht sprechen. Zweihundert Jahre vorher hatte schon Philipp Jakob Spener die eine lutherische Stadtgemeinde als wenig gemeinschaftsfördernd und intensiver Seelsorge abträglich erachtet. Dann hatte man die Gemeinde zwar 1857 in Sprengel aufgeteilt, jedoch nicht als Pfarrbezirke, sondern als Wahlbezirke für die Wahl des Gemeindevorstandes. Nur die Hälfte der Ehen evangelischer Gemeindeglieder wurde kirchlich geschlossen, nur die Hälfte der Kinder getauft. Kirchengebäude konnten in den Neubaugebieten durch die offizielle Kirche nicht errichtet werden. Im Westend und im Nordend baute der wohlhabende und fromme Emil Moritz von Bernus die Christuskirche und die Immanuelskirche. In Bornheim wurde ein Verein gegründet, um in Erinnerung an die Reformation eine Lutherkirche und ein Gemeindehaus zu bauen. Angesichts des Wachstums der einen lutherischen Gemeinde mussten gegen Ende des 19. Jahrhunderts die alten Mängel um so schwerer wiegen. Und so empfand man auch die lutherische Kirchenorganisation als eng, schwerfällig und nicht zeitgemäß. Obwohl die Stadt Frankfurt mit der Eingemeindung Bornheims im Jahre 1877 und dem Anstreben weiterer Eingemeindungen zeigte, dass nur grundlegende Strukturveränderungen zur Lösung der Probleme taugten, konnte man sich hierzu in der lutherischen Gemeinde zunächst nicht entschließen.

Die Vorgeschichte einer Neuordnung begann wohl im Jahre 1882. Bei einer Wahl des lutherischen Gemeindevorstands waren die Positiven den Liberalen unterlegen, was auch Konsequenzen für die Besetzung verschiedener anderer kirchlicher Ämter, insbesondere des Konsistoriums, zur Folge hatte.[55] Auch machten die Ideen des Dresdener Pfarrers Emil Sulze die Runde, der sich für lebendigere Gemeinden engagierte. So hörte nun die Diskussion nicht mehr auf. Eine 1883 gegründete *„Evangelische Vereinigung"*, die lutherische Pfarrkonferenz, einzelne Pfarrer, der lutherische Gemeindevorstand und eine gemischte Kommission beteiligten sich daran oder legten gar Entwürfe vor. Nur die Reformierten blieben aus Sorge um ihre überkommenen Rechte reserviert. Als man 1889 mit einer intensiveren Diskussion und ersten Schritten zur Änderung der kirchlichen Organisation begann, waren die Probleme, die man lösen musste, schier unüberwindlich. Erster Schritt war im gleichen Jahr eine Kirchengemeinde-Ordnung für die evangelisch-lutherischen Kirchengemeinden Bornheim, Oberrad, Niederrad, Bonames, Niederursel und Hausen, die lutherischen Landgemeinden.[56] Kirchlich hielt man also an der getrennten Organisation der Stadt und des lutherischen Umlandes fest. Und eigentlich wurde hiermit auch nur einem Nachholbedarf Rechnung getragen. Seit 1857 hatte es solch eine Gemeindeordnung für die Stadtgemeinde gegeben, nicht aber für die Landgemeinden, die nunmehr wenigstens die Grundlagen ihrer Arbeit und ihres Lebens geregelt bekamen. Zukunftsweisend war dabei lediglich, dass § 33 die Erhebung von Umlagen ermöglichte, also ein erster Hinweis auf die Erhebung von Kirchensteuern. Gebrauch gemacht wurde hiervon zunächst aber nicht.

Ab 1891 berichtete der Frankfurter Kirchenkalender dann regelmäßig von einer beabsichtigten *„Revision der Kirchenverfassung"*. Sie sollte der Frankfurter Kirche eine neue Ordnung bringen. Hauptziele waren auf lutherischer Seite die Aufteilung der einen lutherischen Stadtgemeinde in Parochialgemeinden, die Schaffung von Pfarrbezirken mit höchstens 5.000 Seelen und die Einführung der Kirchensteuer. Als großer Vorteil der Kirchensteuer wurde auch angesehen, dass die Pfarrer für einzelne Tätigkeiten keine Gebühren mehr erheben müssten. 1892 veröffentlichte der Senior des lutherischen Predigerministeriums, Pfarrer Johann Jakob Krebs, einen Artikel in den *„Deutsch-Evangelischen Blättern"*, in dem er zu einer Änderung der geltenden Verfassung aufrief.[57] Wie schwierig das war, beschrieb er mit folgenden Worten: *„Sind doch in nächster Zeit viel wichtige Fragen zu lösen in Bezug auf die Neugestaltung unseres Gemeindelebens, welche einmal in Fluß gekommen selbst dann immer wieder kehren würden mit innerer*

Abb. 8 Johann Jakob Krebs

Notwendigkeit, wenn es gelänge, noch einmal ihre Lösung aus übertriebener Anhänglichkeit an die bisherigen Verhältnisse aufzuhalten! Wohl ist es ganz gewiß, daß keine Organisation, wie vollkommen sie sei, das mangelnde geistliche Leben schaffen oder ersetzen kann, aber man kann wenigstens Hindernisse dadurch hinwegräumen, welche die Entfaltung des kirchlichen Lebens aufhalten. Ist es gleich unverkennbar ein schöner Zug in unserer Bürgerschaft, daß sie an dem Bestehenden mit einer gewissen Pietät festhält und gegen willkürliche Neuerungen, zumal auf kirchlichem Gebiete, sich ablehnend verhält, so ist doch zu beachten, daß das, was der jetzigen Generation als das Alte und Bewährte erscheint auch einmal neu gewesen ist und damals Bestehendes verdrängt hat - ein Umstand, der von dem gegenwärtig lebenden Geschlecht oft vergessen wird. Es ist zu hoffen, daß bei den zu erwartenden Umgestaltungen ebensosehr schonende Rücksicht waltet auf das, was lange Gewohnheit lieb gemacht hat, als die klare Erkenntnis für die Bedürfnisse der neueren Zeit."[58]

Zwar gab es im Jahr 1892 noch einen Entwurf des lutherischen Gemeindevorstandes. Doch er griff zu kurz, indem er zwar die Einführung der Kirchensteuer, aber weder eine Aufteilung der Stadtgemeinde noch Gemeindeverbände, vorsah. Erarbeitet wurde der *eigentliche Verfassungsentwurf* durch eine Kommission, die weiter ging: die neue Landeskirche sollte die lutherischen Kirchengemeinden der Stadt mit Sachsenhausen, die Deutsche evang.-reformierte Gemeinde, die Französisch-reformierte Gemeinde und die lutherischen Kirchengemeinden in Bornheim, Oberrad, Niederrad und Bonames umfassen. Als dann aber 1896 auch die Preußische Regierung einen Entwurf vorlegte, kam die Sache langsam in Gang. Doch die Verhandlungen blieben schwierig. Zwar hatten die Lutheraner den Eindruck, dass der Entwurf die Frankfurter Traditionen zu wenig berücksichtigt, wollten das aber in Gesprächen mit Regierungsvertretern klären. Doch die Reformierten sahen ihre Selbständigkeit bedroht und lehnten den Entwurf sowie Verhandlungen mit der lutherischen Gemeinde und der Regierung ab.[59] Ob dabei die Frage einer Bekenntnisunion von Lutheranern und Reformierten eine Rolle gespielt hat, wissen wir nicht. Doch ist überliefert, dass Pfarrer Rudolf Ehlers die Ordnung heftig kritisiert hat, weil sie diese Union eben nicht brachte.[60] Die von staatlicher Seite behutsam und vermittelnd geführten Verhandlungen brachten schließlich 1899 mit der Kirchengemeinde und Synodalordnung doch ein positives Ergebnis. Die Frankfurter schnitten ihre alten Zöpfe ab und organisierten nun auch ihre Kirche den längst deutlich gewordenen Erfordernissen entsprechend. Zwar war die ausgeprägt presbyteriale Verfassung lange ein Bollwerk gegen mögliche Eingriffe der preußischen Verwaltung gewesen. Doch nun wurde die volle Integration in das preußische Kirchensystem möglich, weil auch andere, viel drückendere, Probleme eine Lösung fanden.

1.3.3 Der preussische Konsistorialbezirk

Die „*Kirchengemeinde- und Synodalordnung für die evangelischen Kirchengemeinschaften des Konsistorialbezirks Frankfurt am Main*"[61] (KGSO) wurde vom Preußischen Herrenhaus und vom Preußischen Abgeordnetenhaus beschlossen und am 27. September 1899 von Wilhelm II. als preußischem König auf einem Jagdurlaub in Rominten (Ostpreußen) sanktioniert. Die Beziehungen zwischen Staat und Kirche wurden in einer Verordnung vom 6. November 1899 geregelt. Am 1. Dezember 1899 trat das neue Konsistorium erstmals zusammen und erließ Ausführungsbestimmungen. Konsistorialpräsident wurde der Jurist Walter Friedemann Ernst, der Präsident des nassauischen Konsistoriums in Wiesbaden. Am 11./12. Januar 1900 wurden die Gemeindevertretungen gewählt, am 29. Januar 1900 die Kirchenvorsteher. Am 15. Februar 1900 wurde die lutherische Stadtsynode gewählt und am 16. März 1900 hielt sie ihre konstituierende Sitzung ab. Als späte Folge des Anschlusses an Preußen brachte die Kirchengemeinde- und Synodalordnung eine Lösung der organisatorischen Probleme. Mit ihr erhielt die Frankfurter Kirche eine moderne Organisationsform, ähnlich der neun älteren preußischen Provinzen. Allerdings waren die Konsistorien der älteren Provinzen dem Evangelischen Oberkirchenrat unterstellt und dieser dem Ministerium der Geistlichen und Unterrichts-Angelegenheiten. Die Konsistorien der neuen preußischen Gebiete in Kassel, Wiesbaden, Frankfurt a. M., Kiel, Hannover und Aurich unterstanden dem Ministerium direkt.[62] Frankfurt war zwar nicht eine Kirchenprovinz aber ein Konsistorialbezirk.

Wichtigste Neuerung war wohl die Aufteilung der alten lutherischen Stadtgemeinde in sechs Einzelgemeinden. Bis zuletzt hatte man mit dem Gedanken gespielt, zwölf Einzelgemeinden, entsprechend der Zahl der Pfarrstellen, zu schaffen. Dann hatte man sich aber wegen der damit verbundenen organisatorischen Probleme auf sechs geeinigt.[63] Dabei orientierte man sich an den sechs Kirchen und ordnete jeder, von der Stadtmitte ausgesehen, einen Sektor des Stadtgebietes zu. Daraus ergaben sich die St. Paulsgemeinde, die Weißfrauengemeinde, die St. Katharinengemeinde, die St. Petersgemeinde, die St. Nicolaigemeinde und die Dreikönigsgemeinde. Diese Namen entsprachen einem Vorschlag des Predigerministeriums vom 14. September 1897. Allerdings hatte das Predigerministerium auch Alternativvorschläge gemacht: Für die St. Paulsgemeinde „*Lukasgemeinde*" (weil Lukas Schüler und Begleiter des Paulus war), für die Weißfrauengemeinde „*Gutleutgemeinde*" (nach der ehemaligen Gutleutkirche auf dem Gutleuthof), für die St. Katharinengemeinde „*Mathäigemeinde*" (als Pendant zur Johanniskirche in Bornheim), für die St. Petersgemeinde „*Marcusgemeinde*" (nach dem Schüler und Begleiter des Petrus), für die St. Nicolaigemeinde „*Berggemeinde*" (nach dem Röderberg auf ihrem Gemeindegebiet) und für die Dreikönigsgemeinde „*Elisabethengemeinde*" (nach der alten Elisabethenkirche). Bis auf letztere wurde die Alternativnamen bei künftigen Gemeindegründungen berücksichtigt. Die St. Nikolaigemeinde schrieb sich übrigens bis 1908 mit einem „k". Die Gemeindegebiete, die (ausgenommen die St. Paulsgemeinde) ähnlich einem Tortenstück geschnitten waren, reichten weit in die Neubaugebiete der Stadt hinein. Jeweils in der inneren Spitze lag eine der alten evangelischen Kirchen. Von ihnen aus sollten die Außenbereiche mitversorgt werden. Diese sechs Gemeinden bildeten nun zusammen mit der Deutschen evang.-reformierten und der Französisch-reformierten Kirchengemeinde sowie den lutherischen Kirchengemeinden in Bornheim, Oberrad, Niederrad, Bonames, Niederursel und Hausen den Konsistorialbezirk Frankfurt. Zu den sechs Stadtgemeinden kamen dann im Stadtgebiet durch Gemeindeneubildung hinzu: 1901 die Luthergemeinde, 1902 die Matthäusgemeinde, 1903 die Lukasgemeinde und 1909 die Friedensgemeinde. Im Jahre 1911 wurde die Diakonissenanstalt zu einer landeskirchlichen Anstaltsgemeinde erhoben. Die zweite wichtige Neuerung war also, dass die Lutheraner und die Reformierten ein gemeinsames Kirchenwesen bildeten. Zum Konsistorialbezirk gehörte auch die Garnisonkirchengemeinde, die ihre Gottesdienste zunächst in der St. Katharinenkirche und dann in der Matthäuskirche abhielt.

Konsequenterweise wurden nun auch das lutherische und das reformierte Konsistorium zu einem Konsistorium vereinigt. Seine Zuständigkeit und seine Geschäftsordnung ergab sich aus den seit Jahrzehnten für die preußischen Konsistorien geltenden Vorschriften. Die Stadt Frankfurt hatte die Kosten zu tragen und durfte dafür auch ein Mitglied in das Konsistorium entsenden.[64] Seine anderen Mitglieder wurden allesamt vom König ernannt. Das, worum man vor 35 Jahren engagiert gekämpft hatte, die Beteiligung der Gemeinde an der Besetzung der Konsistorialstellen, wurde jetzt ohne großen Widerstand aufgegeben. Und das neue Konsistorium hieß nun auch „*Königliches Konsistorium*". An der Person des Präsidenten machte sich allerdings auch fest, wie sehr die Frankfurter Kirche weiterhin vom Staat abhängig war. Als er 1919 in den Ruhestand ging, verfasste Senior Wilhelm Bornemann im Frankfurter Kirchenkalender eine Würdigung in Form der Beschreibung der Entwicklung der Frankfurter Kirche in den vergangenen zwanzig Jahren. Er zeigte, dass Ernst durchaus der richtige Mann war, um die Kirchengemeinde- und Synodalordnung umzusetzen und den neuen Konsistorialbezirk zu organisieren. In bemerkenswerter Offenheit sparte er aber auch nicht mit Kritik.

„Der Frankfurter ist auch in kirchlicher Beziehung auf seine besondere Überlieferung, Eigenart und Selbständigkeit eifersüchtig bedacht. Daß da ein Doppelamt, wie es Dr. Ernst in Wiesbaden und in Frankfurt versah, keineswegs bequem war, ist leicht einzusehen. Nun hatte der Präsident seinen Wohnsitz in Wiesbaden; in Frankfurt hielt er alle 14 Tage eine Sitzung ab, sonst kam er in der Regel nur zu den Tagungen der Synoden und Ausschüsse und bei besonderen Veranlassungen und Verhandlungen herüber. So war er in den Frankfurter Verhältnissen nicht eingewurzelt und nicht allseitig aus eigener Erfahrung unterrichtet, sondern auf Berichte von andern angewiesen. Das ist, so so sehr ihm die Milde und Zurückhaltung im Allgemeinen gedankt wurde, doch in einzelnen Fällen lebhaft bedauert worden. Vielleicht wären, wenn er ortsansässig gewesen wäre, die Vorschläge für die landesherrlichen Ernennungen zur Bezirkssynode zum Teil anders ausgefallen. Vielleicht wäre durch seine dauernde persönliche Anwesenheit auch jeder Anlaß zur Einleitung

eines Disziplinarverfahrens bis zuletzt im Keime erstickt worden. Vielleicht wären auch bei anderen Gelegenheiten einzelne Vorschläge und Entscheidungen in anderer Form erfolgt. Das, was in Frankfurter Kreisen hie und da schmerzlich oder peinlich empfunden wurde, waren Folgen des Staatskirchentums, wie es sich nun einmal in Preußen entwickelt hatte. Dahin gehört, daß in Bezug auf das Verhältnis der Landeskirche zur Militärgemeinde und ihrer Ordnung der Kirchenbehörde die Hände einfach gebunden waren, daß auch gegenüber der katholischen Kirche aus staatlichen Rücksichten die größte Vorsicht und Zurückhaltung geübt wurde."[65]

Gemeindliches Selbstbewusstsein und eine gewisse Autonomie verbanden sich denn auch mit einer weiteren Neuerung, den Synodalverbänden. Das Vermögen der alten lutherischen Stadtgemeinde hatte im Wesentlichen in den Rechtsansprüchen gegenüber der Stadt bestanden. Als man diese Gemeinde nun aufteilte, wusste man nicht, wie man diese Ansprüche auf die neu entstehenden Gemeinden aufteilen sollte. Deshalb schloss man die neuen lutherischen Gemeinden gleich wieder in einem Gemeindeverband zusammen und hielt diesen auch offen für den Beitritt der unierten Kirchengemeinde in Bockenheim, das gerade nach Frankfurt eingemeindet worden war.[66] Dieser Stadtsynodalverband erhielt gewisse Aufsichtsrechte gegenüber den Einzelgemeinden, verwaltete später die Kirchensteuern und entwickelte sich über die Jahrzehnte zu einem bedeutsamen Träger kirchlicher Arbeit. Eine parallele Regelung gab es für die beiden reformierten Gemeinden mit dem reformierten Stadtsynodalverband.

Nicht ganz verständlich ist aus heutiger Sicht die Synodalordnung, also die übergemeindliche Organisation der Frankfurter Kirche. Enthielt sie doch mit fünf Synoden (Evangelisch-lutherische Stadtsynode, Evangelisch-reformierte Stadtsynode, Vereinigte Lutherische und Reformierte Stadtsynode, Evangelisch-lutherische Kreissynode und Bezirkssynode) auf dem kleinen Kirchengebiet eine äußerst komplizierte und umständliche Ordnung der übergemeindlichen Angelegenheiten. Aber zum einen war es wohl nicht möglich gewesen, die Stadt- und Landgemeinden in einem Stadtsynodalverband mit einer Synode zusammenzufassen, weil die Stadtgemeinden weiterhin gemeinsam die Dotationsansprüche gegenüber der Stadt besaßen und diese Ansprüche auf den Stadtsynodalverband übergehen sollten. Zum anderen war es wohl nicht mehr möglich, wie noch um 1820 und später ernsthaft erörtert, zu einer Union der Lutheraner und Reformierten zu kommen. Da das Steuerrecht eingeführt wurde und bei den Gemeinden liegen sollte, bedurfte es sodann einer gemeinsamen Kirchensteuersynode. So erhielt Frankfurt eine Synodalordnung, die bereits bei ihrer Einführung die Notwendigkeit baldiger Neuordnung in sich barg.

Die lutherischen Gemeinden innerhalb der Grenzen der ehemaligen Gemeinde bildeten also einen Gesamtverband (im folgenden Stadtsynodalverband genannt), der durch die lutherische Stadtsynode vertreten wurde. Bis in die sechziger Jahre des vergangenen Jahrhunderts hielt sich dabei der Sprachgebrauch, den Gemeindeverband als *„die Stadtsynode"* zu bezeichnen. In mehreren Schritten wurde aus diesem Verband der heutige Evangelische Regionalverband. Die ersten Mitglieder des lutherischen Stadtsynodalverbandes waren die St. Paulsgemeinde, die Weißfrauengemeinde, die St. Katharinengemeinde, die St. Petersgemeinde, die St. Nikolaigemeinde und die Dreikönigsgemeinde. Hinzukamen 1900 die Johannisgemeinde, 1901 die Luthergemeinde, 1902 die Matthäusgemeinde, 1903 die Lukasgemeinde und 1909 die Friedensgemeinde. Man sieht, dass sehr bald alte Grenzziehungen aufgehoben wurden und sich die Realitäten durchsetzten. Wichtigste Aufgaben des Verbandes waren neben der Wahrung der Rechtsansprüche gegenüber der Stadt die Förderung einer ausreichenden Ausstattung der Gemeinden mit äußeren kirchlichen Einrichtungen wie Pfarrstellen, Gebäuden und Begräbnisplätzen sowie mit finanziellen Mitteln, die sie benötigten, und die Mitaufsicht über die Finanz- und Vermögensverwaltung der Gemeinden. In der Folgezeit führte dies dazu, dass beim Verband vor allem das Grundvermögen für gemeindliche Zwecke angesammelt wurde. Bedeutsame Neuerungen für die Gemeinden waren, dass es neben dem Kirchenvorstand eine Gemeindevertretung gab (§§ 17 ff. KGO), dass die Gemeinden Umlagen erheben durften (§ 20 Ziff. 6 KGO) und dass der lutherischen Stadtsynode ein Mitaufsichtsrecht über die gemeindliche Vermögensverwaltung eingeräumt wurde (§ 59 KGO).

Für die lutherischen Landgemeinden gab es die gleiche Regelung. Das heißt, auch für die Kirchengemeinden Oberrad, Niederrad, Bonames, Niederursel und Hausen (kurzzeitig auch noch Bornheim) wurde ein Gemeindeverband gebildet; mit ähnlichen Kompetenzen, aber ohne, dass dieser je die Bedeutung des Stadtsynodalverbandes erlangt hätte. So schlossen sich die Landgemeinden mit zunehmender kommunaler Eingemeindung auch dem Stadtsynodalverband an. Für die beiden reformierten Gemeinden wurde ebenfalls die gleiche Organisationsform gewählt. Auch dieser Verband hat sich bis heute erhalten. Wegen des überragenden Kirchensteueraufkommens der Reformierten hat er zudem seinerzeit eine große wirtschaftliche Bedeutung gehabt.

„In Frankfurt haben die Katholiken den Dom, die Lutheraner die Macht und die Reformierten das Geld." (Alter Frankfurter Spruch).

Neben all dem war auch eine Landeskirche zu organisieren; deshalb gab es die Bezirkssynode mit den entsprechenden gesamtkirchlichen Aufgaben. Da das Bischofsamt ja in den Händen des Königs als Landesherrn lag, hatte die neue Kirche keinen eigenen Bischof. Herausgehobener Repräsentant der Kirche war entsprechend der Frankfurter Tradition der „Senior" des Evangelisch-lutherischen Predigerministeriums als der Gesamtheit der lutherischen Pfarrer.

Dieses Kirchenwesen unterstand staatlicher Aufsicht, die durch ein Konsistorium für *Frankfurt als staatlicher Behörde* wahrgenommen wurde. Deutliches Zeichen dieser Staatsaufsicht war die Regelung, dass ein staatlicher Kommissarius an allen Sitzungen der Bezirkssynode teilnahm. Bemerkenswert ist auch der Katalog der Befugnisse der staatlichen Behörde und der kirchenausichtlichen Genehmigungen. Es war das allgemein Übliche (Art. 22, 23 Gesetz betreffend die Kirchenverfassung der evangelischen Kirche im Konsistorialbezirk Frankfurt am Main vom 28. September 1899). Doch findet man noch heute in der Kirchengemeindeordnung der Evangelischen Kirche in Hessen und Nassau ganz ähnliche Elemente. Was einst der Disziplinierung der Kirche durch den Staat diente, wurde auf wundersame Weise später übertragen auf das Verhältnis zwischen Gesamtkirche und Kirchengemeinde in einer nun doch wirklich synodal verfasst und demokratisch organisiert sein wollenden Kirche.

1.4 Aus dem kirchlichen Leben

1.4.1 Kirchliches Leben im Jahr 1866

Die Besetzung Frankfurts durch preußisches Militär verlief, auch wenn es keine Kämpfe gab, nicht konfliktfrei. Davon betroffen war auch die evangelische Kirche. Einen ersten Anlass zu Reibereien gab das preußische Militär, als die St. Katharinenkirche mehrfach für Militärgottesdienste in Anspruch genommen wurde, ohne dass das dem Gemeindevorstand rechtzeitig mitgeteilt worden war. Der Gemeindevorstand bat hiergegen das Konsistorium um Schutz für künftige Fälle. Ob dies auch Erfolg gehabt hat, kann nicht mehr festgestellt werden. Dann veranstaltete der Garnisonspfarrer an einem Wochentag Bibelstunden in der Paulskirche, ebenfalls ohne den Gemeindevorstand eingeschaltet zu haben. Auch dagegen erhob der Gemeindevorstand Widerspruch. Ja, er rügte den Garnisonspfarrer sogar, weil er die Kirche eigenmächtig zu einem Abendgottesdienst geöffnet hatte. Als man damit nichts erreichte, verhandelte man zunächst mit dem kommandierenden General und dann mit dem Garnisonspfarrer selbst. Schließlich ließ man diesen *„nur für die nächste Zeit und allen Rechten unvorgreiflich"* in die Paulskirche. Die Aufnahme des Militärgottesdienstes in den Kirchenzettel verweigerte man allerdings auch künftig mit der Begründung, dass dieser nur Gemeindegottesdienste enthalte.[67]

Ernster wurde es dann, als Guido von Madai, der Zivilkommissar und spätere Polizeipräsident, im September 1866 die Abschaffung des herkömmlichen Fürbittegebetes anordnete. Stattdessen sollte die in Preußen übliche Fürbitte eingeführt werden. Die preußische Fürbitte schloss nicht nur den König, sondern auch sämtliche Prinzen und Prinzessinnen ein. Der König wurde mit *„unser Herr"* tituliert. Außerdem wurde für die *„sieghaften Kriegsheere"* gebetet. Die Deutsche evang.-reformierte Gemeinde fügte sich ohne Widerspruch, was sicher auch darauf zurückzuführen war, dass ihr Pfarrer Rudolf Ehlers ein Anhänger Preußens war. Die lutherische Geistlichkeit wollte nur das Gebet für den König akzeptieren und die anderen genannten Formulierungen fallen lassen, konnte sich aber damit nicht durchsetzen. Nur die Französisch-reformierte Gemeinde konnte aufgrund ihrer seitherigen Unabhängigkeit ihre eigene Fürbitte behalten. Als am 14. Oktober zum ersten Mal für den König im Gottesdienst gebetet wurde, kam es zu Aufsehen erregenden Störungen in den lutherischen Gottesdiensten. Mit Räuspern und Füßescharren machten die Gottesdienstbesucher ihrem Unmut Luft.[68] Am Reformationstag ließen einzelne Pfarrer unter Berufung auf das Frankfurter Kirchenbuch die Fürbitte weg. Das wiederum führte dazu, dass die Militärverwaltung nunmehr alle Gottesdienste bespitzeln ließ. Dies und weitere Vorstellungen der einzelnen Gemeinden führten dazu, dass sich sogar Kultusminister Heinrich von Mühler mit der Angelegenheit befassen musste. Erst im März 1867 beruhigten sich die Gemüter und die Frankfurter fügten sich den hart bleibenden preußischen Behörden.[69]

Probleme brachte auch die Vereidigung der Pfarrer auf das neue Kirchenregiment. Hatten diese doch die Sorge, dass sie mit der Eidesleistung bereits einer allgemeinen Veränderung der kirchlichen Verhältnisse in Frankfurt zustimmten. Schließlich unterwarfen sich die lutherischen Geistlichen zwar der Forderung, doch nicht ohne dass der Gemeindevorstand entsprechende Vorstellungen beim Senat erhob. Die deutsch-reformierten Pfarrer fügten dem Eid eine besondere Erklärung bei und der französisch-reformierte Pfarrer lehnte mit Erfolg ab, da er ja kein Staatsdiener war.[70] Wie es heute erscheint, mag um Kleinigkeiten gestritten worden sein. Für die Zeitgenossen waren es aber Angelegenheiten von grundsätzlicher Bedeutung. Schließlich waren die Reibereien auch ein Anzeichen für die gestörte Atmosphäre; denn seit der erzwungenen Änderung des Fürbittegebetes ließ der Gottesdienstbesuch noch weiter nach.[71]

Evangelische Themen wurden in jener Zeit auch in Form von Theateraufführungen an die Menschen herangetragen.[72] Es begann mit der Aufführung des Stücks „Luther" von Otto Devrient im Jahre 1889. 1893 folgte ein zweites Stück „Gustav Adolf" des gleichen Autors, der inzwischen den Ehrendoktor der Theologie erhalten hatte. 1897 gab es ein Reformationsfestspiel von Hermann Dechent „Luthertage in Frankfurt am Main". Der Wartburgverein führte „Junker Jörg" von Martin Jäger und „Die Salzburger" auf. Der Ältere Jünglingsverein und der Arbeiterverein brachten ein weiteres Festspiel von Dechent zur Aufführung: „Bis an den Tod getreu", das zur Zeit der Schlacht von Höchst 1622 spielt.

1.4.2 DIE PFARRERSCHAFT

Während vieles in der Frankfurter Kirche nach 1866 beim Alten blieb, änderte sich die Herkunft der Frankfurter Pfarrer. Bis dahin galt immer noch die alte Praxis, nur Frankfurter in das Pfarramt zu berufen. Nun gab es die Freizügigkeit, sodass nach wenigen Jahrzehnten ein Großteil der Frankfurter Pfarrer von außerhalb gekommen war. Das brachte frische Luft in die Frankfurter Kirche. Allerdings verwundert es, weil die Frankfurter Pfarrergehälter bescheiden waren. Da die Dotationsurkunde keine Anpassungsklausel enthielt, waren die Pfarrergehälter auf dem Stand von Anfang des Jahrhunderts bei 1.600 Gulden im Jahr stehen geblieben.[73] Die Stadt war auch jetzt nicht bereit zu Verbesserungen, und verschiedene Versuche, eine Aufbesserung aus kirchlichen Mitteln zu ermöglichen, scheiterten daran, dass die lutherische Gemeinde fast keine eigenen Einkünfte hatte. Es gab keine Kirchensteuer. Freiwillige Zahlungen leisteten nur wenige Gemeindeglieder. Wie viele finanziell dazu nicht in der Lage waren oder wie viele kein Interesse zeigten, ist unklar. Aber das Wahlrecht war von solchen Zahlungen abhängig. So beteiligten sich auch nur wenige Gemeindeglieder an den Wahlen.

Unter dem Titel „*Sind die Geistlichen der lutherischen Stadtgemeinde überlastet?*" beschrieb Hermann Dechent im Frankfurter Kirchenkalender 1898 die Situation der Stadtpfarrer.[74] Ausgangspunkt seiner Darstellung war der Hinweis darauf, dass es zur Goethezeit in Frankfurt 14 Ärzte und 14 lutherische Geistliche gegeben habe. Nun, im Jahre 1897, betrage die Zahl der Ärzte 300 und die der Geistlichen 12. Er führte das darauf zurück, dass eine verbreitete Meinung als pfarramtliche Tätigkeit nur die Predigten, Taufen, Trauungen und Beerdigungen ansehe. Doch schon die Taufen brächten den Pfarrer an die Grenzen seiner Leistungsfähigkeit, weil die Haustaufe Frankfurter Praxis sei. Diese erwarteten die Gemeindeglieder. Auch die Pfarrer befürworteten sie, weil sie auf diese Weise in die Familien kämen. So sei eine Zusammenfassung von Taufen in der Kirche nicht möglich, und ein Sonntag reiche nur für wenige Taufen. Außerdem sei es wünschenswert, dass der Pfarrer vor Trauungen, Konfirmationen oder bei Trauerfällen Hausbesuche machen könne. Dies alles sei dringend nötig, aber wegen die großen Zahl der zu Betreuenden nicht möglich. Nicht besonders begründen wollte er, dass der Pfarrer ja auch Vortrags- oder Vereinsverpflichtungen haben könne. Häufiger werde sogar kritisiert, dass Pfarrer an Schulen oder Instituten Unterricht erteilen. Das weise auf ein weiteres Problem hin, nämlich die unzureichende Vergütung der Pfarrer. Die Höhe der zur Zeit gezahlten Vergütungen sei 1830 festgelegt worden und seitdem nicht mehr erhöht worden. Die lang ersehnte Gemeindereform könne deshalb nur dann funktionieren, wenn auch diese Probleme angegangen würden.

1.4.3 Theologische und kirchenpolitische Vereinigungen

Zum Hintergrund
Mit der stärkeren Verselbständigung der Kirchen und der Bildung von synodalen Gremien spielte die Kirchenpolitik eine größere Rolle als zuvor. Da erschien es zweckmäßig, dass Gleichgesinnte sich zusammentaten, um ihre Positionen abzuklären und Absprachen für die Sitzungen zu treffen. So fanden sich in der zweiten Hälfte des 19. Jahrhunderts die unterschiedlichsten Gruppen zusammen. Versucht man, sie einzuordnen, begegnet man der Schwierigkeit, dass eine große Vielfalt herrsche und es kaum Kriterien gibt, die eine scharfe Abgrenzung erlauben. Weder genügt es, Konfessionalisten, Positive oder Liberale zu unterscheiden, noch reichen die Begriffe *„Kirchliche Rechte"*, *„Kirchliche Mitte"* und *„Kirchliche Linke"* aus.[75] Auch deckt sich keine so definierte Gruppe mit einer Organisationsform. Schaut man sich die Frankfurter Vielfalt an, möchte man eher von einem konservativen Milieu, einem vermittelnden Milieu und einem kritisch-freiheitlichen Milieu sprechen. Zum konservativen Milieu wären dann der lutherische Konfessionalismus in Form der *„Vereinigung von Mitgliedern und Freunden der evangelisch-lutherischen Kirche"* und die Positive Union in Form der *„Vereinigung christlicher Glaubensgenossen"*, der *„Positiven Konferenz"* und der *„Synodalen Vereinigung"* zu zählen. Das vermittelnde Milieu fände sich in der *„Frankfurter Evangelischen Vereinigung"* und der *„Kirchlichen Vereinigung"* wieder. Die *„Freunde der Union"* wollten einer rückläufigen Entwicklung vorbeugen und gehörten ebenfalls zur kirchlichen Mitte. Das kritisch-freiheitliche Milieu würde die verschiedenen Formen des sogenannten liberalen Protestantismus umfassen wie den *„Protestantenverein"*, die *„Veranstalter der Wissenschaftlichen Vorträge"* und die *„Freunde der Christlichen Welt"*. Hierher gehörten auch die Anhänger der historisch-kritischen Theologie.

Das konservative Milieu
Die „Vereinigung von Mitgliedern und Freunden der evangelisch-lutherischen Kirche"
Der Konfessionalismus im Sinne einer Betonung des eigenen Bekenntnisses gegenüber dem Bekenntnis anderer war eigentlich eine alte theologische Bewegung, die z. B. im theologischen Gegensatz zwischen Protestanten und Katholiken (Reichstage zu Worms 1521 und Speyer 1526) oder zwischen Luther und Zwingli (Marburger Religionsgespräch von 1529) zum Ausdruck gekommen war. Er erwachte wieder, als im 19. Jahrhundert in verschiedensten Territorien, meist vom landesherrlichen Kirchenregiment durchgesetzt, Lutheraner und Reformierte zur Union zusammengefügt wurden. Nun betonte man im Konfessionalismus die Bekenntnisse gegen deren Nivellierung in der Union. Das Bekenntnis wurde wieder zur Voraussetzung

für den echten Glauben gemacht. Und man betonte die Unterschiede zu anderen Richtungen stärker als die Gemeinsamkeiten.[76] Lutherische Bekenntnistreue und pietistische Frömmigkeit verbanden sich mit einer streng konservativen Gesinnung.

Dies geschah, obwohl die meisten der im 19. Jahrhundert gebildeten Unionskirchen sog. Verwaltungsunionen waren, also Gemeinden verschiedenen Bekenntnisses zusammenschlossen und nicht ein neues Bekenntnis schufen. Mit Friedrich Justus Stahl an der Spitze kämpften die Konfessionalisten in den 1870er Jahren in Preußen auch gegen die Einführung von Synoden in der Kirche. Zunächst waren es also die Lutheraner, die um ihr Bekenntnis in der Union bangten. Man betrachtete sie als die *„Kirchliche Rechte"*.[77] Solche konfessionellen Bewegungen gab es im Laufe des 19. Jahrhunderts immer wieder.[78]

In Frankfurt schlossen sich 1879 Anhänger des lutherischen Bekenntnisses zur *„Vereinigung von Mitgliedern und Freunden der evangelisch-lutherischen Kirche"* zusammen, um die Erweckung und Ausgestaltung kirchlichen Lebens auf der Grundlage der lutherischen Bekenntnisse anzustreben. Sie unterstützten den *„lutherischen Gotteskasten"*, der sich, anders als das Gustav-Adolf-Werk, nur der Unterstützung lutherischer Gemeinden widmete.[79] Ihre wissenschaftlichen Vortragsreihen waren von Bedeutung.[80] Im ersten Kirchenkalender 1889 wurde diese Vereinigung aber schon nicht mehr erwähnt. Dagegen arbeiteten ab 1883 Lutheraner und Reformierte in der *„Frankfurter evangelischen Vereinigung"* zur Förderung des kirchlichen Lebens zusammen. Auch ihre wissenschaftlichen Vortragsreihen waren nennenswert.[81]

Die Positiven Gruppierungen

Gegen den Konfessionalismus entstand die *„Positive Union"*. Sie war 1817 als *„Bekenntnisunion für theologische und kirchliche Freiheit"* entstanden. Anlässlich der preußischen Generalsynode von 1846 nannte sie sich um in *„Freunde der Positiven Union"*. In den Jahren 1873 bis 1875 gab es, ausgelöst durch die neue preußische Gemeindeordnung, interne Auseinandersetzungen, die zur Abspaltung des rechten Flügels führte, der sich 1877 als *„Positive Union"* konstituierte. Entgegen ihrer Gründungsmotivation rückten die Positiven nun doch in die Nähe der Konfessionalisten. Diese Union stand für die Bewahrung der Bekenntnisgrundlagen gegen alle Formen von Irrlehre, religiöse Durchdringung des öffentlichen Lebens und für eine Kirche, die vom Staat ihre Freiheit garantiert bekommt. Der bekannteste Vertreter der Positiven war Hofprediger Adolf Stoecker, der vom Hof zunächst sehr gefördert wurde. Daraus entwickelte sich so etwas wie eine kirchliche Regierungspartei.[82]

Die Positiven waren die Konservativen in der Theologie.[83] Allerdings standen sie in der Gefahr, mit Buchstabenglauben, Dogmatismus, Inspirationslehre und persönlicher Heilserfahrung eine neue Rechtgläubigkeit zu praktizieren.[84] So waren sie die entschiedenen Gegner einer theologischen Neubesinnung im Sinne der Liberalen Theologie. Im Sinne des Wahlspruchs *„Für Gott, König und Vaterland"* pflegten sie ein konservatives Christentum, monarchische Treue und nationale Gesinnung.

In Frankfurt gab es drei Gruppierungen der *„Positiven"*, die jeweils etwas anderen Zwecken dienten. 1884 wurde die *„Vereinigung christlicher Glaubensgenossen"* gegründet. Sie suchte, *„die hiesigen gläubigen evange-*

lischen Christen zusammen zu schaaren, um die Interessen des positiven Christenthums zu pflegen und zu vertreten." Dabei wollte man aber nicht nach außen wirken.[85]

1908 wurde die *„Positive Konferenz"* gegründet, die im positiven Sinne durch Vorträge, vor allem in der Paulskirche, zu wirken suchte.[86]

Wie schon der Name sagt, hatte die *„Synodale Vereinigung"* Mitglieder der verschiedenen synodalen Gremien im Blick. Sie sammelte theologisch-positiv gesinnte Männer zum freien Gedankenaustausch über wichtige Fragen des kirchlichen Lebens.[87] Auch diente sie der Vorbereitung der Synodaltagungen.[88]

Die Frankfurter Kirche war Ende des 19./Anfang des 20. Jahrhunderts positiv geprägt. Nachweisen lässt sich dies aber nur von Paul Lange,[89] Gerhard Lütgert, Ernst Nell, Samuel Schrenk[90], Georg Struckmeier, Alfred Trommershausen und Karl Veidt.

Das vermittelnde Milieu
Die Evangelische Vereinigung
Neben den beiden konservativen Gruppen gab es auch eine Gruppierung, die den kirchenpolitischen Ausgleich suchte. Sie hatte die gleichen Wurzeln wie die Positive Union, hatte sich jedoch von dieser nach den Auseinandersetzungen über die Einführung des synodalen Prinzips in Preußen abgetrennt. Unter dem Namen *„Evangelische Vereinigung"* stand sie Konfessionalismus und Positiver Union ebenso distanziert gegenüber wie dem Protestantenverein. Sie lebte vom bürgerlich-liberalen Geist der Gründerjahre und bewahrte eine gewisse Toleranz und theologische Offenheit. Prägende Persönlichkeit war evangelisch-lutherische Theologieprofessor Willibald Beyschlag in Halle.

Am 15. Februar 1883 schlossen sich Lutheraner und Reformierte zur *„Frankfurter evangelischen Vereinigung"* zusammen, um das kirchliche Leben in Frankfurt zu fördern.[91] Die Vereinigung befasste sich explizit mit kirchenpolitischen Fragen. Der Zweck war, *„evangelische Männer ohne Unterschied der Sonderconfession und ihrer kirchlichen Richtung zu wechselseitiger Verständigung und zu gemeinsamer Arbeit an den Aufgaben, welche die gegenwärtige Zeit der evangelischen Kirche stellt, zu vereinigen."* Sie stellte die Kirchliche Mitte dar. Neben Vortragsveranstaltungen gab sie das *„Evangelische Gemeindeblatt"* heraus.[92] Zu den Gründern gehörten überwiegend Personen, die an den Frankfurter Vorträgen beteiligt waren.

Die kirchliche Vereinigung
Nach der Einführung der Kirchengemeinde- und Synodalordnung 1899 wurde die *„Kirchliche Vereinigung"* gegründet. Sie diente der Vorbereitung der Synodaltagungen.[93] Auch sie trat mit öffentlichen Vorträgen an die Öffentlichkeit.

Das kritisch-freiheitliche Milieu
Der Protestantenverein
Am 30. September 1863 fand in Frankfurt die Vorversammlung für die Gründung des *„Allgemeinen Deutschen Protestantenvereins"* statt, die am 7. und 8. Juni 1865 in Eisenach erfolgte. Die Gründer trieb die wachsende Distanz zwischen der Kirche und großen Teilen der Gesellschaft um. Keine Lösung dafür sahen sie in der stärkeren Profilierung der Bekenntnisse. Sie forderten vielmehr eine Umgestaltung der Kirche selbst. Durch Entgegenkommen gegenüber den der Kirche Entfremdeten wollte der Verein die Aussöhnung mit ihnen. Organisatorisch sollte das in eine deutsche Nationalkirche münden, die ausschließlich das Bekenntnis zu Jesus

Christus als Grundlage hätte. Groß geschrieben wurde die protestantische Freiheit durch Aufhebung der Bindung an einzelne Bekenntnisse. Der Verein trat für das synodal-demokratische Gemeindeprinzip ein, um Gemeindeglieder und Gemeinden zu mehr Selbständigkeit zu führen und das Gemeindeleben lebendiger zu gestalten. Nachdem er zunächst sehr erfolgreich war, ließ allerdings seine Wirkung gegen Ende des Jahrhunderts nach. Der Protestantenverein wandelte sich im Jahr 1921 in den „*Verband für freien Protestantismus*" um.

Herkömmlich wird der Protestantenverein als Organisationsform für den „*Protestantisch-liberalen Aufbruch in die Moderne*"[94] gesehen und in enge Verbindung zur „*Liberalen Theologie*" gebracht. Das gibt Anlass, der Frage nachzugehen, was es mit dieser Theologie auf sich hat. Miriam Rose hat darauf hingewiesen,[95] dass es sich hierbei keineswegs um eine klar abgrenzbare Strömung der evangelischen Theologie handelt. So habe sich keiner der sogenannten liberalen Theologen selber als liberalen Theologen bezeichnet, hätten nur Karl Gottlieb Bretschneider und David Friedrich Strauß ihn als Programmbegriff gebraucht, und gebe es keine liberale Programmschrift, auf die sich alle „*liberalen*" Theologen beziehen würden. Eher sei der Begriff als „*Negativfolie*" für die Dialektische Theologie verwendet worden. Deutlich sei aber, dass es im 19. Jahrhundert gemeinsame Anliegen verschiedener Theologen gegeben habe: „*Freiheit des religiösen Individuums von institutioneller und dogmatischer Bevormundung, kritische Aneignung der Tradition, Vermittlung von Religion und Kultur, Rückgriff auf die Tradition von Aufklärung, Rationalismus und Deutschem Idealismus.*" Das konnte man auch in Frankfurt sehen.

1865 trat ein Frankfurter Zweig des Protestantenvereins in Erscheinung. Um die Pfarrer Rudolf Ehlers und Georg Steitz sammelten sich auch viele angesehene Laien, um die der Kirche Entfremdeten wieder zurück zu holen. Rudolf Ehlers war ein Schüler von Richard Rothe,[96] der in der Anfangsphase theologisch prägend für den Protestantenverein war. Steitz war ein Schüler des Schleiermacherschülers Karl Immanuel Nitzsch und von diesem für die Vermittlungstheologie gewonnen worden.[97] Er passte also nicht ohne weiteres in das Schema vom „*liberalen*" Theologen. Stand die Vermittlungstheologie doch ebenso wie der Konservativismus der „*liberalen*" Theologie kritisch gegenüber. Allerdings löste sich der Zweigverein bald wieder auf. Ehlers begründete dies so: „*Die Frömmigkeit oder, seien wir aufrichtig, die Nichtfrömmigkeit der Freunde des Protestantenvereins wird auch kein religiöses Leben wecken.*"[98]

*Wissenschaftliche Vorträge
über religiöse Fragen*
Dann taten sich die Liberalen (Dechent nennt sie Freisinnige) ab 1877 zusammen und hielten gemeinsam mit Vertretern der Vermittlungstheologie Vorträge in der Deutschen evang.-reformierten Kirche. Hier war Rudolf Ehlers Pfarrer. Bekannte Referenten kamen von außerhalb. Die Absichten der Veranstalter wurden so formuliert: „*Repristinationsversuchen, religiösen und kirchlichen Unklarheiten gegenüber war in vielen Kreisen der evangelischen Bevölkerung das Verlangen rege geworden, aus berufenem Munde über die Arbeit und die gesicherten Resultate der wissenschaftlichen Theologie unseres Zeitalters orientiert zu werden. – Die Vorträge wollen bauen, nicht zerstören, allerdings nicht mit veraltetem und darum morsch gewordenem Material, sondern in der durch die*

aufrichtige Arbeit unserer Zeit dargebotenen Form."[99] Die Vorträge stellten also eine Alternative zur Vortragstätigkeit der Inneren Mission dar. Sie warben um Verständnis für den theologischen Liberalismus. Politische Fragen wurden nicht behandelt.

Die Freunde der Christlichen Welt
Mit Martin Rade war einige Zeit der Herausgeber der Zeitschrift *„Die Christliche Welt"* Pfarrer in Frankfurt. Rades ab 1895 gehaltenen Vorträge sprachen in religiösen Fragen auch Menschen an, die der Kirche ferner standen. Nachdem er Frankfurt verlassen hatte, gründeten Frankfurter Gesinnungsgenossen die *„Freunde der Christlichen Welt".*[100] Wie Johannes Kübel berichtete,[101] sammelten sich um die von Martin Rade gegründete Wochenzeitung nach und nach in verschiedenen Städten Gesprächskreise, aus denen 1892 erstmals ein größerer Beraterkreis wurde. Hieraus entstand 1904 die *„Vereinigung der Freunde der christlichen Welt".* Bei Vortragsveranstaltungen und Tagungen, meist in Eisenach, ab 1919 im eigenen Heim in Friedrichsroda, trafen sich Gleichgesinnte. Seele der Vereinigung war Martin Rade. Auf Druck der Gestapo löste sich die Vereinigung 1934 auf. Diese Vereinigung wurde im Sinne der liberalen Theologie tätig, war aber vor allem für den Gedankenaustausch in vertraulicher Runde gedacht. Hier konnten auch Frauen das Wort ergreifen. Frankfurter Mitglieder waren Erich Foerster,[102] Wilhelm Fresenius,[103] Johannes Kübel und Wilhelm Lueken.[104]

Dabei wird nun ganz besonders deutlich, wie vielfältig das Denken derer war, die hier zusammenarbeiteten. Johannes Kübel sprach in seinen Erinnerungen von seiner *„theologischen Gruppe"* ganz klar als den *„Liberalen". „Bei uns Liberalen herrschte das regere theologische Leben."* Hermann Dechent, den er zu dieser Gruppe zählte, sprach noch in seinem zweiten Band der Frankfurter Kirchengeschichte (1921) von den „Freisinnigen". Erich Foerster äußerte in seinen Lebenserinnerungen: *„Die ‚Christliche Welt' war nicht eine Kirchenzeitung wie andere auch, sondern ein Sammelpunkt jüngerer, von Männern wie Harnack und Ritschl angeregter Theologen, die zu einer gründlichen Reform der Kirche auf Grund einer eigenen, über die ererbten und erstarrten Gegensätze Liberal und Orthodox hinaushebenden Theologie entschlossen waren, und deshalb fühlten sich die Gründer dieses Blattes, neben Rade, Bornemann, Drews, Loofs und ihre Mitarbeiter untereinander nicht als Parteigenossen, aber als Gesinnungsverwandte verbunden."*[105]

1.4.4 Vereinigungen zur Vertretung protestantischer Anliegen

Der Gustav-Adolf-Verein
Der 1843 gegründete Verein war jahrzehntelang der einzige Vertreter protestantischer Interessen in Deutschland, wenn er sich auch vor allem, aber nicht nur, um die außerhalb Deutschlands in der Diaspora lebenden evangelischen Minderheiten kümmerte. Frankfurt behielt auch nach Verlust seiner Selbständigkeit 1866 einen Hauptverein. Es bildeten sich sogar Zweigvereine, zuerst in Bornheim. In den 80er Jahren trat er besonders durch Vorträge von Diasporapfarrern und Frankfurter Pfarrern in der französisch-reformierten Gemeinde in Erscheinung. Besondere Aufmerksamkeit erregten jedoch die beiden Hauptversammlungen des Gesamtvereins, die vom 4. bis 6. September 1877 und vom 23. bis 26. September 1911 in Frankfurt stattfanden. Bei letzterer predigten am Sonntag in allen Frankfurter Kirchen Diasporapfarrer. Die Eröffnung fand im Kaisersaal unter den

Bildern der deutschen Kaiser statt. Darauf spielte der Leipziger Superintendent Bruno Hartung an, als er in seiner Ansprache meinte: *„Die drei Ferdinande an dieser Wand liegen uns schwer im Magen."* Anschließend lobte er aber Joseph II. wegen seiner Toleranzpolitik.[106] Im Jahr 1887 hatte der Verein in Frankfurt immerhin 1.100 Mitglieder, die in diesem Jahr über rund 13.000 Mark verfügen konnten. 82 Gemeinden wurden unterstützt, darunter die in Mainz-Weisenau, Mainz-Bretzenheim, Heppenheim, Königstein und Salmünster.[107] 1891 konnte der Verein der Schwanheimer Gemeinde 2.750 Mark zur Verfügung stellen, damit diese ein Pfarrhaus errichten und so einen eigenen Pfarrer erhalten konnte.[108] 1894 erhielt die Gemeinde Heddernheim 3.000 Mark zum Neubau einer Kirche.[109]

Der Evangelische Bund zur Wahrung der deutsch-protestantischen Interessen
Der Evangelische Bund wurde 1886 in Erfurt gegründet. Am 25. Mai 1887 erhielt Frankfurt einen Zweigverein.[110] Der Verein stellte sich zur Aufgabe, gegenüber dem wachsenden Einfluss der von Rom gelenkten katholischen Kirche (Ultramontanismus) die evangelischen Interessen zu wahren und das Gemeindebewusstsein gegenüber Materialismus und Indifferentismus zu stärken. Die erste Generalversammlung des Gesamtvereins fand vom 15. bis 17. August 1878 in Frankfurt statt. Der Frankfurter Verein entwickelte sich ganz gut und schloss sich 1888 mit dem Verein im ehemaligen Nassau zum Hauptverein Wiesbaden-Frankfurt zusammen. Um die Jahrhundertwende sah er es als seine besondere Aufgabe an, die Evangelischen in Österreich zu unterstützen. So kümmerte er sich um die Gemeinden in Klostergrab, Komotau (Böhmen), Hlibuka (Bukowina) und Hallein (Salzburg). Als im Frühjahr 1903 die Aufhebung von § 2 des Jesuitengesetzes öffentlich diskutiert wurde, beschloss der Frankfurter Verein eine Eingabe an den Bundesrat dagegen und erhielt zwischen 3. und 4.000 Unterschriften. Dies rief scharfe Kritik des Frankfurter Volksblatts an dem Vorsitzenden Hermann Dechent und Wilhelm Bornemann hervor. Als 1910 die Borromäus-Enzyklika von Papst Pius X. erschien, kritisierte dies der Verein in zwei großen Veranstaltungen. Setzte doch der Papst darin die Reformatoren und die sie unterstützenden Fürsten aus seiner Sicht schwer herab. Gedenkfeiern für Martin Luther (1883), Gustav Adolf von Schweden (1894), Philipp Melanchthon (1897), Paul Gerhardt (1907) und Johann Hinrich Wichern (1908) wurden unter Beteiligung des Vereins ausgerichtet. Am 11. November 1883 wurde eine Gedenktafel am Haus *„zum Strauß"* angebracht. Sie trug die Inschrift: *„In diesem Hause wohnte Martin Luther auf der Reise zum Reichstag von Worms 14.–15. April 1521."*[111] Allerdings klagte der Verein 1891 darüber, dass er im Vergleich zu anderen Städten in Frankfurt nur geringen Zuspruch durch die Bevölkerung erfahre.[112]

Die Frankfurter Bibelgesellschaft
Nach schwierigen Jahrzehnten gab das Lutherjahr der Gesellschaft wieder Auftrieb.[113] Für das Jahr 1888 wurde von 60 Mitgliedern berichtet. Zugleich stieg die Nachfrage nach Bibeln, weil die britische Bibelgesellschaft Bibeln in deutscher Sprache nicht mehr zu einem ermäßigten Preis abgeben wollte. Diese Bibelgesellschaft hatte aber weiterhin ein Depot in Frankfurt. Bibeln wurden im Übrigen auch von der Inneren Mission verteilt. 1889 errichtete die Bibelgesellschaft ein Depot in der Neuen Mainzer Str. 24 und verteilte über die Pfarrer in großer Zahl Traubibeln. Auch ordnete

das Konsistorium an, dass fortan der Sonntag Sexagesimae als *„Bibeltag"* begangen werden sollte.

1.4.5 Internationale Freundschafts- und Friedensarbeit

Friedensarbeit
Die internationale Friedensbewegung hatte sich vor allem im angelsächsischen Raum nach dem amerikanisch-britischen Krieg um Kanada von 1812 – 1814 entwickelt. In Deutschland gab es angesichts der nationalen Begeisterung nach den Freiheitskriegen, der Nationalversammlung von 1848 und der Reichsgründung 1871 wenig Zustimmung.

Zwar fand 1850 in Frankfurt ein internationaler Friedenskongress statt, an dem Pfarrer Jean Louis Bonnet von der Französisch-reformierten Gemeinde mitwirkte. Doch die 1851 in Königsberg i. Pr. gegründete Deutsche Friedensgesellschaft wurde schon 1851 verboten.

1886 gab es mit der Gründung des Frankfurter Friedensvereins einen neuen Versuch. Der Verein hatte nach vier Jahren, nur oder immerhin, 70 Mitglieder. Seine Arbeit war schwierig, da das Eintreten für den Völkerfrieden wenig populär war. Als *„unpolitisch"* oder *„politisch verdächtig"* wurde er diffamiert, und seine Versammlungen wurden durch die Polizei überwacht. So war seine Hauptrolle wohl die Vorbereitung der Gründung der Deutschen Friedensgesellschaft im Jahr 1892. Durch die Unterstützung von Bertha von Suttner konnte sie nachhaltiger wirken. Sie wollte die deutschen Pazifisten zusammenfassen und der drohenden Gefahr eines neuen Krieges entgegenwirken. Um die Jahrhundertwende gab es etwa 100 Ortsgruppen und 1914 etwa 10.000 Mitglieder.[114]

Eduard de Neufville
Eduard de Neufville[115] stammte aus einer alten Frankfurter Hugenottenfamilie, war zunächst als Bankier tätig und lebte später von seinem Vermögen. Dies ermöglichte ihm die Mitarbeit in der internationalen Friedensbewegung. Seine Familie gehörte zur Französisch-reformierten Gemeinde, in der er auch von 1904 bis 1906 Präses-Diakon (Vorsitzender der ehrenamtlichen Diakonie) war. Neufville trat 1895 in den Frankfurter Friedensverein ein und wurde 1903 dessen stellvertretender Vorsitzender. Ab 1902 nahm er an allen Friedenskonferenzen der Deutschen Friedensgesellschaft und an den jährlichen Weltfriedenskongressen teil. Dabei war er 1907 in München Generalsekretär und 1913 in Den Haag Vorsitzender des *„Komitees für Propaganda"* des jeweiligen Weltfriedenskongresses. 1907 bis 1922 war er einer von vier deutschen Vertretern im Rat des Internationalen Friedensbüros in Bern. Dieser Rat war das wichtigste Koordinierungsorgan der Internationalen Friedensbewegung und erhielt 1910 den Friedensnobelpreis. Nach seinem Ausscheiden war Neufville Ehrenmitglied.

1905 gehörte Neufville zu den Gründern des *„Deutsch-englischen Verständigungskomitees"*, dessen Vizepräsident er wurde. Es veranstaltete 1906 und 1907 gegenseitige Besuche von Bürgermeistern und Journalisten aus Großbritannien und Deutschland. Eine *„Deutsch-französische Gesellschaft"* hatte weniger Erfolg. Bei der 2. Friedenskonferenz zu Den Haag 1907, an der Vertreter von 44 Regierungen teilnahmen, war Neufville Beobachter der Friedensbewegung. Die *„Haager Konvention"* brachte eine gewisse Humanisierung des Völkerrechts, aber Abrüstungsvorschläge scheiterten, auch an der deutschen Regierung. Ein britischer

„Aufruf der Kirchen für den Frieden" wurde von den deutschen Landeskirchen abgelehnt. Das zeigt, wie einsam Neufville und seine Mitstreiter mit ihren Friedensbemühungen in Deutschland waren. Immerhin besuchten auf einer Friedensfahrt nach einer Vereinbarung von Neufville und Allan Baker 1908 131 hochrangige deutsche Kirchenvertreter und Theologieprofessoren aus den evangelischen Landeskirchen, der katholischen Kirche und den Freikirchen England. Zu ihnen gehörten auch Martin Rade und Wilhelm Bornemann, der darüber sogar einen Bericht drucken ließ. Der Gegenbesuch von 109 britischen Kirchenvertretern erfolgte 1909. Diese Kontakte wurden in Deutschland vom „Ausschuß der Kirchen zur Förderung freundschaftlicher Beziehungen zwischen Großbritannien und Deutschland" weiter gepflegt. Auch hier arbeitete Neufville mit, obwohl der Ausschuß der Friedensbewegung kritisch gegenüberstand. Als ein Vorläufer des Ökumenischen Rates der Kirchen sollte aus den deutsch-britischen Begegnungen der „Weltbund für Freundschaftsarbeit der Kirchen" am 1. August 1914 auf einer Weltkonferenz in Konstanz gegründet werden. Wegen der deutschen Mobilmachung konnten jedoch viele Besucher Konstanz nicht mehr erreichen. Neben seiner eigenen Mitarbeit war für diese Initiativen wichtig, dass Neufville sie auch finanziell in nicht unbeträchtlicher Höhe unterstützte.

Während des 1. Weltkrieges versuchte Neufville, die Friedensarbeit in Deutschland aufrecht zu erhalten, allerdings mit geringem Erfolg. Auch unterzeichnete er den weit verbreiteten „Aufruf an die Evangelischen Christen im Auslande" vom 14. September 1914. Neunundzwanzig führende Vertreter evangelischer Auslandsarbeit stritten in ihm die Schuld Deutschlands am Kriegsausbruch ab.

Hierüber geriet Neufville in Konflikt mit der französischen Friedensbewegung. An Neufville zeigt sich, wie sehr selbst die christlichen Pazifisten vieler Länder im Krieg der nationalistischen Stimmung erlagen. Neufville erging es wie Correvon, dass seine Gemeinde ihn in seinem Engagement für die Friedensarbeit nicht unterstützte, von der Frankfurter Kirche ganz zu schweigen. So wurden auch nur Eduard de Neufville, Charles Correvon, Emile Deluz und Wilhelm Bornemann als namhafte Mitglieder der Frankfurter Kirche Mitglied des Frankfurter Friedensvereins.

Die Frankfurter Kirche und die Armenienfrage

Auf dem Berliner Kongress 1878 hatten die Vertragsparteien für die im osmanischen Reich lebenden Armenier umfassende Reformen vereinbart, diese aber gegenüber der osmanisch-türkischen Regierung nicht durchsetzen können. Stattdessen gab es 1895/96 Pogrome, denen etwa 300.000 Armenier zum Opfer fielen, 1908 weitere mit ca. 30.000 Opfern und 1914/15 welche mit ca. 1,5 Mio. Opfern. Schon 1894 berichtete die Christliche Welt über die schwierige Situation der Armenier. Ab 1895 war auch die deutsche Presse bemüht, objektiv über die Geschehnisse zu berichten. Dies fand aber heftige Kritik durch die Politik und die offiziöse Presse. Ab Januar 1896 druckte die Christliche Welt britische Berichte ab. Der hallische Theologieprofessor Willibald Beyschlag sprach 1896 erstmals von „*Völkermord*". Im Februar 1896 veröffentlichten die Botschafter von sechs europäischen Großmächten gemeinsam eine Note über die Opferzahlen und die materiellen Schäden. Die deutsche Regierung und der Kaiser blieben aber untätig. Hierzu muss man wissen, dass Ende des 19. Jahrhunderts/Anfang des

20. Jahrhunderts mehrere Hilfsorganisationen aus Deutschland, der Schweiz und skandinavischen Ländern etwa 200 Mitarbeiterinnen und Mitarbeiter an verschiedenen Orten des Osmanischen Reiches in Waisenhäusern, Schulen, Heimen, Krankenhäusern und Apotheken im Einsatz hatten. Diese Menschen wurden Zeugen von Massakern an den Armeniern.[116]

„Die furchtbare Christenverfolgung in Armenien veranlasste den lutherischen Gemeindevorstand (1896) zur Anregung einer Sammlung unter den Glaubensgenossen. Erfreulich war es, daß in diesem außerordentlichen Falle alle einzelnen Vorstandsmitglieder sich bereit erklärten mit Namensunterschrift für die Sache einzustehen und Beiträge in Empfang zu nehmen. Da fast alle kirchlichen Behörden Deutschlands in dieser Angelegenheit die Hände ruhen ließen, verdient das Vorgehen des Frankfurter lutherischen Gemeindevorstandes besondere Anerkennung. Allerdings ist der unmittelbare Erfolg der öffentlichen Sammlung kein großer gewesen – es kamen nur etwas über 2000 Mark (2084 Mark) zusammen – aber wenn die Gemeindeglieder in dieser Angelegenheit sich lau zeigten, ist dies wohl beklagenswert, kann aber nicht dem Gemeindevorstand zur Last gelegt werden, der seine Pflicht treu erfüllt hatte und für den Erfolg nicht verantwortlich zu machen ist. Uebrigens ist zu beachten, daß beträchtliche Summen auch unmittelbar von hier an die evangelische Allianz abgesandt worden sind, die Herr Pfarrer Lohmann im Namen des hiesigen evangelischen Hilfsvereins gesammelt hat, welcher in seinen kirchlichen Blättern, ebenso wie Herr Pfarrer Rade in der Christlichen Welt, beständig seine Stimme zu Gunsten der Armenier erhob. Eine am 28. August hier abgehaltene Konferenz von Freunden Armeniens, der am Abend eine öffentliche Versammlung im Kaufmännischen Saal folgte, gab der Anerkennung für das, was von Frankfurt aus, besonders durch die hiesige kirchliche und politische Presse, geschehen ist, lebhaften Ausdruck. Ein bei diesem Anlaß hier gegründeter Hilfsbund für Armenien hat im September einen neuen Aufruf erlassen, welcher auch an dieser Stelle der Gemeinde herzlich empfohlen werden soll."[117]

Martin Rade und Armenien

Martin Rade war von 1892 bis 1899 Pfarrer in Frankfurt und gab zu der Zeit schon die Zeitschrift *„Die Christliche Welt"* heraus. Er war einer der wenigen evangelischen Theologen, die dem Staat seiner Zeit kritisch gegenüberstanden, dann die Demokratie begrüßten und auch politisches Engagement von Theologen für notwendig hielten. Ein besonderes Thema war für ihn das Schicksal der Armenier und die Haltung des Deutschen Reiches dazu.[118] Es gehört in eine Reihe mit dem Engagement Rades im Burenkrieg (1899–1902), anlässlich der Armenier- und Judenpogrome in Russland (1903–1905), für die Rechte der polnischen und dänischen Minderheit in Deutschland oder für die von den Belgiern im Kongo versklavte Bevölkerung. Rade kritisierte die Haltung der deutschen Regierung, aber auch die fehlenden Stellungnahmen der evangelischen Landeskirchen. Im Gegensatz zu den Kirchen anderer Länder zeigten sich diese obrigkeitstreu. Für Rade war die Haltung des Kaisers und der deutschen Fürsten auch eine Verletzung der sich aus dem Amt des Summepiskopus ergebenden Amtspflichten. Er forderte, dass der christliche Glaube sich in einem entsprechenden sittlichen Handeln zu erweisen habe. Auf Drängen Rades veröffentlichte Johannes Lepsius im August 1896 im *„Reichsboten"* eine Artikelreihe *„Die Wahrheit über*

Armenien" und im September das Buch „Armenien und Europa". Beides rief begeisterte Zustimmung, aber auch heftige Kritik der national-konservativen Kreise, hervor. Die Christliche Welt wirkte bei der Gründung des „Hilfsbundes für Armenien" mit und unterstützte die beiden Wortführer der Armenienhilfe Ernst Lohnann und Johannes Lepsius.

Das Thema Armenien war in der „Christlichen Welt" präsent. 1899 kam es zu einer heftigen Kontroverse zwischen Friedrich Naumann und Martin Rade. Naumann hatte nach einer Reise in den vorderen Orient sein Buch „Asia" veröffentlicht und darin Zitate in Istanbul lebender Deutscher veröffentlicht, von denen die Massaker an den Armeniern gerechtfertigt wurden. Hierbei standen sich die Interessen einer deutschen Machtpolitik (Naumann) und Rades Forderung nach einer internationalen politischen Ethik gegenüber. Diese Kontroverse wurde auch auf dem Evangelisch-Sozialen Kongress 1900 in Karlsruhe ausgetragen, wo sich dann „National-Sozial" und „Evangelisch-Sozial" gegenüberstanden. Verstärkt wandte sich die Christliche Welt dem Thema wieder zu, als die ersten Berichte von den Massakern 1914/15 bekannt wurden. Die Reaktion des Staates war die Vorzensur der Christlichen Welt und die Androhung ihres Verbotes. Eine geplante Hilfsexpedition armenienfreundlicher Kreise und der Christlichen Welt scheiterte am türkischen Staat.

Ernst Lohmann und Armenien

Von 1891 bis 1896 war Ernst Lohmann beim Evangelisch-kirchlichen Hilfsverein Pfarrer. Er stammte aus Glowitz in Pommern. Nach dem Studium war er in Halle und Elberfeld als Pfarrer tätig gewesen. Als er später in seinen Erinnerungen auf die Frankfurter Zeit zurückblickte, berichtete er von einer kleinen Erweckungsbewegung an der Christuskirche. „Es sammelte sich eine Gemeinde von Suchenden und Erweckten, Fragenden und Forschenden."[119] Sie entstammten den vornehmeren Kreisen und waren sehr spendenfreudig, sodass Lohmann in der Arbeit keinen finanziellen Mangel spürte. Aber er fand auch den Weg zu denen, die am Rande der Gesellschaft lebten. Besonders taten es ihm die Wohnsitzlosen und die „Vaganten" an.[120] Eher romantisierend beschrieb er sie mit der ersten Strophe des Liedes aus der Jugendbewegung:

„Wilde Gesellen, vom Sturmwind durchweht,
Fürsten in Lumpen und Loden,
ziehn wir dahin, bis das Herze uns steht
ehrlos bis unter den Boden.
Fidel, Gewand in farbiger Pracht,
trefft keinen Zeisig ihr bunter,
ob uns auch Speier und Spötter verlacht,
uns geht die Sonne nicht unter."

Aber er hat sie zu sich ins Haus eingeladen, für sie Sprechstunden gehalten, die Armen in der Altstadt aufgesucht, im Saalhof einen Raum gemietet und hier einen Versammlungsort geschaffen. Großzügige Spender halfen sogar so, dass er am Stadtrand ein Haus kaufen und es zu einer Herberge umgestalten konnte, genannt „Brückenhof".

Doch Lohmann stieß, eher beiläufig, auf eine andere Not. In der amerikanischen Zeitschrift „Christian Herald", die er sich hielt, laß er Berichte von der Verfolgung der christlichen Bevölkerung in der Türkei, von Grausamkeiten und Bluttaten.[121] Am 2. Februar 1896 verschickte Lohmann einen ersten Aufruf mit dem Titel „Der Notschrei Armeniens" und dem Untertitel „Aufruf zur Fürbitte und

Mithilfe für Armenien".[122] Von der überwältigenden positiven Reaktion war er überrascht. Von vielen Seiten kamen Hilfsangebote, u.a. auch von Johannes Lepsius.[123] So fand am 2. Juli 1896 in Frankfurt die Gründungsversammlung des „Hilfsbundes für Armenien" statt, der später in „Deutscher Hilfsbund für christliches Liebeswerk im Orient" erweitert und umbenannt wurde. Beteiligt war aus Frankfurt auch Pfarrer Charles Correvon. Schon bald konnten erste Freiwillige in den Nahen Osten reisen. Lohmann selbst besuchte 1898[124] erstmals die Türkei. Da hatte er seine Tätigkeit beim Evangelisch-kirchlichen Hilfsverein bereits aufgegeben und sich ganz der Orienthilfe gewidmet.

1.4.6 Die Kirche und die Öffentlichkeit

Kirchen- und Gemeindeblätter
In der zweiten Hälfte des 19. Jahrhunderts gewann für die evangelische Kirche in Frankfurt die kirchliche Presse an Bedeutung. Vor 1866 waren eher überregionale kirchliche Blätter wie der „Christliche Hausfreund", der „Christliche Beobachter" und das „Frankfurter Evangelische Kirchenblatt" erschienen. Die erste kirchliche Zeitschrift für Frankfurt war der ab Advent 1881 herausgegebene „Kirchliche Anzeiger für die evangelisch-lutherischen Gemeinden des Konsistorialbezirks Frankfurt a.M." Er vertrat explizit das lutherische Bekenntnis und wurde von der daraufhin gegründeten „Vereinigung von Freunden der evangelisch-lutherischen Kirche" unterstützt. 1883 folgte das „Frankfurter Evangelische Gemeindeblatt". Es wurde zunächst von Pfarrer Karl Teichmann und dann von Pfarrer Friedrich Wilhelm Battenberg herausgegeben und vertrat theologisch-liberale Ansichten. 1902 erhielt es den Namen „Die Gemeinde. Kirchliches Wochenblatt für die Glieder und Vertreter der evangelischen Gemeinden in Frankfurt a.M." Herausgeber waren Pfarrer Willy Veit und danach Pfarrer Johannes Kübel. 1890 entstand der „Sonntagsgruß", herausgegeben von Pfarrer Conrad Kayser und dem Vereinsgeistlichen des Vereins für Innere Mission, Friedrich Naumann. Wie der Kirchliche Anzeiger vertrat er die theologisch-positive Richtung. Das Konzept sah ein rein erbauliches Blatt vor, das nicht Partei bezog und zur Verbreitung unter den Gemeindegliedern geeignet war.[125] Ab 1893 war es dann der „Sonntagsgruß und Kirchlicher Anzeiger für Frankfurt und Umgegend". Herausgeber war nun Pfarrer Wilhelm Busch d.Ä. Von 1895 bis 1902 führte es den Namen „Kirchlicher Anzeiger und Sonntagsgruß" und wurde von den Pfarrern Karl Leydhecker, August Cordes und Conrad Kayser. Die theologische Mittelpartei fand sich im „Evangelischen Sonntagsblatt" wieder, das für Nassau gedacht war. Aus Frankfurt wirkte Pfarrer Karl Wolf mit. 1888 erhielt auch Bornheim ein „Sonntagsblatt". Ab 1900 gaben mehr und mehr Gemeinden eigene Gemeindeblätter heraus. Den Anfang machte Pfarrer Julius Werner von der Paulskirche. Neben all' dem erschien ab 1904 die „Frankfurter Warte", eine evangelische Tageszeitung, zunächst als Wochenblatt, ab 1910 als Tageszeitung. Mit Beginn des 1. Weltkrieges musste sie eingestellt werden.

Der Frankfurter Kirchenkalender
Im Jahre 1888 erschien zum ersten Male der „Kirchenkalender für die evangelisch-lutherische Gemeinde Frankfurt am Main und die evangelisch-lutherischen Frankfurter Landgemeinden" für das Jahr 1889, herausgegeben vom Evangelisch-lutherischen Predigerministerium. Tatsächlicher Herausgeber war aber von 1889 bis 1907 Hermann Dechent. Ihm folgten Willi Veit (1908–1910), Pfarrer Heinrich Palmer (1911–1915), Senior Wilhelm

Bornemann (1916–1927), eine Kommission unter Wilhelm Fresenius (1928–1934), Propst Alfred Trommershausen (1935), Adalbert Pauly seit 1936.[126] Senior Johann Jakob Krebs beschrieb in seinem Vorwort zur ersten Ausgabe Konzept und Bedeutung des neuen Kalenders so:

„Unser Kirchenkalender aber soll nicht nur auf das statistische Material (Zahl der Taufen, Trauungen, Beerdigungen etc.), woran gleichsam der Puls des Gemeindelebens abgefühlt wird, zu sprechen kommen, sondern auch in die mehr inneren Angelegenheiten der Gemeinde einzuführen suchen, dabei Altes und Neues hervorheben, Sonst und Jetzt miteinander vergleichen, durch Vorführung einer kurz gefaßten Chronik jedes Kirchenjahres und der kirchlichen Gegenwart unserer Stadtgemeinde, auch der mit ihr verbundenen und benachbarten Landgemeinden, wie durch geschichtliche Bilder aus der Vergangenheit und Darstellung für die Gemeindeentwicklung bedeutsam gewordener Persönlichkeiten oder Ereignisse die Gemeinde zu beleben und zu erneuern suchen. So soll auch unser Kirchenkalender das übersichtliche Verzeichnis, gleichsam das Lagerbuch, unserer ev. Kirchengemeinde, künftig von Jahr zu Jahr mehr werden und dadurch, so Gott will, ein wenn auch noch so geringer Beitrag zur Förderung unserer kirchlichen Selbsterkenntnis und zu unserer kirchlichen Forterbauung auf ihrem Einmal und Einfüralemal gelegten Grunde geleistet werden, der gestern und heute und in alle Ewigkeit derselbe ist."[127]

Mit diesem Auftrag ging der Kirchenkalender von nun an hinaus, immer wieder einmal verändert, bis zum Jahre 1941. Dann musste er aus kriegsbedingten Gründen eingestellt werden. Auch heute noch ist der Kirchenkalender für den wichtig, der sich mit der Frankfurter Kirchengeschichte befasst. Ist er doch eine Fundgrube historischen Wissens und historischen Materials, ein Spiegel des Zeitgeschehens und des jeweiligen Denkens. Manche Entwicklung zeichnete sich auch hier schon frühzeitig ab. So erschien der Kirchenkalender 1928 in neuem Gewand und führte auf einmal neben den herkömmlichen Monatsnamen germanisierte Namen auf wie: Wintermond, Taumond, Lenzmond, Ostermond und Christmond. Konsequenterweise stellte man sich dann 1935 ganz auf die neue Weltanschauung ein und ersetzte diese Namen durch die „echteren" wie Hartung, Hornung usw. Und es wundert nicht, dass von diesem Jahre ab neben die Bibelstellen zur Bibellese nicht nur die Worte großer Deutscher (wie schon seit 1931), sondern auch Worte der NS-Größen traten.

Den Kirchenkalender könnte man aber auch nahezu als ein Jahrbuch für Frankfurter Kirchengeschichte bezeichnen. Dies gilt insbesondere für die ersten Jahrzehnte, als der Nestor der Frankfurter Kirchengeschichtsschreibung, Hermann Dechent, mit einer Vielzahl historischer Artikel dem Kalender seinen Stempel aufdrückte. Anders als heute war es damals im Schwange, abgesichertes historisches Wissen in volkstümlicher Form zu vermitteln. Hermann Dechent war ein Meister dieser Form. In diesem Zusammenhang seien auch die Nachrufe auf Verstorbene in Porträtform erwähnt. Zur Geschichte gehören ja auch immer die Menschen, die sie gestaltet oder erlitten haben.

1.4.7 Kirche und Schule

Auch nach dem Anschluss an Preußen blieb es zunächst bei den seitherigen Frankfurter Verhältnissen. Es gab weiter die in § 17 der Dotationsurkunde genannten evangelischen

Volksschulen: die Katharinenschule in der Alten Rothofstraße 5, die Weißfrauenschule in der Gutleutstraße 30, die Allerheiligenschule in der Hanauer Landstraße 28 und die Dreikönigsschule am Affentorplatz 3. Hinzu waren gekommen die Kirchnerschule in der Bergerstraße 268, die Gruneliusschule in der De Neufville Straße 35, die Salzmannschule in Niederrad, Schwanheimer Straße 23 und die Gerbermühlschule in der Offenbacher Landstraße 251. Sie waren von der Stadt zu unterhaltende „*evangelische Gemeindeschulen.*"[128] Waren die vier alten evangelischen Schulen mit je zwei Zügen für Jungen und Mädchen ausgestattet, so dienten jetzt die Weißfrauen- und die Allerheiligenschule nur den Jungen und die Katharinen- und die Dreikönigsschule nur den Mädchen. Hinzu gekommen war 1857 die Bethmann-Mittelschule, ebenfalls als „*evangelisch-protestantische Schule*" bezeichnet.[129]

Für diese Volksschulen gab es eine Spezialschuldeputation, den Schulvorstand.[130] Das gleiche galt für die Bethmann-Mittelschule. Diese Schulvorstände wirkten u. a. bei den Stellenbesetzungen und bei der Aufsicht über das Lehrpersonal mit. Die Mitglieder wurden von den Vorständen der evangelischen Kirchengemeinden bestellt.[131]

In Ausführung der Dotationsurkunde ging auch das Eigentum an den Schulgrundstücken und -gebäuden auf die evangelischen Gemeinden über, zwar mit unterschiedlich formulierten Eintragungen im Grundbuch, aber im Prinzip so, dass die lutherische Gemeinde die eine Hälfte und die beiden reformierten Gemeinden zusammen die andere Hälfte erhielten.[132] Aber mehr und mehr ging die große Zahl der evangelischen Schüler in „Simultanschulen". Ab 1873 wollte die Stadt nur noch Simultanschulen errichten. Spannungen zwischen Magistrat und Stadtverordnetenversammlung einerseits, die die Simultanschule bevorzugten, und Schulvorstand sowie lutherischem Gemeindevorstand andererseits blieben also nicht aus. Dass trotzdem Konfessionsschulen neu entstanden, war der staatlichen Schulaufsichtsbehörde zu verdanken, die das gegen die städtischen Behörden durchsetzte.[133]

1.5 Aus dem gemeindlichen Leben

1.5.1 Neue Gemeindeformen in der Stadt

Gemeindeexperimente

In den letzten Jahrzehnten des 19. Jahrhunderts wurde die Organisationsstruktur der Frankfurter Kirche heftig kritisiert. Aber es kam zunächst zu keinen Lösungen. Ein besonderes Problem war dabei die kirchliche Versorgung der Neubaugebiete, welche die verfasste Kirche nicht leisten konnte. Denn Frankfurt war über den Anlagenring hinausgewachsen. Drei unterschiedliche Initiativen versuchten da, dem Mangel abzuhelfen, und nutzten die Situation zu Experimenten. So entstanden drei Gemeinden mit religiösen Formen, die in der Frankfurter Kirche bis dahin nicht vorhanden gewesen waren. Die Not machte also nicht nur erfinderisch, sondern führte auch zu einem bemerkenswerten Experimentieren mit neuen Formen.

Der Frankfurter Evangelisch-kirchliche Hilfsverein

Dieser Verein wurde 1882 von dem Frankfurter Kaufmann Emil Moritz von Bernus gegründet.[134] „*Zweck des Vereins ist die Verkündigung des Evangeliums inmitten unserer Großstadt und die Erbauung der durch das Evangelium Gesammelten. Er sorgt für die Beschaffung von Kirchengebäuden und Gemeindehäusern, stellt Boten des Evangeliums*

Der Stifter

Abb. 9 Emil Moritz von Bernus

in seinen Dienst und läßt durch die Hand der von ihm berufenen Geistlichen der bibelgläubigen, jedoch nicht exklusiv konfessionellen Richtung, Predigt, Abendmahl, Taufe, Jugendunterricht, Konfirmation und jede sonstige kirchliche Amtshandlung in seinem Auftrag bieten" (§ 1 der Satzung). Bernus war stark geprägt von der englischen Frömmigkeit. Die in Frankfurt vorherrschende Theologie war ihm nicht orthodox genug. Er wollte eine Alternative bieten. Trotzdem stand der Verein zunächst der Landeskirche nahe. In seinem fünfköpfigen Vorstand saßen in der Anfangszeit mit Senior Johann Jakob Krebs und Pfarrer Philipp Jakob Collischonn zwei landeskirchliche Geistliche.[135] Der Verein entwickelte sich dann jedoch zu einer freikirchlichen Gemeinschaft. Dabei wollte von Bernus weder eine Freikirche gründen noch von der verfassten Kirche abhängig sein. Viel hing also von den anderen Vorstandsmitgliedern und den Mitarbeitern ab. Unter denen gab es immer wieder Stimmen für eine stärkere Anbindung an die verfasste Kirche. Als Bernus den Evangelisten Elias Schrenk in der Christuskirche predigen ließ, ohne den Vorstand zu fragen, kam es zum Konflikt. Dabei verwies Bernus auf sein Eigentumsrecht, woraufhin alle anderen Vorstandsmitglieder und der Vereinspfarrer Paul Benemann zurücktraten. Benemanns Nachfolger vertraten wie Bernus eine evangelistische Linie. Bei Pfarrer Hugo Wächter führte das zu einer immer stärkeren Distanzierung von der offiziellen Kirche. Als in den 1890er Jahren deren Neuorganisation diskutiert wurde, lehnte er eine Einbeziehung des Hilfsvereins ab. Das führte dazu, dass das Konsistorium 1898 entschied, Amtshandlungen der Vereinsgeistlichen nicht mehr in die Register der lutherischen Gemeinde eintragen zu lassen und Gemeindegliedern der lutherischen Gemeinde, die sich der neuen Gemeinde anschließen, ihre Rechte in der lutherischen Gemeinde zu nehmen.[136]

Bernus errichtete aber auch auf eigene Kosten die Christuskirche auf dem Beethovenplatz und die Immanuelskirche am Oederweg dort, wo heute die Epiphaniaskirche steht. Beide wurden ergänzt durch *„Gemeindehäuser"*, den *„Falkenhof"* in Bockenheim und den *„Eschenhof"* Nibelungenallee 54. In seinem Testament verfügte er die Errichtung der *„Stiftung für kirchliche Versorgung der Außenstadt".*[137] Hieran wird deutlich, dass es dem Stifter um Evangelisation in den nicht ausreichend kirchlich versorgten neuen Wohngebieten der Stadt Frankfurt im Westen und im Norden ging. Dort gab es keine Kir-

Abb. 10 Christuskirche

chen der lutherischen Gemeinde.¹³⁸ Die Stiftung sollte Eigentümerin der Liegenschaften sein, die dem Hilfsverein kostenlos für seine Arbeit zur Verfügung gestellt wurden. Sie wurde mit Kapital ausgestattet, um in der Lage zu sein, die Gebäude zu unterhalten. Hilfsverein und Stiftung bestehen bis heute. Das Stiftungskapital ging allerdings durch die Inflation der 1920er Jahre verloren. Die Genehmigung der Stiftungsverfassung durch den preußischen Staat war allerdings schwierig. Sie nahm in Art. 2 die oben zitierte Formulierung der Zweckbestimmung aus der Satzung des Hilfsvereins auf. Damit stand sie im Gegensatz zu der 1898 formulierten Haltung der Frankfurter Kirche. Durch Verfügung vom 19. Oktober 1914 des Preußischen Ministers der geistlichen und Unterrichtsangelegenheiten erhielten dann aber die Vereinsgeistlichen die Genehmigung zur Vornahme von Amtshandlungen ohne vorherige Genehmigung des zuständigen Gemeindepfarrers. Die Bezirkssynode und andere protestierten hiergegen heftig. Durch den inzwischen begonnenen Krieg verlief die Angelegenheit jedoch im Sande. 1953 wurde aus dem Hilfsverein heraus eine landeskirchliche Personalgemeinde gebildet.

Die Nord-Ostgemeinde
In einem ähnlichen Sinne engagierte sich Carl de Neufville, der lange in Amerika gelebt hatte und von der dortigen Frömmigkeit geprägt wurde. Er errichtete in der Wingertstraße das *„Vereinshaus „Nordost"*, das am 6. November 1887 eröffnet wurde und in dem zunächst ein von ihm gegründeter Jünglingsverein und dann ein Männerverein, ein Jungfrauenverein und ein Mäßigkeitsverein ihre Heimat fanden. Seine Arbeit wurde bald als Personalgemeinde vom Kultusministerium anerkannt. Nordost wurde der Mittelpunkt der Gemeinschaftsbewegung in Frankfurt.¹³⁹

Der Frankfurter Kirchenkalender berichtete 1890 überschwänglich aus dem Jahr 1888: *„Am 4. November 1888 feierte der Jünglingsverein Nord-Ost sein erstes Jahresfest in der Bornheimer Kirche; er zählte bereits über 100 Mitglieder, und inzwischen hat sich diese Zahl noch erhöht. Mußte die Nachfeier damals noch in einem fremden Raume stattfinden, so konnte doch bereits das zweite Jahresfest am 22. September 1889 in dem neuen Vereinshaus Wingertstraße 15/19 abgehalten werden. Denn so unübersteiglich auch im Hinblick auf die Kosten die Durchführung erschien, so ist es Herrn Karl de Neufville, dem*

Abb. 11 Vereinshaus Nordost

Evang. Vereinshaus „Nordost"
Frankfurt a.M. Wingertstr. 15–19.

Bei dem Herrn findet man Hilfe. Ps.3,9.

Vorsitzenden des Vorstandes, doch gelungen, die Sache durchzusetzen. Schon am 16. Juni konnte die Sonntagsschule mit ihren 900 Kindern ihren Einzug in den großen Saal halten. Am 1. August folgte ihm der Jünglings- und Männerverein (zur Zeit 139 Mitglieder) und bald darauf der Jungfrauenverein (zur Zeit 44 Mitglieder)."[140]

Die Luthergemeinde

Der 400. Geburtstag Martin Luthers im Jahre 1883 gab den Anstoß, einen „Verein zur Erbauung einer evangelisch-lutherischen Kirche im Nordosten von Frankfurt a.M." zu gründen. Dass die lutherische Kirche kein Geld für den Bau von Kirchengebäuden in den Neubaugebieten hatte, betraf auch die nun bebaute ehemalige „Bornheimer Heide" zwischen Frankfurt und Bornheim. Die „Bürgerinitiative" war erfolgreich. Sie sammelte Geld für den Kirchenbau und den Aufbau der kirchlichen Arbeit und konnte eine Kirche errichten.[141] Dabei war von vornherein klar, dass man die Vereinsform nur wählte, weil die verfasste Kirche keine Mittel zur Verfügung hatte. Deshalb sollte der Verein bzw. eine zu gründende Gemeinde auf jeden Fall in die Landeskirche eingebunden werden. Den Weg von Christus-Immanuel und Nord-Ost zur Vereinskirche wollte man nicht beschreiten.[142] Wie sehr diese Initiative in der Frankfurter Kirche verwurzelt war, zeigt die Zusammensetzung des Gründungsvorstandes: Senior Johann Jakob Krebs als Vorsitzender; Pfr. Karl Ferdinand Blecher/Bornheim; Bankdirektor R. Bansa als Kassierer; Lehrer Peter Diehl als Schriftführer; Pfr. Philipp Jakob Collischonn/Paulskirche; Hauptmann a. D. Lucas von Heyden; Oberlehrer Friedrich August Finger; Chemiker J. G. Kerner; Pfr. Philipp. Jung/St. Nikolaikirche; Kaufmann Heinrich Marschall; Pfr. Karl Leydhecker/Diakonissenhaus; Pfr. Gustav Schlosser/Verein f. Innere Mission; Bankier Wilhelm Metzler; Pfr. Hans

Abb. 12 Carl de Neufville

von Seydewitz/Weißfrauenkirche; Prof. Dr. Moritz Schmidt-Metzler; Amtsgerichtsrat Friedrich Adolf von Welling; Oberlehrer Eduard Weber.[143] Am 10. September 1893 konnte die „Lutherkirche" eingeweiht werden.

Der erste Pfarrer, August Cordes, machte die neue Gemeinde zu einem Modell. Cordes war zuvor Rektor des Diakonissenhauses in Philadelphia/USA gewesen. Er brachte also Erfahrungen aus dem amerikanischen Gemeindeleben mit. Und er fand eine Bevölkerungsstruktur vor, die ihm geeignet erschien, Neues zu wagen. *„Da herrschte nicht das satte Philistertum gewisser wohlsituierter Bürgerkreise, noch der kirchenfeindliche Geist sozialistisch verhetzter Arbeitermassen. Sondern die Bevölkerung des Bezirks setzte sich vorwiegend zusammen aus Angehörigen des unteren Mittelstandes, kleinen Gewerbetreibenden, Handwerkern, Beamten, auch Pensionären, alleinstehenden Personen, besonders weiblichen Geschlechts, und dergleichen."*[144] Anknüpfend an Ideen des Reformtheologen Emil Sulze ging es ihm nicht mehr nur darum, in Gottesdienst, Kindergottesdienst, Konfirmandenunterricht und durch Seelsorge die evangelischen Christen kirchlich zu versorgen. Vielmehr wollte er eine Gemeinde bauen, die Seelsorge- und Diakoniegemeinde ist. Ein Charakteristikum dieses Konzepts war, dass die Gemeinde sich in Vereine gliederte. Kernverein war der Hausväterverband. Wichtig waren aber auch der Frauenverband, der Kirchenchorverein, der Jünglingsverein, der Jungfrauenverein und manches andere. Familienabende, Vortragsveranstaltungen und Ausflüge fanden statt. Eine Armenkommission verteilte Armengelder. Seine Grundgedanken formulierte er so:

„Gebetsgemeinschaft allein genügt nicht zur Gestaltung eines wirklichen Gemeindelebens. Wir wagen getrost die Behauptung, daß die Pflege auch eines außergottesdienstlichen Verkehrs der Gemeindeglieder untereinander unentbehrlich ist. ... Die wir miteinander einen Organismus, nämlich eine Gemeinde bilden sollen, müssen persönliche Berührung miteinander haben, müssen als Brüder und Schwestern auch außerhalb der Kirchenmauern uns fühlen lernen ... Wird doch von der ersten Christengemeinde ausdrücklich bezeugt: ‚Sie blieben beständig in der Gemeinschaft'. So wissen wir uns auf biblischem Grund, wenn wir als Gemeinde auf Gemeinschaftspflege Gewicht legen. ... Besonders wichtig für die Stärkung der Gemeinschaft innerhalb der Gemeinde, überhaupt für die gesunde Entwicklung des ganzen Gemeindelebens ist, daß die Männer, die Hausväter zumal, an den Gemeindeinteressen regen in-

neren Anteil nehmen. Es ist eine allgemeine und nur zu begründete Klage, daß die Männerwelt mehr und mehr sich der Kirche entfremdet."[145]

Wie sehr sie auf ein christliches Leben ausgerichtet sein sollten, zeigte sich an einem „Wegweiser" für die Berufswahl, den Cordes für die Konfirmanden und Konfirmierten, also die künftigen Mitglieder dieser Vereine, geschrieben hat:

„Welchen Beruf soll man wählen? Nur den, zu dem man berufen ist, nämlich von Gott. Wenn Gottes Kinder die Pflicht haben, nach seinem Willen zu fragen, so natürlich besonders bei einer so wichtigen, für unser ganzes Leben entscheidenden Angelegenheit wie die Berufswahl es ist.

– *Ergreife, wenn irgend möglich, einen Beruf, der eine tüchtige Ausbildung erfordert. – Sei fleißig darauf bedacht, dich fortzubilden; jede Gelegenheit benutze mit Freude und Treue! Dann wird ein tüchtiger, geachteter Mensch aus dir werden, der sein gutes Fortkommen in der Welt hat.*
– *Halte hoch von deinem Beruf! Es ist eines Christen durchaus unwürdig, in seinem Berufe nur das lästige Mittel zu dem Zweck des Geldverdienens zu sehen. Jede ehrliche Berufsarbeit trägt einen hohen sittlichen Wert in sich selbst.*
– *Als Christ hast du noch eine besondere Verpflichtung, auf Berufstreue und Berufsehre zu halten, denn sonst schädigst du nicht nur deinen Beruf und dich selbst, sondern um deinetwillen wird auch das Christentum verspottet.*
– *Übe deinen Beruf aus als einen Gottesdienst.*

Abb. 13 Lutherkirche, Chorraum

– *So hat also das christliche Berufsleben, recht verstanden und geübt, zum Grunde die göttliche Berufung, zum Inhalt das Gott-Dienen, zur Krone den himmlischen Beruf. Wahrlich eine hehre Sache!"*[146]

Allerdings fragt es sich schon, wie viele Kinder jener Zeit ihren Beruf frei wählen konnten. Und es fragt sich, ob hier nicht Kinder in einer Weise mit Idealvorstellungen befrachtet wurden, dass sie eigentlich nur scheitern konnten.

Eine solche Gemeinde benötigte außer der Kirche weitere Räume, ein Gemeindehaus. So etwas gab es in der verfassten Frankfurter Kirche noch nicht. Aber es gab in Frankfurt Beispiele. Karl de Neufville und Moritz von Bernus schufen sie. Auch unter dem Dach des Vereins für Innere Mission gab es

Vereinshäuser. So etwas brauchte Cordes auch. Doch die Finanzierung schien schwieriger als die für eine Kirche zu sein. Hermann Dietze, ehemals Direktor einer Aktiengesellschaft und kirchlich vielfältig engagiert, ermunterte ihn, mit einigen begüterten Freunden eine Gesellschaft mit beschränkter Haftung zu gründen. Er selbst brachte ein Grundstück mit Wohnhaus im Musikantenweg ein, in dem sich eine von ihm gegründete Kleinkinderschule befand. Am 2. August 1896 konnte das neue Gemeindehaus eingeweiht werden.[147] 1898 beruhte die Arbeit der Luthergemeinde also auf zwei Säulen. Der „*Verein zur Erbauung einer evangelisch-lutherischen Kirche im Nordosten von Frankfurt a.M.*" sorgte für die Kirche, das Pfarrhaus und die Gehälter der Gemeindebeamten. Die „*Gemeindepflege der Lutherkirche Frankfurt a.M. Gesellschaft mit beschränkter Haftung*" stand ein für das Gemeindehaus, die Kleinkinderschule und den Gemeindegarten.[148] Diese Form von Gemeindearbeit war für Frankfurt ebenso revolutionär wie der Bau eines Gemeindehauses. Im Jahre 1901 wurde die Gemeinde in die Frankfurter Landeskirche aufgenommen.

1.5.2 Die Landgemeinden

Allgemeines
Nach wie vor gehörten Bornheim, Oberrad, Niederrad, Bonames, Niederursel und Hausen kirchlich zu Frankfurt. Ihr und ihrer Pfarrer rechtlicher Status unterschied sich vom Stadtgebiet und den Stadtpfarrern, zum Vorteil letzterer.[149] Nach dem Anschluss an Preußen waren die Probleme bei der Herstellung einer modernen Gemeindeordnung aber offenbar geringer als in der Stadt, wo es ja nötig war, Lutheraner und Reformierte unter ein Dach zu bringen. So konnte eine Kirchengemeindeordnung für diese Gemeinden schon am 11. März 1889 verabschiedet und am 2. Juni 1890 vom Staat genehmigt werden. Mitglied der jeweiligen dortigen Kirchengemeinde waren Lutheraner, die dort ihren Wohnsitz hatten. Zuziehende Reformierte oder Unierte erhielten die Gemeindemitgliedschaft der lutherischen Gemeinde, wenn sie erklärten, ihr beitreten zu wollen, sonst nicht (§ 1). Den Vorsitz im Kirchenvorstand führte immer der Pfarrer, bei mehreren Pfarrern der älteste. Die Amtsdauer der Laienmitglieder im Kirchenvorstand betrug 12 Jahre. Auch die Kirchengemeinde- und Synodalordnung brachte nicht den gewünschten Zusammenschluss mit dem lutherischen Stadtsynodalverband. Vielmehr wurde von den sechs Landgemeinden eine Kreissynode gebildet. Als Bornheim 1901 der Anschluss an den Stadtsynodalverband gelang, waren es sogar nur noch fünf. Im Anschluss an die politische Eingemeindung dieser Gemeinden nach Frankfurt wurde der Wunsch, auch kirchlich zur Stadt zu gehören, noch stärker. Aus finanziellen Gründen und wegen der traditionell geringen Reformbereitschaft der Stadt wurde der Wunsch zunächst nicht erfüllt.

Bornheim
Schon um das Jahr 500 gab es wohl ein kleines Dorf, um 750 eine eigene Pfarrei mit einer vorkarolingischen Kapelle, die später erweitert wurde. Im Jahre 1261 wurde erstmals ein Kirchhof erwähnt, eine indirekte Bestätigung für eine Kirche. Um 1275 war Bornheim der Mittelpunkt des Amtes Bornheimerberg, gehörte dann zu Hanau, war von 1475 bis 1866 ein Frankfurter Dorf und wurde dann eingemeindet. 1527 wurde Bornheim evangelisch. Den Gottesdienst hielten nun Frankfurter Pfarrer. Bei einer Renovierung erhielt die Kirche 1679 Malereien nach dem Vorbild der damals im Bau befindlichen

St. Katharinenkirche. In den Jahren 1751/52 wurde die Kirche wegen Baufälligkeit abgerissen. Die Bevölkerung von Bornheim wuchs in der 2. Hälfte des 19. Jahrhunderts schnell. Deshalb erhielt die Gemeinde 1888 eine Hilfspredigerstelle, die 1898 in eine 2. Pfarrstelle umgewandelt wurde. 1891 wurde die Gemeinde in zwei Bezirke geteilt. Auf der Bornheimer Heide, die zum Teil auf Frankfurter und zum Teil auf Bornheimer Gemarkung lag, wurde durch einen privaten Verein die Lutherkirche gebaut und um sie herum die Luthergemeinde geschaffen. 1900 oder 1901 kam die Gemeinde zum lutherischen Stadtsynodalverband. Dem folgte dann die Errichtung eines Schwesternhauses in der Eichwaldstraße und einer Kinderkrippe. 1906 erhielt die Gemeinde ein großes Gemeindehaus in der Güntersburgallee, in dem es auch eine Pfarrwohnung gab und in dem auch Gottesdienste stattfinden konnten. 1913 wurde eine dritte Pfarrstelle errichtet.[150]

Niederrad

Der 1151 erstmals urkundlich erwähnte Ort Niederrad[151] gehörte ursprünglich kirchlich zu Schwanheim, das wiederum seit dem Mittelalter dem St. Bartholomäusstift unterstand. Ab 1540 besaß der Deutsche Orden ein Viertel des Dorfes, ab 1569 Frankfurt drei Viertel. Danach gehörten die Evangelischen in Niederrad kirchlich zum Gutleuthof, fuhren also zum Gottesdienst mit dem Kahn über den Main. 1608 wurde eine erste kleine Kirche errichtet, die aber nur der Sonntagsschule und der Kinderlehre diente. 1726 wurde die jetzige „*Kleine Kirche*" eingeweiht. Erst Ende des 18. Jahrhunderts fanden hier regelmäßig Gottesdienste statt. Im Jahre 1900 wurde Niederrad nach Frankfurt eingemeindet. Für Niederrad stellte eine Kirchenvisitation 1884 fest, dass *„ein frisch pulsierendes Leben in der Gemeinde erwacht"* sei.

Das hing wohl mit Pfarrer Fritz Encke zusammen, dem es gelang, über mehrere Vereine die Gemeindeglieder zum Mitwirken zu gewinnen. So gründete er gleich nach seinem Amtsantritt 1881 einen Kirchen- und Gustav-Adolf-Verein, der für Renovierung, Heizung und Beleuchtung der Kirche sorgte und die Arbeit des Frankfurter Hauptvereins unterstützte. 1889 wurde der Kirchenchor wieder gegründet, 1901 ein evangelischer Arbeiterverein und 1904 ein Verein für Innere Mission. 1907 erhielt die Kirchengemeinde durch Karl von Weinberg eine Kinderkrippe.

Oberrad

Die erste Oberräder Kirche bestand schon vor 1270 und war St. Margaretha, der Schutzpatronin Oberrads, geweiht.[152] Sie stand südlich der Offenbacher Landstraße, 75 Meter östlich der Mathildenstraße (früher Kirchenpfad) und etwa 25 Meter zurückgesetzt. Der Turm mit hohem spitzem Dach war spätestens 1468 gebaut worden. 1530 wurde die Kirche evangelisch. 1552 und 1688 wurde sie durch feindliche Truppen zerstört, jedes Mal aber wiederaufgebaut. Im Zuge der Errichtung der Erlöserkirche ging die Dorfkirche auf die Stadt über, wurde als Lagerhalle genutzt und brannte am 4. Oktober 1943 aus. Die Ruine wurde 1953 abgerissen und an ihrer Stelle das Haus Offenbacher Landstraße 322 errichtet. In Oberrad lebten gegen Ende des 19. Jahrhunderts 6.000 Evangelische. Dafür war die alte Dorfkirche nicht mehr groß genug, weshalb der rührige Kirchenbauverein sich um eine neue Kirche bemühte. Grundlage war die Verpflichtung der Stadt zu Bau und Unterhalt der alten Kirche. Nun löste die Stadt die alte Bauverpflichtung durch Zahlung von 250.000 Mark und die Verpflichtung zum Unterhalt des Pfarrhauses mit 10.820 Mark ab. Frau Anna Louise Koch von St. George stiftete 20.000 Mark für ein neues Gemeindehaus. Und die Stadt überließ der Gemeinde auch das Grundstück für Kirche, Gemeinde- und Pfarrhaus. Der Neubau wurde am 29. März 1914 eingeweiht und erhielt den Namen Erlöserkirche nach der Erlösergemeinde.[153]

Hausen
Im Jahre 1428 kaufte die Stadt Frankfurt am Main das Dorf Hausen von den Herren von Praunheim. Kirchlich blieb aber die Abhängigkeit von Praunheim, die erst 1772 endete. Der Bau einer ersten eigenen Kirche wurde im Jahre 1813 eingeweiht.[154] Die 1851/1852 errichtete klassizistische Kirche wurde in Naturstein-Mauerwerk (roter Mainsandstein wie bei der Paulskirche) aufgeführt. Sie wurde entworfen vom Bockenheimer Maurermeister Brandt, der 1852/53 auch den Turm der Bockenheimer St. Jakobskirche erbaut hat. Unter den Frankfurter Dörfern spielte Hausen insofern eine besondere Rolle, als seine Pfarrstelle eine Patronatsstelle der Stadt als Landesherr war. Im Auseinandersetzungsrezess von 1869 überließ Preußen trotzdem der Stadt Frankfurt die Stellenbesetzung. Allerdings war die Stadt nicht bereit, das Pfarrergehalt zu übernehmen. Auch in Hausen blühte das kirchliche Vereinsleben.[155]

Bonames
Bonames hat schon im 2. Jahrhundert als römische Straßenstation existiert.[156] Der Name könnte von „bona mansio" (gute Raststätte) oder „bona missa" (gute Messe) herkommen. Im Jahre 1030 wurde es erstmals urkundlich erwähnt. Zu Beginn des 13. Jahrhunderts wurde am Niddaübergang eine Burg errichtet. Seit 1367 gehörte es zu Frankfurt a. M. Schon im 11. Jahrhundert dürfte es außerhalb der Ortsbefestigung in sumpfigem Gelände, westlich der Burg eine Kirche gegeben haben.[157] Die Pfarrei Bonames wurde 1297 erstmals erwähnt. Das Patronatsrecht für Bonames besaßen zunächst die Gaugrafen des Niddagaus, ab 1270 die Herren von Falkenstein und ab 1397 das Kollegiatstift zu Lich. Mit diesem wurde Bonames 1538 evangelisch. Das Patronat hatten nun die Grafen zu Solms-Münzenberg. Nach wie vor gehörten Harheim und Kalbach kirchlich zu Bonames. Die Bonameser Pfarre verkauften die Solmser 1618 an die Stadt Frankfurt a. M. Im Jahre 1667 beeindruckte Pfarrer Johann Heinrich Henrici Senior Philipp Jakob Spener damit, dass er die Konfirmation im Gottesdienst vornahm. Das war damals in Frankfurt noch nicht üblich.

In Bonames gehörte der Stadt Frankfurt das Patronat und damit auch das Stellenbesetzungsrecht seit 1618. Das Einkommen des Pfarrers erbrachte das Pfarreivermögen. Dieses übernahm die Stadt 1817 gegen die Verpflichtung, dem Pfarrer ein festes Gehalt zu zahlen. So gab es dann gegen Ende des 19. Jahrhunderts unerfreuliche Auseinandersetzungen um den Pfarrerunterhalt zwischen Gemeinde und Stadt. Als Pfarrer Caspar Konrad Glöckler 1886 in den Ruhestand treten wollte, war die Stadt nicht bereit, seine Pension zu bezahlen. Deshalb wurde Glöckler von seinen Pflichten entbunden, bezog aber sein Gehalt weiter. Die Gemeinde prozessierte aber mit der Stadt und bekam 1892 in dritter Instanz vor dem Reichsgericht recht. Dann verweigerte die Stadt den Bauunterhalt der kirchlichen Gebäude. Nach der Eingemeindung von Bonames 1910 verweigerte die Stadt alle Leistungen an die Gemeinde, sodass erneut prozessiert werden musste. Schon 1878 weitete sich die Arbeit der Gemeinde dadurch aus, dass sie nun die Protestanten in Kalbach mit umfasste. Diese hatten kirchlich vorher zu Oberursel gehört.[158]

Niederursel

Auf der Gemarkung Niederursel siedelten schon vor 4000 Jahren Menschen.[159] Kirchlich bedeutsam ist, dass im Jahre 754 der Leichnam des toten Bonifatius auf seinem Weg nach Fulda durch Niederursel transportiert wurde. Funde bei den Ausschachtungsarbeiten zum Kirchenneubau in den Jahren 1927/28 ließen darauf schließen, dass es hier schon in frühkarolingischer Zeit einen Sakralbau gegeben hat. Kirchlich gehörte Niederursel vom Mittelalter bis ins 19. Jahrhundert zu Praunheim.

Im Jahre 1402 wurde erstmals die St. Georgskapelle[160] urkundlich erwähnt. Die Lage auf dem Felsen und die feste Mauer erinnern auch heute noch daran, dass es sich um eine befestigte Dorfkirche gehandelt hat. Seit 1436 teilten sich die Grafen von Solms-Rödelheim und Frankfurt das Patronatsrecht. In ihrem Gefolge wurde auch Niederursel später evangelisch. Das brachte vielerlei Probleme. Die kleine Kirche war etwa 5 bis 6 Meter breit und etwa 10 Meter lang. Im 17. Jhdt. wurde sie auf 18,10 Meter verlängert. Die Wandstärke war 0,80 bis 1,0 Meter. Das bedeutete Platz für etwa 100 Besucher. Sie hatte einen quadratischen Turm. Im Dreißigjährigen Krieg, 1674 durch plündernde Franzosen, und beim großen Brand von 1675, wurde die Kirche jeweils schwer beschädigt und musste wieder instandgesetzt werden.

Kompliziert waren weiterhin die kirchlichen Verhältnisse in Niederursel. Die eine Hälfte gehörte weiter zu Frankfurt. Die andere, hessische, Hälfte war nach 1866 auf den preußischen Staat übergegangen. Trotzdem beanspruchte das großherzoglich hessische Oberkonsistorium in Darmstadt weiterhin das Stellenbesetzungsrecht. So berief Hessen 1868, als Pfarrer Ludwig August Sell erkrankte, den Pfarrer von Steinbach als Vertreter, während Frankfurt die Pfarrer von Praunheim und Hausen beauftragen wollte. 1882 erhielt Niederursel wieder einen eigenen Pfarrer. Politisch blieb es bei der Trennung. Die hessische Hälfte hatte einen Bürgermeister, die Frankfurter einen Schultheiß. Erst 1899 gab es eine befriedigende Regelung.[161] Übrigens bezeichnete Senior Johann Jakob Krebs 1888 Niederursel als *„die kirchlich eifrigste unter unsern Landgemeinden."*[162]

1.5.3 Das vormals hessische Rödelheim

Rödelheim wurde 788 erstmals als *„Radilenheim"* urkundlich erwähnt. Schon damals besaß der Ort eine Kapelle,[163] die 1219 in den Besitz Kaiser Friedrich II. gelangte und dem Deutschen Orden übertragen wurde. Die im 11. oder 12. Jahrhundert an der Nidda errichtete Burg gehörte über Jahrhunderte einer Ganerbengemeinschaft, also einer Gemeinschaft von unterschiedlichen Teilhabern, so später auch der Stadt Frankfurt und der Ritter von Kronberg. Streitigkeiten zwischen diesen beiden waren nicht selten. Von 1461 bis 1806 war Rödelheim der Sitz der Grafen von Solms-Rödelheim, das Patronat blieb aber auch danach in deren Besitz. 1806 fiel Rödelheim an das Großherzogtum Hessen und 1866 an Preußen, Regierungsbezirk Wiesbaden und damit zur Nassauischen Landeskirche. Die Burg wurde umgebaut und erweitert, insbesondere im 19. Jahrhundert zu einem großzügigen Schloss. Dieses fand dann unterschiedliche Verwendungen und wurde nach dem 1. Weltkrieg in einem Tauschvertrag gegen Ländereien in der Wetterau an die Stadt Frankfurt gegeben. Im 2. Weltkrieg fiel es den Bomben zum Opfer. 1910 hatte Rödelheim 10.067 Einwohner, darunter 6.583 Protestanten. Kirchlich gehörte es zum Dekanat Kronberg. Die Anzahl der jüdi-

Abb. 14 Cyriakuskirche 1894

Abb. 15 St. Georgskapelle 1893

schen Einwohner, die 1843 421 betragen hatte, also ein Fünftel der Bevölkerung, verringerte sich bis 1910 auf 147.[164]

1.5.4 Das vormals nassauische Heddernheim

Das einst überwiegend katholische Heddernheim wurde urkundlich erstmals 802 als „Phetterenheim" erwähnt. Es gehörte ab 1132 dem Dompropst zu Mainz.[165] 1584 wurde die Burg Philipseck gebaut. Im gleichen Jahr gehörten die Evangelischen zur lutherischen Kirche in Praunheim. Gottesdienste fanden wohl in der Burgkapelle statt. Schon vor dem Dreißigjährigen Krieg gab es auch eine Kirche in Stein, die aber in diesem Krieg zerstört wurde. 1803 kam Heddernheim an das Fürstentum Nassau-Usingen und dann an das Herzogtum Nassau, 1866 an Preußen. Die wenigen Evangelischen wurden Eschborn zugeordnet. Wegen des weiten Weges nach dort wurde Anfang des 19. Jahrhunderts eine kleine Kapelle errichtet,[166] die 1821 eingeweiht wurde. Doch erhielt Heddernheim erst 1842 einen eigenen Pfarrer. Ein 1898 eingeweihtes neues Gotteshaus wurde mit Hilfe des Gustav-Adolf-Vereins, vor allem der Hauptvereine Frankfurt und Wiesbaden, errichtet. Ab 1914 gab es eine Kleinkinderschule und eine Schwesternstation.[167]

1.5.5 Gottesdienste

Nach wie vor brachte es die Frankfurter Kirche nicht fertig, eine allgemein verbindliche Agende zu erarbeiten. In den lutherischen Gemeinden galt deshalb für die Form der Gottesdienste zunächst die Regelung von 1854 weiter. Gegen Ende des Jahrhunderts wurde die Situation dadurch verschärft, dass mehr und mehr Pfarrer von außerhalb kamen und durch den Bevölkerungszuwachs auch in den Kirchenvorständen viele Mitglieder saßen, denen die Frankfurter Traditionen nicht mehr bekannt waren. Hinzu kam, dass die 1893 um die aus privaten Mitteln errichtete Lutherkirche gebildete Gemeinde zunächst nicht der Frankfurter Kirche angehörte und sich eine Ordnung mit längerer Liturgie und dem Glaubensbekenntnis gab. Als hier 1901 die Luthergemeinde errichtet und dem Stadtsynodalverband angeschlossen wurde, blieb es bei dieser Ordnung. Sie wurde bald auch von anderen Gemeinden übernommen. So ging auch die letzte Einheitlichkeit verloren. Dem suchte die Bezirkssynode 1909 mit dem „Kirchenbuch für die evangelischen Gemeinden des Konsistorialbezirks Frankfurt a. M. – Angepaßtes hessisches Kirchenbuch"[168] zu begegnen. Dadurch gab es eine gewisse Ordnung, die aber „zur freien Benutzung" eingeführt wurde.[169] Denn für die Gottesdienstordnung der Hauptgottesdienste konnten die Gemeindeorgane mit kirchenaufsichtlicher Genehmigung Veränderungen vornehmen. Für andere Gottesdienste waren sie frei.[170] Am 9. August 1891 wurden auf Anregung von Friedrich Naumann die Kirchenbesucher erstmals gezählt. Dabei ergab sich, dass insgesamt 4.738 Personen am Vormittagsgottesdienst, teilnahmen. Dies wurde als 4,4 % der Gesamtmitgliederzahl angesehen.[171] Rechnet man das hoch, dann gab es in Frankfurt damals rund 108.000 Evangelische.

Es gab aber auch besondere Gottesdienste. Am 10. Mai 1896 wurde mit einem Festgottesdienst des Frankfurter Friedens von 1871 gedacht. Der Kirchenkalender berichtete darüber: „*Der lutherischen Gemeinde wurde an diesem Tage die Ehre zu teil, daß Se. Maj. der Kaiser mit seiner erlauchten Gemahlin an dem in der St. Katharinenkirche um 10 Uhr abgehaltenen Festgottesdienste teilnahm. Um für die hohen Herrschaften, sowie für die Schwester des Kaisers und ihren Gemahl, Prinz Friedrich Carl von Hessen, die Landgräfin Anna von Hessen, den Landgrafen Alexander Friedrich von Hessen, und für das Gefolge der Majestäten, geeignete Plätze zu schaffen, wurde die beiden ersten Gevierte der Kirchenstühle im Schiffe beseitigt, und auf dem dadurch gewonnenen freien Raum auf einer Estrade die Sitze angebracht. An dem Portale wurde der Kaiser von einer aus Vertretern des Konsistoriums, des Gemeindevorstandes und des Prediger-Ministeriums zusammengesetzten Deputation empfangen ... Bei dem Gottesdienste wirkte der evangelische Verein für Kirchengesang mit, der sich zu diesem Zwecke noch durch Mitglieder anderer Vereine verstärkt hatte und zur Erhebung der Gemüter durch zwei Gesangsvorträge beitrug. Die Rede wurde durch Herrn Konsistorialrat Dr. Basse vom Altare aus gehalten.*"[172]

1.5.6 Konfirmation

Bis 1881 durften Konfirmationen nicht sonntags stattfinden, weil das die normalen Gottesdienste gestört hätte. Dann gestattete das Konsistorium Konfirmationen am Sonntag. Als Konfirmationssonntage legte es 1898 die Sonntage von Judica bis Himmelfahrt fest.[173] Bis zum Jahre 1897 ging dem Konfirmandenunterricht der Katechumenenunterricht, das sog. Gebet, voraus. Dann erlaubte das lutherische Konsistorium versuchsweise, dass es nur noch einen einjährigen pfarramtlichen Religionsunterricht geben soll. Der sollte wöchentlich zweistündig von 11–12 Uhr in der Schule stattfinden. In Verhandlungen mit dem Kuratorium der höheren Schulen, der städtischen Schuldeputation, dem reformierten Konsistorium und dem katholischen Stadtpfarrer einigte man sich dann aber

1899 darauf, Konfirmanden- und Kommunionunterricht, getrennt nach Jungen und Mädchen, an zwei Wochentagen nachmittags abzuhalten. Die Schulen wurden angewiesen, an den Nachmittagen von 3–5 Uhr keinen Unterricht anzusetzen. Mit geringfügigen Änderungen galt diese Regelung auch noch in den 1920er Jahren.[174]

1.5.7 Kirchenmusik

Im Jahr 1886 erschien „*Das Frankfurter evangelische Gesangbuch*" neu. Es enthielt aktuellere Lieder und wurde von den Gottesdienstbesuchern positiv aufgenommen. Unter den Liederdichtern fanden sich auch einige aus Frankfurt: Johann Justus Finger; Remigius Fresenius; Konrad Kirchner; Johann Friedrich von Meyer; Ludwig Heinrich Schlosser; Johann Schneesing; Johann Jakob Schütz; Philipp Jakob Spener; Johann Christoph Spieß; Johann Friedrich Starck. Kritik gab es aus der Bürgerschaft, weil lieb gewordene Liedtexte verändert worden waren. Dabei handelte es sich nur wieder um die Originaltexte, die in der Zeit des Rationalismus eine Veränderung erfahren hatten. Wie damals üblich enthielt das Gesangbuch keine Noten. Auch wurden alle Töne in gleicher Länge gesungen. Dem Geist der Zeit entsprach im Abschnitt „*Vaterland und Obrigkeit*" das Lied 401 nach der Melodie „*Freu dich sehr, o meine Seele*":

> „*1. Vater kröne du mit Segen*
> *Unsern König und sein Haus,*
> *Führ durch ihn auf deinen Wegen*
> *Herrlich deinen Ratschluß aus.*
> *Deiner Kirche sei er Schutz,*
> *Deinen Feinden biet er Trutz;*
> *Sei du dem Gesalbten gnädig;*
> *Segne, segne unsern König.*
> *…*

> *5. Gieb uns Mut in den Gefahren,*
> *Wenn der Feind uns ernst bedroht,*
> *Daß wir Treue dann bewahren,*
> *Gehen freudig in den Tod.*
> *Du bist unser Siegspanier;*
> *Gott mit uns! So siegen wir,*
> *Deine Treuen krönst du gnädig;*
> *Segne, segne unsern König!*"

Daneben erschien 1893 ein neues Choralbuch. Da der Wunsch, Choräle rhythmisch zu singen, inzwischen verbreitet war, erhielt dieses einen Anhang mit Chorälen, die man nach damaliger Meinung auch rhythmisch singen konnte. Das Denken der Zeit schlug sich in dem Artikel von Hermann Marx im Frankfurter Kirchenkalender nieder.[175] Erstaunlicherweise nahm er zunächst nicht auf den Frankfurter Anhang Bezug:

„*Vor zwei Jahren ist ein neues ‚Melodieenbuch zum Evangelischen Militärgesang- und Gebetbuch für das deutsche Kriegsheer' erschienen. Damit ist ein wichtiger Schritt gethan, die verschiedenen, im evangelischen Deutschland im Gebrauch befindlichen Formen unserer Kirchenliedweisen einer einheitlichen Gestaltung anzunähern. Der Gedanke, daß in Zukunft die evangelischen Soldaten von Königsberg in Ostpreußen bis nach Straßburg und Metz und von Passau bis nach Wilhelmshaven die köstlichen Lieder in wesentlich gleicher Tonreihe und gleichem Taktmaß singen werden, ist in der That ein erhebender, und da unser Kriegsheer das Volk in Waffen ist, so stellt diese Einigung auf dem Gebiet des gottesdienstlichen Gesanges einen frischgestählten, klangvollen Reifen dar, der von jetzt an um die Stämme Alldeutschlands sich gleichmäßiger als bisher herumlegt und sie fester zusammenschließt … Die wichtigste Neuerung aber, welche das Melodieenbuch herbeiführen wird, ist die ent-*

schiedene Einbürgerung der rhythmischen Melodie neben der mit gleichwertigen Noten. ... Was heißt rhythmischer Gesang? – Denke Dir, lieber Leser, die schwungvolle Melodie der ‚Wacht am Rhein', die mit ihren abwechselnd kurzen und langen, vorwärts und aufwärts stürmenden Tönen die gewaltige Erregtheit eines zur Abwehr des Feindes eilenden Volkes in Waffen so malerisch zur Darstellung bringt, sollte von einer marschierenden Truppe so gesungen werden, daß zu jedem Schritte ein einziger Ton gehört würde ... und Du hast ... einen Gesang mit gleichwertigen Noten." Das würde jeder als unerträglich finden. Anders sei es mit den Chorälen. Dabei seien doch im 16. und 17. Jahrhundert die Choräle schwungvoll und rhythmisch gesungen worden. Im 18. Jahrhundert habe der Pietismus „dafür süßliche Gefühlsschwärmerei" eingetauscht und den Dreivierteltakt genutzt. Darauf habe dann der Rationalismus den einförmigen Choralgesang mit gleich langen Tönen gebracht. In Frankfurt sei das auch noch mit dem Gesangbuch von 1887 geschehen. Die Aktivitäten der evangelischen Kirchengesangvereine hätten jedoch zu einem Umdenken geführt, das sich im Anhang von 1893 niedergeschlagen hätte.

Überhaupt gewann das Singen in der Kirche immer mehr Freunde. Deshalb wurde 1875 der „*Evangelische Verein für Kirchengesang*" gegründet. Der Verein hatte 1888 87 aktive und 135 passive Mitglieder. 1877/88 trat er nicht weniger als 19mal auf.[176] Er veranstaltete Kirchenkonzerte und liturgische Gottesdienste. Beides fand so viel Anklang, dass sich in den einzelnen Sprengeln (Kirchengemeinden gab es ja noch nicht) eigene Kirchengesangvereine bildeten. Diese wiederum gruben dem Evangelischen Verein das Wasser ab, so dass er sich bald wieder auflöste. Nur die 1884 von ihm errichtete „*Kin-*

derchorschule" blieb erhalten.[177] Daneben pflegten auch die älteren Vereine, Cäcilienverein und Rühlscher Verein, sowie der 1878 gegründete Bachverein die Kirchenmusik. 1912 begann man in der St. Peters- und der Weißfrauenkirche mit regelmäßigen musikalischen Abendandachten. Pfarrer Johann Georg Probst vom Verein für Innere Mission gründete Anfang des 20. Jahrhunderts eine Kurrende, die auf freien Plätzen und in Höfen geistliche Musik vortrug.

1.6 Evangelische Persönlichkeiten

1.6.1 Hermann Dechent

Dechents Vorfahren stammten väterlicherseits ursprünglich aus den spanischen Niederlanden, seine Mutter Marie Wilhelmine Kloß aus einer Frankfurter Familie mit Bürgerrecht und verwandtschaftlichen Beziehungen zu den Goethes. So hatte Vater Johannes Dechent mit der Eheschließung das Frankfurter Bürgerrecht erworben. Verheiratet war Hermann mit Rosa Finger, ebenfalls einer Frankfurter Bürgertochter. Unter deren Vorfahren findet man die traditionsreichen Frankfurter Namen Textor, Staedel, Starck und ebenfalls Goethe. Dechent war also tief in der Frankfurter Geschichte verwurzelt. Zudem hatten die Fingers ein umfangreiches Familienarchiv, das eine unerschöpfliche Quelle für Hermanns Forschungen wurde.

Der am 15. September 1850 in Westhofen geborene Hermann war nach dem Theologiestudium von 1872 bis 1879 Prediger am Versorgungshaus. 1873 wurde er in Jena zum Dr. phil. promoviert. 1879 wurde Dechent Pfarrer an der Paulskirche und wechselte 1891 an die Weißfrauenkirche. Seit 1879 gehörte er dem Vorstand des Frankfurter Vereins für Geschichte und Altertumskunde an. 1896 wirkte er an der Gründung eines Kirchenbau-Vereins mit, der dann die Matthäuskirche als Tochter der Weißfrauenkirche baute. 1897 wurde er Mitglied der Schuldeputation, kam dann in den Bezirkssynodalvorstand und 1906 in das Konsistorium. Ab 1888 gab er auch den Frankfurter Kirchenkalender heraus. Er führte in Frankfurt musikalische Abendandachten ein. 1915 erhielt er den Ehrendoktor der Theologischen Fakultät der Universität Marburg. Er trat 1924 in den Ruhestand und verstarb am 19. November 1935. Dies alles war nicht denkbar ohne seine tatkräftige Ehefrau, die ihm in Familie und Gemeinde vieles vom Halse hielt.

Dechent war ein kleiner, zierlicher Mann, der für den Militärdienst nicht geeignet war. Seine Stimme war nicht kräftig genug, um auf Dauer in der akustisch schwierigen Paulskirche zu predigen, weshalb er an die kleinere Weißfrauenkirche wechselte. Johannes Kübel hat ihm in seinen Erinnerungen ein schönes Denkmal gesetzt:[178] *„In ganz außergewöhnlichem Maß hatte sich bei ihm der Geist den Körper gebaut. Umgekehrt war der Geist Spiegel und Ausdruck der Körperlichkeit: äußerst fein organisiert, zierlich, empfindsam, manchmal mimosenhaft ängstlich und auf sich selbst bedacht."* Und doch hätten ihn auch schwere Widrigkeiten nicht umwerfen können. Damit und mit seinem milden, abgeklärten Urteil sei er vielen Menschen Berater und Vorbild gewesen. Seine Fehler und Schwächen habe er gekannt und gelegentlich gesagt: „*meine Fehler tun den anderen nicht weh"*. So sei er ein Frankfurter Original im besten Sinne gewesen und die Verkörperung der Frankfurter Tradition von Ende des 18. Jahrhunderts bis zu seinem Todesjahr 1935.

Abb. 16 Hermann Dechent

Hermann Dechent war ein liberaler Theologe. Er war freiheitlich und kritisch gesinnt und hätte nach Kübel sicher der Bekennenden Kirche angehört. Aber er schätzte auch die Mystiker sehr und fand in ihnen *„einen unerschöpflichen Schatz innerer Frömmigkeit"*.[179] Er sah, wie groß die Kluft zwischen Christentum und moderner Bildung war und dass viele meinten, der Glauben passe nicht mehr in die aufgeklärte Gegenwart. Die Ursache lag für ihn darin, dass man den Glauben nur von der erkenntnistheoretischen Seite auffasse, als Annahme gewisser dogmatischer Formeln ohne oder wider alle Vernunft. Dies hielt er für falsch, weil es beim Glauben um den ganzen inneren Menschen gehe. Von dort her vertrat er einen Idealismus mit national-patriotischen Akzenten, wie er dann von Karl Barth und seinen Anhängern strikt abgelehnt wurde.[180] Trotz dieser Grundhaltung konnte er beispielsweise in einer Ansprache anlässlich der Sedanfeier am 2. September 1880 die gefallenen deutschen und französischen Krieger wegen ihrer Ideale und ihres Opfermutes gleichermaßen positiv würdigen.[181] 1914 ließ er sich auch von der vaterländischen Begeisterung mitreißen. In der Interpretation von Römer 12, 11 („*Seid nicht träge in dem, was ihr tun sollt. Seid brünstig im Geiste. Schicket Euch in die Zeit*") sah er den Krieg als Erzieher, nach Gottes Willen und auf Gottes Willen hin.[182] Nach dem Krieg nannte er in einer Predigt am 18. Januar 1920 (Reichsgründung 1871) den Friedensschluss eine bittere Enttäuschung und Versailles die Fortsetzung des Krieges mit anderen Mitteln.[183] Bei der Verfassungsfeier am 11. August 1923 bejahte er die Weimarer Republik von einem vernunft-republikanischen Standpunkt her. Dazu brachte ihn der Vergleich mit dem Chaos vorher und die den Kirchen mit der Weimarer Verfassung eingeräumte Position im Staat.[184] Dechent ging geistig mit der Zeit mit, er war feinsinnig und doch kritisch. Trotz all dem war er in erster Linie Gemeindepfarrer. Er machte viele Hausbesuche, hatte viele persönliche Kontakte, arbeitete alle Predigten schriftlich aus. Im Kreise der Kollegen trat er für Verständigung, Frieden und Freiheit ein.

Dechent war kein gelernter Historiker, aber sehr produktiv als Geschichtsschreiber. Man kann von 1000 aber auch von 4000[185] schriftlichen Veröffentlichungen, Vorträgen und Ansprachen lesen. Ich möchte allerdings nicht ausschließen, dass in dieser Zahl zumindest ein Teil seiner Predigten enthalten ist; denn diese wurden auch gerne zitiert. Geht man unbefangen an Dechents Arbeiten heran, dann fällt der erzählerische Stil auf. Da war er ganz Kind des 19. Jahrhunderts. Seine historischen Arbeiten könnte man so auch „*Bilder aus dem alten Frankfurt*" nennen. In der Verbindung von Bildung und Unterhaltung erwies sich Dechent als guter Pädagoge. Dabei arbeitete er wissenschaftlich, d. h. seine Darstellungen ergaben sich aus seinen Forschungen, und die Quellen wurden genannt; allerdings nicht in einem Umfang, wie das heute üblich ist. Dabei hatte er Zugang zu Dokumenten, die heute nicht mehr existieren. Man kann sich auf Dechents Darstellungen verlassen. Hermann Marhold meinte 1950, dass Dechents Sache nicht die großen Problematiken der Geschichte gewesen seien, sondern die kleinen Einzelgeschehnisse, insbesondere auch einzelne Menschen. Die habe er aber immer im Rahmen des weiteren Zeitgeschehens gesehen.[186] Da er Kirchengeschichte als Frömmigkeitsgeschichte[187] und als Kulturgeschichte verstanden hätte, habe er auch den Blick für Dinge gehabt, die eigentlich nicht unbedingt zur Kirchengeschichte gezählt werden. Alle diese Details seien ihm ein Sinnbild für das Walten Gottes gewesen. So habe er im Besonderen das Gesamte aufleuchten gesehen.[188] Dem heutigen Leser vermittelt sich der Eindruck, es sei alles mit einer liebenden Feder gezeichnet.

1.6.2 Rose Livingston

Rose Livingston (1860–1914) war eine besondere Frau.[189] An sie erinnert heute noch das Altenheim Nellini-Stift des Frankfurter Diakonissenhauses. Aber sie sollte auch als konvertierte, fromme, evangelische Christin und bedeutende Mäzenin der evangelischen Kirche in Erinnerung bleiben. Rose Livingston stammte aus der in Walsdorf bei Idstein ansässigen Familie Löwenstein. Den Namen bekam diese Familie Anfang des 19. Jahrhunderts. Roses Vater war der am 29. November 1824 geborene Mordche Löwenstein. Mord-

Abb. 17 Wilhelm Steinhausen: Rose Livingston

che übernahm nach dem Tod seines Vaters im Jahre 1843 dessen Viehhandel, wanderte aber schon 1846/47 mit einem Bruder in die USA aus. Dort nahm er den Namen Marks (Marx, Markus) John Livingston an und wurde u. a. mit Grundstückshandel in San Francisco reich. Hier wurde 1860 seine Tochter Rose geboren. 1867 besuchte er seinen Heimatort Walsdorf. Er bezahlte alte Schulden und verteilte Spenden an die Kirchengemeinde, den Männergesangverein und den Kriegerverein. 1870 kehrte er endgültig nach Deutschland zurück und lebte bis zu seinem Tod 1889 in Frankfurt großbürgerlich von seinem Vermögen. Er wohnte in einer Villa an der Bockenheimer Chaussee (Landstraße) 33. In der Ulmenstraße 20 baute er sich einen Pferdestall mit Remise, der lange fälschlich als Rothschildscher Pferdestall bezeichnet wurde.

Rose erhielt eine sorgfältige Erziehung durch die Gouvernante Minna Noll, aus der eine lebenslange Freundschaft wurde. Nach ihr, die Nelli genannt wurde, benannte sie dann das Nellinistift. Mit Minna war Rose auch viel auf Reisen in verschiedenste europäische Länder und weitete dadurch ihren Horizont ebenso wie durch das Lesen theologischer und philosophischer Literatur. Besonders wichtig war aber der religiöse Einfluss Minnas. Sie war eine fromme Christin, die Rose der evangelischen Kirche nahebrachte. Durch den Maler Wilhelm Steinhausen lernte sie Pfarrer Philipp Jakob Collischonn kennen und besuchte dessen Gottesdienste und Bibelstunden. 1891 ließ sie sich durch ihn taufen. Mit Steinhausen und seiner Familie verband Rose Livingston eine enge Freundschaft.

Da Rose Livingston von einem reichen Erbe leben konnte, betätigte sie sich als Mäzenin. Außer den Malern Johann Friedrich Hoff und Heinrich Werner förderte sie besonders Wilhelm Steinhausen. Sie gab ihm Aufträge, finanzierte ihm eine Bildungsreise nach Florenz, organisierte für ihn 1896 eine Ausstellung in Heidelberg und 1907 eine in Essen. Steinhausen war ein frommer Mann, und seine religiöse Malerei faszinierte Rose.

Da Steinhausen schon mehrfach religiöse Wandmalereien in Kirchen vorgenommen hatte, war es sein Wunsch, auch in Frankfurt eine Kirche ausgestalten zu dürfen. Da bot sich die neu zu errichtende Lukaskirche[190] in Sachsenhausen an. Dafür gab es Überlegungen, Gelder zu sammeln und wohl auch, mehrere Künstler zu beteiligen. Als Rose davon hörte, dachte sie an Steinhausen, hatte aber Vorbehalte gegen zu viele Geldgeber, die mitreden könnten, oder andere Künstler, mit denen es Differenzen geben könnte. Deshalb entschloss sie sich, die Ausmalung der Lukaskirche durch Steinhausen zu finanzieren. Heraus kam die bemerkenswerte „*Frankfurter Bilderkirche*."

Rose machte es aber auch Freude, anderen Menschen zu helfen. So war sie, wie ihre Mutter und andere Damen aus ihrer Verwandtschaft, Mitglied des Vereins für Volkskindergärten, sponserte Weihnachtsfeiern für den Kindergarten der St. Paulsgemeinde und finanzierte das Nellinistift, ein Heim für „*alleinstehende weibliche Angehörige gebildeter Stände, welche bei ihren Familienmitgliedern keine sachgemäße Unterkunft finden und im Hinblick auf ihre Gesundheits- oder Vermögensverhältnisse eine angemessene Lebensführung nicht oder nur mit Schwierigkeit führen können*".[191] Das Heim konnte am 28. Mai 1913 eingeweiht werden. Rose Livingston selbst zog dort ein. Auch testamentarisch suchte sie, das Stift finanziell abzusichern. Doch die Inflation fraß das Kapital auf. Im März 1944 wurde das Gebäude durch Bomben zerstört. Nach dem Krieg wurde es als Alten- und Pflegeheim wiederaufgebaut. Im Zuge von Umstrukturierungsmaßnahmen wurde das Stiftsgebäude 2009 zum Mutterhaus. Inzwischen ist es wieder Alten- und Pflegeheim.

1.6.3 Friedrich Naumann

Friedrich Naumann wurde am 25. März 1860 als Sohn eines lutherischen Pfarrers in Störmthal bei Leipzig geboren und wuchs im erzgebirgischen Lichtenstein auf. Lichtenstein war eine kleine Stadt der Weber und Strumpfwirker. Naumann war ein glänzender Schüler der Leipziger Nikolaischule und der Fürstenschule St. Afra in Meißen. Dann studierte er Theologie auf Wunsch und aus Tradition der Familie. Schon während des Studiums beschäftigte ihn die soziale Frage mehr als dogmatische Themen. Deshalb faszinierte ihn auch Adolf Stoecker, weil der die geistige Auseinandersetzung mit den marxistisch geschulten Arbeitern der Sozialde-

Abb. 18 Friedrich Naumann 1886

mokratie suchte. Nach dem Abschluss des Studiums 1883 ging er zunächst als Oberhelfer an das „*Raue Haus*" in Horn bei Hamburg, das unter Johann Hinrich Wichern die Lösung der sozialen Frage durch soziales Engagement und nicht wie Karl Marx oder die Sozialdemokratie durch politisches Engagement versuchte. Er lernte hier vor allem, dass, wer Menschen bilden will, Gemeinschaft schaffen muss.[192] Theologisch beschäftigte er sich vor allem mit Friedrich Schleiermacher und Albrecht Ritschl.[193] Daraus entwickelte sich theologisch und politisch eine liberale Haltung mit großer Skepsis gegenüber dem politischen Liberalismus, dem marxistischen Sozialismus und der paternalistischen christlichen Nächstenliebe.[194]

1886 bis 1890 war Naumann dann Pfarrer in Langenberg in Sachsen und hatte es dort mit sozialistisch geschulten Arbeitern zu tun. Dies zwang ihn, sich ganz konkret mit den Nöten der Arbeiter auseinanderzusetzen. So kam er zu der Erkenntnis, dass Innere Mission und Sozialdemokratie auf dem gleichen Boden stehen und nicht notwendig Gegner sein müssen.[195] Seine Gedanken publizierte er vielfach, so dass er 1890 als weithin bekannter evangelischer Pfarrer nach Frankfurt kam. Hierhin hatte ihn der Verein für Innere Mission als Vereinsgeistlichen berufen. In der Großstadt mit großer sozialer Not und einer starken Sozialdemokratie, wirkte er intensiv, aber nur wenige Jahre. Mit seiner christlich-sozialen Haltung wollte er zwischen dem reformbereiten Bürgertum und der Arbeiterschaft Brücken schlagen. So bildete sich um ihn herum ein Kreis mit Unternehmern wie dem Fabrikanten Hermann Dietze und dem Kaufmann Jakob Latscha, den Malern Wilhelm Steinhausen und Hans Thoma oder den humanitär engagierten jüdischen Kaufleuten Wilhelm Merton und Charles Hallgarten.[196] Er initiierte eine ganze Reihe neuer Projekte des Vereins für Innere Mission und er war journalistisch tätig. Mit dem Pfarrer Konrad Kayser rief er die evangelische Zeitung *„Sonntagsgruß"* ins Leben und gründete 1891 einen „Evangelischen Arbeiterverein" sowie eine Wohnungsbaugenossenschaft in Niederrad.

Als brillanter Redner besuchte Naumann mit seinem Schwager Martin Rade regelmäßig SPD-Veranstaltungen, wo er die Nähe von Sozialismus und christlicher Botschaft vertrat. Dies brachte ihm eine Verwarnung des Konsistoriums ein. Er sollte sich aller sozialistischen Agitation enthalten. Naumann wies das zurück, weil das Evangelium nicht ein bestimmtes Wirtschaftssystem fordere und er als Pfarrer und Christ nicht nur einer gesellschaftlichen Gruppe dienen könne.[197] Er hatte jedoch inzwischen, und mit den Erfahrungen von der Kirche in der modernen Großstadt, seine Position gefunden. Glaubensaussagen aus der fernen Zeit der Bibel ließen sich nicht einfach auf die moderne Gesellschaft und Wirtschaft übertragen. Hier hätten die Kriterien der biblischen Individual- und Gemeinschaftsethik keine Geltung mehr. Auch sei die Kirche in der modernen Gesellschaft nur noch eine unter vielen anderen Kräften. Eine Kirche, die sozial sein wolle, müsse sich deshalb in das politische Geschehen einschalten.[198] Seine Grundhaltung passte eben nicht zur Mehrheitshaltung in Frankfurter Kirche und Innerer Mission: *„Der Fabrikant fährt mit zwei blanken Rappen, sein Mitarbeiter, der Eisengießer Müller, geht aus Not mit zerrissenen Stiefeln. Solange etliche Börsenmänner Summen erwerben, mit denen man halbe Völker speisen könnte, während daneben Vater und Mutter bei jedem neuen Kindlein mit bebender Stimme vor sich herbeten: Was unser Gott erschaffen hat, das will er auch erhalten; solange hier in einer Stadt Tausende verspielt und an lockere Weiber vertändelt werden ..., solange wird der Ruf nach ökonomischer Gleichheit nicht verstummen."*[199]

Naumanns Vorträge waren für einige Zeit das Frankfurter Ereignis für alle jene, denen an den aktuellen Fragen lag. Herrmann Dechent schwärmte geradezu davon und wie unvergesslich diese Zeit allen jenen war, die sie miterleben durften.[200] Und dieser Vereinsgeistliche war nun eben nicht einer von den Positiven, sondern gehörte zu den Liberalen, den Freisinnigen. Er machte damit Frankfurt durchaus zu einer Ausnahme im Hinblick auf die kirchenpolitische Haltung der Inneren Mission. Fast ein Skandal – aus der Sicht der Konservativen – spielte sich dann auch 1894 in Frankfurt ab, als hier der Evangelisch-Soziale Kongreß tagte[201]. Der hatte ja seine erste Tagung 1890 in Berlin gehabt und versucht, zur Lösung der sozialen Probleme die gegensätzlichen kirchlichen Richtungen zusammenzuführen. Adolf Stoecker und Adolf von Harnack waren die Motoren. Staatserhaltend, kirchenfreundlich, positiv wollte man sein. Die sozialdemokratischen Strömungen wollte man abwehren. Sonntagsruhe, Arbeitszeitbegrenzung auf 10 Stunden, Einschränkung der Fabrikarbeit der Frauen, Ausbau der Lehrlingsfortbildung, Arbeitsschutzgesetze und Wohnungsbau waren die Forderungen.[202] Und dann traten 1894 in Frankfurt „junge Wilde" wie Naumann auf. Die verlagerten auf einmal die Diskussion von den religiös-sozialethischen auf die sozialpolitischen Probleme. Ja, sie wagten es sogar, Kritik am Großgrundbesitz zu äußern. Da gab es einen Sturm der Entrüstung und zunehmende Kritik am Evangelisch-Sozialen Kongreß.

Noch mehr verärgerte Naumann die offizielle Kirche mit seinen Äußerungen zur Eigentumsfrage. Eine der Ursachen für die Armut der Arbeiterschaft sah er in den ungerechten Besitzverhältnissen. Und er erkannte die schwierige Situation von Kirche und Innerer Mission, die eine Veränderung der Besitzverhältnisse nicht anstreben wollten und konnten.[203] „Wollte die Innere Mission den Reichtum an sich kritisieren, so wäre zu fürchten, der Reiche könnte das übel nehmen und Lazarus bekäme zunächst gar nichts."[204] Deshalb könne die Innere Mission dem armen Mann nur das Brot brechen. Aufgabe der Christlich-Sozialen sei dagegen „unser materieller Angriff auf den heutigen Bestand der großen Vermögen."[205] Schließlich beanstandete das Konsistorium das öffentliche Auftreten der Pfarrer Friedrich Naumann und Friedrich Battenberg. Naumann warf es in einer Vernehmung vor, dass er den Klassenkampf lehre. Dieser fühlte sich eingeengt. Als es auch Diskussionen im Verein für Innere Mission gab, legte er das Amt des Vereinsgeistlichen 1894 nieder, blieb zunächst noch als Pfarrer im Dienst der Inneren Mission und verließ den Verein für Innere Mission dann endgültig 1897.[206] Naumann gründete 1896 den „Nationalsozialen Verein". 1897 siedelte er nach Berlin über. Seine Partei löste sich schon bald auf, und er schloss sich der „Freisinnigen Vereinigung" an. Schließlich war er Mitglied der Deutschen Demokratischen Partei (DDP). Auch wenn Friedrich Naumann nur wenige Jahre in Frankfurt gewesen ist, gehört er doch zu den Frankfurter Pfarrern, die weit über Frankfurt hinaus bekannt wurden. Für ihn selbst bedeutete die Frankfurter Zeit eine Wendezeit, in der er vom Pfarrer zum Politiker wurde.

So war nicht nur das Konsistorium, sondern sein innerer Wandel, Ursache dafür, dass Naumann Frankfurt 1897 verließ. Aber er verließ nicht nur Frankfurt, sondern auch den kirchlichen Dienst. Er ging in die Politik und musste erleben, dass auch dieser Weg schwierig war. Schon 1896 war er Vorsitzender des Nationalsozialen Vereins geworden, der parteiübergreifend gesellschaftliche Probleme diskutieren und lösen wollte. National und sozial wollte man mit einander verbinden, nicht aus dem Nationalen ausbrechen. 1898 und 1903 trat der Verein bei den Reichstagswahlen an und verlor. Naumann und seine Freunde lösten ihn auf und traten der linksliberalen Freisinnigen Vereinigung bei. Sein Ziel aber war die Bildung einer Sozialliberalen Partei durch Verbindung mit der SPD. Darin sah er die Zukunft Deutschlands gegen den Wirtschaftsliberalismus und den politischen Katholizismus, gegen den politischen Konservativismus und den lutherischen Konservativismus. Ab 1907 war Naumann freisinniger Reichstagsabgeordneter und wuchs in die Rolle eines demokratischen

Erziehers der Deutschen hinein.[207] *„Nation bedeutet Kraft nach außen und Bürgerrecht nach innen."*[208] Nach der Revolution 1918 mischte Naumann sich sofort in die politische Entwicklung ein. Er gründete in Berlin noch 1918 die *„Deutsche Hochschule für Politik."* Für die linksliberale Deutsche Demokratische Partei wurde er in den Reichstag gewählt. Die Artikel der Weimarer Reichsverfassung zu Religion und Kirche gingen weitgehend auf ihn zurück. Am 24. August 1919 verstarb er und konnte keinen Einfluss mehr auf die Entwicklung der Weimarer Republik nehmen.

„Naumanns eigentümlicher Liberalismus hat Generationen von evangelischen Pfarrern entscheidend geprägt, indem er ihr soziales Gewissen schärfte und ihnen ihre politische Aufgabe verdeutlichte. Aber auch auf weite Kreise des akademischen, intellektuellen und literarischen Deutschland hat er nachdrücklich gewirkt. Naumann war der herausragende, evangelisch geprägte Publizist und Politiker, an dem sich im Kaiserreich und in der Anfangsphase der Weimarer Republik die Geister schieden. Und durch Theodor Heuß, seinen wohl prominentesten Schüler und maßgeblichen Biographen, erstreckte sich seine Wirkung bis in die Geschichte der Bundesrepublik Deutschland hinein."[209]

1.6.4 Martin Rade

Von 1892 bis 1899 war mit Martin Rade ein Theologe Pfarrer an der Paulskirche, der als Herausgeber der *„Christlichen Welt"*, als Anreger und Mitautor des Lexikons *„Die Religion in Geschichte und Gegenwart"* und als Stimme des Freien Protestantismus weithin Beachtung fand und auch den Frankfurter Pfarrern, die dem Freien Protestantismus zuneigten, als Autorität galt. Er stammte aus

Abb. 19 Martin Rade

Sachsen. Seit 1886 brachte er als alleiniger Herausgeber mit der *„Christlichen Welt"* eine Wochenzeitschrift heraus, die sich an *„Die Gebildeten in den ev. Kirchen Deutschlands bis herunter zu den Begabten und Strebsamen in den Dorfgemeinden"* wandte und ein *„Mittelding zwischen christlichem Volksblatt und Kirchenzeitung"* sein sollte.[210] Die Ausrichtung war lutherisch: *„Lutherisch heißen wir nach Luther, nicht nach den Lutherischen Epigonen. Die konfessionelle Partei fußt auf den Bekenntnisschriften, wir auf Luthers ganzem Werk und ganzer Persönlichkeit ..."*[211] Schon bald bildete sich um die Zeitschrift ein Freundeskreis, der sich regelmäßig traf, sich 1903 *„Vereinigung der Freunde der der Christlichen Welt"* nannte und 1913 rund 1.500 Mitglieder hatte.

Der 1881 in Leipzig zum Lic. theol. promovierte Rade erhielt 1892 den Dr. theol. h.c. der Universität Gießen, die ihm auch eine

Professur für Praktische Theologie anbot. Doch er entschied sich für eine Pfarrstelle an der Frankfurter Paulskirche. In Frankfurt traf Rade auf seinen Schwager Friedrich Naumann, der seit 1890 hier Vereinsgeistlicher der Inneren Mission war. Auch fand er hier Wilhelm Bornemann, den Studienfreund und Mitbegründer der Christlichen Welt. Rade begleitete Naumann bei seinen sozialpolitischen Aktivitäten. Eine Frucht dessen war eine Studie über die „*sittlich-religiöse Gedankenwelt*" der Industriearbeiter, die er dem Evangelisch-Sozialen Kongreß 1898 vorlegte.[212] Allerdings machte er den Wandel Naumanns vom christlich-sozialen Pfarrer zum national-sozialen Politiker nicht mit.

In seinem ersten Jahr in Frankfurt beschäftigte der sogenannte Apostolikumsstreit die evangelische Kirche. Mit dem Aufkommen der historisch-kritischen Bibelwissenschaft war das Apostolische Glaubensbekenntnis vermehrt in die Kritik geraten. Als der württembergische Pfarrer Christoph Schrempf dies 1891 bei einer Taufe nicht verwendete und schließlich aus dem Pfarrdienst entlassen wurde, ergriffen auch Mitarbeiter der Christlichen Welt das Wort. Sie rügten u. a., dass das Bekenntnis zur Jungfrauengeburt zum Fundament des Christentums gemacht werde.[213] Auch die Frankfurter Pfarrerschaft beschäftigte sich mit der Thematik auf einer Konferenz am 1. November 1893. Hier war Rade der Berichterstatter. Rade sprach von großen Differenzen in den theologischen Überzeugungen und warb dafür, im Geist der Friedfertigkeit und Besonnenheit darüber zu diskutieren. Er nannte als umstrittene Artikel des Glaubensbekenntnisses die übernatürliche Geburt Jesu, das Niedergefahren zur Hölle und die Auferstehung des Fleisches. Da nur die Einladung zur Konferenz und das Manuskript Rades erhalten sind, ist nicht bekannt, wie die Frankfurter Pfarrerschaft hierauf reagiert hat.[214]

Auf die Dauer erkannte Rade, dass er Großstadtpfarramt, Herausgabe der „*Christlichen Welt*" und wissenschaftliche Arbeit nicht unter einen Hut bringen könne. So verließ er Frankfurt 1899, ging nach Marburg und habilitierte sich dort für das Fach Systematische Theologie. Im Sommersemester 1900 begann er seine Vorlesungstätigkeit. Im Oktober 1904 lehnte er das Angebot einer Pfarrstelle an der Frankfurter St. Katharinenkirche ab und wurde im Dezember des gleichen Jahres zum außerordentlichen Professor ernannt. Zwei Jahre später erreichte die „*Christliche Welt*" mit 5.030 Abonnenten den Höchststand ihrer Verbreitung. 1907 begann Rades politische Tätigkeit, indem er im Reichstagswahlkampf für den national-sozialen Kandidaten warb. 1908 war er im Vorstand des Liberalen Volksvereins in Marburg. 1910 gehörte er der Fortschrittlichen Volkspartei (FVP) an.

Bemerkenswert sind Rades internationale Verständigungs- und Friedensbemühungen.[215] 1907 nahm er in Amerika am 4. Internationalen Kongress der religiösen Liberalen teil. Im Juni 1908 gehörte Rade einer 95-köpfigen Delegation deutscher Kirchenvertreter an, die auf Einladung britischer Geistlicher London besuchte. Bereits auf dem ersten deutschen Friedenskongress in Jena im Jahre 1908 der 1892 gegründeten Deutschen Friedensgesellschaft hielt Rade einen Vortrag über das Thema „*Machtstaat, Rechtsstaat und Kulturstaat*". 1909 erfolgte der Gegenbesuch britischer Kirchenmänner. 1910 war Rade Mitorganisator des in Berlin zusammenkommenden „*Weltkongresses für Freies Christentum und religiösen Fortschritt.*" 1910/11 setzte Rade sich für eine bessere Behandlung der dänischen Minderheit in Nordschleswig durch die preußische Regierung ebenso ein wie schon ab 1901 für die unterdrückte polnische Minderheit in den preußischen Provinzen Posen und Westpreußen. Das ging so weit, dass er 1908 sogar in Erwägung zog, nach Posen umzuziehen. Dazu kam es aber nicht.[216] 1912 war er Mitbegründer des „*Verbandes für internationale Verständigung*". Im gleichen Jahr erschien seine Schrift „*Der Beitrag der christlichen Kirchen zur internationalen Verständigung*".

Der Ausbruch des 1. Weltkriegs war für ihn ein „*Bankrott der Christenheit*",[217] und er sah eine Mitschuld Deutschlands. Rade wurde dafür kritisiert. Andererseits nahm die „*Christliche Welt*" offenbar so sehr die deutsche Position ein, dass Karl Barth heftige Kritik an dieser Haltung übte.[218] Nach dem verlorenen Krieg rief Rade bereits am 14. November 1918 dazu auf, analog zu den Arbeiter- und Bauernräten Volkskirchenräte zu bilden, um auch die evangelische Kirche von Grund auf zu reformieren. Die Zustimmung war aber gering.[219] 1919 wurde er Vorsitzender der Deutschen Demokratischen Partei in der Provinz Hessen-Nassau und Mitglied der verfassunggebenden Preußischen Landesversammlung. Als im Frühjahr 1925 nach dem Tod Friedrich Eberts ein neuer Reichspräsident gewählt werden sollte, sprachen sich Rade, von Harnack und andere „*liberale Theologen*" für den ehemaligen Reichskanzler und Zentrumspolitiker Wilhelm Marx aus. Sie ernteten damit heftige Kritik weiter Kreise der evangelischen Kirche, die sich dem evangelischen Kandidaten von Hindenburg verpflichtet fühlten und dessen Wahl als nationale Pflicht ansahen. Dazu gehörte auch ein offener Brief von Kirchenrat Johannes Kübel aus Frankfurt, eigentlich ein Anhänger und Freund Rades.[220]

Anfang 1932 zog es Rade wieder in die Nähe von Frankfurt. Er wohnte nun in Hohemark bei Oberursel, war aber regelmäßig in Frankfurt. Unter Berufung auf das Gesetz zur Wiederherstellung des Berufsbeamtentums wurde Rade am 24. November 1933 aus dem Staatsdienst entlassen. Am 16. April 1934 löste sich die Vereinigung der Freunde der Christlichen Welt bei einer Mitgliederversammlung in Frankfurt wieder auf. Den Schritt in die Bekennende Kirche tat Rade nicht mehr, weil er meinte das sei Sache der Jüngeren. Er stand aber in Opposition zu dem nationalsozialistischen Staats- und Kirchensystem. 1939 zog Rade endgültig nach Frankfurt und bezog eine Wohnung in der Rossertstraße. Am 9. April 1940 starb er an den Folgen eines Sturzes, den er infolge einer kriegsbedingten Verdunkelung auf einer Treppe erlitten hatte. Die Trauerrede bei der Beisetzung auf dem Frankfurter Hauptfriedhof hielt sein alter Freund Wilhelm Bornemann.

Für die Zustände der Zeit spricht das Schicksal seines Nachlasses. Zwischen 1935 und 1939 hatte Rade der Universitätsbibliothek Marburg Teile seiner Bibliothek überlassen. Nach seinem Tode wollte seine Frau weitere Briefschaften nach Vorordnung übergeben, konnte das aber nur zum Teil tun. Teile des Nachlasses erhielt auch der Rade-Biograph Johannes Rathje, der in Nordhausen lebte, bei der Übersiedlung nach Peine Anfang der fünfziger Jahre aber nur wenig mitnehmen konnte. Das andere hat die Zeit nicht überdauert. So befand sich noch ein erheblicher Teil des Nachlasses in Frankfurt. Die Rossertstraße lag aber in dem Bezirk, den die amerikanische Besatzungsmacht 1945 sofort beschlagnahmte. Die Bewohner konnten nur das Nötigste mitnehmen, auch Rades Frau Dora. Sie starb am 11. Oktober 1945. 1946 kümmerte sich dann ein amerikanischer Universitätsoffizier um die Angelegenheit. Ihm gelang es, die Wohnung in der Rossertstraße aufzusuchen. Bis auf einen Flügel war sie ausgeplündert. Briefe lagen verstreut herum. Sie wurden aufgesammelt, füllten vier Körbe und stellten den Rest des Frankfurter Nachlasses von Martin Rade dar.

1.6.5 Gründerinnen und Stifterinnen des Diakonissenhauses

Amalie Louise Gontard[221] stammte aus großbürgerlichem Frankfurter Hause. Sie heiratete 1819 ihren Vetter Alexander Gontard, der wie ihr Vater nicht nur als Kaufmann erfolgreich, sondern auch in der Stadtpolitik aktiv war. So konnten sie beide ein gastfreies Haus führen und wohltätige Einrichtungen fördern. Sie war Gründerin und Stifterin des Diakonissenhauses. Die Gontards gehörten der französisch-reformierten Gemeinde an.

Rosalie Antonie Gontard[222] war vom 3. Oktober 1853 (möglicherweise schon ab 1850) bis 31. Dezember 1865 Vorsteherin der Schule des Frauenvereins. Sie war Gründerin und Stifterin des Diakonissenhauses. Von 1861 bis 1880 war sie Mitglied des Vorstandes des Diakonissenvereins. Die Tatsache, dass sie in ihrem Testament Verfügungen zu Gunsten des lutherischen Almosenkastens und der Ministerial- und Offiziantenkasse traf, lässt darauf schließen, dass sie der lutherischen Gemeinde angehörte.

Therese Lindheimer[223] entstammte einer Familie, die auch zu den Vorfahren Goethes gehörte. Sie war Mitglied des Vorstands des Frauenvereins und von 1854 bis 1867 Vorsteherin der Schule. Sie war wohl lutherisch und Gründerin wie Stifterin des Diakonissenhauses. Von 1861 bis 1868 war sie im Vorstand des Diakonissenvereins.

Louise Lindheimer[224] war vermutlich eine Schwester oder Cousine von Therese. Louise war von 1837 bis 1847 Vorsteherin des Nähfachs im Frauenverein. Sie war Gründerin und Stifterin des Diakonissenhauses. Von 1861 bis 1881 gehörte sie dem Vorstand des Diakonissenvereins an.

Christina Bertha Metzler geb. Meyer (1800-1861)[225] war mit dem Bankier Gustav Metzler verheiratet. Sie war im Vorstand des Frauenvereins und nacheinander Vorsteherin des Strickfachs, des Dörferfachs und des Krankenfachs. Sie gehörte der lutherischen Gemeinde an und starb kurz nachdem sie an der Gründung des Diakonissenvereins teilgenommen hatte.

Laura Leydhecker, verwitwete Schmidborn, geborene Remy[226] stammte aus einer Fabrikantenfamilie in Bendorf am Rhein und heiratete 1865 den Theologen und Privatgelehrten Georg Gustav Adolph Schmidtborn aus einer wohlhabenden Frankfurter Familie. Als ihr Mann bereits 1867 starb, erbte sie ein beträchtliches Vermögen. Im Jahre 1878 heiratete sie den Vorsteher des Diakonissenhauses Pfarrer Karl Leydhecker, dessen Frau 1874 an Typhus gestorben war. Da sie kinderlos war und blieb, ging sie mit ihrem Vermögen großzügig um und unterstützte diakonische Einrichtungen. Als Vorstandsmitglied des Frauenvereins war sie von 1880 bis 1899 zuständig für das Krankenfach Bornheim. Der Frauenverein und der Magdalenenverein für strafentlassene und gefährdete junge Frauen erhielten von ihr Zuwendungen. Die Liegenschaft Holzhausenstraße 88 stiftete sie dem Diakonissenverein für die Aufnahme pflegebedürftiger Frauen und Jungfrauen mit Platz für 24 Pfleglinge. Im Diakonissenverein war sie Vorstandsmitglied. 1890 schenkten sie und ihr Mann dem Verein für

Innere Mission das Haus Neue Mainzer Straße 41. Für die Diakonissen-Kirche stiftete Karl Leydhecker den Altar, seine Frau die Einrichtung der Sakristei. Auch weitere Zuwendungen gab es. Die Villa der Leydheckers in Bensheim war bis 1971 den Frankfurter Schwestern Ferienhaus, von 1943 bis 1957 Feierabendhaus. Nach der Errichtung des Einkehrhauses Leydhecker in Oberursel wurde das Bensheimer Haus 1971 an die Christoffel-Blindenmission verkauft.

Emilie Rücker[227] geb. Finger war die Witwe des 1874 verstorbenen Kaufmanns Friedrich Karl Rücker. Beide waren schon 1868 Mitglieder und Spender des Diakonissenvereins. Sie war von 1868 bis 1876 Vorsteherin der Schule des Frauenvereins und ab 1869 Vorstandsmitglied des Diakonissenvereins. Diesem ließ sie auf einem von ihrem Mann geschenkten Grundstück ein Pfarrhaus bauen, das im Oktober 1877 bezogen wurde. Im gleichen Jahr stiftete sie dem Verein ein weiteres Siechenhaus in der Magdalenenstraße (Holzhausenstraße) 90 mit Platz für zehn Pfleglinge.

Marie Emilie Jäger-Graubner, geb. Graubner[228] war mit dem Kaufmann Carl Friedrich Jäger verheiratet. Sie unterstützte den Verein für Innere Mission und den Magdalenenverein großzügig. 1872 wurde sie Vorstandsmitglied des Diakonissenvereins. Dieser erhielt von ihr das 1883 gegründete Kinder-Siechenhaus mit zunächst 18 und später 30 Plätzen. Es stand auf dem Grundstück Holzhausenstraße 94 und war so groß, dass dort 1892 auch eine Kleinkinderschule eröffnet werden konnte. Schon 1883 war auch das von Bernus'sche Kinderspital aus Bockenheim in das Gebäude verlegt worden, wo es bis 1918 als eigene Stiftung existierte. Nach dem 2. Weltkrieg wurde das Gebäude von dem amerikanischen Militär beschlagnahmt.

Bei seiner Rückgabe 1964 hatte es so starke Schwamm-Schäden, dass es abgerissen werden musste.

Anna Luise Friederike Koch geb. von St. George [229] stammte aus einer Familie, die aus Frankreich kam und deren Namen heute noch durch die katholische Theologische Hochschule St. Georgen bekannt ist. Liegt sie doch auf dem Anwesen, das früher Georg von Saint George gehört hatte. Anna Luise hatte in die Oberräder Familie Koch eingeheiratet. Sie war von 1862 bis 1891 Vorstandsmitglied des Frauenvereins und dort Vorsteherin des Dörferfachs. So hat sie in Oberrad ein Haus für alte Frauen gestiftet, in dem auch die Gemeindepflegestation und anfangs eine Kleinkinderschule untergebracht waren. Das Haus wurde mit einem beachtlichen Kapital von 250.000 Mark ausgestattet. Von 1879 bis zur Zerstörung 1943 waren hier Schwestern des Diakonissenhauses tätig. Neben verschiedenen einzelnen Zuwendungen finanzierte Frau Koch 1902 den Erwerb eines Schwesternerholungshauses im Liliengrund bei Eisenach. Hier fanden nach der Beschädigung des Feierabendhauses in Frankfurt 1943 alte Schwestern eine Bleibe. Sie kamen 1953 wieder nach Frankfurt zurück. Dann diente das Haus der Thüringer Diakonie und wurde ihr 1979 übereignet.

Marie Georgine Arnoldine Meister geb. Becker (1840–1912)[230] war die Tochter von Jakob Becker, Professor an der Städelschen Akademie. Sie heiratete 1861 Carl Friedrich Wilhelm Meister, den Mitgründer der chemischen Fabrik Meister, Lucius & Co, später Meister, Lucius & Brüning, noch später Hoechst AG. Sie förderte verschiedene wohltätige Einrichtungen und auch Kirchengemeinden. Dazu gehörten der Diakonissenverein und der Magdalenenverein. Dabei errichtete sie das „*Wilhelm-Marie-Meister-Stift"* in der Holzhausenstraße 86 für sieche und kränkliche Frauen und Jungfrauen mit 12 Plätzen, das 1913 eingeweiht wurde.

1.7. Kinder- und Jugendarbeit

1.7.1 Hintergründe

Im 19. Jahrhundert entwickelte sich eine differenzierte Kinder- und Jugendarbeit im Umfeld der evangelischen Kirche. Dies schlug sich in vielfältigen Organisationsformen nieder. Wenn auch in fast allen Fällen einzelne Pfarrer an den Aktivitäten beteiligt waren, lag diese Jugendarbeit zunächst überwiegend in den Händen der Inneren Mission und nicht der verfassten Kirche. Daran wird deutlich, wie stark neben sozialpädagogischen und Bildungsaspekten die volksmissionarische Motivation war. Erst später wurde die Verbindung dieser Vereine mit den Kirchengemeinden gesucht. Das sich verändernde Denken kann man an den verwendeten Begriffen ablesen. Bis etwa 1880 sprach man von Jünglingen und Jungfrauen und dann von jungen Männern und Mädchen. Um die Jahrhundertwende kam der Begriff Jugend auf, der Jungen und Mädchen umfasste. Etwas später verstand man unter Jugend die Phase zwischen Kindheit und Erwachsensein. Man unterschied „*Jugendpflege"* und „*Jugendfürsorge"*, woraus heute „*Kinder- und Jugendarbeit"* und „*Jugendhilfe"* geworden sind.[231]

1.7.2 Der Jünglingsverein

Ab 1834 hatten sich bei Kaufmann Lix, Ankergasse 18, junge Männer getroffen, denen es um die „*Reichgottessache"* ging.[232] Am Freitag Abend feierten sie Gottesdienst nach der Herrnhuter Art und am Sonntag ging es um Gespräch und Andacht. Diese jungen Männer gründeten am 18. Oktober 1835 den ältesten evangelischen Jünglingsverein in Frankfurt mit der gleichen Zielsetzung. Allerdings war auch das Gründungsdatum Programm. Der 18. Oktober 1835 war der Jahrestag der Völkerschlacht von Leipzig 1813 und des Wartburgfestes von 1817. Christlich-fromm und deutsch wollte man sein. Sowohl die evangelische Jugendarbeit als auch die Innere Mission hatten hier ihren Ursprung. Als 1837 der „*Evangelische Verein zur Förderung christlicher Erkenntnis und christlichen Lebens"* gegründet wurde, kooperierte man miteinander. 1849 kam es unter dem Einfluss Wicherns zur Gründung eines zweiten Jünglingsvereins mit dem Namen „*Verein zur Beförderung christlicher Sitte und Geselligkeit unter den jüngeren Gliedern des Gewerbestandes"*. Im Jahresbericht 1852 wurden seine Ziele so formuliert: „*Unter den jüngeren Gliedern des Gewerbestandes eine vom christlichen Geist durchdrungene Charakter- und Geistesbildung zu erzielen, ist der hohe Zweck unseres Vereins. Es ist uns darum zu tun, durch christliche Einwirkung den inneren Menschen zu erfassen, die Sitten zu veredeln, die Selbständigkeit, Wahrheit, Gerechtigkeit und Besonnenheit des Charakters zu erhöhen und einer geistigen Bildung zu dienen, welche nicht eindeutig in bloßer Verstandesbildung aufgeht, sondern auch den tieferen Bedürfnissen des Menschen Rechnung trägt."*

Dieser Verein entfaltete sofort viele Aktivitäten. Dazu gehörte, die Zusammenarbeit der vorhandenen drei Vereine zu stärken, indem man 1850 aus den Mitgliedern der Vereine heraus den „*Gesamtverein für Innere Mission"* gründete. Doch um 1860 war der Elan der Vereine verpufft. Als Folge trennte sich 1862 zunächst der ältere Jünglingsverein vom „*Evangelischen Verein zur Förderung christlicher Erkenntnis und christlichen Lebens*". Dann vereinigten sich die beiden Jünglingsvereine zum „*Vereinigten evangelischen Jünglings und Gesellenverein*", der sein Vereinslokal im Zimmerhof, Großer Hirschgraben 17, hatte. Weiter hatte man die volksmissionarische Verbindung von erbaulicher Jugendarbeit, Jugendbildungsarbeit und Jugendsozialarbeit vor Augen. Allerdings brachte diese Fusion keine Stärkung des Wirkungsgrades des Vereins. Dies lag u. a. daran, dass im Zuge der Entwicklung Frankfurts zur Großstadt vermehrt auch andere und konkurrierende Vereine entstanden, z. B. der „*Christliche Verein junger Kaufleute*" oder der CVJM-Nordost. So nannte sich der Jünglingsverein, der seit 1874 sein Lokal im Rheinischen Hof, Buchgasse 1, hatte und dort ab 1875 ein Restaurant und ab 1880 ein Lehrlingsheim betrieb, 1885 in „*Ältester Evangelischer Jünglingsverein*" um. 1889 schloss er sich mit anderen Jünglingsvereinen zur Mainkreisverbindung zusammen. Als Friedrich Naumann 1891 den Evangelischen Arbeiterverein gründete, traten viele sozial engagierte Mitglieder des Jünglingsvereins diesem bei.

Trotzdem konnte der Jünglingsverein gegen Ende des Jahrhunderts folgende Bilanz ziehen: „*Der Verein übernimmt fast die gesamte Sorge für das geistliche und sittliche Wohl der ohne Familienanschluß in die Großstadt kommenden jungen Leute und dient zugleich mit seinen Einrichtungen denjenigen, welche hier ihr Elternhaus haben. Nachdem sich schon den Ankömmlingen ein christliches Haus, die Herberge zur Heimat, geöffnet hatte, ist ihnen der Verein entweder durch Aufnahme in das Lehrlingsheim oder durch anderweitige Vermittlung behilflich … Tagtäglich abends und an den Sonntagen auch nachmittags stehen für den jungen Mann die wohnlichen Vereinsräume offen, die ihm den Besuch des Wirtshauses, wohin er sonst durch seine Wohnverhältnisse gedrängt würde, unnötig machen. Dort im Verein findet er die freundliche Fürsorge des Vereinspflegers, gute Kameradschaft und alles was ein junger Mann außerhalb seiner Berufsarbeit für Herz, Gemüt und Geist bedarf – einen Ersatz für das entbehrte Familienleben. Durch die religiösen Darbietungen in den Andachten, Bibelstunden, Gebetsstunden und christlichen Festen wird der Glaube an den Heiland geweckt und bewahrt; durch den Gesangchor und den Posaunenchor wird den musikalisch Veranlagten gute Gelegenheit zur Ausübung der Musik mit ihrer erfreuenden und bewahrenden Kraft gegeben; Bibliothek und Zeitschriften, harmlose Spiele, Turnunterricht, Spaziergänge und manche andere Einrichtungen bieten reiche und abwechslungsvolle Unterhaltung und Geselligkeit; Vorträge und Fortbildungsunterricht in allen Fächern, wonach sich ein Bedürfnis zeigt, sorgen für Befriedigung geistiger Bedürfnisse*".[233]

Der Ältere Jünglingsverein zog 1902 in den Wittenberger Hof, Lange Straße 16, und nannte sich schließlich CVJM-Wittenberg. Er wandte sich vor allem an zuziehende Lehrlinge und Gesellen. Der CVJM-Westend, in dem der ehemalige Verein Junger Kaufleute aufgegangen war, nannte sich nun CVJM-Siegfried und wandte sich vor allem an zuziehende junge Kaufleute.[234] Der „*CVJM Westend*" war im Juli 1892 gegründet worden.[235] Der Verein bot religiöse Versammlungen, Vorträge, Pflege der Musik und des Gesangs, Unterhaltungsabende, Unterricht, Bibliothek, Lesezimmer, Gelegenheit zur Erledigung von Korrespondenzen, Turnen, Spiel, kostenlose Stellenvermittlung und

Logis-Nachweis. Dazu war ein Sekretär berufen.

Heute bewertet man die Tätigkeit des Jünglingsvereins so: *„In der Geschichte des „Ältesten Evangelischen Jünglingsvereins" Frankfurts, der seine zwei Wurzeln in der pietistisch geprägten Erweckungsbewegung des 19. Jhds. und in dem volksmissionarischen Programm Wicherns zur Inneren Mission hat, spiegelt sich ein jahrzehntelanger Versuch engagierter Pfarrer und Laien unserer Stadt, evangelische Jugendarbeit in einem integrierten Modell der Wortverkündigung und der Hinführung zum Glauben, der Bildungs-, Erziehungs- und Kulturarbeit sowie der Jugendsozialarbeit zu entwickeln. Eine klare Trennung von erwecklicher Jugendarbeit und hauptberuflicher Jugendsozialarbeit, wie sie in weiten Gebieten Deutschlands schon zur Mitte des 19. Jhds. einsetzte und später auch staatlicherseits in der rechtlichen Ausdifferenzierung von Jugendpflege und Jugendfürsorge zum Ausdruck kommt, findet in Frankfurt lange Zeit nicht entschieden statt. Dies sorgte hier wie in anderen kirchlichen Handlungsfeldern für eine gewisse weltliche Offenheit und ein beachtliches städtisches Engagement des durch die Erweckungsbewegungen des 19. Jhds. erfassten und sich in Vereinen und frei organisierenden Gemeinschaftschristentums. Gleichzeitig waren dem Anspruch eines Friedrich Naumann etwa, gesellschaftliche Antworten auf die sozialen Fragen der Zeit zu entwickeln, kulturelle Grenzen gesetzt."*[236]

1.7.3 Die Mainkreisverbindung des Westdeutschen Jünglingsbundes

Der 1848 gegründete *„Rheinisch-Westphälische Jünglingsbund"*[237] war der Vorläufer des heutigen CVJM-Westbundes. Seine Gründung erfolgte als Reaktion auf die *„Stürme der Revolution"*, nachdem man gesehen hatte, *„wie der Geist der Empörung Tausende von Jünglingen in den Strudel einer Gottentfremdung, einer Zucht- und Sittenlosigkeit hineingezogen hatte, von der das Äußerste zu befürchten war."*[238] Dementsprechend wurde der Vereinszweck so beschrieben:

„a) Allen Gefahren möglichst entgegenzuwirken, welchen die Jünglinge im Verkehr mit ihresgleichen, sonderlich durch den Besuch der Wirtshäuser jetziger Zeit ausgesetzt sind;

b) durch fernere elementar-wissenschaftliche Anleitung sie zur geschickten Ausübung ihres Berufes mehr zu befähigen, und

c) durch Darreichung des Wortes Gottes und Einführung in dieses und die christliche Gemeinschaft sie für die Antwort geneigt zu machen, welche Psalm 119, 9 nach der Frage steht: ‚Wie wird ein Jüngling seinen Weg unsträflich gehen? – Wenn er sich hält nach deinem Wort.'"[239]

1.7.4 Das Marthahaus

Wer den Anstoß zur Gründung des Martha-Vereins und zur Errichtung des Marthahauses gegeben hat, ist nicht klar.[240] Hermann Dechent schrieb diese Rolle dem Pfarrer an der Dreikönigskirche Johann Jakob Krebs zu.[241] Pfarrer Conrad Kayser, ab 1890 Vorstandsmitglied des Marthahauses, formulierte aber in der kleinen Festschrift zum 50jährigen Bestehen im Kriegsjahr 1916: *„Und nun sehen wir eine kleine Schar von Frauen und Männern, die mit warmem Herzen und weitem Blick schon zum voraus diesen Gefahren wehren."*[242] Hier wurde nicht von Krebs und anderen, sondern von Frauen und Männern gesprochen. Auch wurden im Frankfurter Adressbuch von 1872, anders als

Abb. 20 Marthahaus

bei anderen Vereinen, zunächst die Frauen genannt und dann erst die Männer, obwohl diese den Vorsitzenden, den Schriftführer und den Kassierer stellten. Das spricht für die wichtige Rolle, die Frauen hier spielten. Und da sich die Frau von Krebs ganz besonders im Marthahaus engagierte, war sie ja vielleicht als ehemalige Diakonisse die treibende Kraft und nicht der vielbeschäftigte Herr Senior. Doch konnte man sich nicht entschließen, den Frauen auch das Amt der Vorsitzenden zu übertragen, wie das bei dem 1813 gegründeten und damals noch immer bestehenden (Vaterländischen) Frauenverein der Fall war.

Undatierte „*Satzungen des Vereins der christlich-evangelischen Mägde-Herberge & Bildungsschule zu Frankfurt am Main*" (Satzung wurde im Plural verwendet) *zeugen davon* dass der Verein „*die dahier bereits von Freunden der Sache gegründete und am 1. Mai 1866 eröffnete Martha-Herberge für weibliche Dienstboten*" samt deren Vermögen und Verbindlichkeiten übernahm. Es scheint also so, dass ein Freundeskreis die Errichtung der Martha-Herberge vorbereitet und sie am 1. Mai 1866 eröffnet hat. Parallel dazu wurde ein Verein gegründet, der am 10. April 1866 vom Senat der Freien Stadt Frankfurt am Main bestätigt wurde und nach dem 1. Mai 1866 das Marthahaus übernahm.

Der Vereinszweck wurde so definiert: „*Der Verein hat den Zweck, die religiös-sittliche Hebung der weiblichen Dienstboten, die Erziehung derselben zur Gottesfurcht und zum Fleiße, zur Ehrerbietung, zum Gehorsam und zur Treue gegen ihre Dienstgeber anzustreben. Die Wirksamkeit des Vereins zu diesem Behufe besteht in der Errichtung und Leitung einer christlich-evangelischen Anstalt, welche, – bei Beobachtung einer, ihrer Bestimmung entsprechenden Hausordnung und unter einer geeigneten Vorsteherin, – zeitweise stellenlosen oder angehenden unbescholtenen Dienstmädchen eine Herberge gegen ganz geringe Vergütung, darin zugleich Gelegenheit zur Gewinnung passender Stellen sowie zur Ausbildung in Berufsgeschäften bietet, und deren Pfleglinge daselbst auch noch nach der Entlassung Theilnahme an ihren ferneren Schicksalen und Berathung in ihren Angelegenheiten finden können.*"

Der Hinweis auf die Unbescholtenheit der Mädchen zeigte die deutliche Abgrenzung zum Magdalenenverein, der sich um die „*verlorenen Töchter des Volkes*" kümmerte. Das Marthahaus wollte mit Unterkunfts-, Vermittlungs- und Bildungsangeboten vorbeugend dort wirken, wo junge Mädchen ohne Berufsausbildung Arbeit in der Großstadt suchten. Das unterschied das Marthahaus von vielen anderen Einrichtungen der Inneren Mission, die Not lindern und beheben wollten. Schnell war das angemietete Haus in der Mühlbruchstraße zu klein. Deshalb wurde schon bald ein eigenes Haus in der Schulstraße 27 bezogen. Hier konnten 22 Mädchen unterkommen. Dann erwarb man ein Nachbargrundstück zur Schifferstraße hin und errichtete dort ein größeres Haus. 1875 wurde der Neubau in der Schifferstraße 76 bezogen, wo nun 60 Mädchen einen Platz fanden. Dies ermöglichte dann auch eine Ausweitung der Arbeit um die Ausbildung zum Dienstmädchen (Gehilfin der Hausfrau) und ein dem Gelderwerb dienendes Hospiz für allein reisende Damen.

Aus dem Jahr 1885 sind *„Bedingungen zur Aufnahme der Schülerinnen..."*[243] erhalten. Ihnen ist auch zu entnehmen, dass *„neben der Beherbergung stellenloser Dienstmädchen, auch solche unbescholtene Mädchen, welche sich nach der Confirmation dem dienenden Berufe widmen wollen, zur Ausbildung für diesen Beruf aufgenommen"* werden.

„Diese Dienstbotenschülerinnen, welche der überhaupt geltenden Hausordnung unterworfen sind, erhalten nach einem, ihr jugendlichen Kräfte berücksichtigenden Beschäftigungs- und Unterrichts-Plane Unterweisung: in den gewöhnlichen Hausarbeiten, in Näh- und Strickarbeiten, im Ausbessern, im Waschen und Bügeln, in den Geschäften der Küche, einschließlich der, für den Bedarf der Anstalt stattfindenden Zubereitung der Speisen, und durch Verwendung in dem mit der Anstalt verbundenen Hospiz Uebung in allen Verrichtungen, welche die Bedienung der daselbst logirenden Damen erheischt. – Außerdem wird von den, die Anstalt leitenden Diakonissen den Zöglingen Unterricht im Singen ertheilt, und bei denselben durch Nach-

hilfe in der Religion und anderen Lehrgegenständen der Volksschule Befestigung und Vervollkommnung der in der Schule gewonnenen Kenntnisse angestrebt.

Beim Eintritt in die Anstalt haben die Schülerinnen mitzubringen: die im einzelnen Falle von der Anstalt geforderten Zeugnisse, jedenfalls einen Heimatschein und ein Confirmationszeugniß; ferner 4 Hemden, sechs Paar dunkle Strümpfe, zwei farbige Nachtjacken, vier Nachtmützen, sechs Taschentücher, vier helle Kattunhalstüchelchen, vier bunte und eine Sonntagsschürze, zwei blaue Arbeitsschürzen, drei bis vier dunkle Unterröcke, ein Sonntagskleid, zwei Alltagskleider (dabei ein gedrucktes) und ein Arbeitskleid, ein Corset, ein Paar Lederstiefel, ein Paar Lederpantoffeln, zwei Kämme, Zahnbürste, Kleiderbürste, einen einfachen Nähkasten mit Zubehör, eine einfache Kopfbedeckung (Hut oder Kapuze), einen Regenschirm, einen verschließbaren Korb oder Koffer." Diese Aufzählung zeigt uns, wie eine einfache junge Frau zu dieser Zeit ausgestattet war. Die Nachtmützen und Nachtjacken lassen darauf schließen, dass es in den Schlafzimmern kalt war. An Unterwäsche im heutigen Sinne oder an einen Wintermantel war nicht gedacht.

Im Jahr 1886 gab es eine einschneidende Veränderung. Die Leitung und Betreuung des Marthahauses war nach der Gründung den Kaiserswerther Diakonissen übertragen worden. Das 1861 gegründete Frankfurter Diakonissenhaus war dazu noch nicht in der Lage gewesen, weil es selbst erst 1866 als erste Diakonisse eine Karlsruher Schwester eingesetzt hatte. Nun, im Jahre 1886, sahen sich die Kaiserswerther wegen der starken Inanspruchnahme nicht mehr in der Lage, das Marthahaus zu betreuen. An ihre Stelle tra-

Abb. 21 Tanz im Hof

ten die Frankfurter Diakonissen, und es begann eine jahrzehntelange, fruchtbare Zusammenarbeit. Von nun an galt, dass die Leitung des Heimes in den Händen einer Diakonisse des Diakonissenhauses Frankfurt a. M. liegt, dessen Vorstand dem Marthahaus auch die weiteren Schwestern zuweist. Die notwendigen Hilfskräfte wurden durch die leitende Schwester eingestellt.

Mit der Zeit ergab sich aber auch das Bedürfnis, entsprechend der Satzung den Kontakt mit den ausgeschiedenen Mädchen zu pflegen. Man lud sie deshalb am Sonntag in das Marthahaus ein, woraus 1882 der „Sonntagsverein" mit zeitweise 90 Mitgliedern als erster Frankfurter Jungfrauenverein entstand.

1.7.5 Gemeindliche Kinder- und Jugendarbeit

Gegenüber dem in der Kirche allgemeinen Bestreben, wenig Neues zu versuchen, brachte der 1875 aus Sachsen an die Weißfrauenkirche gekommene Pfarrer Hans von Seydewitz Neuerungen mit. Sein Kindergottesdienst war bald so gut besucht, dass sich die Erkenntnis durchsetzte, hier eine Zukunftsaufgabe der Kirche zu haben.[244] Erst ab den 80er Jahren änderte sich jedoch etwas. Es wurden zwar weiter Jünglingsvereine, Jungfrauenvereine und Vereine junger Männer gegründet, meist auf bestimmte Berufe oder Stadtteile bezogen. Sie alle aber waren der Inneren Mission angeschlossen. Dann ging die neu gegründete Luthergemeinde ungewöhnliche Wege. Dort versuchten die Pfarrer im Geiste Emil Sulzes, das Gemeindeleben in reich gegliederter Vereinsform aufzubauen. Sie begannen 1895 mit den gemeindlichen Vereinen für die konfirmierte männliche und weibliche Jugend, dem Jünglingsverein und dem Jungfrauenverein. Wenn auch keine andere Gemeinde diesem Gemeindekonzept konsequent folgte, so hatte dies doch Auswirkungen auf die anderen Gemeinden. So entwickelte sich ein buntes Bild an Angeboten in der Kinder- und Jugendarbeit. Für 1912 sah das dann so aus:[245]

- Kleinkinderschulen für Kinder zwischen zwei und sechs Jahren gab es in der Friedens-, der Luther-, der Matthäus- und der Weißfrauengemeinde sowie im Diakonissenhaus.

- Strickschulen zur Beaufsichtigung und Beschäftigung von schulpflichtigen Mädchen am Mittwoch- und Samstagnachmittag gab es in der Friedens-. St. Katharinen-, Lukas-, Luther-, St. Pauls-, St. Peters-, Weißfrauen- und der Deutschen evang.-reformierten Gemeinde sowie in Niederrad.

- Jünglingsvereine als Abteilungen des Wartburgvereins gab es in der Friedens-, der St. Katharinen-, der Lukas-, der Matthäus-, der St. Nicolai-, der St. Pauls-, der St. Peters-, der Weißfrauen- und der Deutschen evang.-reformierten Gemeinde, sowie als Jünglingsverein der Luthergemeinde, der Französisch-reformierten Gemeinde, in Niederrad und in Oberrad.

- Jungfrauenvereine gab es in der Friedens-, der Johannis-, der Luther-, der Lukas-, der Matthäus-, der St. Pauls-, der St. Peters-, und der Französisch-reformierten Gemeinde.

Einzelne Pfarrer sammelten ihre früheren Konfirmandinnen. Hinzu kamen Jungfrauenvereine im Marthahaus, in Sachsenhausen, im Wittenberger Hof, in der Nord-Ost-Gemeinde und im Talitha-Verein.[246] Diese schlossen sich 1912 zum „*Verband der Evangelischen Vereine für weibliche Jugendpflege von Frankfurt am Main*" zusammen. Der Verband wurde Mitglied des Reichsverbandes Burckhardthaus mit der Zentrale in Berlin.

1.8 Evangelische Kirche und soziale Probleme

1.8.1 Soziale Fürsorge

Das Wachsen Frankfurts zu einer industriellen Großstadt brachte manche sozialen Probleme mit sich. Konnte auch die offizielle Kirche nur wenig helfen, so entwickelten doch nicht wenige Pfarrer und Laien im Rahmen ihrer Vereinstätigkeit ein für die Stadt bedeutsames Engagement. Eine Vielzahl von sozialen Einrichtungen entstand so, die für viele Menschen von existenzieller Bedeutung wurden: Das Diakonissenhaus mit Kinder-, Alten- und Siechenhäusern sowie Asylen für „*gefallene Mädchen*", Frauenheime, Jugendpflege und ambulante Krankenpflege, Fürsorge für verwahrloste Kinder, ein Gefängnisverein, eine „*Idiotenanstalt*" in Idstein, die Förderung der Arbeiter- und Arbeiterinnenvereine, Suchtkrankenfürsorge, Feierabendsäle, Kinderkrippen und Kindererholung - das sind nur einige der Aktivitäten, die damals gegen die soziale Not entwickelt wurden. Dabei sollte man nicht vergessen, dass hinter dieser diakonischen Arbeit ein starker missionarischer Impuls stand. Dies wird auch schon an den verwendeten Begriffen deutlich. Firmierte doch diese kirchliche Arbeit vor allem unter dem Stichwort „*Innere Mission*". Welche Bedeutung der Inneren Mission beigemessen wurde, mag man daran sehen, dass 1887 auf einen Erlass des preußischen Kultusministeriums ein „*Instructionscursus für innere Mission*" für die Provinz Hessen-Nassau in Frankfurt stattfand. Die Leitung lag in den Händen von Senior Johann Jakob Krebs. An den Vormittagen hielten Theologen und Laien Vorträge über die verschiedenen Arbeitsgebiete der Inneren Mission. An den Nachmittagen wurden Anstalten in Frankfurt und Umgebung besucht.[247]

So sehr das soziale Engagement der evangelischen Kirche durch die Einrichtungen der Inneren Mission geprägt war, so wenig darf man die Aktivitäten der verfassten Kirche vergessen. Hier ist zunächst an die Sprengelpflege zu erinnern. In der Tradition des lutherischen Almosenkastens gab es seit der Kirchenverfassung von 1857 auch eine Armenpflege in einzelnen Sprengeln der lutherischen Gemeinde, die um die sechs Kirchen herum und in Bornheim gebildet worden waren. Aus dem Jahr 1887 sind die folgenden Zahlen überliefert. Es wurden im Weißfrauensprengel 105 Familien, im St. Peterssprengel 114 Familien, im Dreikönigssprengel 140 Familien und in Bornheim 328 Familien unterstützt.[248]

Nachdem die katholische Kirche seit 1868 Barmherzige Brüder in der häuslichen Krankenpflege tätig hatte, begann das Evang.-lutherische Predigerministerium, auch evangelischerseits männliche Krankenpfleger einzusetzen. So kamen 1882 Diakone der Duisburger Diakonenanstalt in die Hauskrankenpflege. 1887, damals waren es acht Diakone, konnten sie ein eigenes Haus in der Finkenhofstraße beziehen, zogen dann aber in den Wittenberger Hof, als die Finkenhofstraße verkauft wurde.[249] Schon im Jahr 1890 wurde aber darüber geklagt, dass die Jahresbeiträge und Spenden zurückgingen, während andererseits der Bedarf wuchs. Das Predigerministerium sah sich deshalb veranlasst, freiwerdende Stellen zunächst nicht wieder zu besetzen.[250]

Anfang der 90er Jahre war es noch weithin üblich, dass im Handel und in der Industrie sonntags gearbeitet wurde. In öffentlichen Versammlungen stritten Politiker und Vertreter der Kirchen für die Einschränkung der Sonntagsarbeit. Rund 2.000 Geschäftsinhaber und Angestellte forderten den freien Sonntag. Einen ersten Schritt gab es 1892 mit der Anordnung, dass sonntags im Einzelhandel nur von 10 1/2 bis 1 Uhr gearbeitet werden darf und im Großhandel von 10 1/2 bis 12 Uhr. Auch das bedeutete für die Kirche aber, dass im Winter den evangelischen Angestellten der sonntägliche Kirchenbesuch nicht möglich war. Im Sommer gab es in der Weißfrauen- und der Alten Nikolaikirche immerhin Frühgottesdienste um 8 Uhr. Später wurde im Handel die Sonntagsarbeit ganz abgeschafft, ausgenommen einige für die Versorgung nötige Betriebe.[251] Für die Kirchen nachteilig war aber zunächst, dass nun sonntags Vormittag viele Fortbildungsveranstaltungen durchgeführt wurden, bis auch dies abgestellt wurde. Vom 27. bis 29. September 1907 fand in Frankfurt sogar der 10. Internationale Kongress für Sonntagsfeier statt. Hier ging es vor allem um die Sonntagsruhe im Handel. Am 19. und 20. November 1916 wurde in Frankfurt der „*Deutsche Sonntagsbund*" gegründet, der sich die allgemeine Sonntagsruhe in allen „*Erwerbskreisen*", die Schaffung einer „*edlen*" Sonntagserholung und die Sonntagsheiligung zum Ziel setzte.[252]

Für die damalige Zeit gehörte auch die Frage der öffentlichen Sittlichkeit zu den sozialen Aufgaben. So war der Verein zur Hebung der Sittlichkeit gegründet worden, in dem sich auch Pfarrer wie Hermann Dechent mit Vorträgen engagierten. Der Verein kämpfte z. B. gegen die Prostitution im Nordosten der Stadt, indem er mit den Hausbesitzern zusammenarbeitete. Ebenso kämpfte er gegen das Kasernierungssystem. Als 1913 im Bahnhofsviertel ein Bordell errichtet werden sollte, verhinderten dies Vereine, die SPD und die Weißfrauengemeinde mit Pfarrer Johannes Kübel in einer gemeinsamen Aktion.[253]

1.8.2 Der Verein für Innere Mission

Der erste Verein für Innere Mission in Deutschland war 1848 von Johann Hinrich Wichern gegründet worden. In der Folgezeit gingen von diesem Verein viele wirksame Anstöße zur Linderung der sozialen Not aus. Dabei dominierten im Zentralausschuss der Inneren Mission vor allem Vertreter der konservativ-positiven Richtung. Aus einer reaktionären Haltung heraus wandte sich der Verein häufig gegen die zeitgenössischen, gesellschaftlichen und kulturellen Erscheinungen. Er trat für ein patriarchalisches System ein und gegen Materialismus, Liberalismus und Sozialismus.[254]

Im Prinzip galt das wohl auch für den Frankfurter *Evangelischen Verein für Innere Mission*. Stand er doch dem Gemeinschaftschristenum nahe. Das gab ihm allerdings auch die Kraft zu wichtigen missionarischen Aktivitäten. Im Sinne Wicherns war er zunächst ein *Gesamtverein*,[255] der verschiedene ältere Vereine vereinigte, um deren Arbeit inhaltlich und organisatorisch abzustimmen. Diese älteren Vereine waren:

- der Ältere evangelische Jünglingsverein und Männerverein von 1835,
- der Hilfsverein junger Männer aus dem Gewerbestande,
- der Evangelischer Verein zur Förderung christlicher Erkenntnis und christlichen Lebens von 1837,
- der Verein zur Förderung christlicher Sitte und Geselligkeit unter den jüngeren Gliedern des Gewerbestandes.

Diese Vereine wandten sich an junge Menschen mit Angeboten von Geselligkeit, Bibelstunden, einer Sonntagsschule, aber auch erbaulichen Zeitschriften wie *„Der christliche Hausfreund"* und *„Der christliche Beobachter"*. Als 1854 der Evangelische Kirchentag mit Wichern in Frankfurt stattfand, wirkten die Vereine daran mit und erhielten dadurch einen starken Auftrieb. Die Vorstandsarbeit des Gesamtvereins wurde von den Vorständen der Einzelvereine übernommen. So war erster Vorsitzender der französisch-reformierte Pfarrer Louis Bonnet, der Vorsitzende des Jünglingsvereins. 1868 war die Arbeit so umfangreich, dass man einen eigenen Vereinsgeistlichen für erforderlich hielt. In den ersten Jahren wechselte dieser schnell. 1873 gewann man jedoch mit Gustav Schlosser einen Pfarrer, der bis 1890 blieb und den Verein prägte. Vorsitzender war zu dieser Zeit der lutherische Pfarrer an der Weißfrauenkirche Hans von Seydewitz. Schlosser war ein konservativer Lutheraner, der aus Hessen gekommen war, als dort die Presbyterial- und Synodalverfassung eingeführt wurde. In Frankfurt vertrat er den lutherischen Konfessionalismus, fand allerdings hierfür wenige Anhänger. Diese theologische Position verband ihn mit seinem Freunde Karl Leydhecker, dem Vereinsgeistlichen des Diakonissenhauses.[256] 1883 wurden der Jünglingsverein und der Gesamtverein zum *„Evangelischen Verein für Innere Mission"* zusammengeschlossen. Nachfolger Schlossers wurde 1890 Friedrich Naumann. Für die wirtschaftliche Grundlage des Vereins sorgte in den sechziger und siebziger Jahren Conrad Zimmer, der das Vereinshaus „Zimmerhof" im Hirschgraben 17 erwarb und dem Verein zur Verfügung stellte. Ende der achtziger Jahre verlor Zimmer sein Vermögen und die Innere Mission den Zimmerhof. 1890 stiftete das Ehepaar Laura und Karl Leydhecker sein Haus in der Neuen Mainzer Straße 41. Dort schuf die Stiftung *„Evangelisches Vereinhaus Westend"* die Einrichtung gleichen Namens, die am 29. August 1892 eingeweiht werden konnte.[257]

Durch den Verein oder in seinem Umfeld entwickelten sich verschiedene neue Initiativen. Der „Christliche Verein junger Kaufleute" war 1866 von dem preußischen Garnisonprediger Ribbeck gegründet worden. Der Verein schloss sich alsbald dem Gesamtverein für Innere Mission an. 1889 entstand der Männer- und Jünglingsverein Sachsenhausen, der bald ein eigenes Vereinsheim in der Gutzkowstraße erhielt. Der Ältere Jünglingsverein errichtete 1898 in der Langestraße 16 ein Vereinshaus mit dem Namen „Wittenberger Hof". Hier hatte auch der zweite Vereinsgeistliche des Vereins für Innere Mission seinen Sitz. Für die Kellnermission wurde in der Scharnhorststraße am Hauptbahnhof der „Kronenhof" errichtet. Der „Verein junger Männer Westend" entstand 1892 angelehnt an das Vereinshaus Westend, konnte sich aber wie der Verein junger Kaufleute nicht lange halten.

Im Frankfurter Kirchenkalender 1894 fand sich eine Übersicht der „im Anschluß an die Innere Mission" bestehenden Vereine.[258] Sie macht deutlich, dass der Verein einerseits eigene Aktivitäten entwickelte und andererseits als eine Art Dachverband diakonischer Einrichtungen fungierte.

- Jünglingsverein, Buchgasse
- Christlicher Verein Junger Männer Nordost
- Jünglingsverein Sachsenhausen
- Christlicher Verein Junger Männer Immanuel
- Jünglingsverein Bockenheim
- Christlicher Verein Junger Kaufleute
- Christlicher Verein Junger Männer Westend

- Männerverein Nordost
- Jungfrauenvereine Lydia, Nordost, Marthahaus, Sachsenhausen, Bockenheim
- Verkäuferinnenverein
- Missionsverein Nordost

Hierzu hieß es, dass „im Dienste freier christlicher Liebe" drei Theologen, zwölf Diakone und Stadtmissionare sowie eine Stadtmissionarin tätig sind. Das zeige, dass sich die Innere Mission der wachsenden Einwohnerzahl Frankfurts leichter anpassen könne als die offizielle Kirche bei ihrer gegenwärtigen Verfassung

Der Verein selbst blühte auch auf.[259] Das zeigt die Liste der Aktivitäten: der Wittenberger Hof zunächst als Kellnerheim und dann mit vielfältigen Angeboten; ein Diakonenheim für ambulante Krankenpflege; Holzhof und Bürstenmacherei als Arbeitsangebote; eine Schreibstube für arbeitslose Kaufleute; die Brockensammlung; der „Rheinische Hof" mit Hospiz und „Herberge zur Heimat"; das Hospiz „Baseler Hof", das zunächst in der Taunustraße und schließlich am Wiesenhüttenplatz stand.[260]. Um den Verein herum bildete sich aber auch eine „Personalgemeinde" mit Gottesdiensten, Bibelstunden, Betstunden, Evangelisationsversammlungen, Familienabenden, Vorträgen, Konzerten, Kindergottesdiensten, Stunden für Knaben (Kerbschnitzen, Turnen für Volksschüler, Mittelschüler, Gymnasiasten), Stunden für Mädchen (Strickschule, Übungsstunde, Kinderchor), dem Christlichen Verein Junger Männer Sachsenhausen mit Posaunenchor und Turnen, dem Evangelischen Jungfrauenverein Sachsenhausen, dem Evangelischen Gemischten Chor Sachsenhausen, dort auch Männerstunde und Frauenstunde mit Missionskränzchen und Missionsnähstunde.

Einen weiteren Schwerpunkt bildete die *„Verbreitung christlicher Erbauungsschriften"*.[261] Diese wurden nicht nur in Frankfurt abgesetzt, sondern auch im Taunus, im Westerwald, im Vogelsberg, im Spessart, im Odenwald und sogar im Schwarzwald. Eine Kommission prüfte die Manuskripte. Im Hirschgraben 17 gab es einen Buchladen mit Schriftenverkauf und Leihbibliothek. Ein angestellter, umherziehender Buchhändler brachte die Schriften ebenfalls unter die Leute.

1881 suchten Freunde der Inneren Mission die Lösung eines besonderen Problems. Viele der Arbeiter hatten keine Wohnung, auch kein Zimmer mieten können. Sie hatten nur eine Schlafstelle, die sie auch nur über Nacht aufsuchen konnten. Deshalb wurden *„Feierabendsäle"* eröffnet, in denen die Arbeiter die Zeit zwischen Arbeitsende und Aufsuchen der Schlafstelle verbringen konnten. Hier gab es einen Hausvater und eine Pension für Lehrlinge. Eine Lehrlingspension befand sich schließlich auch im *„Wittenberger Hof"*. *„Wärmsäle"* dienten nur dem Aufenthalt ohne Beaufsichtigung. Ein Lehrlingsheim des Waisenhauses bot dagegen Wohnung und Verpflegung.[262]

Auch beim Verein für Innere Mission waren Diakone in der Armenpflege tätig. 1888 waren es drei, die Familien mit Geld und Lebensmitteln unterstützten, kranke Personen in Siechenhäusern unterbrachten und sittlich gefährdete Kinder in Besserungsanstalten. Außerdem verteilten sie Schriften *„unter Armen, Straßenkehrern, Soldaten, Arbeitern, Gefangenen u. s. f."* Dabei handelte es sich um Neue Testamente, Gebetsbücher, Predigten und kirchliche Zeitschriften. Es gab eine enge Zusammenarbeit mit dem Jünglingsverein.[263]

1.8.3 Der Diakonissenverein

Am 5. Januar 1866 verlieh der Senat der Freien Stadt Frankfurt am Main dem im Februar 1861 gegründeten Frankfurter Diakonissenverein die Vereinsrechte.[264] Gründungsmitglieder waren die Damen Amalie Louise Gontard geb. Gontard, Rosalie Gontard, Louise Lindheimer, Therese Lindheimer und Christina Bertha Metzler geb. Meyer sowie die Pfarrer Jean Louis Bonnet, Johann Christian Deichler, Johann Jakob Krebs, Johann Ludolf Schrader und der Jurist Eduard Franz Souchay. Die Frauen hatten sich zum Teil vorher bereits im Frankfurter Frauenverein engagiert, die Männer im Verein für Innere Mission. Frauen und Männer waren sowohl lutherischer als auch reformierter Konfession. Was sie zusammenführte, war der Wunsch, in Frankfurt Krankenpflege durch Diakonissen zu ermöglichen, ein Vorhaben, das wohl in den Vereinen, in denen sie bisher tätig waren, nicht zu verwirklichen war. Bei den Gründungsmitgliedern fällt der hohe Anteil von Frauen aus gehobenen gesellschaftliche Kreisen auf.

Schon im April 1861 beschäftigte der Diakonissenverein Karlsruher Diakonissen als Gemeindeschwestern, die im Gebäude der Frauenvereinsschule, Rechneigrabenstraße 1, eine Wohnung fanden. Im Juni 1866 konnte er das Haus Querstraße 7 erwerben und es ab 12. Juli als Schwesternwohnung für sieben Diakonissen und eine Probeschwester sowie als Krankenstation nutzen.[265] Schon hier wurde deutlich, dass es nicht nur um die Pflege von Kranken ging, sondern auch um die Heranbildung junger Frauen für diesen Beruf. Der Hausarzt hatte auch die Aufgabe, die Diakonissen und Probeschwestern einmal wöchentlich zu unterweisen und anzuleiten. Ein Geistlicher hielt wöchentlich eine Erbauungsstunde und erteilte Religionsunterricht. Lehrer unterrichteten in Lesen, Schreiben und Rechnen.[266]

Eine erste besondere Bewährungsprobe stellte die Besetzung Frankfurts durch Preußen im Jahre 1866 dar. „*Schon waren wir entschlossen, einen Theil der nicht in der Gemeinde beschäftigten Diakonissen auf die Schlachtfelder am Main zu schicken, als nicht allein für hiesige Kranke Aufnahme in das Diakonissenhaus begehrt, sondern auch die Anforderung an uns gestellt wurde, zwei Schwestern in das Militärhospital auf der Pfingstweide abzuordnen. Nachdem uns sodann auch noch von Seiten der städtischen Behörden vier schwerverwundete Offiziere zur Verpflegung im Diakonissenhause übergeben worden waren, hatten wir hier vollauf zu thun, daß an eine Entsendung von Schwestern nicht mehr gedacht werden konnte.*"[267]

Als im Jahr 1870 die Karlsruher Schwestern zurückgerufen wurden, musste man personell auf eigenen Füßen stehen. Am 8. Juli 1870 wurde die erste Oberin Marie Breitling eingeführt. Mit ihr entstand das Diakonissenhaus. Bermerkenswert war, dass der Verein ihm eine gewisse Selbsständigkeit einräumte. Davon zeugt die Tätigkeit der Oberin.

„*Zur Herstellung eines Diaconissen-Mutterhauses erscheint es uns vor allem nothwendig, daß der Schwerpunkt der Leitung des Hauses in das Haus selber verlegt wird und weder in dem Diaconissen-Verein noch in dessen abgesonderter Spezial-Inspektion beruhe. Hierzu gehört:*

1. *daß die Oberin eine solche Mutter sei, von der die Schwestern nicht nur in allen Obliegenheiten des Diaconissen-Berufes berathen und unterrichtet, sondern auch in eingehender Liebe und Treue erzogen und gebildet werden.*
2. *Die Oberin entscheidet daher selbständig auch über Aufnahme und Entlassung der Schwestern unter zu hörendem Beirath des Hausgeistlichen und einer etwaigen Conferenz älterer Schwestern.*
3. *Sie ist Mitglied des Diaconissen-Vereins mit beschließender Stimme.*
4. *Sie führt den gesamten Haushalt ohne Controlle.*
5. *Es bleibt ihr überlassen, im Laufe der Zeit kleine Veränderungen mehr nebensächlicher Art z. B. in Betreff der Kleidung oder der Gehaltszulage für die Schwestern mit Weisheit, Schonung und Allmählichkeit zu vollziehen.*"[268]

Doch wieder war es ein Krieg, diesmal der deutsch-französische von 1870/71, der die Diakonissen forderte. „*Bald füllte sich unser Haus mit verwundeten und kranken Offizieren und Soldaten. Noch gedenken wir besonders der huldvollen Besuche, welche unserem Hause durch Ihre Majestät die Königin Augusta, durch Ihre Königliche Hoheit die Frau Kronprinzessin Victoria*[269] *und Ihre Königliche Hoheit Prinzessin Karl zu Theil geworden sind. Aber auch außerhalb des Hauses haben 6 unserer Schwestern am Waisenhaus, in der landwirtschaftlichen Halle, in den Baracken auf der Pfingstweide, wie im Militärlazarett dahier, ferner 3 Schwestern im Militärlazarett in Diez (Nassau) verwundete und kranke Krieger gepflegt. Die Zahl unserer Schwestern beläuft sich am 1. Januar 1871 auf 19, nämlich 8 eingesegnete und 11 Probeschwestern.*"[270]

In den folgenden Jahren nahm das Diakonissenhaus eine bemerkenswerte Entwicklung. 1870 konnte mit Hilfe von Spenden am

Abb. 22 Diakonissenmutterhaus 1874

Eschersheimer Weg Bauland erworben werden. 1874 konnten das Diakonissenmutterhaus und das Krankenhaus in der Eschersheimer Landstraße 122 bezogen werden. Im gleichen Jahr kaufte man einen Begräbnisplatz auf dem Hauptfriedhof. 1877 baute man ein Pfarrhaus in der Holzhausenstraße Nr. 86 auf einem von Friedrich Karl und Emilie Rücker geb. Finger gestifteten Grundstück. Im Juni 1877 stiftete Laura Schmidtborn geb. Remy ein Siechenhaus Holzhausenstraße 88 und im Oktober 1877 stiftete Emilie Rücker ein Siechenhaus Holzhausenstraße 90. Beide Stiftungen wurden später in Schenkungen an das Diakonissenhaus umgewandelt. Im gleichen Jahre noch konnte in der Holzhausenstraße 92 das Magdalenum eröffnet werden. Schließlich stiftete 1883 Emilie Jäger-Graubner das Kindersiechenhaus Holzhausenstraße 94. So dienten binnen weniger Jahre neben dem Hauptgebäude noch fünf weitere Gebäude der Arbeit der Diakonissen. Das war ein beeindruckendes Zeugnis Frankfurter Stiftertätigkeit. Und es gewann noch an Bedeutung, weil es jeweils Frauen waren, die sich hier finanziell engagierten. Hatte also das Diakonissenhaus schon seine Gründung auch dem Engagement von Frauen zu verdanken, so gilt das erst recht für diese Expansion.

Auch in der Schwesternschaft tat sich einiges. So konnte 1876 festgestellt werden, dass Probeschwestern im ersten Probejahr nicht mehr außerhalb beschäftigt werden mussten. Das bedeutete zunächst eine gründlichere Ausbildung in der Pflege. Aber es konnte auch mehr Gewicht gelegt werden auf *„die Unterweisung aus Gottes Wort; denn wir bilden hier nicht nur Krankenpflegerinnen, sondern Diakonissen, das sind Dienerinnen Jesu an seiner Gemeinde in deren hilfsbedürftigen – und nicht etwa nur kranken – Glieder".*[271] So gab es Bibel- und Katechismusunterricht, Berufskunde, Kirchengeschichte, Geographie, Rechnen, deutschen Aufsatz und Sprachlehre, Schönschreiben und Lesen sowie im Gesang.

Schon früh widmete sich das Diakonissenhaus auch der Krankenpflege von Kindern. Als 1876 in Bockenheim ein von Bertha von

Bernus geb. Grunelius gestiftetes Kinderspital eröffnet wurde, übernahm eine Frankfurter Diakonisse die Leitung. 1879 eröffnete das Diakonissenhaus selbst eine Kinderstation mit zunächst acht und dann zehn Betten. 1883 wurde das Bockenheimer Kinderspital ins Diakonissenhaus verlegt. Es war das eine Zeit, da es noch keine spezielle Ausbildung für Kinderärzte gab. Die „siechen" Kinder litten meistens an schweren Mangel- und Verwahrlosungserscheinungen. Das Diakonissenhaus nahm also eine sich aus der sozialen Not der Gründerjahre ergebende soziale Aufgabe wahr. Im Jahresbericht 1879 gewann Pfarrer Karl Leydhecker dieser Aufgabe noch andere Seiten ab: „*So wird nach zwei Seiten hin geholfen: den verarmenden Eltern und dem kränklichen Kind, das, wenn es seine geordnete Verpflegung erhält, über kurz oder lang als ein gesundes kräftiges Kind den Eltern zurückgegeben werden kann. ... Für unsere Schwestern wird die neue Station erwünschte Gelegenheit bieten, sich mehr, als bisher möglich war, in der Kinderpflege zu üben. Auch wird diese Station noch einen nicht zu unterschätzenden Gewinn bringen, ich meine eine große Erfrischung für die Schwestern, die sonst nur mit erwachsenen Kranken und Notleidenden verkehren; denn ob auch sieche Kinder kommen, so sind es doch Kinder, und die bringen fröhliches Leben in unsere Anstalt und ihren schönen Garten, besonders wenn erst die Freude des Wohlbefindens und der Kräftigung aus ihren Augen lacht.*"[272]

So konnte der „*Festbericht zum 25. Jahresfest 1895*" dankbar darauf blicken, dass das Diakonissenhaus 32 Stationen mit 44 Arbeitsgebieten zählte, darunter 24 Gemeindepflegen mit 42 Schwestern, 13 Kranken- und Siechenhäusern mit 36 Schwestern, zwei Mägdeanstalten mit 11 Schwestern, fünf

Abb. 23 Diakonissenkirche 1897

Kleinkinderschulen mit acht Schwestern, eine Magdalenenpflege mit zwei Schwestern. Die Schwesternschaft umfasste 69 eingesegnete Diakonissen, 30 Novizen und 22 Probeschwestern.[273] Schaut man sich die Einsatzorte der Schwestern an, dann wird deutlich, dass das Diakonissenhaus schon in seiner Frühzeit die Grenzen der kleinen Frankfurter Kirche überschritt und in Bockenheim oder Fechenheim kurhessisches Territorium betrat.

Zur Ausweitung der Aufgaben gehörte auch, dass man sich neben dem Krankenhaus der Arbeit mit Kindern widmete. Seit Advent 1879 gab es in dem kirchlich schlecht versorgten Stadtquartier eine Sonntagsschule des Diakonissenhauses, heute würde man von Kindergottesdienst sprechen. 1892 wurde eine Kleinkinderschule eröffnet. Hier zeigte sich nun aber, dass es für die Tätigkeit dort einer besonderen Ausbildung bedurfte. So wurden die „Kinderschwestern" in der eigenen Einrichtung praktisch und theoretisch ausgebildet. Hieraus entwickelte sich ein Seminar und später die Fachschule für Sozialpädagogik zur Ausbildung von Kindergärtnerinnen bzw. Erzieherinnen.[274]

Besondere Freude machte es, dass am 16. Juni 1897 die Diakonissenkirche[275] eingeweiht werden konnte.[276] Und die Arbeit wuchs weiter. Die Schwesternschaft zählte 1911 über 200 Schwestern. Um diese Zeit wurden ein neues Krankenhaus und ein Schwesternhaus gebaut. Dazu kam ein neues Pfarrhaus, in das alte zog die Wilhelm-Marie-Meisterstiftung. Der Diakonissenverein besaß nun an der Eschersheimer Landstraße ein Anwesen, das man nicht zu Unrecht als Kolonie bezeichnete.[277]

1.8.4 Evangelische Arbeitervereine

Erste Anfänge einer evangelischen Arbeiterbewegung gab es schon 1848 in Bayern. Die erste Vereinsgründung erfolgte 1882 in Gelsenkirchen. Anfangs kamen die Anstöße von der durch Johann Hinrich Wichern ausgelösten evangelisch-sozialen Bewegung. Gegen Ende des 19. Jahrhunderts waren die Initiatoren Adolf Stöcker und Friedrich Naumann.[278] Am 17. Oktober 1891 gründete Friedrich Naumann zusammen mit den Pfarrern Friedrich Battenberg und Conrad Kayser sowie den Laien Gymnasialdirektor Hartwig und Professor Trommershausen einen „*Evangelischen Arbeiterverein*". Dieser Verein sollte zwar auf christlicher Grundlage arbeiten, aber sozialpolitisch tätig werden.[279] „*Förderung der Interessen der arbeitenden Bevölkerung auf Grund evangelischer Weltanschauung und patriotischer Gesinnung*" war der Vereinszweck"[280] Die Arbeit begann in der Schäfergasse 17, das Lokal war aber bald zu klein. Der Kirchenkalender 1894 berichtete von 450 Mitgliedern. Außerdem gab es verwandte Vereine in Höchst, Griesheim und Niederrad.[281] Neben den monatlichen Versammlungen veranstaltete der Verein gut besuchte Vortrags- und Diskussionsabende mit Naumann und seinen Freunden. Der Weggang Naumanns war für den Arbeiterverein ein schwerer Schlag. Für ihn warb nun vor allem der „*Frankfurter Volksbote*", später „*Hessisch-Nassauischer Volksbote*". So konnte der Verein 1902 in der Lange Straße ein eigenes Haus erwerben, und kurz nach der Einweihung des Wittenberger Hofes in derselben Straße einweihen. Auch gründete der Arbeiterverein eine Wohnungsgenossenschaft, eine Sterbekasse, eine Kohlenkasse und noch manch andere Einrichtung. In sieben Bezirke eingeteilt, hatte er auch eine Jugendabteilung und einen Sängerchor.[282] Die Gründung dieses Arbeitervereins zog weitere Gründungen nach sich.[283] Am 6. November 1893 wurde der Evangelische Arbeiterverein Oberrad gegründet, am 31. Oktober 1985 der Evangelische Arbeiterverein Unterliederbach. Vom Evangelischen Arbeiterverein Zeilsheim wird an anderer Stelle berichtet. Unabhängig davon wurde 1904 auch ein Evangelischer Arbeiterinnenverein gegründet. Auch hier versuchte man, mit Vorträgen und Monatsversammlungen ein Bildungsangebot, gab Anleitung im Nähen und Flicken. Der Verein war dem Verband evangelischer Arbeiterinnen Deutschlands angeschlossen.[284] Auch wurde 1896 die Evangelische Baugemeinde Frankfurt/Main-Süd als eingetragene Genossenschaft gegründet. Es folgten die Evangelische Baugemeinde Sindlingen e. GmbH und die Evangelische Baugemeinde Nord in Eschersheim. Teils in veränderter Form, bestehen sie noch heute.

1.8.5 Die Cronstett- und Hynspergische evangelische Stiftung

Die 1753 von Justina Catharina Steffan von Cronstetten gegründete Stiftung sollte ursprünglich unverheirateten oder verwitweten evangelischen Damen ein selbständiges Leben ermöglichen und unverschuldet in Not Geratenen Hilfe leisten. Dazu brachte die Stifterin u. a. ihr Elternhaus, den „Großen Kranichhof" am Roßmarkt in die Stiftung ein. Als 1870–73 die Kaiserstraße gebaut wurde,, benötigte die Stadt Frankfurt eine Teilfläche des Grundstücks. Da die Stiftung diese Teilfläche nicht hergeben wollte, wurde sie enteignet. Es entstand hier das Gebäude Kaiserstraße 1. Die Enteignung wurde auch durch ein Urteil des Frankfurter Stadtgerichts bestätigt. So verblieb der Stiftung nur das ehemalige Gartengelände. Dieses verkaufte sie 1893 und errichtete in den Jahren 1896/97 ein neues Stiftsgebäude im Westend, Lindenstraße 27. Dies nutzte sie bis in das Dritte Reich, als sie es unter staatlichem Zwang verkaufen musste. Nach dem Krieg erhielt sie es zurück.

1.9 Finanzen und Gebäude

1.9.1 Finanzen

Auf den ersten Blick ging es eigentlich der Frankfurter Kirche im 19. Jahrhundert finanziell gut. Die Kirchen und Pfarrhäuser gehörten seit der Reformation der Stadt und wurden von ihr unterhalten. Die Pfarrergehälter und einige Nebenkosten hatte die Stadt ebenso zu tragen. Doch diese Regelung war nicht selbstverständlich gewesen und sie hatte auch ihre Tücken. Schon bald nach seiner Konstituierung im Jahr 1820 hatte der lutherische Gemeindevorstand versucht, vom Rat der Freien Stadt die Übereignung der im Eigentum der Stadt stehenden und von den Lutheranern genutzten Kirchen und Pfarrhäuser zu erreichen. Doch am 10. Juli 1823 hielt es das Konsistorium für „viel angemessener und für die evangelisch-lutherische Gemeinde nützlicher, wenn die Kirchen im Eigentum der Stadt und Stiftungen blieben, sohin dann im Laufe der Zeiten etwa erforderliche Neuerbauungen und die Reparaturen aus dem Aerar bestritten würden."[285] Dem schloss sich der Senat im Jahre 1825 an. Es folgten mühsame weitere Verhandlungen, die schließlich zur Dotationsurkunde vom 2. Februar 1830[286] führten. In zwei „Dotationsurkunden" verpflichtete sich die Stadt gegenüber der evangelischen und der katholischen Kirche zu erheblichen finanziellen Leistungen, die bis heute das Verhältnis zwischen Stadt und Kirche prägen. Kern der Verpflichtungen der Stadt war es, die in ihrem Eigentum stehenden alten Innenstadtkirchen den beiden großen Kirchengemeinschaften kostenlos zum Gebrauch zu überlassen und die Kirchengebäude baulich zu unterhalten.

Auf evangelischer Seite waren das die Barfüßerkirche, die St. Katharinenkirche, die St. Peterskirche, die Weißfrauenkirche, die Dreikönigskirche und die Heilig-Geist-Kirche. An die Stelle der Barfüßerkirche trat schon 1833 die am gleichen Ort erbaute Paulskirche. Statt der 1840 abgerissenen Heilig-Geist-Kirche wurde die Alte Nikolaikirche in die Dotation aufgenommen. Über spätere Veränderungen wird an gegebener Stelle zu berichten sein. Nicht weniger wichtig waren die Leistungen an den Pfarrerstand. Nach der Dotationsurkunde hatte die Stadt für die 12 Pfarrer der lutherischen Gemeinde 12 Wohnungen zur Verfügung zu stellen. Um die Gehälter der Pfarrer bezahlen zu können, erhielt die Gemeinde jährlich 19.863 Gulden. Die Emeritengehälter wollte die Stadt aber selbst weiterzahlen. Daneben hatte die Stadt jährlich 8.637 Gulden für Kommunionwein und Hostien, Organisten und Vorsänger, Kalkanten (Balgentreter für die Orgeln), Glöckner, das Stimmen der Orgeln, Reinigung der Kirchen, Vikarsgehälter und Geschäftsführungskosten zu zahlen. Von den früheren Naturalleistungen blieben nur 96 Klafter vier Schuh langes Buchenscheitholz für die Pfarrer und 2,5 Klafter dreischuhiges Eichen-, 2 Klafter vierschuhiges Buchen- und 1,5 Klafter dreischuhiges Buchenscheitholz für die St. Katharinen-, St. Peters- und Dreikönigskirche sowie die Stube des Predigerkonvents. Dem lutherischen Gemeindevorstand war ein „angemessenes Lokal" für Sitzungen und die Aufbewahrung der Geschäftsunterlagen zu stellen. Dies bedeutete, dass die Gemeinde künftig alljährlich 28.500 Gulden erhielt.

Die Dotationsurkunde hatte jedoch aus kirchlicher Sicht einen Mangel. Sie enthielt keine Gleitklausel. Ab 1861 versuchte deshalb die lutherische Gemeinde mehrfach, eine Anpassung der Zahlungen für die Pfarrergehälter zu erreichen, aber ohne Erfolg. Auch veränderte sich das Schulsystem dergestalt, dass die Kirche später die Trägerschaft ihrer Schulen verlor. In den hiermit zusammenhängenden Verhandlungen erlebte die Kirche die Stadt auch keineswegs immer als kooperativen Verhandlungspartner. So war die Dotation für den Bereich der Kirchengebäude weiter von erheblicher wirtschaftlicher Bedeutung und von der Stadt großzügig ausgeführt worden. In den anderen Bereichen jedoch verlor sie an Bedeutung.

Neben den Ansprüchen gegenüber der Stadt verfügte die lutherische Stadtgemeinde praktisch über keine eigenen Finanzmittel. Zwar führte man die Gemeindekasse, die Ministerialkasse und die Offiziantenkasse. Aber im Jahre 1898 erzielte man hier insgesamt Beiträge von 1.400 Mark. Und dabei war doch alles so gut gedacht. Man hatte das Wahlrecht zum Gemeindevorstand abhängig gemacht von der Beitragszahlung zu einer der drei Gemeindekassen. Doch die Gemeindeglieder verweigerten sich. Von den rund 100.000 Gemeindegliedern zahlten 2.500 im Jahre 1898 1.400 Mark in die genannten Kassen und waren damit wahlberechtigt. So hatte man kein Geld und nur eine sehr geringe Wahlbeteiligung.

Kompliziert war die Pfarrerbesoldung in den Frankfurter Dörfern. Die Dörfer hatten 1815 ihr Pfarrvermögen auf die Stadt übertragen, wofür diese die Zahlung der Gehälter der Pfarrer übernahm. Niederursel gehörte teils zu Frankfurt, teils zum Großherzogtum Hessen, so dass Frankfurt hier nur einen Teil des Pfarrergehalts trug. Nach 1866 waren mit dem Auseinandersetzungsrezeß die Rechte und Pflichten zwischen der Stadt und dem preußischen Staat abgegrenzt worden. Danach zahlte die Stadt die Gehälter für Bonames und Hausen, der preußische Staat aber für Bornheim (eine Pfarrstelle), Oberrad, Niederrad und Niederursel. Ende der achtziger Jahre bestritt die Stadt jedoch die Verpflichtung zu Ruhestandsbezügen für Bonames und Hausen. Daraufhin prozessierte der preußische Fiskus mit der Stadt, verlor aber in letzter Instanz vor dem Reichsgericht. Anschließend übernahm er freiwillig diese Leistung, lehnte dann aber 1930 die Zahlung ab.[287]

1.9.2 BAUEN IM HISTORISCHEN STIL

Die Frankfurter Kirche war im öffentlichen Leben zunächst und zuerst durch ihre Kirchengebäude sichtbar. Diese stammten aus unterschiedlichen Zeiten. Frankfurts alte Kirchen waren im Mittelalter errichtet worden und überwiegend Klosterkirchen, meist im gotischen Baustil. Die Standorte hatten sich aus der baulichen Entwicklung der Stadt ergeben. Wirkliche Neubauten gab es bis zum Ende des 19. Jahrhunderts im alten Stadtgebiet nur mit der St. Katharinenkirche[288] und der Paulskirche[289]. Ähnlich war die Situation in den Dörfern um Frankfurt herum. Kirchenbau war im Mittelalter in fast jedem Dorf üblich gewesen. Im 18. Jahrhundert waren viele der alten Dorfkirchen durch Alter oder kriegerische Einwirkungen baufällig geworden. Es gab Ersatzbauten. Im 19. Jahrhundert änderten sich die Rahmenbedingungen durch das städtische Wachstum grundlegend. Neue Wohngebiete entstanden wie nie zuvor. Eine zusätzliche kirchliche Versorgung dieser neuen Wohngebiete erschien notwendig. Wohl hatte die Kirche zunächst die Hoffnung, dass die Stadt weitere Kirchen bauen würde. Doch diese Hoffnung erwies sich schnell als unrealistisch. Der lutherischen Stadtgemeinde aber fehlte hierzu das Geld. Aus Spenden war dieser neue Kirchenbau kaum zu finanzieren. So blieb es zunächst bei Ersatzbauten wie der Dreikönigskirche[290] und der St. Peterskirche[291]. Die Dreikönigskirche repräsentierte im Stadtbild den Baustil der Neogotik und die St. Peterskirche den Stil der Neorenaissance. Wenigstens konnte man in der Niddastraße eine „Wanderkirche" errichten und zwei Pfarrhäuser weiter nach außen in die Jahnstraße und die Friedberger Landstraße verlegen, damit die Pfarrer ihren Gemeindegliedern etwas näher waren. Bemerkenswerte Neubauten konnten also nicht von der verfassten Kirche angegangen werden. Vor allem ein Problem bekam die offizielle Kirche in dieser Situation überhaupt nicht in den Griff: die kirchliche Versorgung der Neubaugebiete. So sprach man ganz offiziell etwa von der Diaspora im kirchenlosen

Abb. 24 Dreikönigskirche

Nordend. Eine Gesamtlösung erwies sich erst nach Einführung der Kirchensteuer im Jahre 1906 als möglich.

Zunächst wurden jedoch private Initiativen aktiv: der „*Evangelisch-Kirchliche Hilfsverein*" des Frankfurter Kaufmanns Moritz von Bernus im Westend und im Holzhausenviertel sowie der „*Verein für Erbauung einer ev.-luth. Kirche im Nordosten*". 1883 wurde die neogotische Christus-Kirche auf dem Beethovenplatz errichtet. Im Jahr 1893 konnte die neogotische Lutherkirche[292] eingeweiht werden. Und 1902 folgte die neogotische Immanuelskirche im Holzhausenviertel. Im kirchlich noch nicht zu Frankfurt gehörenden Höchst konnte 1882 die evangelische Stadtkirche[293] vor allem mit Mitteln des Gustav-Adolf-Werkes gebaut werden. Sie war äußerlich dem Stil der Neoromanik und im Inneren dem Stil der Neoklassizistik verpflichtet.

Spätere Generationen haben den Baustil des Historismus (Neoromanik, Neogotik, Neorenaissance, Neoklassizismus) eher abwertend betrachtet. Aber er hatte durchaus sein eigenes Konzept. Seit dem Jahre 1861 fühlten sich die evangelischen Kirchenbauer dem „Eisenacher Regulativ" verpflichtet, einer Bauordnung, die eingehende Vorschriften für den modernen Kirchenbau enthielt: Ausrichtung nach Osten, das Rechteck als Grundriss, das Verhältnis von Höhe zu Breite, Achteck aber nicht Rotunde, angemessenes Material, Kirchturm, Hochaltar, Ort des Taufsteins, Kanzel weder vor noch hinter oder über dem Altar und die Orgel am Westende der Kirche, das waren nur einige der Vorschriften, nach denen die Kirche gestaltet werden sollte.

„Die Würde des christlichen Kirchenbaus fordert Anschluß an einen der geschichtlich entwickelten christlichen Baustile und empfiehlt in der Form des länglichen Vierecks neben der altchristlichen Basilika und der sogenannten romanischen (vorgothischen) Bauart vorzugsweise den sogenannten germanischen (gothischen) Stil."
Eisenacher Regulativ 1861[294]

Heute muss man es als gravierenden Irrtum ansehen, die Gotik als germanischen Baustil zu bezeichnen und ihre französische Herkunft zu leugnen. Aber diese Auffassung entsprach einem weit verbreiteten Denken von der Überlegenheit des Deutschen über das Französische. Inzwischen sehen wir auch schärfer den Zusammenhang zwischen der Architektur und der Sehnsucht nach der mittelalterlichen Einheit des Reiches und der des Glaubens. Gerade nach der Reichsgründung von 1871 und im Wilhelminismus erlebte der Historismus eine Blüte, im Kirchbau und auch in vielfältigen öffentlichen Gebäuden.

Neue Überlegungen zum Bauen wurden in der offiziellen Frankfurter Kirche im Zusammenhang mit der Einführung der Kirchengemeinde- und Synodalordnung angestellt. So äußerte sich der spätere Senior Pfarrer Karl Teichmann 1899 zur Ausstattung künftiger neuer Gemeinden mit Gebäuden: *„Eine neue Parochie kann abgetrennt werden, auch ohne daß sofort eine neue Kirche dasteht. Man baue zuerst ein Gemeindehaus! In Zukunft wird dieses weniger als eine Kirche entbehrt werden können. In dem Saale des Gemeindehauses kann auch sonntäglicher Gottesdienst gehalten werden. Vielleicht wird man Kirche und Gemeindehaus wenigstens vielfach in enge Verbindung bringen. Unsere Kirchen sollen keine gotischen Dome sein; sie können vielmehr mit dem Gemeindehause eng verbunden sein. Das letztere aber wird deshalb in Zukunft von großer Bedeutung werden, weil die kleine Parochie nach der Richtung eines sozialen Organismus auszubauen ist. Es handelt sich dabei nicht um Utopien, wenn es auch selbstverständlich ist, daß das zu erreichende Ziel eine Aufgabe ist, welche erst nach langer Praxis verwirklicht werden wird. Aber gerade hier liegt die Zukunft des protestantischen Kirchentums, welches bisher nicht zur vollen Auswirkung gelangt ist. Das Gemeindehaus muß den Mittelpunkt für die kirchlich-sozialen Einrichtungen der Parochie bilden. Den verschiedenen Verbänden des gemeindlichen Lebens muß hier Gelegenheit für ihre Zusammenkünfte und ihr Gedeihen gegeben werden (Hausväterverband, Abende für Konfirmierte, Jünglings- und Jungfrauenvereine u. s. w.) ... Sobald nur der Anfang einer kirchlich-sozialen Organisation gemacht ist, ergiebt sich eines aus dem andern. Daß dies der Fall ist, davon haben wir das schöne Beispiel an der Luthergemeinde, welche in verhältnismäßig kurzer Zeit Bedeutendes in dieser Hinsicht geleistet hat."*[295]

1.10 Das Verhältnis zu anderen Religionsgemeinschaften

1.10.1 Die Katholische Kirche

1866 erging es den Frankfurter Katholiken ähnlich wie den Frankfurter Protestanten: sie verloren als staatliches Gegenüber einen selbständigen Staat und fanden sich auf einmal im preußischen Staatskirchensystem wieder. Der Dombrand von 1867 symbolisierte das Ende des groß-deutschen Frankfurts, des Frankfurts des Deutschen Bundes, des Frankfurts der Kaiserwahlen und Kaiserkrönungen. Für die Frankfurter Katholiken war der Einschnitt vielleicht noch schärfer als für die Protestanten. Hatten sie doch groß-deutsch gedacht und durch die Bundestagsgesandten und Künstler wie Wissenschaftler aus dem übrigen katholischen Deutschland viele Impulse bekommen. Aus einer verarmten Ghettogemeinde im alten Frankfurt wurden sie nun in eine werdende Großstadt geworfen, die zunächst vom Liberalismus und dann vom Sozialismus geprägt war. Hier hatten sie zunächst nur ein defensives Verhältnis zur städtischen Umwelt, gegen die sie ihren Glauben und ihr Weltbild verteidigen mussten.[296]

Der Limburger Bischof suchte die Situation zu nutzen, um im Rahmen des preußischen Rechts Freiheiten zu erlangen, die ihm das nassauische Recht nicht geboten hatten. So ging z. B. die Verwaltung des nassauischen Zentralkirchenfonds, also der Kirchenfinanzen, auf das Ordinariat über. In Frankfurt dagegen verblieb es dabei, dass die Verwaltung des Kirchenvermögens beim Gemeindevorstand lag.

Da es dort aber eine Mehrheit von staatskirchlich orientierten Katholiken gab, handelten diese durchaus auch anders, als es die Zentrale wollte; z. B. indem sie die vom Magistrat betriebene Entkonfessionalisierung des Schulwesens unterstützten, was 1869 zum Rücktritt des Stadtpfarrers Eugen Theodor Thissen führte.[297] Zu den Neuerungen gehörte auch eine Straffung der Verwaltung des Bistums. Waren bisher die Pfarreien in Frankfurt, Eltville und Dietkirchen mit je einer Limburger Domherrenstelle verbunden, so wurde das jetzt aufgehoben. Die fünf Domherren residierten jetzt in Limburg. Nur der Frankfurter Stadtpfarrer war *„Ehrendomherr"* und bei Bischofswahlen stimmberechtigt.[298]

Ende des 19. Jahrhunderts machten die Katholiken etwa ein Drittel der Bevölkerung aus. Nun ergaben sich ihnen aber auch neue Chancen. So konnten sie in den nach Frankfurt eingemeindeten ehemals evangelischen Ortschaften Bockenheim, Bornheim, Seckbach, Oberrad und Niederrad eigene Gemeinden gründen. Diese gehörten zum Bistum Limburg. Etwas später geschah dasselbe in Rödelheim, Hausen, Praunheim, Heddernheim, Niederursel, Ginnheim, Eschersheim, Bonames, Eckenheim, Preungesheim und Berkersheim. Doch gehörten diese meist zum Bistum Fulda und kamen erst mit dem preußischen Konkordat von 1929 zum Bistum Limburg.[299]

Es war schon die Rede vom Entstehen und Wachsen des Vereinskatholizismus. Um die Jahrhundertwende gab es hierzu noch einige wichtige Neugründungen. Das begann 1899 mit der Gründung einer Christlichen Gewerkschaft in Frankfurt auf dem Hintergrund der Erstgründung einer solchen 1894 in Dortmund. 1900 wurde in Frankfurt erstmals in Deutschland ein Katholischer Fürsorgeverein für Mädchen und Frauen gegründet. Und 1901 wurde in Frankfurt ein lokaler Caritasverband gegründet.

1.10.2 Die jüdische Gemeinde[300]

Abgesondert in der Judengasse und im Rahmen der alten Stättigkeit hatten die Juden bis 1807 mit einem Vorstand eine gewisse Selbstverwaltung praktizieren können. Dann unterstellte sie Karl Theodor von Dalberg mit der *„Neuen Stättigkeits- und Schutzordnung der Judenschaft zu Frankfurt am Main, deren Verfassung, Verwaltung, Rechte und Verbindlichkeiten betreffend"* einem Staatskommissar, ohne dessen Zustimmung keine eigenen Beschlüsse mehr gefasst werden konnten. 1810 verfügte er die völlige Gleichstellung aller Untertanen. Nach dem Sieg über Napoleon hob der Senat dies wieder auf, und auch die Konstitutionsergänzungsakte von 1816 enthielt die Gleichstellung aller *„Untertanen"* nicht mehr. Mit dem wachsenden Nationalbewusstsein wuchs auch die Ablehnung alles Jüdischen. In dem *„Gesetz über die privatbürgerlichen Rechte der Israeliten"* von 1824 wurden die Juden als *„israelitische Bürger"* bezeichnet. 1839 erließ der Senat der Stadt Frankfurt eine Gemeindeverfassung für die Israelitische Gemeinde, die an die Stelle der überkommenen Regelungen trat. Danach hatte die Gemeinde nun einen Gemeindevorstand und einen Gemeindeausschuss (Gemeinderat). Der Gemeindeausschuss wurde von den Gemeindegliedern gewählt. Die Vorstandsmitglieder wurden auf gemeinsamen Kandidatenvorschlag von Vorstand und Ausschuss durch den Senat bestimmt. Der Senatskommissar leitete den Gemeindevorstand und überwachte die gesamte Gemeindetätigkeit.[301] 1850 scheiterte ein neuer Verfassungsversuch, so dass die Gemeindeordnung von 1839 bis 1920 galt. Erst 1864 erhielten die Juden die volle bürgerliche Gleichstellung.

Seit Ende des 18. Jahrhunderts gab es in der jüdischen Gemeinschaft Reformbestrebungen, die die Integration der Juden in die bürgerliche Gesellschaft fördern wollten. Aus diesen heraus wurde 1804 das Philanthropin als Bildungseinrichtung geschaffen. Seine Schüler entwickelten die Reformideen weiter und wollten vor allem all' die Eigenheiten aufgeben, die das negative Bild der Juden in der Öffentlichkeit prägten.[302] Dies führte zu einer Spaltung der Israelitischen Gemeinde in Reformfreunde und Orthodoxe. 1839 besetzten bei den Gemeinderatswahlen die Reformfreunde alle Sitze. Im September 1842 gründete der Lehrer am Philanthropin Theodor Creizenach den *„Frankfurter Verein der Reformfreunde"* (Reformverein).[303] Eine orthodoxe Vereinigung, die den Namen *„Israelitische Religionsgesellschaft"* erhielt, gründeten 1850 vor allem Mitglieder der reichen jüdischen Familien wie Wilhelm Carl (Willi) von Rothschild.[304] Sie wollten die überkommenen Traditionen bewahren und stellten alsbald einen orthodoxen Rabbiner an. Die Gründung einer orthodoxen Gemeinde wurde beabsichtigt, aber nicht durchgeführt. 1853 wurde eine Synagoge in der Schützenstraße/Ecke Rechneigrabenstraße eröffnet. 1905 wurde der Grundstein für die große Synagoge an der Friedberger Anlage gelegt, die dann die zuvor genannte Synagoge ablöste. Da es noch kein Synagogenaustrittsrecht gab, blieben die Mitglieder der Gesellschaft weiter Mitglieder der Israelitischen Gemeinde. Dabei blieb es auch für die Mehrheit der Gesellschaftsmitglieder, als ab 1876 auch der Austritt aus einer jüdischen Gemeinde rechtlich möglich wurde. So blieben beide Glaubensrichtungen in der Israelitischen Gemeinde beheimatet.

Anfang des 20. Jahrhunderts verfügte die Gemeinde über vier Synagogen:[305] die liberale

Hauptsynagoge Börnestraße/Allerheiligenstraße, die liberale Westendsynagoge Königsteiner Straße/Freiher-vom-Stein-Straße, die orthodoxe Börneplatzsynagoge und die orthodoxe Bockenheimer Synagoge in der Schloßstraße. Von den fünf Rabbinern waren drei liberal und zwei orthodox. Die Israelitische Religionsgesellschaft dagegen verfügte mit der Synagoge an der Friedberger Anlage über die größte Frankfurter Synagoge und alle weiteren Einrichtungen, die zu einer jüdischen Gemeinde gehörten. Auf dem heutigen Frankfurter Stadtgebiet gab es außerdem: in Bergen die Synagoge in der Conrad-Weil-Gasse 5, von der aus auch die Juden in Enkheim und Fechenheim betreut wurden; in Bockenheim die „neue" Synagoge, Schloßstrasse 3 – 5; in Heddernheim die Synagoge Alt Heddernheim 33, von der aus auch die Juden in Niederursel betreut wurden; in Höchst die Synagoge am Marktplatz und in Rödelheim die Synagoge in der Judengasse, heute Inselgässchen 9. Mit Ausnahme der Westendsynagoge wurden sie alle im November 1938 schwer beschädigt oder zerstört.

Die bürgerliche Gleichstellung im alten Frankfurt und die durch Annexion Preußens gegebenen neuen Verhältnisse gaben den Juden endlich die seit langem ersehnten Entwicklungsmöglichkeiten. In den nächsten Jahrzehnten prägen sie Frankfurt nicht nur in der Wirtschaft und im kulturellen Leben, sondern auch in der Politik. Zunächst weniger im eigenen Selbstverständnis als vielmehr außerhalb im Deutschen Reich galt Frankfurt als „Judenstadt". Antisemitische Stimmen titulierten es als „Neu-Jerusalem", als „Neu-Jerusalem am fränkischen Jordan", als „Main-Jerusalem" oder als „Hauptstadt der Provinz Deutschland im internationalen Schacherreiche Israel".[306]

Allerdings nahm die organisierte antisemitische Bewegung ihren Ausgang in Berlin, wo der Hofprediger Adolf Stoecker eine unrühmliche Rolle spielte. Als Stoecker am 6. Januar 1881 auf Einladung des Vereins für Innere Mission einen Vortrag über die soziale Frage halten sollte, erwartete man in Frankfurt spektakuläre Ausführungen zur „Judenfrage".[307] Doch Stoecker hielt sich eng an sein Thema. Mitte Oktober 1882 trafen sich jedoch „christlich gesinnte Männer", um einen Antisemitenverein zu gründen. Der Verein erhielt den Namen „Deutscher Reformverein".[308] Damit wurde zugleich die Nähe zur „Deutschen Reformpartei" zum Ausdruck gebracht, deren Ziel es war, „zum Heile und Segen des gesamten deutsche Volkes ... die Überwucherung des jüdischen Elements über das deutsch-christliche im gesamten öffentlichen und Verkehrsleben" zu beseitigen. Doch konnte der Verein in Frankfurt nicht Fuß fassen und verschwand binnen eines Jahres wieder. Anders war es dann mit dem 1891 in Frankfurt gegründeten „Deutschen Verein", der bis 1914 existierte.[309]

Im Jahre 1895 zeigte sich, dass es auch in der Frankfurter evangelischen Kirche Sympathien für diese Kreise gab. „In einer Ende November 1895 abgehaltenen Versammlung des Conservativen Vereins sprach Pastor Julius Werner aus Beckendorf bei Oschersleben über ‚Deutsch-konservativ und Christlich-sozial'. Pastor Julius Werner, der zu diesem Zeitpunkt Adolf Stoeckers Christlich-sozialer Partei angehörte, trat hier erstmals in Frankfurt auf. Drei Jahre später, 1898, wurde er Pfarrer der Frankfurter Paulsgemeinde, spätestens seit 1911 war er Mitglied des Deutschen Vereins und in der antisemitischen Bewegung aktiv. In seinem Vortrag von 1895 bekannte er öffentlich, daß jeder ‚anständige Mensch Antisemit' sei und rief zum ‚energi-

schen Kampf gegen das moderne Judentum' auf." [310] Seit 1905 war er auch Mitglied der Frankfurter Mittelstandsvereinigung. 1906 hielt er die Festrede zum 60. Geburtstag von Hofprediger Adolf Stoecker. 1912 gründete er den Verein *„Christlich-nationale Gruppe gegen die Frauenemanzipation"*. 1913 sprach Werner auf dem 13. Verbandstag des nationalistischen Deutschen Handlungsgehilfenverbandes als Vertreter des Bundes gegen die Frauenemanzipation. Werner griff die Bestrebungen der Frauenbewegung an. Hermann Dechent erwähnte ihn als den Pfarrer, der in Frankfurt ab 1900 als erster das Gemeindeblatt einer Einzelgemeinde *„Paulskirche"* herausgegeben hat. Da das Blatt auch in anderen Gemeinden und außerhalb der Stadt Interesse fand, erschien es ab 1907 als kirchliches Monatsblatt mit dem Titel *„Glaube und Tat"*. Dechent bewertete es so: *„Die Eigenart dieser Zeitschrift war die Vertretung konservativer Gedanken im kirchlichen und politischen Sinne."*[311] Offenbar war das sehr freundlich formuliert. Erscheint doch Werner eher als ein höchst aktiver Vertreter einer Geisteshaltung, die gegen die moderne Zeit kämpfte. Für den Konservativismus der Frankfurter Kirche spricht, dass an der renommierten Paulskirche(ngemeinde) neben einem Mann wie Martin Rade ein Julius Werner tätig sein konnte.

1 Kanngießer, Geschichte der Eroberung.
2 Kanngießer, Geschichte der Eroberung, S. 398.
3 Kropat, Frankfurt zwischen Provinzialismus, S. 228.
4 Bothe, Geschichte, S. 682.
5 Kropat, Frankfurt zwischen Provinzialismus, S. 226.
6 Bammel, Reichsgründung, S. 14 unter Bezugnahme auf Verhandlungen des Reichstags des Norddt. Bundes am 19.7.1870, S. 2.
7 Bammel, Reichsgründung, S. 16 mit Quellenangaben.
8 Bammel, Reichsgründung, S. 16.
9 Allgemeine Kirchenzeitung 1870, S. 270 ff., nach Bammel, Reichsgründung, S. 16.
10 Bammel, Reichsgründung, S. 17.
11 Jahrgang 1870, Sp. 680, nach Bammel, Reichsgründung, S. 16.
12 Bammel, Reichsgründung, S. 18.
13 Ausführlicher Bammel, Reichsgründung, S. 16–20.
14 In anderen Quellen „Fügung", nach Bammel, Reichsgründung, S. 5.
15 Bammel, Reichsgründung, S. 6–9.
16 Bammel, Reichsgründung, S. 24.
17 Bammel, Reichsgründung, S. 32.
18 Denkschrift vom 13.2.1870, nach Bammel, Reichsgründung, S. 38.
19 Friedberg: Die evangelische und katholische Kirche, S. 68, nach Bammel, Reichsgründung, S. 39.
20 Zeitschrift für Kirchenrecht IX, Tübingen 1870, S. 187, nach Bammel, Reichsgründung, S. 9.
21 Bammel, Reichsgründung, S. 39 f.
22 Von Thadden, Wie protestantisch, S. 51.
23 Von Thadden, Wie protestantisch, S. 51.
24 Von Thadden, Wie protestantisch, S. 52.
25 Bammel, Reichsgründung, S. 54 f.
26 Hein, Wilhelminischer Protestantismus, S. 107.
27 Wehler, Gesellschaftsgeschichte, Bd. III, S. 1171, nach Hein, Wilhelminischer Protestantismus, S. 107.
28 Nipperdey, Religion, S. 81, nach Hein, Wilhelminischer Protestantismus, S. 107.
29 Hein, Wilhelminischer Protestantismus, S. 108.
30 Hein, Wilhelminischer Protestantismus, S. 111.
31 Kemler, Glauben, Bangen, Hoffen, S. 116.
32 Kemler, Glauben, Bangen, Hoffen, S. 119.
33 Kemler, Glauben, Bangen, Hoffen, S. 119, unter Bezugnahme auf Krumwiede u. a. (Hrsg.): Kirchen- und Theologiegeschichte in Quellen, IV/1, 1979, S. 237.
34 Kemler, Glauben, Bangen, Hoffen, S. 121.
35 Pett, Thron und Altar, S. 120.
36 Kupisch, Adolf Stoecker.
37 Krockow, Kaiser Wilhelm II., S. 60 ff.
38 Kropat, Frankfurt zwischen Provinzialismus, S. 40.
39 Gesetz, betr. die Auseinandersetzung zwischen Staat und Stadt in Frankfurt a. M. v. 5.3.1869 (Ges. Samml. S. 379) nebst Rezeß v. 26.2.1869 (das.).
40 Besier, Preußische Kirchenpolitik, S. 45.
41 Besier, Preußische Kirchenpolitik, S. 340.
42 Besier, Preußische Kirchenpolitik, S. 341.
43 Besier, Preußische Kirchenpolitik, S. 334 ff.
44 Souchay, Die protestantischen Gemeinden, S. 16.
45 Souchay, Die protestantischen Gemeinden, S. 14.
46 Nicksen, Der synodale Verfassungsgedanke, S. 187, 200.
47 Ehlers, Zur Verständigung, S. 9.
48 Ehlers, Zur Verständigung, S. 12.
49 Zum Folgenden Souchay, Die protestantische Gemeinden, S. 3.
50 Mit weiteren Hinweisen Besier, Preußische Kirchenpolitik, S. 400.
51 Dechent, Kirchengeschichte, Bd. II., S. 474 ff.
52 Dechent, Kirchengeschichte, Bd. II, S. 480–482.
53 Dechent, Kirchengeschichte, Bd. II, S. 481.
54 Gesetz vom 13. März 1882, Dechent, Kirchengeschichte, Bd. II, S. 481.
55 Dechent, Kirchengeschichte, Bd. II, S, 482.
56 Text in FKK 1890, S. 24–27.
57 Krebs, Revision.
58 Kirchliche Chronik, FKK 1892, S. 28, 29.
59 Chronik, FKK 1899, S. 43.
60 Foerster, Rudolph Ehlers, S. 42.
61 „Gesetze und Verordnungen betr. Die neue kirchliche Verfassung" S. 6 ff; Telschow, Rechtsquellen, S. 103 ff.
62 Das evangelische Deutschland, Kirchliches Adressbuch 1913, Sp. 253/254.
63 Teichmann, Neuordnung, S. 15.
64 Teichmann, Neuordnung, S. 15.
65 Bornemann, Zwei Jahrzente, S. 57.
66 Teichmann, Neuordnung, S. 16.
67 Dechent, Kirchengeschichte, Bd. II., S. 471.
68 Kanngießer, Geschichte der Eroberung, S. 407.
69 Dechent, Kirchengeschichte, Bd. II., S. 471 ff.
70 Besier, Preußische Kirchenpolitik, S. 400; Dechent, Kirchengeschichte, Bd. II, S. 473.
71 Ehlers, Zur Verständigung 1868, S. 3.
72 Hierzu und zum Folgenden: Dechent, Kirchengeschichte, Bd. II, S. 532.
73 Dechent, Kirchengeschichte, Bd. II, S. 493 f.
74 Dechent, FKK 1898, S. 16–19.
75 So z. B. Steitz, Geschichte der EKHN, S. 388.
76 Winkelmann, Die Kämpfe.
77 Steitz, Geschichte der EKHN, S. 388.
78 Vgl. für Hessen: Winkelmann, Die Kämpfe.
79 Dechent, Kirchengeschichte, Bd. II, S. 534.
80 Steitz, Geschichte der EKHN, S. 391.
81 Steitz, Geschichte der EKHN, S. 391.
82 Schultze, Die Partei; Hermelink, Christentum, Bd. II, S. 334 ff; Bd. III, S. 147 ff.
83 Schultze, Die Partei.
84 Proescholdt, Was sie dachten, S. 30.
85 Chronik, FKK 1889, S. 39.
86 Dechent, Kirchengeschichte, Bd. II, S. 538.
87 Dechent, Kirchengeschichte, Bd. II, S. 535.
88 Dechent, Kirchengeschichte, Bd. II, S. 535.
89 Proescholdt, Was sie dachten, S. 33.
90 Proescholdt, Was sie dachten, S. 33.
91 Dechent, Kirchengeschichte, Bd. II, S. 534 f.
92 Chronik, FKK 1889, S. 39.
93 Dechent, Kirchengeschichte, Bd. II, S. 535.
94 So der Titel einer Arbeit von Claudia Lepp.
95 Rose, Der Begriff „Liberale Theologie", S. 6.
96 Dechent, Kirchengeschichte, Bd. II, S. 454.
97 Dechent, Kirchengeschichte, Bd. II, S. 372.
98 Dechent, Kirchengeschichte, Bd. II, S. 534.
99 Dechent, Kirchengeschichte, Bd. II, S. 534.
100 Dechent, Kirchengeschichte, Bd. II, S. 535.
101 Kübel, Erinnerungen, S. 119 ff.
102 ZA 120A/143, 144.
103 ZA 120A/143.
104 ZA 120A/360.
105 Foerster, Lebenserinnerungen, S. 24 f.
106 Dechent, Kirchengeschichte, Bd. II, S. 528.

107 Chronik, FKK 1889, S. 37.
108 Chronik, FKK 1892, S. 34.
109 Chronik FKK 1895, S. 51.
110 Hierzu und zum Folgenden: Dechent, Kirchengeschichte, Bd. II, S. 529–531.
111 Als das Haus „zum Strauß" wegen einen Straßenerweiterung abgebrochen wurde, wurde die Tafel an das Bethmannsche Haus versetzt.
112 Chronik, FKK 1892, S. 35.
113 Hierzu und zum Folgenden Chronik, FKK 1889, S. 36 f.
114 Klauth, Seit 130 Jahren.
115 Die folgende Darstellung folgt: Balke, Neufville und Correvon, S. 253–263.
116 Gazer, Schreiben v. 24.4. 2016.
117 Chronik, FKK 1897, S. 43 f.
118 Hierzu und zum Folgenden Meißner, Christliche Welt und Armenien.
119 Lohmann, Nur ein Leben, S. 46.
120 Lohmann, Nur ein Leben, S. 50–60.
121 Lohmann, Nur ein Leben, S. 61–63.
122 Zum Folgenden Gazer, Schreiben v. 24.4.2016.
123 Lohmann, Nur ein Leben, S. 62 f.
124 Lohmann, Nur ein Leben, S. 68–73.
125 Chronik, FKK 1892, S. 31.
126 Bornemann, 50 Jahre.
127 Krebs, FKK 1889, S. 2.
128 Entscheidung der Königlichen Regierung in Wiesbaden vom 12. November 1900, nach Kübel, Kirchenrecht, S. 319; Frankfurter Kirchenkalender 1910, S. 61.
129 Beschluss des Großen Rats der Stadt Frankfurt vom 26. August 1856, der diese Schule in die Dotation einbezog; abgedruckt bei Kübel, Kirchenrecht, S. 319.
130 Statut für die städtische Schuldeputation vom 12. Januar 1872, nach Kübel, Kirchenrecht, S. 320.
131 Kübel, Kirchenrecht, S. 320.
132 Kübel, Kirchenrecht, S. 320.
133 Eimuth, Evangelische Kirche, S. 219 unter Berufung auf Trommershausen, Volksschulgesetz, S. 40.
134 Zum Folgenden Die Christuskirche 1883–1933; 100 Jahre Christuskirche.
135 100 Jahre Christuskirche, S. 5.
136 Chronik, FKK 1898, S. 45.
137 Die Christuskirche 1883–1933, S. 34.
138 Dechent, Kirchengeschichte, Bd. II, S. 506 f.
139 Dechent, Kirchengeschichte, Bd. II, S. 507.
140 Chronik, FKK 1890, S. 34 f.
141 Henrich, Die Lutherkirche.
142 Schwarz, Die Anfänge, S 9 f.
143 Trommershausen, 25 Jahre Lutherkirche, S. 4 und 6.
144 Zitiert nach Schwarz, Die Anfänge, S. 16.
145 Schwarz, Die Anfänge, S. 18.
146 Schwarz, Die Anfänge, S. 23.
147 Schwarz, Die Anfänge, S. 29–31.
148 Chronik, FKK 1899, S. 47.
149 Hierzu und zum Folgenden: Dechent, Kirchengeschichte, Bd. II, S. 545 f.
150 Dechent, Kirchengeschichte, Bd. II, S. 547; Proescholdt/Telschow, Frankfurts Kirchen, S. 236–239.
151 Zum Folgenden Dechent, Kirchengeschichte, Bd. II, S. 547 f.; Proescholdt/Telschow, Frankfurts Kirchen, S. 284 f.
152 Proescholdt/Telschow, Frankfurts Kirchen, S. 278–282.
153 Dechent, Kirchengeschichte, Bd. II, S. 548 f.
154 Proescholdt/Telschow, Frankfurts Kirchen, S 334 f.
155 Dechent, Kirchengeschichte, Bd. II, S. 549.
156 Hierzu und zum Folgenden: Schlicht, Vom Bonifatiusbrunnen.
157 Proescholdt/Telschow, Frankfurts Kirchen, S. 168–171.
158 Dechent, Kirchengeschichte, Bd. II, S. 549 f.
159 Hierzu und zum Folgenden, Gerner, Niederursel.
160 Proescholdt/Telschow, Frankfurts Kirchen, S. 196–199.
161 Dechent, Kirchengeschichte, Bd. II, S. 550.
162 Krebs, Gegenwärtiger Zustand, S. 29.
163 Proescholdt/Telschow, Frankfurts Kirchen, S. 315–318; für den Wiederaufbau nach dem 2. Weltkrieg auch Berkemann, Nachkriegskirchen, S. 144 f..
164 Dechent, Kirchengeschichte, Bd. II, S. 557.
165 Wagner, Rhein-Main-Gebiet, S. 32, 156, nach Dienst, Bockenheim, S. 267.
166 Proescholdt/Telschow, Frankfurts Kirchen, S. 218–222.
167 Dechent, Kirchengeschichte, Bd. II, S. 557 f.
168 Amtsblatt 1909, S. 39.
169 Kübel, Kirchenrecht, S. 84 f.
170 Kübel, Kirchenrecht, S. 87 f.
171 Chronik, FKK 1892, S 30.
172 FKK 1897, S. 42.
173 Kübel, Kirchenrecht, S. 101.
174 Kübel, Kirchenrecht, S. 17–179.
175 Marx, Choralgesang, FKK 1895, S. 33–35.
176 Chronik, FKK 1889, S. 39.
177 Dechent, Kirchengeschichte, Bd. I, S. 497 f.
178 Kübel, Erinnerungen, S. 78 f.
179 Dienst, Dechent, S. 274.
180 Dienst, Dechent, S. 278 f.
181 Dienst, Dechent, S. 279.
182 Dienst, Dechent, S. 281.
183 Dienst, Dechent, S. 282.
184 Dienst, Dechent, S. 282.
185 https://de.wikipedia.org/wiki/Hermann_Dechent [12.06.2018].
186 Marhold, Dechent, S. 7.
187 Marhold, Dechent, S. 30.
188 Marhold, Dechent, S. 9.
189 Die Darstellung folgt Lachenmann, Rose Livingston.
190 Proescholdt/Telschow, Frankfurts Kirchen, S. 286–290.
191 Lachenmann, Rose Livingston, S. 49 f.
192 Oppel, Naumann, S. 32 f.
193 Naumann, Schleiermacher, S. 7.
194 Ruddies, Friedrich Naumann, S. 64.
195 Oppel, Naumann, S. 40.
196 Ruddies, Friedrich Naumann, S. 67.
197 Heuß, Konflikt, S. 163–167.
198 Ruddies, Friedrich Naumann, S. 68 f.
199 Pett, Thron und Altar, S. 122.
200 Dechent, Kirchengeschichte, Bd. II, S. 522.
201 Pollmann, Landesherrliches Kirchenregiment, S. 121 ff.
202 Pollmann, Landesherrliches Kirchenregiment, S. 107 ff.
203 Ruddies, Naumanns Wende.
204 Treplin, Evangelischer Verein, S. 37.
205 Treplin, Evangelischer Verein, S. 37.
206 Treplin, Evangelischer Verein, S. 37 f.
207 Ruddies, Friedrich Naumann, S. 73.
208 Naumann, Zeugnisse, S. 72.

209 Ruddies, Friedrich Naumann, S. 59.
210 Mariscotti de Görlitz/Bredehorn/Happel, Rade, S. 47.
211 Mariscotti de Görlitz/Bredehorn/Happel, Rade, S. 48.
212 Mariscotti de Görlitz/Bredehorn/Happel, Rade, S. 85.
213 Eisenacher Erklärung vom 5. Oktober 1892, abgedruckt bei Mariscotti de Görlitz/Bredehorn/Happel, Rade, S. 72.
214 Mariscotti de Görlitz/Bredehorn/Happel, Rade, S. 74 f.
215 S. oben S. 42 f.
216 Zu dem ganzen Komplex Mariscotti de Görlitz/Bredehorn/Happel, Rade, S. 144–154.
217 So der Titel eines Beitrags in der Christlichen Welt 1914, Nr. 38, zitiert nach Mariscotti de Görlitz/Bredehorn/Happel, Rade, S. 158.
218 Zum ersten Weltkrieg insgesamt Mariscotti de Görlitz/Bredehorn/Happel, Rade, S. 158–170.
219 Mariscotti de Görlitz/Bredehorn/Happel, Rade, S. 171, 189–191.
220 Mariscotti de Görlitz/Bredehorn/Happel, Rade, S. 180.
221 Frankfurter Diakonissenhaus, Getrost und freudig 125 Jahre, S. 16 f.
222 Frankfurter Diakonissenhaus, Getrost und freudig 125 Jahre, S. 18.
223 Frankfurter Diakonissenhaus, Getrost und freudig 125 Jahre, S. 19.
224 Frankfurter Diakonissenhaus, Getrost und freudig 125 Jahre, S. 19.
225 Frankfurter Diakonissenhaus, Getrost und freudig 125 Jahre, S. 20.
226 Frankfurter Diakonissenhaus, Getrost und freudig 125 Jahre, S. 27–30.
227 Frankfurter Diakonissenhaus, Getrost und freudig 125 Jahre, S. 31–33.
228 Frankfurter Diakonissenhaus, Getrost und freudig 125 Jahre, S. 34–36.
229 Frankfurter Diakonissenhaus, Getrost und freudig 125 Jahre, S. 36–38.
230 Frankfurter Diakonissenhaus, Getrost und freudig 125 Jahre, S. 39 f.
231 Mattis, Von den Anfängen, S. 5.
232 Hierzu und zum Folgenden Mattis, Von den Anfängen, S. 4–8; Telschow, Kirchengeschichte Bd. I, S. 402–404.
233 Kayser/Teudt, 50 Jahre, S. 37, zitiert nach: Mathis, Jugendbewegungen, S. 246 f.
234 Mathis, Von den Anfängen, S. 13.
235 Chronik, FKK 1893, S. 46.
236 Mattis, Von den Anfängen, S. 8 f.
237 Cordier, Evangelische Jugendkunde, Bd. I, S. 71–90; Bd. II, S. 244–274.
238 Der Präses Pastor Dürselen auf der Gründungsversammlung am 8. Oktober 1848 in Elberfeld, nach Cordier, Evangelische Jugendkunde, Bd. I, S. 78.
239 Der Präses Pastor Dürselen auf der Gründungsversammlung am 8. Oktober 1848 in Elberfeld, nach Cordier, Evangelische Jugendkunde, Bd. I, S. 78.
240 Zum Folgenden Telschow/Ulrich, Marthahaus.
241 Dechent, Kirchengeschichte, Bd. II, S. 432.
242 Kayser, Ich gedenke der vorigen Zeiten, S. 1.
243 Bedingungen zur Aufnahme der Schülerinnen in das Marthahaus in Frankfurt a. M., Archiv des Marthahauses.
244 Dechent, Kirchengeschichte, Bd. II, S. 496 f.
245 FKK 1912, S. 57–60.
246 Mattis, Jugendbewegungen, S. 250 nennt 32 Vereine.
247 Chronik, FKK 1889, S. 41 f.
248 Chronik, FKK 1889, S. 45.
249 Dechent, Kirchengeschichte, Bd. II, S. 19, Chronik, FKK 1889, S. 44 f.
250 Chronik, FKK 1891, S. 35.
251 Dechent, Kirchengeschichte, Bd. II, S. 524 f., FKK 1893, S. 42.
252 Dechent, Kirchengeschichte, Bd. II, S. 525.
253 Dechent, Kirchengeschichte, Bd. II, S. 526.
254 Pollmann, Landesherrliches Kirchenregiment, S. 70.
255 Hierzu und zum Folgenden Treplin, Evang. Verein für Innere Mission, S. 25–27.
256 Dechent, Kirchengeschichte, Bd. II, S. 513.
257 Dechent, Kirchengeschichte, Bd. II, S. 514; Treplin, Evangelischer Verein für Innere Mission, S. 27.
258 Naumann, FKK 1894, S. 49.
259 Treplin, Evangelischer Verein, S. 39–45.
260 Dechent, Kirchengeschichte, Bd. II, S. 516.
261 Zum Folgenden Beyer, Schriftenmission und Publizistik.
262 Dechent, Kirchengeschichte, Bd. II, S. 515.
263 Chronik, FKK 1889, S. 42.
264 Frankfurter Diakonissenhaus, Getrost und freudig 125 Jahre, S. 14 f., Satzung ebd. S. 56; hierzu und zum Folgenden nach Kayser, Frankfurter Diakonissen-Anstalt.
265 Frankfurter Diakonissenhaus, Getrost und freudig 125 Jahre, S. 55. Hausordnung abgedruckt ebd. S. 57.
266 Frankfurter Diakonissenhaus, Getrost und freudig 125 Jahre, S. 57 f.
267 Frankfurter Diakonissenhaus, Getrost und freudig 125 Jahre, Jahresbericht 1866, S. 58.
268 Frankfurter Diakonissenhaus, Getrost und freudig 125 Jahre, S. 24.
269 Das ist Auguste Viktoria.
270 Frankfurter Diakonissenhaus, Getrost und freudig 125 Jahre, Jahresbericht 1870, S. 59 f.
271 Frankfurter Diakonissenhaus, Getrost und freudig 125 Jahre, Jahresbericht 1876, S. 62.
272 Frankfurter Diakonissenhaus, Kommt, laßt uns, S. 14 f.
273 Frankfurter Diakonissenhaus, Getrost und freudig 125 Jahre, S. 68.
274 Frankfurter Diakonissenhaus, Getrost und freudig 100 Jahre, S. 69 f.; Kommt, laßt uns, S. 21–35.
275 Proescholdt/Telschow, Frankfurts Kirchen, S. 62–67; Blätter aus dem Diakonissenhaus, Nr. 248, April–Juni 1960.
276 Frankfurter Diakonissenhaus, Getrost und freudig 100 Jahre, S. 46.
277 Frankfurter Diakonissenhaus, Getrost und freudig 100 Jahre, S. 72–74.
278 FKJ 1959, S. 118.
279 Ausführlicher: Treplin, Evangelischer Verein, S. 33 f.
280 FKK 1893, S. 46.
281 Naumann, FKK 1894, S. 49 f.; Haag, Arbeiterverein.
282 Dechent, Kirchengeschichte, Bd. II, S. 523 f.
283 Eimuth, Evangelische Kirche, S. 228.
284 Dechent, Kirchengeschichte, Bd. II, S. 524.
285 Kübel, Kirchenrecht, S. 257.

286 Telschow, Rechtsquellen, S. 73–78.
287 Kübel, Kirchenrecht, S. 133.
288 Proescholdt/Telschow, Frankfurts Kirchen, S. 94–103.
289 Proescholdt/Telschow, Frankfurts Kirchen, S. 127–135.
290 Proescholdt/Telschow, Frankfurts Kirchen, S. 271–277.
291 Proescholdt/Telschow, Frankfurts Kirchen, S. 136–145.
292 Proescholdt/Telschow, Frankfurts Kirchen, S. 104–110.
293 Proescholdt/Telschow, Frankfurts Kirchen, S. 339–343.
294 Böcher, Erwägungen, S. 176.
295 Teichmann, Neuordnung, S. 16.
296 Kinkel, Von der Domgemeinde, S. 30 f.
297 Schatz, Bistum Limburg, S. 166.
298 Schatz, Bistum Limburg, S. 167.
299 Kinkel, Von der Domgemeinde, S. 31.
300 Zum Folgenden vor allem Arnsberg, Geschichte der Frankfurter Juden; Heuberger/Krohn, Hinaus aus dem Ghetto.
301 Heuberger/Krohn, Hinaus aus dem Ghetto, S. 71.
302 Heuberger/Krohn, Hinaus aus dem Ghetto, S. 46.
303 Heuberger/Krohn, Hinaus aus dem Ghetto, S. 71–73.
304 Heuberger/Krohn, Hinaus aus dem Ghetto, S. 74–77.
305 Heuberger/Krohn, Hinaus aus dem Ghetto, S. 160.
306 Schlotzhauer, Antisemitismus, S. 30.
307 Schlotzhauer, Antisemitismus, S. 48.
308 Schlotzhauer, Antisemitismus, S. 51 f.
309 Schlotzhauer, Antisemitismus, S. 60.
310 Schlotzhauer, Antisemitismus, S. 157; zum Folgenden S. 187, 292, 293, 310.
311 Dechent, Kirchengeschichte Bd. II, S 479.

2. DER KONSISTORIALBEZIRK FRANKFURT AM MAIN BIS ZUM ENDE DES LANDESHERRLICHEN KIRCHENREGIMENTS 1900 BIS 1918

2.1. Leitgedanken

Am Anfang des 20. Jahrhunderts gab es in Frankfurt ein Aufblühen des kirchlichen Lebens. Die neue Organisationsform brachte für die lutherischen Gemeinden deutlich verbesserte Arbeitsbedingungen und mit den Synodalverbänden eine leistungsfähige Verwaltung. Die Einführung der Kirchensteuer ermöglichte in den lutherischen Gemeinden eine Verstärkung des Personals und den Bau von neuen Kirchen und Gemeindehäusern. Darunter litten die Vereine nicht, sondern expandierten weiter. Die neuen kirchlichen Gebäude boten auch ihnen Raum. Auf diesem Hintergrund gab es bemerkenswerte Innovationen. Zu nennen sind der Wartburgverein mit seinem partizipatorischen Ansatz der Jugendarbeit, die von der Frankfurter Kirche errichtete Jugendgerichtshilfe als Wurzel des heutigen Diakonischen Werks für Frankfurt und verschiedene Frauenorganisationen, die sich für die Emanzipation der Frauen einsetzten. Diese Entwicklung wurde jedoch durch den 1. Weltkrieg gestoppt. In den Kriegsjahren wurde die große Abhängigkeit der evangelischen Kirche vom Staat besonders deutlich. Die von den Pfarrern in Predigten und Vorträgen vertretene Theologie war weithin durch nationalistisches Denken geprägt. Die Kriegszeit war auch geprägt durch die Beeinträchtigung der kirchlichen Arbeit ebenso wie durch vielfältige Aktionen an der „Heimatfront". Die Revolution von 1918 traf die Kirche hart.

2.2 Zeitgeschichtliche Zusammenhänge

2.2.1 DIE ENTWICKLUNG FRANKFURTS

Frankfurt wuchs weiter durch Eingemeindungen. So wurden Seckbach, Oberrad und Niederrad im Jahr 1900 eingemeindet. Im Jahr 1910 folgten dann Rödelheim, Hausen, Praunheim, Heddernheim, Ginnheim, Eschersheim, Eckenheim, Preungesheim, Niederursel, Bonames und Berkersheim. Dies hatte jedoch nur kommunalpolitische Bedeutung. In der Frankfurter Kirche blieb vorerst noch die Aufteilung in Frankfurter Stadtgebiet, Frankfurter Dörfer, kurhessische Ortschaften und nassauische Ortschaften.

Durch die Eingemeindungen von 1910 hatte sich Frankfurt zu einer Großstadt mit 414.576 Einwohnern entwickelt. Die soziale Situation entspannte sich jedoch dadurch nicht. Mit einem jährlichen Durchschnittseinkommen von 4.791 Mk im Jahre 1902 war Frankfurt die reichste Stadt Preußens. Und doch hatte diese Blütezeit auch ihre Schattenseiten. Um 1900 betrug der jährliche Durchschnittslohn eines Facharbeiters 1.500 Mk. Was besagt da schon ein Durchschnittseinkommen von weit über 4.000 Mk? Um die soziale Schichtung zu beschreiben, wurde die Bewohnerschaft (nicht die Beschäftigten) in folgende Gruppen aufgeteilt:[1] (1) die Armen, deren Einkommen unter dem durch die Steuerfreiheit definierten Existenzminimum von 900 Mk im

Jahr lag; (2) die Minderbemittelten mit einem Einkommen von 900 bis 3.000 Mk; (3) der Mittelstand mit einem Einkommen von 3.000 bis 6.500 Mk; (4) die Wohlhabenden mit 6.500 bis 30.500 Mk und (5) die Reichen mit einem höheren Einkommen. Im Jahre 1912 waren über 100 Personen in Frankfurt mehrfache Millionäre. 1910 befanden sich in der 1. Gruppe 28,6 % der Bevölkerung, in der 2. Gruppe 58,3 % der Bevölkerung, in der 3. und 4.Gruppe zusammen ca. 12,2 % und in 5. Gruppe 0,9 %, jeweils einschließlich der Familienangehörigen. Zum Vergleich sei genannt, dass ein Schlosser in jener Zeit ein Jahreseinkommen von 1.500 bis 1.800 Mk erreichen konnte. Das Einkommen eines Frankfurter Pfarrers lag (je nach Dienstalter) zwischen 3.600 und 7.200 Mk zuzüglich freier Dienstwohnung bzw. Mietentschädigung von 1.500 Mk.[2] In den Frankfurter Dörfern lag es zwischen 2.400 und 6.000 Mk,[3] in den kurhessischen Dörfern ebenso, ausgenommen Eschersheim, Ginnheim und Preungesheim, die höher lagen, zwischen 3.000 und 6.000 Mk.[4] In der zuvor genannten Klassifizierung gehörten sie also zum gehobenen Mittelstand.

Bis 1914 entschärfte sich die Situation leicht. Aber die Lohnerhöhungen glichen kaum die Teuerung des täglichen Bedarfs aus. 1911 gab es wegen der hohen Milchpreise einen Milchkrieg gegen die Milchhändler, 1912 große Demonstrationen wegen der Fleischnot. Schon hier zeigte sich, dass Notsituationen nicht mehr einfach hingenommen wurden. Es zeigte sich aber auch, dass das größer gewordene Frankfurt Schwierigkeiten mit der Lebensmittelversorgung bereits in Friedenszeiten hatte. Das Umland war nicht mehr in der Lage, Frankfurt zu ernähren. Lebensmittel mussten zu einem erheblichen Teil aus dem Ausland bezogen werden.[5] Allerdings spiegelte sich hier ein anderes Problem nicht wieder, die hohe Mobilität der Arbeitskräfte. Jährlich verließen etwa 75.000 Menschen Frankfurt und zogen etwa 5.– 6.000 mehr wieder zu.[6] Letztere brachten Frankfurt das Bevölkerungswachstum. Die anderen gehörten zu jenen vielen Nomaden des Industriezeitalters, die nicht schnell Fuß fassen und sich integrieren konnten. Diese soziale Situation sollte auch gravierende Folgen während des Krieges mit seinen Betriebsstillegungen und den Problemen mit der Lebensmittelversorgung haben.

Es wundert auch nicht, dass Rosa Luxemburg bereits im Februar 1914 in Bockenheim und Fechenheim Reden für den Frieden und gegen Militarismus und Krieg hielt. Das Landgericht Frankfurt verurteilte sie dafür zu einer Gefängnisstrafe von einem Jahr. Und es überrascht auch nicht, dass kurz vor Ausbruch des Krieges die Sozialdemokraten zu Versammlungen gegen den Krieg aufriefen, sich aber Gegendemonstrationen entwickelten mit Tausenden von Teilnehmern, die patriotische Lieder sangen und den deutschen Kaiser und den Kaiser von Österreich hochleben ließen.

2.2.2 Frankfurter Sozialpolitik

Die beschriebenen Einkommensverhältnisse resultierten aus einem hohen Anteil gewerblicher Arbeiter an der Bevölkerung. Sie zeigen die große soziale Not in der Stadt. Maßnahmen hiergegen ergriffen die Arbeiter zunächst selbst, indem sie sich in freien Gewerkschaften organisierten. Diese kämpften nicht nur für höhere Löhne und bessere Arbeitsbedingungen, sondern schufen Wohlfahrtseinrichtungen und Versicherungen gegen Notfälle. Hierzu gehörten der Konsum-Verein 1900, der Volks- Bau- und Spar-

Abb. 25 Stadtrat Karl Flesch

verein 1901, eine Krankenversicherung, der Arbeiterbildungsausschuss und auch Maßnahmen der Jugendpflege. Aber auch die Stadtverwaltung unter Oberbürgermeister Franz Adickes und Stadtrat Dr. Karl Flesch wandte sich seit den neunziger Jahren des 19. Jahrhunderts den sozialen Problemen zu. Dank ihrer Reformen wurde die Stadt eine *„Bannerträgerin der sozialen Fürsorge."*[7] Man entwickelte eine gezielte Stadtplanung mit bewusster Boden-, Wohnungs- und Verkehrspolitik. Der *„Ausschuss für Sozialpolitik"* der Stadtverordnetenversammlung versuchte erstmals so etwas wie Sozialpolitik. Auf dieser Grundlage entstanden Baugesellschaften und Genossenschaften zum Bau von Wohnungen für gewerbliche Arbeiter und Angestellte. Auch der preußische Staat und die Stadt bauten Wohnungen für Bedienstete. Stadtrat Flesch gründete die bis heute bestehende *„Aktienbaugesellschaft für kleine Wohnungen"*. Alle zusammen errichteten zwischen 1890 und 1914 Wohnraum für 20. bis 25.000 Menschen. Absolut gesehen, war das nicht viel. Aber im Vergleich zu anderen deutschen Großstädten stand Frankfurt damit sehr gut da.[8] Angesicht der trotzdem verbleibenden Wohnungsnot schuf man 1912 in Frankfurt ein Wohnungsamt, früher als in anderen deutschen Großstädten. Daneben gab es schon ab 1890 eine Fülle von etwa 200 Stiftungen und Vereinen, die sozial tätig waren. Bei diesem vielfältigen sozialen Engagement stieß man immer wieder auf drei Persönlichkeiten: die beiden wohlhabenden Kaufleute Wilhelm Merton und Charles Hallgarten und Stadtrat Karl Flesch.

„Ein grundlegender Gedanke, den hauptsächlich Wilhelm Merton gefaßt und in die Tat umgesetzt hat, war der: daß es bei der Vielgestaltigkeit der sozialen Nöte nicht darauf ankomme, ein Bedürfnis hier und da, wo es gerade auftaucht, zu befriedigen, sondern Zusammenhang und System in die soziale Arbeit zu bringen, sie zweckmäßig zu gestalten, und wissenschaftlich zu begründen, und zwar solle die Wissenschaft den Ursachen der sozialen Notstände nachspüren, die Vorgänge der sozialen Umwandlung beobachten, neue Aufgaben rechtzeitig erkennen und die geeignetsten Methoden zu ihrer Lösung herausfinden. So solle Erkennen und Handeln, Theorie und Praxis sich gegenseitig durchdringen und befruchten."[9]

Um dies zu erreichen, gründete und finanzierte Wilhelm Merton 1890 das *„Institut für Gemeinwohl"*, und die Zeitschrift *„Blätter für soziale Praxis"*. Die Arbeit dieses Instituts führte 1899 zur Gründung der *„Zentrale für private Fürsorge."* Stadtrat Karl Flesch wiederum setzte die Ideen in dem von ihm von 1884 bis 1914 geleiteten städtischen Armen- und Waisenamt um. Ein besonderes Gewicht lag auf der Jugendfürsorge mit Kindergärten und Kinderhorten, Hilfsschulen, Erholungsmaßnahmen, einem neu gestalteten Vormundschaftswesen und dem 1908 neu geschaffenen Jugendgericht. 1914 wurde auch ein eigenes Jugendamt errichtet. Ein Freundeskreis um Merton gründete 1891 auch die *„Gesellschaft für Wohlfahrtseinrichtungen"*, die Volksküchen, Arbeiterspeiseanstalten und Ähnliches eröffnete. Kurz vor dem Kriege entstanden dann auch Suppenanstalten für Schulkinder.

Im Jahr 1901 gründeten die Stadt und das Institut für Gemeinwohl die *„Akademie für Sozial- und Handelswissenschaften"*, um Beamten und Wirtschaftsführern vertiefte Kenntnisse auf dem sozialen Gebiet zu vermitteln.

2.2.3 Politische Spannungen

Außer den sozialen Spannungen gab es aber auch politische, die mit der mangelnden politischen Partizipation eines großen Teils der Bevölkerung zusammenhingen. Zunächst galt für Reichstagswahlen, Landtagswahlen und Kommunalwahlen je ein anderes Wahlrecht. Im Reich galt das allgemeine Wahlrecht mit Beschränkungen grundsätzlich nur hinsichtlich des Alters und des Geschlechts. Es fehlte das Wahlrecht für Frauen. In Preußen galt das Dreiklassenwahlrecht, bei dem das Gewicht der Stimme vom Einkommen abhängig war. Auch hier gab es kein Frauenwahlrecht. In der Gemeinde war Voraussetzung, dass man wenigstens ein Jahr in der Gemeinde gewohnt hatte und über ein Einkommen von wenigstens 1.200 Mk im Jahr verfügte. Außer den Frauen durften viele der *„Arbeitsmigranten"*, die arme Bevölkerung und ein Teil der Minderbemittelten nicht wählen.[10] Die Proteste dagegen wurden stärker, etwa mit großen Versammlungen 1908 und 1910.

2.3 Die Situation der evangelischen Kirche in Frankfurt

2.3.1 Die allgemeine Lage

In der Frankfurter Kirche herrschte zunächst eine gewisse Aufbruchstimmung. So war die 3. lutherische Stadtsynode im Februar 1902 geprägt durch Finanzfragen. Dabei stach hervor, dass die neue finanzielle Situation offenbar die Gemeinden veranlasste, viele Anträge zu stellen, die von der Stadtsynode nicht hätten finanziert werden können.[11] Aber zu einem Bericht über die kirchlichen und sittlichen Zustände auf der Tagung der Lutherischen Stadtsynode im März 1903 hieß es auch:[12] *„Ohne die mannigfachen Anzeichen einer erfreulichen Weiterentwicklung der kirchlichen Arbeit und des kirchlichen Interesses zu verkennen, betonte derselbe vor allem die Schwierigkeiten, welche einer wünschenswerten Entfaltung des kirchlichen Lebens im Wege stehen, und klagte namentlich über den mangelhaften Kirchenbesuch, sowie über die Nichtbeachtung der Kirche im öffentlichen Leben. Eine besondere Gefahr für die fortschreitende kirchliche Organisation erblickte der Bericht in den neben den Lokalgemeinden noch vielfach fortbestehenden Personalgemeinden einzelner Geistlicher. Die Debatte gerade über diesen Punkt war sehr lebhaft und endete damit, daß ein Antrag, die eventuelle Option (Recht in einer anderen Gemeinde sich einpfarren zu lassen) zum Gegenstand der Beratung in einer größeren Kommission zu machen, mit knapper Mehrheit angenommen wurde. Der Vertreter des Königl. Konsistoriums hatte erklärt, die Kirchenbehörde glaube, so lange an dem bestehenden Zustand festhalten zu müssen, bis es einer der beiden Strömungen (für und wider die Option, d. Verf.) gelungen sei, die an-*

dere zu überzeugen, oder bis beide sich zu einem Kompromiß geeinigt hätten."

Andererseits sprach Pfarrer Karl Teichmann in einem Bericht zur allgemeinen Situation von dem Eindruck, dass nach dreißig Jahren Stagnation nun ein frischer Wind durch die Frankfurter Kirche wehe.[13]

Ein Zeichen dafür war, dass sich die Bezirkssynode im Jahre 1908 mit dem Frauenstimmrecht beschäftigte.[14] Allerdings kam sie nur zu dem Ergebnis, die Mitarbeit von Frauen stärker zu ermöglichen und sie ggf. auch als Sachverständige zu beteiligen. Ein Stimmrecht wurde nicht gewährt. Ebenfalls im Jahr 1908 befasste sich die Bezirkssynode mit einer merkwürdigen Frage, deren Hintergründe nicht erkennbar sind. Beschloss sie doch, dass sie es für unvereinbar mit den Vorschriften der Kirchengemeinde- und Synodalordnung hält, dass Kirchengemeinden sich ihrer Pflicht zur Pfarrwahl durch Verzicht zu Gunsten des Konsistoriums entziehen.[15] So kann nur vermutet werden, dass Gemeinden sich mit der Pfarrwahl überfordert fühlten und dieses jahrhundertelang erstrebte Recht aufgeben wollten.

Von der Stimmung in der Kirche im Jahr 1913 berichtete Senior Wilhelm Bornemann im Frankfurter Kirchenkalender:[16] *„Damit nicht der Schein entsteht, als seien die Königliche Aufsichtsbehörde und die Synoden das einzige Band, das die Gemeinden zusammenhält, sei es gestattet, diesmal ausdrücklich auf eine Reihe von Punkten hinzuweisen, die deutlich zeigen, daß unsere Gemeinden und die Glieder unserer gesamten evangelischen Bevölkerung auch durch weitgehende und vielseitige Interessen verbunden sind und auch zu gemeinsamem Handeln sich verbinden.*

Abb. 26 Wilhelm Bornemann

In dem laufenden Jahre tritt dies ganz besonders hervor in dem erhebenden Bewußtsein der vaterländischen Zusammengehörigkeit und in der Feier der großen vaterländischen Erinnerungen. In allen Gemeinden ist des 25jährigen Regierungsjubiläums S. M. des Kaisers in Dankbarkeit und Treue gedacht worden, und gern und erfolgreich hat sich unsere evangelische Bevölkerung an der Nationalspende für die Heidenmission beteiligt.

Auch ist die Erinnerung an die Zeit der Freiheitskriege wohl in jedem Parochialverbande und in jeder Gemeinde gepflegt worden; und zu der großen Gedenkfeier am Abend des 10. März hatte sich die evangelische Bevölkerung so zahlreich eingefunden, daß selbst die so geräumige Paulskirche nicht alle zu fassen vermochte, und lauschte den herrlichen Chören und den Ansprachen der Pfarrer Kayser, Bornemann und Werner mit Andacht und Spannung.

Zu einer großen Gesamtgemeinde hat auch diesmal wieder die erhebende Feier des Geburtstages Martin Luthers alle Gemeinden vereint und das Eintreten für die großen Errungenschaften der Reformation rief die Evangelischen auch zu einer großen Protestversammlung gegen die Aufhebung des Jesuitengesetzes in der Paulskirche zusammen."

In gleicher Weise ist der Bericht Pfarrer Wilhelm Luekens von der Tagung der evangelisch-reformierten Stadtsynode im Februar 1913 zu sehen:[17]

„Aus dem Bericht über die kirchlichen und sittlichen Zustände der beiden reformierten Gemeinden, den Pfarrer Correvon erstattete, sei die Forderung hervorgehoben, daß der Pfarrer sich heutzutage nicht auf die Kanzel allein beschränken dürfe, sondern, mehr oder weniger ein Professor oder ein Tribun werden müsse'. Es wurde deshalb freudig begrüßt, daß mehrere unserer Pfarrer den Kampf mit der öffentlichen Meinung aufgenommen haben und in volkstümlichen oder wissenschaftlichen Vorträgen die heilige Sache der evangelischen Wahrheit vor unser gleichgiltiges Publikum zu bringen versuchten.

Die Verhandlungen drehten sich u.a. um die Gründe für den Rückgang des Abendmahlbesuches, um den Rückgang der Taufziffern, der in der sehr ernsten Erscheinung des Geburtenrückganges seinen Grund hat, um die Jugendpflege, und insbesondere um das Verhältnis zu den evangelischen Gemeinden der politisch eingemeindeten ehemals kurhessischen Vororte."

2.3.2 Kritik an der Kirche

Im Jahre 1900 wurde in Frankfurt die Kirchensteuer als Zuschlag von 10 % auf die Einkommenssteuer eingeführt; Einkommen unter 1.500 Mark im Jahr waren hiervon befreit. Diese Steuer rief die Kirchengegner auf den Plan.[18] Sie fanden sich besonders in der Sozialdemokratie, bei den Freireligiösen und den Deutschkatholiken. Die Kirche konnte hiergegen wenig unternehmen, auch wenn die Pfarrer von den kirchlichen Behörden Hilfen zum Umgang mit den Kirchenkritikern bekamen. Mit der Zeit flaute diese Bewegung wieder ab. Als aber die Kirchensteuer wegen des Finanzierungsbedarfs der Kirche auf 15 % angehoben wurde, fingen die Auseinandersetzungen wieder an. Am 27. November 1913 fand im Zoologischen Garten eine Massenveranstaltung unter dem Motto „Antikirchlicher Massenstreik" statt. Der sozialdemokratische Abgeordnete Heinrich Peus und ein Schriftsteller Max Henning sprachen sich für die Trennung von Staat und Kirche aus. Henning gab als sein Ziel die Einheit von Sozialismus und Individualismus durch den Monismus aus. Hermann Dechent berichtete, dass die Altfrankfurter Bevölkerung davon unberührt blieb und dass August Bebel und Karl Liebknecht sich von den Rednern distanzierten.

2.4. Aus dem kirchlichen Leben

2.4.1 Die Pfarrerschaft

Die Situation der Pfarrerschaft zu Anfang des Jahrhunderts beschrieb Johannes Kübel in seinen Erinnerungen.[19] Danach kamen die Theologen aus ganz Deutschland. Sie wurden von der Freiheitlichkeit der Kirchenverfassung, der Geschichte und den Reizen der Stadt und dem verhältnismäßig guten Einkommen angezogen.

Er selbst rechnete sich zu den „Liberalen" und ordnete diesen die Kollegen Wilhelm Bornemann, Hermann Dechent, Erich Foerster, Wilhelm Lueken, Willy Veit, Friedrich Manz und René Wallau zu. Außerdem konnten als Vertreter der Liberalen Theologie in Frankfurt ermittelt werden: Karl Eschenröder, Wilhelm Fresenius, Georg Grönhoff, Ernst Heinz, Rudolf Köhler, Hermann Marhold, Erich Meyer, Adalbert Pauly, Rudolf Wintermann und Karl Wolf. Als „Konservative" sah er Wilhelm Busch, Conrad Kayser, Gerhard Lütgert, Heinrich Palmer und Julius Werner. Zur Mittelgruppe nannte er keine Namen.

Das theologische Spektrum wurde weiterhin an einigen Vereinigungen sichtbar, die Mitglieder gleicher theologischer Ausrichtung umfassten. Die „Evangelische Vereinigung", Vorsitzender Senior Bornemann, hing der liberalen Theologie an. Die „Positive Konferenz", Vorsitzender Pfarrer Julius Werner, suchte die Vertiefung des religiösen Lebens, die Stärkung des kirchlichen Bewusstseins und die wissenschaftliche Auseinandersetzung mit den Problemen der Zeit im positiven Sinne.[20] Die Vereinigung der „Freunde der „Christlichen Welt", Vorsitzender Erich Foerster, sammelte Menschen, die Interesse an „religiösen Fragen und für die modernen Bewegungen" haben.[21] 1911 entstand hieraus der „Verein für Christliche Freiheit", der für die freiheitliche Entwicklung des Christentums arbeiten wollte.[22] Hier gab es eine Nähe zur Evangelischen Vereinigung. In der „Kirchlichen Vereinigung", Vorsitzender Pfarrer Karl Wolf, fanden sich Theologen, Synodale und Mitglieder kirchlicher Gremien zusammen, die weder der Evangelischen noch der „Lutherischen Vereinigung", Vorsitzender Kaufmann Max Lomler, angehörten.[23] Die „Synodale Vereinigung" führte „positiv gerichtete" Männer zum Gedankenaustausch zusammen.[24]

Seit dem Jahr 1907 veranstalteten liberale Theologen jährlich im Herbst eine theologische Vortragsreihe. Damit standen sie nicht allein, doch diese Reihe ist gut dokumentiert.

„Nicht um persönlicher Anerkennung willen, nicht aus Ehrgeiz oder kirchenpolitischem Machtkitzel suchen wir modernen Theologen unsre Gedanken in breitere Kreise zu tragen. Auch nicht bloß um die Religion wieder interessant zu machen oder wissenschaftliche Aufklärung zu verbreiten. Nein, was uns treibt, ist der heiße Wunsch nach einer Erneuerung unserer Kirche von innen heraus. Dafür reden, schreiben, arbeiten wir, dafür suchen wir Freunde und Mitarbeiter zu gewinnen. ... Unser Ziel kann nur sein die innerlichste und wärmste Gemeinschaft, der Bund der Brüder und Schwestern, darin eins dem andern die Ehrfurcht zollt, die Gottessöhnen und Gottestöchtern gebührt, die eine große Gottesfamilie, die die Sehnsucht des Jesu von Nazareth war."[25]

Die Vorträge standen unter folgenden Oberthemen:

Im Jahr 1907 *„Die religiösen Ideale der modernen Theologie"*.[26] Damit wollte man *„weiteren Kreisen zeigen, dass die vielgescholtene ‚moderne Theologie' nicht nur eine wissenschaftliche Richtung sei, sondern religiöse Ideale besitze, und welcher Art diese Ideale seien."*[27]

Im Jahr 1908 *„Darf die Religion Privatsache bleiben?"*.[28] Das Thema wurde in der Überzeugung aufgegriffen, *„daß es eine Lebensfrage erster Ordnung ist, ob das religiöse Suchen und Fragen der Gegenwart den Weg zurück zur Kirche findet und die Entschlußkraft zeitigt, sich in dieser Kirche, wie sie geworden und gewachsen ist, zu betätigen*[29]*."*

Abb. 27 Steinhausen, Barmherziger Samariter

Im Jahr 1909 „*Jesus*".[30] Bei diesen Vorträgen ging es nicht um eine Darstellung der Lehre Jesu, sondern um den Versuch, die Frage „Wer war Jesus?" zu beantworten.[31]

Im Jahr 1910 „*Die Kirche im Gerichte ihrer Gegner*".[32] Hier ging es darum, sich mit den Vorwürfen der Kirchenkritiker auseinanderzusetzenund sie in der Öffentlichkeit zu widerlegen.

Im Jahr 1911 „*Zur Auseinandersetzung mit Jatho*".[33] In diesen Vorträgen wurde der Fall des Kölner Pfarrers Carl Jatho aufgegriffen, der wegen der von ihm vertretenen Theologie von der Kirchenbehörde abgesetzt worden war. Die Frankfurter Kollegen distanzierten sich theologisch von Jatho. Sie folgerten aus dem Eingreifen der (staatlichen) Kirchenbehörde aber, dass es höchste Zeit sei, die evangelische Kirche von der Umklammerung durch den Staat zu lösen.

2.4.2 Anfänge einer Diakonie innerhalb der Kirche

Im Jahr 1908 wurde beim Amtsgericht in Frankfurt als erster deutscher Stadt ein spezielles Gericht für Strafsachen Jugendlicher errichtet. Im Jahr 1910 beschloss die Bezirkssynode eine wichtige Weichenstellung im sozialen Engagement der Frankfurter Kirche.[34] Sie errichtete nämlich eine evangelische *„Zentralstelle für Fürsorgeerziehungs- und Jugendgerichtsangelegenheiten"*. Das war zukunftsweisend und ist vermutlich einer besonderen persönlichen Konstellation zu verdanken. Landgerichtspräsident war Heinrich Colnot, der als solcher bei der Errichtung dieses Gerichts beteiligt war. Erster Jugendrichter war Karl Allmenröder. Beide waren ehrenamtlich in der Frankfurter Kirche tätig. Allmenröder in vielfältigen Ämtern, Colnot zeitweise als Mitglied des Konsistoriums. So ist zu vermuten, dass sie im Beruf und im

Ehrenamt an einem Strang zogen. Die Leitung der Zentralstelle übernahm eine von der Synode eingesetzte Kommission, besetzt mit den Pfarrern Karl Enders, Wilhelm Lueken und Anton Urspruch. Hauptamtlich tätig waren für die männliche Jugend Karl Müller und für die weibliche Jugend Luise Schwarz. Diese beiden nahmen nun regelmäßig an den Sitzungen des Jugendgerichts teil und bekamen dort die Betreuung von Verurteilten übertragen. Ein Bericht von 1914 zählt auf, dass es sich dabei in 110 Fällen um Schutzaufsicht, in 125 Fällen um Pflegschaften, in zehn Fällen um Beistandschaften und in zehn Fällen um Vormundschaften gehandelt hat. Die „Berufsarbeiter" wurden durch einen freiwilligen Helferkreis von fast 40 Frauen und Männern unterstützt. Die Tätigkeit wurde möglich, weil Frankfurt als eine der ersten Städte das Jugendgerichtswesen eingeführt, also für Jugendliche ein eigenes Gericht geschaffen hatte. Aber auch die Frankfurter Kirche übernahm damit eine Sonderrolle und war sich dessen wohl bewusst. *„Soviel bekannt, ist Frankfurt der einzige Synodalbezirk, der bisher eine derartige Fürsorgerziehungszentrale eingerichtet hat. Wie das Frankfurter Jugendgericht für eine neue Art richterlicher Behandlung Jugendlicher Bahn gebrochen hat, und maßgebend geworden ist, so ist auch unsere Frankfurter Bezirkssynode neue Wege gegangen, ..."*[35] Neue Wege hieß für die verfasste Kirche, dass sie sich nun selbst diakonisch engagierte und dies nicht den verschiedenen Vereinen überließ. Neu war auch, dass hier nicht der missionarische Impuls im Vordergrund stand, sondern die gesellschaftliche Verantwortung der Kirche gesehen wurde, die diese aber sehr wohl im christlichen Sinne wahrnehmen wollte. Neu war auch, dass sich hieraus der Evangelische Volksdienst und dann das Diakonische Werk für Frankfurt entwickeln konnten. Letzteres ist als Teil des Evangelischen Regionalverbandes Frankfurt am Main und damit der verfassten Kirche auch heute eine Besonderheit in der deutschen evangelischen Kirche.

2.4.3 Kirchenmusik

Im Jahr 1906 wurde ein neues Gesangbuch als Neuauflage des Gesangbuches von 1886 herausgebracht. Dabei wurde gelobt, dass die Notenbeigabe, der Druck, die Papierqualität und der Preis dem entsprach, was man von solch einem Buch erwarten durfte. *„... der bescheidene Buchschmuck genügt den höchsten Ansprüchen, was künstlerisches Empfinden und den Ausdruck der Frömmigkeit betrifft;"*[36] Auch fand man wieder einige Liederdichter mit Bezug zu Frankfurt: Johann Justus Finger; Remigius Fresenius; Konrad Kirchner; Johann Friedrich von Meyer; Ludwig Heinrich Schlosser; Johann Schneesing; Johann Jakob Schütz; Johann Christoph Spieß und Johann Friedrich Starck.

2.4.4 Seelsorge

Die Krankenhausseelsorge war in Frankfurt ein altes kirchliches Tätigkeitsfeld. Bis in das 20. Jahrhundert wurden die Seelsorger im Bürgerhospital, im Heiliggeisthospital, im Versorgungshaus, der „Anstalt für Irre und Epileptische" und dem beim Sandhof errichteten städtischen Krankenhaus von den jeweiligen Stiftungen angestellt. Die Kirche hatte darauf keinen Einfluss. Die Arbeit lag dann in den Händen von Frankfurter Kandidaten der Theologie, von Stadtpfarrern oder von theologisch gebildeten Religionslehrern. Das führte zu einem häufigen Wechsel der Seelsorger, eine unbefriedigende Lösung. Deshalb wurde nach langen Verhandlungen 1915 der erste Krankenhauspfarrer angestellt und die Stelle der Lukasgemeinde angegliedert.[37]

Auch eine Militärseelsorge gab es. Deren Gottesdienste fanden von 1852 bis 1866 in der Deutschen evang.-reformierten Kirche statt, von 1863 bis 1881 in der Paulskirche, von 1881 bis 1889 im Kirchsaal der Gutleutkaserne und danach in der St. Katharinenkirche. Der Neubau der Matthäuskirche wurde dann gemeinsam von der evangelischen Kirche und dem Militär finanziert. So war diese Kirche ab 1905 die Militärkirche.[38]

2.4.5 Kirche und Schule

Grundlegende Änderungen für das Verhältnis von Kirche und Schule brachten die Kirchengemeinde- und Synodalordnung von 1899 und das preußische Volksschulunterhaltungsgesetz von 1906.[39] Durch die KGSO gingen die Befugnisse bezüglich der Schulen von der lutherischen Gemeinde auf die lutherische Stadtsynode über (§ 62) und von den reformierten Gemeinden auf die reformierte Stadtsynode (§ 70). Durch das Volksschulunterhaltungsgesetz trat an die Stelle des Schulvorstandes die „*Evangelisch-protestantische Schulkommission*". Für die Bethmann-Mittelschule blieb es bis zum Ende der Weimarer Republik bei dem Schulvorstand.[40] Mit diesem Gesetz wurde auch der seit den siebziger Jahren geführte Schulstreit zwischen Stadt und lutherischer Gemeinde beendet.

Das Preußische Volksschulunterhaltungsgesetz enthielt u. a. eine Grundsatzregelung, die das Preußische Volksschulwesen bis zum Ende der Weimarer Republik prägte.[41] „*Die öffentlichen Volksschulen sind in der Regel so einzurichten, dass der Unterricht ev. Kindern durch ev. Lehrkräfte, kath. Kindern durch kath. Lehrkräfte erteilt wird*" (§ 33). „*Im übrigen sind an öffentlichen Volksschulen, welche mit mehreren Lehrkräften besetzt sind, nur ev. oder nur kath. Lehrkräfte anzustellen*" (§ 38). Dadurch gab es in Frankfurt dann sogar 22 evangelisch geprägte Schulen: die Allerheiligen-, Berkersheimer-, Bethmann-Mittel-, Bonameser, Diesterweg-, Dreikönig-, Freiherr v. Stein-, Freiligrath-, Gerbermühl-, Grunelius-, Hausener-, Hellerhof-, Katharinen-, Kirchner-, Kleist-, Kuhwald-, Ludwig Richter-, Niederurseler-, Praunheimer-, Salzmann-, Theobald Ziegler-, Weißfrauen- und Zentgrafenschule. Die evangelische Kirche konnte einen gewissen Einfluss aber nur dadurch ausüben, dass sie einen Vertreter in die städtische Schuldeputation entsandte und in den Schulkommissionen der einzelnen Schulen mit einem Pfarrer vertreten war.[42] Das war weniger als bisher und wohl der Anlass für Kritik aus der Kirche.

2.4.6 Die Universitätsgründung und die evangelische Theologie

Die Väter der 1914 gegründeten, Frankfurter Universität gingen neue Wege.[43] Im Gegensatz zu allen früheren Universitäten in Deutschland strebten sie nicht die Gründung durch den Staat an, sondern setzten auf private Stifter. Die Stadt Frankfurt beteiligte sich vor allem dadurch, dass sie eine Vielzahl von vorhandenen Einrichtungen einbrachte. Inhaltlich sollte das Schwergewicht auf den Wirtschafts- und Sozialwissenschaften liegen. So gab es schon vor der Gründung im preußischen Kultusministerium Bedenken, dass die neue Universität nicht den traditionellen Fächerkanon der herkömmlichen Universitäten abbilden würde. Auch äußerte in den Etatberatungen des preußischen Abgeordnetenhauses im April 1910 der Berichterstatter zum Kultusetat die Sorge, dass es keine theologische Fakultät geben könnte. Der Einfluss des Staates auf die Ernennung der Professoren erschien zu gering, dagegen der Einfluss der stark links gerichteten Stadtvertretung zu stark.[44] Oberbürgermeister, Stadtverordnete und Stifter waren sich dann auch einig im Verzicht auf eine evangelische theologische Fakultät. Sie sahen keinen Bedarf, da in Marburg, Heidelberg und Gießen renommierte theologische Fakultäten bestanden.[45]

Der zuständige Ausschuss der Stadtverordnetenversammlung wies allerdings darauf hin, dass das Studium von Lehramtskandidaten, die Theologie im Nebenfach studieren wollten, durch Lehraufträge in der Philosophischen Fakultät ermöglicht werden sollte.[46] Im Übrigen wurde auch aufgezeigt, dass es an der Stiftungsuniversität an Stiftern für eine theologische Fakultät mangelte.[47] Tatsächlich dürfte aber wohl vor allem der in Frankfurt „Herrschende Geist"[48] einer mit säkularem Denken verbundenen Wissenschaftsgläubigkeit der Grund gewesen sein. Sicher spielten dabei die emanzipierten jüdischen Stifterfamilien eine Rolle. Über sie äußert Notker Hammerstein: „Konfessionszugehörigkeit wie Glaubensfragen sollten keine Rolle spielen. Ausschließlich Religionswissenschaften – also die kritisch-analytische Behandlung aller Konfessionen im Rahmen der Geisteswissenschaften – galt ihnen als wünschenswert."[49]

Volkes Stimme gab vielleicht ein Leserbriefschreiber in der Frankfurter Zeitung wieder. Er sah in der Forderung nach einer theologischen Fakultät einen Akt der Intoleranz und in der Nichtberücksichtigung einen Akt der Toleranz. Weiter hieß es: „Die große Mehrheit der Frankfurter Bürgerschaft hat nun mal die gute Eigenschaft, daß sie eine Verschärfung des Konfessionalismus nicht mag, und das ist der Hauptgrund dafür, daß sie auf eine theologische Fakultät verzichtet. Es muß den Herren Synodalen bekannt sein, wie weit diese Stimmung geht. Sie müssen wissen, daß die Universität eine große Anzahl von Stiftungen nicht erhalten hätte, wenn man nicht die Versicherung hätte geben können, daß die Universität keine theologische Fakultät haben werde."[50] Letzteres bestritten Kirchenvertreter. Aber der ganze Vorgang zeigte doch, welchen Einfluss die Geldgeber und welchen Stellenwert die Kirche hatte.

Trotzdem wurde über diese Fakultätenfrage eingehend diskutiert. Adolf von Harnack wollte lieber auf die Medizinische als auf eine Theologische Fakultät verzichten, weil die deutsche Kultur evangelisch-protestantisch durchtränkt sei.[51] Martin Rade trat für eine christlich-theologische Fakultät und eine jüdische theologische Fakultät ein, um einen eigenen Stand theologisch gebildeter jüdischer Lehrer heranzuziehen.[52] Die Bezirkssynode bedauerte am 5. November 1913 die Errichtung einer Universität ohne theologische Fakultät. Sie forderte vom Großen Rat der Universität zwei theologische Professuren und vom Königlichen Konsistorium Unterstützung. Zudem appellierte sie an die „besitzenden evangelischen Kreise, die nötigen Mittel" zu spenden. In der anschließenden öffentlichen Diskussion, die auf kirchlicher Seite vor allem Senior Bornemann bestritt, wurde deutlich, wie stark die antikirchlichen Ressentiments in der Frankfurter Gesellschaft waren. Dann befasste sich am 1. Mai 1914 das Preußische Abgeordnetenhaus mit der Angelegenheit. Es zeigte sich, dass hier möglicher Weise eine Mehrheit für die theologische Fakultät zu erreichen war. Die Entscheidung sollte in den Etatberatungen im Herbst fallen. Dann brach der Krieg aus, und das Abgeordnetenhaus verfolgte die Angelegenheit nicht weiter.

Die gleiche Forderung erhob die Bezirkssynode auf ihrer Tagung am 22. Januar 1917.[53] Doch blieb auch das ohne Erfolg. Das Kriegsende brachte einen kurzen Hoffnungsschimmer. Die Straßburger Universität wurde aus einer deutschen in eine französische Universität umgewandelt und die deutschen Professoren ausgewiesen. Da gab es den Vorschlag, den ganzen Lehrkörper an die Frankfurter Universität zu versetzen. Dazu hätte auch eine theologische Fakultät gehört. Doch nun fehlten die Geldmittel dafür. So scheiterte die Gründung einer theologischen Fakultät aus *„weltanschaulichen und finanziellen Gründen."*[54]

Trotzdem war die evangelische Theologie schon bald an der Universität vertreten. Der Pfarrer der Deutschen evang.-reformierten Gemeinde, Erich Foerster, hatte sich 1907 an der Frankfurter *„Akademie für Sozial- und Handelswissenschaften"* habilitiert. Diese Akademie wurde in die Frankfurter Universität integriert, an die Foerster 1915 als ordentlicher Honorarprofessor berufen wurde. Dort hielt er bis 1934 Veranstaltungen über kirchliche Verfassungsgeschichte, kirchen- und religionsgeschichtliche Themen und über dogmatische und aktuelle Fragen. Auch gründete er das kirchenhistorische Seminar. Über den Beginn seiner dortigen Tätigkeit schrieb Foerster in seinen Erinnerungen:[55] *„Vor einigen Jahren hatte der Oberbürgermeister Adickes in Frankfurt mit Hilfe reicher Stiftungen die Akademie für Handels- und Sozialwissenschaften gegründet, die, wie jedermann wußte, Anfang einer Universität sein sollte. Ich suchte bei ihrem Lehrkörper um die Erlaubnis zu Vorlesungen über Geschichte der christlichen Religion und Kirche nach und verwies zur Begründung, daß eine solche Vorlesung an einer Akademie der Sozialwissenschaften nicht fehlen dürfe, auf*

Abb. 28 Erich Foerster

das große Werk von Ernst Troeltsch ‚Soziallehren der christlichen Kirche', das den ungeheuren Einfluß der christlichen Religion und Kirche auf die soziale Gestaltung des Abendlandes nachgewiesen hatte. Das Dozentenkollegium bestand fast nur aus unkirchlichen Männern, vielleicht mit Ausnahme des Kunsthistorikers Kautzsch, der Theologensohn und -schwiegersohn war, aber sie alle waren mindestens davon überzeugt, daß das Christentum ein ganz unentbehrlicher Grundbestandteil unserer Kultur sei. ... Die Venia legendi wurde mir durch Erlaß der Staatsregierung vom 12. August 1907 und des Rektors vom 18. Oktober 1907 erteilt. Meine Antrittsvorlesung am 26. Oktober behandelte die Beziehungen zwischen Kirchengeschichte und Wirtschaftsgeschichte in den ersten Jahrhunderten."

2.5 Aus dem gemeindlichen Leben

2.5.1 Gottesdienst

Die Frankfurter Kirche hatte keine eigene Agende. Den Pfarrern war freigestellt, ob sie die hessische Agende übernehmen oder es anders handhaben. Dies gab den Pfarrern manche Freiheiten. Neue Gottesdienstformen hielten Einzug. Gottesdienste im Freien wurden Mode. Sie fanden in Buchschlag, an der Oberschweinstiege, im Riederwald oder sogar auf dem Feldberg statt. Neu waren auch kirchliche Feiern auf den Friedhöfen am Totensonntag, Gottesdienste in der Silvesternacht, Nachtgottesdienste für Kellner, Taubstummen- und Gehörlosengottesdienste. Auch anderes war neu: die Einführung des Einzelkelches beim Abendmahl in einigen Gemeinden,[56] die Verteilung von Traubibeln, die Verlegung der Konfirmation auf den Sonntag, Einführungsgottesdienste für Konfirmanden, Konfirmandenunterricht für Konfirmierte, Verlegung der Beichten vom Sonnabend auf die Zeit zwischen Gottesdienst und Abendmahlfeier am Sonntag, Glockenläuten in der Sylvesternacht und Turmblasen der Bläserchöre zu hohen Festen.[57]

Johannes Kübel berichtete, dass er bei der Konfirmation das Apostolikum nicht benutzte. *„Ich aber wollte meinen Konfirmanden ein Bekenntnis darbieten, das nicht erst in Einzelheiten auszudeuten oder umzudeuten war, sondern das unmittelbar durch sich selbst sprach und in dem auch das Moment der Erbauung zu seinem Recht kam. Ich benützte das seinerzeit viel besprochen Glaubensbekenntnis des Kölner Pfarrers Jatho,*[58] *suchte es aber durch Hinzufügung kraftvoller Ausdrücke zu vertiefen."*[59]

In Frankfurt ansässige anglikanische Engländer hielten lange in der französisch-reformierten Gemeinde Gottesdienst in englischer Sprache, bauten sich dann aber an der Königsteiner Straße eine eigene Kirche, die *„Bonifatiuskirche"*. Amerikaner, die der presbyterianischen Kirche angehörten, hielten englischsprachige Gottesdienste in Gasthäusern. Die englisch-sprachigen Gottesdienste wurden 1914 eingestellt.[60]

2.5.2 Konfirmation

Die Konfirmation gliederte sich in drei Teile: Prüfung, Einsegnung und Abendmahl. Auch hier galt eine gewisse Freiheit der Pfarrer. Johannes Kübel hielt die Prüfung in einem Abendgottesdienst ab und gestaltete sie zu einer Vorbereitung der Einsegnung. Diese fand in einem Vormittagsgottesdienst statt. Die Abendmahlsfeier war in den meisten Gemeinden von der Einsegnung getrennt und fand wiederum in einem besonderen Gottesdienst statt. In Frankfurt gingen die Mädchen traditionell in weißem Kleid zur Konfirmation und die Jungen in dunklem Anzug.[61] Im Laufe der Zeit nahmen auch die dunklen Kleider der Mädchen zu.

2.6 Evangelische Persönlichkeiten

2.6.1 Carola Barth

Zu den bedeutenden evangelischen Persönlichkeiten im Frankfurt jener Jahre gehörte die Theologin und Oberstudiendirektorin Carola Barth,[62] 1879 als Magdalene Wilhelmine Barth in Bad Salzschlirf geboren und 1959 in Frankfurt gestorben. Sie besuchte zunächst das Lehrerinnenseminar in Frankfurt und studierte ab 1902 Theologie und Geschichte. 1907 wurde sie an der Universität Jena im Fach evangelische Theologie zum Licentiaten promoviert. Damit war sie die erste promovierte Theologin in Deutschland. 1927 erhielt sie die Ehrendoktorwürde der theologischen Fakultät der Universität Königsberg. Nach 1909 war sie in Frankfurt als Lehrerin tätig. Mit Beiträgen wie „*Moderne Lebensbilder im Religionsunterricht*" (1912/13), „*Das freie Christentum und die Frauen*" (1913) und „*Die bürgerliche Gleichberechtigung der Frau*" (1919) beteiligte sie sich an aktuellen Diskussionen. Sie war die einzige Frau, von der wir wissen, dass sie zu den Kreisen des Freien Protestantismus in Frankfurt gehörte. Nachdem die Frauen das aktive und passive Wahlrecht zugesprochen bekommen hatten, saß sie von 1919 bis 1921 für die Deutsche Demokratische Partei in der Frankfurter Stadtverordnetenversammlung. 1921 übernahm sie die Leitung eines Lyceums in Köln-Mühlheim und 1925 die der Kölner Merlo-Mevissen-Schule, die 1934 von den Nationalsozialisten geschlossen wurde. Sie wurde vorzeitig in den Ruhestand versetzt und kam nach Frankfurt zurück. Hier gehörte sie 1945 zu den Gründerinnen der CDU, hielt sich zu deren liberalem Flügel und saß für diese Partei von 1946 bis 1954 im Frankfurter Stadtparlament. 1948 war sie auch Mitbegründerin des Bundes für freies Christentum.

2.6.2 Moritz Schmidt-Metzler

Der 1838 geborene Moritz Schmidt stammte aus einer Frankfurter Familie. Sein Vater Adolf Schmidt-Heyder war als Arzt Mitbegründer der Frankfurter Armenklinik. Die Freundschaft mit Heinrich Hoffmann führte dazu dass seine Tochter Pauline das Vorbild von Hoffmanns „*Paulinchen*" wurde. Moritz heiratete 1863 Mathilde Metzler und nannte sich dann Schmidt-Metzler. Er lebte von 1889 bis zu seinem Tode mit seiner Frau in der Villa Metzler am Schaumainkai. Nach dem Medizinstudium spezialisierte er sich auf Kehlkopfkrankheiten, betrieb aber auch eine Allgemeinpraxis. So wurde er, allerdings zu spät, 1887 zum an Kehlkopfkrebs erkrankten Kronprinzen und späteren Kaiser Friedrich III. gerufen. 1903 operierte er Kaiser Wilhelm II. Von großer Bedeutung war sein Engagement in der Senckenbergischen Naturforschenden Gesellschaft. Er sorgte für die Erweiterung und die räumliche Konzentration der wissenschaftlichen Einrichtungen und schuf so die Voraussetzungen dafür, dass diese die Keimzelle der naturwissenschaftlichen Fakultät der Johann-Wolfgang-Goethe-Universität werden konnten. In der evangelischen Kirche spielte er eine wichtige Rolle als Vorsitzender des Bezirkssynodalvorstandes, des Vorstandes der Vereinigten lutherischen und reformierten Stadtsynode und der lutherischen Stadtsynode. Schmidt-Metzler diente der Kirche 25 Jahre lang in verschiedenen Funktionen und war eine der treibenden Kräfte für die Neuorganisation 1899.[63] Danach beteiligte er sich an maßgebender Stelle an deren Umsetzung. Zu den Ehrungen für seine Tätigkeiten gehörten die Ernennung zum „*Wirklichen Geheimen Rat mit dem Prädikat Exzellenz*" und die theologische Ehrendoktorwürde der Universität Marburg.[64]

2.6.3 Wilhelm Steinhausen

Wilhelm Steinhausen war 1846 im märkischen Sorau geboren, hatte an den Kunstakademien in Berlin und Karlsruhe studiert und lebte ab 1876 in Frankfurt. In der Wolfgangstraße wohnte er in Nachbarschaft zu seinem Freund, dem Maler Hans Thoma. Steinhausen malte Kirchen, Privat- und Geschäftshäuser aus und schuf viele Portraits und Landschaftsbilder. In Frankfurt war er präsent mit der Ausmalung der Aula des Kaiser-Friedrichs-Gymnasiums und der Lu-

Abb. 29 Wilhelm Steinhausen, Selbstportrait

kaskirche. Deren 20 großformatige Ölbilder und das Deckengemälde wurden möglich, weil seine Freundin Rose Livingston die Finanzierung sicherstellte. Anfangs malte Steinhausen seine Landschafts- und Genrebilder durchaus im Stil der Romantik. Später wandte er sich mehr der religiösen Malerei und Lithographie zu.

In der Lukaskirche „*gewinnt Steinhausen vollständig seine bekannt gewordene Bibel- und Wortbezogenheit.*"[65] Zu seinem Selbstverständnis äußerte er: „*Der Kirche zu dienen, das bedeutet, mit in ihrem Auftrag zu stehen, Verwalter göttlicher Gaben und Geheimnisse zu sein und Mitverkündiger der Heilsbotschaft und der Gesetze Gottes.*"[66] Dazu gehörte, dass er in der Lukaskirche zunächst Erzählungen, Gleichnisse und Worte thematisierte, die ausschließlich im Lukasevangelium vorkommen. Nach eigenen Worten[67] hat dann aber der Weltkrieg alles Leben verändert. So hätten sich ab dem vierten Bild seine Gedanken auf den Krieg gerichtet, und seine Bilder schienen ihm mit dem Krieg in Zusammenhang zu stehen. Dass Abraham seinen Sohn opfern will, setzte er beispielsweise in Beziehung zu den Kriegstoten, das Gericht über Sodom und Gomorrha zu dem Unheil, das über viele Städte gekommen war. Manches klang wie Rechtfertigung von Krieg und manches wie Verlagerung der Verantwortung auf Dämonen und ihre Macht. Es schien eher, als wolle er dem Töten, Zerstören und dem Getötetwerden einen Sinn geben. Das Ganze als sinnlos anzusehen, entsprach wohl nicht seinem christlichen Weltbild.

2.7 Kinder- und Jugendarbeit

2.7.1 Der Wartburgverein

Mit dem Wartburgverein entstand in Frankfurt für die männliche Jugend ein Partizipationsmodell, das Hermann Dechent in seiner Kirchengeschichte so bewertete: „*Von bedeutender Wichtigkeit für die Sache der Jünglingsvereine in ganz Deutschland wurde die Gründung des ‚Wartburgvereins'. Das Einzigartige ist hier, daß der Jugend größere Rechte gewährt wurden, als sie in den früheren Vereinen ähnlicher Art zugestanden wurden. Überhaupt zeigt dieser Verein eine größere Weitherzigkeit in Bezug auf erlaubte Freuden der Jugend (Spiele und Sporte), als es bei ähnlichen Bestrebungen der älteren Zeit der Fall war. Dazu kam die grundsätzliche Anlehnung an die Einzelgemeinden, deren Neukonfirmierte man tunlichst zusammenzuhalten suchte. Anfangs waren es nur Jungens aus der Weißfrauengemeinde, die auf diese Weise gesammelt wurden; allmählich aber hielten es die meisten Gemeinden des Stadtsynodalbezirks für wünschenswert,*

Abb. 30 Lukaskirche, Chorwand

sich dieser bewährten Organisation anzuschließen. Dieser Verein erreichte durch seine mustergültigen Einrichtungen ein solches Ansehen, dass an vielen Orten ähnliche Veranstaltungen getroffen wurden und man wohl von neuen Wegen in der Jugendpflege reden durfte."[68]

Aus dem Älteren Jünglingsverein heraus gründete nämlich Diakon Emil Stenzel von der Weißfrauengemeinde 1901 den Wartburgverein. Hier war das Prinzip, dass die älteren Jugendlichen Verantwortung für die jüngeren übernahmen, die Gruppen in ihren eigenen Angelegenheiten weitgehend selbst entscheiden konnten und Bezirksversammlungen in Angelegenheiten des Kirchenbezirks entschieden. Von der Teilnahme an einer Gruppe über deren Leitung wuchsen junge Menschen so in immer größere Verantwortung hinein. Man zog sich selbst die Führungskräfte heran. Hatte man zunächst an die 14 bis 17jährigen gedacht, so zeigte sich bald, dass auch für die Älteren zu sorgen war. Deshalb wurde für diesen Personenkreis innerhalb des Wartburgvereins ein Verein junger Männer gegründet. Im Handbuch für Jugendpflege von 1913 wurde geradezu von dem *„Wartburgsystem"* berichtet.[69] *Der Wartburgverein ist für die Entwicklung der Jugendpflege in Deutschland kaum zu überschätzen".*[70]

Ein weiteres Grundprinzip war die enge Verzahnung mit den Kirchengemeinden, die dem Verein teilweise ihre Konfirmanden in vertraglich gesicherter Form zuleiteten.

1902 begann der Verein mit seiner Arbeit im Vereinshaus Westend zunächst für die Weißfrauen-, die Matthäus- und die St. Paulsgemeinde. Der Verein entwickelte sich schnell. 1904 hatte er 250 Mitglieder und 60 ehrenamtliche Mitarbeiter. Im Jahr 1911 zählte der Verein ca. 800 Mitglieder. 1915 hatte der Verein 1.000 Mitglieder in 11 Gemeindebezirken. So entschloss sich die lutherische Stadtsynode 1905 ihn finanziell zu unterstützen. *„Die Synode erkennt es als ihre Aufgabe an, Bestrebungen zu fördern, welche darauf abzie-*

len, die konfirmierte männliche Jugend und die jungen Männer der evangelischen Gemeinden zu sammeln, lebendiges Christentum bei ihnen zu wecken und zu erhalten und sie für die Aufgaben des Gemeindelebens vorzubereiten. Sie hat sich überzeugt, dass diese Ziele verfolgt werden von dem Wartburgverein und hält es für die richtigste Lösung der Frage, die dahin gerichteten Bestrebungen dieses Vereins zu unterstützen."[71] Dementsprechend erhielt der Verein künftig jährlich einen Zuschuss von 1.000 RM.[72]

Diakon Emil Stenzel charakterisierte den Verein 1907 so: *„Die Stärke des Wartburgvereins liegt in der Mitarbeit seiner Mitglieder. Es ist dem Schreiber dieser Zeilen immer eine Freude, daß das Christentum der Mitglieder sich weniger in Worten und Redensarten, dafür umsomehr in ihrer Tätigkeit an den jüngeren Mitgliedern und durch ihren vorbildlichen Lebenswandel äußert. Junge Leute sollen nicht Predigten halten oder sich in der ‚Sprache Kanaans' gefallen; damit ziehen sie niemand an. Der Wartburgverein gibt seinen älteren Mitgliedern Gelegenheit, ihr Christentum in die Tat umzusetzen, indem sie ihre Freizeiten in den Dienst unserer Sache stellen, den jüngeren Mitgliedern nachgehen, sie einladen, unterhalten, belehren und überhaupt ihnen Leiter und Führer sein sollen."*[73]

Kämpferischer klang Stenzel allerdings 1912.[74] Da ging es ihm um *„Männer, die den Kampf aufnehmen wider den Unglauben und wider diejenigen, die den Umsturz predigen und unserem Volk Glauben, Vaterland, Familie, Zucht und gute Sitten nehmen möchten. (…) Jede einseitige Beeinflussung auf religiösem oder politischem Gebiet ist dabei im Wartburg-Verein stark verpönt. Selber soll der junge Mann sich entscheiden können, selbständig soll er dereinst im kirchlichen und öffentlichen Leben seinen Mann stehen."* Ob das aber auch für Sozialisten, Kommunisten und Liberale galt, ist nach den einleitenden Worten ungewiss.

In einer Werbebroschüre wurden die Konfirmierten 1913 so angesprochen: *„Lieber junger Freund! Bilder sind's, die wir vor Dir ausbreiten, Bilder, die Dir etwas erzählen wollen von dem jugendfrischen und fröhlichen Treiben des Wartburgvereins, Bilder, die vor Dich hintreten möchten mit der Frage: Willst Du nicht auch Mitglied des Wartburgvereins werden?' Wir möchten Dir gerne helfen, ein braver, tüchtiger Mensch zu werden, der gesund an Leib und Seele, aufrecht und frei seine Straße zieht, sich und anderen zur Freude. Dazu stellen wir unsere mannigfachen Veranstaltungen und Einrichtungen zur Verfügung. (…) Es grüßen Dich Deine Freunde vom Wartburgverein".*[75] Im gleichen Jahr konnte das Vereinsmitglied kostenlos folgende Angebote wahrnehmen: In der Zentrale, in 11 Gemeindehäusern und auf vier Spielplätzen Spieleabende, Vorträge, Familienabende, Weiterbildungen, Körperpflegeangebote, Ausflüge, Spaziergänge, Sprach- und Stenographiekurse, Handarbeiten, vier Turnabteilungen, Kriegsspiele, Fußball, Schlagball, Faustball und Krocketspiele, Bibelstunden, Leihbibliothek, Schwimmen, Filmvorführungen, Musik, Bläserchor, Gesangchor, Trommler- und Pfeifferchor, Radfahren, Pfadfinder, literarisches Kränzchen, Billard, vereinseigene Sparkasse, Stellenvermittlung, Vereinsblatt *„Wartburg"*, Illustrierte *„Wartburgstimmen"*.[76]

Die Vorreiterrolle, die der Verein im Hinblick auf eine moderne Jugendarbeit der Kirche einnahm, wurde auch an dem eigenen Ausbildungsbemühen für Mitarbeiter deutlich.[77] Die ehrenamtlichen Mitarbeiter wurden ausgebildet und eingewiesen. Im Jahr 1911 wurde aus dem Wartburgverein heraus ein Verein zur Ausbildung von hauptamtlichen Jugendpflegern gegründet. In einer Jugendpflegeschule konnten junge Diakone eine siebenmonatige Zusatzausbildung für Jugendpflege erhalten. Ab 1913 gab dieser Verein auch das Fachblatt „Der Mitarbeiter" heraus.

2.7.2 Die Schülerbibelkreise

Erste Bibelkreise[78] hatte schon Pfarrer Ludwig Hofacker im Württemberg der 1820er Jahre zusammengeführt. Als sich in der zweiten Hälfte des 19. Jahrhunderts eine neue pietistische Laienfrömmigkeit mit missionarischem Ansatz entwickelte, wurde dies der Nährboden für die Bibelkreise, den CVJM, die Deutsch-Christliche Studentenvereinigung und den Jugendbund für entschiedenes Christentum.[79] Ursache für die Gründung der Bibelkreise war das Bedürfnis von Oberschülern, die häufig auswärts wohnten oder Fahrschüler waren, in der Schule wie in der Kirche keine religiöse Gemeinschaft erlebten und in einer Gesellschaft aufwuchsen, in der es zum guten Ton gehörte, über die Kirche zu spotten, nach eben dieser.[80]

Deshalb gründeten Elberfelder Gymnasiasten im Oktober 1883 ein erstes Bibelkränzchen zum Bibelstudium, gemeinsamem Gedankenaustausch und Gebet. Sehr schnell wuchs die Zahl solcher Kreise in Deutschland. 1886 bildeten Förderer dieser Einrichtungen ein „Komitee für Bibelkränzchen auf höheren Schulen", später Zentralkomitee. Dieses erste Komitee hielt in seinen Richtlinien fest:

„Es soll durch diese Arbeit bei den mancherlei Versuchungen unserer Zeit der reiferen Jugend der höheren Lehranstalten auch außerhalb der Schule unter Aufsicht der Direktoren Gelegenheit geboten werden zur Ausbildung ihres Charakters in christlichem und patriotischem Geiste. ... Es soll ferner dem Bedürfnis der Jugend nach Familienleben, welches namentlich bei den von auswärts in Kost und Logis gegebenen Schülern vielfach eine Befriedigung nicht findet, entgegengekommen und den Zöglingen der höheren Lehranstalten auch außerhalb der Schulstunden ein Zusammenschluß mit gleichgesinnten Freunden in gebildeten christlichen Familien ermöglicht werden."[81] 1889 schlossen sich ehemalige BKler zum „Sekretärverein" zusammen, um freiwillig Verwaltungsarbeiten zu erledigen.

Um die Jahrhundertwende begann man, sich auch in Frankfurt um die höheren Schüler zu kümmern. Da Schüler seiner Zeit keinem Verein angehören durften, war ihnen eine Mitgliedschaft in den Jünglingsvereinen nicht möglich. In Analogie zu den an den Schulen bereits bestehenden Kränzchen für Literatur oder Musik wurden auch Bibelkränzchen gegründet. In Frankfurt war der Initiator der aus der Erweckungsbewegung kommende Kaufmann Albert Hamel. Er leitete zunächst die Sonntagsschule an der Christuskirche und hatte als Ziel ausschließlich die Bekehrung zu Christus. 1898 begann er mit dem Aufbau des ersten Schülerbibelkränzchens. 1899 schloss er sich mit diesem dem späteren „Bund deutscher Bibelkreise" an. In den nächsten Jahren folgten weitere Kreise in Frankfurt, Hanau, Gelnhausen, Offenbach, Bad Homburg, Friedberg, Gießen, Darmstadt und Wiesbaden. Alle waren im Landesverband der Bibelkreise von Groß-Frankfurt zusammengeschlossen, dessen Vorsitz Hamel innehatte. Im Jahr 1918 umfassten seine Bibelkränzchen (BK) etwa 1.000 Schüler. Entgegen dem Namen, der die ausschließliche

Beschäftigung mit der Bibel nahelegte, gehörten dazu Schüler-Wanderungen und Ferienlager als gemeinschaftsbildende Maßnahmen. Hier wurden bündische Formen der Freizeitgestaltung, ja militärische, wie Geländespiele mit taktischen Planungen, Wettkämpfe wie das Speerspiel und Aufmärsche praktiziert. Hamel konnte Kaiser Wilhelm II. in Bad-Homburg sogar ein Flussgefecht vorführen. Auch entstand nach dem Vorbild Baden-Powells eine Pfadfinderschaft. Die Mitglieder der Bibelkreise kamen aus bürgerlichen Kreisen. Ältere Schüler wurden zur Mitarbeit herangezogen.

Zur Illustration ein Auszug aus einer Ordnung[82]:
„*2. Ordnungsformen und Wortbefehle.*
aa. Aufstellung.
Die Stirnreihe. ‚In einer Stirnreihe
(in zwei Stirnreihen) angetreten – mm!'
Es wird der Größe nach nebeneinander angetreten. Der Größte tritt dem Befehlenden mit drei Schritt Abstand gegenüber an. Die übrigen treten ohne Drängen schnell und schweigend l. neben der r. Flügelmann an und nehmen Richtung und Fühlung. Der Abteilungs-(Schar-)führer steht über dem r. Flügelmann, die Gruppenführer einen Schritt hinter dem kleinsten Mann ihrer Gruppe und haben untereinander Richtung. ...
‚Stillgestanden!' Die Absätze sind geschlossen, Fußspitze nach außen, Knie durchgedrückt, Hände angelegt, Oberkörper straff aufgerichtet, Blick gerade aus, Haltung nicht unnatürlich."

Die deutschlandweite Bewegung der Bibelkränzchen entstand zeitgleich mit dem Wandervogel und wies ähnliche Geselligkeitsformen wie dieser auf, z. B. das „*Feld- und Lagerleben*". Eine frühe Geschichte des Wandervogels[83] sah sie als eine Version der Romantik des Wandervogels und als Konkurrenz. „*Noch eine weitere Analogie höchst nachdenklicher Art war vorhanden: jene Heldenliebe, die die gesunde Wandervogeljugend zu ihren Heerführern empfand, war dort auf die Jesusfigur abgelenkt; nur mit dem Unterschiede, daß diese ‚Liebe' den süßlich-pietistischen Ton an sich hatte, wie ihn der Graf Zinzendorf seinerzeit aufbrachte*".[84] In Frankfurt ging die Entwicklung unter Paul Both dann zur Verehrung des „*Erstführers*", als welchen Both sich verstand.

Für die Schülerbibelkreise gab es 1909 eine feste Organisation auf Reichsebene: Aus dem Zentralkomitee wurde ein Nationalkomitee mit klarer Zusammensetzung und fest umrissenen Aufgaben. Juristischer Träger der Arbeit war der „*Geschäftsführende Verein des Nationalkomitees der Bibelkränzchen unter Schülern höherer Lehranstalten E.V.*".[85] 1915 wurde daraus der „*Reichsverband der Schülerbibelkreise*". Bald gab es interne Meinungsunterschiede zwischen den konservativen und den liberaleren Kräften. In dieser Auseinandersetzung setzte sich die evangelistisch-missionarische Linie durch. Dies wurde daran deutlich, dass man 1911 die „*Pariser Basis*" für verbindlich erklärte,[86] den Beschluss einer Konferenz von Vertretern christlicher Jünglingsvereine aus Europa und Amerika vom 22. August 1855 in Paris. Dort war als verbindliches Fundamentalprinzip vereinbart worden: „*Die christlichen Jünglingsvereine haben den Zweck, junge Leute zu sammeln, welche Jesum als ihren Heiland ansehen, nach der Regel der Schrift ihr Leben einzurichten begehren und willens sind, an ihrem Teile für die Ausbreitung des Reiches Gottes tätig zu sein.*"[87]

Noch im Oktober 1916 lehnte eine erweiterte Reichs-BK-Leitervorstandssitzung in Frankfurt es ab, sich für die Jugendbewegung zu öffnen, weil die BK-Bewegung keine Jugendbewegung, sondern Leiterbewegung und Missionswerk sei.[88]

2.7.3 Der Bund deutscher Jugendvereine (BDJ)

Der BDJ[89] entstand 1909 als Gegenbewegung zu den evangelischen Jünglingsvereinen und zur pietistischen Ausrichtung des CVJM.[90] Geprägt war er durch den liberalen Theologen Otto Baumgarten, der dem „Christlich-Sozialen Kongreß" angehörte und 1926 mit seiner Schrift „Kreuz und Hakenkreuz" völkisch-germanisches Denken als unchristlich ablehnte. Der Bund stand der Jugendbewegung nahe. In Frankfurt gab es den Gau Groß-Frankfurt mit Gauleiter Pfarrer Erich Meyer, Schifferstraße 31, und Gauwart Willi Oberländer, Musikanten Weg 4 (1930). Die Frankfurter Kirche ermöglichte dem Bund den Erwerb eines Ferienheims auf der Hegewiese in Schmitten, später Robert-Grimm-Heim genannt. Ebenfalls dort konnte die Markusgemeinde am 18. Mai 1930 ein Waldheim für Jugendgruppen einweihen.[91] Es war ein einfacher Barackenbau. Die Inneneinrichtung war von der Gemeindejugend bzw. deren Vätern und Müttern gebaut und gestiftet worden.

Anlass für die Gründung des BDJ waren vier neue Erkenntnisse, die von Baumgarten seit 1900 und von Walter Classen 1904 vorgetragen wurden: „*1. Die Not der Jugend ist weithin eine sozialethische Not. Der sozialethische Zusammenhang gibt der religiösen Not erst ihre volle Schwere. 2. Die Hilfe für die Jugend darf darum nicht eine einseitig religiöse sein; sie muß, sofern sie religiös ist, auf die besondere Haltung der Jugend religiösen Fragen gegenüber Rücksicht nehmen. 3. Die Jugendarbeit ist in erster Linie Sache der Gemeinde und nicht einer neben der Gemeinde stehenden Größe. 4. Der Gegenstand der Jugendarbeit muß die Gesamtjugend der Gemeinde sein, nicht nur ein für eine unmittelbare religiöse Beeinflussung besonders empfänglicher Ausschnitt; die Arbeitsweise muss dieser Absteckung angepasst werden."*[92]

In der Auseinandersetzung mit der sozialdemokratischen Jugendarbeit wurde 1906 in einem Artikel *„leise angedeutet, dass die bestehenden evangelischen Jünglingsvereine und Christlichen Vereine Junger Männer den Anforderungen, die die jetzige Arbeiter- und Lehrlingsjugend stellt, mit ihrem altehrwürdigen Programm, das aus vergangenen Zeitverhältnissen stammt, nicht genügen. Vor allem sei ihre Presse rückständig."*[93] Daraufhin gründeten im Juni 1906 auf dem Evangelisch-sozialen Kongreß in Jena neun Herren den Kreis von „Helfern und Freunden der Jugendarbeit".[94] Bis 1907 konnten sie 235 Mitarbeiter gewinnen, meistens Pfarrer.

Aus diesem Kreis heraus wurde 1909 der „Bund deutscher Jugendvereine" gegründet[95]. Dieser umfasste 1916 221 Vereine, darunter 87 weibliche Vereine.[96] Der Krieg bereitete auch dem Bund Schwierigkeiten, sodass er im Oktober 1919 neu gegründet wurde. § 1 der neuen Satzung beschrieb sein Selbstverständnis: „*Der B. d. J. dient der heranwachsenden männlichen und weiblichen Jugend; er will den Jugendlichen helfen, fromme, deutsche, weltoffene Menschen zu werden. Zugleich tritt er für ihr sittliches und soziales Wohl ein. Der Bund dient keiner kirchlichen oder politischen Partei."*[97]

Der Bund hatte sich zunächst nicht der Jugendbewegung geöffnet. Nach Cordier[98] lag das zum einen daran, dass die Jugendbewegung eine Bewegung von höheren Schülern und Akademikern gewesen sei, während der Bund die einfachere Jugend des Volkes und des Mittelstandes umfasste. Zum anderen habe es bei den alten Jugendarbeitern zunächst Vorbehalte gegenüber Neuerungen gegeben. Das änderte sich mit der Bundestagung im September 1919. Nun hieß es in den „*Magdeburger Leitsätzen*":

„*Wir wollen eine Jugend, die im Bewusstsein eigener Verantwortlichkeit ihr und unseres Volkes Leben selbständig zu gestalten sucht. Wir sind also bestrebt, allenthalben mehr und mehr aus der Jugendpflege in Jugendbewegung hineinzuwachsen.*"[99] Deshalb wollte man nicht mehr „Leiter" und „Geleitete" sondern „Führer" und „Gefolgschaft", nicht mehr „Zweckverband" sondern „Lebensgemeinschaft" sein. Dabei wollte man fromm bleiben, sich aber auch den Problemen der Zeit zuwenden.

2.7.4 Das Burckhardthaus

Ein Synonym für die Mädchenarbeit wurde der „*Evangelische Verband für die Weibliche Jugend*", das „*Burckhardthaus*". Er hatte seine Wurzeln in der Jungmädchenarbeit. In Bielefeld hatte der junge Pfarrer Johannes Burckhardt einen blühenden Sonntagsverein für junge Mädchen kennen gelernt, der ihn veranlasste, im Jahr 1881 in der Zeitschrift „Mädchenarbeit" Gedanken zur Weiterentwicklung der Mädchenarbeit zu äußern.[100] Kern dessen war, die Mädchentreffen um soziale und wirtschaftliche Angebote zu ergänzen. „*Materielle und moralische Unterstützung hängen eng zusammen. Gib einem ordentlichen Menschen Arbeit und Verdienst, und er wird ordentlich bleiben; stoße ihn hinaus in die Arbeitslosigkeit, und er wird zugrunde gehen oder oder vagabondieren*".

Dementsprechend plädierte er für den Ausbau der Angebote für Stellenvermittlung in Dienstbotenvereinen, die Vergabe von Darlehen an selbständige Arbeiterinnen in Putzmacherinnenvereinen, die Gründung von Vereinssparkassen und die Vorbereitung der Mädchen auf die Führung eines eigenen Haushalts. „*Führen wir den Beweis, daß Gott auch im zeitlichen Leben hilft, und mancher wird sich demselben Gott für's ewige Leben anvertrauen*". Später berichtete er, dass für die Industriebevölkerung an verschiedenen Orten Stopf-, Strick- und Flickvereine errichtet worden seien. 1889 ging Burckhardt als Gemeindepfarrer nach Berlin und fühlte sich der Inneren Mission wie der Gemeindearbeit verpflichtet.

Am 12. Februar 1890 lud er zu einer größeren Frauenversammlung ein, auf der auch Friedrich von Bodelschwingh d. Ä. sprach. Burckhardt gewann dort Menschen, die bereit zur Mitarbeit waren. Man stellte ein Arbeitsprogramm auf, das folgende Punkte umfasste. 1. Die Pflege der evangelischen Jungfrauenvereine, 2. Fürsorge für die einwandernde weibliche Jugend in Form der Bahnhofsmission, 3. Fürsorge für die einzelnen Stände und Berufsarten, 4. Beschaffung guter Literatur für die Mädchenwelt, 5. Errichtung von Mädchenheimen. Außerdem begründete man den Berliner „*Vorständeverband*" als Dachorganisation und einen Verein zur Fürsorge für die weibliche Jugend, später „*Verein Wohlfahrt der weiblichen Jugend*".[101] Die Information hierüber fand in Deutschland so positive Reaktionen, dass bereits im Juli 1893 in Barmen eine Konferenz der Vorstände aller evangelischen Jungfrauenvereine stattfand, die zur Gründung des Vorständeverbandes der evangelischen Jungfrauenvereine Deutschlands führte.[102] In der Folgezeit sorgte sich der Vorständeverband um die seelsorgerliche und persönliche Pflege der weiblichen Jugend und der Fürsorgeverein um die Wohlfahrtsbestrebungen. Bei allem galt der Grundsatz, nicht neben der Kirchengemeinde, sondern mit und in ihr zu arbeiten. Das ergab ein breites Arbeitsfeld. Im September 1913 nannte sich der Vorständeverband um in „Evangelischer Verband zur Pflege der weiblichen Jugend".[103] Diese Entwicklung brachte drei bemerkenswerte Neuerungen mit sich: 1. begann man, weibliche Berufsarbeiterinnen auszubilden, 2. wurden in Berlin 1905 die ersten „Klubs für junge Mädchen" gegründet und 3. begann man mit Angeboten für die „weibliche Jugend der höheren Stände".[104]

Hier kommt Frankfurt ins Spiel. Die Frankfurter Volksschullehrerin Guida Diehl war ehrenamtlich Leiterin eines Jungmädchenvereins und gründete ab 1908 „Studienkreise" für die „gebildete weibliche Jugend". Leopold Cordier beschrieb diese so:[105] *„Es hatte sich hier eine neue Form des Zusammenseins jugendlicher Menschen herausgebildet, die man nicht mehr ohne weiteres in die übliche Jugendpflege einordnen konnte. Selbsttätigkeit und Selbstverantwortung des jungen Menschen wurden stark herangezogen, aber doch unter eine gereiftere Leitung und Führung gestellt. Die Gemeinschaft nahm die Form des erweiterten Familienkreises an. Die äußere Verwaltung des Kränzchens wurde in die Hand der Jugendlichen gelegt. Die Aufgabe der Leitung sollte die Beseelung der Zusammenkünfte sein, die Art der Behandlung der Jugend sollte kameradschaftlich und freiheitlich, die Führung sollte fest sein. Die Jugend sollte die starke geistige Überlegenheit des Leiters spüren, ohne sich aber von ihm bedrängt zu fühlen, im Gegenteil, die vom Leiter bestimmte geistige Höhenlage sollte etwas Befreiendes an sich tragen. Der Studi-*

enkreis trug nicht von vornherein religiösen Charakter, aber er sollte ein stark religiöses Moment in sich bergen, das zunächst durch den Leiter vertreten werden sollte. In unaufdringlicher Form sollte das Religiöse in allen Besprechungen durchdringen. Es sollte ‚im Leben und Wesen der leitenden Persönlichkeit als einer in Christus lebendig gewordenen Seele alles auf einen feinfühligen, innerlichen Ton gestimmt sein'".

Im Jahr 1912 gab es in Frankfurt 32 Vereine für christliche Mädchen, meist in Kirchengemeinden, die zusammen 1.400 Mitglieder hatten und sich in diesem Jahr zum „*Verband der Evangelischen Vereine für weibliche Jugendpflege von Frankfurt am Main*" zusammenschlossen. Der Verband wurde Mitglied des Reichsverbandes Burckhardthaus mit der Zentrale in Berlin. Guida Diehl lernte dabei Johannes Burckhardt kennen, der für ihre Arbeit sehr aufgeschlossen war und sie nach Berlin holte. Neu ist, dass hier die Jugendleiterinnen mit den Mädchen gemeinsam die Aktivitäten entwickelten, es also eine Mitsprache der Jugendlichen gab. Auf die Dauer ging Diehl aber eigene Wege. Sie verließ das Burckhardthaus und gründete den „*Neulandbund*" Diese Organisation setzte sich dafür ein, dass aus der Katastrophe des Krieges ein neues Land der Gerechtigkeit, Reinheit, Wahrheit und Liebe entsteht, und wollte dafür die weibliche Jugend gewinnen.[106]

2.7.5 Der Neulandbund[107]

Dieser Bund ging auf die Frankfurter Lehrerin und Leiterin eines Jungmädchenvereins Guida Diehl zurück. Sie wurde 1912 Reisesekretärin des Verbandes der weiblichen Jugend. Aus diesem Verband heraus gründete sie Studienkreise für junge Frauen, um unter dem Motto „*Kampf um Neuland*" eine „*innere*

Erneuerung des Volkskerns" zu erreichen. 1916 gründete sie den Neulandbund und zog 1920 nach Eisenach. Der Neulandbund forderte in dem Flugblatt „Deutsche Jugend"[108]:
*„1. Eine neue Lebensauffassung:
Ein neues Christsein im Feuer und in der Kraft der ersten Christenheit, in Ehrfurcht, Selbsterkenntnis, Entschlossenheit, Wahrhaftigkeit und edler Natürlichkeit, im Rechnen mit Gott und im Verantwortungsgefühl für die besonderen vaterländischen Aufgaben der Zeit.*
*2. Eine neue Lebenshaltung:
Wahres Deutschtum, Schlichtheit, Echtheit, Ehrlichkeit, edle, aber schönheitsgemäße Einfachheit in allem Äußeren der Lebenshaltung: Ernährung, Kleidung, Wohnung, Bekämpfung alles Scheinwesens im geselligen Verkehr und in der gesamten Art des Lebens. Beseelung des Gemeinschaftslebens, einen edlen neuen Verkehr mit dem anderen Geschlecht, Neuschaffung reinen Geistes und feiner Sitte zur Aufrechterhaltung weiblicher Reinheit und Hoheit, Forderung eines reinen und gesunden Vorlebens von dem künftigen Ehegatten, Bekämpfung aller doppelten Moral ...*
*3 Eine neue Lebensgestaltung als Volk:
Gleiche Achtung für jeden im Volk, Überbrückung der sozialen Kluft zwischen den Ständen, Bekämpfung des Standesdünkels jeder Art, Gesundung der sozialen Verhältnisse durch Bekämpfung der Not der freudlosen Arbeit, der Wohnungsnot, des Alkoholismus, der Unsittlichkeit, der Seuchengefahr, des Mütter- und Kinderelends, des Mammonsgeistes, der Genusssucht und Zuchtlosigkeit, der Gottesferne. ...*

Der Neulandbund stellt sich völlig auf vaterländischen Boden, nach dem Grundsatz, dass der Einzelne und das gesamte Volk umso besser der Menschheit dienen, je deutscher sie in edelstolzem Sinne werden."

Später sah Guida Diehl[109] Widergöttliche wie Materialismus, Mammonismus, Ehelosigkeit, Selbstsucht, Unsittlichkeit und Genusssucht am Werk, die das deutsche Volk verderben. Sie forderte die Besinnung auf altgermanisches rassisch-völkisches Erbgut. Dieser rechts-konservative Kurs passte natürlich nicht zum Burckhardthaus. Und 1921 zerbrach die Neulandbewegung auch, worüber unter dem Stichwort „*Christdeutsche Jugend*" berichtet wird. Diehl gehörte zunächst der DNVP an. Sie war durchaus innovativ: so gründete sie 1926 eine Mütterschule, leitete von 1927–1938 ein Gemeindehelferinnenseminar und schuf den Begriff „*Freizeit*" für Ferienlager. 1932/33 war das NSDAP-Mitglied bei der Partei und bei den Deutschen Christen tätig, geriet dann aber mehr und mehr in Konflikte mit der Partei.

2.8 Soziales, missionarisches und gesellschaftliches Handeln

2.8.1 Der Verein für Innere Mission

Dass der Verein für Innere Mission immer noch expandierte, zeigt sich an drei Beispielen.[110] Zum einen konnte 1901 der Grundstein für einen Neubau im Wittenberger Hof, Lange Straße 10, gelegt werden. Zum anderen konnte ein Grundstück für das Vereinshaus Sachsenhausen erworben werden. Und zum Dritten fanden inzwischen regelmäßige Gottesdienste des Vereins in der Dominikanerkirche statt. Auch waren nun mit Wilhelm Teudt und Ernst Georgi zwei Vereinsgeistliche tätig, was eine Aufgabenteilung möglich machte. Teudt hatte die Leitung der Stadtmission (freiwillige berufsmäßige Armenpflege und seelsorgerliche Bemühung um die der Kirche Entfremdeten im Anschluss an die Parochien), der Gottesdienste und sonstigen Veranstaltungen an der Dominikanerkirche, des älteren Jünglingsvereins, der Herberge zur Heimat und des Kellnerheims übernommen. Georgi verantwortete die Arbeit im Vereinshaus Westend mit Vorträgen, Kindergottesdiensten, Bibelstunden, Mitarbeit im CVJM Westend, am Kirchlichen Anzeiger/Sonntagsgruß usw.[111]

Im Jahr 1902 gab es eine gravierende Änderung im Status des Vereins. Ein Vertrag mit dem Konsistorium regelte, dass die Pfarrer des Vereins den Pfarrern der Landeskirche gleichgestellt wurden und z. B. einen Sitz in der Bezirkssynode hatten. Andererseits hatte das Konsistorium nun ein Bestätigungsrecht, die Disziplinargewalt und ein Aufsichtsrecht.[112] Der Verein erhoffte sich hiervon auch ein stärkeres Zusammenwachsen mit den Gemeinden. Äußeres Zeichen dafür war, dass aus der Jugendabteilung des Älteren Evangelischen Männer- und Jünglingsvereins der „*Evangelische Verein Junger Männer ‚Wartburg'*" gebildet wurde. Dieser Verein sollte die konfirmierte Jugend der Weißfrauen-, der Matthäus- und der St. Paulsgemeinde sammeln. Der neue Verein fand seine Heimat im Vereinshaus Westend. Der bis dahin dort beheimatete Christliche Verein Junger Männer erhielt den Namen „*Christlicher Verein Junger Männer ‚Siegfried'*" und zog in die Taunustraße 33.[113]

Zu den Auswirkungen der Strukturreform gehörte, dass im Jahre 1903 das Diakonenhaus mit der häuslichen Krankenpflege durch Diakone vom Predigerministerium auf den Verein für Innere Mission überging. Hierfür waren zwei Gründe maßgeblich. Zum einen sahen sich die Pfarrer, die ja nun einen Pfarrbezirk zu versehen hatten, zeitlich so in Anspruch genommen, dass sich niemand mehr zusätzlich zur Leitung des Diakonenhauses bereitfand. Zum anderen hielt man es für angemessen, eine dem Charakter nach zur Inneren Mission gehörende Arbeit auch dort anzubinden. Zwar behielt das Diakonenhaus einen eigenen Vorstand und eine eigene Finanzverwaltung, aber die Diakone waren so auch besser in die diakonische Arbeit integriert.[114]

Im Jahr 1906 gab es eine weitere tiefgreifende Umorganisation. Die verschiedenen Arbeitsfelder des Vereins wurden in selbständige Vereine umgewandelt. Der Verein sah seine Aufgabe nun darin, „*das Gesamtgebiet des Frankfurter Lebens im Auge zu behalten, die Fühlung mit der Kirche und ihrem geordneten Amt zu bewahren, den Kreis der Freunde der inneren Mission zu erweitern und neu anzuregen und neben der Pflege besonderer der Fürsorge noch bedürftigen Arbeitsgebiete sich neuen, dringlicheren Aufgaben zuzuwenden.*"[115]

2.8.2 Der Evangelische Männer- und Jünglingsverein Sachsenhausen

Am 1. März 1903 konnte der Verein mit Pfarrer Charles Correvon als 1. Vorsitzenden und Bankdirektor Bansa als 2. Vorsitzenden sein Vereinshaus Sachsenhausen in der Darmstädter Landstraße Nr. 81 einweihen. Im Vorderhaus befand sich im Erdgeschoss ein Reformrestaurant mit billigem und gutem Mittagstisch und der Möglichkeit, dort auch größere Feiern auszurichten. Die anderen Geschosse des Vorderhauses waren vermietet. Im Hinterhaus befand sich das eigentliche Vereinshaus mit einem großen Saal, der 600 bis 800 Personen fasste. Beeindruckend ist die Aufzählung der Vereine und Veranstaltungen, die das Haus nutzten: Der Männer- und Jünglingsverein selbst; der Evangelische Gemeindechor Sachsenhausen; der Frauen- und Jungfrauenverein; Missions-Näh-Kränzchen; Armen-Näh-Kränzchen; Bibelkränzchen für Schüler höherer Lehranstalten; Strickschule; Sonntagsschule; Öffentliche Bibelstunden, Vorträge, Familienabende und Konzerte; Konfirmandenunterricht; Parochialverein; Gemeindeabende u.ä.[116] Hierbei zeigt sich, dass das Haus offenbar auch als Gemeindehaus für die Dreikönigsgemeinde diente.

2.8.3 Der Arbeiterverein

Der Arbeiterverein wirkte weiter auf verschiedenen Gebieten. Wichtig für viele Familien war die Sterberente, die mit 50 Pfg. im Vereinsbeitrag enthalten war und im Todesfall den Hinterbliebenen half. Ähnliches galt für die Sterbekasse. Die Kohlenkasse vermittelte den Bezug von gutem Brennmaterial und die Konsumkasse den Bezug von Lebensmitteln und Gebrauchsgegenständen. 20 Familien hatten inzwischen ein sicheres und billiges Heim erhalten. Weitere sollten folgen.[117]

Ein Kind des Arbeitervereins war die Frankfurter Wohnungsgenossenschaft. 1906 konnte sie mit einem gewissen Stolz berichten, dass ihr zwei Häuser mit zwanzig Wohnungen gehörten, dass sie auf einem Erbbaurecht in der Lenaustraße sechs Häuser mit 48 Wohnungen errichtet hatte und dass sich in der Textorstraße sieben Häuser mit 56 Wohnungen im Bau befanden. Das alles mit „lauter kleinen Leuten" als Mitgliedern.[118] Im Jahr 1917 waren es 25 Häuser mit zusammen 214 Wohnungen. Die Genossenschaft empfand es in diesem Jahr als schwere Last, dass wegen des Krieges Mietnachlässe in Höhe von 6.000 Mark gewährt werden mussten.[119]

Das 25jährige Jubiläum des Vereins im Jahre 1917 war Anlass, etwas ausführlicher über ihn zu berichten. So schrieb Julius Baerrn im Frankfurter Kirchenkalender über die Ziele des Vereins:[120]

„Wir stehen auf dem Grunde des evangelischen Christentums. Wir bekämpfen darum die materialistische Weltanschauung, aber auch die Ansicht, daß Christentum es ausschließlich mit dem Jenseits zu tun habe. Das Ziel unserer Arbeit sehen wir vielmehr in der Entfaltung seiner welterneuernden Kräfte in dem Wirtschaftsleben der Gegenwart. Wir sind der Überzeugung, daß dieses Ziel nicht schon erreicht werden kann durch eine zufällige Verknüpfung von allerhand christlichen und sozialen Gedanken, sondern allein durch eine organische, geschichtlich vermittelte Umgestaltung unserer Verhältnisse gemäß den im Evangelium enthaltenen und daraus zu entwickelnden sittlichen Ideen. In diesen finden wir auch den unverrückbaren Maßstab rückhaltloser Kritik an den heutigen Zuständen, wie kraftvolle Handhaben, um bestimmte Neuorganisationen im wirtschaftlichen Leben zu fordern. Wir werden danach streben, daß diese Organisationen bei ihrer Durchführung in gleichem Maße sittlich erzieherisch wirken, wie technisch leistungsfähig und für alle Beteiligten nach dem Maßstabe ihrer Leistung wirtschaftlich rentabel sind. Wir wollen im Staat zum Gedanken des Rechtes auch den der Barmherzigkeit gefügt wissen, das königliche Gesetz der Liebe soll auch im sozialen d.h. im wirtschaftlichen Leben mit der Zeit zur Herrschaft gebracht werden."

2.8.4 Frauenorganisationen

Ende des 19. und Anfang des 20. Jahrhunderts wurde das Spektrum der Frauenorganisationen bunter.[121] Die herkömmlichen Organisationen betätigten sich aber weiter.

Der „*Frauenverein*" unterstützte Arme, Alte und Kranke christlicher Konfession. Verantwortlich waren für die St. Katharinen-, Matthäus-, Pauls-, St Peters- und Weißfrauengemeinde Frau Amtsgerichtsrat von Welling; für die Luther- und Nikolaigemeinde Freifrau Helene von Bethmann; für die Dreikönigs- und Lukasgemeinde Margarethe Krebs; für die Johannisgemeinde Frau Fikentscher. Die Fürsorge in den Landgemeinden lag in der Verantwortung von Frau Mathilde Schmidt-Metzler. Die Leitung der Frauenvereinsschule lag in den Händen von Frau Göschen und Frau G. A. von Neufville. Schatzmeister war Herr G. A. von Neufville, Konsulent Dr. Friedrich Schmidt-Scharff.

Der „*Frauenverein der evangelischen Gustav Adolf-Stiftung*" (gegr. 1859) bezweckte die Aufbringung von Mitteln zur Ausstattung von Kirchen, Anstellung von Geistlichen und Lehrern in der Diaspora. Vorsteherin war Marie von Mumm. Drei Gustav- Adolf-Kränzchen wurden von Frau Jordan-Neuville, Frl. Roos und Frau Rosa Dechent geleitet.

Am 1. Januar 1899 wurde die „*Evangelische Frauenhilfe in Deutschland*" unter der Schirmherrschaft von Kaiserin Auguste Viktoria als Verein gegründet. „*Der Verein hat den Zweck, die Mithilfe der Frau in den Dienst der Gesamtkirche und der Einzelgemeinde zu stellen, nach evangelischen Grundsätzen diese Mitarbeit zu pflegen, die Frauenwelt dazu heranzuziehen und die evangelischen Frauen in ihrem christlichen Leben zu vertiefen.*"[122] 1918 erhielt die Frauenhilfe ein Verwaltungsgebäude in Potsdam und und 1926 mit Gertrud Stoltenhoff erstmals eine Frau als Vorsitzende. Die Frauenhilfe hatte bald in fast jeder evangelischen Kirchengemeinde in Deutschland eine Gruppe, die sich bei Bibelarbeit und Handarbeiten traf, aber durchaus auch sonst diakonisch tätig war. 1933 in Reichsfrauenhilfe umbenannt, schloss sie sich 1934 der Arbeitsgemeinschaft der missionarischen und diakonischen Werke und Verbände der Deutschen Evangelischen Kirche an und damit der Bekennenden Kirche.

In Frankfurt gab es mehrere Frauenhilfegruppen, die aber in keinem eigenen Verband zusammengeschlossen waren. Vielmehr traten sie am 24. Oktober 1916 dem nassauischen Verband bei, der von da an den Namen „*Frauenhülfe des Evangelisch-Kirchlichen Hülfsvereins in den Konsistorialbezirken Wiesbaden und Frankfurt am Main e. V.*" trug.[123] Der Verband war Gründungsmitglied der „*Vereinigung Evangelischer Frauenverbände Deutschlands*"

Der „Deutsch-evangelische Frauenbund" wurde am 7. Juni 1899 von Paula Müller-Otfried in Hannover gegründet worden. Er war ein Zusammenschluss von Frauen, „*die den besonderen Auftrag ihres Herrn Christus erkennen und ihren Dienst durch gemeinsame Haltung und Tat in Kirche und Welt bezeugen möchten. ... Der deutsch-evangelische Frauenbund sieht seinen Auftrag ferner darin, alle religiösen und Tagesfragen und -geschehnisse, soweit sie Angelegenheiten der Frau betreffen, aufmerksam zu verfolgen, mit zu durchdenken und unter Umständen seine Stimme zu erheben, wenn Gesetzesänderungen in Bezug auf die rechtliche Lage der Frau zur Debatte stehen...*"[124] Der Frauenbund verstand sich als Teil der bürgerlichen Frauenbewegung und engagierte sich bereits 1903 für das Frauenwahlrecht in Kirche und Kommune, nicht aber für die Parlamente im Reich und in den Ländern. Damit schlossen sich erstmals in der evangelischen Kirche Frauen zusammen, um nicht nur Gesellschaft zu pflegen oder sich sozial zu betätigen, sondern um sich auch gesellschaftlich oder gar politisch zu engagieren. Allerdings bildeten sich bald zwei Fraktionen für und gegen das Frauenwahlrecht, so dass das Engagement in dieser Frage eingestellt wurde. Die Ortsgruppe Frankfurt wollte auch die Frauenbewegung im evangelischen Geist fördern und hatte Frau Prof. Marx zur Vorsitzenden.

Der „Evangelische Arbeiterinnenverein" (gegr. 1904) wurde von Martha Ehlers geleitet. Im Jahresbericht wurde erwähnt, dass der Verein seine Räume im Wittenberger Hof aufgeben musste und stattdessen von der Stadt zwei Zimmer im Senckenberg-Stift zur Verfügung gestellt bekam. Im Übrigen wurde beklagt, dass es keinen Zuwachs an Mitgliedern gab.[125]

In den meisten Gemeinden gab es zudem Frauenvereinigungen wie Nähvereine, Flickstunden und dergleichen. Vereinzelt gab es auch Frauenvereine in den Ortschaften um Frankfurt herum, so in Heddernheim[126] und Niederursel.

2.9 Finanzen und Gebäude

2.9.1 Die Kirchensteuer

Schon bald nach Inkrafttreten der Kirchengemeinde- und Synodalordnung wurde am 23. März 1900 in Frankfurt die Kirchensteuer als Zuschlag von 10 % auf die Einkommensteuer eingeführt; Einkommen unter 1.500 Mark im Jahr waren hiervon befreit. Der Vorgang war kompliziert. § 83 KGSO sah nur die Erhebung von Umlagen, nicht aber von Kirchensteuern vor. Die Erhebung war von der der evang.-lutherischen und der evang.-reformierten Stadtsynode gemeinsam zu beschließen (§ 85 KGSO), da die Kirchengemeinden und nicht der Konsistorialbezirk steuerberechtigt waren. Sie beschlossen die Erhebung einer Steuer. Diese Steuer rief die Kirchengegner auf den Plan.[127] Sie fanden sich besonders in der Sozialdemokratie, bei den Freireligiösen und den Deutschkatholiken. Die Kirche konnte hiergegen wenig unternehmen, auch wenn die Pfarrer von den kirchlichen Behörden Hilfen zum Umgang mit den Kirchenkritikern bekamen. Mit der Zeit flaute diese Bewegung wieder ab.

Alsbald wurde aber deutlich, dass das Umlagerecht nach der KGSO als gesetzliche Grundlage für die Steuererhebung nicht ausreiche. Schließlich stimmte die Bezirkssynode im Jahre 1905 einem staatlichen Kirchensteuergesetz zu, das am 10. März 1906 in Kraft trat. Die offizielle Kirchensteuer wurde für das Rechnungsjahr 1906 erstmalig und als Zuschlag von 15 % der staatlich veranschlagten Einkommensteuer erhoben. Sie führte nicht nur zur langsamen Lösung der finanziellen Probleme, sondern auch zu einem Aufblühen kirchlicher Arbeit. Allerdings entzündete sich an der Höhe des Steuersatzes erneut öffentliche Kritik.

Zu den Hintergründen ist eine reformierte Stimme ganz interessant. Erich Foerster beschrieb den Vorgang in seinen Erinnerungen so:[128] *„1899 hatte die Staatsregierung, das heißt der Kultusminister, einen Gesetzentwurf vorgelegt, durch den der jedes Jahr größer werdenden Stagnation der kirchlichen Zustände in der lutherischen Gesamtgemeinde, zu der die weitaus größere Mehrheit* *der Bevölkerung zählte, Abhilfe geschaffen werden sollte: Nämlich durch Erteilung des Umlage- oder Steuerrechts an den Gesamtverband aller evangelischen Gemeinden um den Preis der Unterstellung unter ein gemeinsames, nicht durch Wahl oder Vorschlag der Gemeinden, sondern durch Ernennung gebildetes Konsistorium mit denselben Zuständigkeiten wie in Alt-Preußen. Dieser Entwurf war ganz überzeugend eben mit der Notlage der evangelisch-lutherischen Gemeinden begründet, die sich auf anderem Wege nicht helfen konnten. Allein ein solcher Notstand bestand in den beiden reformierten Gemeinden nicht, sie waren voll ausgestattet und geordnet und begehrten keine Änderung. Was war da natürlicher, als daß sie begehrten, von der Neuordnung verschont zu werden und alles beim Alten zu belassen? ... Sprecher dieser ablehnenden Haltung war vor allem Pfarrer Heinrich Bauer. Dabei soll nun aber nicht verschwiegen werden, daß die Hauptkraft der Agitation gegen den Entwurf aus der begründeten Sorge reicher Leute stammte, nachher viel mehr zahlen zu müssen als sie zur Zeit an freiwilligen Jahresbeiträgen leisteten, die meines Wissens in keinem Fall RM 500 jährlich überstiegen. ... Es war nicht zweifelhaft, daß der Minister mit Zustimmung des Landtags den Entwurf auch gegen das Presbyterium zum Gesetz erheben konnte. Ich hielt es deshalb für das Richtige, zwar zuzustimmen, aber mit möglichst starken Sicherungen für die Selbstverwaltung der Gemeinden ... So geschah es schließlich auch, – nicht durch mich, sondern durch das geschickte Verhandeln des französisch-reformierten Ältesten, Prof. Dr. Ebrard, dem der Erhaltung der Selbständigkeit der beiden reformierten Gemeinden im wesentlichen zu danken ist. Ganz intakt blieb sie nicht ..."* Wenn auch Foerster nicht scharf genug zwischen den Regelungen der Kirchengemeinde- und Synodalordnung von 1899[129] und des Kirchensteuergesetzes von 1906[130] unterschied, beschrieb er doch gut die unterschiedliche Interessenlage von lutherischen und reformierten Gemeinden.

2.9.2 Kirchliche Stiftungen

Der Lutherische Almosenkasten
Eine der wichtigsten Stiftungen war weiterhin der lutherische Almosenkasten. Im Jahr 1900 betrug sein Vermögen 695.000 RM. Die Neuordnung der Frankfurter Kirche durch die Kirchengemeinde- und Synodalordnung von 1899 betraf aber auch den Almosenkasten. Lag die Oberaufsicht über ihn seither beim lutherischen Gemeindevorstand, so ging dieses Recht nun auf den lutherischen Stadtsynodalverband über (§ 62 KGSO). Dieser löste das Pflegamt auf und übertrug dessen Aufgaben dem Stadtsynodalvorstand. Der sollte jedoch je dem Verband angehöriger Kirchengemeinde ein Gemeindeglied hinzuziehen. Er sollte die zweckbestimmten Einkünfte zweckentsprechend verwenden und die anderen Einkünfte den einzelnen Gemeinden entsprechend ihrer Bedürftigkeit weitergeben. Maßstab für die Bedürftigkeit war das Prokopf-Kirchensteueraufkommen. Damit wollte man den Gemeinden den Aufbau einer eigenen Armenpflege ermöglichen.[131] Ein Jahr später wurde aus den Gemeindegliedern je Gemeinde je ein Mitglied der 12 Pfarrbezirke der ursprünglichen sechs Gemeinden, die auch beschließende Stimme hatten.[132]

Die St. Georgen-Stiftung
Anna Louise Koch, geb. von Saint-George verfügte in ihrem Testament die Gründung einer milden Stiftung im Andenken und zur Erinnerung an ihren Vater Johann Georg von Saint George.[133] Diese Stiftung wurde am 12. Dezember 1912 errichtet und am 7. April

1913 landesherrlich genehmigt. Sie besteht heute noch. Zweck der Stiftung war und ist die Unterstützung mitteloser, älterer, evangelischer Frauen. Die Stifterin entstammte einer alten Frankfurter Bankiersfamilie. Anna Louise Koch betätigte sich als freigebige Stifterin, auch gegenüber dem Frankfurter Diakonissenhaus. Der ursprünglich Bethmannsche Sommersitz in Oberrad kam über die Familien Mülhens und Leonhardi 1840 an Johann Georg von Saint George und erhielt den Namen St. Georgen. Über seine älteste Tochter kam der Landsitz an die Familie Grunelius, die ihn 1925 verkaufte, so dass dort die katholische Hochschule St. Georgen errichtet werden konnte. Die St. Georgen-Stiftung existiert bis heute.

2.9.3 Kirchliches Bauen

Obwohl mit der St. Peterskirche und der Dreikönigskirche nach der Paulskirche in der 1. Hälfte des 19. Jahrhunderts historisierende Neubauten entstanden waren, prägten die Alte Nikolaikirche[134] am Römerberg, die St. Katharinenkirche an der Hauptwache und die Weißfrauenkirche in der Weißfrauenstraße noch das Bild der verwinkelten Altstadt. In seinen Erinnerungen hat Johannes Kübel ein schönes Bild der Weißfrauenkirche,[135] die es ja nicht mehr gibt, gezeichnet:[136] *„Der gotische Bau war durch neugotisches Beiwerk etwas entstellt, im ganzen aber würdig und schön. Die Kirche war klein, aber akustisch sehr gut, das Schiff durch keine Säulen oder sonstige Zutaten unterbrochen, die Kanzel dem Schiff ganz nahe und von jedem Platz sichtbar. Der ganze Bau war das Ideal einer Predigtkirche. Der Stil und die Kleinheit der Kirche färbten von selbst auf den Ton und den Geist der Predigt ab. Diese Kirche verbot alles Zanken und Schreien, auch allen Schwulst der Rede; sie forderte, daß man sanftmütig und von Herzen demütig und mit der Gemeinde eng verbunden blieb. Die Leute sagten, die Kirche sei ‚intim'; sie war deshalb auch in weniger kirchlichen Kreisen als Traukirche sehr beliebt."* Damit war sie noch der Prototyp der alten Frankfurter Kirchen. Mit Ausnahme des Domes gab es im mittelalterlichen Frankfurt keine große Kirche.

Nun wurde in der Stadt viel gebaut, Bauplätze waren nicht leicht zu bekommen. Wenn man neue Kirchen bauen wollte, brauchte man sie aber. So beschloss der Stadtsynodalverband im Jahre 1901 nach heftigen internen und öffentlichen Debatten die Aufnahme eines Krediteszum Erwerb von Baugrundstücken und zur Errichtung neuer kirchlicher Gebäude. Mit diesem Geld wurden alsbald die Bauplätze für die Matthäuskirche, die Neue St. Nicolaikirche, die Lukaskirche und das Gemeindehaus der heutigen Gethsemanegemeinde erworben. Andere Baumaßnahmen folgten.

Fragt man nach den Raumkonzepten, dann stößt man auf zweierlei. Da ist zum einen das Kirchbauprogramm und zum anderen die Forderung nach Gemeindehäusern. Erst 1898 wurde das Eisenacher Regulativ als Kirchbauprogramm abgeschwächt. Dies geschah unter dem Eindruck des als revolutionär empfundenen Wiesbadener Programms von 1891. Dieses Kirchenbau-Programm knüpfte mit seinen Vorgaben nicht mehr an historische Baustile an, sondern folgte mit der Verbindung von Kanzel und Altar stärker theologischen und liturgischen Überlegungen. Die Kanzel verlor ihre Stellung am seitlichen Chorpfeiler und stand nunmehr hinter und über dem Altar. Hinter oder über dem Altar fand sich auch die Orgel. Oft trat die ganze

Abb. 31 Weißfrauen-
kirche 1930

Gruppe auf einem Podest frei vor die Gemeinde. In Frankfurt konnte man einen fließenden Übergang beobachten.

Die Notwendigkeit, Gemeindehäuser zu bauen, begründete der Vorsitzende der Bezirkssynode und der lutherischen Stadtsynode, Prof. Dr. Moritz Schmidt-Metzler, im Februar 1901 so:

„Wenn es auch noch nicht in genügender Weise gelungen ist, die heranwachsende Jugend für das Kirchliche Leben zu interessieren, so kann doch durch den nunmehr in allen Gemeinden eingeführten Kindergottesdienst der Zukunft in dieser Beziehung vertrauensvoll entgegengesehen werden. Das Bestreben, die konfirmierte Jugend zu sammeln und dem kirchlichen Leben zu erhalten, beseelt alle Gemeinden. Sie alle wünschen hierfür und in Verfolgung weiterer innerkirchlicher Bestrebungen die Errichtung von Gemeindehäusern, die vorzugsweise diesen Zwecken dienen sollen."[137]

Angesichts der konkurrierenden Kirchenbaukonzeptionen entstanden im heutigen Frankfurt:

- 1902 die Immmanuelskirche (Architekt H. Weider) im neogotischen Stil.[138]
- 1905 die Matthäuskirche (Architekt Friedrich Pützer) mit neogotischen und Jugendstilelementen an der Friedrich-Ebert-Anlage.[139]
- 1908 die Christuskirche in Nied (Architekt Ludwig Hoffmann) mit neoromanischen, neobarocken und Jugendstilelementen als Predigt- und Gemeindekirche dem Wiesbadener Programm entsprechend.[140]
- 1909 die Neue St. Nicolaikirche (Architekten Robert Curjel und Karl Moser) im neoromanischen Stil, aber im Innenraum dem Wiesbadener Programm verpflichtet[141]
- 1911 die neoromanische Martinuskirche in Schwanheim (Architekt Otto Bäppler).[142]

Abb. 32 Matthäuskirche 1905

- 1912 die Markuskirche in Bockenheim im Jugendstil (Architekt Ernst Faust).[143]
- 1913 die Lukaskirche (Architekt Carl Leonhardt) als Bilderkirche mit den Bildern des Malers Wilhelm Steinhausen und nach dem Wiesbadener Programm.[144]
- 1914 die Erlöserkirche (Architekt Karl Blattner) in Oberrad.[145]

Entsprechend den gemeindlichen Bedürfnissen wurden die Kirchbauten nunmehr zwar in der Regel, aber auf unterschiedliche Weise, mit Gemeinderäumen kombiniert. Hier war die Luthergemeinde mit ihrem im Jahre 1896 errichteten Gemeindehaus vorangegangen. Die Matthäuskirche mit ihrer Unterkirche folgte. Der spektakulärste Bau war sicher die Lukaskirche wegen der großformatigen Bilder des Frankfurter Malers Wilhelm Steinhausen.[146]

2.10 Das Verhältnis zur Katholischen Kirche

„Das geistige Profil der Stadt Frankfurt zeigte – im Gegensatz zum 19. Jahrhundert – vor dem 1. Weltkrieg nur geringe Spuren der katholischen Präsenz, wenn diese auch zahlenmäßig durch Eingemeindung und Zuwanderung fast ein Drittel der Bevölkerung ausmachte. Durch den preußischen Kulturkampf und seine Folgen in ein gewisses Ghetto gedrängt löste sich das katholische Bewußtsein nur sehr langsam von dem Gefühl, Bürger zweiter Klasse zu sein. Auch ist die Tatsache zu berücksichtigen, daß die Katholiken in ihrer Mehrzahl zu den finanzschwächsten Schichten der Stadt gehörten und sich daher nur vereinzelt oder in kleineren Gruppen (etwa im Kasino Union der Akademiker) zu artikulieren vermochten."[147]

Wie konfliktträchtig das Verhältnis zwischen Protestanten und Katholiken trotzdem war, zeigte eine Kontroverse um die Jesuiten in Frankfurt. Seit 1901 sind die Jesuiten in Frankfurt nachgewiesen.[148] Ein Jesuitenpater leitete den Katholischen Fürsorgeverein für Mädchen und Frauen. Aber der Evangelische Bund, der vor allem mit Vortragsveranstaltungen in die Öffentlichkeit trat, erwies sich in den Jahren 1902/03 als kampfeslustig. Am Abend der Lutherfeier 1902 hielt Pfarrer Wilhelm Bornemann,*"ein bewährter Freund des Evangelischen Bundes, eine fesselnde Ansprache über die rechte Kampfesweise gegen Rom."* Im Frühjahr 1903 führte das zu einer Kontroverse mit den Katholiken.

„Nach einem Vortrag von Herrn Pfarrer D. Bornemann über ‚unsere Pflicht gegen die Jesuiten' wurde am 25. März in einer gutbesuchten Versammlung eine von Männern aus verschiedenen kirchlichen Kreisen festge-

stellte Resolution angenommen, welche in 9 Punkten die Gründe darlegte, weßhalb die Aufhebung des § 2 des Jesuitengesetzes vom Bundesrate abzulehnen sei. Diese Petition wurde mit ca. 3.–4.000 Unterschriften an den Bundestag geschickt. Es erfolgten darauf seitens des hiesigen Zentrumsorgans „Frankf. Volksblatt" leidenschaftliche Angriffe, welche gegen die Urheber der Petition gerichtet waren.

Es kam so weit, daß das Volksblatt nachfolgende Erklärung am 9. April bezüglich der Petition zum Abdruck brachte. ‚Die in obigem Machwerk gegen die Jesuiten geschleuderten Anschuldigungen erklären wir hiermit als Lügen und Verleumdungen. Den oder die Verfasser betrachten wir so lange als Lügner und Verleumder, bis sie den historischen Beweis für diese Anschuldigungen geliefert haben?'

Es wurde darauf eine öffentliche Männer-Versammlung seitens des Urhebers der Petition, Pfarrer Dr. Dechent, einberufen, in welcher Herr Pfarrer D. Bornemann über die Frage berichtete: ‚Sind die Verfasser der Petition gegen Aufhebung von § 2 des Jesuitengesetzes Lügner und Verleumder?' Zu dieser glänzend besuchten Versammlung am 29. April war der dazu durch eingeschriebenen Brief eingeladene Redakteur des Volksblattes nicht erschienen. Der Vortrag von Pfarrer Bornemann ist inzwischen dem Druck übergeben worden;"[149]

Hintergrund war, dass 1872 im Rahmen des Kulturkampfes das sog. Jesuitengesetz erlassen worden war. Dieses schloss in § 1 für das Deutsche Reich den Orden aus, untersagte die Errichtung von Niederlassungen und ordnete die Schließung der vorhandenen Niederlassungen an. In § 2 wurde die Möglichkeit geschaffen, Ordensangehörige, die Ausländer sind, auszuweisen, und Inländern den Aufenthalt an bestimmten Orten zu untersagen oder den Aufenthalt dort anzuordnen. 1904 wurde das Jesuitengesetz entschärft. Die einzelnen Jesuiten erhielten die Freizügigkeit, das Niederlassungsverbot bestand jedoch weiter. Nun gab es fünf Patres in Frankfurt, zwei in einer Wohngemeinschaft, die anderen privat oder in kirchlichen Häusern. 1912/13 kam es zu Auseinandersetzungen um diese Jesuiten. Das Frankfurter Katholiken-Komitee veranstaltete im Hippodrom eine Demonstration für die Aufhebung des Gesetzes (24. November 1912). Daraufhin veranstaltete der Evangelische Bund in der Paulskirche eine Gegenveranstaltung mit Pfarrer Bornemann, der die Jesuiten generell und speziell die Zentrumspolitiker angriff, die für die Wiederzulassung der Jesuiten kämpften (26. Februar 1913). Dagegen wieder veranstaltete das Zentrum eine Großveranstaltung im Kompostellsaal (7. März 1913). Dies blieb in Berlin nicht unbeobachtet, sodass sich der preußische Kultusminister an den Limburger Bischof wandte (20. Dezember 1913). Er wies darauf hin, dass die Tätigkeit der Jesuiten nicht im Einklang mit dem Reichsgesetz von 1872 stünde. Der Bischof möge doch geeignete Schritte erwägen, wie die Frankfurter Tätigkeit der Jesuiten mit dem Gesetz in Einklang gebracht werden könne. Z. B. komme das Zusammenwohnen in einer Wohngemeinschaft einer Niederlassung gleich. Der Bischof besprach sich nun mit dem Superior der Frankfurter Jesuiten. Dieser ließ sich juristisch dahingehend beraten, dass das Zusammenwohnen zweier Patres, von denen einer nicht ständig anwesend war, noch keine Niederlassung sei. Dabei blieb es dann auch, denn das Ministerium wurde nicht weiter tätig. 1917 wurde das Gesetz aufgehoben.

2.11 Die evangelische Kirche im Krieg

2.11.1 Kirche und Staat im Krieg

Vorbemerkung
Der 1. Weltkrieg wurde mit einem gewissen Recht als Urkatastrophe des 20. Jahrhunderts bezeichnet (George F. Kennan). Mit der Frage nach seiner Auslösung und mit seinen Folgen beschäftigen sich die Menschen bis heute.[150] Insbesondere die Kriegsschuldfrage ist immer noch umstritten. Bei der Beschäftigung mit der Frankfurter Kirche in diesem Krieg, sollte man sich zunächst vier Sachverhalte vor Augen halten. Diese Kirche war damals nicht frei und unabhängig. Vielmehr lebte sie in einer engen Symbiose mit dem Staat. Und für dieses Staatswesen war sie ein Stabilitätsfaktor sondergleichen. Welche gesellschaftliche Kraft zählte schon zu ihren Grundsätzen das *„Seid untertan der Obrigkeit, die Gewalt über euch hat"*. Sodann hatte sie den Kontakt zur Arbeiterschaft, einer sehr großen Bevölkerungsgruppe, nie aufbauen können. Um die Jahrhundertwende empfand man die Spaltung der Gesellschaft in der Kirche durchaus als Defizit, blieb aber eine bürgerlich geprägte Kirche. Ferner war Frankfurt entgegen dem allgemein vermittelten Bild von Preußen nicht militärisch geprägt. Mit dem Infanterieregiment Nr. 81 und dem Feldartillerieregiment Nr. 63 stand die Garnison in keinem nennenswerten Verhältnis zur Gesamtbevölkerungszahl. Im Jahr 1912 leisteten von 10.279 Gestellungspflichtigen nur 1.547 tatsächlich Wehrdienst und 1913 nach einer Änderung des Heeresgesetzes von 9.795 nur 3.124.[151] In Frankfurt gab es auch 45 Jahre nach der Annexion durch Preußen Vorbehalte gegenüber preußischem Drill und Zwang. Entscheidend waren seine wirtschaftlichen Verflechtungen mit dem Ausland, insbesondere mit Frankreich und England. Man konnte sich nur schwer vorstellen, dass diese durch einen Krieg zerstört werden könnten, und hoffte auf die wirtschaftliche Vernunft der Verantwortlichen. Typisch hierfür war der Frankfurter Friedensverein mit 33 Zweigvereinen.[152] Frankfurt war *„mit dem Herzen deutsch, mit dem Verstand kosmopolitisch"*.[153] Es ging ahnungslos und unvorbereitet in den Krieg. Und schließlich gab es vom ersten Kriegstag an eine Zensur aller Schriftwerke und Filme. Die Bilder, die wir von jenem Kriege vor Augen haben, waren also von der Zensur zugelassen, andere nicht.[154] Was an Informationen und Bildern zugelassen wurde, vermittelte den Deutschen – anders als etwa in England – kein realistisches Bild von der politischen und militärischen Lage.

Die Staatskirche
Zur Zeit des 1. Weltkrieges war die Frankfurter Kirche nach Art einer preußischen Kirchenprovinz oder einer Landeskirche organisiert, formal aber nur ein Konsistorialbezirk. Leitungsorgan war das Königlich Preußische Konsistorium, das dem preußischen Minister für geistliche und Unterrichts-Angelegenheiten direkt unterstand. Konsistorialpräsident war Dr. Walter Friedemann Ernst. Er war preußischer Beamter und dementsprechend staatstreu.[155] Als Reserveoffizier nahm er am Krieg teil. Während dieser Zeit vertrat ihn Prof. Dr. Friedrich Ebrard, Direktor der Stadtbibliothek und Geheimer Konsistorialrat. Weitere Mitglieder des Konsistoriums waren Pfarrer Gottfried Baltzer (Erlösergemeinde), Pfarrer Dr. Heinrich Bauer (Deutsche evang.-reformierte Gemeinde), Pfarrer Dr. Hermann Dechent (Weißfrauengemeinde), Pfarrer D. Conrad Kayser (Matthäusgemeinde), Regierungsrat Georg von Klenck, Stadtrat Willy Meckbach und OLG-Rat Geh.

Justizrat Maquet.[156] Das Konsistorium war das Bindeglied zwischen dem preußischen Staat bzw. Hof und den Frankfurter Gemeinden. Es vermittelte die ministeriellen Anordnungen.

Als der Kaiser die Mobilmachung befahl, erhielt auch das Frankfurter Konsistorium den Mobilmachungsaufruf. Wie sehr hier religiöses Gedankengut bemüht und der Glaube instrumentalisiert wurde, zeigen folgende Auszüge: *„Ich bin gezwungen, zur Abwehr eines durch nichts gerechtfertigten Angriffs das Schwert zu ziehen … Reinen Gewissens über den Ursprung des Krieges, bin Ich der Gerechtigkeit unserer Sache vor Gott gewiß … Wie Ich von Jugend auf gelernt habe, auf Gott den Herrn meine Zuversicht zu setzen, so empfinde Ich in diesen ernsten Tagen das Bedürfnis, vor Ihm mich zu beugen und seine Barmherzigkeit anzurufen. Ich fordere Mein Volk auf, mit Mir in gemeinsamer Andacht sich zu vereinigen und mit Mir am 5. August einen außerordentlichen allgemeinen Bettag zu begehen. An allen gottesdienstlichen Stätten im Lande versammle sich an diesem Tage Mein Volk in ernster Feier zur Anrufung Gottes, dass er mit uns sei und unsere Waffen segne …."*[157]

Und während des ganzen Krieges gab es ein für alle verbindliches Fürbittegebet:

„Allmächtiger, barmherziger Gott! Herr der Heerscharen! Wir bitten Dich in Demut um Deinen allmächtigen Beistand für unser deutsches Vaterland. Segne die gesamte deutsche Kriegsmacht. Führe uns zum Siege und gib uns Gnade, dass wir auch gegen unsere Feinde uns als Christen erweisen. Laß uns bald zu einem die Ehre und die Unabhängigkeit Deutschlands dauernd verbürgenden Frieden gelangen".[158]

Auch spielten die Pfarrer an der *„Heimatfront"* eine wichtige Rolle. Nachdem zunächst die Information der Familie über den Tod eines Soldaten dadurch erfolgte, dass die Feldpost mit dem Vermerk *„tot"* oder *„gefallen"* zurückgeschickt wurde, informierte der Oberkirchenrat in Berlin das Konsistorium am 10. November 1914 über ein neues Verfahren. Nun sollten die Postämter solche Sendungen erst dem Pfarrer zustellen, damit *„so dem letzteren die willkommene und fruchtbarste Gelegenheit zur Darbietung seelsorgerlichen Trostes geboten werde"*.[159] Der Staat, das Militär schickte die Soldaten in den Tod. Aber die schwere Mitteilung über den Tod des Soldaten erfolgte durch einen kurzen Vermerk auf der zurückgeschickten Post, und die Überbringung erfolgte durch den Pfarrer, dem dieser Dienst noch willkommen sein sollte. Später gab es dann auch noch eine Urkunde.

Von der immer noch engen Verbundenheit der evangelischen Kirche mit der Monarchie zeugte der *„Fest-Gottesdienst zum 500jährigen Hohenzollern-Jubiläum am 24. Oktober 1915 unter Mitwirkung des Vaterländischen Männerchors der Verwundeten zu Frankfurt am Main"* in der St. Katharinenkirche. Das Programm[160] sprach für sich (S. 132 f.).

Je länger der Krieg dauerte, desto unzufriedener wurde die Bevölkerung und desto stärker wurden die Zweifel am Sinn des Krieges. Die Tatsache, dass es seit 1916 faktisch eine Militärdiktatur unter Paul von Hindenburg und Erich Ludendorf gab, forderte geradezu nach Veränderungen hin zu mehr Demokratie. Die Monarchie wankte, weshalb man sich nun verstärkt der evangelischen Kirche als Stabilisator der überkommenen gesellschaftlichen Strukturen zu bedienen suchte. In einem geheimen Schreiben vom 19. April 1917

GEMEINDE
Lobe den Herrn, den mächtigen König
der Ehren; ... 3 Strophen.
Eingangsspruch

GEBET
Ansprache: Per aspera ad astra.

1415: Gruß Friedrichs von Zollern
an die Mark Brandenburg.
*(Aus „Die Quitzows" von
Ernst von Wildenbruch.)*

CHOR: Hohenzollern-Hymne
Hohenzollerngeschlecht,
Umstrahlet von Lorbeergeflecht,
Dein Wandel ist gotterleuchtete Art,
Dein Walten ist Stärke, mit Demut gepaart,
Dein Wachstum ist Größe um Tugend
geschart,
Dein Wille ist Kampf für Gesittung
und Recht! ... 3 Strophen.

1617: Aus dem politischen Testament
des Großen Kurfürsten.

CHOR:
Hör uns! Gott, Herr der Welt,
Dem sich alles beuget,
gib unserm Bunde dein Gedeih'n!
Segen das Land, das uns erzeuget!
Auf deinen Schutz bau'n wir allein!
... 3 Strophen.

1757: Brief Friedrichs des Großen an
seine Schwester vor den Schlachten
von Roßbach und Leuthen.

GEMEINDE:
Der Choral von Leuthen.
Nun danke alle Gott mit Herzen Mund
und Händen, ...3 Strophen.

1813: Der Aufruf Friedrich Wilhelms III.
„An mein Volk"!

CHÖRE:
Vater ich rufe dich!
Brüllend umwölkt mich der
Dampf der Geschütze;
Sprühend umzucken mich
rasselnde Blitze;
Lenker der Schlachten, ich rufe dich!
Vater du führe mich! ... 3 Strophen.

Morgenrot! Morgenrot!
Leuchtest mir zum frühen Tod?
... 4 Strophen.

1871: Wilhelms I. Thronrede zur
Eröffnung des ersten Reichstages.

GEMEINDE:
Heil dir im Siegerkranz,
Herrscher des Vaterlands,
Heil, Kaiser, Dir!
Fühl in des Trones Glanz
Die hohe Wonne ganz,
Liebling des Volks zu sein!
Heil, Kaiser Dir! ... 2 Strophen.

1914: Ansprache Wilhelms II. am
1. August 1914 an das Volk.

CHOR: Wir treten zum Beten.
Wir treten zum Beten vor Gott
den Gerechten,

> Er waltet und haltet ein
> strenges Gericht,
> Er läßt von den Schlechten nicht
> die Guten knechten,
> Sein Name sei gelobt, er vergißt
> unser nicht. ... 3 Strophen.
>
> SOLO: Der Segen des Kaisers.
> Da Gott dir gab den Herrschertron,
> Das Erbe deiner Ahnen,
> Voll Segen lenkst du, Zollernsohn,
> Der Deutschen Lebensbahnen.–
> Mit Gott! Dein Haus, dein Volk,
> und Land
>
> "Gut Zollre allerwegen".
> So führst du segnend unsre Hand
> Dem deutschen Heil entgegen.
> ... 3 Strophen.
>
> GEBET.
>
> Gemeinde:
> Und wenn die Welt voll Teufel wär
> Und wollt uns gar verschlingen,
> So fürchten wir uns nicht so sehr,
> Es soll uns doch gelingen.
> ... 2 Strophen aus „Ein feste Burg ..."
>
> Segen.

forderte das Kriegsministerium das Konsistorium auf, wieder den „*monarchischen Gedanken*" zu verbreiten.[161] Darin hieß es u.a.: „*In dem Maße, wie unsere Gegner mehr und mehr zu der Einsicht kommen, dass sich ein für sie günstiger Ausgang des Krieges mit den Waffen nicht erzwingen lässt, wenden sie sich anderen Mitteln zu. In der richtigen Erkenntnis, dass der Grund unserer Stärke in den durch jahrhundertealte Wechselbeziehungen zwischen Herrscherhaus und Volk gefestigten inneren Zuständen liegt, entfalten sie neuerdings immer unverkennbarer eine rege Tätigkeit, dieses glückliche Verhältnis zu stören und uns den Erfolg durch Bereitung innerer Schwierigkeiten zu entreißen. Jedes Mittel zur Erreichung dieses Zwecks ist ihnen recht und mir liegen Beweise vor, dass auch feindliche Agenten nach dieser Richtung an der Arbeit sind. Diese Bestrebungen finden bei dem radikalen Teile der deutschen Sozialdemokratie wirksame Unterstützung ... Für unbedingt notwendig halte ich es aber auch und glaube hierin der Zustimmung Eurer Exzellenz sicher zu sein, dass zur Stärkung des monarchischen Gedankens Schule und Kirche herangezogen werden.*"

In diesem Zusammenhang war auch der Vorschlag des Generalkommandos gegenüber dem Konsistorium vom 15. Mai 1917 zu sehen, einen Pfarrer als Verbindungsmann zur Pressestelle des Heeres zu benennen.[162] Dies alles zeigte, wie sehr die Bevölkerung sich inzwischen vom Staat entfremdet hatte. Nur war die Kirche in Frankfurt kaum näher an der Bevölkerung als der Staat. Jahre der Not strapazierten eben die Opferbereitschaft und bestärkten die Zweifel am Sinn des Krieges. So wies dann auch das Konsistorium die Pfarrer an, Zweifel der Kirchenbesucher an der Sinnhaftigkeit des Krieges auszuräumen.[163] In weiteren Schreiben des Kriegsministeriums wurden die Geistlichen aufgefordert, die Gemeindeglieder nicht nur in

Predigten und Ansprachen für den gefährdeten Staat zu gewinnen, sondern auch in der Seelsorge. Am 2. November 1918 erhielt das Konsistorium ein letztes Schreiben dieser Art, von Generalfeldmarschall Paul von Hindenburg über das Stellvertretende Generalkommando des XVIII. Armeekorps, in dem es um die bevorstehende Revolution ging: *„Die rege Agitation umstürzlerischer Elemente, welche darauf abzielt, die gleichen Zustände wie sie in Russland herrschen, in Deutschland herbeizuführen, bildet eine nicht zu unterschätzende Gefahr. Infolge der langen Kriegsdauer, der Lebensmittel-Schwierigkeiten und des Umschwungs der militärischen Lage herrscht eine weitverbreitete Mißstimmung. Es erscheint eine besonders wichtige und dankbare seelsorgerliche Aufgabe den Einzelnen, insbesondere den Frauen, eindringlichst klar zu machen, dass durch revolutionäres Vorgehen die Verhältnisse nicht verbessert sondern verschlimmert würden, unter denen jeder einzelne schwer zu leiden hätte ....'*[164] Wie weit das alles befolgt wurde, ist allerdings nicht bekannt.

2.11.2 Der Kriegsbeginn als Gemeinschaftserlebnis

Der Mord in Sarajewo wurde zwar in Frankfurt mit Bestürzung aufgenommen, war aber kein Anlass zur Beunruhigung.[165] Als jedoch am Abend des 25. Juli 1914 das Ultimatum Österreichs an Serbien ablief, bewegte sich eine große Menschenmenge in der Innenstadt und insbesondere zum Bahnhof, zu den Stellen also, an denen man neueste Informationen erwartete. Als bekannt wurde, dass Österreich die serbische Antwort als unzureichend erachte, wurden Hochrufe auf die Donaumonarchie ausgebracht. Andererseits kritisierte die SPD in den folgenden Tagen in mehreren Veranstaltungen die Kriegspolitik. Als am 29. Juli bekannt wurde, dass Russland zunächst im Süden mobil macht, und dann am 30. Juli die Generalmobilmachung folgte, strömten die Massen wieder auf der Suche nach Informationen durch Frankfurt. Nun wurde von einer gedrückten Stimmung berichtet. Auch setzten Panikkäufe ein. Die Preise für die wichtigsten Lebensmittel stiegen sofort. Banken und Sparkassen wurden bestürmt, um Geld abzuheben. Hunderte von Brautpaaren beantragten bei den Standesämtern Trauungstermine. Gegen Abend gingen die Menschen wieder auf die Straße, nun besorgt und angespannt. Als dann die Nachricht von der deutschen Mobilmachung kam, machte sich eine Entspannung breit. Drüner schrieb, dass es keine *„hurrapatriotische Begeisterung"* gab, dass der Ernst die Herzen erfüllte. Etwa 100.000 Menschen fanden sich auf dem Bahnhofsvorplatz ein. Die Stimmung war geprägt durch den Willen, den nicht mehr zu verhindernden Krieg mutig und einig zu führen. Sie war ernst und gefasst, aber zuversichtlich.[166] Dabei hatte man das Gefühl einer großen inneren Verbundenheit des ganzen Volkes und lebte davon noch eine ganze Zeit. Man sprach von vaterländischer Erhebung, vom Idealismus, der einen führe, und von den starken sittlich-religiösen Kräften des eigenen Volkes.

Am ersten Tag der Mobilmachung (2. August) waren die Kirchen ebenso überfüllt wie am 5. August, dem Landesbuß- und Bettag. Es war wohl die Angst vor dem Kommenden, auch das Gefühl einer schweren Heimsuchung, das die Menschen bewegte und sie in der Kirche Zuflucht suchen ließ. Die Pfarrer an der St. Katharinenkirche, die gerade renoviert wurde, feierten je zweimal im Saal des Palmengartens und im Kaufmännischen Verein Gottesdienst. Der Pfarrer der Paulskirche, Julius Werner, hielt nach dem überfüllten Gottesdienst in der Kirche noch eine Ansprache auf dem Paulsplatz. Seinen Worten ist wohl die allgemeine Stimmung in der Kirche zu entnehmen: *„Wir wollen uns abkehren von den Götzen einer gott- und zuchtverlassenen Außenkultur. Allen Verlockungen, bloß irdischer Macht zu vertrauen, setzen wir ein eisernes Nein entgegen. Mit ganzer Wucht und heiligem Willen vertrauen wir Gott, legen unser Leben und unseres Volkes Zukunft in seine starke Hand"*.[167] Gerne wurde *„Ein feste Burg ist unser Gott"* gesungen. Auch das ein Zeichen dafür, dass man für eine gerechte und heilige Sache zu kämpfen meinte. Dass der Gegner sich auf denselben Gott berief, dass man Gott für die eigenen Zwecke vereinnahmte, kam nicht in den Sinn. In der Folgezeit gab es in vielen Gemeinden ein- oder zweimal in der Woche Kriegsbetstunden.

Das Geschehen zeigt sich also etwas anders als das, was den Deutschen viele Jahrzehnte vermittelt worden ist. Haben sie nicht alle die Bilder von der Kriegsbegeisterung vor Augen, von begeisterten Zivilisten und von begeistert in den Krieg ziehenden Soldaten? Begeisterte Zivilistenbilder fand man in Berlin, aber nicht in Frankfurt. Die geistige Mobilmachung war eines Sache der Hochschullehrer (auch hier vor allem der Berliner)[168] und der Gymnasiallehrer[169], aber auch der Künstler.[170] Gymnasiasten auf humanistischen Gymnasien waren schon lange vor dem Krieg mit dem antiken Ideal *„dulce et decorum est pro patria mori"* - „süß und ehrenvoll ist es, für das Vaterland zu sterben", vertraut gemacht worden. Der berühmte evangelische Theologe Adolf von Harnack entwarf zusammen mit dem Historiker Reinhold Koser den Aufruf Wilhelms II. an sein Volk.[171]

Die Bedeutung des Gefühls der inneren Verbundenheit des Volkes wurde später oft betont. Mit dem Terminus *„Volksgemeinschaft"* verwendeten es die Nationalsozialisten werbewirksam, förderten es mit ihren Massenveranstaltungen und benutzten es, um gesellschaftliche Gruppen auszuschließen. Man kann es nur verstehen angesichts des früheren Gefühls der inneren Gespaltenheit. Der populäre, liberale Frankfurter Pfarrer Willy Veit war dafür ein Beispiel. In seiner *„Ansprache an die Konfirmanden bei der Konfirmationsfeier am 6. April 1913"*[172] knüpfte er an die Konfirmandenstunden an und sagte dann: *„Ich will euch sagen, warum diese Erinnerung mir wichtig ist. Seht, ihr geht jetzt auseinander. ... Jedes von euch wird im Leben, die einen früher, die anderen später, in seinen Kreis treten, in den Kreis seiner Berufs- und Standesgenossen, und die geistige Luft, die Interessen und die Anschauungen dieses Kreises einatmen. Das führt leicht zu einem nicht nur äußeren, sondern inneren Sich-Abschließen gegenüber den anderen Berufen, gesellschaftlichen Klassen und Schichten. Und dieses Abschließen geht dann sehr leicht über in eine Interesselosigkeit an dem Geschick der anderen Schichten, ja sogar in einen gewissen Gegensatz, gar in offene Feindschaft. Denn das ist die tiefbedauernswerte Tatsache unseres heutigen Lebens, besonders bei uns in Deutschland, daß die einzelnen Schichten und Stände sich nicht mehr verstehen, daß sie nur das Trennende sehen, und daß gewissenlose Hetzer oben wie unten den Klassengegensatz und die Klassenfeindschaft noch zu vermehren suchen. Da werden dann die Angehörigen eines anderen Standes hingestellt als schlechte Kerle, und dies Urteil wird geglaubt. In dieser Weise betrachtet heute oft der Arbeiter den Prinzipal und der Prinzipal den Arbeiter, die Herrschaft das Dienstmädchen und das*

Dienstmädchen die Herrschaft. Wenn solche Versuche, euch zu Klassengehässigkeit zu treiben, an euch herantreten, dann will ich, daß die Gesichter eurer Mitkonfirmanden und Mitkonfirmandinnen vor euch auftauchen ... dann bekommt ihr das Gefühl, dass doch alles miteinander nette Kerlchen und nette Dingelchen gewesen sind, auch die, ja vielleicht gerade die, die nicht eurem Stand und eurer gesellschaftlichen Schicht angehörten. Das ist's, worauf mir's ankommt: ihr sollt im Leben die Menschen nicht beurteilen und verurteilen nach der Zugehörigkeit zu der oder jener Schicht und Klasse. Ihr sollt in jedem Menschen den Menschen sehn und suchen ..."

Lag es da nicht nahe, im Sommer 1914 die Bündelung aller Kräfte für den Krieg als großes Gemeinschaftserlebnis zu interpretieren und zu feiern? Und zu hoffen, dass diese Einheit, die keine Klassen mehr zu kennen schien, auf Dauer erhalten werden könne?

2.11.3 Pfarrer in Militärdienst, Militär- und Gefangenenseelsorge

Überblick
Im Frankfurter Kirchenkalender 1937[173] erinnerte Pfarrer Aldalbert Pauly an die Beteiligung Frankfurter Theologen im Kriege, auch jener, die erst später nach Frankfurt gekommen waren. Dabei nannte er zunächst als Gefallene Pfarrer Otto Zurhellen, den Kandidaten der Theologie Bernhardt Bethge und vier Frankfurter Theologiestudenten. Jeder wurde kurz gewürdigt. Sodann wurden vier Frankfurter Pfarrerssöhne erwähnt, die ihr Leben im Krieg verloren hatten. Darunter war Eugen Kahl d. Ä., der Sohn des Pfarrers Ernst Kahl und Bruder von Dr. Fritz Kahl, der wegen seiner Hilfe für Juden im Dritten Reich als Gerechter der Völker in Erinnerung ist. Fünf Pfarrer haben Kriegsdienst mit der Waffe geleistet: Alfred Adam, Adolf Allwohn, Wilhelm Knöll, Johannes Kübel und Hermann Marhold. Neun Pfarrer waren Feldgeistliche: Karl Eschenröder, Erich Meyer, Ernst Nell, Heinrich Palmer, Alexander Pelissier, Fritz Petermann, Karl Schwarzlose, Georg Struckmeier und Karl Veidt. Pfarrer Otto Haas war als Sanitäter an der Front. Der Nachruf auf Otto Zurhellen und die erhaltenen Berichte der Kriegsteilnehmer zeugen von dem inneren Engagement der Pfarrer als Kriegsteilnehmer. Sie lassen aber auch erkennen, in welch hohem Maß sich diese Pfarrer dem Staat, der doch den Krieg führte, verpflichtet fühlten.

Totenehrung
Otto Zurhellen fiel bereits im Herbst 1914 bei Andechy an der Westfront. Sein früher Tod erschütterte die Frankfurter Pfarrerschaft. Davon zeugte der Nachruf auf ihn von Senior Bornemann im Frankfurter Kirchenkalender,[174] in dem es u. a. hieß: *„Neben ... trauern wir um einen Mann, der in der Blüte der Jahre als einer der Edelsten im deutschen evangelischen Pfarrerstande uns entrissen ist. Wohl wenige Nachrichten haben in der gewaltigen Erregung und Spannung der Kriegszeit innerhalb unserer Stadt einen so tiefen, erschütternden und nachhaltigen Eindruck hervorgerufen, wie die Kunde von dem am 4. November 1914 erfolgten Heldentode des Pfarrers Lic. Otto Zurhellen. Dieser Heldentod war die herrliche Vollendung eines einheitlichen, von reinem Heldensinn durchglühten Lebenswerkes. ... Ausgestattet mit den reichsten Gaben des Geistes und des Gemütes, wissenschaftlich und künstlerisch durchgebildet, des Wortes und des Liedes mächtig, gesegnet durch Elternhaus und Familienleben, unermüdlich im Schaffen und Wirken für seine Gemeinde und für unser deutsches*

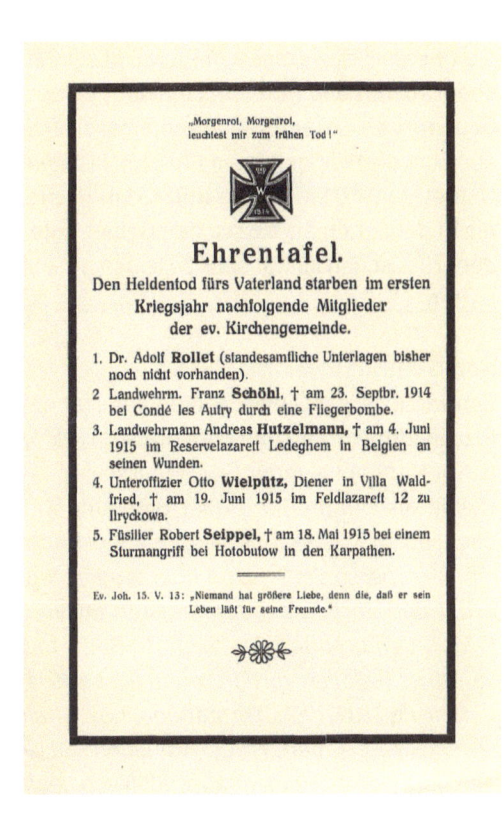

> "Morgenrot, Morgenrot,
> leuchtest mir zum frühen Tod!"
>
> **Ehrentafel.**
> Den Heldentod fürs Vaterland starben im ersten
> Kriegsjahr nachfolgende Mitglieder
> der ev. Kirchengemeinde.
>
> 1. Dr. Adolf **Rollet** (standesamtliche Unterlagen bisher noch nicht vorhanden).
> 2. Landwehrm. Franz **Schöhl**, † am 23. Septbr. 1914 bei Condé les Autry durch eine Fliegerbombe.
> 3. Landwehrmann Andreas **Hutzelmann**, † am 4. Juni 1915 im Reservelazarett Ledeghem in Belgien an seinen Wunden.
> 4. Unteroffizier Otto **Wielpütz**, Diener in Villa Waldfried, † am 19. Juni 1915 im Feldlazarett 12 zu Ilryckowa.
> 5. Füsilier Robert **Seippel**, † am 18. Mai 1915 bei einem Sturmangriff bei Hotobutow in den Karpathen.
>
> Ev. Joh. 15. V. 13: "Niemand hat größere Liebe, denn die, daß er sein Leben läßt für seine Freunde."

Abb. 34 Ehrentafel Schwanheim

Volk, jugendfrisch und tatenfroh, freimütig und freundlich, und nun als Held fürs Vaterland gefallen."

Die Erinnerung an die Toten im Frankfurter Kirchenkalender 1937 wurde unter das Bibelwort „Niemand hat größere Liebe, denn die, daß er sein Leben lässet für seine Freunde." Joh. 15, 13 gestellt. Hinzu kam ein Gedicht von Walter Flex, dem ebenfalls jung gefallenen Dichter, der in den zwanziger und dreißiger Jahren sehr verehrt wurde.

> *„Wir sanken ein für Deutschlands Glanz:*
> *Blüh' Deutschland uns als Totenkranz.*
> *Der Bruder, der den Acker pflügt,*
> *Ist mir ein Denkmal wohlgefügt.*
> *Die Mutter, die ihr Kindlein hegt,*
> *Ein Blümlein überm Grab mir pflegt.*
> *Die Büblein schlank, die Dirnlein rang*
> *Blühn mir als Totengärtlein Dank.*
> *Blüh', Deutschland, überm Grabe mein,*
> *Jung, stark und schön als Heldenhain."*

Kriegsberichte
Johannes Kübel
Kübel, der vor seiner Frankfurter Tätigkeit von 1901 bis 1909 Militärpfarrer in Bayern gewesen war, meldete sich 1914 zum Dienst mit der Waffe. Er kehrte aus dem Krieg als Oberleutnant zurück. In seinen Erinnerungen beschrieb er seine Situation und seine Haltung so:[175]

„Daß ich 1914 mit der Waffe ins Feld zog, rechnete mir meine Gemeinde anfangs hoch an. Aber mein Vertreter, ein ehemaliger Missionar, an sich ein tüchtiger und liebenswerter Mensch, stahl mir nach und nach die Herzen der Gemeinde. Seine frische Persönlichkeit, seine unmittelbar zugreifende Predigt mit ihren Gesangbuchversen und Bibelsprüchen, und daß er von keiner, auch nicht der leisesten Problematik berührt war, verdunkelten im Lauf der Zeit mein Bild bei der Gemeinde. Vielleicht hätte ein Teil meiner Gemeinde und mein Vertreter selbst es gern gesehen, wenn ich den Heldentod gestorben wäre; dann wäre die Bahn für ihn auf ehrenvolle Weise frei gewesen. Aber ich kam zurück, und mein Vertreter scheute sich nicht vor der Bemerkung, er komme sich vor, wie ein Hund, der keine Hütte mehr hat; und dies, obwohl ihm baldigst ein neues, schönes Amt zufiel. ...

Erschwerend wirkte sich nach meiner Rückkehr im Jahr 1917 noch dies aus: ich kam aus dem Feld mit aller Frische, allem vaterländischen Gefühl und mit dem unerschütterten Glauben an den deutschen Sieg zurück und gab meiner Überzeugung auch in der Predigt

Ausdruck. Die Gemeinde aber war kriegsmüde, der defaitistischen Agitation aufgeschlossen und wollte von Krieg und Sieg nichts mehr hören. Als ich mich gar dazu bestimmen ließ, den Vorsitz in der von der politischen Linken gehaßten Vaterlandspartei zu übernehmen, wurde ich zum Kriegstheologen und nationalistischen Hetzer gestempelt. Ich gewann aber aus den denselben Gründen auch neuen Boden. Als die Revolution ausbrach, mehrte sich die Zahl der Männer und Frauen, die aus meiner klaren und festen Überzeugung neuen Mut für sich selbst gewannen. Von dieser Zeit an hatte ich endgültig gewonnen. Mit dem relativen Frankfurter Maßstab gemessen, hatte ich fortan einen guten Besuch meiner Gottesdienste. Neben dem Gros der einfachen Leute stieg in meinen Gottesdiensten die Zahl der Intellektuellen, die auf meine Art eingestellt und mir mit einer fast beschämenden Treue zugetan waren."[176]

Heinrich Palmer

Palmer war als Lazarettpfarrer Etappeninspektor der Etappenkommandantur 32 in Kibarty (heute Kibartai) in Litauen, dicht an der Grenze zu Ostpreußen. Im Frankfurter Kirchenkalender 1916[177] berichtete er aus seiner Arbeit als Lazarettpfarrer bei der Etappe. Diese Arbeit sei eigentümlich und nicht so leicht, da er es i. d. R. mit leichter Verwundeten und Kranken zu tun habe.

„Es gibt nicht so viel zu trösten, als aufzumuntern, zu erfrischen, zu ermahnen. Die ernsten Eindrücke von den Kämpfen in der Front, von der erfahrenen gnädigen Bewahrung verflüchtigen sich bei manchen rasch, es gilt, sie festzuhalten, zu klären, zu vertiefen. Es gilt, denen, die wieder zur Front gehen, die geistliche Rüstung aufzufrischen, Mut und Freudigkeit zu beleben. Es gilt, in den stillen Wochen der Schonung allerlei Fragen, die erwacht sind, zu beantworten und gute Entscheidungen herbeizuführen." Daneben kümmerte er sich auch um die evangelischen Christen in einem Gebiet von 40 km Länge und 15 km Breite, die in dem ehemals russischen Gebiet unter dem russischen Militär sehr zu leiden gehabt hätten.

Karl Schwarzlose

Schwarzlose war Gouvernementspfarrer der Provinz Antwerpen und berichtete im Frankfurter Kirchenkalender 1917[178] von seiner Tätigkeit als Feldprediger über Bibel und Kirchenlied im Kriege. *„Als Feldprediger konnte ich mich persönlich davon überzeugen, wie ernst und ehrlich bei den meisten unserer Feldgrauen draußen das religiöse Bedürfnis ist. Ob es bei allen vorhält, wenn die Lebensgefahr des Krieges überstanden, das ist allerdings eine andere Frage. Auf jeden Fall ist aber im Felde in Hunderttausenden von deutschen Männern ein ernsthaftes religiöses Nachdenken und aufrichtiges Gottsuchen erwacht, das sich äußerlich auch in freudiger Beteiligung an den Gottesdiensten, in Beschäftigung mit der Bibel und nicht zum wenigsten in einer begeisterten Wertschätzung unserer Choräle einen Ausdruck gibt. Regelmäßig nach den Gottesdiensten und auch sonst findet für unsere Soldaten Verteilung von guten Schriften statt. Wie häufig bin ich von Kameraden aller militärischen Grade um ein Neues Testament oder um die Psalmen angegangen worden! ... Das Neue Testament mit den Psalmen als Anhang ist unzweifelhaft das verbreitetste Buch bei unsern Brüdern im Waffenkleide. ... Am beliebtesten sind nach meiner Beobachtung Psalm 3, 23, 44, 88, 121 und namentlich Psalm 91: Wer unter dem Schirm des Höchsten sitzet und unter dem Schatten des Allmächtigen bleibt, der spricht zu dem Herrn: Meine Zuversicht und meine*

*Burg, mein Gott, auf den ich hoffe." * Ähnliches schilderte er von den Liedern im Evangelischen Feldgesangbuch, wobei hier das *„Ein feste Burg"* in der Beliebtheitsskala obenan stünde.

Karl Veidt
Veidt hat seine Kriegserlebnisse in seinen Erinnerungen ausführlich beschrieben.[179] Darin begegnet er einem als überzeugter Soldat, der seinen Dienst als Feldgeistlicher engagiert auch in vorderster Front versah. Zu Kriegsbeginn Gemeindepfarrer in Wiesbaden, hatte er sich schnell als Kriegsfreiwilliger gemeldet, musste aber zunächst noch einige Wochen in Wiesbaden Dienst tun. Von den Abschiedsgottesdiensten für die ausziehenden Soldaten hielt er fest: „Es war er*schütternd zu sehen und mitzuerleben, wie die jungen Kriegsfreiwilligen nur von der einen Frage beherrscht wurden: ‚Werden wir auch noch zurechtkommen?', und wie sie dann vor Langemarck und den anderen Orten im Westen und Osten in Scharen gefallen sind."*[180]

Er selbst hatte sich am 1. Oktober in Darmstadt zu melden, traf dort seinen Freund Rudolf Zentgraf, bekam sein Pferd und seinen Burschen und die Ausrüstung. Vom Darmstädter Bahnhof aus ging es durch Rheinhessen, wo die Bevölkerung Trauben und anders Obst an den Zug brachte. ... *„es war eine echte, herzliche Volksgemeinschaft. Wir waren alle wie die Kinder. Wir ahnten nicht, was ein moderner Krieg bedeutet. Wir sollten es zu spüren bekommen."*[181] Vieles davon bekam er unmittelbar mit, weil er sich mit den Soldaten identifizierte und es seine Aufgabe darin sah, den Soldaten in vorderster Front Beistand zu leisten, im Argonner Wald ebenso wie vor Verdun. So wurde ihm auch auf Antrag von Frontoffizieren das Eiserne Kreuz

Abb. 35 Karl Veidt

1. Klasse verliehen, eine Auszeichnung, die nur wenige Militärpfarrer erhielten. Weil es wohl seiner Sicht der Dinge entsprach, zitierte Veidt in seinen Erinnerungen aus einer Regimentsgeschichte: *„Der Frontsoldat war stets ein Wanderer zwischen zwei Welten. Für viele war der Weg nur kurz. Allen aber stand dauernd der Tod als Führer in jene andere Welt zur Seite. Wer stets gewärtig sein muß, aus dieser Welt abgerufen zu werden, der hat das Verlangen, wenn auch unausgesprochen, nach seelischer Bereitschaft für diesen schweren Gang. Fast jeder Soldat hatte seinen Glauben an Gott oder fand ihn wieder im Trommelfeuer ... Dieser Glaube, dieses beruhigende Gefühl des Geborgenseins in Not und Gefahr gab dem echten Soldaten die Kraft, dem Tode mit Mut entgegenzugehen. Eine Steigerung erfuhr diese Kraft durch das Wort des berufenen Seelsorgers und die Macht der*

zum Gottesdienst versammelten Gemeinschaft."[182]

Im Verlauf des Krieges merkte auch Veidt, wie die Kräfte erlahmten. Er erinnerte sich an all die tüchtigen Männer, die ihr Leben verloren hatten, und vermisste diese Tüchtigkeit bei denen, die nachrückten. Das ließ ihn aber nicht an seiner Einstellung zum Kriege zweifeln. *„Im Herbst 1917 wurde ich überraschend nach Deutschland abkommandiert. Man hatte eine Anzahl von bewährten Feldgeistlichen und Offizieren dazu bestimmt, durch Vorträge der Heimat den Rücken zu stärken. Es war eigentlich kein Zweifel, daß sich hinter unserem Rücken Niedergangserscheinungen zeigten. Wir merkten es draußen im Feld am deutlichsten an dem Ersatz, den wir bekamen. Sie brachten eine Einstellung mit, die wir nicht kannten. Im Feld wurde das bald überwunden, aber die Zeichen des Verfalls waren nicht zu übersehen; die marxistische Zerstörungsarbeit war im Gange, darüber bestand kein Zweifel. Das empörende Verhalten des Reichstages, der sich als Beschützer an offenkundigen Meutereien lobte, mußte verheerend wirken. Zugegeben, die Wirtschaftslage war damals verödet, die Bevölkerung mußte schwere Not und Entbehrung tragen. Aber sie hätte sich nie so auswirken können, wie es später im Zusammenbruch der Heimat und in der Revolution zu Tage trat, wenn der marxistischen und demokratischen Arbeit rechtzeitig das Handwerk gelegt worden wäre. Wir erfüllten in jenen Wochen eine wichtige und notwendige Aufgabe, indem wir den Geist der Truppe in die Heimat trugen und der Vergiftung der Kampfmoral, die uns im Rücken bedrohte, leidenschaftliche Kämpfe ansagten."*[183]

Veidt setzte alle Hoffnung auf die *„Ludendorff-Offensive"* Anfang 1918. Aber ihm wurde auch klar, dass beim Scheitern dieser Offensive der Krieg militärisch nicht mehr zu gewinnen war. Da er nun wegen der Personalsituation in der Paulsgemeinde in der Heimat gebraucht wurde, kehrte er zurück. *„Das aber habe ich mir, als ich zurückkehrte, geschworen: Unerbittlicher Kampf sei angesagt dem Geist der Zersetzung und Zermürbung, der am Werke ist, dem kämpfenden Heer, das solche Wunder der Tapferkeit vollbracht hat und noch vollbringt, den Speer in den Rücken zu stoßen. Und diesen Schwur habe ich gehalten."*[184] Eine solche Haltung fand aber zunehmend weniger Verständnis in einer von einem aussichtslosen Krieg ermüdeten Bevölkerung.

Charles Correvon in der Kriegsgefangenenseelsorge
Etwas anders waren demgegenüber Haltung und Handeln von Charles Correvon. Er stammte aus der Schweiz, wo er nach dem frühen Tod seines Vaters in ärmlichen Verhältnissen aufgewachsen war. Mit einem Stipendium konnte er in Genf Theologie studieren und kam dort mit dem CVJM in Kontakt. Über diesen machte er erste internationale und ökumenische Erfahrungen. Auch beeindruckten ihn 1875 evangelistische Veranstaltungen so sehr, dass er später bekannte: *„Ich erkannte theoretisch, aber noch mehr praktisch die grandiose Verkündigung der prinzipiellen Befreiung aus der Sklaverei der Sünde durch die persönliche und organische Einheit mit dem gekreuzigten und auferstandenen Christus. ... Eine ganz neue Atmosphäre inneren Friedens, von Demut und heiterer Freude hüllte uns ein"*.[185] Obwohl nach eigener Aussage *„croque-teuton"* (Deutschenfresser), nahm er 1880 mit 24 Jahren die ihm angebotene Vikarsstelle an der Frankfurter Französisch-reformierten Gemeinde an und erhielt 1881 dort eine der beiden Pfarrstellen. *„Neben einer großen Herzlichkeit prägte ihn*

auch eine tiefe persönliche Frömmigkeit. Seine von der Erweckung geprägte Theologie ging bei ihm mit großer Liberalität einher. So gratulierte er regelmäßig seinem jüdischen Nachbar zum Passahfest. Er schätzte den Hofprediger Adolf Stoecker und seine Christlich-Soziale Partei, machte ihm bei dessen Besuch im Frankfurter Pfarrhaus auch aber deutlich, wie sehr er seinen Antisemitismus ablehnte."[186] Trotzdem wurde Correvon 1914 von der nationalistischen Begeisterung erfasst. Er vertrat die verbreitete Geschichtstheologie, die den Krieg als Rache oder Strafe Gottes für das Fehlverhalten Deutschlands und seiner Kriegsgegner deutete. Das hinderte ihn jedoch nicht daran, den Auftrag zur Seelsorge an französischsprachigen Kriegsgefangenen an- und aufopferungsvoll wahrzunehmen.

Zur Militärseelsorge gehörte auch die Gefangenenseelsorge. Im Oktober 1914 regelte das ein Erlass des Preußischen Kriegsministeriums.[187] Danach sollte diese Seelsorge vorrangig von unter den Gefangenen befindlichen Geistlichen wahrgenommen werden. Reichte das nicht aus, sollten inländische sprachkundige Geistliche dies tun. Sie sollten dafür eine Entschädigung erhalten. Diese Regelung erging spät, denn es befand sich schon eine große Zahl Gefangener in den deutschen Händen. Auch dauerte die Umsetzung lange, weil verschiedenste Behörden zu beteiligen waren und die Militärverwaltung noch mit dem Aufbau der Gefangenenlager beschäftigt war. So waren zunächst Einzelinitiativen gefordert. Dazu gehörte ein Antrag der Großherzogin-Witwe Luise von Baden, einer preußischen Prinzessin, an das Preußische Kriegsministerium. Sie bat, dem Frankfurter Pfarrer Charles Correvon, den sie bei einer Predigt in Karlsruhe kennen gelernt hatte, die Erlaubnis zur geistlichen Betreuung der evangelischen französischen Gefangenen zu erlauben. Am 4. Januar 1515 gestattete das Ministerium Correvon, „die Kriegsgefangenen- und Konzentrationslager sowie die Lazarette zur Ausübung der Seelsorge an den evangelischen französischen Kranken und Gefangenen zu besuchen."[188] Eine Aufstellung von 1915 zählte 44 Lager auf, in denen es 597 evangelische französische Gefangene gab.[189] Diese Zahl erscheint nicht gerade hoch. Correvons Tätigkeitsbericht zeigte allerdings andere Zahlen und, dass ihn offenbar auch viele nicht evangelische Gefangene in Anspruch nahmen. Zudem waren die von ihm zu Betreuenden weit verstreut. Nach 10 Monaten Tätigkeit blickte Correvon auf Besuche in 70 bis 80 Lagern zurück. Bis zum Ende des Krieges waren es etwa 350 Bahnfahrten von insgesamt etwa 100.000 Kilometern und 600 bis 700 Gottesdienste mit zwischen 30 und 300 Teilnehmern.[190]

Correvon unternahm jedenfalls schon bald zwei Rundreisen zu den in Betracht kommenden Lagern vor allem in westlichen Deutschland. Wo nötig, hielt er Gottesdienste, wo möglich, nahm er Kontakt mit den mit der Gefangenenseelsorge beauftragten Pfarrern auf. Überall versuchte er die Namen der evangelischen Gefangenen festzustellen, um Kontakt mit deren Angehörigen aufnehmen zu können. Hieraus ergab sich eine enge Zusammenarbeit mit dem zentralen Suchdienst für Kriegsgefangene aus westlichen Ländern des Deutschen Roten Kreuzes, der sich in Frankfurt befand. (Weibliche) Frankfurter Gemeindeglieder konnten dabei eine eigene Abteilung für die evangelischen Gefangenen französischer Sprache aufbauen.[191] Anschließend versah er die anderen Geistlichen mit Literatur, Gesangbüchern, Neuen Testamenten usw.[192] Von Berlin aus wurde in ähnlicher Weise der reformierte Pfarrer Albert Nicole tätig und von Göttingen aus Prof. Dr. theol. Carl Stange. Die regelmäßige Seelsorge in den Lagern des XVIII. Armeekorps (vor allem Darmstadt, Gießen, Wetzlar und Meschede) übernahm er selbst mit Unterstützung seines Frankfurter Kollegen Emile Deluz.[193] Fast wöchentlich besuchte er diese Lager, die anderen in etwas größeren Abständen.

Überregional war Correvon außerdem tätig, indem er in Frankfurt eine Unterabteilung des *„Hilfsausschusses für Gefangenenseelsorge"* der evangelischen Kirche leitete. Denn von hier aus erfolgte die Verteilung von neuen Testamenten, Bibelteilen, Flugblättern, religiösen Kalendern, Liederheften usw. Hierzu gehörte auch eine von Correvon verfasste Predigtsammlung in französischer Sprache, die von den örtlichen Pfarrern verwendet werden konnte.[194] Die Schriften waren dem früheren Pfarrer der deutschen Gemeinde in Genf, Adolf Hoffmann, zu verdanken. Dieser sammelte in Genf Spenden und ließ die Schriften in der Schweiz drucken. Durch den Kirchendiener der französischen reformierten Gemeinde, F. Matthey, wurden sie dann in Deutschland versendet[195]. Für die Gefangenenseelsorge ergab sich die interessante Situation, dass es leichter fiel, Pfarrer zu finden, die die französische Sprache einigermaßen beherrschen, als solche, die die englische Sprache beherrschen.[196]

Correvon war Pfarrer der französisch-reformierten Gemeinde. Die Gemeinde stand diesen Aktivitäten ihres Pfarrers zwar kritisch gegenüber, gestattete sie ihm aber und übernahm zunächst auch die Reisekosten. Die Militärverwaltung sah Correvons Tätigkeit zunächst nur als *„private Liebestätigkeit"* an und verweigerte sogar einen Freifahrschein für die preußischen Eisenbahnen. Nur das XVIII. Armeekorps gewährte ihm freie Fahrt in seinem Bereich. Dieses legte dann auch die evangelischen französischen Gefangenen in Darmstadt zusammen und beauftragte Correvon mit der Seelsorge dort. Dafür erhielt er freie Fahrt und eine Entschädigung von zunächst 10 Mark.[197]

Correvons Frankfurter Gemeinde tat sich mit seinen Aktivitäten schwer. Als zunächst noch französischsprachige Gemeinde war sie im Krieg mit Frankreich eher bemüht herauszustellen, wie deutsch sie war und dachte.[198] Die Frankfurter Kirche und die Frankfurter Öffentlichkeit nahmen Correvons Aktivitäten nicht zur Kenntnis. In gängigen Quellen wie Hermann Dechents Kirchengeschichte oder dem Frankfurter Kirchenkalender wird der Kriegseinsatz der Pfarrer gewürdigt, Correvon aber nicht einmal erwähnt.

2.11.4 Der Krieg in der Heimat

Versorgungsengpässe
Ein besonderes Problem stellte von Anfang an die Versorgung der Bevölkerung mit Lebensmitteln dar.[199] Schon gleich nach Kriegsbeginn hatte der Magistrat 2.000 Säcke Mehl angekauft und unter Bedürftige verteilen lassen. Und doch gab es bereits da Unwillensbekundungen unter Arbeitslosen, die mit der allgemein verbreiteten positiven Stimmung der ersten Kriegstage nicht mehr zusammenpassten. Nachdem bereits mit Kriegsbeginn die Brotpreise angestiegen waren, stiegen im Dezember die Preise für Roggen- und Weizenmehl, Fleisch, Kartoffeln, Hülsenfrüchte, Schmalz, Kakao und anderes mehr deutlich an. Ein Zeichen für die Verknappung der Ware. Gründe waren der kriegsbedingte Mehrbedarf sowie der Handel und die Spekulation etwa mit Kartoffeln. Aber auch die städtische Lebensmittelkommission versäumte es trotz einer guten Ernte 1914,

> **10 Kriegsgebote**
>
> Iß nicht mehr als nötig. Vermeide überflüssige Zwischenmahlzeiten; Du wirst Dich dabei gesund erhalten.
>
> Halte das Brot heilig und verwende jedes Stückchen Brot als menschliche Nahrung. Trockene Brotteile ergeben eine wohlschmeckende und nahrhafte Suppe.
>
> Spare an Butter und Fetten; ersetze sie beim Bestreichen des Brotes durch Sirup, Mus oder Marmeladen. Einen großen Teil der Fette bezogen wir bisher aus dem Ausland.
>
> Halte Dich an Milch und Käse. Genieße namentlich auch Magermilch und Buttermilch.
>
> Genieße viel Zucker in den Speisen, denn Zucker ist ein vorzügliches Nahrungsmittel.
>
> Koche Kartoffeln nur mit der Schale; dadurch sparst Du 20 vom Hundert.
>
> Mindere Deinen Bedarf an Bier und anderen alkoholischen Getränken; dadurch vermehrst Du unseren Getreide- und Kartoffelvorrat, aus dem Bier und Alkohol hergestellt wird.
>
> Iß viel Gemüse und Obst und benutze jedes Stückchen geeignetes Land zum Anbau von Gemüsen. Spare aber die Konserven, solange frische Gemüse zu haben sind.
>
> Sammle alle zur menschlichen Nahrung nicht geeigneten Küchenabfälle als Viehfutter; achte aber streng darauf, daß nicht schädliche Stoffe in die Abfälle hineingeraten.
>
> Koche und heize mit Gas oder Koks; dadurch hilfst Du namentlich ein wichtiges Düngemittel schaffen, denn bei der Gas- und Koksbereitung wird außer anderen wichtigen Nebenerzeugnissen auch das stickstoffhaltige Ammoniak gewonnen.
>
> Beachte: bei allen diesen Geboten, daß Du für das Vaterland sparst. Deshalb muß auch derjenige diese Gebote beherzigen, dem seine Mittel erlauben, zur Zeit noch in der bisherigen Art weiterzuleben.[201]

rechtzeitig für Vorräte zu sorgen. Im März 1915 begann eine groß angelegte Aufklärungsaktion über die Hintergründe der Probleme. Außerdem forderte man die Bevölkerung auf, ihre Ernährung umzustellen und sich im Verbrauch von Brot, Fleisch, Eiern und Speisefetten auf bis zu 40 Prozent des bisherigen Verbrauches einzuschränken. Pfarrer Erich Foerster bezeichnete in diesem Zusammenhang den *„englischen Aushungerungsplan"* als einen Prüfstein für die sittliche Kraft des deutschen Volkes.[200] Rezepte, Wochenspeisepläne und Kochbücher wurden unter die Menschen gebracht. Ein Beispiel sind die „*10 Kriegsgebote*". Hier wurde bewusst auf die „*10 Gebote*" angespielt. Ein höchst merkwürdiger, Versuch, religiöses Gedankengut für eigene Zwecke zu instrumentalisieren.

Schon früh wurde die Kirche vom Staat für seine Zwecke vereinnahmt. Am 5. November 1914 forderte Minister August von Trott zu Solz die Pfarrer auf, von den Kanzeln auf das Verbot hinzuweisen, Getreide an das Vieh zu verfüttern.[202] Gegenüber Pfarrer Erich Foerster sprach der Oberbürgermeister Ende 1914 die Bitte aus, dass die Pfarrer in den Sylvester- und Neujahrsgottesdiensten den Gemeindegliedern nahebringen sollen, mit dem Mehl sparsam umzugehen. Foerster gab die Bitte in einem vertraulichen Schreiben weiter.[203] Am 3. April 1915 wurde das Konsistorium angewiesen, Sonntagsarbeit, die der Volksernährung diente, nicht mehr als Feiertagsstörung zu betrachten.[204] Später sollten die Pfarrer mitteilen, dass für die Fußbodenpflege kein Öl mehr verwendet und Petroleum nicht mehr für zivile Zwecke verteilt würde.[205] Allerdings ging es auch um Meinungsbildung. In Erntedankgottesdiensten sollte auf den Zusammenhang zwischen der Nahrungsmittelknappheit und der britischen Seeblockade hingewiesen werden.[206]

Zum Energiesparen wurde in Frankfurt die „*Kochkiste*" erfunden und in das übrige Deutschland „*exportiert*". Beratungsstellen wurden eingerichtet und hatten großen Zulauf. Trotz all' dem verschlimmerte sich die Ernährungslage im Jahre 1915 immer mehr. Einigermaßen stabil blieben nur die Brotpreise, nicht jedoch die Brotqualität. Als Anfang Oktober die Reichskartoffelstelle in Berlin Frankfurt eine Lieferung von 100.000 Zentnern bewilligte, atmete die Stadtverwaltung etwas auf. Allerdings sollten diese Kartoffeln aus den Landkreisen Osthavelland und Landsberg an der Warthe kommen. Wegen Mangels an Arbeitskräften und Transportmöglichkeiten wurden sie aber erst Ende November 1915 auf den Weg gebracht. Einbrechender starker Frost verdarb nun einen erheblichen Teil der Ladung. Ende 1915 erreichte die Versorgungslage bereits die Grenze des Ertragbaren. Allerdings hatte die Not noch lange kein Ende. Durch die schlechte Witterung waren die Ernten des Jahre 1916 schlecht gewesen. Die Getreideernte erreichte nur drei Viertel der erwarteten Menge, die Kartoffelernte nicht einmal die Hälfte der vorjährigen. Schon rein rechnerisch bedeutete das, dass für die gesamte Bevölkerung nur 40 bis 50 Prozent des Friedensverbrauches möglich waren.[207] So wurden die ersten Monate des Jahres 1917 für die Bevölkerung die schwersten, die sie durchmachen musste. Der Winter wurde der berüchtigte „*Kohlrübenwinter*". Mit der Kohleversorgung war es ähnlich wie mit der Lebensmittelversorgung. So wurden zunächst Theater, Konzertsäle, Versammlungsräume, Museen, alle Vergnügungsstätten, und Kinos geschlossen, dann die höheren Schulen, Fortbildungs- und Fachschulen; schließlich einige, wenn auch nicht alle, Volksschulen. Auch die Kirchen und andere kirchliche Gebäude waren betroffen.[208] Gesundheitliche Folgen blieben nicht aus. Die Sterblichkeit der Zivilbevölkerung nahm 1916 um 14,5 % zu, 1917 um 32 %.[209] Das Jahr 1918 brachte dann zwei Wellen einer Grippeepidemie, der weltweit mehr Menschen zum Opfer fielen als dem gesamten Krieg. Hiervon war Frankfurt auch betroffen.

Wirtschaftliche und soziale Probleme
Die Mobilmachung war gut organisiert. Schnell zeigte sich aber, wie wenig das zivile Leben auf einen Krieg vorbereitet war.[210] Die

waffenfähigen Männer wurden eingezogen. So fehlten einerseits an vielen Stellen Arbeitskräfte. Eisenbahnen dienten nun vorrangig dem Militär. Der Schiffsverkehr wie das Speditionsgewerbe lagen danieder. Die Frankfurter Industrie erhielt die benötigten Rohstoffe nicht mehr, ihre Absatzmärkte vor allem in England und Frankreich konnten nicht mehr erreicht werden. Deshalb mussten bis Ende August allein 56 Betriebe der Metallindustrie stillgelegt werden. Andere Firmen konnten nur überleben, indem sie die Gehälter kürzten. Besonders betroffen war das Hauspersonal, das sich nun viele Haushalte nicht mehr leisten konnten. Zudem kamen Flüchtlinge aus dem feindlichen Ausland. Dies alles führte andererseits zu einer deutlich höheren Arbeitslosigkeit. Die Familien der Soldaten erhielten zwar eine staatliche Unterstützung, die aber so gering war, dass die Kommunen zusätzliche Hilfen gewähren mussten, Frankfurt insgesamt 2 Millionen Mark. Die von der Stadtverordnetenversammlung eingesetzte *„Gemischte Kriegskommission"* sollte über die Verwendung dieser Hilfsgelder entscheiden und sich mit der Lösung der Probleme der Finanzen, der Lebensmittelfürsorge, der Familienfürsorge, den Rechtsfragen und der Arbeitsbeschaffung befassen. Auch die nichtstaatlichen Sozialeinrichtungen wurden aktiv. In den letzten Julitagen entwickelte die *„Zentrale für private Fürsorge"* unter ihrem Leiter Wilhelm Polligkeit, und unter Mitwirkung von Pfarrer Erich Foerster Pläne für die *„Frankfurter Kriegsfürsorge"*, die sich vorrangig mit der Not der Kriegerfamilien befassen sollte.

Aber auch andere gesellschaftliche Probleme beschäftigten die Kirche. Ein Bericht des Konsistoriums[211] vom 13. Dezember 1915 an das stellvertretende Generalkommando des XVIII. Armeekorps – das hatte im Krieg auch zivile Aufgaben – listete als Probleme der Jugend (12 bis 18 Jahre) auf: 1. Der Besuch der Kaffee- und sonstigen Wirtschaften, denn infolge der Einberufungen hätten die Wirte häufig Zuhälter und Verbrecher, denen der Eintritt ins Heer verwehrt war, eingestellt. Mädchen würden in den Kneipen der Altstadt zu Grunde gehen. 2. Der Besuch der Kinos, in deren Halbdunkel sich Jugendliche mit zweifelhaftem Gesindel herumtrieben. 3. Das Rauchen. Schon vorher waren Gerüchte aufgetaucht, dass Konfirmandinnen wegen *„sittlicher Verfehlungen mit dem Soldatenstand"* von der Konfirmation zurückgewiesen worden seien. Eine Umfrage in den Gemeinden ergab aber nur einen Fall. Zurückgeführt wurde das alles darauf, dass bei der Erziehung die Autorität der Väter fehle, viele Mütter in Fabriken arbeiten müssten und an den Schulen viel Unterricht ausfalle, weil die Lehrer eingezogen worden seien. Am 2. Februar 1916 reagierte das Generalkommando mit einer Verordnung betreffend die Verwahrlosung der Jugendlichen, die unter anderem abendliche Ausgangssperren für Jugendliche vorsah. Ähnliche Interventionen des Konsistoriums oder von Gemeinden betrafen die Zunahme der Prostitution und die auf Lustspiele ausgerichteten Theater- und Kinoprogramme. Ab Frühjahr 1915 wurden in Zeitungen und Gemeindeblättern keine Anzeigen mehr über Eheschließungen und Geburten aufgenommen, weil den Inserenten Werbung für Abtreibungen zugeschickt worden war.[212]

Materielle Opfer
Der Krieg forderte auch materielle Opfer von den Kirchengemeinden. Nicht wenige legten ihre Rücklagen in Kriegsanleihen an, die mit 5 % verzinst wurden, aber natürlich nach dem verlorenen Krieg wertlos waren. Die Kriegsanleihen dienten der Finanzierung des

Krieges, denn Haushaltsmittel konnte das Reich mit seinen geringen Steuereinnahmen nicht bereitstellen. Zwischen September 1914 und Oktober 1918 wurden allein in Frankfurt Anleihen über 3,5 Milliarden Mark gezeichnet, etwa ein Drittel des Gesamtbetrages von Deutschland. Bereits am 10. September 1914 hatte der Evangelische Oberkirchenrat in Berlin das Konsistorium aufgefordert, gegenüber den Kirchengemeinden, Anstalten und Stiftungen darauf hinzuwirken, dass diese sich nach Kräften beteiligen. So zeichneten schließlich 16 Kirchengemeinden – die Stadtgemeinden besaßen kaum Vermögen – und die Stadtsynoden 1.694.200 Mark. Im Vergleich zum gesamten Frankfurter Aufkommen war das eine geringe Summe, gemessen am kirchlichen Vermögen war es eine sehr große Summe.[213] Auch rief das Konsistorium auf, vorhandenes Goldgeld in Papiergeld umzutauschen, um so die Goldreserven des Reiches zu erhöhen.[214] Eine Aktion „*Gold gab ich für Eisen*", zu deren Initiatoren auch Pfarrer Erich Foerster gehörte, sammelte Gold, Schmuck und Juwelen im Wert von 400.000 Mark und unterstützte damit mittelständische Gewerbetreibende und Freiberufler, die durch den Krieg in wirtschaftliche Schwierigkeiten geraten waren.[215]

Für die Kriegsführung benötigte der Staat Rohstoffe. So gab es immer wieder Rohstoffsammlungen. Für Waffen und Munition benötigte der Staat wertvolle Metalle. Deshalb wurde das Konsistorium vom Unterrichtsministerium am 24. August 1915 aufgefordert, eine Bestandsmeldung zu erstellen, die kupferne Dachrinnen, Regenrohre, Fenster- und Gesimsabdeckungen, Türbeschläge, Glocken und Orgelpfeifen umfassen sollte.[216] Wegen der schwierigen Bewertung der Glocken setzte deren Beschlagnahme jedoch erst 1917 ein. So mussten die 16 Frankfurter Gemeinden 38 Glocken, 4.238 kg Kupfer und 707 Orgelpfeifen abliefern. Als Entschädigung erhielten sie 115.000 Mark.[217] Um es konkreter zu machen: Allein im Gebiet innerhalb des Anlagenrings betraf das die Alte Nikolaikirche mit drei von vier Glocken, die Christuskirche mit einer von drei Glocken, die St. Katharinenkirche mit einer von drei Glocken, die Lutherkirche mit drei von vier Glocken, die Matthäuskirche mit drei von vier Glocken, die St. Peterskirche mit drei von vier Glocken und die Weißfrauenkirche mit einer von zwei Glocken, mithin 15 von 23 Glocken.[218]

Daneben gab es auch viele kleine Einzelinitiativen. Dazu gehörte die Lukasgemeinde, die eine eigene Kriegshilfe organisierte und in ihrem Gemeindebereich die zuvor im Großen beschriebenen Aufgabenfelder abzudecken suchte.[219] Von anderen Gemeinden wurde berichtet, dass sie Kindergärten errichteten und dass das karitative Engagement zunahm.

Grüße aus der Heimat an die Front
Eine andere Form der Bewältigung der aktuellen Nöte fand man in einer kleinen Schrift des Schwanheimer Pfarrers Paul Weber für die Gemeindeglieder im Felde und zu Hause.[220] Dort konnte man lesen: Mit den Glocken grüßt die Heimat, wenn diese sonntäglich zum Gottesdienst rufen, am Donnerstag-Abend zur Kriegsbetstunde einladen oder einen Toten zur letzten Ruhe begleiten. Dann denken sie „*mit wehem Herzen auch an die Tapferen*", die draußen für die Heimat gefallen sind und in fremder Erde ruhen. „*Die Heimat grüßt Euch, so oft alle 4 zusammen klingen und mit jauchzender Stimme ins weite, stille Land hinausrufen: ‚Sieg, Sieg!' Dann gedenken wir Eurer und danken Euch und Gott für herrliche Waffentaten in Ost und West.*"[221] Auch wurden die Soldaten aufge-

Abb. 36 Ein Heimatgruß

Abb. 37 Kinder im Krieg

fordert, an die Heimatglocken zu denken und an deren Inschriften: „ *Ein feste Burg ist unser Gott*", „*Verzage nicht, du Häuflein klein*", „*Ist Gott für uns, wer mag wieder uns sein?*" und „*Einer ist unser Meister, Jesus Christus*".

Schließlich wurde die Fürsorge der Heimat geschildert. Es wurden die Päckchen mit Liebesgaben, die öffentliche Unterstützung der Kriegerfamilien und die Liebesarbeit des Vaterländischen Frauenvereins erwähnt. Besonders wurde die Arbeit der Frauenhilfe der Martinusgemeinde beschrieben und aufgezählt, was alles gestrickt und genäht worden war: 330 Paar Strümpfe, 10 Paar Kniewärmer, 6 Leibbinden, 12 Lungenschützer, 35 Pulswärmer, 24 Ohrenschützer, 8 Paar Schießhandschuhe, 4 Unterjacken, 6 Unterhosen.[222]

Dann erzählte Weber, dass gerade Kinderstimmen vom Kindergarten herüberklangen. Dort sangen die Kinder ihr Morgenlied nach der Melodie „*Jesu geh' voran*":

Ernst ist jetzt die Zeit,
Feinde, weit und breit,
Stehen rings an unseren Grenzen.
Kugeln fliegen, Waffen glänzen.
Herr, mit starker Hand
Schütz das Vaterland!

Steh uns gnädig bei!
Mut und Kraft verleih'
Unsern Truppen, welche kämpfen,
Um der Feinde Macht zu dämpfen.
Sei Du unser Herr,
Feste Burg und Wehr.

Schenke uns den Sieg,
Daß der böse Krieg
Glücklich endlich bald aufhöre
Und der Friede wiederkehre.
Herr Gott Zebaoth
Hilf uns aus der Not![223]

Die Versorgung der Verwundeten
Eine besondere Herausforderung waren die vielen Verwundeten, die nach Frankfurt gebracht wurden. Seit 1870 waren nie mehr als 800 Verwundete gleichzeitig in Frankfurt gewesen.[224] *Für den Mobilmachungsfall hatten die Militärbehörden einen Bedarf von 1.230 Lazarettbetten angenommen und die entsprechende Gestellung mit der Stadt Frankfurt vereinbart. Doch schon am 3. September befanden sich 2.500 Verwundete in Frankfurt. Bereits am 2. August war die Frankfurter Bevölkerung allerdings aufgerufen worden, Betten in Krankenheimen, Vereins- und Privathäusern zur Verfügung zu stellen. So standen Ende August rund 5.000 Betten zur Verfügung: 558 vom Militär, 1.243 von der Stadt, 1.208 von Stiftungs- und Privatkrankenhäusern und 2.000 von Vereinen und Privatpersonen.*[225]

Daran waren die Protestanten beteiligt mit dem Diakonissenhaus Eschersheimer Landstraße, dem Diakonissenheim in Bockenheim, dem Bahnhofsheim, dem Saal des Kronenhofes, den Gemeindehäusern der Lukasgemeinde und der Gemeinde Seckbach, dem Schwesternhaus in Oberrad bis 1915, der Martins-Missionsanstalt in Ginnheim, dem Missionshaus der Methodisten und dem Schwesternhaus des Bethanien-Vereins.[226] Das Diakonissenhaus war für Schwerverwundete bestimmt.[227] Im Haus des Wartburgvereins in der Neuen Mainzer Gasse und im Vereinshaus Nord-Ost wurden Tagesheime für gehfähige Verwundete eingerichtet.[228] *Für französische Verwundete wurde in Niederrad ein Lazarett geschaffen, in dem es auch Seelsorge französisch sprechender Pfarrer gab.*[229]

Das Diakonissenhaus sollte nach einer Vereinbarung mit der Militärverwaltung 120 Betten für Verwundete zur Verfügung stellen.[230] Diese wurden im 2. Stock des Mutterhauses, im Pfarrhaus Leydhecker, im Meister'schen und Rückert'schen Siechenhaus und im Kindersiechenhaus vorgesehen. Außerdem richtete Rose Livingston im Nellinistift 20 Lazarettbetten her. Zur Beschäftigung der leichter Verwundeten wurde eine Werkstatt für Schreiner-, Schlosser-, Stuhlflecht-, Schumacher- und andere Arbeiten eingerichtet. Außerdem war das Diakonissenhaus verpflichtet, im Falle der Mobilmachung dem Johanniterorden 40 Schwestern zur Verfügung zu stellen. Die ersten 20 taten Dienst bei Sedan, in den Lazaretten Crussy, Turenne und Nassau. Weitere 20 kamen nach Polen, Lazarett Ciechocinek, später Warschau. Die Oberin hielt mit ihnen regelmäßigen brieflichen Kontakt, und die Schwestern berichteten über ihre Erlebnisse:

„Sedan, den 13.11.15, Sehr verehrte, liebe Frau Oberin! ... Ich bin seit Wochen wieder in meinem früheren Saal, der im Sommer unbelegt und bis auf die Bettstellen, Matratzen und einige Decken ausgeplündert war. Mit 40 Liegenden war ich allein, wusste nicht, wo ich anfangen sollte. Viele kamen in unbezogene Betten, weil keine Wäsche da war, und bekamen aus Mangel an Kissen ihre Kleider unter den Kopf gelegt. Handtücher waren ebenfalls nicht da, und so wurden immer 3 Patienten an einem Hemd abgetrocknet. Es war so traurig, dass man die armen Menschen nicht besser betten konnte, mancher stöhnte auf seinem harten Lager, und wer Schmerzen hatte

oder nicht gut lag, bekam einfach Morphium. Man konnte immer mit der Spritze herumlaufen. Die Ärzte waren ja so in Anspruch genommen, dass sie ganz selten auf die Station kommen konnten und wir immer mündlich über die Kranken berichten mussten. Wunden, an die man sich sonst nie wagen dürfte, mussten wir selbst verbinden. Man war ganz allein mit seinen Sorgen um die Kranken ... Wir haben nicht allein viel mit den Kranken zu tun, sondern auch mit der Esserei. Wie oft haben wir nicht genug für die Leute. Wie sparsam müssen wir mit dem Wasser umgehen, weil jeder Tropfen unten im Hof geholt werden muss. Dann haben wir viel Not mit dem Ungeziefer ... Die Betten sehen nun viel besser aus. Kissen, Stühle, Gläser, Bestecke, elektrische Birnen usw. haben wir eines Abends im Dunkeln in einem leeren Hotel zagenden Herzens requiriert. Die Not zwang uns einfach dazu ... Mit herzlichem Gruß bin ich ergebenst Ihre dankbare Marie Hudel".[231]

Die Verteilung erbaulicher Schriften an Soldaten

„Der Evangelische Verein Nordost für Evangelisation und Gemeinschaftspflege nahm gleich nach der Mobilmachung in Verbindung mit dem Komitee für Soldatenheimarbeit im 18. Armeekorps die Verteilung von Schriften und Bibelteilen an den Bahnhöfen in die Hand. Dazu konnte die Summe von 550.798 Mark verwendet werden, die aus vielen Einzelbeträgen und den Erträgnissen verschiedener größer Feiern zusammenfloß. Die Frankfurter Bibelgesellschaft stellte dabei Bibelteile und Neue Testamente im Wert von über 3.000 Mark für die Verteilung zur Verfügung. In den Lazaretten konnten monatlich etwa 2.500 Blätter verteilt, ebenso an eine ziemliche Zahl einzelner Mannschaften wie Truppenteile Schriften ins Feld gesandt werden."[232]

Die Französisch-reformierte Gemeinde

Die französisch-reformierte Gemeinde ist bis heute die älteste Migrantengemeinde in Deutschland. Mit der Hamburger Gemeinde war sie im 1. Weltkrieg noch eine von zwei Gemeinden, die das gesamte Gemeindeleben in französischer Sprache gestalteten. Dass dies während des Krieges mit Frankreich in der Bevölkerung Zweifel weckte, ob die Gemeinde wirklich zu Deutschland hält, liegt auf der Hand. Es wurde deutlich, als die Gemeinde die Predigten ihres Pfarrers Correvon vom 9. August 1914 und vom 1. August 1915 gedruckt herausgab. Die beiden Hefte waren mit den Nationalfarben schwarz-weißrot geschmückt. Im Vorwort hieß es u.a.: *„Zugleich legen wir Gewicht darauf, öffentlich zu bezeugen, welch' hoher patriotischer Geist in unserer Gemeinde herrscht, wenn wir auch – was ja mit der Politik nicht das mindeste zu tun hat – von der Gründung unserer Gemeinde im Jahre 1554 an bis zur heutigen Stunde die traditionelle Predigtsprache unserer Väter pietätvoll beibehalten haben."*[233] Allerdings war das dann nicht mehr unumstritten. Die Gemeindestruktur hatte sich doch sehr verändert. Jedenfalls richtete das Presbyterium am 25. März 1916 ein vertrauliches Schreiben an alle Gemeindeglieder, in dem es hieß, *„der große Weltkrieg sei auch auf die Gemeinde nicht ohne Einfluß geblieben, indem er mit dazu beigetragen habe, sie vor die Lösung einer Lebensfrage zu stellen, nämlich vor die Frage der Ersetzung der von den Vätern überkommenen und bis zur Stunde gewissermaßen als geheiligte Tradition bewahrten französischen Sprache durch die deutsche, und zwar im Gottesdienst, im Jugendunterricht und in der gemeindlichen Verwaltung."*[234] In dem Brief und in der folgenden Gemeindeversammlung wurde darauf hingewiesen, dass inzwischen bei vielen Gemeindegliedern die französische Sprache

Abb. 38 Evangelisches Sonntagsblatt

nicht mehr in Gebrauch sei und dass deshalb der Übergang zur deutschen Sprache der Gemeinde neue Möglichkeiten des Wirkens eröffnen könne. Es wurde auch betont, dass es keinerlei Druck vom Konsistorium, dem Polizeipräsidenten oder dem Stellvertretenden Generalkommando gebe. So beendete die Gemeindeversammlung im gleichen Jahre diese 362jährige Tradition und wandte sich der deutschen Sprache zu.

Die Gottesdienste wurden ab 1. Oktober 1916 abwechselnd in deutscher und französischer Sprache gehalten, Bibelstunden, Konfirmandenunterricht und Kindergottesdienst ausschließlich in deutscher Sprache.[235]

Der Wartburg-Verein im Krieg
Im Frankfurter Kirchenkalender 1916 wurde aus dem Wartburg-Verein berichtet:[236]
„Die starken Umänderungen, die der Krieg mit sich brachte, bedeuten für den Wartburg-Verein keinen Rückgang in seiner Arbeit. Im Gegenteil, dieselbe hat sich in erfreulicher Weise weiter ausgedehnt. Zwar vermissen wir seit Kriegsausbruch den Vereinsleiter, der als Garde Jäger einberufen ist, und 270 treue und bewährte Mitarbeiter und ältere Mitglieder sind gleichzeitig dem Rufe der Waffen gefolgt. 11 von ihnen sind bereits auf dem Felde der Ehre geblieben, über 50 verwundet und 12 mit dem Eisernen Kreuz geschmückt. Ihr Fortsein erschwert die Aufrechterhaltung des geregelten Vereinswesens sehr wesentlich. Ueberall fehlen die eingearbeiteten Kräfte und gereifteren Helfer. Um so größer war die Freude, als in diesem Jahre durch Neuaufnahme von über 200 Mitgliedern die Zahl 1000 überschritten wurde. Die Ausgestaltung des Vereinsprogramms erfuhr durch die Errichtung einer eigenen Jugendkompagnie zur militärischen Vorbereitung der 16 bis 19jährigen Vereinsmitglieder eine nicht unerhebliche Verschiebung. Unsere Jugendkompagnie hat sich durch gute Leistungen bisher besonders hervorgetan. Mit den im Felde und in Garnisonen stehenden Vereinsmitgliedern wird ein reger Austausch unterhalten und allwöchentlich an den Dienstag Abenden gelangen im Anschluß an die Kriegsbetstunde deren Mitteilungen zur Verlesung. Alles in Allem: Der Ernst und

die Größe der Zeit haben unserer Jugendarbeit eine neue Vertiefung und einen schönen Aufschwung gebracht."

Das Marthahaus

Vom Marthahaus sind Stimmungsberichte aus der Kriegszeit überliefert, die vom Leben in einem Heim zu damaliger Zeit sprechen. So kann man im Jahresbericht für das Jahr 1915 von Pfarrer Conrad Kayser, dem Vorstandsmitglied, lesen: *„… Aeußerlich hat Gott uns in Gnaden durchgeholfen. Er hat es uns an nichts fehlen lassen, was wir bedurften. Unsere Haushaltungsschule, unser Hospiz und die anderen Heime unseres Hauses waren stets gefüllt, und wenn es auch je und dann nicht leicht war, für die vielen Menschen die nötigen Nahrungsmittel zu beschaffen, so ging es eben doch; Gott hat uns treulich durchgeholfen. Die Leiterin unseres Hauses, Schwester Emilie Kuhlmann, ist immer noch in der Pflege unserer Krieger in Sedan beschäftigt; sie hat uns besuchen können, und wir haben uns gefreut, zu sehen, daß sie wohlauf ist, und Freudigkeit hat zu ihrem schweren Dienst. Die andern Schwestern haben mit viel Treue die Stelle der Fehlenden im Hause ersetzt. Die innere Arbeit im Hause war nicht immer ganz leicht. Der Krieg hat die Nerven und die Gemüter der Menschen aufs tiefste erregt. Das macht sich überall im Zusammenleben der Menschen geltend. Das wirft seine Schatten auch in unser Haus hinein, in welchem so viele verschiedene Menschen zusammenleben. Es bedurfte auch da bei der Leitung viel Weisheit und Takt und Gebetsgeist."*[237]

Friedenssehnsucht

Bei all' dem verwundert es nicht, dass sich eine Friedenssehnsucht auch in Frankfurt verbreitete. In der SPD, in der es schon im Mai 1915 Forderungen nach einer Friedensagitation gegeben hatte, wurde in der Generalversammlung am 28. Juni 1916 die Erkenntnis geäußert: *„Die Fortsetzung des Krieges bedingt eben den noch größeren Hunger."*[238] Der Bischof von Limburg ordnete für den 3. und 10. September 1916 eine Wallfahrt zur Bergkapelle der Mutter Gottes in Hofheim an, wo für einen ehrenhaften Frieden gebetet werden sollte. Auch viele Frankfurter nahmen daran teil.[239] Vor allem die Sozialdemokratie forderte in Großveranstaltungen Friedensverhandlungen. Am 1. Oktober 1916 kamen 20. bis 25.000 Menschen im Ostpark zusammen und hörten prominenten Sozialdemokraten zu. Diese betonten, dass Deutschland einen Verteidigungskrieg und keinen Eroberungskrieg führe. Sie forderten, dass die Reichsregierung sich zu dieser Auffassung bekenne und deshalb ihre Bereitschaft zu Friedensverhandlungen erkläre.[240] Im Jahr 1917 gab es am 30. Juni, 15. August, 30. September, 10. Oktober und 18. Dezember sowie am 13. Januar 1918 Veranstaltungen, in denen die Redner für einen Verständigungsfrieden eintraten. Zunehmend äußerten sich hier nun nicht mehr nur Sozialdemokraten, sondern auch Zentrumspolitiker. Auf der Gegenseite standen durchaus Frankfurter Theologen, die in Predigten und Vorträgen auch 1917 an die vaterländischen Gefühle appellierten und weiter äußerten, dass es sich lohne, hierfür auch sein Leben aufs Spiel zu setzen.

Betroffen macht der Brief einer Frankfurter Diakonisse: *„Warschau, 24.7.16, Liebste Frau Oberin, soeben las ich Ihren lieben Brief und danke Ihnen herzlich dafür. Ja, man denkt oft, es nicht mehr aushalten zu können, all das Schreckliche draußen, von dem wir jetzt mehr als früher hören durch unsere vielen Verwundeten. Ich kann es nicht verstehen, dass es noch immer kein Ende gibt. Sind denn*

Abb. 39 Frankfurter Diakonissen mit türkischen Verwundeten

die Menschen ganz toll geworden, sich so gegenseitig aus der Welt zu schaffen und auf so grausame Weise! Ich meine immer, unser Kaiser müsse ein Machtwort sprechen im Namen aller Nationen und sie auffordern, Schluss zu machen und sich auf irgendeine Weise zu einigen. Das ist doch eine Schande, dass es für menschliche Wesen, die doch nach Geist und Herz auch viel Göttliches in sich haben, keinen Ausweg geben soll aus dem Schlachten und Morden. ... Ich kann heute nicht mehr, mein Herz ist so schwer. Allen 1000 Grüße. Ihre treue Schwester Anna (von Soden)."[241]

Allerdings stimmten ab Frühjahr 1916 auch unmittelbare Erfahrungen die Frankfurter nachdenklich. Mit besonderer Aufmerksamkeit verfolgte man die Kämpfe um Verdun, denn hier kämpften das Frankfurter Infanterie-Regiment 81. Dessen Verluste trafen die Frankfurter unmittelbar. Ab Februar verloren monatlich mehr als 200 Frankfurter Soldaten das Leben.[242] Auch kamen immer mehr Verwundete nach Frankfurt. Die Frankfurter Sanitätskolonne entlud im Jahre 1915 66 Lazarettzüge mit 11.502 Verwundeten, 1916 92 Züge mit 16.828 Verwundeten und 1917 137 Züge mit 15.648 Verwundeten.[243] Der Frankfurter Lazarettzug P 1 geriet jetzt sogar mehrfach selbst unter Beschuss.[244]

2.11.5 Die theologische Auseinandersetzung mit dem Krieg

Kriegspredigten von Pfarrer Willy Veit
Als Beispiele für liberale Kriegspredigten sollen zwei Predigten von Pfarrer Willy Veit dienen. Veit war in Frankfurt ein beliebter und populärer Vertreter der liberalen Theologie, ein Modepfarrer. In seinen Predigten konnte er sich sehr gut auf das Denken, die Sorgen und die Nöte der Menschen einstellen. Die Predigten wurden häufig gedruckt und lagen bereits am Ende des Gottesdienstes zum Verkauf für 20 Pfg. bereit. Die Erlöse kamen im Krieg teilweise guten Zwecken zu. Die Auflagenhöhe war bis zu 3.000. In seinen Predigten vertrat er durchaus Positionen, die konträr zur allgemeinen Meinung lagen. So

wurde berichtet, dass er zu Kriegsbeginn Zweifel an der Begeisterung, dem Sinn und dem Erfolg des Krieges äußerte, auch wenn er im Verlaufe des Krieges mit seinen Predigten durchaus „*zur Hebung der Stimmung und zur Anfeuerung der Opferfreudigkeit beitrug*".[245] Nach dem verlorenen Krieg sah er das vergangene Deutschland kritisch und in den zwanziger Jahren übte er auch Kritik an der kirchlichen Entwicklung. „*Er erweckte den Eindruck, als ob er der einzige aufgeklärte, neuzeitliche Theologe Frankfurts sei ...*" und provozierte damit seine Kollegen so sehr, dass der Landeskirchenrat eingreifen musste.[246] So waren seine Predigten und Veröffentlichungen zwar nicht typisch für die Frankfurter Pfarrerschaft, aber von Bedeutung für einen erheblichen Teil des kirchlich-liberalen Bürgertums.

Abb. 40 Willy Veit

Titanic und Lusitania. Eine Schuldfrage.
Im Jahr 1915 hielt Veit eine Predigt zu Hosea 8, V. 7[247] mit der Überschrift „*Titanic und Lusitania. Eine Schuldfrage*".[248] Der Erlös war für die Hinterbliebenen deutscher Unterseebootsmannschaften bestimmt. Die „*Lusitania*" war ein britischer Passagierdampfer, der zwischen England und Nordamerika verkehrte. Als er am 7. Mai 1915 von einem deutschen U-Boot versenkt wurde, befand er sich auf der Rückfahrt kurz vor der irischen Küste. An Bord waren auch viele amerikanische Passagiere, darunter sehr prominente, die fast alle den Tod fanden. Entsprechend empört reagierten die amerikanische und britische Öffentlichkeit.

In seiner Predigt verglich Veit den Untergang der „*Titanic*" am 15. April 1912 mit der der „*Lusitania*", die beide viele Opfer forderten, bei der „*Titanic*" 1.600, bei der „*Lusitania*" 1.500. Dabei kam er zu dem Ergebnis, dass seinerzeit blinde Naturgewalten am Werk gewesen seien, nun aber Menschen mit Bewusstsein und Absicht. Deshalb stelle sich die Schuldfrage. Diese Frage habe er auch in seiner Predigt vom 28. April 1912 gestellt und daran angeknüpft, dass viele Menschen Gott angeklagt hätten: „*Die unter euch, die sich noch der damaligen Predigt erinnern, wissen, dass wir diese Anklage gegen Gott als unberechtigt zurückgewiesen haben. Denn sie ruhte auf einer falschen Voraussetzung, ruhte auf jener falschen Vorstellung vom Wesen und Wirken Gottes, als ob er willkürlich in jedem Augenblick von außen in das äußere Getriebe der Welt eingreifen könne oder wolle. Wir haben damals im Gegensatz zu diesem Willkürs-Gott den wahren wirklichen Gott verkündigt, der das äußere Weltgeschehen nach festen, unabänderlichen Gesetzen geordnet hat, den Menschen die Aufgabe stellte, diese Gesetze zu erforschen und ihr Tun nach diesen feststehenden Gesetzen einzurichten. Stößt Menschen Tun mit diesen Gesetzen zusammen, so wird des Menschen*

Tun zermalmt, und das göttliche Naturgesetz geht seinen festen, ehernen Gang weiter."

Im Hinblick auf die „Lusitania" stelle sich jedoch die Frage, ob der Schuldige anderswo zu suchen sei, als man denkt. „*Der an dem Untergang der 1.500 Menschen wahrhaft Schuldige ist zunächst und in erster Linie England. Wir wollen nicht untersuchen, ob England nicht überhaupt der eigentlich Schuldige an diesem ganzen Weltkrieg ist und darum auch die Schuld trägt für all die einzelnen furchtbaren Vorgänge, die der Krieg jetzt mit sich bringt. … Aber klar ist heute schon dies, daß an dem Unterseebootkrieg, seiner Art und seinen Folgen, England schuld ist. In England ist der Gedanke entstanden und in die Tat umgesetzt worden, den Krieg nicht auf die kriegführenden Heere und Flotten zu beschränken, wie es die Gesetze des Völkerrechts verlangen, sondern ihn zu richten gegen die friedliche Bevölkerung des militärischen Gegners, auch gegen seine Greise, seine Frauen und seine unmündigen Kinder. Dies geschah in dem Augenblick in dem England den rücksichtslosen Aushungerungskrieg gegen unsere 70 Millionen friedlicher Einwohner in Gang brachte … Hinter jener ganzen Entrüstung Englands über unsere Tat steht der frevelhafte Gedanke, daß alle anderen Völker und Menschen schließlich Wesen zweiten Grades seien, an deren Vernichtung nichts liegt. Aber jeder einzelne Engländer, ja sogar jeder englische Besitz bis zu den Goldbarren im Bauch der Lusitania ist Gott geweiht und darum unantastbar. … Jene beiden Torpedos, die sich den Weg durchs Wasser in den Bauch des englischen Schiffes suchten, waren wie zwei gewaltige Gerichtsprediger, die dem stolzen, anmaßenden England zuriefen: England, du hast Wind gesät, jetzt wirst du Ungewitter ernten! Und der tapfere deutsche Unterseebootführer war in dem Augenblick, als er den Befehl zum Abschießen gab, alles andere als ein gemeiner Mörder, er war der Vollstrecker der sittlichen Weltordnung an der Skrupellosigkeit und der Anmaßung Englands."*

Doch auch die USA hätten eine Mitschuld: „*Leid tut uns dabei nur, daß wir die Schuld nicht auf England allein können sitzen lassen, sondern einen Teil leider auch abwälzen müssen auf Amerika, oder um mich deutlicher und unmißverständlich auszudrücken: auf den Geist des Amerikanismus, dieses Amerikanismus, dem der Dollar das höchste ist und der sich auch in diesem Krieg vom Glanz des Goldes so blenden ließ, daß ihm der klare Blick und das klare Handeln verloren ging. … Diese Lusitania war ein Lügenschiff durch und durch!"* Hätte sie doch verborgene Kanonen und Kisten voller amerikanischer Munition an Bord gehabt, um die deutschen Soldaten zu vernichten. Das deutsche Torpedo habe letztere getroffen und daraufhin sei das Schiff zerborsten. „*Lüge aufdecken und Lüge vernichten ist aber eine sittliche Tat, und so war unser Unterseeboot der Vollstrecker eines göttlichen Strafgerichts wider das Lügenschiff Lusitania."*

Warum sind wir Deutsche so unbeliebt?
Eine Predigt zu Luk. 2, V. 52[249] befasste sich mit dem Thema: „*Warum sind wir Deutsche so unbeliebt?"* Der Reinertrag war für Elsass-Lothringen bestimmt.

„*Über die Tatsache brauchen wir wohl nicht viel Worte zu verlieren. Sie liegt klar auf der Hand: wir sind bei den andern Völkern unbeliebt. Wer es vorher nicht gewußt hat, dem hat der Krieg die Augen darüber geöffnet. Wir Deutsche haben in der Welt wenig Freunde, und die Völker haben jetzt aus der Abneigung kein Hehl mehr gemacht. …"*

Dann zählte Veit Vorwürfe auf, die den Deutschen gemacht würden. Sie seien Militaristen und schuld daran, dass die ganze Welt in Waffen starre und der Frieden bedroht sei. Auch auf wirtschaftlichem Gebiet seien sie mit ihrer Ellbogenart Störenfriede, die das wirtschaftliche Leben der Welt zu einem wirtschaftlichen Kampf gemacht hätten. Das gelte auch für das wissenschaftliche Gebiet. In der Theologie z. B. seien die Deutschen voller Kritiksucht und zerstörten die Religion statt sie zu fördern. So werde die Bibel den Menschen verleidet, das kirchliche und religiöse Leben ständig beunruhigt. Auch der einzelne Deutsche gelte im Ausland als Nörgler, als jemand, dem man es nicht recht machen kann. Er sei ein charakterloser Emporkömmling, der nach oben schmeichelt und nach unten tritt.

Aber: „Wir Deutsche haben die Aufgabe, andere Völker aus ihrer Ruhe aufzustören. Noch vor 14 Tagen habe ich euch ausführlich dargelegt, wir Deutsche sollen Sauerteig in der Welt sein, indem wir Qualitätswaren und Qualitätsmenschen in die Menschheit hineinsenden und dadurch die anderen Völker zu gleichem Tun ermuntern. Wir sollen mit unserem deutschen Wesen die Welt durchsäuern. Diese Pflicht, Sauerteig zu sein, ist keine angenehme und dankbare Aufgabe. Sauerteig muß Unruhe und Gärung hervorrufen. Wir werden es darum nicht helfen können, daß das Trägheitsbedürfnis und der Brotneid uns als unangenehm empfinden."

„Das, was mich bei dieser Predigt über die deutsche Unbeliebtheit bewegt hat, laßt mich zum Schluß so zusammenfassen: wir Deutsche haben die Aufgabe, Erzieher der Menschheit zu sein. Gott hat uns hierfür mit reichen Gaben ausgestattet, und unser Volk ist in seiner fast zweitausendjährigen Kulturgeschichte fleißig gewesen, diese ihm verliehenen Gaben fruchtbar zu machen. Auch fehlt es uns nicht an dem Ernst, dem Pflichtwußtsein und der Zähigkeit, die kein Lehrer für seinen schweren Beruf entbehren kann. Aber zu alledem braucht ein rechter Erzieher noch eins, damit seine Tätigkeit gesegnet, für ihn befriedigend und für die, an denen er wirkt, erfreulich ist. Er braucht die Kunst, Liebe zu wecken. An dieser Kunst fehlt es uns."

2.11.6 Theologische Vorträge

Der Krieg als theologisches Problem
Die Situation der Menschen im Krieg bedeutete für jeden Pfarrer eine besondere Herausforderung. Viele der Frankfurter Pfarrer stellten sich dieser Herausforderung nicht nur in Predigt und Seelsorge, sondern auch mit Vorträgen zu Themen, von denen sie meinten, dass sie für die Menschen wichtig seien. Die Positive Konferenz trat so an die Öffentlichkeit. Im Jahr 1915 sprachen z. B. in einer Vortragsreihe, die in der Paulskirche stattfand Pfarrer Georg Petrenz über „Wie verträgt sich der Krieg mit dem Christentum?", Pfarrer Samuel Schrenk über „Brauchen wir im Krieg noch den Christusglauben?" und Pfarrer Andreas Goetze über „Zerstört der Weltkrieg die Einheit der Christen auf Erden?"[250] Zwei Vortragreihen liberaler Theologen sind so gut dokumentiert, dass ein Bericht darüber lohnt. Die Vortragsreihen standen unter den Gesamtthemen „Die Religion im Kriege" (1914) und „Im Kampf um die Volksseele" (1915). Hier setzte man sich mit religiösen Grundbegriffen auseinander, mit deren Hilfe man die Situation der evangelischen Christen und der evangelischen Kirche klären wollte. Die Manuskripte der Vorträge zeugen noch heute von dem Einfluss deutsch-nationalen Denkens auf die Theologie eines wichtigen Teils der Frankfurter Pfarrerschaft.

Und selbst ein so besonnener Mann wie Erich Foerster war davon nicht frei. In seinen Erinnerungen beschrieb er,[251] wie viele alte Freunde der „Christlichen Welt" sich über Martin Rade entrüsteten, „*der sich der Kriegsbegeisterung mit starker Betonung des Sündhaften darin, das sich ja auch in der gehässigen Spionenhetze, in der Verfolgung verdächtiger Ausländer, in Äußerungen maßloser Überhebung peinlich genug offenbarte, entgegenstellte, – aber nicht nur das, sondern auch das moralische Recht Deutschlands in Frage stellte, durch Belgien zu marschieren.*" Während andere deshalb aus dem Kreis der Freunde der Christlichen Welt ausgeschieden seien, habe er das nicht gekonnt. Aber eine langjährige Entfremdung habe es doch gegeben.

Theologische Rechtfertigung des Krieges und bildungsbürgerliche Auseinandersetzung mit abstrakten Problemen wurden ihrer Bedeutsamkeit aber auch entkleidet mit einer Bemerkung Johannes Kübels in seinen „Landsturmbriefen": „*Wenn mich nicht alles täuscht, beruht der größte Wert, den das Evangelium für uns Soldaten hat, gerade in seiner jenseitigen, überirdischen Art. Wir lesen im Evangelium nicht, um unsern Krieg zu rechtfertigen; umgekehrt darin liegt sein Zauber, daß es uns den Krieg entrückt, daß es nicht von Franzosen und Russen redet und uns für eine Weile in die obere Welt, in die Welt der Ruhe und des Friedens eintaucht.*"[252]

Pfarrer Willy Veit: „Buße"[253]
Veit begann seine Ausführungen mit den Worten Johannes des Täufers nach Matthäus 3, Vers 2 („*Tut Buße, das Himmelreich ist nahe herbei gekommen*"). Also setze echte Buße voraus, dass Gott den Menschen nahe ist. Dies war Veit zunächst angesichts der Schrecken und des Leides des Krieges im Krieg nicht gegeben. ... Doch sei diese schreckliche Seite des Krieges nicht der ganze Krieg. Wie der Frieden per se noch nichts Göttliches an sich habe, man dieses vielmehr erst hineinbringen müsse, so könne auch in den Kriegszustand ein göttlicher Wille hineingebracht werden. „*Ich darf Ihnen wenigstens einige dieser Gottesgedanken andeuten, die nur – oder doch am leichtesten – auf den Fittichen des Krieges zu der Menschheit herabgetragen werden können.*

1. *Zunächst der, daß nicht der Genuß der Inhalt des Menschendaseins sein soll. Der Friedenszustand erschwert diese Gottesabsicht außerordentlich ... Im Krieg bekommt man gezeigt, daß man nicht zum Genuß geboren wurde.*
2. *Der Krieg gibt uns die gottgewollte Einschätzung des natürlichen Lebens zurück, die im Frieden verloren ging. Gegenüber einer verweichlichenden Fürsorge für unser liebes Ich, diesem Kultus der animalischen Lebenserhaltung, zeigt der Krieg mit seinen Menschenopfern den Unwert des einzelnen animalischen Daseins. Und doch zugleich wieder den hohen Wert des Lebens. Das Leben ... steigt im Krieg wieder hoch im Kurs, weil es das Mittel zur Verteidigung der höchsten Güter wird.*
3. *Und um noch etwas allgemein Bekanntes zu nennen, erinnere ich daran, daß der Friede, weit entfernt, die innere Eintracht unter den einzelnen Menschen zu födern, eine immer größere Spaltung zeitigt, wie wir sie in unserem eigenen Volke erlebt haben, und daß im Gegensatz dazu der Krieg die Risse schließt und im einzelnen und im großen eine Zeit der Versöhnung zwischen den Menschen wird.*"[254]

Das seien höchste Gottesgedanken, die sich gerade im Krieg der Menschheit nähern, und deshalb könne man mit Recht sagen, „*im Krieg kommt Gott der Menschheit nahe*". Wenn das aber so ist, dann könne man mit Johannes dem Täufer im Krieg Buße tun. „*In der Kriegszeit Buße tun, heißt einfach: die sittlichen Aufgaben erfüllen, die der Krieg uns stellt ... Sie ist die schlichte Erfüllung der nächstliegenden, d. h. uns durch das Leben, also in unserem Falle durch den Kriegszustand nahegerückten Aufgaben.*"[255]

Und am Gleichnis vom barmherzigen Samariter bemerkte er dazu: „*Man möge aus dem angeführten Beispiel nicht die Folgerung ziehen, daß also die Tat der Liebe, wie sie der Samariter hier ausführte, die eigentliche und höchste Betätigung des Christentums im Kriege sei. Das ist durchaus nicht meine Meinung. Was der Augenblick pflichtmäßig verlangt, das ist sittliche Aufgabe und Beweis unseres Christentums. Für den Samariter war's die Tat der Liebe, für den Soldaten kann's der Bajonettstich sein, den er dem Gegner versetzen muß.*"

Pfarrer Erich Foerster: „Bekenntnis"[256]
In Matth. 10, 17 ff. kündigt Jesus an, dass seine Jünger wegen des Bekenntnisses zu ihm gehasst oder vor Gericht gestellt werden, und fordert sie auf, sich nicht zu fürchten. Das Bekenntnis zu Jesus Christus, so Foerster, ist für seine Jünger und die frühe Christenheit dann auch immer mit Gefahr für Leib und Leben verbunden. Wenn das Bekenntnis so verstanden wird, dann gilt auch hier, dass Angriff die beste Verteidigung ist. „*In Jesu Predigt geht beides untrennbar nebeneinander: das Zeugnis einer brennenden Liebe zu Gott und zu den Brüdern und der schonungslose Angriff auf Pharisäer und Schriftgelehrte, auf die Gesetzeswächter und Tempelkrämer. ... Die christliche Forderung des Bekenntnisses ist demnach die, offen und ungescheut einzutreten für das, woran man glaubt und was man liebt, ganz besonders vor Feinden und Widersachern*".[257]

Allerdings verstehe man gewöhnlich unter Bekenntnis etwas anderes, nämlich feste Lehrformeln oder auch Lehrschriften. Auch diese schätze er, Förster, sehr wohl. „*Aber bei aller Anerkennung der geschichtlichen Größe aller dieser Erzählungen und Gedankengebilde – gegen eins empört sich mein Innerstes, nämlich gegen die Zumutung, mit all diesen Lehren und Sätzen nicht zu verfahren nach der apostolischen Regel ‚Prüfet alles und nur das Gute behaltet'.*"[258]

Im Kriege nun lerne man, dass der Krieg dem ganzen Leben eine unsagbare Vereinfachung bringt; dass da die einfachen großen Linien des wahren Lebens hervortreten. Zwar sei der Krieg unter allen Umständen etwas Schreckliches, für Besiegte wie für Sieger. Aber er sei Schicksal. Dieses aber könne man weder äußerlich noch innerlich ohne die tiefste Kraft, den Gottesglauben, bewältigen. „*Ohne den Glauben: Gott will es so! würden wir verloren sein.*"[259] Dieses Bekenntnis, seien die Christen jetzt allen Schwachen, Angefochtenen und Betrübten, aber auch den Überstarken und Gewaltmenschen schuldig. „*O dieses Bekenntnis hat einen großen Beruf in unsern Tagen; es hat dafür zu kämpfen, daß die gewaltige Bewegung der Leidenschaften der Herrschaft des sittlichen Geistes nicht entgleite.*"[260]

Und da stelle sich dann die „*tiefste und eigentlich brennende Frage dieses Krieges*" nämlich die, ob die „*kämpfende Liebe für das Vaterland*" mit dem Christentum überhaupt zu verbinden ist. Die Antwort darauf hat für Foerster Martin Luther, gegeben. Der gezeigt, dass es nicht zweierlei Gesetze für den

Menschen gibt, das Gesetz des Christentums und das Gesetz der Natur. Vielmehr gebe es nur eines, das der natürlichen sittlichen Pflicht, das sich aus der Lebenslage und aus der jeweiligen Zeit ergebe. Heilig seien die verschiedenen Pflichten, die der Mensch innerhalb seiner Lebensumstände hat. *„Wer sich von den Pflichten der Ehe, der Arbeit, des Vaterlandes abkehrt, kehrt sich von Gott ab. Es gibt keinen andern Weg zu Gott, als durch Ehe, Arbeit und Vaterland hindurch. So gewiß es ein heilig und göttlich Werk ist, daß jeder sein Gemahl liebe und seine Kinder aufziehe, so gewiß ist es auch ein heiliges göttliches Werk, Haus und Hof zu schirmen gegen feindlichen Überfall und Kindern und Enkeln ihre Wohnstatt, ihre Muttersprache, ihre Freiheit, ihr Vätererbe zu bewahren. Gibt's keinen andern Weg dazu, als daß wir kriegen – ei, so wollen wir frisch zugreifen: Ich will meines Gottes Willen tun, auch mit Schwert und Spieß, mit Kanone und Mörser, ich will mich dieser schweren Pflicht nicht entziehen, wenn auch mein Herz dabei blutet über all dem Weh und Leid, das ich anrichten muß, und über allem Brennen und Töten und Zerstören ... Das ist protestantische Ethik."*[261]

Pfarrer Wilhelm Bornemann: „Opfer"[262]
Bornemann begann mit einem Gedicht von Ludwig Uhland und sah darin das Bekenntnis, dass alle Opfer im Krieg gering sind im Vergleich zum Heldentod.

> *„Dir möcht' ich diese Lieder weihen,*
> *Geliebtes, deutsches Vaterland!*
> *Denn dir, dem neuerstand'nen freien,*
> *Ist all mein Sinnen zugewandt.*
>
> *Doch Heldenblut ist dir geflossen:*
> *Dir sank der Jugend schönste Zier; -*
> *Nach solchen Opfern, heilig großen,*
> *Was gelten diese Lieder dir? -"*

Wenn hier das Wort *„heilig"* verwendet werde, dann sei das die Sprache der Frömmigkeit, die schon immer *„Heiligkeit"* und *„Opfer"* als ihr Höchstes betrachtet habe.

„Merkwürdig, daß der Krieg, der auf der einen Seite so gottwidrig ist und das Niedrigste in der Menschheit, Grausamkeit, Roheit, Verrat, Lüge und Gemeinheit aufwühlt, zu gleicher Zeit nicht bloß andre edle Kräfte, sondern auch die Frömmigkeit entbindet und entfachen kann! Er lehrt uns Opfer bringen und damit die Frömmigkeit und das Evangelium neu verstehen. Und andrerseits ist das Evangelium durch den Krieg nicht etwa ohnmächtig und überflüssig geworden. Es lehrt uns vielmehr, den Krieg recht verstehen und recht führen und in dem gottwidrigen Geschick des Krieges den wahren Gott suchen und finden. Vor unsrer Seele steht das Bild aller unsrer gefallenen Helden – die stillen, blassen Toten, die verstümmelten und zerfetzten Gestalten, die Leichenhügel, die Massengräber, die einsamen und Vergessenen, die unbekannt in fremder Erde schlummern: ‚heilig große Opfer!' Wem sind sie geopfert?"[263] *„... dem Leben, Gedeihen und Frieden unsres eignen Volkstums, nicht den Feinden und Gegnern, sondern unserm geliebten, deutschen Vaterlande, unserm Kaiser und unserm Reiche gehören diese heiligen Opfer, ihnen sind sie mit der inneren Notwendigkeit wahrer Freiheit geweiht."*[264]

Die christliche Frömmigkeit lehre, wie Vater und Mutter so auch Volk und Vaterland zu lieben und zu ehren. *„So steht uns das Vaterland als göttliche Gabe und Ordnung da. Über ihm wacht und waltet der wahrhaftige Gott selbst, der ewige Geist des Guten, der heilige Wille, der die ganze Welt regiert und die Geschicke aller Völker lenkt, der aber uns insonderheit in der Geschichte und dem*

Geiste unsers eigenen Volkes nahe gekommen ist und offenbar wird. Wenn wir in seinem Sinne unserm Volke und Vaterland dienen, so dienen wir ihm. Wenn wir in gerechtem Kampfe eintreten für das irdische Vaterland, so kämpfen wir auch für das ewige Reich Gottes. Und ein Leben, das in Pflicht und Hingebung für das irdische Vaterland geopfert wird, ist ein heiliges Opfer, Gott selbst dargebracht; und der Gott, der über den Zeiten steht, nimmt in Gnaden solch ein Opfer an zum ewigen Leben."[265]

„Gott sei Dank, alle bringen heute heilige Opfer dar; sie sollen und wollen es: das Volk und die Fürsten, die Offiziere und die einfachen Soldaten, die Krieger und die Daheimgebliebenen; Männer und Frauen, Alt und Jung, Besitzende und Arme, Gesunde und Verwundete, Lebende und Sterbende. Ein einziges, großes, heiliges Wehen geht durch alle und soll nicht nachlassen. Wer opfert, der heiligt sich. So offenbart uns der Krieg den Wert und Segen des Opfers."[266]

Wilhelm Lueken: „Dürfen wir nach Weltherrschaft streben?"[267]

Lueken begann mit einem Ereignis, das ihm fast ein Wendepunkt der Weltgeschichte zu sein schien. Deutschland habe zusammen mit seinen Verbündeten die Verbindung zur Türkei und nach Vorderasien erzwungen. Mit der Bagdadbahn gebe es nun eine Bahnverbindung von Hamburg nach Bagdad. Deutscher Einfluss reiche so von der Nordsee bis zum Persischen Golf. *„Vaterländisch erregte Phantasie"*[268] träume bereits von Deutschland als Weltmacht neben Russland und dem englischen Weltreich. Da stelle sich die Frage, ob Deutschland überhaupt nach der Weltherrschaft trachten dürfe. Damit aber gehe es um die Frage nach dem sittlichen Recht oder Unrecht des Imperialismus überhaupt.

Abb. 41 Wilhelm Lueken

Schaue man in die Bibel, dann falle es nicht schwer, Belege für die Widergöttlichkeit einer Weltherrschaft zu finden. Deshalb könne man verstehen, dass Christen in der Gegenwart das Streben nach Weltherrschaft, etwa Englands, Russlands oder Frankreichs, als unsittlich, unchristlich, unmenschlich, raubtierartig und teuflisch ansähen. Aber in dem Drang zum Leben, Wachsen und Herrschen offenbare sich jene geheimnisvolle Gewalt, die wir Gott nennen.

„Aber da sehen wir nun wieder: Es ist auch ein sittliches Muß, das die Völker und ihre verantwortlichen Leiter zum Streben nach Ausdehnung ihrer Macht drängt, ein sittliches Muß, das insbesondere jetzt unser deutsches Volk auf die Bahn nach größerer Anteilnahme an der Weltherrschaft getrieben hat. Es ist die Verantwortlichkeit für unser

wachsendes Volk. Was soll aus all dem Überschuß unseres Volkstums werden? Soll das Siebzig-Millionen-Volk, das wir heute sind, nicht mehr sein, nicht mehr leisten und mehr bedeuten wollen als das Einundvierzig-Millionen-Volk, das wir vor 44 Jahren, nach dem Kriege von 1870/71 waren? Ob wir wollen oder nicht, wir sind mehr, wir bedeuten mehr, und wir brauchen auch mehr Platz. Sollen wir, um ja nicht andern ins Gehege zu kommen, absichtlich das Wachstum unseres Volkes zurückdämmen? Es absichtlich zum Stillstand bringen? Das heißt, Selbstmord begehen am eigenen Volk. ... So kann die Verantwortlichkeit für ein wachsendes Volk, das in seinen bisherigen Grenzen nicht genügend Raum und nicht genügend Lebensmöglichkeiten hat, unter Umständen zu der unausweichlichen Pflicht führen, das bisherige Gebiet zu erweitern, geeignetes Land zu annektieren, Siedlungskolonien zu erwerben, die den Überschuß des eigenen Volkstums aufnehmen können. Und weiter kann diese Verantwortlichkeit dazu zwingen, die wachsenden Lebensbedürfnisse, die im eigenen Lande nicht genügend gedeckt werden können, durch gesteigerten Anteil am Welthandel zu befriedigen und sich einen beherrschenden Platz auf dem Weltmarkt zu erkämpfen. Das ist ja die Lage, in der wir uns seit Jahren befinden."[269]

Auch sei Deutschland das Streben nach stärkerem kulturellem Einfluss nicht nur sich selbst sondern auch der Welt schuldig. Schließlich habe das Deutschtum schon immer anderen Völkern als *„Kulturdünger"*[270] gedient. Frankreich, England und Russland dächten schließlich auch nicht anders. *„Denn der nächste Zweck des Staates ist die Selbstbehauptung des in ihm zusammengefaßten Volkes; und zwar die Behauptung und Entfaltung nicht nur seines physischen Daseins, sondern vor allem der in diesem Volke vorhandenen moralischen Werte, seiner geistigen Kultur und ihrer Entwicklungsmöglichkeiten. Eine Staatsleitung, die das ihr anvertraute Volk aus irgendeinem nicht im Interesse des Volkes liegenden, wenn auch scheinbar noch so idealen Grunde preisgeben würde, die versündigte sich an dem, was ihre oberste Pflicht ist. ... ."*[271]

Letztlich hänge aber die Antwort auf die Frage, ob man nach der Weltmacht streben dürfe, davon ab, wie verantwortlich man mit dieser Macht umgeht. Den verantwortungsvollen Umgang mit der Macht beschrieb Lueken so: *„Wir sind verantwortlich für die uns unterworfenen fremden Völker. Zunächst für einverleibte fremdvölkische Minderheiten innerhalb der Grenzen des Deutschen Reiches. Wir können uns der Schwierigkeiten, die sie uns machen, nicht auf so bequeme Weise entledigen, wie das Volk Israel es bei seiner Eroberung Kanaans mit den unterworfenen bisherigen Einwohnern des Landes machte, die es (wenigstens nach den Erzählungen des Buches Josua) einfach über die Klinge springen ließ. Da ist doch unser sittliches Empfinden inzwischen feiner geworden. Und wo etwa im vorderen Orient jene altorientalischen radikalen Methoden noch beliebt sein sollten, z. B. um die unbequemen Armenier loszuwerden, da dürfte es auch unsere Pflicht sein, unsern orientalischen Bundesgenossen nachdrücklich klarzumachen, was eines hochstehenden Volkes und Staates würdig ist. Aber wir werden selbst auch besser lernen müssen als bisher, diese Minderheiten auszusöhnen mit ihrem Geschick und sie moralisch für uns und unser Staatswesen zu gewinnen; – was man bisher in Preußen-Deutschland leider nicht immer in wünschenswertem Maße verstanden hat. Eine ähnliche Verantwortung haben wir gegen die* unserm Schutz befohlenen Eingeborenen unsrer Kolonien. Es wäre eine Schmach für das deutsche Kulturvolk, wenn sich an diesen Naturkindern wiederholen sollte, was das Schicksal der Rothäute Nordamerikas war ... Wenn ein Kulturvolk eine Kolonie in Besitz nimmt, so hat es auch die moralische Verpflichtung, sie kulturell zu heben ... es handelt sich vor allem auch um eine Erziehungsaufgabe, um Erziehung der Eingeborenen zu einer besseren geistigen, religiösen und sittlichen Kultur. ... Und ähnliche Verpflichtungen haben wir überhaupt gegen alle, die in unseren Interessengebieten, sei es im vorderen Orient oder im fernen Osten in politische, wirtschaftliche und geistige Abhängigkeit von uns geraten, auch ohne dass sie Untertanen und Schutzbefohlene unseres Deutschen Reiches werden ... Bewahrt das deutsche Volk, auch wenn es jetzt zu völkerbeherrschender Weltmachtstellung emporsteigt, diesen Geist, dann ist sein Sieg in diesem Völkerringen ein Sieg für die Menschheit gewesen. Dann dürfen wir Schillers Wort auch weiterhin auf uns anwenden: ‚Jedes Volk hat seinen Tag in der Geschichte. Doch der Tag der Deutschen ist die Ernte der ganzen Zeit'."[272]

2.11.7 Ein Reformationsjubiläum im Kriege

Kriegsbedingte Beeinträchtigungen

Das Reformationsjubiläum 1917 stand im Schatten des Krieges. An große Jubelfeiern war nicht zu denken. Wilhelm Bornemann berichtete im Frankfurter Kirchenkalender darüber: „Der Weltkrieg hat die Jubelfeier der Reformation auf das Stärkste beeinträchtigt. Er hat ihr die Einheitlichkeit und Geschlossenheit genommen, die durchgreifende allgemeine Teilnahme abgeschwächt und alles das, was äußerlich für eine große, volkstümliche Feier und für erhebende Massenwirkungen bedeutsam ist, entweder unmöglich gemacht oder sehr erschwert. Der größte Teil der Männerwelt, besonders die begeisterungsfähige männliche Jugend, draußen im Felde; die Frauen auf das Aeußerste belastet durch die Schwierigkeiten des Haushalts, der Erziehung, des Erwerbs; selbst die Jugend durch Hilfsdienst, Landwirtschaft, Sammel- und Erwerbstätigkeit mannigfach in Anspruch genommen und zerstreut; Tausende von Familien in tiefer Trauer um gefallene und schwerverwundete Glieder, viele auch in schwerer Sorge durch gegenwärtige Leiden und ernste Fragen der Zukunft! Dazu überall Schwierigkeiten der Heizung, der Beleuchtung, der Ernährung. Die Presse der großen Öffentlichkeit und das Leben der Bevölkerung von ganz andern Fragen dauernd und lebhaft beschäftigt, die evangelische Tageszeitung ‚Die Frankfurter Warte' seit Kriegsbeginn eingegangen, und so manche sonst zu Feiern bestimmte größere Räume der Stadt – z. B. der große Saal des Kaufmännischen Vereins und des Hippodroms – jetzt als Lazarette oder für andere Kriegszwecke belegt. ... Das kirchliche Leben selbst aber, für das die Reformationsfeier ein lebendiger Ausdruck und eine neue Quelle der Kraft sein sollte, war, wie das ganze öffentliche Leben, durch die Kriegszustände eingeengt und mannigfach belastet oder unterbunden. ... Zu öffentlichen Aufzügen und Volksversammlungen im Freien war durch den Krieg wie durch die Jahreszeit die Möglichkeit genommen. Anhäufungen von Menschen waren durch die Fliegergefahr bedroht. ... Die städtischen Behörden und ein großer Teil der Bevölkerung scheuen nichts so sehr wie ein Hervortreten des konfessionellen Bewußtseins."[273]

So verzichtete man auf große zentrale Feiern und setzte auf dezentrale in den Gemeinden.

Es gab viele Gottesdienste, kirchenmusikalische Veranstaltungen und vor allem Vorträge. Bornemann zählte allein 32 Vorträge auf.[274] In Zusammenarbeit der „Freunde der christlichen Freiheit" und der „Evangelischen Vereinigung" fanden auch wieder „Frankfurter Vorträge" statt. Erich Foerster sprach über „Reformation und bürgerliche Freiheit", Wilhelm Lueken über „Der Gottesdienst im Geist", Wilhelm Bornemann über „Die Majestät des Gewissens" und Willy Veit über „Die Religion als Erlebnis".

Erich Foerster: „Reformation und bürgerliche Freiheit"[275]
Foerster erinnerte zunächst an die Ansprache Friedrich Hegels in der Berliner Universität aus Anlass des 300jährigen Jubiläums der Übergabe der Augsburger Konfession im Jahre 1830. Damals hätte diese Rede damit begonnen, dass es keiner besonderen Rechtfertigung mehr bedürfe, wenn ein Laie über die Religion sprechen wolle. Denn dieses Recht sei der Reformation zu verdanken. *„Bis dahin nämlich war die Lage der Christenheit, daß sie in zwei Stände zerrissen war. Der eine hatte das Recht und die Handhabung der uns durch Christus erworbenen Freiheit an sich gerissen, der andere war zur Knechtschaft erniedrigt, ein Sklave eben dieser Freiheit geworden. Unter christlicher Freiheit aber verstehen wir dies, daß ein jeder für würdig erklärt ist, sich Gott zu nahen in Erkenntnis, in Gebet und in Verehrung, daß jeder selbst sein Verhältnis zu Gott und das Gottes zu ihm regle und Gott selbst sich in der Menschenseele offenbare. Diese Freiheit, das höchste Gut, das einem Menschen geschenkt werden kann, war ihm entrissen worden, und der Verkehr des Menschen mit Gott wie durch eine eherne Mauer durchbrochen ... Fürsten und Völker Deutschlands schüttelten die Knechtschaft ab und sagten sich von dem Unterschied zwischen Laienstand und geistlichem Stand los. ... Denn unmöglich konnten die Geister, die aus der Knechtschaft des Aberglaubens entronnen waren, noch weiter gedrückt werden von Gesetz und Herrschaft, wie sie nach den Regeln der früheren Religion gestaltet war. Die Religion kann nicht in der Verborgenheit der Seele festgehalten und vom Handeln und der Einrichtung des Lebens ferngehalten werden. So groß ist ihre Gewalt und Macht, daß sie das ganze menschliche Leben umfaßt und leitet, und deshalb muß eine Reformation der Religion auch eine Reformation der Staaten und der Gesetze nach sich ziehen."*[276]

Das sei die gängige Auffassung des 19. Jahrhunderts gewesen, die man nach dem gegenwärtigen Stand der reformationsgeschichtlichen Forschung jedoch nicht mehr teilen könne. Dagegen spräche die Gestaltung des öffentlichen Lebens im Gefolge der Reformation. Die Reformation habe zu Staatskirchen in konfessionellen Staaten geführt. Zwar seien die Staaten frei von der Autorität der katholischen Kirche geworden. An deren Stelle sei jedoch die Autorität des Wortes Gottes getreten, wie es jeweils von den Theologen ausgelegt und verkündigt wurde. Auch die Fürsten seien deshalb keineswegs frei gewesen, vielmehr abhängig vom Kaiser wie von ihren Hofpredigern. Hier habe es auch keine bürgerliche, wissenschaftliche oder künstlerische Freiheit oder gar Glaubens- und Gewissensfreiheit gegeben. Ein Gedanke an die Rechte des Einzelnen sei nicht einmal im Ansatz zu erkennen und der Mensch in die ständische Ordnung eingepresst. Allerdings sei das auch kein Abfall von den Grundgedanken Luthers gewesen, sondern genau in seiner Ethik angelegt gewesen. Deshalb müsse man sich Luthers Lehre genauer ansehen.

Für Luther sei die Welt, so wie sie ist, von Gott gewollt und geordnet, und der Mensch muss das Kreuz des Lebens auf sich nehmen und sich gegenüber Gott darin bewähren. Foerster zeigte das dann an verschiedenen Stellungnahmen Luthers zu damals aktuellen Problemen. Ein Beispiel war Luthers Haltung zu der Forderung der Bauern gewesen, ihre Leibeigenschaft aufzuheben. In seiner Schrift wider die Bauern habe Luther unter Berufung auf die Leibeigenschaft im Alten Testament und auf Paulus geäußert, dass die Forderung der Bauern gegen das Evangelium verstoße und „räuberisch" sei, weil der von der Leibeigenschaft Befreite seinem Herrn seinen Leib nehme. Und er habe Jesus zitiert: *„Ihr sollt dem Übel nicht widerstehen, sondern wer dich zwingt eine Meile wegs, mit dem gehe zwei Meilen. Und wer dir den Mantel nimmt, dem lasse auch den Rock. Und wer dich auf die Backe schlägt, dem halte auch die andere dar."*[277] Foerster meinte, schärfer könne man die Grenze zwischen christlicher und bürgerlicher Freiheit nicht ziehen. Und er folgerte daraus, dass der moderne Individualismus sich nicht auf Luther berufen könne.[278] Auch bezweifelte er, dass das wirklich so schlimm sei. *„Heute, im vierten Jahre des Weltkrieges, kann niemand der eindringlichen Frage aus dem Wege gehen: Wohin hat uns der Gedanke, daß jedes Volk das Recht habe, sich ausschließlich von seinem Machtwillen leiten zu lassen, und daß es in seiner Politik frei sei von jedem übergeordneten, sittlichen Gesetz, geführt? Und wie soll ein Volk und ein Staat bestehen, dessen einzelne Glieder der Pflicht der Unterordnung unter das gemeine Beste sich entschlagen?"*[279]

Zwar sei das *„Verlangen des Menschen nach freier Betätigung aller seiner Kräfte und Gaben, nach Geltendmachung seines Verstandes und Geschmacks, nach Rechten, Freiheiten, Wohlstand und Macht"*[280] dem Menschen angeboren. Nur stießen eben die Interessen des Einzelnen auf die der anderen. Und deshalb müssten diese Triebe kultiviert werden, indem der Einzelne sich dienend in die Gemeinschaft einbringt und sich von ihr die Grenzen seiner Rechte und Freiheiten ziehen lässt. Und das sei der Reformation zu danken, dass sie *„in der Entwicklung der bürgerlichen Rechte und Freiheiten die Funktion einer Hemmung und eines Widerstandes geübt hat. ...."*[281] Sie habe den Menschen durch die Verkündigung unantastbarer Gesetze zu veredeln gesucht. Sie habe damit den Einzelnen angeleitet, nicht nur nach seinen Rechten, sondern auch nach seinen Pflichten zu fragen und nach der Verantwortung für ein jenseits seines Lebens liegendes Großes – Familie, Vaterland, Wissenschaft und Humanität. Damit habe die Reformation die Deutschen davor bewahrt, in einer bestimmten Form der staatlichen und bürgerlichen Verfassung ein göttliches Gebot zu sehen. Von *„christlicher Demokratie"* oder *„christlicher Wirtschaftsordnung"* zu sprechen, sei ein Missbrauch des Christentums. *„Der lutherische Protestantismus hat dem Individualismus, dem Verlangen nach Rechten und Freiheiten im bürgerlichen und öffentlichen Leben einen unschätzbaren Dienst geleistet, indem er ihn mit seelischem Gehalt gesättigt hat. ... Das ist sein Beitrag zur Geschichte der bürgerlichen Freiheit."*[282]

2.11.8 Das Kriegsende

Die Frankfurter Ereignisse
Wie sich das Denken im Verlauf des Krieges veränderte, kann man an den Theaterprogrammen ablesen. Zunächst brachte das Schauspiel vor allem Stücke auf die Bühne, die an die nationale Gesinnung appellierten:

„Minna von Barnhelm", „Götz von Berlichingen" oder der „Prinz von Homburg". In der Oper standen Wagner-Opern hoch im Kurs. Das Schumann-Theater zeigte Volksstücke im Soldaten-Milieu. Schon bald kehrten aber deutsche und französische Lustspiele wieder auf den Spielplan zurück.[283] Sie sollten die Stimmung aufhellen. Zu denen, die das kritisch sahen, gehörte die lutherische Stadtsynode, in der im Februar 1915 zumindest ein Einspruch gegen diese „leichtfertigen" Theaterstücke verlesen wurde.[284] Dann aber brachten die städtischen Bühnen mehr und mehr Gegenwartskritik. Hier pflegte man ab 1917 vor allem das expressionistische Schauspiel. Fritz von Unruh, Karl Sternheim, Georg Kaiser und Paul Kornfeld wurden jetzt gespielt.[285]

Das korrespondierte mit dem Verlust des Vertrauens in das überkommene gesellschaftliche und politische System. *„Man kann, was sich in Deutschland abspielte, auch als eine große Vertrauenskrise bezeichnen; zuerst verlor das Volk das Vertrauen zu der wirtschaftlichen Führung, als es nicht gelang, die Lebensmittelversorgung auch nur einigermaßen dem wirklichen Bedürfnis anzupassen; dann verschwand das Vertrauen zu der politischen Führung dahin, je mehr man einsah, daß das Steuer des Reiches in unsicheren Händen ruhte; unerschüttert blieb noch bis in den Sommer 1918 das Vertrauen auf die militärische Führung. Wenn aber auch dies zusammenbrach, was dann?"* [286]

Dies war die Situation, als Ende September 1918 die militärische Führung zugeben musste, wie katastrophal die militärische Lage wirklich war, und die neue Regierung unter Prinz Max von Baden Waffenstillstandsverhandlungen einleiten wollte. Am 1. Oktober wurde in der Stadtverordnetenversammlung geäußert: *„Die Stunde ist ernst, wir sitzen auf einem Vulkan."*[287] Im Laufe des Monats Oktober ließ die Disziplin der Soldaten deutlich nach. Der Respekt vor den Offizieren nahm ab. Die Stimmung war gedrückt, denn man fürchtete Schlimmes von den Waffenstillstandsverhandlungen. Am 17. Oktober setzte die Stadtverordnetenversammlung deshalb für den Notfall einen „Ordnungs-Ausschuß" mit den beiden Bürgermeistern und sieben Stadträten ein. Anfang November wurde er durch Vertreter der Industrie und der Gewerkschaften erweitert. Am 5. November erreichten die ersten Nachrichten von den Ereignissen in Kiel Frankfurt. Hier blieb zunächst alles ruhig.[288] Am 7. November kamen abends 250 bewaffnete Matrosen mit dem Zug nach Frankfurt.[289] Der Versuch, sie auf dem Hauptbahnhof zu entwaffnen, scheiterte. Ähnlich ging es mit einer zweiten Gruppe von 80 Mann am 8. November in Ginnheim. Als die Reichsregierung den Befehl gab, kein Blut zu vergießen, gab man den Einsatz des Militärs auf. Der nun „Wohlfahrts-Ausschuß" genannte „Ordnungsausschuß" trat zusammen, löste sich aber nach der ersten Sitzung faktisch auf, weil eine Zusammenarbeit der verschiedenen politischen Richtungen nicht möglich war.

So konnten die Matrosen ohne Schwierigkeiten das Heft in die Hand nehmen. Sie sorgten dafür, dass in allen Frankfurter Truppenteilen Soldatenräte gewählt wurden. Parallel dazu begannen die Belegschaften von Industriebetrieben, Arbeiterräte zu wählen. Wie zu Beginn des Krieges hielten sich auf den Straßen Menschenmengen auf, um Neuigkeiten zu erfahren. Es herrschte ein großes Durcheinander. Da ergriff ein 21 1/2 Jahre alter Vizewachtmeister Moser, Student aus Freiburg, die Initiative. Er holte sich aus einer Versammlung der *„Unabhängigen"* die Soldaten heraus, marschierte mit ihnen zum „Frankfurter Hof" und errichtete dort aus Vertretern verschiedener Truppenteile einen Achter-Ausschuss. Moser und sein Soldatenrat genossen schnell Autorität und konnten im Laufe der Nacht auf den 9. November die Macht an sich reißen. Stadtverwaltung und Militär erklärten sich zur Zusammenarbeit bereit. Parallel dazu bildete sich ein Arbeiterrat, der zunächst nur aus Vertretern der unabhängigen Sozialdemokraten bestand. In öffentlichen Erklärungen zeigte sich, dass der Soldatenrat zunächst militärische Fragen regeln wollte, während der Arbeiterrat das Kapital und den Militarismus als verantwortlich für den Niedergang bezeichnete und die Herrschaft des Proletariats anstrebte. Beide Räte zeigten sich besonnen und an der Herstellung einer Ordnung interessiert. Sie schlossen sich auch alsbald zusammen.

In der Bevölkerung machte sich Erleichterung und eine gewisse Zufriedenheit breit. Nach Streitigkeiten im Soldatenrat fuhr Moser bald nach Berlin weiter. Die Verwaltung konnte weiterarbeiten. Es schien so, als hätte Frankfurt die Revolution glimpflich überstanden. Doch zwei Problemfelder gab es offenkundig. Zum einen wusste man nicht, was der Waffenstillstand bringen würde. Zum anderen war klar, dass die Demobilisierung des Heeres Frankfurt vor große Aufgaben stellen würde, und das angesichts der weiter bestehenden kritischen Versorgungslage. Und so kam es dann auch. Zwischen 13. November und 1. Dezember kamen über 700.000 Soldaten auf dem Weg in die Heimat nach Frankfurt, einzeln oder in Gruppen, ohne jede Ordnung. Über 200.000 davon mussten Verpflegung und Löhnung erhalten. Zwischen 4. Dezember und 20. Januar 1919 wurden die Kriegsgefangenenlager im Rhein-Maingebiet aufgelöst. Ende November zog die 5. Armee durch das Rhein-Maingebiet. Zwei Divisionen (die 115. und die 213.) wurden in Frankfurt untergebracht. Anschließend folgte noch das Infanterie-Regiment 439. Übten diese geschlossenen Verbände Disziplin, so galt dies überhaupt nicht für die anderen Heimkehrer. Anfang Dezember kam es denn auch zur Plünderung von Magazinen und zu Raubzügen durch die Stadt auf der Suche nach allem Brauchbaren. Trotzdem versuchten die Frankfurter, wieder zum normalen Leben zurückzukehren.

Ein Blick auf das Ende des Krieges
Einige Passagen aus den Lebenserinnerungen von Erich Foerster, Pfarrer und Professor mit guten Kontakten in die verschiedensten Richtungen, und die Karfreitagspredigt 1919 von Pfarrer Willy Veit lassen erahnen, was so mancher damals dachte.

„Ich war bei seinem Beginn überzeugt von der Unschuld der deutschen Regierung am Kriege ... Von den großen Fehlern der deutschen Politik seit Bismarcks Sturz hatte ich nur ganz unzulängliche Vorstellungen. Allerdings war ich im letzten Jahrzehnt immer stärker oppositionell geworden ... Nun beeindruckte mich aufs stärkste der glänzende Anfang des Feldzugs und die stolze Zuversicht des deutschen Offizierskorps, und ich teilte ganz und gar die Begeisterung der riesigen Mehrheit der Nation und die Entrüstung besonders über England. In dieser Stimmung hat mich auch weder der Einmarsch in Belgien noch der Rückschlag an der Marne, dessen Bedeutung ich nicht verstand, irre gemacht, sie hat ungefähr bis Herbst 1915 angehalten. Erschüttert wurde sie zuerst durch die genaueren Nachrichten über die entsetzliche Menschenschlächterei unter Armeniern ... Greuliches über die Mängel der Militärseelsorge und ihren Leutnantsjargon,

... es gelte (an der serbischen Front, d. Verf.) gegenüber der Bevölkerung allmählich alles für erlaubt. ... Gespräche von Soldaten (auf einer Eisenbahnfahrt, d. Verf.), die mich entsetzten: Unverhohlene Abneigung gegen die Dienstpflicht ... In diesem Kreise (Mitglieder des Reichstages in Berlin, d. Verf.) wurde der Gedanke, England auf die Knie zu zwingen, verlacht ... Auf der letzten Lazarettweihnachtsfeier in dem Bahnhofsheim Gutleutstraße hatte ich den deutlichen Eindruck von einer unter den Leuten schwelenden Verbitterung. Die Revolution war ein Zusammenbruch in völliger Erschöpfung."[290]

Auf das Kriegsende blickte Willy Veit in seiner Karfreitagspredigt 1919[291] über Luk. 23, V. 39–43[292] zurück. Veit sah zunächst in die Natur, wo gerade alles zu knospen und zu blühen begann. Dem stellte er das Sterben entgegen, *„das, was vom Baum des Lebens abgeschlagen zu Boden fällt."* Bleibe man im Bild, sei der erste Häscher eine faule Frucht, die zu Boden fällt und von der nichts mehr zu erwarten ist. Auch der zweite Häscher sei eine faule Frucht, aber mit einem guten Kern, der die ganze Frucht rette. Schließlich sei Jesus eine *„wundervolle Menschheitsfrucht"* mit dem Jesusgeist, einem Kern, aus dem eine neue Menschheit wachse. Und heute sei wieder eine Frucht vom Baum der Menschheit gefallen und liege zerschellt am Boden: Deutschland. *„Wir wissen alle: Deutschland hat seinen Charfreitag erlebt. Wir haben diesen Fall, ohnmächtig dabeistehend, mitansehen müssen."* Doch welche der drei Möglichkeiten treffe wohl auf Deutschland zu?

„Nun ist das Äußere zerschellt, der Kern liegt bloß. Ist's ein Kern, den wir mit der Christuskraft, die am Charfreitag bloßgelegt wurde vergleichen können? Ist überhaupt ein Kern da? Ist unser inneres Wesen nicht leer und taub, wie eine hohle Nuß? Der Traum ist jedenfalls dahin, daß, wenn Deutschland politisch sterbe, es sei wie das Sterben Jesu: ‚Vater, in deine Hände befehle ich meinen Geist'. Nein: Jesus-artig war unser Charfreitag, war unser politisches Sterben nicht. Das will sagen: es zeigte sich bei unserm Untergang, daß das Deutschland Bismarcks keine Lebenskeime, keine Ideen mehr hatte. Es hatte sie einst gehabt. Es hat sie auch noch gehabt bei Kriegsausbruch. Der August 1914 war nicht ideenlos. Aber dann hat der lange Krieg sie völlig aufgefressen. Manche unter uns waren dabei immer weiter im Wahn, als seien noch Ideen da. Wir sahen zu wenig die Wirklichkeit. Man hat sie uns auch künstlich und absichtlich verborgen. Aber die einstigen Ideen waren nur Worte geworden, Schalen ohne keimkräftigen Inhalt. Als dann Deutschland im Oktober und November 1918 zusammenbrach, erkannten wir mit Schrecken, wie unsere ganze Kriegsführung und unser ganzes Leben in der Heimat immer idealloser, immer materialistischer geworden war. ... – Ja, noch ganz andere Gedanken über den wahren Zustand Deutschlands sind uns seitdem gekommen. Ist unser Zustand nicht noch ärger als nur Ideenlosigkeit? ... Riecht es nicht in unserm öffentlichen Leben nach Fäulnis und Verwesung? Und schreitet dieser innere Zersetzungs- und Verwesungsprozeß nicht unaufhaltsam und wie naturgesetzlich von Tag zu Tag, von Ort zu Ort, von Schicht zu Schicht weiter? ... Mit einem Wort: gleichen wir heute in den Augen der Andern, in unserem eigenen Empfinden, in Wahrheit und Wirklichkeit nicht dem ersten Schächer?"

Veit wollte keine Antwort hierauf geben und sah als Lösung nur die Tat des zweiten Schächers; denn *„In uns und in den andern Völkern um uns liegen solche Lebenskeime nicht."* Lösungen fand er nicht in den Resten des Alten, in der Revolution, in der Weimarer Nationalversammlung, nicht (wie viele) im Bolschewismus oder Wilsons Idee vom Völkerbund. Vorbild war ihm vielmehr im Untergang der Antike die Lebenskraft des Christus. Der habe der Menschheit zum Weiterleben verholfen und das strahlende Mittelalter ermöglicht. *„Diese Christen lebten, während rings um sie alles verweste; aber nicht sie lebten, der Christus lebte in ihnen. Am Christusleben der einzelnen Christen lernte die sterbende Antike, an die welterlösende und welterneuernde Kraft des Christus zu glauben."* Deshalb können die Christen auch Deutschland nicht mit Reformen oder Revolutionen retten und sollten das auch nicht versuchen. Das würde Christus tun, wenn Deutschland wieder den Weg zu ihm findet. *„Wir Christen können unserem sterbenden Deutschland nicht das Leben bringen. Wir können es nur das richtige Sterben lehren. Wir haben am Charfreitag 1919 nur den einen Wunsch für unser heißgeliebtes, sterbendes Deutschland: o Deutschland, wenn du doch die hohe Kunst lerntest, so zu sterben wie der zweite Schächer starb. Dann könnten wir das Deutschland Bismarcks ruhig sterben sehen. Denn wir wüßten: auf solches Sterben folgt ein Auferstehen, nach solchem Charfreitag kommt Ostern. Nicht das Ostern erneuter politischer Macht, aber ein Auferstehen unserer deutschen Kulturstoffe durch die Kraft Christi zu neuem höheren Leben. Dann käme: das deutsche Ostern."*

1 Hierzu und zum Folgenden, Drüner, Im Schatten, S. 30 f.
2 Das evangelische Deutschland 1913, S 834.
3 Das evangelische Deutschland 1913, S. 834 i. V. mit S. 263.
4 Das evangelische Deutschland 1913, S. 811 f. i. V. mit S. 263.
5 Drüner, Im Schatten, S. 33.
6 Drüner, Im Schatten, S. 32.
7 Drüner, Im Schatten, S. 37.
8 Drüner, Im Schatten, S. 38.
9 Drüner, Im Schatten, S. 39.
10 Drüner, Im Schatten, S. 34.
11 FKK 1903, S. 52.
12 Chronik, FKK 1904, S. 59 f.
13 FKK 1903, S. 53.
14 Chronik, FKK 1909, S. 63.
15 Chronik, FKK 1909, S. 62.
16 Chronik, FKK 1914, S. 62.
17 Chronik, FKK 1914, S. 63.
18 Dechent, Kirchengeschichte, Bd. II, S. 535 f.
19 Kübel, Erinnerungen, S. 48 f.
20 Chronik, FKK, 1912, S. 80.
21 Chronik, FKK, 1912, S. 80.
22 Chronik, FKK, 1914, S. 83.
23 Chronik, FKK, 1912, S. 80.
24 Chronik, FKK, 1914, S. 82.
25 Foerster, Unser Ideal, S. 104.
26 Frankfurter Vorträge, Erste Reihe, Die religiösen Ideale.
27 Frankfurter Vorträge, Erste Reihe, Die religiösen Ideale, S. 5.
28 Frankfurter Vorträge, Zweite Reihe, Darf die Religion.
29 Frankfurter Vorträge, Zweite Reihe, Darf die Religion, S. 3.
30 Frankfurter Vorträge, Dritte Reihe, Jesus.
31 Foerster in Frankfurter Vorträge, Dritte Reihe, Jesus, S. 97.
32 Frankfurter Vorträge, Vierte Reihe, Die Kirche im Gerichte ihrer Gegner.
33 Frankfurter Vorträge, Fünfte Reihe, Zur Auseinandersetzung mit Jatho.
34 S. hierzu und zum Folgenden Frase/Dahmer, Diakonie in der Großstadt, S. 79–88.
35 FKK 1914, S. 76 f.
36 Chronik, FKK 1908, S. 66.
37 Dechent, Kirchengeschichte, Bd. II, S. 499.
38 Dechent, Kirchengeschichte, Bd. II, S. 499 f.
39 Trommershausen, Volksschulgesetz.
40 Kübel, Kirchenrecht, S. 320.
41 Hierzu ausführlicher: Kübel, Kirchenrecht, S. 356–361.
42 Kübel, Kirchenrecht, S. 359 f.
43 Zum Folgenden Bornemann, Die Frankfurter Universität.
44 Hammerstein, Universität, Bd. I, S. 22 f.
45 Hammerstein, Universität, Bd. I, S. 27.
46 Hammerstein, Universität, Bd. I, S. 28 f.
47 Dienst, Theologische Fakultät, S. 146.
48 So im preußischen Abgeordnetenhaus formuliert, nach Hammerstein, Universität, Bd. I, S. 23.
49 Hammerstein, Universität, Bd. I, S. 35.
50 Bornemann, Die Frankfurter Universität, S. 46, unter Berufung auf Frankfurter Zeitung vom 26. November 1913.
51 Hammerstein, Universität, S. 30.
52 Schottroff, Martin Buber, S. 121.
53 Chronik, FKK 1918, S. 76.
54 Dienst, Theologische Fakultät, S. 150.
55 Foerster, Lebenserinnerungen, S. 37 f.
56 Kübel, Kirchenrecht, S. 97.
57 Dechent, Kirchengeschichte, Bd. II, S. 502.
58 Das ist Carl Jatho.
59 Kübel, Erinnerungen, S. 54.
60 Dechent, Kirchengeschichte, Bd. II, S. 505.
61 Hierzu und zum Folgenden Kübel, Erinnerungen, S. 54 f.
62 Flesch-Thebesius, Erste Licentiatin.
63 Chronik FKK 1909, S. 63.
64 Knoblauch, Moritz Schmidt.
65 Kirste, Der Maler Wilhelm Steinhausen, S. 149.
66 Kirste, Der Maler Wilhelm Steinhausen, S. 153.
67 Steinhausen, Die Bilder, S. 5.
68 Dechent, Kirchengeschichte, Bd. II, S. 515.
69 Auszug bei Cordier, Jugendkunde, Bd. I, S. 260–267.
70 Mathis, Jugendbewegungen, S. 250.
71 FKK 1906, S. 83.
72 Mattis, Von den Anfängen, S. 15.
73 Stenzel in Chronik, FKK 1907, S. 81.
74 Stenzel in Chronik, FKK 1912, S. 73.
75 Der Wartburgverein, S. 3.
76 Mathis, Jugendbewegungen, S. 249.
77 Mattis, Von den Anfängen, S. 18 f.
78 Cordier, Evangelische Jugendkunde, Bd. I., S. 143–152; Bd. II, S. 275–282.
79 Cordier, Evangelische Jugendkunde, Bd. II, S. 255.
80 Cordier, Evangelische Jugendkunde, Bd. II, S. 277 f.
81 Cordier, Evangelische Jugendkunde, Bd. II, S. 280.
82 Neumeier, Evangelische Jugendarbeit, S. 40.
83 Blüher, Wandervogel.
84 Blüher, Wandervogel, 2. Teil, S. 97.
85 Cordier, Evangelische Jugendkunde, Bd. II, S. 387.
86 Cordier, Evangelische Jugendkunde, Bd. II, S. 390.
87 Cordier, Evangelische Jugendkunde, Bd. I, S. 100.
88 Cordier, Evangelische Jugendkunde, Bd. II, S. 545.
89 Cordier, Evangelische Jugendkunde, Bd. I, S. 327–347; Bd. II, S. 275–282.
90 Meyer, Bund deutscher Jugendvereine.
91 Chronik, FKK 1931, S. 42 f.
92 Cordier, Evangelische Jugendkunde, Bd. II, S. 422.
93 Artikel im Blatt des Evangelisch-sozialen Kongresses „Evangelisch-sozial"; zitiert nach Cordier, Evangelische Jugendkunde, Bd. II, S. 423.
94 Grundsatzreferate abgedruckt bei Cordier, Evangelische Jugendkunde, Bd. I, S. 327–347.
95 Cordier, Evangelische Jugendkunde, Bd. II, S. 425, 427.
96 Cordier, Evangelische Jugendkunde, Bd. II, S. 429.
97 Cordier, Evangelische Jugendkunde, Bd. II, S. 430.
98 Cordier, Evangelische Jugendkunde, Bd. II, S. 619 f.
99 Cordier, Evangelische Jugendkunde, Bd. II, S 621.
100 Cordier, Evangelische Jugendkunde, Bd. II, S. 323; Burckhardts Texte sind abgedruckt in: Cordier, Jugendkunde, Bd. III, S. 339–344.

101 Cordier, Evangelische Jugendkunde, Bd. II, S. 325; Satzung teilweise abgedruckt in: Cordier, Jugendkunde, Bd. III, S. 389 f.
102 Cordier, Evangelische Jugendkunde, Bd. II, S. 326.
103 Cordier, Evangelische Jugendkunde, Bd. II, S. 403.
104 Cordier, Evangelische Jugendkunde, Bd. II, S. 405.
105 Cordier, Evangelische Jugendkunde, Bd. II, S. 405 f.
106 Dechent, Kirchengeschichte, Bd. II, S. 516.
107 Cordier, Evangelische Jugendkunde, Bd. I,.S. 353-367; Bd. II., S. 405-408, 414-417.
108 Abgedruckt bei Cordier, Evangelische Jugendkunde, Bd. I, S.357 f.
109 Schmidt, Bekenntnisse 1935, S. 48 ff.
110 Chronik, FKK 1902, S. 52.
111 FKK 1902, S. 52.
112 Chronik, FKK 1903, S. 66.
113 Chronik, FKK 1903, S. 67.
114 Chronik, FKK 1904, S. 78.
115 Chronik, FKK 1907, S. 78 f.
116 Chronik, FKK 1904, S. 73 f.
117 FKK 1902, S. 54.
118 Chronik, FKK 1907, S. 82 f.
119 Baerrn, Arbeiterverein, S. 55 f.
120 Baerrn, Arbeiterverein, S. 54.
121 FKK 1910, S. 63-65.
122 § 2 Gründungssatzung, zitiert nach Drewello-Merkel/Puchert, 100 Jahre, S. 23.
123 Drewello-Merkel/Puchert, 100 Jahre, S. 53.
124 Kittel, Deutsch-Evangelischer Frauenbund, S. 97.
125 FKK 1910, S. 78.
126 Hartmann, Erster Bericht.
127 Dechent, Kirchengeschichte, Bd. II, S. 535 f.
128 Foerster, Lebenserinnerungen, S. 39 f.
129 Hier wurde der rechtliche Status der Gemeinden geregelt und den Kassen der Synodalverbände ein Umlagerecht zugestanden, vgl. Abdruck der Kirchengemeindesynodalordnung bei Telschow, Rechtsquellen, S. 103-140.
130 Hier wurde den Kirchengemeinden das Steuerrecht eingeräumt, vgl. Abdruck des Kirchensteuergesetzes bei Telschow, Rechtsquellen, S. 155-163.
131 Beschluss der Stadtsynode vom 16. März 1900, nach Kübel, Kirchenrecht, S. 262 f.
132 Kübel, Kirchenrecht, S. 263.
133 Hierzu und zum Folgenden Steinhilber, 100 Jahre.
134 Proescholdt/Telschow, Frankfurts Kirchen, S. 44-53.
135 Proescholdt/Telschow, Frankfurts Kirchen, S. 146-151.
136 Kübel, Erinnerungen, S. 50.
137 Chronik, FKK 1902, S. 43.
138 Proescholdt/Telschow, Frankfurts Kirchen, S. 92 f.
139 Proescholdt/Telschow, Frankfurts Kirchen, S. 113-120.
140 Proescholdt/Telschow, Frankfurts Kirchen, S. 310-314.
141 Proescholdt/Telschow, Frankfurts Kirchen, S. 21-126.
142 Proescholdt/Telschow, Frankfurts Kirchen, S. 291-295.
143 Proescholdt/Telschow, Frankfurts Kirchen, S. 349-352.
144 Proescholdt/Telschow, Frankfurts Kirchen, S. 286-290.
145 Proescholdt/Telschow, Frankfurts Kirchen, S. 287-292.
146 Frankfurter Stimmen zu Steinhausen: Dechent, Wilhelm Steinhausen; Kirste, Der Maler Wilhelm Steinhausen; Vogel, Die Ausmalung; Mahnkopp, Emmaus; Mahnkopp, Wilhelm Steinhausen.
147 Wolter, Katholisches Leben, S. 16.
148 Hierzu und zum Folgenden: Schatz, Bistum Limburg, S. 214-216.
149 Chronik, FKK 1904, S. 78.
150 S. als Beispiele Fischer, Griff, nach der Weltmacht; Clark, Die Schlafwandler; Münkler, Der große Krieg.
151 Drüner, Im Schatten, S. 47, Anm. 37. Für die Bewertung der Aussagen von Drüner ist nicht ohne Bedeutung, dass er die Tagebücher von Erich Foerster benutzen konnte (Foerster, Lebenserinnerungen, S. 46).
152 Drüner, Im Schatten, S. 48.
153 Drüner, Im Schatten, S. 53.
154 Bösch, Der Beginn, S. 21.
155 Bornemann, Zwei Jahrzehnte, S. 52 f.; Fischer, Das Frankfurter königliche Konsistorium, S. 7.
156 FKK 1915, S. 42.
157 FRV 22/8: 3, nach: Fischer, Das Frankfurter königliche Konsistorium, S. 31.
158 FRV 22/8: 10, nach: Fischer, Das Frankfurter königliche Konsistorium, S. 34.
159 FRV 22/8 104, nach: Fischer, Das Frankfurter königliche Konsistorium, S. 44.
160 Kopie in Privatbesitz.
161 FRV 22/12, nach: Fischer, Das Frankfurter königliche Konsistorium, S. 75 f.
162 FRV 22/12, nach: Fischer, Das Frankfurter königliche Konsistorium, S. 53.
163 Fischer, Das Frankfurter königliche Konsistorium, S. 54.
164 FRV 33/13:268, nach: Fischer, Das Frankfurter königliche Konsistorium, S. 76.
165 Hierzu und zum Folgenden: Drüner, Im Schatten, S. 54-61.
166 Drüner, Im Schatten, S. 63 f.
167 Drüner, Im Schatten, S. 67.
168 Bruch, Erster geistiger Waffenplatz, S. 24.
169 Hans-Heino Ewers in einer Podiumsdiskussion in Frankfurt, nach: FAZ vom 27.2.2014, S. 36.
170 Piper, Das niedrige Niveau, S. 10.
171 Piper, Das niedrige Niveau, S. 10.
172 Veit, Predigtsammlung 1913-1919, nicht paginiert.
173 Pauly, Frankfurter Theologen und der Weltkrieg; s. auch Broechtel, Frankfurter Theologen und der Weltkrieg.
174 Bornemann, Wilhelm, Unsere Heimgegangenen, S. 20 f.
175 Kübel, Erinnerungen. S. 63 f.
176 Kübel, Erinnerungen, S. 63 f.
177 Palmer, Aus der Arbeit eines Lazarettpfarrers.
178 Schwarzlose, Bibel und Kirchenlied im Felde.
179 Veidt, Erinnerungen.
180 Veidt, Erinnerungen, S. 98.
181 Veidt, Erinnerungen, S. 99.
182 Veidt, Erinnerungen, S. 135 f.
183 Veidt, Erinnerungen, S. 147.
184 Veidt, Erinnerungen, S. 149.
185 Balke, Neufville und Correvon, S. 265.
186 Balke, Neufville und Correvon, S. 266.
187 Schian, Die Arbeit der evangelischen Kirche, S. 425.
188 Schian, Die Arbeit der evangelischen Kirche, S. 426; im Übrigen folgt die Darstellung vor allem: Balke, Neufville und Correvon, S. 263-290.

189 Schian, Die Arbeit der evangelischen Kirche, S. 430.
190 Balke, Neufville und Correvon, S. 24.
191 Balke, Neufville und Correvon, S. 24.
192 Schian, Die Arbeit der evangelischen Kirche, S. 426 f.
193 Schian, Die Arbeit der evangelischen Kirche, S. 427.
194 Schian, Die Arbeit der evangelischen Kirche, S. 436.
195 Balke, Neufville und Correvon, S. 29.
196 Schian, Die Arbeit der evangelischen Kirche, S. 441.
197 Schian, Die Arbeit der evangelischen Kirche, S. 434.
198 Balke, Neufville und Correvon, S. 36–38.
199 Drüner, Im Schatten, S. 117–131.
200 Drüner, Im Schatten, S. 121.
201 Quelle: Institut für Stadtgeschichte Frankfurt am Main.
202 FRV 2/:64, nach Fischer, Das Frankfurter Königliche Konsistorium, S. 51 f.
203 Fischer, Das Frankfurter Königliche Konsistorium, S. 50.
204 FRV 22/10, nach Fischer, Das Frankfurter Königliche Konsistorium, S. 51 f.
205 Fischer, Das Frankfurter Königliche Konsistorium, S. 52.
206 Fischer, Das Frankfurter Königliche Konsistorium, S. 52
207 Drüner, Im Schatten, S. 207.
208 Drüner, Im Schatten, S. 216.
209 Drüner, Im Schatten, S. 222.
210 Hierzu und zum Folgenden: Drüner, Im Schatten, S. 69–81.
211 FRV 22/10, nach Fischer, Das Frankfurter Königliche Konsistorium, S. 45–47.
212 FRV 22/428, nach Fischer, Das Frankfurter Königliche Konsistorium, S. 48 f.
213 FRV 22/6-22/8, insbes. FRV 22/6:37; FRV 22/7: 109 u. 110, nach Fischer, Das Frankfurter Königliche Konsistorium, S. 61–65; Drüner, Im Schatten, S. 145.
214 FRV 22/8:46, nach: Fischer, Das Frankfurter Königliche Konsistorium, S. 66.
215 Drüner, Im Schatten, S. 80.
216 FRV 22/10, nach: Fischer, Das Frankfurter Königliche Konsistorium, S. 66.
217 FRV 22/7:92, nach: Fischer, Das Frankfurter Königliche Konsistorium, S. 68.
218 Proescholdt/Telschow, Frankfurts evangelische Kirchen, S. 42–151.
219 Drüner, Im Schatten, S. 81.
220 Weber, O Deutschland Hoch In Ehren.
221 Weber, O Deutschland Hoch In Ehren, S. 1.
222 Weber, O Deutschland Hoch In Ehren, S. 5.
223 Weber, O Deutschland Hoch in Ehren, S. 6.
224 Drüner, Im Schatten, S. 84, Anm. 61.
225 Drüner, Im Schatten, S. 85.
226 Drüner, Im Schatten, S. 85, Anm. 62.
227 Drüner, Im Schatten, S. 86.
228 Drüner, Im Schatten, S. 90.
229 Drüner, Im Schatten, S. 91.
230 Frankfurter Diakonissenhaus, Getrost und freudig 125, S. 75–80.
231 Frankfurter Diakonissenhaus: Blätter aus dem Mutterhaus, Nr. 463, September 2014, S. 12 f.
232 Chronik FKK 1916, S. 79.
233 Zitiert nach Balke, Neufville und Correvon, S. 271.
234 Dies und das Folgende bei Herrenbrück, 400 Jahre, S. 21 f.; Ebrard, Die französisch-reformierte Gemeinde.
235 Dechent, Kirchengeschichte, Bd. II, S. 505.
236 Chronik, FKK 1916, S. 78.
237 Telschow/Ulrich, Festschrift Marthahaus, S. 22 f.
238 Drüner, Im Schatten, S. 203.
239 Drüner, Im Schatten, S. 203 f.
240 Drüner, Im Schatten, S. 203 f.
241 Frankfurter Diakonissenhaus: Blätter aus dem Mutterhaus, Nr. 463, September 2014, S. 14.
242 Drüner, Im Schatten, S. 158, Anm. 146.
243 Drüner, Im Schatten, S. 158, Anm. 145.
244 Drüner, Im Schatten, S. 158.
245 Dechent, Kirchengeschichte Bd. II, S. 558, 560.
246 Kübel, Erinnerungen, S. 81.
247 „Sie haben Wind gesät, und sie werden Ungewitter ernten."
248 Veit, Predigtsammlung 1913–1919 (nicht paginiert).
249 „Jesus nahm zu an Weisheit, Reife und Wohlgefallen bei Gott und den Menschen.", in: Veit, Predigtsammlung 1913–1919 (nicht paginiert).
250 Chronik, FKK 1916, S. 81.
251 Foerster, Lebenserinnerungen, S. 47.
252 Groenhoff, Schwert, S. 37 f., unter Bezugnahme auf: Die Gemeinde, 1915, S. 300.
253 Veit, Buße, S. 21–37.
254 Veit, Buße, S. 34 f.
255 Veit, Buße, S. 36.
256 Foerster: Bekenntnis, S. 38–51.
257 Foerster, Bekenntnis, S. 41 f.
258 Foerster, Bekenntnis, S. 44 f.
259 Foerster, Bekenntnis, S. 47.
260 Foerster, Bekenntnis, S. 47 f.
261 Foerster, Bekenntnis, S. 49 f.
262 Bornemann, Opfer, S. 52–71.
263 Bornemann, Opfer, S. 52 f.
264 Bornemann, Opfer, S. 54.
265 Bornemann, Opfer, S. 54 f.
266 Bornemann, Opfer, S. 62.
267 Lueken, Weltherrschaft, S. 47–68.
268 Lueken, Weltherrschaft, S. 69.
269 Lueken, Weltmacht, S. 74–76.
270 Lueken, Weltmacht, S. 75 f.
271 Lueken, Weltmacht, S. 85.
272 Lueken, Weltmacht, S. 88–92.
273 Bornemann, Reformationsjubiläum, FKK 1919, S. 28.
274 Bornemann, Reformationsjubiläum, FKK 1919, S. 33 f.
275 Foerster, Reformation und bürgerliche Freiheit, S. 5–22.
276 Foerster, Reformation und bürgerliche Freiheit, S. 5.
277 Matthäus 5, 39.
278 Foerster, Reformation und bürgerliche Freiheit, S. 16 ff.
279 Foerster, Reformation und bürgerliche Freiheit, S. 16 f.
280 Foerster, Reformation und bürgerliche Freiheit, S. 17.
281 Foerster, Reformation und bürgerliche Freiheit, S. 18.
282 Foerster, Reformation und bürgerliche Freiheit, S. 18–22.
283 Drüner, Im Schatten, S. 112 f.
284 Drüner, Im Schatten, S. 113, Anm. 91.
285 Drüner, Im Schatten, S. 318.

286 Drüner, Im Schatten, S. 321.
287 Drüner, Im Schatten, S. 326.
288 Drüner, Im Schatten, S. 326 f.
289 Hierzu und zum Folgenden: Drüner, Im Schatten, S. 329–346.
290 Foerster, Lebenserinnerungen, S. 53 f.
291 Veit, Und wie stirbt Deutschland, in Predigten, nicht paginiert.
292 „Aber der Übeltäter einer, die da gehenkt waren, lästerte ihn und sprach: Bist du Christus, so hilf dir selbst und uns. Da antwortete der andere, strafte ihn und sprach: Und du fürchtest dich auch nicht vor Gott, der du doch in gleicher Verdamnis bist? Und wir zwar sind billig darin, denn wir empfangen, was unsere Taten wert sind, dieser aber hat nichts Ungeschicktes getan. Und er sprach zu Jesu: Herr, gedenke an mich, wenn du in dein Reich kommst."

3. DER WEG ZUR UNABHÄNGIGKEIT VOM STAAT: DIE LANDESKIRCHE FRANKFURT AM MAIN 1918 BIS 1932

3.1 Leitgedanken

Als im Jahre 1918 das Kaiserreich zerbrach und mit ihm die auf der Monarchie aufbauende Staatsordnung, fiel auch das Staatskirchensystem dieser Epoche in sich zusammen. Doch nicht nur das. Im ganzen 19. Jahrhundert war die Trennung von Staat und Kirche lebhaft diskutiert worden, Der Verfassungsentwurf der Paulskirchenversammlung etwa hatte Vorschriften über das Verhältnis von Staat und Kirche enthalten, die deutlich machten, wie groß die Distanz der demokratischen Kräfte zur Kirche geworden war. Jetzt aber, wo die enge Bindung von Thron und Altar aufgehoben war, bestimmten die Gegner der Kirche zunächst das Geschehen. Die folgenden Jahre der Weimarer Republik waren für die Kirche nicht nur durch die vielen politischen und wirtschaftlichen Krisen mit all ihren Folgen für die Menschen geprägt. Die Kirche sah sich auch vielfältigen Angriffen und Anfeindungen ausgesetzt. Zu keiner Zeit wohl haben sich die bewussten Kirchengegner so organisiert wie in den zwanziger Jahren. Und zu keiner Zeit wohl sind sie auch in der Öffentlichkeit so deutlich in Erscheinung getreten und beachtet worden. Die Freidenker, die Gottlosen, die Tannenbergbündler und manche andere haben dabei nicht nur jeden Gottesglauben in Zweifel gezogen, sondern der Kirche einen Spiegel vorgehalten. Sie befragten die Kirche auf das, was sie verkündigte und wie sie ihre Lehre praktizierte, sie wiesen auf die Kraftlosigkeit der Religion im bürgerlichen Leben hin und konnten mit Recht kritisieren, dass die Kirche angesichts der Industrialisierung und des wachsenden Proletariats versagt hatte. Andererseits organisierten sich aber auch jene, die von der Kirche eine völkische Ausrichtung forderten. Anfang der zwanziger Jahre wurde der *„Bund für deutsche Kirche"* gegründet, um für ein christliches Evangelium deutscher Prägung zu kämpfen. Er war antisemitisch und wollte die Volksgemeinschaft als Maßstab für die Wahrheit der Offenbarung. 1927 wurde die radikalere *„Kirchenbewegung Deutscher Christen"* gegründet. Sie wollte die Kirche von Orthodoxie, Bürokratie und Schwerfälligkeit lösen und sah eine neue Offenbarung in Adolf Hitler. Offen für Adolf Hitler war auch die rechtsorientierte *„Christlich-Deutsche Bewegung"*. Der *„Bund für deutsche Kirche"* und die *„Kirchenbewegung Deutscher Christen"* schlossen sich 1932 zur *„Glaubensbewegung Deutscher Christen"* zusammen. Alle diese Organisationen bereiteten den Boden vor, auf dem der Nationalsozialismus so gut gedeihen konnte.

Die Zeit zwischen der Revolution im Jahr 1918 und der Machtübernahme durch die Nationalsozialisten war für die Frankfurter Kirche eine Zeit weitreichender Veränderungen. Mit der Gründung der Weimarer Republik verlor die Kirche ihren höchsten Bischof (Summus Episcopus), den preußischen König. Zugleich regelte die Weimarer Verfassung die Loslösung der evangelischen Kirche vom Staat. Ein großer Teil der evangelischen Christen konnte und wollte das nicht verstehen. Der Prozess der Loslösung zog sich aus politischen und juristischen Gründen lange hin. Erst 1923 wurde die Verfassung für die neue Frankfurter Landeskirche beschlossen, und erst mit dem Staatsvertrag des preußischen Staates mit seinen Landeskirchen erhielt sie die Unabhängigkeit, die mit der Weimarer Reichsverfassung bereits 1919 festgeschrieben worden war.

Durch die Aufnahme des kurhessischen Kirchenkreises Bockenheim vergrößerte sich die Frankfurter Kirche enorm. Gemeindeneugründungen und -teilungen sorgten zusätzlich zu einer Vermehrung der Gemeinden. Die zunehmende Zahl von Bewohnern und Gemeinden machte einen neuen Kirchenbau nötig, der im Stil des Funktionalismus bedeutende Neubauten hervorbrachte. Diesem äußeren Wachstum standen die Einschränkungen gegenüber, welche die schwierige wirtschaftliche Lage, auch der Kirche, mit sich brachte.

Ein besonderes Kapitel war der Weg der evangelischen Jugend. Hier ging es um einen Grundkonflikt: die einen erwarteten von der Jugend eine neue Lebensgestaltung und eine christliche Erneuerung des Volkes unter verantwortlicher Beteiligung der Jugendlichen (autonomes System); die anderen wollten eine Pädagogik umsetzen, die Jugendliche durch Gehorsam und streng geregelten Dienst befähigen sollte, ihren Platz in der Gesellschaft einzunehmen (heteronomes System). Dazwischen hatte es der liberale Wartburgverein schwer. Er verlor in der ersten Hälfte der zwanziger Jahre Gruppen und Bezirke an den Bund Deutscher Jugendvereine. Dann konnte Paul Both ab 1927 mit Unterstützung kirchlicher Gremien und in Konkurrenz zum Wartburgverein eine eigene Gruppenarbeit in den Gemeinden aufbauen.[1] Hier zeigte sich, wie stark Boths Denken in der Frankfurter Kirche verankert war, und vielleicht auch die Distanz zwischen verfasster Kirche und dem Verein für Innere Mission. Die Reste des Wartburgvereins bildeten 1932 mit den Bibelkreisen einschließlich ihrer Pfadfinder und dem CVJM das *„Evangelische Jugendwerk Frankfurt"* (EJWF), aber unter der Führung von Paul Both. Boths Tätigkeit brachte in den nächsten Jahren die Umformung des BK-Landesverbandes zu einem einheitlichen Jugendwerk und die Stärkung der Pfadfinderschaft als einer Säule dieses Werkes. Geprägt durch den Geist der Zeit unterlagen auch in der kirchlichen Jugendarbeit die liberal, demokratisch und reformerisch gesonnenen Kräfte den konservativen, bewahrenden und autoritären.

3.2 Zeitgeschichtliche Zusammenhänge

3.2.1 Staat und Kirche

Die Situation nach dem Kriege
Der von Deutschland angestrebte Aufstieg zur Weltmacht war gescheitert. Dass dieser Krieg von der Regierung Theobald von Bethmann-Hollwegs zumindest grobfahrlässig herbeigeführt worden war, wurde lange durch gezielte Propaganda und parteiische Geschichtsschreibung verschleiert. Dass er mit unzulänglichen Mitteln geführt wurde, konnte der kritische Beobachter bald feststellen. Doch es wurde der Mythos vom ungeschlagenen Heer und vom Dolchstoß aus der Heimat, die Dolchstoßlegende, geschaffen. Dass das ganze politische System revolutionär beseitigt wurde und damit zunächst Gewalt und Chaos herrschten, verunsicherte viele Menschen. So polarisierte sich die Gesellschaft in die Revolutionäre und diejenigen, die dem alten System nachtrauerten.

Eine starke Mitte gab es nicht und damit schlechte Zukunftsperspektiven für die junge demokratische Republik. Die wirtschaftliche Erschöpfung des Landes schon in den beiden letzten Kriegsjahren, die schwer auf dem Land lastenden Auflagen des Friedensvertrages von Versailles und dann die verschiedensten Wirtschaftskrisen der zwanziger und ersten dreißiger Jahre mit Hunger, Armut, Not und Arbeitslosigkeit bedeuteten für die Mehrzahl der Deutschen harte persönliche Belastungen. Heute wissen wir, wie politische Unvernunft und Radikalisierung zusammen mit der wirtschaftlichen Not den Boden für das nationalsozialistische Regime bereiteten. Da in Deutschland seit Ende des 19. Jahrhunderts aber auch Selbstüberschätzung und Überheblichkeit, Weltmachtstreben und kolonialistisches Denken, Militarismus und Antisemitismus hof- und salonfähig geworden waren, war Adolf Hitler schließlich leider kein „*Betriebsunfall*"[2] der deutschen Geschichte.

Das Ende des 1. Weltkrieges brachte also den Deutschen die von einem großen Teil von ihnen ungeliebte Republik. Am 9. November 1918 rief Philipp Scheidemann die Republik aus und der Kaiser dankte ab. Am 10. November konstituierte sich der Rat der Volksbeauftragten unter der Leitung Friedrich Eberts. Am 11. November wurde der Waffenstillstand von Compiègne geschlossen. Es folgten schlimme innenpolitische Auseinandersetzungen, bis am 6. Februar 1919 die Nationalversammlung in Weimar zusammentrat. In einigen Ländern verfolgten die neuen Regierungen sofort eine Kirchenpolitik, die auf die strikte Trennung von Staat und Kirche hinauslief. Das galt ganz besonders für die vorläufige preußische Regierung („*Rat der Volksbeauftragten*"), die vom 14. November 1918 bis 25. März 1919 regierte. Frankfurt betraf das insofern, als es weiterhin dem preußischen Staat angehörte. So entfachte zum Beispiel der eine der beiden Minister für Wissenschaft, Kunst und Volksbildung (Kultusminister), Adolph Hoffmann, aus kirchlicher Sicht geradezu einen Kulturkampf. Er war ein energischer Vertreter der Kirchenaustrittsbewegung. Schon am 16. November 1918 ordnete er in einer Konferenz der geistlichen Abteilung seines Ministeriums an, dass die Trennung von Staat und Kirche im Wege der Verordnung ohne Verzug durchzuführen sei.[3] Am 29. November 1918 wurde durch einen sogenannten Schulerlass der Religionsunterricht als ordentliches Lehrfach aufgehoben.[4] Und am 13. Dezember 1918 erließ die preußische Revolutionsregierung ein Gesetz zur Erleichterung des Kirchenaustritts. Höhepunkt der antikirchlichen Maßnahmen der Revolutionsregierung war am 5. Dezember 1918 die Ernennung des Berliner Pfarrers Dr. Wilhelm Wessel zum „*Regierungsvertreter für die kirchlichen evangelischen Behörden in Preußen*".[5] Wessel durfte jederzeit an den Sitzungen der Kirchenleitungen in den preußischen Provinzen teilnehmen und deren Vorsitz führen. Sämtliche Beschlüsse des Evangelischen Oberkirchenrates und der Konsistorien bedurften seiner Gegenzeichnung, um Rechtskraft zu erlangen. Das war nicht nur ein rechtswidriger Eingriff in die Rechte der Kirchen, sondern auch der Versuch, die Kirche unter Staatsaufsicht zu stellen, wie ihn die Nationalsozialisten dann 1933 ebenfalls unternahmen. Die evangelische und die katholische Kirche protestierten dagegen. Hoffmann verlor schon am 4. Januar 1919 sein Amt, weil er in der SPD, der er angehörte, den Rückhalt verlor. Sein Ministerkollege Konrad Haenisch hatte sich zunächst den Maßnahmen Hoffmanns nicht entgegengestellt. Als Hoffmann Ende Dezember erkrankte, schränkte Haenisch am 28. Dezember 1918 den Schulerlass auf die Bereiche ein, wo es keinen Widerstand gab.[6] Am 13. Januar 1919 nahm er auch die Ernennung Wessels zurück.[7] Diese ersten Erfahrungen mit der neuen Regierung konnten die Vorbehalte in der evangelischen Kirche gegen die neue Republik nur verstärken.

Weimarer Verfassung und preußischer Staatskirchenvertrag
Am 31. Juli 1919 wurde die Weimarer Verfassung angenommen.[8] Sie enthielt Regelungen für die Religion und die Kirchen, wie sie erstmals in der Paulskirchenverfassung und dann auch in der Preußischen Verfassung von 1850 enthalten waren. So genossen jetzt alle Bewohner des Reichs volle Glaubens- und Gewissensfreiheit. Es wurde die ungestörte Religionsübung gewährleistet und unter den Schutz des Staates gestellt. Allerdings blieben die allgemeinen Staatsgesetze hiervon unberührt (Art. 135).

Die das Verhältnis von Staat und Kirchen regelnden Vorschriften der neuen Verfassung begannen mit der Feststellung „*Es besteht keine Staatskirche*" (Art. 137 Abs. 1). Wichtigste Regelung für die Kirchen aber war daneben die Garantie des kirchlichen Selbstverwaltungsrechts innerhalb der Schranken des für alle geltenden Gesetzes (Art. 137 Abs. 3). Nun konnten die Kirchen ihren Auftrag eigenverantwortlich formulieren und verwirklichen sowie sich eine eigene Ordnung geben, die ihre Grenzen nur in dem „*für alle geltenden Gesetz*" fand. Die Kirchen blieben Körperschaften des öffentlichen Rechts (Art. 137 Abs. 5) und erhielten das Besteuerungsrecht (Art. 137 Abs. 6). Allerdings hatte das Ganze auch einen Pferdefuß. Art. 137 Abs. 8 überließ weitere Regelungen zur Durchführung dieser Bestimmungen der Landesgesetzgebung.

Davon machte Preußen, zu dem Frankfurt ja weiter gehörte, Gebrauch. Das lag zum einen daran, dass die Durchführung der Trennung mit komplizierten rechtlichen Problemen zu tun hatte. Hierzu gehörte die Frage, wer denn nach der Revolution das Landesherrliche Kirchenregiment inne hat. Die Kirche stand auf dem Standpunkt, dass es an die Kirche zurückgefallen sei, da der Landesherr es nicht als Teil der Staatsgewalt, sondern als vornehmstes Kirchenmitglied innegehabt habe.[9] Andererseits gab es in den politischen Parteien auch unterschiedliche Vorstellungen vom Umgang mit der evangelischen Kirche. Dies wurde in den Verhandlungen der Preußischen Landesversammlung deutlich, die die neue preußische Verfassung erarbeiten sollte.[10]

In den Wahlen hierzu hatten die SPD 36,38 %, das Zentrum 22,22 %, die DDP 16,20 %, die DNVP 11,22 %, die USPD 7,42 % und die DVP 5,69 % der Stimmen erhalten.

Die DDP, in der Martin Rade eine wichtige Rolle spielte, sah die Frage des Verhältnisses von Staat und Kirche als eine Kernfrage der Verfassungsverhandlungen an. Ihre Sorge war, dass bei falschen Entscheidungen viele Menschen entwurzelt würden. Dabei sei zu berücksichtigen, dass nur der Staat entsprechende Regelungen treffen könne, nicht aber die Kirche ihrerseits. Der Staat aber dürfe die Kirche nicht ins Dunkle springen lassen, sondern müsse sie finanziell so ausstatten, dass sie ihre Aufgaben wahrnehmen könne. Andererseits dürfe man die Kirche auch nicht aus dem Staat in die Hände einer Partei entlassen, denn sie stehe in der Gefahr, politisch zu einem Hort der Reaktion zu werden. Deshalb müsste für demokratische Strukturen in Form von allgemeinen Wahlen für eine Kirchenversammlung gesorgt werden. Diese müsse die Kirchenverfassung und damit auch den Träger des obersten Bischofsamtes bestimmen. Damit die Konservativen nicht zu sehr dominieren, müsse es einen Minderheitenschutz geben.

Die SPD teilte diese Positionen. Dabei griff man auf Ferdinand Lassalle, Karl Marx und Friedrich Engels mit ihrer Auffassung zurück, dass Religion Privatsache sei. Von daher wurde teilweise auch die Notwendigkeit einer Kirchenverfassung überhaupt verneint. Auch radikal antikirchliche Voten gab es. Die USPD schloss sich inhaltlich, wenn auch nicht in der gesitteten Form des Vortrags, der SPD an. Die DNVP lehnte eine staatliche Einmischung in kirchliche Angelegenheiten ab. Die DVP trat für die Eigenständigkeit der Kirche, für eine Anerkennung der Leistungen der Kirche am Volksganzen und für deren ausreichende finanzielle Ausstattung ein. Angesichts dieser unterschiedlichen Auffassungen wundert es nicht, dass der preußische Staat sich Zeit ließ mit der Anerkennung der Kirchenverfassungen, die erst 1924 erfolgte. Hierin waren aber auch die im Folgenden beschriebenen Aufsichtsrechte begründet, die erst mit dem Preußischen Staatskirchenvertrag von 1931 ein Ende fanden.

Die preußische Verfassung von 1920 enthielt eine Übergangsvorschrift. Danach sollten die Rechte des Königs als Träger des Landesherrlichen Kirchenregiments von drei durch das Staatsministerium zu bestimmenden Ministern evangelischen Glaubens ausgeübt werden, bis die evangelischen Kirchen diese Rechte durch staatsgesetzlich bestätigte Kirchengesetze auf kirchliche Organe übertragen haben (Art. 82, Abs. 2). Die sonstigen Rechte des Königs gegenüber den Religionsgesellschaften sollten im Sinne von Art. 137 der Reichsverfassung neu geregelt werden (Abs. 3.). Sicher waren solche Übergangsregelungen notwendig, denn der Übergang von der Monarchie zur Republik betraf die Organisation des Staates, hatte aber nicht die gesamte Rechtsordnung außer Kraft gesetzt. Andererseits muss man aber auch sehen, dass die Monarchie 1918 ein Ende gehabt hatte, die Konsequenzen aus der Reichsverfassung von 1919 in Frankfurt aber erst mit der Verfassung von 1923 (Zuständigkeiten des Königs im Sinne von Art. 82 Abs. 2. der Preuß. Verfassung) und mit dem Staatsgesetz von 1924 (Zuständigkeiten des Königs im Sinne von Art. 82 Abs. 3 der Preuß. Verfassung) eintraten. Da war schon ein Drittel der Phase zwischen Monarchie und Diktatur vergangen.

Darüber hinaus konnte man das preußische Staatsgesetz betreffend die evangelischen Verfassungen vom 8. April 1924[11] durchaus als Einschränkung der Regelungen der Reichsverfassung verstehen. Da wurden zwar zunächst, nachdem die preußischen Landeskirchen sich Verfassungen gegeben haben, jene Vorschriften aufgehoben, nach denen Änderungen früherer kirchengesetzlicher Regelungen der staatlichen Genehmigung bedurften (Art. 1. Abs. 1). Dann aber wurden die Regelungen der Verfassungen, die Vertretung der Kirchen, die Verwaltung des Vermögens und das Steuer- und Umlagerecht betreffend, genehmigt (Abs. 2). Art 2 und 3 verpflichteten die Kirchen, alle Gesetze und Satzungen der Staatsbehörde vor der Verkündigung vorzulegen. Diese konnte ihrerseits hiergegen Einspruch aus im Einzelnen aufgeführten Gründen einlegen. Auch bedurfte die Neubildung und Veränderung von Kirchengemeinden und kirchlichen Verbänden der staatlichen Genehmigung (Art. 5). Beschlüsse kirchlicher Organe bedurften der Genehmigung etwa bei der

Veräußerung von Gegenständen, die einen geschichtlichen, wissenschaftlichen oder Kunstwert hatten, bei der Aufnahme von Anleihen, bei der Anlage oder Veränderung von Friedhöfen, bei Sammlungen anlässlich kirchlicher Veranstaltungen oder der Verwendung kirchlichen Vermögens zu anderen als den bestimmungsgemäßen Zwecken (Art. 6). Schließlich war die Staatsbehörde berechtigt, in die kirchliche Vermögensverwaltung Einblick zu nehmen und die Rechte der Organe der Kirchengemeinden und der kirchlichen Verbände auf vermögensrechtlichem Gebiet auszuüben (Art. 10). Bei all dem wurde deutlich, dass der preußische Staat die einschlägigen Artikel der Reichsverfassung nur so interpretierte, dass die enge organisatorische Verbindung von Staat und Kirche aufgehoben sei. Die Aufsichts- und Eingriffsrechte, die er sich mit diesem Gesetz sicherte, schufen aber eine Abhängigkeit der evangelischen Kirche, die daran zweifeln ließ, dass man hier noch davon sprechen konnte, dass die evangelische Kirche ihre Angelegenheiten selbständig ordnet und verwaltet (Art. 137 Abs. 3 WRV). Ulrich Stutz nannte das 1926 die „hinkende Trennung" von Staat und Kirche, eine geradezu beschönigende Formulierung.

Vermutlich war die Reaktion des evangelischen Frankfurt auf dieses Gesetz eine Mischung aus Enttäuschung über den Rückschritt gegenüber der Weimarer Verfassung und des Gewohntseins an die Abhängigkeit vom Staat in Zeiten der Monarchie. Es störte jedoch die Tatsache, dass der Staat die staatskirchenrechtlichen Fragen so einseitig regeln konnte. Man verfolgte also die Verhandlungen des preußischen Staates mit dem Vatikan über ein Konkordat mit Interesse. Dabei bekämpfte eine breite kirchliche Öffentlichkeit den Abschluss. Man fand es nicht richtig,
dass der Staat sich gegenüber der katholischen Kirche, einer Minderheitskirche, rechtlich binden wollte. Auch fürchtete man eine Schmälerung der evangelischen Rechte. Andererseits strebte man auch nach einem solchen Staatskirchenvertrag, der schließlich am 11. Mai 1931 geschlossen und auch von Vertretern der der Frankfurter Landeskirche unterzeichnet wurde.[12]

Der Vertrag nahm den Wortlaut der Weimarer Verfassung auf und gewährte der Freiheit, den evangelischen Glauben zu bekennen und auszuüben, seinen Schutz (Art. 1). Sodann verpflichtete er die Kirchen, Gesetze und Notverordnungen über die vermögensrechtliche Vertretung der Kirche und über die Ordnung ihrer Vermögensverwaltung dem Minister für Wissenschaft, Kunst und Volksbildung vorzulegen (Art. 2 Abs. 1). Der Minister konnte dagegen Einspruch erheben (Art. 1. Abs. 2). Das war gegenüber den Art. 2 und 3 des Staatsgesetzes von 1924 eine Einschränkung. Von besonderer Bedeutung für die Kirchen war eine Dotation für kirchenregimentliche Zwecke in Höhe von 4.950.000 Reichsmark (Art. 5). Umstritten war Art. 7, demzufolge die Kirchen zum Vorsitzenden einer Behörde der Kirchenleitung oder einer höheren kirchlichen Verwaltungsbehörde sowie zum Inhaber eines kirchlichen Amtes, mit dem der Vorsitz oder die Anwartschaft auf den Vorsitz einer Behörde verbunden war, niemand ernennen, von dem nicht die zuständige kirchliche Stelle durch Anfrage bei der preußischen Staatsregierung festgestellt hatte, dass keine Bedenken politischer Art bestehen. Eine solche Regelung war neu. Außerdem wurden Ausbildungsvoraussetzungen für die Inhaber solcher Ämter und für die Pfarrer festgelegt (Art. 8, 9). Meinungsverschiedenheiten sollten in freundschaftlicher Weise beigelegt werden (Art. 12). Unter-

Abb. 42 Johannes Kübel

zeichner für die Frankfurter Kirche waren Richard Schulin, Präsident des Evangelischen Landeskirchenrates, und Johannes Kübel, Kirchenrat.

Vor sich selbst rechtfertigte Kübel den Vertrag mit folgenden Worten: „*Soviel Dank auch immer die Kirchen dem vormaligen Königtum Preußen und dem landesherrlichen Kirchenregiment schulden, so sehr auch immer die Herzen vieler treuester Kirchenglieder, auch wie vieler Mitglieder der Kirchenbehörden an der vergangenen Staatsform hängen, so ist doch, evangelisch, religiös betrachtet, die Staatsform kein Glaubensartikel. Nur der Staat selbst ist göttlichen Rechts; die Staatsform ist dem Wandel und Wechsel der Geschichte unterworfen.*"[13]

In seinem Kommentar zum Vertrag[14] stellte Johannes Kübel fest, dass durch die Freigabe der Kirchengesetzgebung bis auf zwei Punkte des Vermögensrechts zum ersten Mal die Voraussetzungen für ein eigenes evangelisches Kirchenrecht gegeben seien.[15] Für ihn hob sich der Vertrag deutlich vom Staatsgesetz von 1924 ab, das wesentlich nur negativen Inhalt gehabt habe. Eine weitere Bedeutung sah er darin, dass der Staat die Kirche nun als Vertragspartner betrachtete. Damit habe eine Entwicklung ihren Abschluss gefunden, während der seit der Reformation bis ins 19. Jahrhundert der Staat das einseitige Gesetzgebungsrecht innegehabt habe.[16] Mit dem Vertrag sei nun auch in mancherlei Hinsicht der Rückgriff auf altes preußisches Recht unmöglich.[17] So habe der Vertrag viele positive Aspekte. Als Rückschritt in der Entwicklung betrachtete Kübel die politische Klausel.[18]

Zu Art. 5 ist interessant, dass die Frankfurter Kirche eine Dotation in Höhe von 36.145 RM erhielt. Die Dotation war für die kirchliche Verwaltung bestimmt und erklärte sich vor allem aus der Ablösungsproblematik für die Pfarrer und Kirchenbeamten, die vorher Staatsdiener gewesen waren. Zur politischen Klausel verwies Kübel darauf, dass diese zwar eine Verschlechterung der Lage gegenüber dem Gesetz von 1924 darstelle, nicht aber gegenüber der Situation von vor 1918. Ein wichtiger Gesichtspunkt sei aber, dass der Preußische Landtag bei der Verabschiedung des Konkordates im Jahre 1929 die paritätische Behandlung der beiden Kirchen verlangt habe.[19] Dem Missbrauch der Klausel habe man mit dem Schlussprotokoll Abs. 2 vorbeugen wollen, demzufolge nur „*staatspolitische*" Bedenken geltend gemacht werden könnten. Kübel nannte aber auch die Möglichkeit, dass eine nationalsozialistische Regierung den Stammbaum zu einer solchen Tatsache machen könne.[20] Das war eine kluge Sicht auf die damalige politische Situation. In seiner Schlussbetrachtung fragte Kübel, wie lange diese „*dauernde Ordnung*" wohl gelten werde. Da äußerte er allerdings keine Sorge vor einer nationalsozialistischen Diktatur, sondern fragte: „*Wird sie auch die bolschewistische Flut überdauern, die kommen will?*"[21] Wir wissen heute, dass sie die faschistische Flut nicht überdauert hat, dass ihr nur zwei Jahre Geltungsdauer beschieden waren und dass sie den Nationalsozialisten die rechtliche Grundlage für die Gleichschaltung der evangelische Kirche in die Hand gab.

Die evangelische Kirche und die neue Zeit
Die Protestanten waren schon tief genug getroffen durch Niederlage und Revolution, die, verstärkt durch den Frieden von Versailles, als nationale Schmach empfunden wurden. Schlimmer noch war jedoch, dass sich auf einmal Nihilisten, Pazifisten und Atheisten bestätigt sehen konnten, also jene, die der Staatskirche kritisch gegenübergestanden hatten. Auch brach für die evangelische Kirche ihr Ordnungssystem zusammen. Als Staatskirche war sie bisher weitgehend integriert in das Staatswesen. Ungeachtet eines langsamen Ablösungsprozesses vom Staat und trotz vieler liberaler Ideen war der Landesherr oberster Bischof geblieben, hatte die Mitwirkung des Staates bei der Besetzung kirchlicher Ämter oder bei der Finanz- und Vermögensverwaltung angedauert. Nun waren die Landesherren abgesetzt und teilweise davongejagt. Auf einmal fehlte der evangelischen Kirche ihre Spitze, gehörte sie mit zu den Verlierern. Sich dieser neuen Situation zu stellen, dauerte für manche Kirchen mehrere Jahre. So blieben die staatlichen Konsistorien trotz allem im Amt, um Leitung und Verwaltung zu gewährleisten.

Als besonders misslich wurde dabei empfunden, dass es keine einheitliche Vertretung der evangelischen Kirche im Deutschen Reich gab. So trat schon vom 27. Februar bis 1. März 1919 der Deutsche Evangelische Kirchenausschuß in Kassel zusammen, um einen deutschen evangelischen Kirchentag vorzubereiten, der über eine Gesamtorganisation der evangelischen Kirche beraten sollte. Aus Frankfurt war Erich Foerster beteiligt, der das so erlebte: „*Man suchte, um den Schein der politischen Unparteilichkeit zu wahren, nach einigen liberalen Dekorationsschützen und griff unter anderen auf mich zurück. ... Jene Tagung, in der fast alle Kirchenhäupter aus Deutschland vertreten waren, zeigte sich als Burg der politischen und kirchlichen Reaktion, – ganz allgemein war die Erwartung, daß der ‚Schwindel' bald zusammenbrechen würde, und ebenso allgemein das Streben nach einer von diesem verachteten Staat gänzlich unabhängigen, besonders in der Ernennung ihrer Diener und leitenden Beamten freien Kirche bei Festhaltung aller Privilegien und Prärogative der alten Staatskirche und, was nicht so deutlich ausgesprochen wurde, bei absoluter Abhängigkeit der Gemeinden vom Kirchenregiment. Nur eins hielt diesem Streben die Waage: die Angst der kleinen ‚Landeskirchen' vor der größten, der altpreußischen, noch dazu unierten, das heißt bekenntnismäßig im Vorurteil der Gegner charakterlosen Landeskirche, der gegenüber man sich auf das lutherische Bekenntnis berief, – das aber schon längst nicht hinderte, daß Beamte und Diener einer lutherischen Kirche, wenn sich die Gelegenheit dazu bot und ein größerer Wirkungskreis lockte, in die unierte hinüber wechselten. Als ich am zweiten Tage im Namen einer ganz kleinen Gruppe das Wort nahm und die Behauptung vertrat, daß die Festhaltung der Privilegien einer ‚Korpora-*

tion des öffentlichen Rechts', worauf jene Kirchenleute begreiflicherweise Gewicht legten, die dauernde Abhängigkeit der Kirche vom Staat bedeutete, da ja über den Inhalt der Rechte einer solchen Korporation nur die staatliche Gesetzgebung befinden könne, und empfahl auf diesen Titel zu verzichten, die Kirche als Verein von Gemeinden mit deren Austrittsrecht zu bauen, kam es zu einem heftigen Konflikt mit dem juristischen Vertreter des Evangelischen Oberkirchenrates, Dr. Kapler. Ich reiste heim durchdrungen von dem Gefühl, daß ich mit diesen Kirchenbauplänen nichts gemein haben könne; hielt auch nicht für möglich, daß der Staat diesen Bestrebungen sein Plazet erteilen würde, was dann aber doch im Jahre 1931 in der Form eines Konkordates, wie es bisher nur mit dem Papste geschlossen war, geschah, sodaß nun dem ‚Jahrhundert der Kirche', wie es einer seiner Geburtshelfer nannte, nichts mehr im Wege stand. − Allein die Füße derer, die es begraben wollten, standen schon vor der Tür."[22] Sieht man davon ab, dass es durchaus gewichtige Argumente gegen das Vereinsmodell gab, so war die Warnung vor zu starker Abhängigkeit vom Staat weitschauend. Gab doch später der erwähnte Staatskirchenvertrag zwischen dem preußischen Staat und den evangelischen Kirchen (nicht Konkordat) eine Möglichkeit staatlichen Eingreifens, die von den Nationalsozialisten 1933 genutzt wurde, um die preußischen Landeskirchen gleichzuschalten. Als Konsequenz aus diesen Beratungen trat im September 1919 in Dresden der Deutsche Evangelische Kirchentag zusammen.

Der Bundesvertrag wurde am 25. Mai 1922 in Wittenberg unterzeichnet, auch von der Frankfurter Landeskirche.[23] 1933 wurde er aufgelöst. In den wenigen Jahren hat der Kirchenbund 24 Kundgebungen veröffentlicht. 17 befassten sich mit Fragen zu Volk und Vaterland, drei mit dem Thema Schule und vier mit der sozialen Frage.

Erwähnenswert ist die Kundgebung vom 23. Oktober 1931 zur gegenwärtigen Situation und zur Kriegsschuldfrage.[24] Zeigte sie doch, wie sehr die Folgen des verlorenen Krieges auch die evangelischen Christen immer noch belasteten.

„Von Monat zu Monat wächst die innere und äußere Not im deutschen Volke. Sorgen und Elend sind ins Unerträgliche gestiegen, treiben zur Verzweiflung, Empörung und Gewalttat. Unser Volk ist mit seinen moralischen und physischen Kräften am Ende.

Unermeßliche Verluste, ungeheuerliche Lasten sind ihm unter Verletzung feierlicher Versprechungen auferlegt. Dieses Unrecht wird vor dem Gewissen der Völker immer wieder zu rechtfertigen gesucht durch die Belastung unseres Volkes mit der Kriegsschuld. Durch diese Belastung wird das deutsche Volk zum Verbrecher unter den Völkern der Erde gestempelt.

Das können wir nicht ertragen, ohne uns der Selbstachtung zu berauben und uns der Lüge mitschuldig zu machen.

Seit dem Jahre 1922 hat der Deutsche Evangelische Kirchenausschuß keine Gelegenheit vorübergehen lassen, ohne gegen die Kriegsschuldlüge seine Stimme zu erheben. In Bern hat 1926 der durch die Stockholmer Weltkirchenkonferenz eingesetzte Fortsetzungsausschuß es für geboten erklärt, daß die gesamten Fragen der Verantwortlichkeit für den Kriegsausbruch und für die Kriegsführung rückhaltlos aufgeklärt werden. In den folgenden Jahren hat der Präsident des Deutschen Evangelischen Kirchenausschusses in tiefem

Ernst mehrfach auf die Unerträglichkeit der durch das Versailler Diktat geschaffenen Lage hingewiesen. Noch im August dieses Jahres hat er in Cambridge Einspruch erhoben gegen das bis heute noch offiziell aufrechterhaltene Unrecht, das dem deutschen Volk in der Kriegsschuldfrage angetan ist.

In diesem gerechten Kampfe sind uns auch im Ausland namhafte kirchliche Führer und Männer der Wissenschaft, Kirchen und kirchliche Vereinigungen helfend zur Seite getreten. Noch aber ist das Unrecht nicht von uns genommen; die Behauptung von der Kriegsschuld zehrt am Marke unseres Volkes. Im Namen aller deutschen evangelischen Kirchen ruft der Deutsche Evangelische Kirchenausschuß die Christenheit der Welt, den Kampf gegen den Geist des Hasses und der Lüge mit aller Entschiedenheit aufzunehmen und der Wahrheit und der Gerechtigkeit für unser verleumdetes und mißhandeltes Volk endlich zum Siege zu verhelfen."

3.2.2 Die Entwicklung Frankfurts

Die Französische Besatzung
Nicht mehr im Bewusstsein vieler Menschen, aber von erheblicher Bedeutung für die Frankfurter Situation war die Besetzung westlicher Vororte und Stadtteile durch französische Truppen. Im Waffenstillstand von Compiègne vom 11. November 1918 hatte Deutschland akzeptieren müssen, dass alle linksrheinischen Gebiete und vier Brückenköpfe von Truppen der Siegermächte besetzt werden. Zu den Brückenköpfen gehörte Mainz mit dem Umfeld innerhalb eines Radius von 30 km. So marschierten ab dem 14. Dezember 1918 französische Truppen in Höchst, Sossenheim, Nied, Griesheim, Schwanheim, Sindlingen, Unterliederbach und Zeilsheim ein. Erst ab 30. Juni 1930 zogen sie wieder ab, nachdem sie am 6. April 1920 kurzzeitig sogar das Zentrum von Frankfurt besetzt hatten.[25] Dieser Vorgang ist nicht zu verwechseln mit der Besetzung des Rheinlands im Jahre 1923. Für Frankfurt bedeutete es, dass eine bewachte Grenze durch die Stadt gezogen wurde, die man an Kontrollstellen nur mit besonderem Ausweis überschreiten durfte. Das Besatzungsregime war vor allem in den ersten Jahren hart. Wer sich der Besatzungsmacht nicht einfach beugte und aus seiner deutschen Gesinnung keinen Hehl machte, konnte mit Passentzug oder Ausweisung bestraft werden. Allein im August 1923 nahm die Flüchtlingsstelle im Frankfurter Hauptbahnhof 933 hier und aus dem Ruhrgebiet ausgewiesene Personen mit 2.383 Angehörigen auf.[26] Wurde die Besetzung deutschlandweit schon als Schmach empfunden, so förderte sie im besetzten Gebiet auch nationalistisches Denken und Fühlen. Von der Besatzungszeit berichtete der Schwanheimer Pfarrer Paul Weber detailliert in der Festschrift zum 25jährigen Jubiläum seiner Kirche.[27]

„Die heldenhaften Taten unserer Frontkämpfer, die Opferwilligkeit der nationalen Kreise unseres Volkes waren umsonst. Die Zersetzung des Frontgeistes und die Unzufriedenheit über die lange Kriegsdauer schritten fort. Der Zusammenbruch kam, und mit ihm begann eine der traurigsten Epochen in der Geschichte unseres Volkes. Unser geschlagenes Heer wurde von dem getreuesten Eckart unseres Volkes in guter Ordnung in das bisher von den Feinden freigehaltene Vaterland zurückgeführt. Am 4. Dezember 1918 passierten die letzten deutschen Truppen unseren Ort. ... Kaum waren die letzten Transporte unseres Heeres vorbeigekommen, als auch schon Montag den 16. Dezember vormittags 10.30 Uhr Franzosen über unsere Brücke in

Schwanheim einrückten, und die Fremdherrschaft sich gleich bemerkbar machte. Die Ausgänge des Dorfes, auch die Zugänge zur Brücke wurden mit Doppelposten in Stahlhelm und mit aufgepflanztem Seitengewehr besetzt. Der Verkehr stockte. Die Ortsschelle war in fortgesetzter Tätigkeit, weil eine Bekanntmachung die andere jagte. ... Von Zeit zu Zeit traten Verschärfungen im Grenzverkehr ein, durch die derselbe rücksichtslos ganz unterbunden wurde. Selbst der Verkehr im besetzten Gebiet, also z. B. mit Höchst, war in der Anfangszeit erschwert, indem auch dazu besondere Ausweise nötig waren, die sogar in Höchst nochmals von dem französischen Ortskommandanten und dem Oberbürgermeister abgestempelt werden mussten. Von irgendwelcher Freiheit konnte nicht mehr die Rede sein. ...

Alle Veranstaltungen der Vereine, auch außerhalb der Kirche stattfindende Weihnachtsfeiern, mussten mit Angabe des Ortes, der Zeit und der Zahl der Teilnehmer gemeldet und genehmigt werden. Ja selbst für die Teilnahme und die gesangliche Mitwirkung unseres Jungmädchenvereins bei der Beerdigung eines Mitgliedes musste erst die Erlaubnis mit der ausdrücklichen Versicherung erwirkt werden, dass damit keine Manifestation verbunden sei. Erst später traten Erleichterungen ein. ... Es war eine Zeit der Ueberwachung und der Denunziationen, des gegenseitigen Mißtrauens. Dass die Pfarrer ganz besonders überwacht und bespitzelt wurden, zeigte sich in den mancherlei Anweisungen und Zitationen von Geistlichen und sollte der Chronist am eigenen Leibe erfahren. ...

Es war eine Zeit der rücksichtslosesten Ausweisungen. ... Am Pfingstmontag, als man zum Gottesdienst ging, standen die Möbelwagen vor dem der Kirche gegenüberliegenden Haus des Arztes Dr. Neumann, den man am Pfingstsamstag schon über die Grenze abgeschoben hatte, um den Hausrat ins unbesetzte Gebiet zu befördern. Es war ein erschütternder Anblick für die Kirchgänger. Die Ausführungen der Pfingstpredigt brachten es mit sich, auf den großen Kontrast zwischen dem Ernst der Zeit, wie ihn die draußen stehenden Möbelwagen illustrierten und der Leichtlebigkeit so vieler Volksgenossen hinzuweisen, wie sie sich gerade an den Pfingsttagen mit den vielen Tanzbelustigungen zeige. Das Wort 'Möbelwagen', das wohl das schlechte Gewissen der Franzosen traf, gab einem französischen Spitzel im Gottesdienst willkommenen Anlaß, die Sache dem überberüchtigten Kreisdelegierten Schnedecker in Höchst zu melden. Die Folgen zeigten sich allzu schnell: Vorladung vor den Kreisdelegierten, Entziehung der Pässe aller Familienmitglieder, Androhung der Ausweisung und dann ein glänzender Hinauswurf, der diesem überberüchtigten Kulturträger alle Ehre machte, mit einer hämischen Bloßstellung vor allen im Vorraum anwesenden deutschen Bittstellern: ‚Das ist pasteur protestant von Schwanheim, welcher predikt Hässlichkeiten gegen die Franzosen'. Wenn es auch nicht zu der angedrohten Ausweisung gekommen ist, so lebte doch der Chronist mit seiner Familie wochenlang in täglicher Unruhe, dass die Franzosen ihn eines frühen Morgens aus dem Bett herausholen würden. ..."[28]

Der französischen Besetzung war es letztlich auch zu verdanken, dass Pfarrer Wilhelm Fresenius nach Frankfurt kam. Er war seit 1918 Pfarrer in Nassau /Lahn und betätigte sich für die Deutschnationale Volkspartei politisch. Im Februar 1923 wurde er aus dem französisch besetzten Gebiet ausgewiesen. In seinen Erinnerungen schilderte er das so:[29]

Abb. 43 Wilhelm Fresenius

„Ende Februar 1923 erschienen bei mir zwei Herren – während meine Frau mit den Kindern beim schönsten Sonnenschein im Garten tätig war –, von denen sich der eine als französischer Kriminalkommissar auswies; der andere, ein Elsäßer, war sein Dolmetscher. Es wurde mir eröffnet, ich sei ‚wegen Gefährdung der Sicherheit der Besatzungstruppen' von dem französischen Oberkommissar in Koblenz ausgewiesen worden und habe alsbald den Unterlahnkreis zu verlassen; meine Familie müsse im Lauf von 4 Tagen folgen. Ich mußte meine Frau erst aus dem Garten ins Haus rufen und ihr Bescheid sagen; sie war nicht wenig erstaunt. Auf meine Frage an die beiden Herren, wieso ich Einzelner die Sicherheit der französischen Besatzung gefährden könne, konnten sie mir keine Auskunft geben und bezogen sich auf den Befehl, den sie ausführen müßten. Ich merkte, wie dem Dolmetscher meine Frage nicht gerade angenehm war. Es wurde mir dann bedeutet, ich müsse alsbald mit ihnen fahren und solle angeben, wohin ich gebracht zu werden wünsche. Ich antwortete: ‚Ich will nirgends hin, ich möchte hier bleiben', obwohl ich natürlich wußte, was ihre Frage bedeutete. Wir einigten uns dann auf Limburg.

Die Herren hatten es sehr eilig und drängten immer wieder auf Abfahrt; es wurde mir aber gestattet, wenigstens die nötigsten Sachen mitzunehmen. In der Aufregung schleppte unsere Haustochter unseren größten Koffer herbei; zu meinem Erstaunen fuhren die beiden Herren zusammen, als sie auf der Treppe damit polterte. Das Nötigste wurde verstaut, ich verabschiedete mich von Frau und Kindern, und dann ging es in rasender Fahrt zum Städtchen hinaus; dabei hätte der Fahrer des Autos beinahe noch ein Bauernfuhrwerk in einer engen Gasse über den Haufen gefahren. ... Unsere Fahrt endete am Ende des Unterlahnkreises an dem Bahnübergang, wo die Straße weiter nach Limburg führt. Ich stieg aus und stand nun mit meinem Koffer auf der Landstraße. Nach kurzer Überlegung ging ich einige Schritte weiter zum Bahnwärterhaus. Als der Bahnwärter mich kommen sah, winkte er mir und meinte, ich sei wohl auch von den Franzosen ausgewiesen worden; er habe Anweisung von dem Direktor des Zentralgefängnisses in Freiendiez, alle, die in meiner Lage seien, zuerst einmal zu ihm zu schicken."

Damit hatte eine längere Irrfahrt begonnen, die erst 1924 in Frankfurt endete. Der Direktor erwies sich als hilfsbereit und benachrichtigte Frau Fresenius. Mit Hilfe des Bürgermeisters konnte sie den Umzug organisieren. Zunächst ging es nach Weilmünster, wo man im Volkssanatorium Aufnahme fand, allerdings in äußerst beengten Verhältnissen. Im Wiesbadener Konsistorium glaubte man Fresenius zunächst nicht, dass er ausgewiesen worden sei. Eine feste Stelle gab es auch nicht, nur Aushilfstätigkeiten, so als Vertretung des erkrankten Willy Veit in der Frankfurter St. Katharinengemeinde. Die Kinder mussten bei bekannten Familien untergebracht werden. Veit trat aber seinen Dienst wieder an, doch sein Kollege war in ein Disziplinarverfahren verwickelt. Als dieser die Gemeinde verließ, war dann eine Stelle für Fresenius frei, auf die ihn der Kirchenvorstand auch berief.

Städtischer Siedlungsbau
Die Einwohnerzahl Frankfurts war in den letzten Jahren erheblich gewachsen. Als besonders bedrängend wurde die Wohnsituation der bald 467.000 Einwohner Frankfurts (1925) gesehen. Trotz aller Widrigkeiten entstanden so nach 1918:

– die Eisenbahnersiedlung im besetzten Nied,
– eine Siedlung mit Kleinwohnungen westlich des Gutleuthofes,
– die Kuhwaldsiedlung für Mitglieder der Post- und Eisenbahnersiedlungsvereine,
– der 2. Bauabschnitt der Riederwaldsiedlung,
– die Ferdinand-Hoffmann-Siedlung im besetzten Sindlingen,
– die Kriegsbeschädigtensiedlung Bonames.

Allerdings wurden bis 1925 von den geplanten Wohnungen nur 4819 fertig gestellt. Die wirtschaftlichen Bedingungen waren einfach zu schwierig.

Im Jahr 1925 fasste deshalb Oberbürgermeister Ludwig Landmann die Organe der städtischen Baupolitik und Stadtgestaltung in einem einzigen Dezernat zusammen und holte als dessen Leiter den Städteplaner Ernst May. Leiter des Hochbauamtes wurde Professor Martin Elsaesser aus Köln. May legte sogleich ein Bauprogramm für die nächsten 10 Jahre und eine städtebauliche Gesamtkonzeption vor. Auf dieser Grundlage wurden nach 1925 errichtet:

– die Siedlung Praunheim,
– die Siedlung Höhenblick,
– die Siedlung Bruchfeldstraße in Niederrad,
– die Siedlung Bornheimer Hang,
– die Wohnhäusergruppe Hügel-/Eschersheimer Landstraße,
– die Siedlung Römerstadt,
– die Goldstein-Siedlung,
– die Heimatsiedlung nordwestlich der Mörfelder Landstraße

Außerdem wurden am 1. April 1928 Höchst, Unterliederbach, Zeilsheim, Sindlingen, Nied, Griesheim, Schwanheim, Sossenheim (die noch von der französischen Armee besetzt waren) sowie Fechenheim eingemeindet. Das Stadtgebiet wuchs so um fast 50 %, die Einwohnerzahl stieg auf 548.000 Einwohner an. Die neuen Siedlungen stellten die evangelische Kirche vor neue Herausforderungen. Galt es doch, diese kirchlich zu versorgen. Die Eingemeindungen betrafen die Frankfurter Kirche weniger, weil die entsprechenden Ortschaften kirchlich weiter zu Nassau bzw. Hessen-Kassel gehörten. Doch wuchs der Druck auf die Kirche, hier zu einer Veränderung der Kirchengrenzen zu kommen.

3.3 Die Situation der evangelischen Kirche in Frankfurt

3.3.1 Die Frankfurter Kirche in der Revolutionszeit

In einer ungewissen Situation fand die zentrale Reformationsfeier am 3. November 1918 zum Thema „*Reformation oder Revolution*" statt. Auch Frankfurt hatte unter dem Krieg gelitten; die Menschen hatten gehungert und 10.753 Kriegstote waren zu beklagen. Nun ging der Krieg zu Ende und Frankfurt wurde von der Revolution erreicht. Das weitere Geschehen und die Gefühle der Menschen beschrieb Senior Wilhelm Bornemann im Frankfurter Kirchenkalender für 1920, d. h. im Sommer 1919:[30]

„Wie ein schwerer Traum, voller Unruhe und stürmisch wechselnder Bilder, steht die Entwicklung der Dinge seit dem letzten Herbst vor unserer Seele. Wohl ist nunmehr der ‚Friede' geschlossen. Was aber kommen wird im Innern unseres Reiches und von außen her, bleibt dennoch unsicher, unklar und völlig unberechenbar. ... Nicht, wie man hätte denken können, mit viel Gewalttat und Blutvergießen, mit Barrikaden und Bürgerkrieg, sondern rasch schleichend und geheimnisvoll still, wie der erste Frost plötzlich alles welke Laub abfallen läßt. Fast geräuschlos, in unheimlicher Schnelligkeit vollzog sich in wenigen Tagen die Abdankung des Kaisers und aller deutschen Fürsten und damit der Zusammenbruch der bisherigen Ordnung und Verfassung des deutschen Reiches. Die höheren Militärbehörden und Zivilbehörden verschwanden oder veränderten sich von Grund aus. Die Arbeiter- und Soldatenräte zogen überall ein. ... Die Stimmung unseres Volkes dem allen gegenüber ist menschlich durchaus begreiflich. Nach vierjähriger höchster Anspannung aller Kräfte trat mit dem Waffenstillstand und der Revolution eine plötzliche Erschlaffung ein. Stumpf und mürbe, fassungslos und hoffnungslos stand man dem Neuen gegenüber. Man begriff das Unerwartete, Ungeheure nicht gleich. Man war wie vor den Kopf geschlagen, zugleich aufgepeitscht durch die Ereignisse und doch wie gelähmt. ... Ueber die moralischen Schäden des Kriegstreibens, über Gewalttätigkeit und Verrohung, Wuchergeist und Selbstsucht, Unredlichkeit, Unzucht und Leichtsinn war man empört gewesen. Aber die langen Monate des Waffenstillstandes haben diese Schäden nicht zu beseitigen vermocht, sondern Charakterlosigkeit und sittliche Schwachheit noch vermehrt. Weder eine tiefgreifende sittliche, noch eine religiöse Erneuerung ist vorläufig zu merken."

Zu all' dem kam, dass die wirtschaftliche Mangellage weiter bestand. Das wirkte sich auch auf die kirchliche Arbeit aus. Gebäude, wenn auch teilweise vom Militär zurückgegeben, waren häufig wegen mangelnder Heizung und Beleuchtung nicht benutzbar. Nun rächte sich auch die enge Verbindung mit dem Staat, denn ohne funktionierende kirchliche Oberbehörden war die Kirche in ihrer Handlungsfähigkeit eingeschränkt. Zudem hatten nun politische Kräfte das Sagen, die die Trennung der Kirche vom Staat propagierten und schnell umsetzen wollten. Es wurde besonders deutlich bei der Frage, ob es noch Religionsunterricht in den Schulen geben dürfe. Das führte dazu, dass einerseits auf einmal Kirchenvertreter gefordert waren, in politischen Versammlungen die Sache der Kirche zu vertreten. Anderseits bestand ein großes Bedürfnis der Gemeindeglieder, über die politischen Vorgänge informiert zu werden und Orientierung zu erhalten, wie sie aus evangelischer Sicht zu bewerten seien.

So fand bereits am 7. November eine Pfarrerversammlung statt, in der zwei öffentliche Erklärungen verabschiedet wurden. Die eine, formuliert von Pfarrer Erich Foerster, galt der Allgemeinheit und versuchte, die politische Lage vom evangelischen Standpunkt aus zu beleuchten. Die andere, von Senior Wilhelm Bornemann formuliert, wandte sich an die Gemeinden und versuchte die „*rechte religiös-sittliche Gesinnung*" der Gemeinde zu beschreiben. Beide waren im Druck, als am 9. November der Kaiser abdankte und die Texte verändert werden mussten. Die gemeindliche Erklärung wurde nach den Gottesdiensten verteilt. Die andere wurde in verschiedenen Zeitungen veröffentlicht. Als besonders bedrängend wurde es angesehen, dass die evangelische Kirche im Angesicht der Trennung von Staat und Kirche nicht einmal über zuverlässige Gemeindegliederzahlen verfügte. Zwar kannte man die Kirchensteuerzahler, aber auch nicht mehr. So gingen die Gemeinden daran, in mühsamer Arbeit ihre Gemeindeglieder zu ermitteln.

Als Reaktion auf die Ereignisse erschien am 16. November 1918 ein Aufruf der Frankfurter Pfarrer, mit dem diese sich grundsätzlich zur Mitarbeit an Veränderungen bereit erklärten. Am Bußtag gab es eine Kanzelabkündigung zur aktuellen Situation. Am 1. Dezember 1918 fanden in der Pauls- und in der St. Katharinenkirche große Versammlungen statt, in denen insbesondere über die kirchenfeindliche Haltung des neuen preußischen Kultusministers Adolph Hoffmann gesprochen wurde. Es wurde dabei deutlich, dass viele Protestanten sich gegen staatliche Eingriffe in die Kirche wehren wollten. Ärger verursachte auch die Tatsache, dass die Paulskirche ohne Rücksichtnahme auf die Kirchengemeinde für politische Veranstaltungen genutzt wurde.

Am 4. Dezember 1918 lud der Bezirkssynodalvorstand zu einer Versammlung ein, in der man sich mit der Rechtslage befasste, sich aber z. B. nicht über den Wortlaut eines Formulars einigen konnte, mit dem sich die Gemeindeglieder in Gemeindelisten eintragen sollten. Viel Unbeholfenheit spricht hieraus. So war es vielleicht auch wichtiger, dass in der Folgezeit eine Fülle von gemeindlichen Veranstaltungen stattfand, in denen die Gemeindeglieder über die Situation informiert wurden und diskutieren konnten. Dabei war die Haltung verbreitet, dass man eine Trennung vom Staat begrüßte, sie aber nicht gewaltsam, sondern behutsam umgesetzt sehen wollte. Tatsächliche Veränderungen aber gingen von den Gemeindeverbänden aus. Nachdem die Reformierten vorangegangen waren, beschloss beispielsweise am 10. März 1919 die lutherische Stadtsynode, dass die Frauen das Wahlrecht erhalten sollten, und gab diesen Beschluss an die Bezirkssynode weiter.[31]

Am 15. Dezember 1918 wurde die „*Deutsche evangelische Volksvereinigung*" gegründet, die alle Freunde der evangelischen Kirche sammeln wollte. Auf Grund der Äußerungen Hoffmanns befürchtete man eine Kirchenaustrittswelle. Deshalb verteilten die meisten Frankfurter Gemeinden Formulare mit einer Erklärung, dass der Unterzeichner im Falle einer Trennung von Staat und Kirche dieser treu bleiben werde. Ein besonderes Thema war die Zukunft des Religionsunterrichts. Am 29. Dezember 1918 fanden deshalb auf Anregung der Volksvereinigung 23 Versammlungen statt, die 11. bis 12.000 Teilnehmer verzeichnen konnten. Hier wurde eine Petition an die künftige Nationalversammlung in Weimar unterstützt. Am 12. Januar 1919 veranstalteten Protestanten und Katholiken eine Demonstration auf dem Römerberg.

Von der Alten Nikolaikirche herab sprachen Vertreter beider Konfessionen. Ein katholischer Redner forderte die Menge auf, zuerst *„Ein feste Burg"* zu singen und dann *„Großer Gott, wir loben dich"*.[32]

3.3.2 DIE FREIE VOLKSKIRCHE

Die geschilderten Ereignisse brachten auch für die Frankfurter Kirche die Notwendigkeit einer rechtlichen Neuordnung. Dabei wurde verschiedentlich die Frage aufgeworfen, ob es angesichts der geringen Größe noch zeitgemäß sei, eine selbständige Landeskirche zu gründen, oder ob nicht der Anschluss an eine größere Kirche richtig sei.[33] Dass es dazu nicht kam, hatte mehrere Gründe. Der Weg der Frankfurter Kirche nach dem Anschluss an Preußen war der zu einem eigenen Konsistorialbezirk gewesen, der eigentlich einer Landeskirche entsprach. Auch nach dem Ende des landesherrlichen Kirchenregiments war die Kirche vom preußischen Staat abhängig und bedurfte zu organisatorischen Veränderungen der staatlichen Genehmigung. Schon das Mitschwimmen mit den anderen preußischen Kirchen und deren mühsame Verhandlungen führten zu einem jahrelangen Prozess. Ein Ausscheren hätte eigene Verhandlungen zweifelsohne verlängert. Auch Anschlussverhandlungen mit anderen Kirchen wären mühsam gewesen, da diese sich ebenfalls in einem Selbstfindungsprozess befanden. Trotzdem erschien noch unmittelbar vor dem ersten Zusammentreten der neuen Landeskirchenversammlung am 6. Januar 1925 in der *„Frankfurter Zeitung"* ein Artikel mit der Forderung, sofort der seitherigen *„ungesunden zwergenhaften Existenz der Frankfurter Landeskirche"* ein Ende zu bereiten. Die Landeskirchenversammlung solle umgehend den Anschluss an die Rheinische Provinzialkirche suchen. Dazu konnte sich die neue Landeskirchenversammlung aber nicht durchringen. Man beschritt den bisherigen Weg weiter. Doch die Frage blieb virulent.

In ihrer Tagung vom 22. bis 27. April 1920 verabschiedete die Bezirksversammlung dann das Wahlgesetz für eine verfassunggebende Kirchenversammlung, das auch das Frauenwahlrecht enthielt.[34] Die Versammlung bestand aus je 18 geistlichen und weltlichen Vertretern der Landeskirche, aus 18 weltlichen Vertretern der Kirchengemeinden und aus sechs vom Konsistorium berufenen Vertretern. Die Wahl zur Verfassunggebenden Kirchenversammlung am 25. September 1921 wurde zu einer Richtungswahl gemacht. Die Reformierten warben mit dem Slogan: *„Es gilt den Fortbestand der reformierten Eigenart und Kirche"*. Auf lutherischer Seite hieß es: *„Wir wollen in Frankfurts unklare Kirchlichkeit einen Weckruf erschallen lassen: Wie stehen wir, ‚positiv' oder ‚liberal'? Welche Bedeutung soll Christus in der Verkündigung der Kirche haben?"* Die reformierten Gemeindeglieder verstanden ihren Ruf, gingen zur Wahl und errangen bei nur 4.500 Gemeindegliedern 11 der 60 Sitze. Die Lutheraner verstanden offenbar die theologischen Feinheiten nicht, hatten eine geringere Wahlbeteiligung und entsprechend weniger Sitze.[35]

Obwohl spät dran, verzögerten sich die schwierigen Beratungen über eine Verfassung immer wieder. Deshalb musste man einerseits 1922 durch Notverordnung die Wahlperiode der Bezirkssynode verlängern, weil Neuwahlen noch nicht möglich waren. Andererseits konnte durch das kirchliche Gesetz vom 9. Januar 1922 ein Landeskirchenausschuss gebildet werden, auf den das vom König auf drei preußische, evangelische Minister übergegangene landesherrliche Kirchenregiment überging.³⁶

Die Verhandlungen über die neue Verfassung gestalteten sich vor allem deshalb schwierig, weil recht unterschiedliche Vorstellungen und Interessen unter einen Hut gebracht werden mussten.³⁷ Zum einen gab es die alte Frage nach dem Verhältnis der reformierten Minderheit zur lutherischen Mehrheit. Zum anderen standen sich theologisch und kirchenpolitisch die positive Gruppe, die liberale Gruppe und die Mittelpartei gegenüber. Am Beispiel der Beratungen über den „Vorspruch" wurde das sehr deutlich. An sich gehört in eine evangelische Kirchenverfassung eine Aussage zum Bekenntnisstand. Deshalb hatte der erste Entwurf auch in § 3 folgende Aussage enthalten: „*Gemeinschaft und Wirksamkeit der LK*³⁸ *beruhen auf dem Evangelium, wie es in der Heiligen Schrift bezeugt und durch die Reformation neu erschlossen ist.*" Im Gesamtausschuss der Verfassunggebenden Kirchenversammlung gab es jedoch breite Kritik daran, weil dies dann juristische Bedeutung vor allem in Disziplinar- und Lehrverfahren haben könnte. Wenn überhaupt, dann gehörten solche Formulierungen in einen unverbindlichen Vorspruch, der nur religiösen und keinen rechtlichen Inhalt habe. In den Ausschussberatungen neigte dann die Mehrheit einem Vorschlag der Mittelpartei zu: „*Die evangelische Kirche Frankfurts steht, getreu dem Erbe der Väter, auf dem Grunde des Evangeliums, wie es in der Heiligen Schrift bezeugt und durch die Reformation erschlossen ist. Dieses Evangelium ist für die Arbeit und Gemeinschaft der Kirche unantastbare Grundlage.*" Das lehnte jedoch die positive Gruppe ab, weil das „Bekenntnis" im Singular oder Plural im Vorspruch nicht vorkam. Schließlich wurde folgende Formulierung akzeptiert:

„*Die Evangelische Landeskirche Frankfurt am Main bekennt sich zum Glauben der Christenheit, wie ihn die Evangelisten und Apostel verkündet haben, und erklärt das Evangelium von der Gnade Gottes in Jesus Christus, wie es die Reformatoren bekannt haben, als unantastbare Grundlage ihrer Lehre, Arbeit und Gemeinschaft. Sie stellt den Bekenntnisstand ihrer Kirchengemeinden als unerschüttert fest und gibt sich durch die dazu berufene Kirchenversammlung folgende neue Verfassung.*"³⁹

Dazu gaben dann die drei Gruppen in der Verfassungsversammlung je eigene Erklärungen ab. Die Positive Gruppe begrüßte den Vorspruch als Ausdruck des Willens zur Einheit und zum Bekenntnis; zur Einheit in einer Zeit und Lage, in der Glaubenskämpfe vermieden werden müssen – zum Bekenntnis, weil es einer Lehrnorm zur Begrenzung von Lehrwillkür geben müsse. Man stimme zu, auch wenn nicht alle eigenen Wünsche erfüllt worden seien. Die Liberale Gruppe erklärte, dass man nach ihrer Auffassung auch auf einen solchen Vorspruch hätte verzichten können. Sie stimme zu in dem Sinne, „*der dem geistigen Charakter des Evangeliums und den freien Grundsätzen des Protestantismus entspricht.*" Die Mittelpartei äußerte sich dahin, dass der Vorspruch, wenn er denn sein muss, auch knapper hätte formuliert werden können, dass sie aber zustimmen könne, weil der Vorspruch moralische, aber keine rechtliche Bedeutung habe.

Die Frankfurter Landeskirche war also weder lutherischen noch reformierten oder unierten Bekenntnisses.⁴⁰ Ein Bekenntnis hatten die einzelnen Kirchengemeinden. Dabei wurde im Verfassungsausschuss darüber diskutiert, ob man die Kirche nicht als uniert bezeichnen solle. Der ganze Verfassungsentwurf liefe ja auf eine Verfassungsunion hinaus. Die Kirche habe eine Verfassung, eine Landeskirchenversammlung, einen Landeskirchenrat, ein Landeskirchengericht, ein Gesangbuch, eine Finanzgemeinschaft und faktisch auch eine Lehrgemeinschaft. Letztlich wurde die Überlegung aber an einen Unterausschuss verwiesen, weil die Deutsche evang.-reformierte Gemeinde erklärte, *„daß an eine Vereinfachung des Verwaltungsapparates unter Aufgabe der finanziellen Selbständigkeit der Reformierten nicht zu denken sei."* Im Unterausschuss wurde dann auch deutlich, dass die Reformierten beim Verlust ihres reformierten Profils befürchteten, von der Kirchenferne der Lutheraner angesteckt zu werden. Als die Abstimmung dort darauf hinauslief, ob die drei Frankfurter Gemeindeverbände zusammengeschlossen werden sollen, stimmten die vier Lutheraner zu, der Reformierte enthielt sich der Stimme.

Für die lutherischen Kirchengemeinden galt damit Folgendes.[41] Mit dem Beitritt zum Schmalkaldischen Bund 1537 hatte Frankfurt die Augsburger Konfession und die Apologie anerkannt und übernommen. Der lutherische Katechismus wurde 1557 eingeführt. Die Konkordienformel von 1577 und das Konkordienbuch von 1580 hat der Rat nicht ausdrücklich übernommen. Sie wurden stillschweigend anerkannt, und die Pfarrer wurden bei der Ordination ab 1589 darauf verpflichtet. Für die Deutsche evang.-reformierte Gemeinde und für die Französisch-reformierte Gemeinde galt nach wie vor das Bekenntnis, das Valerand Poullain 1554 dem Rat vorgelegt hatte.[42] Die Anstaltsgemeinde des Diakonissenhauses und der Diakonissenverein wurden in den Errichtungsurkunden nur als evangelisch bezeichnet.[43] Nach § 4 der Errichtungsurkunde der Anstaltsgemeinde musste der Anstaltsgeistliche allerdings dem lutherischen Bekenntnis angehören. Die Personalkirchengemeinde Nord-Ost bezeichnete sich nur als evangelisch.[44] Dies wollte sie im Sinne der Deutschen Gemeinschaftsbewegung sein, unterschied sich also von den anderen Gemeinden nicht durch ein Bekenntnis, sondern durch die Frömmigkeitsform. Der Bekenntnisstand der später zur Frankfurter Landeskirche hinzugekommenen unierten Kirchgemeinden wird im Zusammenhang mit deren Aufnahme dargestellt.

Schließlich verabschiedete die Verfassunggebende Versammlung am 13. Dezember 1922 eine neue Verfassung, die am 12. Januar 1923 vom Präsidenten der Versammlung unterzeichnet, am 8. April 1924 vom Preußischen Landtag durch ein Staatsgesetz anerkannt wurde und am 30. Mai 1924 mit der Veröffentlichung im Amtsblatt in Kraft trat. Am 19. Januar 1925, mithin sechs Jahre nach dem Zusammenbruch des alten Kirchentums, fand die erste Tagung der neuen Landeskirchenversammlung statt.

Die *„Verfassung der Evangelischen Landeskirche Frankfurt am Main"* knüpfte grundsätzlich an die Verfassungsgestaltung der Kirchengemeinde- und Synodalordnung von 1899 an. Die Bezeichnung *„Landeskirche"* sollte zum Ausdruck bringen, dass die Kirche im Gegensatz zu den Freikirchen ein Kirchengebiet umfasste. Sie verstand sich als freie Volkskirche im Gegensatz zur Staatskirche, Obrigkeitskirche oder Pastorenkirche. Die Gesamtkirche sollte entsprechend der Weimarer Verfassung unabhängig vom Staat sein;[45] Autonomie und Selbstverwaltungsrecht der Kirchengemeinden gegenüber der Gesamtkirche sollten der KGSO entsprechen. Es wurde das Frauenwahlrecht eingeführt und das Wahlalter von fünfundzwanzig auf einundzwanzig Jahre herabgesetzt. Der Entwurf hatte zunächst auch die Auflösung der Synodalverbände vorgesehen, um eine Überorganisation abzubauen. Letztlich erschien das aber nicht möglich, weil die Frankfurter lutherischen Gemeinden kein eigenes Vermögen besaßen. Ein anderes Hindernis waren der Personalcharakter und die Finanzkraft der beiden reformierten Kirchengemeinden. Eine Finanzgemeinschaft aller landeskirchlichen Kirchengemeinden erschien ebenso wenig möglich wie die Auflösung des lutherischen Stadtsynodalverbandes und die Aufteilung seines Vermögens auf die ihm angeschlossenen Gemeinden.[46] So blieb es bei den Stadtsynodalverbänden bekannter Art. Landeskirche, Kirchengemeinden und Stadtsynodalverbände waren Körperschaften öffentlichen Rechts (§ 1 Abs. 2 Verf.). Die Landeskirche war Mitglied des Deutschen Evangelischen Kirchenbundes und hatte den Bundesvertrag[47] bei Gründung des Bundes am 25. Mai 1922 unterzeichnet.

Oberstes Organ der Landeskirche war die Landeskirchenversammlung. Von ihr gingen die Amtsvollmachten aller anderen Amtsträger aus. Sie war Trägerin der Kirchengewalt. Nach § 90 Verf. bildeten die Abgeordneten der lutherischen, der reformierten und der unierten „Bekenntnisgruppe" je eine besondere Abteilung. Diese Abteilungen entschieden über Fragen der Liturgie, des Katechismus und der Agende jeweils nur für die Kirchengemeinden ihrer Bekenntnisgruppe. Die Verwaltung lag in den Händen des Landeskirchenrates, der an die Stelle des bisherigen Konsistoriums trat. Der Landeskirchenrat bestand aus dem Präsidenten, zwei besoldeten und neun unbesoldeten Kirchenräten. Wichtigstes Dezernat war das geistliche und Personaldezernat, das alle drei Jahre zwischen einem Vertreter der Liberalen (Johannes Kübel) und einem Vertreter der Positiven (Alfred Trommershausen) wechselte.[48] Besoldet bedeutete aber nicht hauptamtlich, sondern nebenamtlich. Unter der Leitung des Landeskirchenrates arbeitete eine ganze Reihe von landeskirchlichen Einrichtungen, die von Landeskirche in wenigen Jahren geschaffen wurden, z. B. der Evangelische Volksdienst und die Zentralstelle für Kirchenmusik. Auch gelang es bald, alle kirchlichen Dienste in einem Gebäude in der Brentanostraße Nr. 20 zusammenzuführen.

Für den großen lutherischen Stadtsynodalverband gab es allerdings in den folgenden Jahren manche Veränderungen. Im Jahr 1921 wurden die Gemeinden Oberrad, Niederrad, Bonames, Hausen und Niederursel als Mitglieder aufgenommen. Ihnen folgten die neugegründeten Riederwaldgemeinde (1923), Dreifaltigkeitsgemeinde (1929) und Dornbuschgemeinde (1930). Durch Aufnahme unierter Kirchengemeinden aus dem vormals kurhessischen Kirchenkreis Bockenheim verlor der Stadtsynodalverband allerdings 1929 seinen konfessionellen Charakter. Aus ihm wurde der „*Stadtsynodalverband der evangelisch-lutherischen und evangelisch-unierten Kirchengemeinden in Frankfurt am Main*".

Die Gemeinden wurden von einem Kirchenvorstand geleitet, aus dem heraus ein engerer Kirchenvorstand die laufenden Geschäfte führte. Der Kirchenvorstand bestand aus den Pfarrern und den Kirchenältesten, deren Zahl mindestens das Zwölffache der Pfarrer betragen musste (§ 9 Verf.). Der Kirchenvorstand wählte seinen Vorsitzenden und dessen Stellvertreter, nach seiner Entscheidung Pfarrer oder Laien (§ 19 Verf.). Die laufenden Geschäfte führte ein Ausschuss, engerer Kirchenvorstand genannt. Er bestand aus den Pfarrern und aus Kirchenältesten, mindestens dreimal so viele wie Pfarrer (§ 21 Verf.). Damit gab die Frankfurter Kirche den Laien ein Gewicht, wie es selten in Deutschland war. Bemerkenswert war, dass für die Kirchenvorstandswahlen ein Listenwahlverfahren vorgesehen war. Allerdings berichtete der Frankfurter Kirchenkalender,[49] dass bei den ersten Wahlen in fast allen Gemeinden nur eine Liste aufgestellt wurde, sodass sich ein Wahlakt erübrigte. Nur in der Erlösergemeinde habe es zwei Listen gegeben. Die *„Evangelisch-kirchliche Liste"* habe mit überwältigender Mehrheit gewonnen.

Von Anfang an war auch klar, dass die kleine Frankfurter Landeskirche auf Dauer nicht werde bestehen können. So gab es in den zwanziger Jahren verschiedentlich Diskussionen über den Zusammenschluss mit den Nachbarkirchen. Im Jahre 1929 gründet dann die Frankfurter Kirche mit den evangelischen Kirchen in Hessen, Nassau und Kurhessen die Marburger Konferenz. Deren Aufgabe war die Vorbereitung der Gründung einer einheitlichen hessischen Kirche. Am 12. Dezember 1929 befasste sich die Landeskirchenversammlung erneut mit der Frage.[50] Man lehnte einen bloßen Zweckverband ab und forderte eine *„unitarische Vereinigung"*. Auch wünschte man, dass die Verhandlungen *„aus dem engeren Kreise der Kirchenregierungen heraus und auf die breitere Basis eines interparlamentarischen Ausschusses verlegten werden."* Dazu wählte man sechs Abgeordnete. Zunächst aber erfolgte nichts. Am 18. Mai 1932 wurden entsprechende Entwürfe der Kirchenverbindungskommission vorgelegt. Die Beratungen wurden aber vertagt, weil die nassauische und die kurhessische Kirche parallel mit der Kirche der Altpreußischen Union wegen eines Anschlusses an diese verhandelt hatten. Angesichts dessen bedauerte die Landeskirchenversammlung der Frankfurter Kirche ausdrücklich, dass die Arbeiten so langsam voran gingen. Immerhin schien im Februar 1933 noch eine Konföderation denkbar. Doch daraus wurde nichts mehr, weil der Staat und die Deutschen Christen sehr bald die gesamte Kirchenorganisation in ihrem Sinne umzugestalten begannen.

3.4. Aus dem kirchlichen Leben

3.4.1 Die wirtschaftliche Situation der Kirche

Die Jahre zwischen 1918 und 1933 waren in ganz besonderer Weise von den verschiedenen Wirtschaftskrisen geprägt. Deshalb standen deren Auswirkungen am Anfang der Berichte aus dem kirchlichen Leben. Aus dem Jahr 1923 schilderte Senior Bornemann im Frankfurter Kirchenkalender 1924 die Situation so:

„Da erlebten wir den Beginn der Inflation. Von Tag zu Tage, ja von Stunde zu Stunde verlor das Geld seinen Wert. Während der vier Wochen, die ich vom 25. Juli bis zum 22. August auf der Insel Föhr verbrachte, war der Fahrpreis um das Zehnfache, der Pensionspreis in den Sommerfrischen um das Zwanzig- bis Fünfzigfache gestiegen. Bei meiner Abreise glaubte ich, daß wir den Preis des Kirchenkalenders 1924 auf 3000 Papiermark ansetzen müßten. Bei meiner Heimkehr war die Herausgabe des Kirchenkalenders überhaupt zweifelhaft geworden. Als wir uns Anfang September doch zum Druck entschlossen, setzten wir den Preis auf 20 Millionen Mark. Das bedeutete aber nach dem Erscheinen des Kalenders nur noch 1/500 Pfennig! .... Ersparnisse, Renten, Versicherungen, Hypotheken verloren ihren Wert. Woher sollten die Löhne und Gehälter kommen? Wie

Abb. 44 Notgeld der Stadt Eisenach, Vorderseite

Abb. 45 Notgeld der Stadt Eisenach, Rückseite

sollten sie ausreichen? Wie sollte der Lebensunterhalt beschafft werden?

Das Kirchenwesen, auch das Frankfurter Kirchenwesen, wurde selbstverständlich in diese allgemeine Not des deutschen Vaterlandes völlig mit hineingerissen. Aus zwei Gründen schien die Kirche doppelt gefährdet und rettungslos verloren. Erstens konnte der Staat, der bislang die Kirche fürsorglich gestützt hatte, in der eigenen Not die helfende Hand plötzlich zurückziehen, zumal die Revolution mit lautem Wort ‚Trennung von Staat und Kirche' gefordert hatte … Zweitens aber fehlte gerade jetzt das Organ der Einziehung der kirchlichen Steuern oder es versagte völlig. … Der Synodalvorstand erklärte schon im Juli, daß er für irgendwelche Vertretungskosten, im Oktober, daß er auch für Reparaturen, für Heizung und Beleuchtung in Kirchen und Gemeindehäusern nichts mehr zahlen könne; auch die Gehälter der Pfarrer und Gemeindebeamten wurden zweifelhaft. Die Kapitalien des Almosenkastens[51] *und vieler andern gemeinnützigen Stiftungen und Institute hatten keinen Wert, die Kollektengelder hatten eine ungeheure Höhe nach den Ziffern, fast gar keine Bedeutung in Wirklichkeit … So schien die kirchliche Ordnung in erster Linie rettungslos der Auflösung und dem Untergang verfallen. Dennoch hat Gott uns geholfen."*[52]

Denn Bornemann erwähnte dankbar die großzügige Hilfe der Quäker, der Schweden, der Holländer, der Schweizer und der Amerikaner. Auch betonte er, dass die Staatsregierung letztlich doch Unterstützung gewährt hatte, und er beschrieb, wie ein eigenes Kirchensteuerwesen aufgebaut wurde.[53] Zur Illustration noch drei Zahlen zum Frankfurter Kirchensteueraufkommen: 1925 betrug es bei 17 Gemeinden 1.022.000 RM, 1935 bei 29 Gemeinden 1.291.000 RM, aber 1923 195.843.796.000.000.000 RM.[54]

Die kritische wirtschaftliche Situation führte immer wieder zu neuen Sparmaßnahmen. So kürzte die Landeskirchenversammlung am 30. November 1931 die Zuschüsse für die Jugendbünde um 30 Prozent.[55] Die lutherische und unierte Stadtsynode kürzte am 19. Februar 1932 die Pfarrergehälter um weitere 12 Prozent, so dass die Gehälter nunmehr gegenüber der Besoldungsordnung von 1929 um 33 Prozent gekürzt waren. Hinzu kamen empfindliche Kürzungen der Zuschüsse für die Schwesternstationen, die Kirchenmusik und die Kirchenheizungen.[56] Bei der Kirchenmusik bedeutete das z. B., dass die Zentral-

Abb. 46 Reichsbanknote

stelle für Kirchenmusik zwar von Herbst 1931 bis Ostern 1932 34 Motetten in der St. Peterskirche abhalten konnte, dann aber bereits die Sommerpause beginnen musste.[57]

Die schwierigen Großstadtverhältnisse und die Demokratisierung der evangelischen Kirche hatten zur Folge gehabt, dass die Erfassung der Gemeindeglieder eine immer wichtigere Rolle spielte. So gab es nun zwei Verzeichnisse der Gemeindeglieder: Wählerlisten in den einzelnen Gemeinden und die zentrale Kirchensteuerkartei. 1931 beauftragte die Stadtsynode den Stadtsynodalvorstand zudem, eine Seelsorgekartei für die einzelnen Pfarrbezirke einzurichten.[58]

Angesichts dieser vielfältigen Probleme ist es bemerkenswert, wie die Landeskirchenversammlung mit einer Vielzahl von Projekten die Kirche modernisieren und auf die neue Zeit einstellen wollte. Gleich zu Anfang ihrer Tätigkeit befasste sie sich mit folgenden Themen: völlige Freihaltung der Sonntagvormittage für den Gottesdienst, Offenhaltung von Kirchen an Werktagen, Anstellung eines Jugendpfarrers, Schaffung eines Erziehungssonntags, Konfirmandenunterricht an den Hilfsschulen, gottesdienstliche Feier des Reformationstages mit den evangelischen Schülern, Einführung akademischer Gottesdienste und Seelsorge an den Studenten, Unterstützung der evangelischen Jugendbewegung durch Beihilfen, Gründung eines evangelisch-landeskirchlichen Verbandes für Volksbildung, Seelsorge in den Krankenhäusern und Privatkliniken, Abwehr der städtischen Vergnügungssteuer bei kirchlichen Veranstaltungen, Freihaltung von Bauplätzen für Kirchen und Gemeindehäuser im Stadtbebauungsplan usw. Hier zeigte sich eine Kirche, die sich öffnen wollte, einen Platz in der Gesellschaft beanspruchte und ihre Rechte zu wahren suchte.

Doch im Kirchenkalender 1932 klang der Chronist resignierend: *„Das Berichtsjahr (1. Juli 1930 bis 30. Juni 1931, d. Verf.) ist ein schweres Jahr deutscher Geschichte. Die wirtschaftliche Not, die Arbeitslosigkeit drücken auch die Kirche. Die den Gemeinden zur Verfügung stehenden Mittel erlauben ihnen nicht, mit nachhaltiger Hilfe einzugreifen. Der Durchschnittsmensch, der von einer Religion des Kreuzes nichts versteht, fragt die Kirche zweifelnd: Wo ist denn nun euer Gott? Verringerung der Lebensmöglichkeiten, Geburtenrückgang bringen Verödung. Hatte der Großstadtpfarrer am Anfang des Jahrhunderts allsonntäglich mehrere Taufen zu voll-*

ziehen, so können jetzt Wochen vergehen, bis er wieder einmal mit einer Familie Taufe feiert. Die Konfirmandenklassen sind klein geworden. Vom Osten her will die Gottlosenbewegung auch in unserm Volke mehr Einfluß gewinnen. Was kann die Kirche anders tun, als treu auf ihrem Posten stehen, Liebe und Zusammenhalt verkündigen und üben, mit den Kräften des Evangeliums Charakterfestigkeit stärken, die Zuflucht zu dem „unbeweglichen Reich" zeigen?"[59]

3.4.2 Kritik an der Kirche und Kirchenaustritte

Als eine besondere Gefahr für die Kirche sah man die Gottlosen- und Kirchenaustrittsbewegung an.[60] Die Frankfurter Kirchenaustrittszahlen schienen das zu belegen. Stieg die Zahl der Kirchenaustritte doch seit 1917, abgesehen von zwei Unterbrechungen in den zwanziger Jahren, deutlich an und erreichte den Höhepunkt 1931/32, um dann um das Jahr 1933 rapide zu fallen, während die Rücktrittszahlen in diesen Jahren anstiegen. Schon 1934 kehrte sich die Entwicklung aber wieder um.[61] Offenbar schlug sich hier die anfängliche Euphorie, die mit der Machtergreifung der Nationalsozialisten verbunden war, nieder.

Nun war das nicht nur die Folge einer schleichenden Entwicklung. Vielmehr trat die „Gottlosenbewegung", wie sie in der Kirche genannt wurde, immer stärker in der Öffentlichkeit in Erscheinung. Freidenker, also Atheisten, forderten in öffentlichen Veranstaltungen zum Austritt aus der Kirche auf. Zugleich fanden Marxismus, Kommunismus und die Kirchenpolitik in der Sowjetunion große Aufmerksamkeit. All das wurde von der Kirche als Bedrohung empfunden, der man entgegentreten wollte. „Volksmission" war das Schlagwort. Missionstage mit Gottesdiensten in allen Kirchen, Großveranstaltungen in der Messehalle, Umzüge und Kundgebungen waren als Gegendemonstrationen gedacht. Pfarrer Willy Veit hielt 1931 eine „Predigtreihe Zur Gottlosenbewegung", Rudolf Wintermann äußerte sich im Frankfurter Kirchenkalender 1933[62] zum Thema. In einer „Denkschrift über den Stand der kommunistischen Gottlosenbewegung und ihre Bekämpfung", die im Sommer 1932 den Mitgliedern der Landeskirchenversammlung und den Pfarrern zuging, setzte man sich mit der atheistischen Propaganda auseinander und sah „teuflische Kräfte" am Werk. In seinem Rechenschaftsbericht zur Tagung der Landeskirchenversammlung am 24. Oktober 1932 erklärte der Landeskirchenrat, dass „der Kampf gegen die Kirche hinter den wirtschaftlichen Kampf zurücktrete."[63]

Neben den Kampf gegen die Gottlosenbewegung trete die volksmissionarische Aufgabe der Reaktivierung der distanzierten Gemeindeglieder. Diese volksmissionarischen Bestrebungen[64] fanden ihren Niederschlag in vielen kirchlichen Blättern und mündeten ein in die Hoffnung, dass dieses Bestreben im NS-Staat besser möglich würde. Im übrigen war es gemeinsames Anliegen einer Vielzahl von Pfarrern, ganz gleich welchem Lager sie dann im Kirchenkampf angehörten.

Kennzeichnend für die Situation ist eine Begebenheit, die sich Weihnachten 1931 zugetragen hat. Pfarrer Willy Veit hatte sich in jenen Jahren mehrfach gegen die sog. Gottlosenbewegung geäußert.[65] In seiner Weihnachtspredigt hatte er dies unter dem Titel „Babylon oder Bethlehem?" getan und speziell vom Tannenbergbund der Mathilde Ludendorff gesprochen. Daraufhin richtete die „Kampfgruppe Frankfurt am Main des Tannenbergbundes" am 29. Dezember eine Beschwerde gegen den „*Kirchenbeamten Willy Veit*" an das Polizeipräsidium. In der Begründung wurde ausgeführt, dass Weihnachten kein christliches Fest sei, sondern nur die Nachahmung eines indischen Mythos. Was an Weihnachten geredet werde, sei deshalb keine religiöse Äußerung, sondern eine politische. Der Pfarrer habe also gegen § 1 der Notverordnung vom 8. Dezember 1931 verstoßen, demzufolge bis zum 3. Januar 1932 öffentliche politische Versammlungen im Freien und in Versammlungsräumen verboten seien. Veit berichtete darüber ausführlich in der Februarausgabe 1932 seiner „*Blätter aus der Fichardstraße*". Diese Blätter waren in den Jahren 1931 bis 1933 für den großen Anhängerkreis Veits gedacht. Wie das Polizeipräsidium entschieden hat, wurde nicht berichtet.

3.4.3 Die Pfarrerschaft

Vom Pfarrdienst
Die Verfassung der Frankfurter Landeskirche von 1924 garantierte Pfarrern und Gemeindegliedern manche Freiheiten. So enthielt z. B. das Ordinationsgelübde keine Verpflichtung auf ein bestimmtes Bekenntnis, und die Kirche war auch nicht besonders hierarchisch strukturiert. Nach § 42 hatten die Pfarrer folgendes Ordinationsgelübde abzulegen:

„*Ich gelobe vor Gott und dieser christlichen Gemeinde, daß ich das Evangelium von der freien Gnade Gottes in Jesus Christus, unserm Herrn, dem Heiland und Erlöser der Welt, von unsern Vätern bezeugt in der Reformation, auf Grund der Heiligen Schrift ohne Menschenfurcht und Menschengefälligkeit treulich und fleißig verkünden, die heiligen Sakramente nach der kirchlichen Ordnung verwalten, meine Gaben und Kräfte dem Dienst der Landeskirche weihen, mein Amt nach ihren Gesetzen und Vorschriften führen und in allen Stücken mich zeigen will als treuer Diener meines Herrn Jesus Christus. So wahr mir Gott helfe.*"[66]

In den §§ 46 und 47 regelte die Kirchenverfassung das Verhältnis der Pfarrer untereinander. Zunächst wurde festgestellt, dass die Pfarrer einer Kirchengemeinde einander gleichgeordnet sind und die gleiche Amtsbezeichnung führen (§46 Abs. 1). Das entsprach alter Frankfurter Tradition; denn diese unterschied nicht Pfarrer und Diakone oder erste und zweite Pfarrer. Es gab nur ältere und jüngere Pfarrer. Sodann wurde geregelt, dass es in Gemeinden mit mehreren Pfarrern räumlich abgegrenzte Pfarrbezirke gibt (§ 46 Abs. 2). Dass damit die Gesamtheit der Gemeinde gewahrt blieb, war in der Verfassungsdiskussion umstritten. Hatte es doch Stimmen gegeben, die eine stärkere Verselbständigung der Pfarrbezirke als Wahlbezirke für die Ältestenwahl und das gesonderte Tagen der Ältesten dieser Pfarrbezirke bei Angelegenheiten ihres Wahlbezirks gefordert hatten. Im Ausschussbericht hatte es dazu geheißen: „*Wenn auch zugegeben werden kann, daß dieser Weg für einzelne besonders geartete Gemeinden eine Lösung mancher Schwierigkeiten bieten würde, …*"[67] Aus gesamtkirchlichem Interesse lehnte man den Weg jedoch ab. Diese Überlegungen deuten darauf hin, dass es auch in den zwanziger Jahren wie auch später immer wieder Probleme gab, wenn in einer Gemeinde ein alter, traditioneller Ortsteil mit einem Neubaugebiet verbunden war oder wenn Pfarrkollegen nicht friedlich mit einander auskamen. Schließlich wurde das ganze System durchbrochen, indem die Gemeindeglieder das Recht hatten, jeden Seelsorger eines anderen

Pfarrbezirks oder einer anderen Gemeinde als Seelsorger oder für einzelne kirchliche Amtshandlungen zu wählen. Hierzu bedurfte es keiner Erlaubnis des zuständigen Pfarrers. Der auserwählte Pfarrer hatte nur seinem Kollegen die für dessen Kirchenbuch notwendigen Mitteilungen zu machen (§ 47 Abs. 2). Es setzte sich also auch jetzt noch die alte Frankfurter Gewohnheit durch, dass sich jedes Gemeindeglied seinen Pfarrer aussuchen konnte.

Die Herkunft der Frankfurter Pfarrer
Zu den Veränderungen Anfang des 20. Jahrhunderts gehörte auch die veränderte Herkunft der Frankfurter Pfarrer. Solange Frankfurt ein eigenständiges Staatswesen war, stammte auch die große Mehrzahl der dort tätigen Pfarrer aus Frankfurt. Das änderte sich etwas mit der Okkupation durch Preußen. Frankfurt öffnete sich auch für auswärtige Pfarrstellenbewerber. Einen starken Schub bekam diese Entwicklung, als Anfang des 20. Jahrhunderts die Gehälter der Frankfurter Pfarrer denen im übrigen Preußen angeglichen wurden. Von zwölf Stadtpfarrern um die Jahrhundertwende waren Julius Werner und Anton Urspruch, Hermann Dechent und Conrad Kayser, Wilhelm Basse und Otto Stilgebauer, Friedrich Battenberg und Karl Wolf, Philipp Jung und Johann Jakob Krebs Altfrankfurter oder hatten verwandtschaftliche Beziehungen zu alten Frankfurter Familien. Von den sechs Landpfarrern waren Ernst und Karl Enders, Ferdinand Strobel und Adalbert Pauly, Fritz Encke und Eduard Krebs Frankfurter Kinder. Von außerhalb waren Karl Teichmann, Georg Jatho und August Cordes gekommen. Auch im Konsistorium und lutherischen Stadtsynodalvorstand dominierten Frankfurter.[68] Im Jahr 1923 sah das Bild ganz anders aus. An Stelle der seinerzeit etwa 16 Stadtpfarrer waren nun insgesamt 31 ordentliche Pfarrer tätig. Von diesen waren 11 Altfrankfurter und 20 von anderen Landeskirchen gekommen, 11 Norddeutsche, 5 Mitteldeutsche und 4 Süddeutsche. In Prozentzahlen bedeutete das: 1900 waren 80 % der Pfarrer Frankfurter und 20 % Nichtfrankfurter, 1923 40 % Frankfurter und 60 % Nichtfrankfurter.[69]

Die Pfarrer und die Politik
Viele Pfarrer waren deutsch-national gesonnen. Mit den revolutionären Bewegungen konnten sie wenig anfangen. Die neue preußische Politik verunsicherte sie oder forderte sie heraus. So wurden nicht wenige Pfarrer politisch aktiv; in Frankfurt Karl Veidt und Alfred Trommershausen für die Deutsch-Nationale Volkspartei, Erich Meyer für die Deutsch-Liberale Volkspartei, Erich Foerster für die Demokratische Volkspartei. Andere, auch viele Laien, gründeten die Deutsch-Evangelische Volksvereinigung zur Weckung und Wahrung evangelischer Interessen. Dass die Protestanten sich so massiv einschalteten, führte schließlich auch dazu, dass die Weimarer Verfassung nur eine milde Form der Trennung von Staat und Kirche vorsah. Selbstverständlich war die Beteiligung an der politischen Willensbildung ja nicht. Seit Immanuel Kant mit seinem Kategorischen Imperativ war der Protestant doch überzeugt gewesen, dass der Christ jederzeit in Übereinstimmung mit seinem Gewissen handeln müsse, d. h. klare Positionen beziehen, klare Entscheidungen treffen und klare Konsequenzen ziehen. Politisches Handeln hatte er nicht gelernt. Ging es da doch darum, Interessen durchzusetzen, Kompromisse zu schließen, nur kleine Schritte voran zu kommen, Bundesgenossen zu suchen, Parteien und ihren Programmen nur bedingt zu trauen, kurz einer Situationsethik und nicht der Gesinnungsethik zu folgen.[70]

Wie mühsam der Weg der Konservativen zur Anerkennung der demokratischen Republik war, zeigte sich noch an der Predigt von Johannes Kübel zum Verfassungstag am 11. August 1929. Er stellte sie unter die zweite Bitte des Vaterunsers: „Dein Reich komme!"[71]

„Dein Reich komme! Heute sind es zehn Jahre, daß die neue Verfassung unseres Deutschen Reiches in Kraft getreten ist. Damals hat in aller Welt kein Mensch geglaubt, daß sie zehn Jahre überdauern werde. Aber es hätte neuen Umsturz, diesmal Revolution bis zum Untergang bedeutet, wäre die Verfassung von 1919 zerbrochen. So aber hat sie mitgeholfen, den Frieden unseres Volkes und den gesellschaftlichen Fortschritt zu fördern. Gottlob, wir liegen heute nicht mehr so tief am Boden wie vor zehn Jahren; daran hat auch unsere Verfassung ihr Verdienst. Wir feiern nicht, weil sie die Verfassung des alten Reiches verdrängt hat, sondern weil sie die Geister des Umsturzes gebannt und nach der unheimlichen Zerstörung den Wiederaufbau begründet, nach dem Chaos die Ordnung wiederhergestellt hat. Denn ohne Ordnung lebt kein Staat, kein Volk. Wir feiern aber in Gottes Haus, vor dem Altar des Ewigen. ... Dein Reich komme! Ist unsere Losung. Sie besagt: auch eine Verfassung ist nur Menschenwerk, aber auch Menschenwerk soll dem Reich Gottes dienen.

Dein Reich komme! Wir beugen uns in Ehrfurcht vor des Vaterlandes Majestät. Wir geben uns den heiligen Schauern hin, die das eine Wort in unserer Seele entzündet: Deutschland! Wir haben mit heißer Liebe im Jahre 1914 zum Schwert gegriffen; und könnten wir unserm Volk und Vaterland dadurch die alte Herrlichkeit zurückgewinnen, so gingen wir heute freiwillig in den Tod. Gott hat unserm Volk unermeßliche Werte geschenkt und, bei allem Verlust, bis auf diesen Tag erhalten. Wir tragen für alle Völker reichstes Seelengut in unserer Brust. Drum sei es von ganzem Herzen, im Angesicht Gottes, bekannt: ‚Deutschland, Deutschland über alles, über alles in der Welt!'

Aber wir hören aus dem Lauf der Weltgeschichte auch die andere Sprache heraus, den Donner der Ewigkeit, der über alle Welt hinfährt und ihm *Raum schafft, dem allein ewigen, allein lebendigen Gott. ... Es war Verhängnis und Unrecht des deutschen Menschen von ehedem, daß er sich selbst zum Maßstab aller Dinge genommen hat; und soweit wir fromm waren, fromm sein wollten, war es Unrecht und Verhängnis unserer Frömmigkeit, daß wir die Sache unseres Volkes, als verstände es sich von selbst, in eins geschaut haben mit der Sache Gottes. Die anderen Völker haben es nicht anders gehalten, nur haben wir am bittersten gebüßt.*

Auch unsere Verfassung – das Geständnis tut ihre keine Unehre an – ist Menschenwerk. Lest doch nach, wie sie vor zehn Jahren entstanden ist. ... Denn auch die deutsche Republik, der die Verfassung von 1919 Recht und Gesetz geprägt hat, ist eine Form des Übergangs. Menschenreiche sind Bahnbrecher und Statthalter des Gottesreiches oder sie sind nichts. Was bleibt, ist allein Gott und sein ewiges Reich. Dein Reich komme! Das ist auch für den, der Volk und Vaterland über alles liebt, das letzte, tiefste Gebet.

Dein Reich komme! Gottes Reich kommt wohl ohne unser Gebet von sich selbst; aber Gott gebrauchet unser Menschenwerk, um sein Reich zu mehren. Auch das Menschenreich unserer Verfassung soll dem Reich Gottes dienen. Und gottlob, die Verfassung kann *es. Laßt euch den Verfassungstag dazu nützen, daß ihr euch in ihre Tiefe versenkt. .... Der eine Teil der Verfassung stellt Aufbau und Aufgaben des Reiches dar. Dieser Teil hat mit dem Reich Gottes wenig gemein; er ist, von Gott aus gesehen belanglos, dem menschlichen Ermessen, dem Richterspruch der Geschichte untertan. Der andere Teil stellt die Grundrechte und Grundpflichten der Deutschen fest. Was in ihm an Wahrheit niedergelegt ist, trägt anderen Gehalt. Höret: Alle Deutschen sind vor dem Gesetz gleich. ... Die Grundrechte und Grundpflichten ziehen die Summe aus der gesamten sittlichen Menschheitsentwicklung; sie strömen ewige Wahrheit, sie strömen Gottes Wort und Willen aus. Das Rad der deutschen Geschichte hat hier einen Ruck vorwärts getan, vorwärts zu dem hohen, heiligen Weltenziel, vorwärts zu dem Reich Gottes!*

Nur: meßt an diesen Grundrechten und Grundpflichten der Deutschen die Wirklichkeit! ... Wer die Verfassung guten Gewissens feiern will, hat vor Gott, vor unserm Volk und vor sich selbst die heilige Pflicht, ihrem ewigen Gehalt zum Sieg zu verhelfen."

Theologische und kirchenpolitische Gruppierungen

Kirchliche Milieus
Die Situation im Frankfurt um die Jahrhundertwende war mit drei Milieus beschrieben worden:[72] dem konservativen Milieu, dem vermittelnden Milieu und dem kritisch-freiheitlichen Milieu. Nach dem 1. Weltkrieg veränderte sich das. Zwar waren das konservative und das kritisch-freiheitliche Milieu erhalten geblieben. Das vermittelnde Milieu aber tauchte zwar in organisierter Form nicht mehr auf, spielte aber immer noch eine Rolle, wie sich bei den Verfassungsverhandlungen zeigte. In der Nachkriegszeit verbreiteten sich theologische Richtungen, die nach den Kriegserfahrungen konsequent mit den seitherigen Theologien brachen.[73] So fand man in Frankfurt drei Gruppen, die sich in ihren Grundauffassungen gegen das Gedankengut des konservativen und des kritisch-freiheitlichen Milieus stellten: eine theologische Gesellschaft, die Anhänger der „*Dialektischen Theologie*" und die „*Religiösen Sozialisten*". Das besondere Gewicht, das die Positiven und die Liberalen hatten, zeigte sich daran, dass das geistliche und Personaldezernat im Landeskirchenrat jährlich zwischen Vertretern dieser beiden Gruppen wechselte.

Das konservative Milieu[74]
Die Konservativen fanden sich in der „Positiven Vereinigung" zusammen. Die „*Positiven*" waren die Konservativen in der Theologie.[75] In Frankfurt war auch zu dieser Zeit wohl die Mehrheit der Frankfurter Pfarrer positiv gesonnen. Sie traten für die Bewahrung der Bekenntnisgrundlagen gegen alle Formen von Irrlehre, religiöse Durchdringung des öffentlichen Lebens und für eine Kirche, der vom Staat ihre Freiheit gelassen wird, ein. Deren Vorsitzende waren Karl Veidt und Gerhard Lütgert.

Dem konservativen Milieu wird man auch die „*Deutsche Gruppenbewegung*" zurechnen dürfen. In Frankfurt wurde die Gruppenbewegung durch die Pfarrer Ferdinand Laun und Adolf Allwohn vertreten. Die deutsche Gruppenbewegung war ein Ableger der, aus dem Methodismus kommenden, 1921 durch Frank Buchmann gegründeten Oxford-Gruppen-Bewegung. Buchmann prophezeite 1938 die Weltkrisis in Form von Krieg, Materialismus und Kommunismus. Da eine Offensive aussichtslos sei, ginge es darum, die Menschen zu ändern, wobei vier Maßstäbe gelten sollten: Ehrlichkeit, Reinheit, Selbstlosigkeit und Liebe. Die Gruppenbewegung verstand sich als Erweckungsbewegung, die mit seelsorgerlichen Übungen wie Hören auf Gottes Wort in der Stille, Sünden bekennen, untereinander austauschen und das Leben Gott übergeben, das überwinden wollte, was den Menschen von Gott trennt. Die Veränderung des Einzelnen sollte der erste Schritt zur Veränderung der Gesellschaft sein.[76] Ein Pionier war Ferdinand Laun[77], später kam Adolf Allwohn hinzu.[78] Die deutsche Gruppe war ab 1937 wegen des Nationalsozialismus international isoliert und löste sich 1938 mit der Gründung der „Arbeitsgemeinschaft für Seelsorge" von der internationalen Organisation.[79] Man glaubte, vom eigenen Ansatz her die Differenzen zwischen Deutschen Christen und Bekennender Kirche überbrücken zu können.[80] Als 1942 Mitgliedern der Wehrmacht und der NSDAP die Mitgliedschaft in der Arbeitsgemeinschaft untersagt wurde, löste man sich selbst auf.[81] Nach dem Krieg wurde aus der Gruppenbewegung die „Moralische Aufrüstung".

Das kritisch-freiheitliche Milieu[82]
Der Freie Protestantismus wurde in Frankfurt vertreten durch Wilhelm Bornemann, Karl Eschenröder, Erich Foerster, Wilhelm Fresenius, Georg Grönhoff, Ernst Heinz, Johannes Kübel, Wilhelm Lueken, Friedrich Manz, Hermann Marhold, Erich Meyer, Adalbert Pauly, Willy Veit, René Wallau, Rudolf Wintermann und Karl Wolf. Die Grundüberzeugung hat Erich Meyer 1949 so formuliert:

„Aus unserm Verständnis des Evangeliums heraus lehnen wir dann allerdings jeden Dogmatismus, jeden Totalitätsanspruch einer theologischen Richtung in der Kirche, alle Konfessionalisierung und Klerikalisierung der Kirche wie der Welt ab."[83]

Einige von ihnen waren auch weiter bei den „Freunden der Christlichen Welt" aktiv. Als eine Organisationsform des Freien Protestantismus war der „Verein für christliche Freiheit" gegründet worden. Er gab „Die Gemeinde. Evangelisches Wochenblatt für Frankfurt-M." heraus. Die Schriftleitung hatte Johannes Kübel.

Eine besondere Rolle spielte der „Frankfurter Kreis für entschiedenen Protestantismus", für den die Pfarrer Karl Eschenröder, Rudolf Köhler, Friedrich Manz, Hermann Marhold und Erich Meyer in Erscheinung traten. Hier wurde diese Freiheit und Unabhängigkeit so stark betont, dass man sich im Kirchenkampf weder den Deutschen Christen noch der Bekennenden Kirche anschloss.

Die theologische Gesellschaft
Es bildete sich um die Pfarrer Alfred Fritz und Rudolf Wintermann eine theologische Gesellschaft, in der sich vor allem jüngere Pfarrer zusammenfanden.[84] Teilnehmen konnte nur, wer noch nicht 50 Jahre alt war. Grundüberzeugung war, dass die alten Fronten zwischen den Liberalen, Positiven und Orthodoxen überholt seien. Man war der Auffassung, dass es Annäherungen im Schriftverständnis gegeben habe und dass die großen Aufgaben der Gegenwart nur bewältigt werden könnten, wenn man sich in gegenseitiger Achtung auf dem Boden der Heiligen Schrift annähern würde. So trafen sich einmal im Monat montags abends etwa 15 Mitglieder. Auf eine biblische Exegese folgten ein einfaches Abendbrot und dem wiederum ein Referat mit Aussprache. Die Gesellschaft existierte von etwa 1927 bis 1932. Sie ging auseinander, als 1932 der Aufstieg der Nationalsozialisten auch Anhänger in der Pfarrerschaft fand.

Die Vertreter der Dialektischen Theologie

Als Teil der allgemeinen antiliberalen Zeitströmung und angesichts der schrecklichen Erfahrungen des 1. Weltkriegs griff die Dialektische Theologie wieder auf die reformatorische Erkenntnis von der Bedeutung des Wortes Gottes zurück. Gott in seinem Wort allein sei der Herr. Das verbiete eine Bestimmung des Verhältnisses von Gott und Mensch unter Einbeziehung weltlicher Gegebenheiten wie Kultur, Vaterland, Ethik, Rasse usw. Die Dialektische Theologie wandte sich gegen alle Versuche, den Glauben vom Menschen her zu definieren. So war die dialektische Theologie Wort-Gottes-Theologie. Da die Offenbarung Gottes für den Menschen nicht nur unverfügbar, sondern auch unfassbar sei, gebe es den unvereinbaren Gegensatz von Gott und Mensch. Karl Barth wollte von Gott reden, der alles Menschliche in Frage stellt, zerstört und zugleich Neues aufbaut.[85] Das Denken des Gegensätzlichen schien ihm die einzige Möglichkeit, von Gott zu sprechen.[86] Von dieser Dialektik her, nicht von der philosophischen im Sinne Hegels, erhielt die Theologie ihren Namen. Als, zumindest zeitweise, Vertreter der Dialektischen Theologie konnten in Frankfurt ermittelt werden: Otto Fricke, Karl Christian Hofmann, Walter Kreck, Erica Küppers, Otto Müller, Karl Gerhard Steck, Martin Vömel und wohl auch Wilhelm Fresenius. Reinhard Huth war nach eigener Aussage als Student von der Dialektischen Theologie geprägt.

Die religiösen Sozialisten

In den Chroniken des Frankfurter Kirchenkalenders tauchten 1930 erstmals die Religiösen Soziallisten auf.[87] Im Januar 1929 hatte es Kirchenvorstandswahlen gegeben, an der sich eine Gruppe der „Religiös-Sozialen" beteiligt hatte. Die Wahl war eine Listenwahl. So setzten mehrere Kirchenvorstände Vertreter dieser Gruppe auf ihre Liste. In der St. Paulsgemeinde trat die Gruppe mit einer eigenen Liste an. Ansonsten haben sie in der Frankfurter Kirche kaum Spuren hinterlassen. Dagegen bildeten Wissenschaftler der Frankfurter Universität um Paul Tillich ein sehr aktives Zentrum religiös-sozialen Denkens.[88] Bei den religiösen Sozialisten handelte es sich um Christen, die für eine sozialistische Gesellschaftsordnung eintraten. Sie organisierten sich 1926 im „Bund der religiösen Sozialisten". Paul Tillich definierte den religiösen Sozialismus 1919 so: *„Religiöser Sozialismus ist der Versuch, den Sozialismus religiös zu verstehen und aus diesem Verständnis heraus zu gestalten und zugleich das religiöse Prinzip auf die soziale Wirklichkeit zu beziehen und in ihr zur Gestalt zu bringen."*[89] Um Paul Tillich herum gab es an der Frankfurter Universität einen Kreis von Wissenschaftlern, die sich gemeinsam mit dieser Thematik beschäftigten.[90]

„… wenn man sich vergegenwärtigt, daß Tillich seit 1919 in enger Verbindung zum religiösen Sozialismus stand. Schon damals bildete sich ein kleiner Kreis, der sich mit der Bedeutung von Karl Marx und einer künftigen Gestalt des Sozialismus auseinandersetzte und seine Gedanken in den ‚Blättern für religiösen Sozialismus' (1920–1927) veröffentlichte. Er umfaßte neben Tillich und den bereits genannten Wissenschaftlern Mennike[91] und Löwe[92] den Ökonom Eduard Heimann und den Soziologen Alexander Rüstow. Auch von Beginn seiner Jahre in Frankfurt an traf sich Tillich mit anderen religiösen Sozialisten und hielt Vorträge und Rundfunkansprachen. Zu Pfingsten 1928 traf sich in Heppenheim eine Gruppe, die über eine neue Gruppe des Sozialismus diskutierte, der auf den Schultern von Karl Marx stehen müsse. Die Proto-

kolle wurden unter dem Titel ‚Sozialismus aus dem Glauben' 1929 veröffentlicht und enthalten Stellungnahmen auch anderer Frankfurter Wissenschaftler wie Hendrik de Man, Martin Buber und Hugo Sinzheim. (richtig Sinzheimer d. Verf.) ... Engagierter war er beteiligt an der Neugründung und Mitarbeit der nun so genannten ‚Neue Blätter für den Sozialismus' (1930–1933) unter der Leitung von August Rathmann; das erste Heft wurde eröffnet von einem von Tillich verfaßten Grundsatzartikel ‚Sozialismus'.[93] Von dem Denken der Gruppe zeugt folgende Protokollnotiz von der Heppenheimer Tagung: „Die Unterzeichneten verfolgen mit Sorge die Schwächung des Vertrauens in die Lebenskraft des sozialistischen Gedankens unserer Zeit. Der Sozialismus wird oft nur als eine fundamentale Änderung des Wirtschaftssystems angesehen, nicht aber auch zugleich als eine Erneuerung des Menschen, die sein geistiges, ethisches und seelisches Sein erfassen soll ... obwohl er vor allen Dingen einen sozialistischen Willen und eine Gerechtigkeitsforderung an die Gesellschaft in sich schließt. Es müssen daher von neuem die inneren Kräfte des Menschen genährt werden, auf denen der Glaube an die sozialistische Erneuerung beruht."[94]*

3.4.4 Kirchenmusik

Neue Initiativen
Bis 1920 waren in den meisten Gemeinden Vorsänger üblich, die mit Knabenchören den Gemeindegesang unterstützten. Nun gab es in den meisten Gemeinden Kirchenchöre, die in einem Verband zusammen geschlossen waren.

1926 setzte die lutherische Stadtsynode einen „*Ausschuß Für Kirchenmusik*" ein, der das kirchenmusikalische Leben der Gemeinden fördern sollte. Auch stellte sie jährlich Mittel für Kirchenmusik bereit. 1929 schuf die Landeskirchenversammlung die „*Zentralstelle für Kirchenmusik*", die ein planmäßiges Zusammenwirken der Gemeinden herbeiführen und die Kirchenmusiker in ihrer Arbeit unterstützen sollte.[95] Letzterem dienten eine Bücherei und eine Leihstelle. So entwickelten sich nun gesamtstädtische Aktivitäten, u. a.:

- Die „Frankfurter Motette" samstags nachmittags von 18.00 – 18.45 Uhr in der St. Peterskirche.
- Das „Choralsingen" sechsmal im Jahr, bei dem je drei Gemeinden zusammen ein Chorkonzert gaben.
- Die „Choralvesper" dreimal im Jahr als liturgisch-musikalischer Abendgottesdienst.
- Vorträge und Vorführungen der Zentralstelle für Kirchenmusik.
- Veranstaltung von Singwochen und Ausbildungskursen für Jugendliche.

Wegweisend war auch, dass am Hoch'schen Konservatorium ein „*Kirchenmusikalisches Institut*" zur Ausbildung und Vorbereitung der Organisten auf die Staatsprüfung entstand. Hieraus entwickelte sich später die Abteilung Kirchenmusik der Frankfurter Musikhochschule.

Die Frankfurter Kirche war auch im Kulturbeirat des Frankfurter Rundfunksenders vertreten und gestalte die „*Rundfunkmorgenfeiern*". Rundfunk- und Schallplattenübertragungen wurden mit einer eigenen Musikübertragungsanlage möglich.[96]

Unter den Kirchenmusikern sind besonders zu erwähnen der noch junge, später berühmte, Helmut Walcha in der Friedensgemeinde und dessen Nachfolger dort, Philipp Reich, der spätere Leiter des Amtes für Kirchenmusik der EKHN.

Das neue Gesangbuch
Am 25. September 1927 wurde das „Frankfurter Evangelische Gesangbuch"[97] in Gebrauch genommen, mit dem das Gesangbuch von 1886/1907 abgelöst wurde. Es war das erste Reformgesangbuch in Deutschland und baute auf dem 1915, zunächst für die Auslandsgemeinden geschaffenen, *„Deutschen Evangelischen Gesangbuch"* auf. Allerdings galten in den nicht zur Frankfurter Kirche gehörenden Frankfurter Stadtteilen und im Umland die alten Gesangbücher von Kurhessen, Hessen und Nassau weiter. *„Wer aber von unserm Frankfurter Gesangbuch her den wundervollen Reichtum unserer wiederentdeckten Kirchenlieder kannte, der empfand, wie erneuerungsbedürftig diese längst überalterten Nachbargesangbücher waren."*[98] Beispiele für damals neue entdeckte Lieder waren: *„Wach auf, wach auf, du deutsches Land"* von Johann Walter, *„Du meine Seele singe"* von Paul Gerhardt oder die Melodie von *„Lobt Gott den Herrn, ihr Heiden all"*.

„Wir haben eingesehen, daß es ein Irrtum ist, zu meinen, dem kirchlichen Singen werde dadurch gedient, daß man möglichst viele Texte auf möglichst wenig bekannte Melodien singen könne. Das Gegenteil ist der Fall. Die Einehe zwischen Lied und Weise ist das Richtige. Das Lied wird von seiner Melodie getragen. Beim Hören der Melodie muß man schon wissen, was dieser Klang bedeutet ..."[99] Auch jetzt fand man Liederdichter aus Frankfurt: Philipp Jakob Spener; Johann Jakob Schütz; Susanna Katharina von Klettenberg; Johann Friedrich von Meyer; Friedrich Kayser; Emil Moritz von Bernus.

Seit 1931 gab es dann einen Gesamthessischen Gesangbuchausschuss, der den Versuch unternahm, ein gemeinsames Gesangbuch zu schaffen, aber scheiterte.

3.4.5 EVANGELISCHE KIRCHE UND FRANKFURTER UNIVERSITÄT

Nach dem 1. Weltkrieg sahen es die beiden christlichen Kirchen und die Israelitische Gemeinde als dringlich an, dass die Frankfurter Universität die Ausbildungssituation für angehende Lehrer im Fach Theologie verbessert.[100] So wandte sich der katholische Bischof von Limburg am 22. November 1920 an den Preußischen Minister für Wissenschaft, Kunst und Volksbildung. Die evangelische Bezirkssynode beauftragte ihren Vorstand am 20. März 1921, sich in dieser Sache an das Kuratorium der Universität zu wenden. Und der Vorstand der Israelitischen Gemeinde sprach am 24. Mai 1921 ebenfalls das Kuratorium der Universität an. Für die evangelische Seite finanzierte die Bezirkssynode dann einige Lehraufträge, mit denen die Honorarprofessur Erich Foersters ergänzt werden sollte. Es handelte sich um Lehraufträge für Neues Testament, Systematische Theologie, Religionspädagogik, Kirchengeschichte und Konfessionskunde.

Durch diese Lehraufträge war die Frankfurter Pfarrerschaft enger mit der Frankfurter Universität verbunden, weil einige von Gemeindepfarrern wahrgenommen wurden. So lehrten[101] Neues Testament: Wilhelm Bornemann 1922–1931, Wilhelm Lueken 1931–1938; Kirchen- und Religionsgeschichte: Erich Foerster 1914–1935, Alfred Adam 1934–1938; Systematische Theologie: Hermann Greiner 1923–1928, Karl Schwarzlose 1922–1929, Gerhard Lütgert 1928–1938.

1938 wurde die Lehraufträge vom nationalsozialistischen Staat nicht mehr verlängert.

Das 1929 gegründete Studentenpfarramt, das von Pfarrer Otto Fricke nebenamtlich wahrgenommen wurde, befand sich in der Aufbauphase.[102] Es konnte aber von gut besuchten Vortragsabenden berichten, u. a. mit Vorträgen von Generalsuperintendent Otto Dibelius und Prof. Karl Barth. Der Verein zur Begründung eines evangelischen Studentinnenheims konnte zum Wintersemester 1929/30 in dem angemieteten Haus Reuterweg 83 das Wohnheim „*Marianne-Gelzer-Haus*" beziehen.[103] Der Verein war auf Anregung des Deutsch-evangelischen Frauenbundes Ortsgruppe Frankfurt gegründet worden. In seinem Verwaltungsrat saßen der Präsident der Frankfurter Landeskirche, der Rektor der Universität und der Direktor der Pädagogischen Akademie. Ein größeres Projekt hatte sich aus finanziellen Gründen nicht verwirklichen lassen. Nun gab es wenigstens eine Unterkunft für zwölf Studentinnen.

3.4.6 Evangelische Schulen

Der alte Konflikt über den Religionsunterricht in den Schulen schlug noch einmal durch, als am 18. Juni 1922 Wahlen zu den Elternbeiräten durchgeführt wurden. Diese wurden von der Evangelischen Volksvereinigung mit großem Aufwand vorbereitet. So trat eine „*Unpolitisch-christliche Liste*" gegen die „*Vereinigten Sozialisten*" an. An 88 Volks- und Mittelschulen errangen die Sozialisten elfmal die absolute Mehrheit, an zwei Schulen gab es ein Patt und an 75 Schulen errang die christliche Liste die Mehrheit. Die Initiatoren der Kampagne interpretierten das als Bekenntnis der Mehrheit der Frankfurter Bevölkerung zur christlichen Schule.[104]

Im Jahr 1925 hatten folgende Schulen evangelischen Charakter:
Allerheiligenschule, Bethmannschule, Dreikönigsschule, Evang. Schule Berkersheim, Evang. Schule Bonames, Evang. Schule Eschersheim, Evang. Schule Ginnheim, Evang. Schule Hausen, Evang. Schule Niederursel, Evang. Schule Praunheim, Gerbermühlschule, Gruneliusschule, Hellerhofschule, Katharinenschule, Kirchnerschule, Kleistschule, Kuhwaldschule, Salzmannschule, Theobald Zieglerschule, Weißfrauenschule, Zentgrafenschule.[105] 1938 wurden dann die Konfessionsschulen vom NS-Staat aufgehoben.

3.5 Aus dem gemeindlichen Leben

3.5.1 Die Aufnahme des Kirchenkreises Bockenheim in die Frankfurter Kirche

Seit Ende des 19. Jahrhunderts hatte sich die Stadt Frankfurt sehr dynamisch entwickelt und dabei Städte und Dörfer eingemeindet. So fanden sich auf einmal auf Frankfurter Stadtgebiet Kirchengemeinden, die den Kirchen von Frankfurt, Hessen-Kassel und Nassau angehörten. Besonders dringlich erschien das Problem bezüglich der Kasseler Kirche. Gehörte zu ihr doch der Kirchenkreis Bockenheim mit den Kirchengemeinden in Bockenheim, Praunheim, Ginnheim, Eschersheim, Eckenheim, Preungesheim, Berkersheim und Seckbach sowie Fechenheim.

Der Bockenheimer Pfarrer Heinrich Kahl beschrieb die Situation eindringlich:[106]

„Der Kirchenkreis Bockenheim, dieses große Sondergebilde innerhalb der Stadt und gegenüber der Landeskirche Frankfurt/M. führt infolge seiner Zugehörigkeit zur Landeskirche

Abb. 47 Heinrich Kahl

in Hessen-Kassel ein kirchliches Sonderdasein und ist doch wieder vielfältig mit der Frankfurter Landeskirche verbunden infolge gemeinsamer Belange und der nicht aufzuhaltenden Bewegung zugunsten der in Bälde erwarteten Vereinigung. Von diesem Sonderdasein redet der Kreiskirchentag, reden die abwechselnd gefeierten Feste des Gustav-Adolf-Vereins, der äußeren und der inneren Mission, redet der Bote für den Kirchenkreis Bockenheim, redet endlich die kirchliche Not in der Mehrzahl der Kirchengemeinden, der abzuhelfen weder die eigene Kraft, noch die Hilfe der eigenen Landeskirche ausreicht. Hingegen läßt uns der Ev. Volksdienst an allen seinen Einrichtungen teilnehmen, übernimmt eine Menge Arbeit für uns und ist uns geradezu unentbehrlich geworden - und das alles ganz freiwillig ohne eine Gegenleistung von unserer Seite. Unsere Wartburg- und Jungmädchenvereine sind mit den Frankfurter Verbänden zusammengeschlossen, der Ev. Bund in Frankfurt hat seine Mitglieder auch in den Gemeinden des Kirchenkreises und die deutsch-evangelische Volksvereinigung zählt ihre Bezirksgruppen auch überall bei uns. In allen unseren Gemeinden ist das neue Frankfurter Gesangbuch eingeführt worden, die Pfarrer sind Mitglieder des Frankfurter Pfarrervereins, die evangelischen Volkstage haben wir mitgefeiert. Niemand darf sich deshalb wundern, daß es für den Kirchenkreis nur eine Losung gibt: Völliger Anschluß an die Landeskirche Frankfurt/M.!"

Deshalb trat im Jahre 1928 die Evangelische Landeskirche in Hessen-Kassel der Evangelischen Landeskirche Frankfurt am Main die genannten Gemeinden mit Wirkung vom 1. April 1929 ab.[107] Sie erhielt dafür 300.000 RM als Entschädigung für entgehende Kirchensteuern. Rechtsgrundlage war der „Kirchenvertrag über die Abtretung des Kirchenkreises Bockenheim" vom 20./22. Februar 1928 mit dem Nachtrag vom 5./14. Dezember 1928.[108] Wichtig war, dass in § 3 des Vertrages der unierte Bekenntnisstand gewährleistet und der Gebrauch der Agende erhalten blieb. Die Frankfurter Kirche vergrößerte sich so nicht nur deutlich, sondern umfasste hiermit erstmals neben lutherischen und reformierten Gemeinden auch unierte Gemeinden. Die Übernahme des Kirchenkreises Bockenheim und Fechenheims wurde am 1. April 1929 mit einem Festakt in der Markuskirche gefeiert.[109] Der Frankfurter Kirchenkalender 1930 berichtete ausführlich. Dort hieß es auch: „War der Sinn der Eingemeindung hauptsächlich auch die Ermöglichung einer besseren kirchlichen Fürsorge für die Außengebiete der Stadt gewesen, so darf wohl gesagt werden, daß damit sofort tatkräftig begonnen wurde. Im Kuhwaldge-

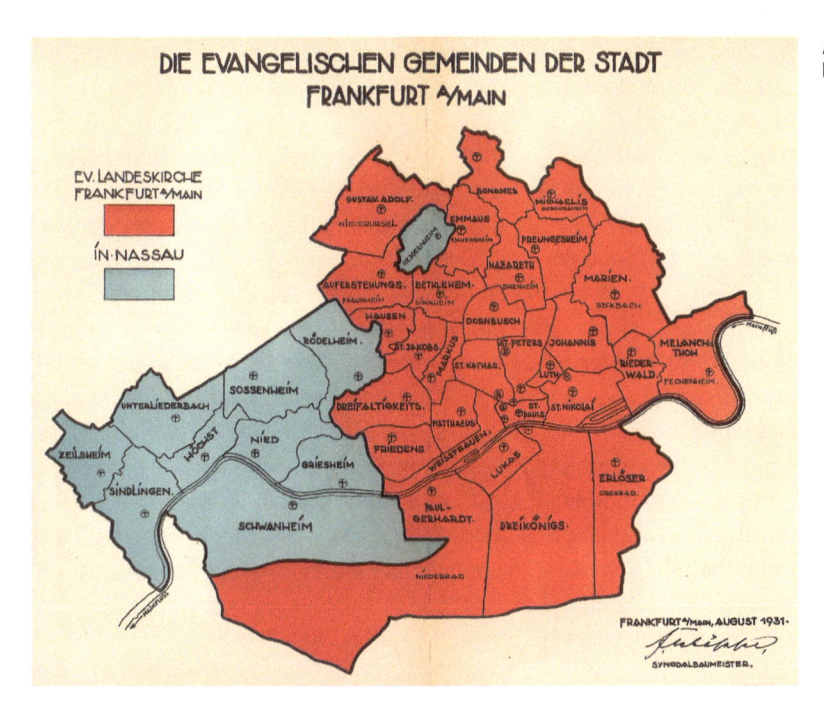

Abb. 48 Frankfurter Kirchenkarte von 1931

biet wurde eine neue evangelisch-lutherische, am Dornbusch eine neue evangelisch-unierte Gemeinde begründet, beide mit der Zuteilung von Nachbargebieten; die unierte Bockenheimer Gemeinde wurde in eine St. Jakobsgemeinde und in eine Markusgemeinde geteilt."[110]

Die unierten Gemeinden, die neu nach Frankfurt gekommen waren, fanden sofort Aufnahme in den Gemeindeverband der lutherischen Gemeinden, der sich nun „Gemeindeverband der evangelisch-lutherischen und evangelisch-unierten Kirchengemeinden" nannte.[111]

Heinrich Tenter kommentierte die Aufnahme des Kirchenkreises Bockenheim so: „Die Gegenwarts- und Zukunftsaufgaben der neu einverleibten Gemeinden in ihrer ganzen Schwierigkeit an einigen Hauptbeispielen aufzuzeigen, ist der Hauptzweck dieser Zeilen. Ob es gelingt, sie zu lösen und insbesondere die beiden grundverschiedenen Bevölkerungsschichten in den dörflichen Vororten zu lebendigen Gemeinden zu verschmelzen, das hängt neben der treuen Arbeit der kirchlichen Organe in den Einzelgemeinden vor allen Dingen auch von dem guten Willen der neuen Ansiedler ab. Die größte Gefahr für die Gemeindebildung liegt in dem Hang zum religiösen Individualismus, der dem Frankfurter, vor allem dem gebildeten, so tief im Blute liegt. Es ist ein unnatürlicher Zustand und zeugt von Mangel an gesamtkirchlichem Bewußtsein, wenn ein evangelischer Christ sich nicht zu der Gemeinde hält, in deren Bezirk er wohnt, vielleicht weil ihm das dörfliche Kirchlein zu anspruchslos oder dies und jenes an den kirchlichen Einrichtungen oder Personen unsympathisch erscheint. Wer kirchliches Verantwortungsbewußtsein hat, wird gerade dann, wenn er allerlei auszusetzen findet, sich verpflichtet fühlen, seinerseits mitzuarbeiten, damit es anders und besser werde."[112]

Trotz dieses Zuerwerbs blieb die Frankfurter Kirche eine kleine Kirche. So verhandelte sie ab 1929 mit den evangelischen Kirchen in Hessen, Nassau und Hessen-Kassel über die Gründung einer südwest-deutschen Kirche.[113]

3.5.2 Die Folgen anderer territorialer Veränderungen

Auch andere territoriale Veränderungen im Stadtgebiet hatten ihre Auswirkungen auf die Frankfurter Kirchengemeinden. Dies zeigte sich zunächst daran, dass Vorortgemeinden nun wie die Stadtgemeinden Namen erhielten: in Oberrad die Evangelisch-lutherische Erlösergemeinde (1919), in Niederrad die Evangelisch-lutherische Paul-Gerhardt-Gemeinde (1926) und in Niederursel die Evangelisch-lutherische Gustav-Adolf-Gemeinde (1927). Außerdem gab es Gemeindeneugründungen: 1923 die Riederwaldgemeinde, 1929 die Evangelisch-lutherische Dreifaltigkeitsgemeinde, 1930 die Evangelisch-unierte Dornbuschgemeinde. Ein erster kleiner Schritt im Hinblick auf ein kirchlich einheitliches Frankfurt war der Beschluss der lutherischen Stadtsynode vom März 1921, die fünf Vorortgemeinden von Oberrad, Niederrad, Bonames, Hausen und Niederursel in den lutherischen Stadtsynodalverband aufzunehmen.[114]

3.5.3 Kirche und Gemeinde in der Altstadt

Die St. Paulsgemeinde umfasste das eigentliche Stadtzentrum, die Altstadt. Ihre Kirche war die renommierteste evangelische Kirche in Frankfurt. Ihre Pfarrer waren stadtbekannt. Am 9. Juni 1933 feierte sie das 100jährige Bestehen ihrer Kirche. Der Blick auf dieses Jubiläum kann deshalb einiges von der Situation der Frankfurter Kirche im Stadtzentrum, aber auch vom konservativen Denken in der Frankfurter Kirche zeigen.

In der Festschrift beschrieb Pfarrer Georg Struckmeier die Gemeindesituation[115]: „"... das sind die Gebiete mit den engen, dunklen Gäßchen. Hier befinden sich die Häuser, deren Dächer so zueinanderragen, daß kaum ein Sonnenstrahl hineindringt. Hier sind die Wohnungen, die der Ortsunkundige nur mit der Taschenlampe und unter Lebensgefahr über steile, ausgetretene Treppen ohne Geländer am Seil entlang erreicht. Hier kommt man in Räume, die zu Unrecht den Namen Wohnung tragen, weil sie nicht einmal den ursprünglichen Anforderungen an Gesundheitspflege Rechnung tragen."*[116]

„Die Zustände, die schon früher die Altstadt in Verruf gebracht haben, konnten sich in der Nachkriegszeit in einer Weise und zu einer Stufe abwärts entwickeln, wie sie kaum eine andere Stadt aufzuweisen hat. Unter einem Staatssystem, das diesen Dingen nie ernstlich zu Leibe zu gehen wagte, unter einer Gesetzgebung, die wenn nicht gewollt, so doch tatsächlich einen Freibrief darstellte für das Überwuchern des Dirnenwesens und die den staatlichen Organen die Hände band, hatten sich in den letzten Jahren Zustände herausgebildet die eines geordneten und verantwortungsbewußten Gemeinwesens unwürdiger nicht gedacht werden können. Dagegen halfen alle Vorstellungen und Einsprüche der Paulskirchenpfarrer nichts. Es kann kaum geschildert werden, welch ein seelischer – und auch nicht selten körperlicher – Schaden durch diese Verhältnisse, insbesondere am heranwachsenden Geschlechte, angerichtet worden ist. Mit Dank sei ausgesprochen, daß auch hier wie auf anderen Gebieten der nationale Staat mit rücksichtsloser Hand zugegriffen hat."[117]

Den Ideen Emil Sulzes entsprechend, habe die Gemeinde seit Ende vergangenen Jahrhunderts den Aufbau des Gemeindelebens versucht und insbesondere eine Vielzahl von freiwilligen Helfern einsetzen können. Denn die Gemeindesituation bedinge, dass Gemeindearbeit missionarischen Charakter habe. Durch Einzelseelsorge geistlicher und freiwilliger nichtgeistlicher Mitarbeiter werde dem entsprochen. Allerdings sei dies schwierig, weil den Altstadtbewohnern weithin die kirchliche Bindung fehle. *„Die Ursachen für diese Erscheinung liegen auf verschiedenen Gebieten. Eine der wichtigsten ist der Einfluß der die Kirche ablehnenden politischen Parteien, im besonderen der Kommunismus. Dieser Einfluß ist gar nicht zu überschätzen. Der Kommunismus mit seiner die christliche Ehe- und Familienauffassung zerstörenden Tendenz findet in den breiten Schichten der Altstadtbevölkerung, die unter schwerstem wirtschaftlichen Druck stehen, nur zu fruchtbaren Boden. Die Erwerbslosigkeit unzähliger Männer ist die Ursache für die Zerrüttung des Familienlebens und für die Zügellosigkeit unter der reiferen Jugend."*

Bemerkenswert waren auch Struckmeiers Ausführungen zur Paulskirche:[118] *„Die Paulskirche hat als Nachfolgerin der alten Barfüßerkirche von jeher eine besondere Bedeutung für das kirchliche Leben, im weiteren Sinne geistigen Leben Frankfurts gehabt. ... Alljährlich begeht das evangelische Frankfurt hier seine gemeinsame Reformationsfeier. Die Jahresfeste der größeren übergemeindlichen Verbände, der Inneren Mission, der evangelischen Jugend haben in der Paulskirche ihre gottesdienstliche Stätte. Als vor einigen Jahren der Plan auftauchte, die Paulskirche im Hinblick auf die erste deutsche Nationalversammlung der Jahre 1848/1849 zu einer nationalen Ehrenhalle etwa im Sinne*

Abb. 49 Georg Struckmeier

eines Pantheons umzugestalten und so ihrer kirchlichen Bestimmung zu entziehen, hat der Kirchenvorstand sich mit Entschiedenheit dagegen gewendet, und er fand die Unterstützung der übergeordneten kirchlichen Instanzen bei der Abwehr dieser Absichten. Auch das Angebot des Baues einer anderen Kirche für die Paulsgemeinde mußte abgelehnt werden, da die evangelische Bevölkerung Frankfurts die Hergabe der Paulskirche nicht verstanden haben würde.

Über ihre kirchliche Bedeutung im engeren Sinne hinaus ist in den letzten Jahrzehnten die Paulskirche zu einem Mittelpunkt in der Pflege des christlich-nationalen Gedankens geworden. In erster Linie sind dabei die großen Gefallenen-Gedächtnisfeiern der nationalen Verbände, des Bundes für Kriegsgräber-Fürsorge und des Kriegerdankbundes zu nennen. Diese Feiern sind aus dem nationalen Leben unserer Stadt nicht mehr wegzudenken. Die Paulskirche ist geradezu zu einem Symbol der Einheit deutschen und evangelischen Denkens und Wollens geworden. Diese Tatsache hat sie in den hinter uns liegenden Jahren des Niederganges, ja der Verfemung des nationalen Empfindens häu-

fig zum Gegenstand der öffentlichen Diskussion und gelegentlicher heftiger Angriffe gemacht. Die Versuche haben nicht gefehlt, den ‚Geist der Paulskirche' umzubiegen und aus ihr ein Wahrzeichen dessen zu machen, was man neudeutsches Denken genannt hat. ...

Zu den Versuchen, die Paulskirche der demokratisch-republikanisch-pazifistischen Idee dienstbar zu machen, müssen die jahrelang von den Behörden in der Kirche veranstalteten Verfassungsfeiern gerechnet werden ... In dieselbe Linie gehört letzten Endes auch die von der Stadt in der Kirche begangene Goethefeier des Jahres 1932, bei der u. a. Gerhart Hauptmann durchaus im neudeutschen Sinne sprach. Der sichtbarste und eindrucksvollste Versuch nach dieser Richtung war die Anbringung des Ebert-Gedächtnis-Males an der Außenwand der Kirche, die ohne Wissen, ohne vorherige Verständigung mit dem Kirchenvorstand seitens der städtischen Behörden erfolgte. Sachlich konnte (dagegen) geltend gemacht werden, daß die Auffassung, die Republik von Weimar sei eine Etappe in der Erfüllung der Gedanken des Paulskirchenparlaments von 1848/49, nicht haltbar ist."[119]

Diesen letzten Gedanken griff auch Pfarrer Karl Veidt in seiner Festansprache am 10. Juni 1933 auf.[120]

„Wir beide, mein Kollege Struckmeier und ich, haben uns bei allen möglichen Gelegenheiten, auch in der Festschrift, mit voller Entschlossenheit gegen jene bekannte, seit 1918 mit großer Emsigkeit betriebene Geschichtsfälschung gewandt, als ob das Paulskirchen-Parlament in der Hauptsache eine demokratische Angelegenheit gewesen sei, und als ob das, was man als den „Geist der Paulskirche" bezeichnet, in der Weimarer Verfassung seine Vollendung und Erfüllung gefunden habe. Wer sich einmal die Mühe genommen hat, die stenographischen Verhandlungsberichte von 1848 und 1849 wirklich zu lesen, der weiß, daß diese Darstellung eine große Vergewaltigung der Wahrheit bedeutet. Was die Versammlung von 1848/49 in der übergroßen Mehrheit erstrebte, war etwas ganz anderes als das, was die Novembermänner von 1918 wollten. Nicht die demagogischen Wortführer, die der Tribüne und der Straße nach dem Munde redeten, sondern glühende Patrioten und hochbegabte Staatsmänner, wie Ernst Moritz Arndt, Heinrich von Gagern, Dahlmann, Jordan, Beseler, Radowitz, von Vincke, um nur einige Namen aus der Fülle der glanzvollen Namen jener Zeit herauszugreifen, haben den Geist der Paulskirche bestimmt.

Wir lernen an ihnen, daß Überzeugungen charaktervoller, wurzelechter Persönlichkeiten auf die Dauer stärker und wertvoller sind als aufschäumende Stimmungen berauschter Massen. Was sie wollten, ist nicht durch die Urheber der Revolution von 1918, sondern durch Kaiser Wilhelm I. und Bismarck verwirklicht worden, und wir alle haben den heißen Wunsch, daß das Werk, das Reichspräsident von Hindenburg und Reichskanzler Adolf Hitler begonnen haben, zu einer wirklichen und dauernden neuen Auferstehung dessen, was die edelsten Geister des Paulskirchenparlaments säten, führen möge!"[121]

Diese Ansprache zeugt von Veidts konservativ-nationaler Haltung. Es verwundert aber auch, dass er in dieser besonderen Ansprache nicht in der Lage war, die Männer der Paulskirchenversammlung mit denen der Weimarer Nationalversammlung zu vergleichen. Stattdessen bemühte er das Schreckensbild der Revolutionäre von 1918.

3.5.4 Die Deutsche evangelisch-reformierte Gemeinde

Die Gemeindeordnung der Gemeinde unterschied sich deutlich von der Gemeindeordnung der lutherischen Gemeinden, wie sie in der Verfassung niedergelegt war. Im Rahmen der allgemeinen Regelungen galt für diese Gemeinde das Folgende.

Ihre Bekenntnisgrundlage war Valerand Poullains Bekenntnis von 1554 (§ 1 Abs. 2 GO). Sie bestand nicht auf einem räumlich abgegrenzten Teil des Stadtgebietes. Vielmehr handelte es sich um eine Personalgemeinde. Die Zugehörigkeit bestimmte sich durch Beitritt oder Konfirmation. Allerdings mussten die Gemeindeglieder in Frankfurt ihren Wohnsitz haben (§ 3 GO).

„*Behörden und Ämter der Gemeinde*" waren das Stehende Presbyterium, das Große Presbyterium und die Gemeindeversammlung (§ 8 GO). Das Stehende Presbyterium war der Vorstand der Gemeinde (§ 9 GO) und bestand aus den Pfarrern, sechs Ältesten und sechs Diakonen (Armenpflegern, § 10 GO). Die Ältesten verwalteten das allgemeine Gemeindevermögen (§§ 14, 15 GO), die Diakone das Diakonievermögen (§§ 16, 17 GO).

Das Große Presbyterium bestand aus den Mitgliedern des Stehenden Presbyteriums, den früheren Mitgliedern des Stehenden Presbyteriums und sechzehn weiteren Gemeindegliedern (§ 18 GO). Es hatte die Aufsicht über das Stehende Presbyterium und entschied u. a. über den Haushaltsplan, Pfarrergehälter und An- und Verkäufe von Grundstücken (§ 19 GO).

Die Gemeindeversammlung entschied vor allem über die Wahl der Pfarrer (§ 24 GO).

3.5.5 Die Personalkirchengemeinde Nordost

Am 20. Juni 1930 konnte die Landeskirchenversammlung einen bemerkenswerten Beschluss fassen.[122] Im Jahr 1887 hatte ja in dem kirchlich unzureichend versorgten Nordosten der Stadt Karl de Neufville einen freien Verein im Geiste der Gemeinschaftsbewegung gegründet. Der Verein wurde mit ansprechenden Gebäuden ausgestattet und wuchs schnell zu einer Personalgemeinde, die aber nicht der Landeskirche angehörte. Dies führte zu Konflikten, wenn der Vereinsgeistliche Amtshandlungen vornehmen sollte. In schwierigen Verhandlungen wurde nun die „*Personalkirchengemeinde Nordost Frankfurt am Main auf dem Boden der deutschen Gemeinschaftsbewegung*" gegründet, die weitgehend personenidentisch mit dem weiter bestehenden Verein war. Diese Gemeinde wurde in die Landeskirche aufgenommen. Als Personalgemeinde erhielt sie einen ähnlichen Status wie die beiden reformierten Gemeinden. Dem lutherisch-unierten Stadtsynodalverband gehörte sie nicht an. Bemerkenswert war der Vorgang, weil sich hier eine freie Initiative, die einst bewusst außerhalb der verfassten Kirche entstanden war, der offiziellen Kirche annäherte und weil diese Kirche sich hierfür öffnete.

3.5.6 Gottesdienste

Für Gottesdienste und Amtshandlungen galt das Kirchenbuch von 1909[123] weiter. Allerdings gab es gewisse Komplikationen, als 1929 die unierten kurhessischen Gemeinden hinzukamen. Im Abtretungsvertrag wurde ihnen zugesichert, dass die „*Agende für die evangelisch-unierte Kirchengemeinschaft im Konsistorialbezirk Kassel*", beschlossen von der Gesamtsynode am 14. Juni 1895 und vom

Landesherrn genehmigt am 4. Januar 1897, weiter gilt.

Generell fanden in allen Gemeinden außer den Vormittagsgottesdiensten an Sonn- und Feiertagen Nachmittagsgottesdienste statt. Dazu sollte ein Wochengottesdienst (Betstunde) kommen. Alle Gemeinden hielten auch Kindergottesdienste.
Besondere Gottesdienste gab es am Volkstrauertag, am Verfassungstag in einer zentralen Kirche, zum Erntedankfest, am Buß- und Bettag, am Totensonntag und zum Jahresschluss. Hinzu kamen Rundfunk-, Stadion- und Waldgottesdienste sowie Taubstummengottesdienste. Kirchweihfeste wurden in einzelnen Gemeinden begangen.[124] Zum Reformationsfest vom Minister für Wissenschaft, Kunst und Volksbildung angeordnete Schülergottesdienste wurden, wie überhaupt Reformationsgottesdienste, von der Frankfurter Kirche abgelehnt.

Allerdings gab es auch damals alternative Gottesdienste. So hielt z. B. Pfarrer Willy Veit am 19. Juni 1927 in der St. Katharinenkirche eine *„Sommer-Weihefeier"* ab. Sie begann mit dem Lied der Gemeinde *„Geh aus mein Herz und suche Freud"*. Es folgten Eingangsspruch und Gebet des Pfarrers. Dann zogen Knaben mit Maien ein, der Pfarrer las Ps. 118, 24 – 27, die Knaben sangen *„Lobt froh den Herrn"*. Danach wurde der Altar mit Maien geschmückt, wozu der Chor *„Schmückt das Fest mit Maien"* sang. Anschließend zogen Mädchen mit Lilien ein, der Pfarrer las Matthäus 6, 25 – 30 und die Mädchen sangen *„Sehet die Lilien auf dem Feld"*. Ein Mädchen trug ein Lilien-Gedicht vor. Zur Musik von Cello und Orgel wurde der Altar mit Lilien geschmückt. Dann zogen die Konfirmierten mit Rosen ein und sangen *„Rote Rosen am Hügel"*. Der Pfarrer las Jes. 11, 1 – 9, der Altar wurde mit Rosen geschmückt und eine Stimme sang *„Es ist ein Ros entsprungen"*. Schließlich kamen Kerzenträger zu dem Gesang *„Es ist ein Schnitter, der heißt Tod"* zu einer stillen Feier am Grabmal der Gefallenen. Der Pfarrer las Jes. 40, 6 – 11 und der Chor sang *„Der Herr ist mein Hirt"*. Nach der Anbetung las der Pfarrer Ps. 104, 10 – 17, eine Stimme rezitierte *„Ach, denk ich bist du hier so schön"*. Es folgten das Halleluja, die Lesung von Joh. 7, 9 – 12 und das Gemeindelied *„Schönster Herr Jesu"*. Nach einem weiteren Musikstück von Cello und Orgel hielt der Pfarrer eine Ansprache zum Thema *„Was bedeutet für uns Christen die Schönheit der Natur?"* *„Hilf und segne meinen Geist"*, gesungen durch die Gemeinde, das Vaterunser, der Segen und wieder die Gemeinde mit *„Erwähle mich zum Paradies"* schlossen die Feier ab.[125]

3.6. Die vormals kurhessischen Gemeinden

3.6.1 Zur Geschichte des Kirchenkreises Bockenheim

Die *„Herren von Hanau"*, so seit 1191 nach der Burg Hanau an der Mündung der Kinzig in den Main genannt, erwarben nach und nach ein größeres Territorium, zu dem auch das Amt Bornheimerberg gehörte, ab 1320 als Pfand und ab 1434 endgültig. Dieses umfasste ursprünglich in einem Halbkreis westlich, nördlich und östlich um Frankfurt herum gelegene Ortschaften: Bergen, Berkersheim, Bischofsheim, Bockenheim, Bornheim, Eckenheim, Enkheim, Eschersheim, Fechenheim, Ginnheim, Griesheim, Gronau, Hausen, Massenheim, Nied, Oberrad, Praunheim, Preungesheim, Seckbach und Vilbel. Das schloss jedoch nicht aus, dass andere Herrschaften Rechte in diesen Orten hatten. 1458

Abb. 50 Das Amt Bornheimerberg

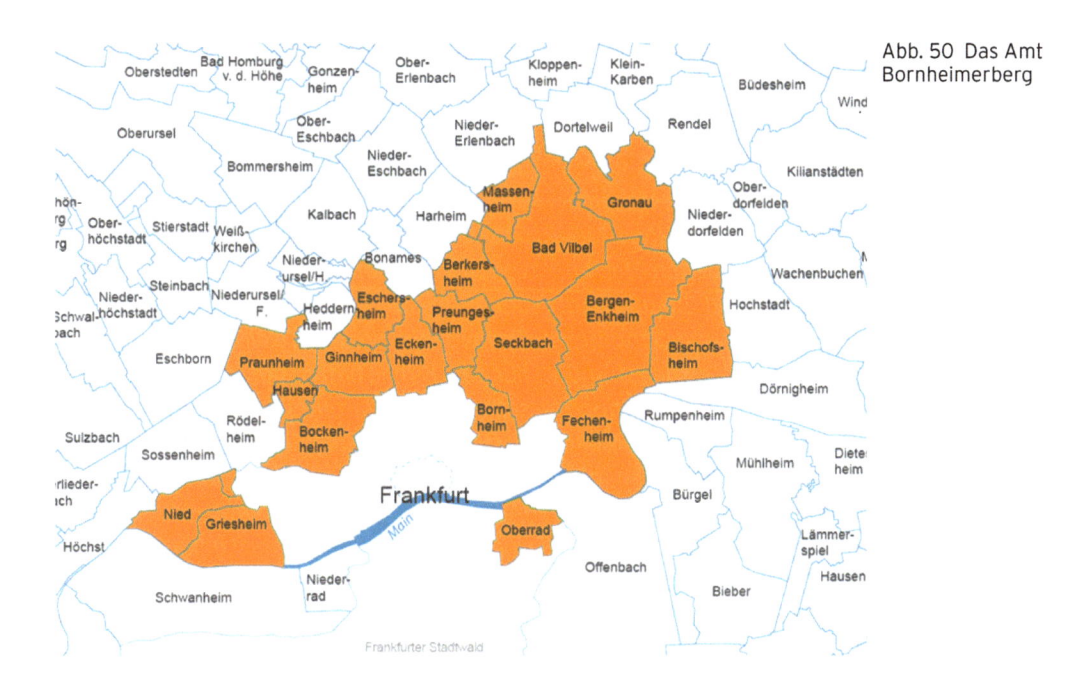

kam es zur Teilung der Grafschaft in die Grafschaft Hanau-Münzenberg nördlich des Mains mit der Residenz Hanau und die Grafschaft Hanau-Lichtenberg südlich des Mainz mit der Residenz Babenhausen. Durch Heiraten und Vormundschaften waren die Hanau-Münzenberger eng mit den Grafen von Nassau-Dillenburg verbunden. Diese förderten die Einführung der lutherischen Reformation in Hanau-Münzenberg zwischen 1530 und 1543. 1596 führte Hanau-Münzenberg im Gegensatz zu Hanau-Lichtenberg aber unter Philipp Ludwig II. das reformierte Bekenntnis ein. 1642 starb die Linie Hanau-Münzenberg aus. Aufgrund eines Erbvertrages übernahm Kasimir von Hanau-Lichtenberg die Regierung auch in Hanau-Münzenberg. Da hierbei Hessen-Kassel geholfen hatte regelte er durch Erbvertrag, dass im Falle des Aussterbens seiner Linie beide Grafschaften an das inzwischen reformierte Hessen-Kassel fallen sollten. 1670 führte Friedrich Kasimir auch in der Grafschaft Hanau-Münzenberg das lutherische Bekenntnis ein, ohne das reformierte abzuschaffen. Nach dem Tod des letzten Hanauer Grafen 1736 kam Hanau-Münzenberg an Hessen-Kassel. 1803 wurde aus der Landgrafschaft Hessen-Kassel das Kurfürstentum Kassel. Im Reichsfürstenrat erhielt es zusätzlich eine Stimme für das zum Fürstentum erhobene Hanau-Münzenberg. 1806 fiel das Fürstentum an Karl Theodor von Dalberg und kam 1813 zu Hessen-Kassel zurück. 1866 wurden das Kurfürstentum Hessen-Kassel, das Herzogtum Nassau und die Freie Stadt Frankfurt von Preußen annektiert. Ab 22. Februar 1867 gehörten sie zu den preußischen Regierungsbezirken Kassel und Wiesbaden. Diese Regierungsbezirke wurden am 7. Dezember 1868 zur Preußischen Provinz Hessen-Nassau zusammengeschlossen.

Die Tatsache, dass in Hanau-Münzenberg das reformierte und das lutherische Bekenntnis nebeneinander galten, bedeutete in vielen

Ortschaften auch das Nebeneinander von zwei Gemeinden. In seinen „Erinnerungen" schilderte der Bockenheimer Pfarrer Friedrich Wilhelm Böhm die sich daraus ergebende Situation sehr plastisch. „*Fast in allen Orten ... hatte jede Partei ihr eigenes Kirchen- und Schulwesen, ihren eigenen Pfarrer, Ältestenrat (Presbyterium) und Schullehrer, ihr eigenes Kirchen-, Pfarr- und Schulgebäude, ihren besonderen Gottesdienst und Katechismus, ihr besonderes Kirchenbuch und Gesangbuch, hie und da auch ihren besonderen Totenhof. Kirchengemeinden, denen die Mittel fehlten, waren als sogenannte Filiale (Tochterkirchen) oder Eingepfarrte und Vikariate einer benachbarten Pfarrei zugeteilt. Von da kam der Pfarrer so oft es not tat, verrichtete die Taufen, Trauungen und Leichenbestattungen seiner Partei, hielt ihr an bestimmten Sonn- und Festtagen Gottesdienste und das heilige Abendmahl, besichtigte die Schule, konfirmierte aber in der Filialkirche nur dann, wenn es nicht herkömmlich oder verordnet war, die Konfirmanden in der Pfarrkirche einzusegnen. Verlangte ein Kranker oder ein Sterbender ein Gebet, das heilige Abendmahl oder die geistliche Vorbereitung zum Tode, so mußte er warten und erst über Feld schicken, um den Pfarrer seiner Partei zu holen, mitunter weit her, bei Nacht oder im schlechtesten Wetter und auf beschwerlichen Wegen. Eben das mußten bekümmerte Eltern, wenn sie ihr erkranktes Kind wollten taufen lassen. Und doch wohnte im Ort selbst ein Pfarrer, der leicht und schnell zu haben gewesen wäre. Solcher Eingepfarrten, Vikariats- und Filialgemeinden gab es eine Menge im Fürstentum Hanau. An vielen, selbst an volkreicheren Orten, hatten beide Parteien zusammen nur eine Kirche, sogenannte Simultankirche, z. B. in Fechenheim. In dieser Kirche wurde der Gottesdienst für jede Partei besonders gehalten. War nun eine Partei Filialgemeinde und hatte der Ortspfarrer Filiale, so hielt dieser Gottesdienst in einem Filialorte, während der Gottesdienst für die Filialgemeinde in seinem Orte von einem benachbarten Pfarrer gehalten wurde, z. B. der reformierte Pfarrer von Eschersheim predigte zu Ginnheim, wenn der lutherische Pfarrer von Ginnheim zu Eschersheim predigte, weil da beide Parteien nur eine Kirche hatten. An anderen Orten besaß zwar jede Partei ihre eigene Kirche, beide Parteien waren aber Filialgemeinden. Da geschah es dann mitunter, daß der Gottesdienst für beide gleichzeitig in beiden Ortskirchen von benachbarten Pfarrern gehalten wurde. An den Wohnorten dieser Pfarrer mußte aber deshalb der Gottesdienst ausgesetzt oder von Schullehrern versehen werden.*

Diese und ähnliche Kirchenzustände erforderten natürlich mehr Kirchengebäude, Diener, Verwaltungen und Ausgaben, als wenn beide Parteien an einem Orte zu einer Kirche gehört hätten. Zum Beispiel der Ort Berkersheim mit 250 Einwohnern hatte zwei Kirchengebäude, zwei Schulhofreiten, zwei Schullehrer, zwei Kirchenkassen, zwei Kirchbaumeister, zwei Presbyterien und, als lutherische und reformierte Filialgemeinde, drei Pfarrer, den reformierten zu Preungesheim und die lutherischen zu Gronau und Seckbach. Doch wer mag alle diese Mißstände und Mißverhältnisse, alle die Weitläufigkeiten, Störungen, Hindernisse und Nachteile namhaft machen, welche die Kirchentrennung erzeugte. Genug, viele Glieder beider Parteien erkannten längst das Widrige, Grundlose und Unnütze dieser Trennung. Eine große, ehrwürdige Zahl der Guten und Stillen im Lande, der echten Anbeter Gottes und Nachfolger Christi hegten längst den Wunsch, daß doch evangelische Gemeinde, ein Herz und eine Seele, endlich einen Leib auch bilde und eine Kirche!"[126]

Wie viel anders war doch die Situation hier als in der Stadt Frankfurt, und wie anders war auch der Druck, sich zu vereinigen. So kam 1818 die Hanauer Union im Fürstentum Hanau und in den kurhessischen Anteilen am Fürstentum Isenburg und im Großherzogtum Fulda zustande. Im Gegensatz zu Kirchen, in denen die konfessionell unterschiedlichen Gemeinden nur gemeinsam verwaltet wurden, stellte die Hanauer Union eine sogenannte Bekenntnisunion dar. Alle Gemeinden nahmen ein gemeinsames Bekenntnis an und nannten sich evangelisch-uniert. Während in manchen Staaten die Union durch den Regenten verordnet wurde, beschloss für das Hanauer Gebiet eine Synode die Vereinigung. Als am 4. Juni 1843 der 25jährige Gedächtnistag begangen wurde, erläuterte das der schon zitierte Pfarrer Böhm in seiner Predigt zu Epheser 2, 13–22. Böhm war selbst Teilnehmer der Unionssynode gewesen und führte im Anschluss an 1. Kor. 3, 11 aus:

„In diesen Apostelworten vernehmen wir die Sprache des Protestantismus. Protestantische Christen kennen und haben keinen anderen Glaubensgrund, als welcher einmal gelegt ist, Jesum Christum ... Frei von Menschenlehr und Gebot wollen sie sein, frei im Glauben, frei im Gewissen, frei in der Übung der Gottseligkeit und Andacht – das ist Protestantismus! ... Das Evangelium von Christus ist unser Bekenntnis. Zudem ist die vereinte Kirche die reichste Erbin der Kirchenverbesserung uns als solche Inhaberin der Bekenntnisschriften beider protestantischen Religionsteile, welche sich zu ihr vereinigen. Diese Bekenntnisschriften sind uns ehrwürdige Zeugnisse des Glaubens unserer Vorfahren. Wir schätzen sie sehr hoch und achten sie gewissenhafter Berücksichtigung wert. Aber Glaubensformeln sind sie uns nicht. Glaubensnormen, bindende Vorschriften sollten sie nicht sein. Grundlagen unserer Vereinigung sollen sie nicht sein. Denn sie sind menschlich und haben nur menschliches Ansehen. Die Grundlage der vereinten Kirche ist Jesus Christus und sein Evangelium."[127]
Hier scheint der Geist des Vormärz durch, hier klingt aber auch schon der Geist des freien Protestantimus an.

Die wichtigsten Artikel der Hauer Union lauteten:

„1. Beide protestantische Religionsteile im Fürstentum Hanau ... vereinigen sich fortan zu einer einzigen Kirche, unter dem Namen der evangelisch-christlichen.

2. Die Namen lutherisch und reformiert fallen daher künftig überall hinweg, und es werden zu Bezeichnung der Gebäude und Anstalten, welche seither einen dieser Namen führten, andere passende Namen gewählt.

3. Die Pfarreien und Schulen bleiben vorerst in ihrem bisherigen Bestand, und werden künftig da, wo den Umständen nach, und besonders in natürlicher Folge der vollzogenen Kirchen-Vereinigung, Veränderungen eintreten müssen, lediglich nach den Bedürfnissen der Seelsorge und der Bevölkerung, mit Rücksicht auf topographische Verhältnisse, begrenzt und eingerichtet.

4. Da, wo mehrere evangelische Kirchen an einem Orte sind, bleiben fürs erste die Mitglieder einer jeden, nach wie vor, bei ihrer Kirche.

5. Bei der Feier des heiligen Abendmahls wird künftig in der vereinten evangelischen Kirche gewöhnliches Waizenbrod, ohne Sauerteig, in der Form länglicher Vierecke, genommen, und dasselbe gebrochen. Bei Austheilung des

> *Brodes werden die Worte gebraucht: Jesus sprach: nehmet hin und esset; das ist mein Leib der für euch dahin gegeben wird, solches thut zu meinem Gedächtniß'; und bei Darreichung des Kelchs: ‚Jesus sprach: Das ist der Kelch des neuen Testaments in meinem Blut, das für euch vergossen wird, zur Vergebung der Sünden; solches thut zu meinem Gedächtniß."*
> 6. *Bei dem Gebet des Herrn werden die in der Bibelübersetzung des Dr. Martin Luther, Matth. 6, v. 9 – 13 vorkommenden Worte gebraucht. Beim letzten Aussprechen des Gebetes wird geläutet."*[128]

In der kurhessischen Kirche waren die Gemeinden in Pfarreiklassen unter einem Metropolitan zusammengefasst. Ab 1834 gehörten Fechenheim und Seckbach zur Klasse II Bergen. Zur Klasse III Bockenheim gehörten ab dem gleichen Jahr Bockenheim, Eschersheim, Ginnheim, Massenheim, Praunheim und Preungesheim. Ab 1853 gehörten zur Klasse Bockenheim auch Berkersheim, Dornheim und Nauheim. 1929 gehörten zum Kirchenkreis Bockenheim Berkersheim, Bockenheim, Eckenheim, Eschersheim, Ginnheim, Praunheim, Preungesheim und Seckbach.

Die Grafschaft Hanau-Münzenberg hatte zunächst keine allgemein verbindliche Gottesdienstordnung. 1578 übernahm sie, obwohl mehr reformiert, weitgehend die Hanau-Lichtenbergische Kirchenordnung von 1573, die stärker lutherisch geprägt war. Nach dem Aussterben der Hanau-Münzenberger erließ Graf Friedrich Kasimir 1659 für die lutherischen Gemeinden beider Grafschaften die *„Hanawische Vermehrte Kirchen- und Schul-Ordnung"*. Für die reformierten Gemeinden beider Grafschaften erließ Graf Philipp Reinhard 1688 die *„Hanauische Kirchen-Disciplin- und Eltesten Ordnung"*.[129]

Auch die Vereinheitlichung in der Benutzung des Katechismus gestaltete sich schwierig. 1837 wurde der *„Katechismus der christlichen Lehre für die evangelisch-protestantische Kirche im Großherzogtum Baden"* von 1834 in Hanau, Bockenheim, Preungesheim, Praunheim, Berkersheim, Ginnheim, Eschersheim gebraucht. 1841 verlangten Gemeinden und Pfarrer z. B. in Berkersheim und Praunheim die alten reformatorischen Katechismen. 1851 wurde der badische Katechismus auch in Fechenheim und Bockenheim benutzt. Erst 1907 erschien eine verbindliche Regelung mit *„Der kleine Katechismus Martin Luthers und der Heidelberger Katechismus mit erläuternden Sprüchen der heiligen Schrift für die Gemeinden der unierten Kirchengemeinschaft des Konsistorialbezirks Kassel"*.[130]

Noch komplizierter war es mit dem Gesangbuch. Der Bockenheimer Pfarrer Böhm berichtete am 27. Oktober 1825 dem Konsistorium, dass bis 1818 in Bockenheim bei den Reformierten die in Frankfurt 1772 erschienene deutsch-reformierte *„Sammlung verbesserter und neuer Gesänge zum Gebrauch bei den öffentlichen Gottesdiensten sowohl als zur Privaterbauung"* und bei den Lutheranern das 1779 gedruckte *„Neue Gesangbuch zum Gebrauch der evangelisch-lutherischen Gemeinde in der Grafschaft Hanau"* benutzt worden seien. Seit der Union würden nur die in beiden Gesangbüchern übereinstimmenden etwa 350 Lieder gesungen. Der Antrag Böhms, das 1825 von beiden Konfessionen herausgegebenen *„Gesangbuch für den öffentlichen Gottesdienst der evangelischen Gemeinden zu Frankfurt"* einzuführen, wurde vom Hanauer Konsistorium abgelehnt. Dabei waren in vielen Gemeinden nicht mehr genug Gesangbücher vorhanden, und die Buchhandlungen konnten keinen Ersatz beschaffen. So ergab sich die groteske Situation, dass das Hanauer Konsistorium dem Kasseler Konsistorium auf dessen Anfrage nicht von den in seinem Bezirk gebräuchlichen Gesangbüchern je ein Exemplar übersenden konnte. Die Gemeinden hätten selbst nicht genug Gesangbücher, und im Gebrauch wären 12 Gesangbücher. Genannt wurden: Das Hanauer evangelisch-reformierte, das Hanauer evangelisch-lutherische, das Frankfurter reformierte, das neue Büdinger, das alte Schlitzsche, das Hildburghäuser, das Ramholzer, das Gelnhäuser, das Kasseler lutherische, das Neukirchener und das Langenschwarzer Gesangbuch. In Praunheim war bis 1802 das „*Singende Hanauische Zion, oder hanauisches Gesangbuch*" des Superintendenten Johann Gerhard Meuschen von 1723 im Gebrauch. 1872 galt in den ursprünglich reformierten hanauischen Gemeinden außer Bockenheim das Kasseler reformierte Gesangbuch. In Bockenheim wurde das Gesangbuch der evangelischen protestantischen Gemeinden der Stadt Frankfurt von 1825 benutzt; in Eschersheim die 150 Kernlieder, die die Eisenacher Konferenz herausgegeben hatte. In Fechenheim, Ginnheim, Preungesheim und Seckbach wurden das Kasseler reformierte und das Hanauer lutherische Gesangbuch zugleich benutzt. Die Vereinheitlichung kam dann 1889 mit dem „*Evangelischen Kirchengesangbuch für den Konsistorialbezirk Kassel*".[131]

Der Pfarrdienst umfasste natürlich Gottesdienst, Kasualien, Seelsorge und Unterricht. Weitere Aufgaben beschrieb Karl Henß für die Zeit vor dem 1. Weltkrieg folgendermaßen:

„*Wenn der Pfarrer an bestimmten Sonntagen des Jahres die obrigkeitlichen Erlasse und Verfügungen von der Kanzel herab verlas, so stand er vor der Gemeinde als Vertreter der Regierungsgewalt, die durch seinen Mund zum Volke sprach und nach Gelegenheit ihren Anordnungen in der Predigt eine besonders nachdrückliche Deutung geben ließ. Nicht zum wenigsten erschien er aber dem Volke als staatlicher Beamter in seiner Eigenschaft als Standesbeamter, der die Aufnahme über den Zivilstand seiner Gemeinde zu machen hatte ... Im Laufe des Jahres lagen dem Pfarrer folgende Arbeiten ob, die heute an das Standesamt übergegangen oder ganz weggefallen sind: 1. die Aufstellung der Militärstammrolle; 2. die Impfliste; 3. die Liste der zum Huldigungseid pflichtigen jungen Leute unter 18 Jahren; 4. die Totenlisten an den Physikus; 5. die Benachrichtigung des Gerichtes von den durch Todesfall und uneheliche Geburt notwendig gewordenen Vormundschaften; die Benachrichtigung der Zivil-, Witwen- und Waisengesellschaft über die Verehelichung von Zivildienern (Beamten); 7. die Benachrichtigung der Militärbehörden über Todesfälle von Beurlaubten oder im zweiten Aufgebot stehenden Soldaten, über den Tod von Militärpersonen oder deren Witwen; 8. die Benachrichtigung des Landratsamtes über die in der Gemeinde befindlichen Waisenkinder, deren Konfirmation oder Tod; 9. die Ausfertigung der Duplikate der Kirchenbücher.*"[132]

Der Pfarrer war also Vertrauens- und Auskunftsperson der Behörden sowie Vermittler der Anliegen der Untertanen nach oben. Dazu besaß das Pfarramt ein Vorladungsrecht, das mit Hilfe der Polizei durchgesetzt werden konnte.

Abb. 51 St. Jakobskirche ca. 1920

Abb. 52 Markuskirche ca. 1913

3.6.2 Bockenheim

Die größte und wichtigste Gemeinde des Kirchenkreises war Bockenheim. Dort lebten 1915 28.000 Evangelische. Vor der Union war Bockenheim reformiert. 1853 wurde hier eine zweite, 1906 eine dritte und 1914 eine vierte Pfarrstelle errichtet. Entsprechend gab es dann vier Pfarrbezirke.[133] Das Zentrum des alten Bockenheim war der Kirchplatz. An ihm stand auch die St. Jakobskirche,[134] im 12./13. Jahrhundert zunächst als gotische Kapelle errichtet und 1365 erstmals als *„Kappellen St. Jakobi"* urkundlich erwähnt. 1638 und 1768[135] wurde die Kirche jeweils erweitert. In letzterem Jahr erhielt sie auch eine Orgel, deren Prospekt noch bis zum 2. Weltkrieg vorhanden war. Der klassizistische Turm wurde in den Jahren 1852–53 von dem Bockenheimer Maurermeister Brandt errichtet. Die alte Kirche wurde im Bombenkrieg mit allen anderen gemeindlichen Gebäuden zerstört. 1912 wurde in Bockenheim auch die Markuskirche[136] errichtet.

Bis zur Reformation gehörte Bockenheim kirchlich zum St. Bartholomäusstift in Frankfurt a. M. Als 1533 bis 1549 der katholische Gottesdienst im Frankfurter Dom untersagt war, kamen die Frankfurter Katholiken zur Messe nach Bockenheim, in dem noch bis 1543 katholische Gottesdienste stattfanden. Dann hatte sich die Reformation durchgesetzt. Die kirchliche Versorgung der, nun reformierten, evangelischen Bockenheimer erfolgte von Eschersheim und Preungesheim aus. 1562 bis 1597 und 1600 bis 1630 war Bockenheim Filiale von Eschersheim. Im Jahr 1597 hatte es mit Jakob Häuser, zuvor in Eschersheim, erstmals einen evangelischen Pfarrer am Ort. Zu Bockenheim gehörten bis 1684 Nied und Griesheim als Filialen. Mit Unterbrechungen und endgültig von 1633 bis 1787 nutzten die deutsch-reformierten Frankfurter, denen eigener Gottesdienst in der Stadt untersagt war, die St. Jakobskirche mit. Sie zahlten den Grafen von Hanau hierfür im Jahre 1638 2.000 Gulden. Als sie 1788 Bockenheim verließen, kam es zum Streit wegen der Orgel. Denn 1767 war ihnen die Genehmigung zur „vorhabenden Erweiterung der Bockenheimer Kirche und zum Einbau einer Orgel" erteilt worden. Nun wollten sie die Orgel mitnehmen. Dagegen wandte sich der damals dort als Vikar tätige Pfarrer Friedrich Scherer aus Preungesheim zusammen mit dem Presbyterium in einem Schreiben an das reformierte Konsistorium in Hanau:

„Es tut uns herzlich wehe, daß die Frankfurter, da sie von uns ziehen, uns als ein völlig verlassenes armes Volk und Gemeinde ansehen, die froh seyn müßte, ein Filial einer benachbarten Pfarrei werden zu können. Unser Geblüt muß sich bei dieser stolzen Verachtung billig empören: da wir doch Hanauer sind, unter einem großen Fürsten stehen, der Aufsicht eines hochweisen Consistorii übergeben sind und noch immer Muth genug haben, zur Ehre unserer Religion durch alle Hindernisse durchzudringen... (sie weisen darauf hin, daß wohl) Leute, bei denen Kutschen eingestellt worden, nebst Beckern und dem Wirth einigen Nutzen und Vortheil gehabt haben: aber das sind nur Vorteile Privatorum, und die Wirthschafft gehört gnädigster Herrschaft und nicht der Gemeinde. Gegentheilig ... ist unsere Gemeinde und Schule stets benachläßiget, unsere jungen Leute zu städ-

tisch Stolz verleitet und unser Dorfärarium durch die steten Vergrößerungen (1638 und 1768) der Kirche geschwächt worden, indem man bei jeder Vergrößerung immer neues Land dazukaufen und selbiges mit einer Mauer hat umziehen lassen. Und jetzt will man uns für alles dieses den Stolz unsrer Kirche, die Orgel, rauben, das ungeheuer große Gebäude der Kirche, das uns auf die Zukunft bange Sorge macht, uns geneigt überlassen und die Kirche durch Wegschaffung der Orgel zu einer halben Einöde machen. ... Da die Frankfurter Gemeinde nun 150 Jahre mit aller Liebe und Willfährigkeit behandelt worden, hoffen wir eingedenk der langen genauen Vereynigung bey den Herren Frankfurtern in gutem freundlichen Andenken zu bleiben." Schließlich blieb die Orgel in Bockenheim.[137]

In Bockenheim gab es auch eine lutherische Gemeinde, die seit 1722 Filiale von Ginnheim war.[138] 1740 wurde der erste lutherische Gottesdienst in Bockenheim gehalten. 1789 übernahm die Gemeinde die 1768 von der französisch-reformierten Gemeinde Frankfurt errichtete Kirche und nutzte diese bis zur Union 1818/20.

Zum Gottesdienstbesuch bemerkte Karl Henß für die Jahrhundertwende: „Verhältnismäßig niedrige Besuchsziffern zeigt die Stadt Hanau ... Doch darf in bezug auf die Stadt Bockenheim bemerkt werden, daß hier der im Laufe der letzten Jahrzehnte erfolgte starke Bevölkerungszuzug der Gemeinde auch eine erfreuliche Vermehrung und Verstärkung an kirchlichen Elementen gebracht hat, die ihren kirchlichen Sinn durch eine regere Beteiligung an kirchlichen Handlungen – im Unterschiede zu den in anderen Städten gemachten Erfahrungen – auch äußerlich fühlbaren Ausdruck gaben"[139].

Abb. 53 Auferstehungskirche in Praunheim

3.6.3 Praunheim

Auch in Praunheim gab es bezüglich der Pfarrstellen komplizierte Verhältnisse. Das 804 erstmals als „Brumheim" erwähnte Praunheim unterstand im Mittelalter als Königsgut den Herren von Praunheim. Von 1477 bis 1736 waren die Grafen von Hanau und die Grafen von Solms je zur Hälfte die Lehnsherren. Von 1736 bis 1803 gehörte eine Hälfte Praunheims zur Landgrafschaft Hessen-Kassel und die andere zu Solms-Rödelheim. 1803 trat an die Stelle der Landgrafschaft das Kurfürstentum Hessen. Der Anteil von Solms-Rödelheim fiel an Hessen-Darmstadt. 1816 übernahm Hessen-Kassel den Anteil von Hessen-Darmstadt.[140] 1866 kam Praunheim zu Preußen und wurde 1910 nach Frankfurt eingemeindet.

Im Jahre 1132 wurde erstmals eine Kirche in Praunheim erwähnt.[141] Sie stand auf königlichem Grund, und der König hatte das Patronat. Mit der Einführung der Reformation durch Graf Friedrich Magnus I. zu Solms im Jahre 1544 wurde sie evangelisch. In Praunheim und Niederursel galt deshalb die Solms-Münzenberg-Sonnenwalder Kirchenordnung von 1579.[142] Am 20. Juli 1748 brannte die Kirche einschließlich des Turms ab. Bis 1772 waren die lutherischen Einwohner Hausens und bis 1818 die von Heddernheim nach Praunheim eingepfarrrt. Filiale war bis 1827 Niederursel.[143] Aber bis 1803 hatte das Frankfurter St. Leonhardsstift das Patronat inne und ernannte die lutherischen Pfarrer. Dann übte der Frankfurter Senat dieses Recht aus und nach 1866 der Frankfurter Magistrat. 1898 schlug die Stadt die Ablösung vor, die aber erst 1908 vollzogen wurde. Im Zusammenhang damit gingen die in Hausen, Ginnheim und Heddernheim gelegenen Pfarreigrundstücke ganz, die in Praunheim gelegenen teilweise in den Besitz der Stadt über.

3.6.4 Ginnheim

Seit dem Mittelalter gehörte Ginnheim zum Amt Bornheimerberg und teilte dessen wechselhafte Geschichte. Schon im Jahre 1336 wurde für Ginnheim das Patronatsrecht des St. Leonhard-Stifts erwähnt. Die auf eine Schenkung von Kaiser Friedrich II. von Hohenstaufen zurückgehende St. Leonhardskirche wurde Anfang des 14. Jahrhunderts mit der Rechtsform eines Stifts ausgestattet, und dieses erhielt um 1320 von König Ludwig IV., dem Bayern die Parochie Praunheim mit allen Rechten und Pflichten geschenkt. Dazu gehörte vermutlich auch das Patronat in Ginnheim, das damals kirchlich zu Praunheim gehörte. Politische Zuordnungen oder Grenzen spielten dabei keine Rolle. 1478 wurde es von Hanau der Abtei Seligenstadt abgekauft.[144] In der Reformationszeit kam es zu Hanau-Münzenberg, das zunächst lutherisch und dann im Zuge einer Nachreformation 1538 calvinistisch wurde. Als 1642 das Grafenhaus Hanau-Münzenberg ausstarb, fiel die Grafschaft an die lutherischen Grafen von Hanau-Lichtenberg. Diese tolerierten im Gegensatz zum Grundsatz cuius regio, eius religio beide Konfessionen. Kirchlich bedeutete dies, dass es in Ginnheim Reformierte und Lutheraner mit je einer eigenen Kirche gab.

Die erste Ginnheimer Kirche trug den Namen Maria-Magdalena-Kapelle und war reformiert.[145] Sie stand an der Ecke Woogstraße/Ginnheimer Mühlgasse. Um sie herum gab es einen Friedhof, der von beiden Konfessionen belegt wurde. Die kleine reformierte Gemeinde war Filiale von Eschersheim.[146] Die lutherische Kirche war die 1699 bis 1700 erbaute Bethlehemkirche.[147] Neben ihr gab es dann auch einen lutherischen Friedhof. Der erste lutherische Pfarrer kam 1676 nach Ginnheim. Er betreute auch die Lutheraner in Eschersheim, Eckenheim, Berkersheim und Preungesheim. 1722 kam die lutherische Gemeinde von Bockenheim als Filiale zu Ginnheim. Von 1730 bis 1830 betreute Ginnheim auch das Vikariat in Steinbach gemeinsam mit Niedereschbach. Ab 1736 gehörte es zu Kurhessen und war seit 1885 eine Gemeinde im Landkreis Frankfurt. Im Jahre 1818 schlossen sich in Ginnheim Reformierte und Lutheraner zu einer unierten Gemeinde zusammen. 1825 wurden dann die beiden Friedhöfe zugunsten eines neuen am Ginnheimer Hohl aufgehoben. Als die reformierte Kirche wenig später baufällig wurde, benötigte man nur noch eine Kirche. Man entschied sich für die modernere Bethlehemkirche und riss um 1830 die Maria-Magdalena-Kapelle ab.

Auf dem Grundstück standen später ein Gemeindehaus und ein Kindergarten, bis es Neubauten im Fuchshohl gab. Als hier im Jahre 2001 Wohnhäuser errichtet werden sollten, schaltete sich die Denkmalpflege ein; wusste man doch etwas von der alten Geschichte. Also wurde zunächst der Boden untersucht. Dabei fand man die Gebeine mehrerer hundert Ginnheimer, die hier auf dem Friedhof an der reformierten Kirche begraben worden waren; allem Anschein nach im 17. und 18. Jahrhundert. An einer Stelle fand sich ein Grab in der Tiefe von 1,90 m mit Keramik aus dem 15. Jahrhundert. An anderer Stelle der Rest einer kleinen Heiligenfigur. Außerdem wurden aber auch Reste der Grundmauern der Maria-Magdalena-Kapelle gefunden. Reste, die darauf schließen lassen, dass die Kirche eine Größe etwa der alten Bethlehem-Kirche hatte und zum Teil auf dem heutigen Grundstück, zum Teil in der heutigen Woogstraße gelegen hatte. Genau datieren ließen sich diese Mauerreste nicht. Aber man konnte erkennen, wie die Straßenführung vor 1830 gewesen war.

Ginnheim hatte seit der zweiten Hälfte des 19. Jahrhunderts einen starken Bevölkerungszuwachs. Zählte es 1866 nur 742 Einwohner, so 1914 3.600 bis 3.800, davon zwei Drittel Evangelische. 1910 wurde es nach Frankfurt eingemeindet. Seit 1914 befand sich auch ein Predigerseminar der Methodisten hier.[148]

3.6.5 Eschersheim

Seit dem Mittelalter gehörte Eschersheim zum Amt Bornheimerberg. Wann die erste Kirche in Eschersheim gebaut wurde, ist unbekannt. 1275 wurde erstmals ein Vicepleban, Pfarrerverwalter, urkundlich erwähnt. Da hat es vermutlich bereits eine Kirche gegeben.[149] 1428, beim Bau der Landwehr, gab

Abb. 54 Emmauskirche in Eschersheim

Abb. 55 Nazarethkirche in Eckenheim

es einen Kirchturm. Für 1530 ist vermerkt, dass die kleine Kirche dem Hl. Petrus geweiht war. Mit Hanau wurde Eschersheim nach der Reformation zunächst lutherisch und dann reformiert. Vor der Union 1818 blieb Eschersheim reformiert, die dortigen Lutheraner waren Filiale von Ginnheim.[150] Bis 1630 gehörten Bockenheim und bis 1818 die Reformierten von Ginnheim zu Eschersheim.[151] 1818 wurde die Hanauer Union eingeführt.

Eschersheim zählte 1864 690 Seelen und 1914 4.800. Hier gab es nach 1895 ein ausgeprägtes und vielfältiges Gemeindeleben mit Kleinkinderschule, evangelischer Gemeindepflege, Frauenverein, Diakonieverein, Männerverein, Jungfrauenverein, Kirchenchor und Kirchengeschichtskränzchen für Jünglinge und Jungfrauen. Man traf sich im Gebäude des Diakonievereins.[152]

3.6.6 Eckenheim

Eckenheim zählt zu den alten fränkischen Siedlungen im Rhein-Main-Gebiet und wurde bereits 795 urkundlich erwähnt. Seit dem Mittelalter gehörte Eckenheim zum Amt Bornheimerberg. Das Patronat hatte seit 1252 der Deutsche Orden in Sachsenhausen inne. Bis 1818 gehörten die Lutheraner zu Bockenheim und die Reformierten zu Preungesheim. Dann schlossen sie sich in der Hanauer Union zusammen und wurden eine Filiale von Preungesheim.

Nach langen Verhandlungen konnte in den Jahren 1862/63 eine eigene Kirchengemeinde gebildet werden, die aber weiter pfarramtlich mit Preungesheim verbunden war. 1895 erhielt Eckenheim eine selbständige Kirchengemeinde.[153] Eine kleine Kirche wurde 1634 im Dreißigjährigen Krieg niedergebrannt und 1682 auf dem alten Friedhof wiederaufgebaut. Hier wurde aber nur an den zweiten Feiertagen Gottesdienst gefeiert. Zum sonntäglichen Gottesdienst ging man nach Preungesheim. 1841 musste die aus Holz gebaute Kirche wegen Baufälligkeit geschlossen werden. 1869 wurde die heutige „Nazarethkirche" eingeweiht.[154]

3.6.7 Preungesheim

Das im Jahre 772 erstmals als Bruningesheim urkundlich erwähnte Preungesheim gehörte zum Amt Bornheimerberg. Es hatte eine zentrale Bedeutung. Schon vor der Reformation war Preungesheim Pfarrort. Das Patronat hatte die Kommende des Deutschen Ordens in Frankfurt bis 1809. Dann gingen die Rechte und Verbindlichkeiten auf den Staat über.

Bis 1838 gehörten die Reformierten von Berkersheim zur Gemeinde, und bis 1895 war Eckenheim eine Filiale von Preungesheim. Die Preungesheimer Kirchengemeinde galt als reichste Gemeinde des Konsistorialbezirks Kassel und besaß 1124 Morgen Land. Bis 1915 verwaltete der Kirchenvorstand auch den Friedhof von Preungesheim, der von den Eckenheimern mitbenutzt wurde und dann auf die Stadt Frankfurt überging.

Die Kirche[155] wurde um 1210 errichtet und im 14. Jahrhundert erweitert. Im Zuge von Renovierungsarbeiten ab 1997 wurden Ausgrabungen durchgeführt, bei denen man auf Gebäudeteile und Spuren von fünf Vorgängerbauten stieß, die sich bis in das 9. Jahrhundert zurückdatieren ließen. Auch wurde sichtbar, dass der östlichste Teil der Kirche auf einem früheren Kirchhof steht. In den Mauern fand man in der Ostwand ein zugemauertes dreiteiliges gotisches Fenster und in der Südwand ein weiteres gotisches Fenster. Auch öffnete man einen seither zugemauerten Torbogen, der nun den Zugang vom Kirchenraum zum romanischen Turm mit spätgotischen Maßwerkfenstern ermöglicht.

Abb. 56 Kreuzkirche in Preungesheim, Maria mit dem Kind

An der Ostwand, beiderseits des Fensters, wurden Fresken aus dem 13. Jahrhundert wiederentdeckt, die bisher hinter der Orgel verborgen waren. Sie stellen die Jungfrau Maria und den Heiligen St. Georg dar, die beiden wichtigsten Patrone des Deutschen Ordens. Diesem Orden war um 1275 das Patronat der Kreuzkirche übertragen worden. Vermutlich stammen die Bilder aus der Zeit kurz danach. Die Bilder gelten als Kunstwerk von internationalem Rang, weil sie originale Farbpigmente aus der Herstellungszeit zu einem so hohen Prozentsatz enthalten, wie das selten ist.

Auch in der Turmhalle wurden alte Fresken freigelegt. Aber auch die romanische Wand an der Westseite ist für Frankfurt einzigartig. Zwei kleine Fenster an der Westseite stammen von ca. 1100.[156]

3.6.8 Berkersheim

Das erstmals 795 in einer Lorscher Urkunde erwähnte Berkersheim fiel 1484 an die Grafen von Hanau und teilte dann das Schicksal der Gemeinden, die zum Amt Bornheimerberg gehörten. Es hatte lange keine eigene Kirchengemeinde, sondern wurde von Preungesheim aus versorgt, war also mehrheitlich reformiert.

Die Lutheraner gehörten zu Seckbach bzw. Bergen.[157] Ab 1675 hielt der Hauslehrer der Schelme von Bergen, Georg Kaspar Schmidt, in Berkersheim lutherischen Gottesdienst und wurde 1684 zum Pfarrer von Berkersheim ernannt. Eine erste lutherische Dorfkirche wurde 1688 auf Veranlassung von Johann-Heinrich Schelm von Bergen an der Stelle der heutigen Kirche erbaut. Johann-Heinrich wohnte auf dem Gutshof in Berkersheim, war Lutheraner und Schmidt der Hauslehrer seiner Kinder. Die lutherischen Gemeindeglieder von Preungesheim, Eckenheim und Massenheim waren nun nach Berkersheim eingepfarrt. Von 1684 bis 1751 hatte Berkersheim eigene lutherische Pfarrer.

Dann war die Pfarrstelle bis 1836 nicht besetzt; bis 1809 war deshalb Berkersheim Filiale von Bergen und wurde dann abwechselnd von Seckbach und Gronau kirchlich versorgt. Vor 1818 war die Mehrzahl der Berkersheimer lutherisch, eine kleine Anzahl reformiert.[158] Die kleine reformierte Gemeinde blieb nach Preungesheim eingepfarrt.[159] In Berkersheim besteht seit 1838 wieder eine eigene Kirchengemeinde. Die jetzige barocke Saalkirche[160] wurde in den Jahren 1766/67 nach Plänen des Berger Vikars Christ erbaut. Auf dem Platz der heutigen Schule stand aber auch noch eine ältere reformierte Kirche, die nach der Union im Jahre 1818 zum Schulvermögen kam und dann abgerissen wurde.

3.6.9 Seckbach

In Seckbach fand man Siedlungsspuren aus der Römerzeit. Urkundlich wurde es 880 erstmals erwähnt. Es gehörte zum Amt Bornheimerberg . Im 13. Jahrhundert ließen sich hier die Mönche von Haina nieder, nachdem sie Grundstücke eines Frankfurter Bürgerehepaars geerbt hatten. Die Seckbacher waren vor der Reformation nach Bergen eingepfarrt.[161] Erste reformatorische Anregungen kamen wohl von Frankfurt. Denn am 5. Mai 1525 überreichten die Seckbacher 19 Artikel, die vermutlich von den 46 Frankfurter Artikeln inspiriert waren. Darin forderten sie das Recht, die Pfarrer selbst einzusetzen und zu entsetzen. Wie die gräfliche Kanzlei in Hanau das interpretierte, geht aus einer Bemerkung hervor, die sich auf dem Schriftstück befand: *„Der Wolf im Bornheimer Berg."*[162] Die Forderungen wurden zurückgewiesen. Der katholische Pfarrer verteidigte sich damit, dass seine Pfarrkinder durch die Frankfurter Prediger alle Freundschaft ihm gegenüber vergessen hätten. Sie hätten sogar seinen Kaplan aufgefordert, *„auf Frankfurter Weise zu predigen."* Manche hätten ihre Kinder in Frankfurt *„deutsch taufen und sich zum ehelichen Stand bestatten lassen"*[163] (also nicht mit lateinischer Liturgie). Darauf erklärten die Gemeindeglieder, dass ihr Pfarrer nicht *„anheimisch"* gewesen wäre, als sie in Nöten gewesen wären, ihre Kinder zu taufen. Aber es ist auch belegt, dass 1531 und 1532 viele aus den hanauischen Dörfern, so auch Seckbacher, nach Frankfurt zogen, um Dionysius Melander zu hören.

1541 kam die Reformation dann nach Bergen und Seckbach. Seckbach war überwiegend

Abb. 57 Marienkirche in Seckbach

lutherisch. Die größere lutherische Gemeinde war bis 1673 Filiale von Fechenheim und wurde dann selbständige Pfarrei. 1708 bis 1710 erbauten die Lutheraner die barocke, später Marienkirche genannte, aber im 2. Weltkrieg zerstörte, Kirche.[164]

Eine kleine reformierte Gemeinde erhielt 1737 einen eigenen Pfarrer.[165] Sie benutzte zunächst die aus dem Mittelalter stammende Bergkirche.[166] Diese wurde 1737 baufällig und 1757 abgerissen. Nun baute die reformierte Gemeinde sich eine eigene Kirche, deren Bau sich wegen des Siebenjährigen Krieges hinzog. Für den Kirchenbau verwendete man auch Steine der abgerissenen Bergkirche. Am 9. September 1764 konnte die neu errichtete Peterskirche eingeweiht werden. Die Peterskirche war in die Straßenfront der Wilhelmshöher Straße eingepasst und wurde 1834 zu einem Schulhaus umgebaut.

1868 wurde eine Kleinkinderschule eröffnet, die über Seckbach hinaus Beachtung fand. Organisierte sie doch jeweils am Sonntag Jubilate ein Kleinkinderschulfest, das ein Treffpunkt der Freunde der Inneren Mission auch aus Frankfurt wurde.[167]

3.6.10 Fechenheim

Das 977 erstmals urkundlich erwähnte Fechenheim wurde 1473/1484 durch Philipp I. von Hanau-Münzenberg erworben und in das Amt Bornheimerberg eingegliedert Kirchlich wurde 1395 erstmals eine Pfarrei erwähnt.[168] Der Standort ihrer Kirche ist unbekannt. Das Patronat lag beim St. Bartholomäusstift.

Ab 1564 gab es in Fechenheim eine reformierte Gemeinde. Da das Stift sich in der Reformationszeit weigerte, dem Grafen einen evangelischen Pfarrer zu präsentieren, machte dieser auf Wunsch der Fechenheimer 1565 Fechenheim zur Filiale von Rumpenheim. Die Gemeinde nutzte bis 1718 die ehemals katholische Kirche. Ab 1565 gab es auch eine lutherische Gemeinde in Fechenheim, die ihre Gottesdienste im Puth'schen Haus feierte. 1672 erhielten die Fechenheimer einen eigenen lutherischen Hilfspfarrer.[169] 1686 errichteten sie eine kleine Fachwerkkirche. Am Standortort wurde 1770/1771 eine Nachfolgekirche gebaut, die heutige Melanchthonkirche. Die heutige dreistufige Turmhaube des Kirchturms saß damals als Dachreiter auf dem Langschiff.

Ab 1793 benutzten beide Konfessionen diese Kirche. Die Reformierten brachten dabei aus ihrer Kirche die gotische Glocke von 1354 mit. Im Jahre 1817, mit der Hanauer Union, wurden beide Gemeinden vereinigt. Die bisherige Kirche gehörte nun zur evangelisch-unierten Kirchengemeinde.

3.7 Evangelische Persönlichkeiten

3.7.1 Wilhelm Bornemann

Wilhelm Bornemann spielte rund um den 1. Weltkrieg eine wichtige Rolle in der Frankfurter Kirche. Sein Freund Johannes Kübel hat ihn so portraitiert:

„Wilhelm Bornemann war Schüler und Freund von Adolf Harnack. Sein halbes Leben hatte er ausschließlich der Wissenschaft gewidmet. ... Er hatte sich auf jedem theologischen Gebiet ein ungewöhnlich reiches Wissen erworben. Als er das Frankfurter Pfarramt übernahm, war er mehr als 40 Jahre alt; er bekleidete es bis zu seinem 74. Lebensjahr. 1906 wählten ihn die lutherischen Pfarrer zum Senior des evangelisch-lutherischen Predigerministeriums; nach Ablauf der vorgesehenen Amtszeit wählten sie ihn immer wieder, so daß Bornemann das Amt 25 Jahre lang versehen konnte. ... Bornemann besaß eine ungewöhnliche Arbeitskraft und erledigte auch das geringfügigste Schreibwerk selbst. In den Synoden hörte er bei umstrittenen Fragen zunächst zu und äußerte seine Meinung erst gegen Schluß der Verhandlung; dank der Achtung, die er genoß, gab er häufig den Ausschlag. ... Als Prediger und Redner pflegte er seinen Gedankengang nicht auf geradem Weg durchzuführen. Er bog vielmehr in jede Seitengasse ein und wanderte sie bis zum Ende durch und wieder zurück, um bei der nächsten Seitengasse von neuem abzuschwenken. Er wollte damit den Hauptgedanken nach allen Seiten absichern, wirkte aber durch die epische Breite manchmal ermüdend. In seiner Jugend soll er von Witz gesprüht haben. Die reifenden Jahre und die Überlastung mit Arbeit trockneten seinen Witz ein, ließen ihm aber doch einen abgeklärten Humor und die Lust, fröhliche Geschichten zu erzählen. ..."[170]

3.7.2 Erich Foerster

Erich Foerster war der herausragende Frankfurter Theologe seiner Zeit. Johannes Kübel hat ihn so charakterisiert:

„Erich Foerster war in der theologischen Grundhaltung eines Sinnes mit Bornemann, übertraf aber uns alle an Temperament, Geistigkeit und unerbittlicher Schärfe der Gedanken. Er war durch und durch Intellektualist, in der Sprache ausgeprägt ostelbisch, in der Diskussion oft, ihm selbst vielleicht gar nicht bewußt, von verletzender Schärfe, zudem ohne Sinn für Humor und genießendes Behagen. ... Er trat frühzeitig in den Kirchendienst, wurde Lehrvikar bei dem jungen sächsischen Pfarrer Rade und kam durch Rade in engere Fühlung mit dem evangelisch-sozialen Kreis. Mit 30 Jahren wurde er Pfarrer in Frankfurt und Dozent für Religionswissenschaft an der Frankfurter Akademie, später dann ordentlicher Honorarprofessor an der Universität Frankfurt. Trotz der Klarheit und Schlichtheit seiner Gedanken war er in seinen Predigten nicht immer leicht zu verstehen; er blieb auch in seinen Predigten der lehrende Professor, der in seinem tiefsten Wesen immer war. ... An geistiger Bedeutung stand Foerster über allen Frankfurter Kollegen. Auch außerhalb der Kirche genoß er das größte Ansehen, an der Universität, in den führenden Kreisen der sozialen Fürsorge und der Volksbildung und im geselligen Verkehr. ..."[171]

3.7.3 Heinrich Heldmann

Dr. iur. Heinrich Heldmann, Senatspräsident beim Oberlandesgericht Frankfurt, war einer jener frommen Protestanten, die in den

Abb. 58 Heinrich Heldmann

schweren Jahren der Zwischenkriegszeit Verantwortung übernommen und sich dann dem NS-Regime nicht gebeugt haben. Dies kam dem Diakonissenhaus zugute, dessen langjähriger Vorstandsvorsitzender er war. Über ihn sagte Pfarrer Karl Christian Hofmann in der Traueransprache am 10. Oktober 1945:[172] *„Als der Gymnasiast in der Prima zu seinem Vater sagte, er möchte Jurist werden, sagte ihm der Vater: ‚Gott der Herr hält in der einen Hand das Recht, in der anderen hält er die Gnade. Ich bin Pfarrer geworden und habe erwählt, die Gnade zu verkündigen. Du willst Jurist werden und willst wählen, das Recht zu sprechen. Aber beides, Gnade und Recht, kommt aus einer Hand'. Das hat der Verstorbene uns einmal erzählt, da verstanden wir seine hohe Berufsauffassung. Es sind schon lange Jahre her, da besprachen wir eine komplizierte Prozeßgeschichte. Ich erlaubte mir zu sagen: ‚Je älter ich werde, desto weniger hat der Gedanke an das Jüngste Gericht für mich etwas Schreckhaftes, desto mehr freue ich mich, daß es ein Endgericht gibt, in welchem Gott der Herr selbst Recht spricht.' Und ich erlaubte mir zu fragen: ‚Freuen sie sich auch, Herr Präsident?' ‚Und wie', war seine Antwort. Und dann setzte der bescheidene Mann hinzu: ‚Und ich freue mich, daß dann Gott auch richtig stellt, was ich falsch geurteilt habe.' Und dabei war er der geborene Richter, der das Gefühl für Recht in den Fingerspitzen hatte.*

1918 kam er dazu, aktiv in die Politik zu gehen. Er hat reichlich erfahren, wie schwer politische Arbeit ist: diese Wirren, diese Irrungen, diese Lügen, diese Anpöbelung seiner Person, diese Bedrohung seines Lebens! In diesen Stürmen stand er als ein Mann, der Mut hatte, Zivilcourage. Als die Revolution 1933 kam, die er immer als Trunkenheit bezeichnete, und dazu der Staatstreich von 1934, trat er in die Opposition gegen den damals neuen Staat .Und nun war er wieder der aufrechte Mann, der Mut hatte, der einem Vertreter des neuen Staates und des neuen Rechtes im Hof des Oberlandesgerichts laut zurief, daß am Gebäude des Oberlandesgerichts seiner Heimat in Kassel stünde: ‚Gott schützt das Recht, das Recht schützt das Land.' Es traf ihn furchtbar, daß kein Recht im Lande war. Er präzisierte seine Gegnerschaft gegen den jetzt vergangenen Staat und seine Weltanschauung so: ‚Ich lehne ihn ab als Deutscher, denn er kennt die Freiheit nicht; ich lehne ihn ab als Jurist, denn er kennt das Recht nicht; ich lehne ihn ab als Christ, denn er kennt die Ewigkeit nicht.'

Es war schwer mitanzusehen, daß der Staat eine solche Begabung und eine solche geistige Potenz brachliegen lassen konnte. Und doch hatte es sein Gutes, es kam dem Diako-

nissenhaus zu gute. Wie vieles er uns in den letzten zwölf Jahren, in denen unser Werk und seine Leitung mehr als einmal schwer bedroht war, gewesen ist und getan hat, wie er geleitet und gesorgt hat, wie er unsere kranken Schwestern besuchte, wie er die Linie der biblischen Diakonie hochhielt, wie er ritterlich und vornehm war, davon wissen wir zu sagen. Unter uns Diakonissenleuten stand er als der Diakon, für den kein Dienst zu gering war. Dienst im Reich Gottes war in seinen Augen Ehre."

Heinrich Heldmann wurde 1937 in den Ruhestand versetzt. Am 4. Oktober 1945 wurde er in der ersten Sitzung des Senats der Universität Frankfurt am Main als Universitätsrat gewählt. Am Tag darauf brach er auf der Straße tot zusammen.

3.7.4 Johannes Kübel

Der aus Bayern stammende Johannes Kübel[173] kam 1909 als Pfarrer an die Weißfrauengemeinde in Frankfurt. Dort blieb er, unterbrochen durch den freiwilligen Kriegsdienst von 1914–1917, bis zum Jahr 1938. Kübel war kirchenpolitisch und publizistisch tätig. Er war Mitglied der verfassunggebenden Landeskirchenversammlung, Vorstandsmitglied der Frankfurter lutherischen Stadtsynode und von 1925 bis 1933 nebenamtlich beamtetes Mitglied des Landeskirchenrates, dessen stellvertretender Präsident und von 1932 bis 1933 mit Wahrnehmung der Aufgaben des Präsidenten betraut. Die liberal-protestantischen *„Freunde der Christlichen Welt"* organisierte er mit und bildete mit Martin Rade und Emil Fuchs ab 1919 deren Vorstand. Als Mitherausgeber der „Christlichen Welt" war er zeitweise für die *„Chronik der Christlichen Welt"* zuständig und ab 1919 Schriftleiter des christlichen Wochenblattes *„Die Gemeinde"*. Er war Mitglied des Evangelisch-Sozialen Kongresses, des Evangelischen Bundes, aber auch der nationalistischen Vaterlandspartei, der Deutschnationalen Volkspartei und des Stahlhelms. Kübel war politisch geprägt durch eine konservative Grundhaltung. So bejahte er vor 1918 den monarchischen Obrigkeitsstaat und zweifelte bis zu dessen Ende nicht an der Sinnhaftigkeit des Krieges. Ein positives Verhältnis zur Demokratie gewann er nur langsam.

Allerdings schloss er sich auch 1894/95 der nationalen aber sozialreformerischen Bewegung von Friedrich Naumann an.[174] Für die soziale Verantwortung von Staat und Kirche trat er stets ein. 1929 trat er aus DNVP wieder aus. Von den Anfängen an war er ein Gegner des Nationalsozialismus. 1933 trat er früh in den Pfarrernotbund ein und war dann ein aktives, wenn auch kritisches und eigenständig denkendes Mitglied der Bekennenden Kirche. Das brachte ihm Konflikte mit dem Staat ein, die u. a. zu einem sechswöchigen Redeverbot und einer kurzzeitigen Verhaftung führten. Bemerkenswert ist die Fülle seiner Veröffentlichungen zu theologischen, kirchenrechtlichen und kirchenpolitischen Fragen[175]. Dies hatte ein Ende mit seiner Pensionierung, die das deutschchristliche Kirchenregiment früher vollzog, als rechtlich notwendig gewesen wäre.

3.7.5 Paul Tillich

Von 1929 bis 1933 lehrte der Theologe und Philosoph Paul Tillich an der Johann-Wolfgang-Goethe-Universität Philosophie. Er war ein Grenzgänger zwischen Theologie und Philosophie, zwischen den sozialen Klassen, zwischen Idealismus und Marxismus und zwischen Kultur und Kirche.[176] Dabei wollte er als Theologe Philosoph bleiben und als Philosoph Theologe.[177] Dem Religiösen Sozialismus nahe stehend, beschäftigte er sich mit der künftigen Gestalt des Sozialismus.[178] Als der Theologe Leopold Klotz 1932 Beiträge verschiedener Theologen zur Frage des heraufkommenden Dritten Reiches veröffentlichte, formulierte Tillich in zehn Thesen eine kritische Bestandsaufnahme des deutschen Protestantismus:[179]

„1. *Ein Protestantismus, der sich dem Nationalsozialismus öffnet und den Sozialismus verwirft, ist im Begriff, wieder einmal seinen Auftrag an der Welt zu verraten.*
2. *Scheinbar gehorsam dem Satz, daß das Reich Gottes nicht von dieser Welt ist, zeigt er sich, wie schon häufig in seiner Geschichte, gehorsam den siegreichen Gewalten und ihrer Dämonie.*
3. *Sofern er den Nationalsozialismus und die Blut- und Rassenideologie durch eine Lehre von der göttlichen Schöpfungsordnung rechtfertigt, gibt er seine prophetische Grundlage zugunsten eines neuen offenen oder verhüllten Heidentums preis und verrät seinen Auftrag, für den einen Gott und die eine Menschheit zu zeugen.*
4. *Sofern er der kapitalistisch-feudalen Herrschaftsform, deren Schutz der Nationalsozialismus tatsächlich dient, die Weihe gottgewollter Autorität gibt, hilft er den Klassenkampf verewigen und verrät seinen Auftrag, gegen Vergewaltigung und für Gerechtigkeit als Maßstab jeder Gesellschaftsordnung zu zeugen.*
5. *Der Protestantismus ist in schwerster Gefahr, diesen für ihn auf weite Sicht verderblichen Weg zu gehen. ...*
6. *Offizielle Neutralitätserklärungen der kirchlichen Instanzen ändern nichts an der tatsächlichen Haltung weitester evangelischer Kreise, Theologen und Laien. ...*
7. *Der Protestantismus hat seinen prophetisch-christlichen Charakter darin zu bewähren, daß er dem Heidentum des Hakenkreuzes das Christentum des Kreuzes entgegenstellt. Er hat zu bezeugen, daß im Kreuz die Nation, die Rasse, das Blut, die Herrschaft in ihrer Heiligkeit gebrochen und unter das Gericht gestellt sind.*
8. *Der Protestantismus hat seinem Wesen nach nicht die Möglichkeit, sich in einer bestimmten politischen Richtung darzustellen. ...*
9. *Auf diese Weise kann er dem politischen Wollen der im Nationalsozialismus zusammengeschlossenen Gruppen ein ihrer sozialen Not gemäßes, wahrhaftiges und gerechtes Ziel zeigen und die Bewegung befreien von den volks- und menschheitszerstörenden Dämonien, denen sie heute unterworfen ist.*
10. *Ein offenes oder verstecktes Bündnis der protestantischen Kirchen mit der nationalsozialistischen Partei zur Unterdrückung des Sozialismus und Bekämpfung des Katholizismus muß nach gegenwärtigem Machtzuwachs der Kirchen zu zukünftiger Auflösung des deutschen Protestantismus führen.*"

Paul Tillich emigrierte nach der Machtübernahme durch die Nationalsozialisten und wirkte dann in den USA als Professor.

1956 erhielt er die Goethe-Plakette der Stadt Frankfurt und 1962 den Friedenspreis des deutschen Buchhandels als „großer Seelsorger des innerlich ringenden Menschen". Die Laudatio hielt Bischof Otto Dibelius.

3.7.6 Willy Veit

Johannes Kübel portraitierte auch den mehrfach zu Wort gekommenen Willy Veit: *„In unserm Kreis war mein Studiengenosse und Bundesbruder Veit der bedeutendste und erfolgreichste Kanzelredner. Er war in Frankfurt geboren, Sohn eines Rothschild'schen Obergärtners, glänzend begabt, umfassend gebildet und theologisch gründlich geschult. Seine Frau stammte aus der Frankfurter Kaufmannschaft, war sehr vermögend und erlaubte ihm einen großzügigen Lebensstil. Eine mehrjährige Tätigkeit in Manchester verlieh ihm weltmännische Formen. Seine Predigten stellten an die Hörer hohe geistige Anforderungen und vergaben dem sittlichen Ernst nichts. Aber die Wirkung ging nicht allein, vermutlich nicht einmal vorwiegend, von dem gesprochenen Wort und der Gedankenführung in der Predigt aus; wesentlich war die suggestive, fast hypnotische Art ihrer Darbietung. So zündete er am Totensonntag am Altar zum Gedächtnis der im Lauf des Jahres gestorbenen Kleinkinder, Frauen, Männer, Alten usw. der Reihe nach Kerzen an und erhob das ‚Anzünden der Totenkerzen' förmlich zu einem Programm seines alljährlichen Abendgottesdienstes am Totensonntag. Am Jahresschluß richtete er seine Predigt genau nach der Uhr ein; wenn es Mitternacht schlug, konnte er auf die Sekunde genau sein Amen sprechen, und im gleichen Augenblick mußten in dem mystischen Halbdunkel des großen Gotteshauses alle Lichter aufflammen. ... Er wurde Modepfarrer der kirchlich-liberalen Kreise und Konfirmator der Jugend. ... Inzwischen hatte sich Veit so sehr auf sich und seinen Hörerkreis zurückgezogen, daß er den Sinn für andere Menschen völlig verlor. ... Veit hielt am großen ‚evangelischen Volkstag' der Frankfurter Landeskirche die Predigt. Dieser Volkstag sollte das evangelische Frankfurt zusammenfassen und religiös und kirchlich auffrischen. Veit hielt in der Festpredigt unserer evangelischen Kirche schonungslos, unbarmherzig ihre intellektuelle Rückständigkeit vor und unterschlug die ganze fortschrittliche Entwicklung, die sie seit 50 Jahren genommen hatte. Er erweckte den Eindruck, als ob er der einzige aufgeklärte, neuzeitliche Theologe Frankfurts sei, und ließ die Predigt nach Schluß des Gottesdienstes an den Kirchentüren gedruckt verkaufen. Die Predigt rief in der ganzen Pfarrerschaft so viel Unwillen hervor, daß der Landeskirchenrat eingreifen mußte."*[180]

3.7.7 Helmut Walcha

Der 1907 in Leipzig geborene und 1991 in Frankfurt verstorbene Helmut Walcha war ein weltweit bekannter Organist, Cembalist und Komponist. Schon als Kind litt er unter einem Augenleiden als Folge der Pockenimpfung und erblindete dann mit 19 Jahren. Als seine große musikalische Begabung mit 13 Jahren entdeckt wurde, bedeutete dies, dass ihm von Anfang an das Spielen vom Blatt nicht möglich war. Vielmehr musste er sich die Noten nach dem mühsamen Entziffern mit hoher Konzentration im Gedächtnis einprägen. Trotzdem wurde er nach nur einjährigem Klavier- und Geigenunterricht 1922 in das Leipziger Konservatorium aufgenommen, wo er Orgelschüler Günther Ramins wurde. Von 1926 (19 Jahre alt) bis 1929 war er Assistent Ramins an der Thomaskirche und legte 1927 die große Organistenprüfung ab. Dann ging er nach Frankfurt und war von 1929 bis 1944 Organist an der Friedenskirche sowie von 1946 bis 1981 an der Dreikönigskirche. Er unterrichtete ab 1933 am Hoch'schen Konservatorium und war ab 1938 Professor für Orgel an der Frankfurter Musikhochschule. Nach dem 2. Weltkrieg

Abb. 59 Helmut Walcha

war er Mitbegründer des Instituts für Kirchenmusik.

Schon an der Friedenskirche trat er mit regelmäßigen Orgelzyklen an die Öffentlichkeit, die er später „Bachstunden" nannte. „Die ‚Frankfurter Bachstunden', deren Ziel es ist, dem Instrumentalwerk von Johann Sebastian Bach im Musikleben unserer Tage eine Heimat zu geben, und die außerdem der Orgel und dem Cembalo einen würdigen Platz im heutigen Konzertleben erringen sollen, werden als regelmäßige musikalische Feierstunden im Abstand von zwei Wochen abgehalten. In ihnen soll das Werk, auf das Spieler und Hörer in gleicher Weise ausgerichtet sind, das Wesentliche sein, und damit der Interpretation der ihr gebührende Platz als Dienst am Werk zugewiesen werden."[181] Die Bachstunden unterschieden sich also vom üblichen Konzertbetrieb dadurch, dass das ganze Werk von einem Künstler in zeitlichem Zusammenhang dargeboten wurde und nicht einzelne Werke in Auswahl durch verschiedene Künstler. Als 1943 und 1944 die Friedenskirche und die Musikhochschule den Bomben zum Opfer gefallen waren, fand Walcha eine Bleibe im Pfarrhaus von Bruchköbel. 1945 kehrte er nach Frankfurt zurück und setzte seine Bachstunden auf dem Cembalo fort, bis er am 1. Oktober 1946 Organist an der Dreikönigskirche wurde, der einzigen nicht zerstörten Frankfurt Innenstadtkirche. In der Dreikönigsgemeinde konzipierte er die wöchentlichen Orgelvespern. Als Bachinterpret hatte er Weltruf. Als solcher hielt er Konzerte in 85 deutschen Städten und 45 Städten im übrigen Europa. Von ihm stammt die erste Gesamteinspielung von Bachs Orgelwerk. Er gab aber auch Neuausgaben von Partituren Bachs und Händels heraus und war ein Kenner der barocken Orgelmusik.

Über seine Arbeit schrieb er: „*Die Kunst verlangt den ganzen Menschen und erschließt sich dem nicht, der sich ihr nur mit halber Kraft zuwendet, schon gar nicht dem, der meint, ihr nur flüchtig begegnen zu können. Sie offenbart ihre Geheimnisse nur dem, der es versteht, konzentriert seine Gefühlskräfte, seine seelische Aufnahmebereitschaft und schließlich auch sein ganzes Denkvermögen auf eine Sache zu richten. Wort und Ton wollen erklingen und nicht nur literarisch begriffen oder in Partituren gelesen werden. Ihre akustische Verwirklichung ist gleichsam der Klangleib, der mit seiner Vitalität unser Wesen erreichen soll und nicht nur als geistiges Phänomen verstanden werden darf, (sondern als) eine Kraft, die tiefe Wesensschichten in uns in Bewegung zu setzen vermag, wodurch sie Erlebnisse ganz besonderer Art schafft.*"[182] Die Stadt Frankfurt ehrte ihn durch die Benennung einer Straße im Gallus nach ihm und die Verleihung der Goethe-Plakette.

3.8 Kinder- und Jugendarbeit der evangelischen Kirche

3.8.1 Die Situation in der Nachkriegszeit

Das Lebensgefühl eines großen Teils der deutschen Jugend zu Beginn des 20. Jahrhunderts und erst recht nach dem 1. Weltkrieg war geprägt durch die Unwirtlichkeit der Städte und die maßlose Zerstörung von Menschenleben und menschlicher Umwelt im Krieg. Da zog es die jungen Menschen in die „heile" Natur. Sie forderten verstärkt Selbstbestimmung und hofften auf bessere Zeiten. Das brachten zwei viel gesungene Lieder zum Ausdruck, deren erste Strophen so lauteten:

> „Aus grauer Städte Mauern
> Ziehn wir durch Wald und Feld.
> Wer bleibt, der mag versauern.
> Wir fahren in die Welt.
> Halli hallo, wir fahren,
> Wir fahren in die Welt"

> „Wann wir schreiten Seit an Seit
> Und die alten Lieder singen
> Und die Wälder widerklingen
> Fühlen wir, es muß gelingen:
> Mit uns zieht die neue Zeit,
> Mit uns zieht die neue Zeit."

Leopold Cordier – Pfarrer in Frankfurt, Professor in Gießen, Verfasser eines dreibändigen Werks über die evangelische Jugend[183] – beschrieb die Situation, ganz im Zeitgeist gefangen, im Frankfurter Kirchenkalender so:

„Generalfeldmarschall von Hindenburg hat seine Lebenserinnerungen der deutschen Jugend als sein Vermächtnis gewidmet. Der Mann, der einer zerbrochenen Heimat ihre Söhne zurückgeführt hat, erinnert ein darniederliegendes Volk an seinen Jungbrunnen, die neue Generation, seine Jugend. Berechtigt unsere heutige Jugend zur Hoffnung auf eine bessere Zukunft unseres Volkes? Die Beantwortung dieser Frage hängt aufs engste mit der Beurteilung der modernen Jugendbewegung zusammen. ... Die Grundforderung der modernen Jugend ist das Eigenerleben. Der früheren Kulturperiode wird der Vorwurf gemacht, daß man sich viel zu vieles nur äußerlich angewöhnt, angelernt, angelesen habe. ... Was die heutige Jugend neu und selbständig erleben will, das ist zunächst die Natur. Das war ja der Ausgangspunkt für die moderne Jugendbewegung, wenn wir von den älteren Christlichen Gruppen einmal absehen, daß eine Jugend heranwuchs, die nicht mehr zum Born der Natur geleitet wurde. ... so wurde ganz von selbst das Erlebnis der Natur zum Erlebnis eines neuen Lebensstils. Der Verkehr mit der Natur zwingt zur Neugestaltung der Lebenshaltung. Das Grundgesetz dieses Lebensstiles ist die Einfachheit. ...

Die Besonderheit der christlichen Gruppen tritt deutlich in dem doppelten Erleben zu Tage, dem wir uns nun noch zuwenden müssen, dem Erlebnis Gottes und dem Erlebnis des Vaterlandes. ... das grundlegende religiöse Erlebnis ist für sie die Gewissensforderung, die Bindung des menschlichen Willens an einen ewigen Willen ... die christliche Jugendbewegung hat gerade in Frankfurt einen dankbaren Boden gefunden. In der von Frankfurt ausgehenden Wartburgvereinsarbeit und Neulandbewegung hat der christliche Gedanke unter der Jugend eine selbständige Prägung gefunden. ... Im Verein ‚Freude' ist weibliche Jugend vorbildlich gesammelt, und das Frankfurter Schülerbibelkränzchen steht in voller Blüte. ... Das Erlebnis des Vaterlandes zum letzten! Viele haben es heute nicht dank der Parteizerklüftung unsrer Zeit, es muß ihnen neu geschenkt werden. Vielleicht ist für uns Evangelische das der Weg, daß wir uns zunächst zum gemeinsamen Erleben des Größten miteinander zusammenfinden, daß wir uns wieder in Christus mehr als Brüder und Schwestern wissen, in der Gemeinde über den Zwiespalt von Jung und Alt hinauswachsen und uns dann jenseits der Parteien und Stände die Hände reichen."[184]

In diesem Geiste entstanden auch in Frankfurt neue Jugendbünde und Wandergruppen. Auch wurde die evangelische Jugendarbeit vielfältiger.[185]

3.8.2 DIE SCHÜLERBIBELKREISE

Nach dem Krieg ging die Arbeit nicht mehr so einfach weiter wie bisher. BK-Mitglieder waren im Krieg gewesen und brachten ihre Erfahrungen mit, und dem Geist der modernen Jugendbewegung konnte man sich nicht mehr verschließen. „*Vom BK-Standpunkte aus erschien die Jugendbewegung in ihrer zweiten und dritten Entwicklungsstufe, dem Freideutschtum und dem Drängen nach der jugendlichen Tat und Gestaltung, als die große unchristliche Anmaßung, als idealistische Problematik und gottentfremdetes Experiment, demgegenüber es gelte, die alte feste, sturmsichere Stellung der BK-Arbeit zu behaupten und mit der alten Losung neue Angriffe zu organisieren. Es fehlte dieser Betrachtung die Erkenntnis, dass es sich bei Neubrüchen und Widerständen in den BK nicht um eine Feindseligkeit handelte, sondern um bittere jugendliche Not, in der nicht einfach jene sturmsichere Siegfriedstellung bezogen und nicht einfach die alten Fahnen als selbstverständliche Siegeszeichen entrollt werden konnten*".[186] Doch letztlich übernahm man einiges von der Jugendbewegung, blieb aber bei seinen alten Grundsätzen.

Abb. 60 Albert Hamel

Dies zeigte sich an den Frankfurter Bibelkreisen. Der Frankfurter Bibelkreis unter Schülern der höheren Lehranstalten (BK) mit einer Pfadfinderschaft ging auf eine Initiative aus dem Evangelischen Jungmännerwerk im Jahre 1882 zurück. Die Bibelkreise fingen als erste mit Geländespielen, Lagern und Fahrten an. In Frankfurt nahm Albert Hamel dies auf. Das Ende der Monarchie, die Revolution 1918 und die neue Weimarer Republik trafen Hamel schwer.[187] Als Anhänger der Monarchie und einer straffen Staatsordnung hatte er kein Verständnis für eine demokratische, pluralistische und liberale Gesellschaft. Persönlich war er zudem von der wirtschaftlichen Rezession betroffen, und die Zahl der Mitglieder der Bibelkreise sank bis 1922 von ehemals 1.000 auf 400. Nicht zuletzt hatte

Hamel keinen Zugang zu den Bestrebungen der Jugendbewegung und den Formen des Wandervogels. Am Rande der Bibelkreise bildeten sich „Wandergruppen", in denen alle Mitglieder gleiche Rechte hatten und denen eine Führung und der pädagogische Impetus fehlten. Dem war Hamel nicht gewachsen.

Er suchte einen Nachfolger und fand ihn in dem geistesverwandten Paul Both. Aber dem väterlichen, freundlichen Hamel folgte der energische und autoritär führende Both. Die Bibelkreise standen zu der Zeit politisch der Deutsch-nationalen Volkspartei nahe und sympathisierten Anfang der 30er Jahre mit dem Nationalsozialismus. Die Mädchenbibelkreise hatten dieselbe Wurzel wie die Schülerbibelkreise.

1930 war Paul Both Vorsitzender der Frankfurter Bibelkreise. Die Gaukanzlei hatte ihren Sitz am Rossmarkt 1. 1931/32 gab es im Landesverband 10 Bibelkreise mit 23 Gruppen und 894 Schülern:[188] „Jungsiegfried" in der Französisch-reformierten Gemeinde, „Martin Luther" in der Luthergemeinde, Bibelkreis Süd in der Lukasgemeinde, Bibelkreis Matthäus in der Matthäusgemeinde, Bibelkreis Westend ebenfalls in der Matthäusgemeinde, Bibelkreis Eschersheim in der Ziehenschule, Bibelkreis Dornbusch, Bibelkreis West in Bockenheim, Bibelkreis Bad Homburg in der Erlöserkirchengemeinde, Bibelkreis Hanau und Bibelkreis Nordost im Vereinshaus Nordost. Hamel und Both leiteten je zwei dieser Kreise.

Im Spätsommer 1932 kam es zum Konflikt zwischen dem Bibelkreis Nordost und Both, der sich letztlich an der selbstherrlichen Art Boths entzündete. Die Pfadfindersippen Franz von Sickingen und Ulrich von Hutten trennten sich daraufhin vom Erstführer Paul Both.

3.8.3 Der CVJM

Der deutsche CVJM[189] kam aus der von Amerika und Großbritannien inspirierten pietistischen Erweckungsbewegung des letzten Drittels des 19. Jahrhunderts.[190] Er stand also nicht in der Tradition der deutschen Jünglingsvereine, sondern übernahm das Modell der 1844 von George Williams in London gegründeten „Young men's christian association". Der erste deutsche CVJM wurde am 22. Januar 1883 von Methodistenprediger Fritz von Schlümbach in Berlin gegründet. Als Verein wollte er bewusst überparochial und gemeindeunabhängig wirken. Der CVJM wurde im Sinne der Erweckungsbewegung mit dem Ziel tätig, die Vereinsmitglieder zu bekehren.[191] Die Mustersatzung für einen Großstadt-CVJM im Jahre 1924 beschrieb den Vereinszweck so: „Der Christliche Verein junger Männer verfolgt den Zweck, das Wohl der erwachsenen männlichen Jugend ... nach jeder Richtung hin zu fördern, daher 1. seinen Mitgliedern Gelegenheit zu bieten zur Weckung und Förderung des inneren Lebens, zur geistigen Weiterbildung, zur Pflege edler Freundschaft und Geselligkeit; soweit möglich auch beizutragen zur Fürsorge für das äußere Wohlergehen; 2. sie anzuleiten zu brüderlicher, christlicher Tätigkeit für ihre Altersgenossen."[192] Die deutschlandweite Mitgliederzahl für 1932/33 wurde auf 265.000 geschätzt.

In Frankfurt war der CVJM[193] nur mit dem CVJM Wittenberg beim Verein für Innere Mission, der durch Umwandlung des Jünglingsvereins der Personalkirchengemeinde Nord-Ost entstanden war,[194] und dem CVJM Nordost stärker vertreten. 1912 war der Vereinssitz des CVJM Wittenberg in der Langestraße 16. Ebenfalls 1912 war der Vereinssitz des CVJM Nordost in der Wingertstraße 14.

Beide Vereine erreichten aber nur kleine Stadtgebiete, weshalb eine an sich von Albert Hamel beabsichtigte Zusammenarbeit nur begrenzt möglich war. Mitte der zwanziger Jahre zeigte auch Paul Both Interesse an einer CVJM-Arbeit. Er belebte den ursprünglich von Hamel gegründeten CVJM-Siegfried wieder, allerdings nicht als eigenständigen Verein, sondern mit sich selbst als 2. Vorsitzendem und Pfadfinderführern als CVJM-Leitern. Die anderen CVJM gehörten weiter dem Mainkreisverband und über diesen dem überregionalen CVJM-Westbund an. Der Dynamik Paul Boths waren sie ebenso wenig gewachsen wie der Wartburgverein. Both betrieb einfach den Zusammenschluss der verschiedenen Vereine unter seiner Leitung. Sein CVJM umfasste 1931 22 Kreise mit 770 Jugendlichen. 1932 schlossen sich der CVJM e. V. und der Wartburgverein zusammen.

3.8.4 Der Evangelische Verband weiblicher Jugend

Der „*Reichsverband Evangelischer Weiblicher Jugend*"[195] diente ab etwa 1900 unter seinem Leiter Pfarrer Johannes Burckhardt der Unterstützung der gemeindlichen Jugend und der Ausbildung von „*Sekretärinnen*" und später Gemeindehelferinnen. Die Zentrale in Berlin war das Burckhardthaus, nach dem der Verband bald seinen populären Namen erhielt. 1918 übernahm Otto Riethmüller die Leitung, der den Verband in die Bekennende Kirche führte. Die deutschlandweite Mitgliederzahl wurde für 1932/33 auf 304.000 geschätzt. Der 1916 in Hessen-Darmstadt gegründete Landesverband erhielt 1926 in Zwingenberg das Verbands- und Erholungsheim Orbishöhe. In Frankfurt gehörte das Evangelische Mädchenwerk zum Burckhardthaus. Mit Hilfe der Frankfurter Kirche erhielt es ein kleines Landheim in Rod am Berg/Taunus.

Der Verband hatte den Krieg und die Nachkriegswirren relativ unbeschädigt überstanden. Die Gründe dafür waren die Kontinuität in der Leitung durch Pfarrer D. W. Thiele, die enge Gemeindeanbindung und die Tatsache, dass der Verband nicht gerade die kritische Jugend an sich band. Andererseits waren die Mädchenvereine häufig kaum etwas anderes als die willige Schar, die dem Gemeindepfarrer in allen organisatorischen Angelegenheiten half.[196] Die Ausrichtung war christlich-konservativ. Man betrachtete sich nicht als Teil der Jugendbewegung, konstatierte aber doch, dass die Verbandsarbeit durch eine bisher nicht gekannte Selbständigkeit, ein neues Gemeinschaftsbewusstsein, einen entschiedenen Radikalismus und eine beispiellose Opferwilligkeit ein neues Gesicht erhalten hatte.[197] Dies schlug sich nieder in der Mitsprache der Jugendlichen, Banner und Wimpel, Volkslied und Volkstanz, Freizeiten und Jugendtagungen. Nach dem Weggang von Guida Diehl fand man den Zugang zu Mädchen mit höherer Schulbildung über „*Weggenossenkreise*".[198] Organisatorisch setzte man weiter auf Dezentralisation mit Landes-, Provinzial und Kreisverbänden, die eine große Selbständigkeit genossen.

3.8.5 Der Verband evangelischer Vereine für weibliche Jugendpflege

Der Verband sammelte die weibliche konfirmierte Jugend in Nähe zu den Kirchengemeinden. Er wollte junge Menschen zu Christus führen und seine Vereine zu einer Zelle christlichen Gemeindelebens heranbilden. Dem diente ein vielfältiges Angebot von Veranstaltungen. Sein Losungswort war: „*Der Herr ist unser Richter, der Herr ist un-*

ser Meister, der Herr ist unser König, der hilft uns." In Frankfurt und Umgebung gab es 1926 23 Vereine mit etwa 650 Mitgliedern. Angegliedert war auch eine Jungschararbeit mit 12–14jährigen Mädchen.[199]

3.8.6 Der Bund Christdeutscher Jugend

Der Bund[200] wurde 1921 unter Beteiligung des damaligen Frankfurter Pfarrers und späteren Gießener Theologieprofessors Leopold Cordier und seines Frankfurter Kollegen Paul Lange aus dem Neulandbund heraus gegründet. „Christdeutsch" sollte sowohl den Bezug auf die Reformation als auch die Verbindung von Christentum und Volkstum zum Ausdruck bringen. Cordier griff zur Erläuterung dieses Begriffs weit in die deutsche Geschichte zurück[201]:

„Wollten wir ihn in seine ersten Anfänge verfolgen, dann müßten wir hinabsteigen in die Tiefen der deutschen Geschichte, müßten anheben mit jenem ersten Ringen des deutschen Geistes um die selbständige Aneignung der Botschaft des Christentums, nachdem das Licht des Evangeliums über den germanischen Völkern hell aufgestrahlt war. Vom Heliand müßten wir reden, jenem ersten großen Denkmal dieses Ringens: ... Von der deutschen Mystik, von Martin Luther und der deutschen Reformation müßten wir sprechen, wollen wir eine Geschichte des christdeutschen Gedankens schreiben. Die deutsche Reformation hat nicht nur das Evangelium neu entdeckt, sie hat es auch mit der deutschen Seele neu zu lesen begonnen. Ihre Großtat war die Bibel im Sprach- und Anschauungsgewand des deutschen Volkes".

Er führte auch aus, dass beim Wartburgfest 1817 ein „*christlich-deutscher Staat*" gefordert worden sei, Wichern von dem „*christlich-germanischen Fundament*" der Erziehung gesprochen habe und Stöcker ein christdeutscher Mann gewesen sei. Nach all´ dem wundert die Nähe zu Guida Diehl und dem „*Neulandbund*", in dem Cordier und Lange zunächst mitgearbeitet haben, nicht. Allerdings kam es im Neulandbund nach dem Krieg zu Spannungen. Der Bund, der inzwischen auch junge Männer aufnahm, entfernte sich von der Jugendbewegung hin zu einem autoritär geführten vaterländischen Verein.[202] Das Bestreben der Jungen nach Eigenständigkeit und Mitwirkungsmöglichkeiten wurden von Diehl und ihrem Anhang als Abweichen von der alten Linie und Versuch einer Demokratisierung abgelehnt. In der Ausgabe Nr. 1 vom Januar 1921 des von ihr herausgegebenen Bündlerblattes versuchte Diehl mit einem förmlichen Gelübde, die Bundesglieder wieder auf ihre Linie zu bringen: *„Die Bündlerinnen leisten der Führung das Gelübde der Treue. Die Führung liegt in der Hand von Guida Diehl als der von Gott und von der Geschichte uns gegebenen, nicht wählbaren Führerin"*. Das verschärfte jedoch den Konflikt. So musste Diehl Ostern 1921 den Neulandbund auflösen. Mit ihren Anhängerinnen gründete sie die „*Neulandschar*". Die anderen trafen sich Pfingsten 1921 in Herborn und baten Cordier und Lange, sie auf ihrem weiteren Weg zu begleiten. Ihnen ging es darum, die Mitglieder als gleichberechtigte und verantwortliche Träger des Ganzen zu sehen, sich als Jugendbewegung zu verstehen und das Ziel zu verfolgen, das Reich Gottes in ihrem Vaterland zu bauen. So entstand die Christdeutsche Jugend, 1923/24 wurde sie zum Christdeutschen Bund.

In den Richtlinien von 1921[203] hieß es: „*Wir wollen eine Gemeinschaft von jungen Men-*

Abb. 61 Paul Both vor Pfadfindern

schen sein, die sich dafür einsetzt, dass die Kraft des Christus in uns lebendig und eine Macht im deutschen Volk wird." Der Bund stand der Jugendbewegung nahe, war anfangs von deutsch-nationaler Gesinnung geprägt, stand aber dann unter dem Eindruck der dialektischen Theologie. Das Bundesheim wurde die Burg Hohensolms bei Wetzlar. Hier fanden die großen Treffen und Tagungen statt. Hier baute man eine Christdeutsche Volkshochschule auf. Der Frankfurter BCDJ errichtete das später Robert-Grimm-Heim genannte Jugend- und Freizeitheim auf der Hegewiese am Sandplacken.[204]

3.8.7 Der Wartburgverein

Der Wartburgverein arbeitete weiter wie bisher und hatte in den meisten Frankfurter Kirchengemeinden seine Gruppen.[205] 1931 gehörten ihm etwa 650 Mitglieder an. Er war dem CVJM-Mainkreisverband angeschlossen und, wie die anderen, Mitglied der Arbeitsgemeinschaft evangelischer Jugendbünde.[206]

3.8.8 Das Evangelische Jungen- und Jungmännerwerk

1923 trat Paul Both die Nachfolge von Albert Hamel an. Rückblickend sagte er 1933: *„Wenn von der ersten Stunde unserer Arbeit an im Frühjahr 1923 kurz und bündig damit Schluß gemacht wurde, daß ein jeder tun und lassen konnte in unserem Jugendwerk, was er wollte, wenn wir für die Führerautorität, für Gefolgstreue und Einordnung kämpften, wenn wir die Vereinsmeierei und die parlamentarische Luft unserer Kreise haßten, wenn wir für die persönliche Verantwortung unserer Führer eintraten – es war ein Kampf wider den Liberalismus und den Subjektivismus der vergangenen Jahre ... Wir haben hier Jahre hindurch an unserem Platz für Einheit, Stoßkraft und Führung einer evangelischen Front gefochten! ... Wir lassen uns in unserem Einheitswillen von niemandem übertreffen! ... Sie (die Pfadfinderschaft, d. Verf.) war längst vor der amtlichen Wiederentdeckung des Wehrsports eine herbe und derbe Kompanie junger Kämpfer mit durch und durch soldatischer Art."*[207]

Seine kirchliche Prägung hatte Both in den Schülerbibelkreisen von Albert Hamel erfahren.[208] Für Hamel schien der junge Both der geeignete Nachfolger zu sein. Der war selbstbewusst, zielstrebig und liebte soldatische Ordnung.[209] Mit der Übernahme der Leitung des BK-Landesverbandes durch Both änderte sich dort einiges. Both führte straff. Die Pfadfinderschaft erhielt soldatische Formen.[210] Both gelang es, vor allem diese Pfadfinderschaft auszubauen. Für den Geist, der dort herrschte, spricht, dass aus der „BK-Pfadfinderschaft" 1932 die „Eichenkreuz-Sturmschaft" wurde, geleitet von dem „Erstführer" Paul Both und unter ihm Sturmschafts-, Stamm- Sippen- und Unterführern.[211] Unter dem „Erstführer" Paul Both standen 1932 die vier „Sturmschaftsführer" Hermann Einecke, Fritz Kalbfleisch, Helmuth Eifert und Willi Borneman. Vielsagend waren auch die Namen der Stämme wie: Alarich, Volker, Ernst Moritz Arndt, Roland, Eckart, Armin, Parzival, Ulrich von Hutten, Franz von Sickingen, Martin Luther, Freiherr vom Stein, Gustav Adolf, Ulrich Zwingli, Lützow, Beowulf, Winfried, Yorck, Walter Flex, Hagen, Wulfila, Blücher, Hildebrand und Hadubrand.[212] Zur nationalen Einstellung gehörte die Ablehnung der Weimarer Republik und des Liberalismus.[213] Nach eigenem Bekunden nahm Both Stellung gegen Versailles und für einen völkischen Staat.[214] Zucht und Ordnung fanden ihren Ausdruck in der Begeisterung für das Marschieren. Wo in der Weimarer Republik immer mehr Organisationen Aufmärsche durchführten, sollte auch die evangelische Jugend nicht fehlen.[215] Man möchte fast von einer paramilitärischen Organisation sprechen, die allerdings ebenso stark geprägt wurde durch die Bothsche Frömmigkeit und seine Verkündigungsarbeit.[216] Doch fragt man sich schon, wie viel hier noch der ursprünglich pietistisch-missionarische Impuls zum Zuge kam oder wie sehr er von nationalistisch-militaristischen Motiven überlagert wurde. Auf diesem Hintergrund wundert nicht die starke Affinität Boths zu Hitler und dass er den „Tag der deutschen Wiedergeburt" herbeigesehnt hatte.

3.8.9 Das Marthahaus

Von 1919 – 1922 lag die Leitung des Hauses in den Händen von Diakonisse Dora Carstens. Als diese die Aufgabe aus gesundheitlichen Gründen aufgeben musste, schrieb sie einen Bericht, der viel über die Auswirkungen des Krieges auf das Marthahaus aussagt. *„Als ich die Arbeit von Schwester Emilie Kuhlmann und Schwester Emma Wolff übernahm, herrschten dort sehr verworrene Verhältnisse. Schwester Emilie war über 4 Jahre in Frankreich im Kriegsdienst gewesen. Durch die Kriegswirren waren alle möglichen Elemente als Dauermieter in das Haus hereingekommen, die absolut nicht in den Rahmen unseres Hauses passten und die uns viel Schwierigkeiten machten. Wie dankbar war ich darum, dass Herr Rechtsanwalt Vömel uns mit seinem Rat und seiner Hilfe beistand, sodass es uns nach und nach gelungen ist, wenigstens einen Teil dieser Elemente herauszubekommen. Auch die wirtschaftlichen Verhältnisse waren sehr schwierig, mussten wir doch noch lange mit den Karten wirtschaften. Vorräte waren nicht im Geringsten vorhanden, dabei sollten täglich über 100 Menschen versorgt werden. Wir versuchten längere Zeit, den Betrieb dennoch aufrecht zu erhalten, und unsere Küchenschwester Elisabeth Mandler hatte keine leichte Aufgabe, täglich für die 5 verschiedenen Tische genügend Essen zu bereiten. ... Die Herberge (für stellenlose Mädchen, d. Verf.) befand sich in dem schönen Saal 4 im 2. Stock im Haupthause. Auch dort waren so allerlei Elemente* zusammen, am wenigsten stellungsuchende Mädchen, sondern es wurden uns von der Polizei aufgegriffene Menschen gebracht, Polinnen, Dirnen usw. und wir haben sie aufnehmen müssen, denn es hieß immer: ‚Ihr habt eine Herberge.' Da beschloss der Vorstand, diese Herberge aufzulösen."[217]

Probleme bereitete die Einführung der allgemeinen Berufschulpflicht nach dem Ersten Weltkrieg, weil die staatliche Berufsschule nun in Konkurrenz zur eigenen Haushaltungsschule trat. 1926 gelang es zunächst, mit der Schulbehörde eine Übereinkunft zu erzielen, dass die Schule bei Erweiterung des Lehrpersonals weiterarbeiten konnte[218]. 1927 wurde dann der Antrag auf Befreiung der Schülerinnen von der Berufsschulpflicht und auf Anerkennung als Haushaltungsschule gestellt, der positiv entschieden wurde. Man musste nun aber den Lehrplan erweitern und 1928 eine Gewerbelehrerin für die Fächer Erziehungslehre, Gemeinschaftskunde, Rechnen, Deutsch und Schriftverkehr sowie Gesundheitskunde anstellen. Doch die Zahl der Schülerinnen ging zurück. Dr. Paul Majer, seit 1926 im Vorstand; beschrieb die Situation 1964 so[219]:

„Zwar war der Ruf des Marthahauses als einer Stätte nicht nur guter Ausbildung von Fertigkeiten, sondern auch der Pflege evangelischer Gesinnung fest begründet worden. Aber in den ländlichen Einzugsgebieten machte sich die Wirtschaftskrise ebenso bemerkbar wie in den Städten. Die bäuerlichen und Handwerkerschichten brauchten die Töchter mehr daheim und konnten die Pensionsgelder nur mit Mühe aufbringen. Unter solchen Verhältnissen war eine wirtschaftlich unabhängige Haushaltsschule auf die Dauer nicht zu halten." [220]So beschloss der Vorstand 1930 auf Vorschlag von Pfarrer Karl Veidt, die Haushaltungsschule aufzugeben und aus dem Marthahaus ein Altenheim zu machen. Große Umbaumaßnahmen wurden nicht vorgenommen. Das Haus hatte überwiegend Doppelzimmer und ein Vierbettzimmer.

3.9 Soziales, missionarisches und gesellschaftliches Handeln

3.9.1 Neue Konzepte

Die Frankfurter Landeskirche schuf in den wenigen Jahren ihres Bestehens auch eine Anzahl landeskirchlicher Einrichtungen. Grundlegend dafür waren Beratungen der evangelisch-lutherischen Stadtsynode in den Jahren 1918 und 1919, in denen man als zeitgemäße kirchliche Aufgaben ansah:[221]

1. Die Verbindung aller auf evangelischem Boden stehenden Organisationen und Bestrebungen der Gemeindepflege und der Volkswohlfahrt.
2. Die Zusammenfassung derselben zu einheitlicher, planvoller Wirksamkeit.
3. Die Vertretung der evangelisch-kirchlichen Interessen gegenüber den öffentlichen und privaten Organisationen der Volkswohlfahrt.
4. Die Verständigung und Zusammenarbeit mit denselben.
5. Den Ausbau bereits begonnener pflegerischer und fürsorgerischer Arbeiten.
6. Den Dienst an der Gesamtheit durch Inangriffnahme neuer Arbeiten der Volkserziehung und Volkswohlfahrt.

Unter Punkt 6. verstand man die Fürsorge für uneheliche evangelische Kinder, für die gefährdete evangelische Jugend, für das gefährdete evangelische Familienleben sowie die Sammlung und Heranbildung eines Helferkreises für Vormundschaften und pflegerische Arbeit. Dabei schloss man eine Konkurrenz zur öffentlichen und privaten Volkswohlfahrt, Eingriffe in die Zuständigkeiten der Gemeinden und der verfassungsmäßigen Organe der Kirche, die Entlastung des einzelnen Evangelischen bei seinen sittlichen und sozialen Verpflichtungen gegenüber seiner Umwelt, und das Verdrängen der bestehenden Werke der Inneren Mission aus.

Die Vertreter der lutherischen Gemeinden zeigten damit, dass sie die Herausforderungen einer modernen, demokratischen und pluralistischen Gesellschaft erkannt hatten und annehmen wollten. Ihnen war offenbar klar, dass die Kirche nun nur bestehen konnte, wenn sie ihre Kräfte bündelte, ihre Interessen nach außen offensiv vertrat und sich intern um die Opfer der gesellschaftlichen Entwicklungen kümmerte.

Das konnten keine Erkenntnisse und daraus folgenden Pläne sein, die nach der Revolution auf einmal gekommen oder entwickelt worden waren. So zeigte sich daran auch, dass die politischen und gesellschaftlichen Umwälzungen Modernisierungsbestrebungen in der Kirche den Weg frei machten, die sich bisher nicht hatten durchsetzen können. Bemerkenswert ist, dass die verfasste Kirche Verantwortung übernahm und solche Aktivitäten nicht mehr den kirchlichen Vereinen überließ. Sie tat das auch nicht in erster Linie aus einem missionarischen Impuls heraus, sondern weil sie eine Verantwortung der Kirche gegenüber der Gesellschaft sah. Bis heute steht Frankfurt am Main damit ziemlich allein da, dass Diakonie nicht nur in Form freier Träger organisiert ist, sondern auch als Teil der verfassten Kirche.

3.9.2 Der Evangelische Volksdienst

Einer dieser Aufgabenbereiche war der Evangelische Volksdienst, dessen Aufgabe vor allem darin bestand, in Not Geratenen zu helfen, durch Einzelfallhilfe aber auch durch Wirken in der Öffentlichkeit. Am 9. November 1910 hatte die Bezirkssynode beschlossen, einen „*Berufsarbeiter*" für Fürsorge-, Erziehungs-, Jugend- und Gerichtsangelegenheiten anzustellen. Die zunehmende Verwahrlosung Jugendlicher und viele Fälle von Kindesmisshandlung hatten die Verantwortlichen zu dieser Entscheidung veranlasst, einer für jene Zeit einmaligen kirchlichen Maßnahme.

Die Arbeit dieser Fürsorgezentrale bewährte sich auch im Krieg. Es lag daher nahe, angesichts der Nachkriegsnöte an einen Ausbau zu denken. Schon im Oktober 1918 beschloss die Stadtsynode, einen Ausschuss für evangelische Volkspflege zu schaffen, der vermittelnd, vorbereitend und anregend tätig werden sollte. Doch dies reichte nicht aus. Im April 1920 übertrug die Synode dem Ausschuss klarere Kompetenzen, die außer den Anregungen und Vorbereitungen vor allem eine vielfältige Vertretung der Kirche in der Öffentlichkeit vorsahen. Für drei Jahre im Voraus wurden die kirchlichen Mittel bewilligt. Der Ausschuss erhielt die Bezeichnung „*Kirchliches Amt für Volkswohlfahrt, Evangelischer Volksdienst*" und arbeitete unter dem Vorsitz von Pfarrer Adalbert Pauly. Er konnte Mitglieder zuwählen und tat das auch. Für verschiedene Sachbereiche wurden auch Unterausschüsse gebildet. So bestanden 1930 drei Unterausschüsse: Ausschuss „*Evangelisch-landeskirchlicher Verband für Volksbildung*", Rundfunk-Ausschuss und Sozial-Ausschuss.

Abb. 62 Adalbert Pauly

Die Arbeitsgebiete waren aber viel zahlreicher. Schon 1921 zählte man auf: Vertretung der evangelisch-kirchlichen Interessen, Beratung der Gemeinden in allen Wohlfahrts-, Armenpflege- und Kinderfürsorgefragen gegenüber den öffentlichen und privaten Instanzen und Organisationen, Fürsorge für die konfessionelle Erziehung unehelicher Kinder, Vermittlung und Förderung evangelischer Vormundschaften und Pflegschaften, Wahrung der kirchlichen Interessen in Bezug auf Mischehen, Beobachtung der kirchlichen und nichtkirchlichen Jugendbewegung, Überwachung der Literatur, Schundliteratur, Kolportage und Theaterfrage, Behandlung der Austrittsbewegung und des Sektenwesens, der Sittlichkeitsbewegung, der Aus- und Rückwanderung und der Ehescheidungen.[222] Im Jahre 1930 bewältigten 14 Beamte, Angestellte und ehrenamtliche Mitarbeiter zusammen mit 142 Helfern und Helferinnen sieben Arbeitsgebiete: Auskunft und Beratung in kirchlichen und sozialen Fragen, Soziale Fürsorge, Jugendschutz, Pflege des evangelischen Ehe- und Familienlebens, Beobachtung der kirchlichen und sittlichen Zustände, Evangelische Volksbildung, Kirchliche Statistik. Diese nüchterne Aufzählung der Aufgabenbereiche zeigt, in welch großem Umfang und in welcher Vielfalt der Evangelische Volksdienst Hilfe anbot. Es ist erstaunlich, wo überall die evangelische Kirche sich nun engagierte.

3.9.3 Der Verein für Innere Mission

Von 1916 bis 1925 stand Pfarrer Georg Probst im hauptamtlichen Dienst des Vereins für Innere Mission. Mit großem Elan und spektakulären Aktionen fand er immer wieder die Aufmerksamkeit der Öffentlichkeit. 1921 forderte er volksmissionarische Aktivitäten:[223]
„Dürfen wir Christen stille sitzen und uns mit der Pflege der eigenen Seele begnügen? Müssen wir nicht wieder ganz anders als bisher Missionskirche sein und immer mehr werden? Uns Leuten der Inneren Mission läßt dieser Gedanke Ruhe mehr. Die Zeit zu langem Reden und Ueberlegen ist dahin. Wir müssen endlich einmal handeln. Wo Hunderttausende in stets wachsendem Maße der Gefahr ausgesetzt sind, im Schmutz der Großstadtsünde zu versinken, und wo das Unheil so erschreckend zunimmt, muß es in des Wortes wahrster Bedeutung eine ‚Heilarmee' geben, die überall und sofort da Hand anlegt, wo Gefahr droht, Kampf entbrennt und Not ruft. Jeder Christ müßte in seinem nächsten Kreise ein Missionar, ein Soldat, ein Streiter Jesu Christi sein. In diesem Gefühle brennender Scham über unsere Zustände und heißer Liebe zu unserem irregeführten Volke haben wir, ohne nach rechts oder links zu sehen, unsere neue Arbeit der Stadtmission begonnen, so wie wir es für gut hielten."

Dann erzählte er von der Kurrende, etwa 100 Jungen, die im Gesang geschult, sonntäglich in der Morgenfrühe in die Höfe und Gassen der Stadt zogen und ihre Lieder sangen. Vorbereitet wurden diese Besuche mit Handzetteln. Nachgearbeitet wurde von Stadtmissionaren, die dort, wo die Junge gesungen hatten, Hausbesuche machten. Und er schilderte die Mitternachtsmission, die bei Nacht in die Vergnügungsviertel ging, um dort Menschen mit Wort und Schrift zu bekehren.

1926 berichtete Probst wieder von der Volksmission:[224] *„Im kleinen Sälchen an der Lange Straße haben sich ein paar beherzte Menschen, Männer und Frauen zusammen gefunden. Die Seelennot der gottentfremdeten und entkirchlichten Massen der Großstädter hat sich schwer auf ihr Gewissen gelegt. Sie empfinden etwas von der Verantwortung eines Christenmenschen, der einmal den Missionsbefehl Christi gehört und verstanden hat. ‚Warum sollen die Missionare die Botschaft nur zu den Heiden in Asien und Afrika bringen? Haben wir nicht auch in Frankfurt zahllose Heiden? Wir wollen Missionare in Frankfurt sein. Auf ans Werk!' ... Es ist ein milder Herbstabend. Die Arbeiter sind daheim und rauchen ihr Pfeifchen. Die Jugend treibt sich auf der Straße herum. Da brausen plötzlich die frischen Klänge eines Marsches durch die Luft. Alles springt ans Fenster! Was das nur ist? Beinahe als ob die alte, schöne Regimentsmusik aus vergangenen, herrlichen Tagen erklänge. Es sind aber nur die jungen Wartburger, die mit ihrem schneidigen Posaunenchor die Menschen wecken, locken, einladen. Was sie zu sagen haben, verkünden die mitziehenden Plakatträger: ‚Kommt zu den Vorträgen im Saal zum Engel!' Und wie weiland der Rattenfänger zu Hameln die Kinder, so ziehen die Bläser die Massen Fragender und Neugieriger hinter sich her. Der Saal ist voll von Leuten, die nicht in die Kirche zu gehen pflegen. Der Vortragende steht am Rednerpult ohne Talar, ohne schwarzen Rock und beginnt ohne Gebet und Textverlesung. Das hassen diese Fremden. Er spricht ganz natürlich. Bloß, daß er das, was er will, von Herzen will, merkt bald jeder."*

Die starke Inflation brachte den Verein für Innere Mission 1920 allerdings in finanzielle Schwierigkeiten. Das führte dazu, dass er das Vereinshaus Westend, Neue Mainzer Straße 41, verkaufen musste.[225] Besonders betroffen war hiervon der Wartburgverein, der Ersatzräume in der Darmstädter Landstraße und in der Langestraße bekam. Dreizehn Jahre später gelang es, das Anwesen Neue Schlesinger Gasse 22-24 als Vereinshaus zu erwerben.[226]

3.9.4 Das Frankfurter Diakonissenhaus

In der Zwischenkriegszeit betrafen alle allgemeinen Nöte auch das Diakonissenhaus. Schwester Ella Germer, 1918 Schülerin des Kleinkinderlehrerinnenseminars, 1919 Probeschwester, erzählte:[227] *„Die Kriegsnot war beendet, doch viele andere Nöte stellten sich ein. Da war die Lebensmittelnot. Wöchentlich holten wir mit dem Leiterwagen oder dem Drückkarren unsere Zuteilung in der Proviantzentrale ab. Der Küchenzettel war oft eigenartig zusammengestellt, aber täglich stand etwas zu essen auf dem Tisch. Auch die Kohlennot machte uns zu schaffen.*

Wir waren so arm geworden, daß bis 1920 keine einheitliche Tracht der Probeschwestern möglich war. Jede trug, was sie hatte. Die Kleider waren oft gestreift, gepunktet oder geblümt. Wenn man Glück hatte, ein Stück Bettzeug zu besitzen, so konnte das in Herborn nach alten Mustern gefärbt und mit

Schwesterndruck versehen werden. Schlimm war die Frage der Schuhe. Immer kamen bei den gefärbten Zivilschuhen die alten Farben durch. Die ersten amerikanischen Liebesgaben wurden mit großer Freude empfangen. Leider waren die Schuhe meistens zu schmal und spitz. Die Versorgung mit Schuhen hatte eine Diakonisse in den Händen, die auch unsern alten Schuhmacher in der Werkstatt betreute. Er flickte, was zu flicken war.

Es kamen die Jahre der immer größer werdenden Geldentwertung. Im Kindergarten bezahlten die Kinder täglich den Gegenwert eines Brötchens. Am Abend trugen wir dann eine große Tasche Papiergeld zu Schwester Bertha von Roques, die es noch am gleichen Tag zur Bank schaffen ließ."

Natürlich war auch die Finanzsituation des Diakonissenhauses sehr schwierig. Gehaltskürzungen und alle denkbaren Sparmaßnahmen waren an der Tagesordnung.

Da war es wichtig, in den Leitungsfunktionen Menschen zu haben, die ihrer schwierigen Aufgabe gewachsen waren.[228] 1926 wurde Senatspräsident Heinrich Heldmann Vorsitzender des Vorstandes, 1927 Pfarrer Karl Christian Hofmann Vorsteher, 1928 Pfarrer Karl Goebels zweiter Pfarrer und 1932 Schwester Elly Schwedtke Vorsteherin (Oberin). Sie haben mit Ausnahme von Karl Goebels auch während der ganzen Zeit des 3. Reiches die Verantwortung getragen.

Wie streng das Regiment in einem Diakonissenhaus jener Zeit war, geht aus einer Episode hervor, die Pfarrer Johannes Kübel, damals Vorstandsmitglied des Diakonissenhauses, in seinen Erinnerungen berichtete.[229] Danach beantragte im Frühjahr 1929 der erste Frankfurter Hals-, Nasen- und Ohrenarzt, Geheimrat Gustav Spieß, dem Krankenhaus für sich und zwei Kollegen eine Abteilung anzugliedern. Doch ließen die Bedingungen, die Spieß stellte, an der Wirtschaftlichkeit der Station zweifeln. Es gab deshalb im Vorstand unterschiedliche Auffassungen darüber, ob man dem Antrag entsprechen sollte. Der Vorsitzende, die beiden Anstaltsgeistlichen, die Oberin und die drei zum Vorstand gehörenden Schwestern waren gegen die Eröffnung einer solchen Station. Alle übrigen Mitglieder waren dafür. *„Nach langem Hin und Her erklärte der leitende Anstaltsgeistliche Hofmann noch vor einer Abstimmung, ein Diakonissenhaus müsse monarchisch geleitet sein, eine kollegiale Leitung, wie wir sie uns vorstellten, ginge nicht. Die Mitglieder des Vorstandes müßten sich mit der Rolle der bloßen Mitarbeit neben bzw. unter ihm begnügen. Die letzte Entscheidung stehe in allen wesentlichen Fragen ihm, dem Anstaltspfarrer, allein zu. … Die Wirkung war, wie sie sein mußte: acht Vorstandsmitglieder, lauter viel beschäftigte Männer des öffentlichen Lebens und hochangesehene Frauen, deren etliche dem Vorstand über zwanzig Jahre lang angehörten, lehnten es ab, zu bloßen Jasagern herabgewürdigt zu werden, und erklärten ihren Rücktritt."*

3.9.5 Das St. Markuskrankenhaus

Mit der Aufnahme Bockenheims in die Frankfurter Kirche fand auch der Bockenheimer Diakonissenverein einen Platz in dieser.[230] Der Verein war auf Anregung von Frau Bertha von Bernus am 1. Februar 1876 gegründet worden und wollte Kranke, Sieche und Arme zu Hause betreuen. 1891 eröffnete er in der Falkstraße ein kleines Krankenhaus als Belegkrankenhaus mit 15 Betten, das *„Diakonissenheim"*. Der Verein hatte inzwischen

1600 Mitglieder und engagierte sich auch für Kindererholung, Beschaffung von Lebensmitteln und Brennmaterial, Kleiderspenden und Mittagessen für Arme und Kranke. Vorsitzender war von der Gründung bis 1908 der reformierte Stadtpfarrer von Bockenheim Georg Strobel. Ihm folgte in diesem Amt Pfarrer Heinrich Kahl. Auf Initiative von Pfarrer Kahl und Hausarzt Dr. med. Otto Löwe konnten nach dem 1. Weltkrieg Nachbargrundstücke erworben und schließlich 1928 ein modernes Krankenhaus mit 134 Erwachsenen- und 34 Kinderbetten eröffnet werden. Es erhielt den Namen „*St. Markus-Krankenhaus*". Chefarzt wurde Dr. Löwe. Das Krankenhaus war weiterhin ein Belegkrankenhaus. Erster fest angestellter Arzt war 1927 Dr. med. Wilhelm Schöndube. Die Schwestern waren bis 1923 vom Frankfurter Diakonissenhaus gestellt worden, dann vom Diakonissenmutterhaus Marburg-Wehrda. 1928 wurde auch eine staatlich anerkannte Schwesternschule errichtet.

3.9.6 Der Evangelische Arbeiterverein

Im Jahr 1927 beschloss die Landeskirchenversammlung, den Evangelischen Arbeiterverein wieder zu beleben und die Stelle eines Arbeitersekretärs zu finanzieren. Dies scheint auch gefruchtet zu haben, wie ein Bericht des Arbeitersekretärs Heinrich Jumel im Frankfurter Kirchenkalender 1930 zeigte.[231] Jumel berichtete zunächst von den Anfängen und beschrieb den Arbeiterverein als den Boden, auf dem Friedrich Naumann seine christlich-sozialen Gedanken verwirklichen wollte, und als ein frühes Beispiel sozialer Arbeit „*auf evangelischer und vaterländischer Grundlage.*" Als Motto sah er die Prinzipien Gotteshilfe, Selbsthilfe und Bruderhilfe. „*Eine glückliche Verbindung von Hand- und Kopfarbeitern, von Arbeitnehmern und Arbeitgebern zeichnet gleich die ersten Lebensjahre des Vereins aus und bleibt sein Bestreben bis in die neueste Zeit hinein.*"[232] Von daher war es zu verstehen, dass bei der Gründung ein Konditoreibesitzer zum 1. Vorsitzenden gewählt wurde und dass am Anfang Direktoren und Politiker, Beamte und Pfarrer (Conrad Kayser, Friedrich Wilhelm Battenberg und Friedrich Naumann) regelmäßig an den Veranstaltungen teilnahmen. Schon im zweiten Jahr hatte der Verein über 800 Mitglieder, mit steigender Tendenz. Sängerchor, Jugendabteilung und die aus der „*Konsumgenossenschaft*" hervorgegangene „*Wirtschaftsgenossenschaft*" existierten auch in der zweiten Hälfte der 1920er Jahre noch. Von besonderer Bedeutung aber blieb die 1893 gegründete „Arbeiterwohnungsgenossenschaft". Der Verein sah sich weder als Konkurrenz zu den Männervereinen in den Gemeinden noch zu den Gewerkschaften. „*Er sieht seine Aufgabe in der Vertretung der evangelischen Belange vor der Oeffentlichkeit, er will das Gewissen aller derer sein, die sich mit Stolz und Freude Arbeiter nennen, die über sich den wissen, dem sie Rechenschaft schuldig sind und neben sich den sehen, dem sie zu Dienst und Liebe verpflichtet sind. Standes- und Berufsunterschiede haben in seiner Mitte kein Recht auf Grenzziehung; der Größte ist, der am besten den Dienst am Nächsten versieht.*"[233] Mit einem gewissen Stolz berichtete Jumel, dass der Verein inzwischen wieder 300 Mitglieder hatte.

3.9.7 Die Deutsch-evangelische Volksvereinigung

Ein demokratischer Staat lebt von der aktiven Mitwirkung seiner Bürger und von der Beteiligung der gesellschaftlichen Kräfte am öffentlichen Meinungsbildungsprozess. Also war nach 1918 auch die Kirche verstärkt gefordert, ihren Beitrag in der Öffentlichkeit zu leisten. Dies fiel nicht jedem leicht, denn die Abneigung gegen die Republik war verbreitet. Unmittelbar nach der Revolution versammelte sich am 1. Dezember 1918 die St. Katharinengemeinde in ihrer Kirche, um eine Predigt von Pfarrer Karl Schwarzlose über die Trennung von Kirche und Staat zu hören. In der anschließenden Aussprache kam die Unruhe der Gemeinde zum Ausdruck. Einige Gemeindeglieder erklärten wortreich ihre Treue gegenüber Kirche und Gemeinde.

Am gleichen Tag fand in der Paulskirche eine gut besuchte öffentliche Veranstaltung statt, in der verschiedene Redner über das Thema sprachen „*Die neue Zeit und die evangelischen Christen! Was haben wir zu erwarten, zu fordern, zu tun*" Die Tat folgte, denn am 15. Dezember 1918 gründeten im Bürgersaal des Rathauses 1500 Personen die „*Deutschevangelische Volksvereinigung*".[234]

Die Volksvereinigung war vor allem eine Laienorganisation, die sich die Aufgabe gestellt hatte, „*die evangelischen Frauen und Männer Groß-Frankfurts zu einer einheitlichen öffentlichen Tätigkeit behufs Wahrung evangelischer Interessen und zur Weckung und Förderung des evangelischen Bewußtseins ihrer Mitglieder zu sammeln*".[235] Im Jahr 1928 hatte der eingetragene Verein etwa 8000 Mitglieder und konnte stolz über seine Tätigkeit berichten.

In die Öffentlichkeit trat die Vereinigung vor allem mit Vortragsreihen und setzte so die Frankfurter Vortragstradition der Vorkriegszeit fort. Doch auch andere Veranstaltungen erregten das Interesse: Aufführungen christlicher Schauspiele oder 1927 die Reformationswoche, während der in 25 Stadtteilversammlungen zu aktuellen Reformationsthemen Stellung genommen wurde. Die Vereinigung war überparteilich und wollte die evangelischen Interessen in der Öffentlichkeit zur Geltung bringen. „*... sie will daher ihren Einfluß dahin geltend machen, daß in den Körperschaften des Reiches, der Einzelstaaten und der Stadt Frankfurt a. M. die evangelisch-christliche Bevölkerung eine ihrer Bedeutung angemessene Vertretung findet.*"[236]

Ein besonderes Arbeitsfeld war die Schulpolitik. Hier wurde versucht, über den „Evangelischen Elternbund" die evangelischen Eltern zu organisieren und für die Erhaltung der christlichen Schule zu kämpfen. So stellte die Deutsch-evangelische Volksvereinigung einen Versuch dar, kirchliche Interessen im politischen Raum zu vertreten und das Gemeinwesen mitzugestalten, ohne Gründung einer politischen Partei und neben der verfassten Kirche.

3.10 Finanzen und Gebäude

3.10.1 Die Vermögenssituation

Die Vermögenslage der Frankfurter Kirchengemeinden war sehr unterschiedlich. Die beiden reformierten Gemeinden waren sehr vermögend. Die lutherischen Stadtgemeinden hatten traditionell wenig oder gar kein eigenes Vermögen. Die später in die Frankfurter Kirche aufgenommenen Gemeinden hatten zum Teil erhebliches Grundvermögen, das aber als Pfarreivermögen zweckgebunden war.

Vor 1899 bestand das Vermögen der einen lutherischen Stadtgemeinde aus den Rechtsansprüchen gegenüber der Stadt aus der Dotationsurkunde von 1830, etlichen zweckgebundenen Stiftungen und einem kleinen Bestand aus Kollekten und Spenden. Dieses

Vermögen ging 1899 auf den lutherischen Stadtsynodalverband über. Die neu geschaffenen Einzelgemeinden verfügten zunächst über kein eigenes Vermögen und mussten dieses erst aus Vermächtnissen und Ähnlichem aufbauen. Allerdings gehörte ihnen die Ausstattung der von ihnen genutzten Kirchen. Die danach dem Verband angeschlossene Johannisgemeinde (1900) und die Luthergemeinde (1901) behielten ihr Vermögen. Zum 1. April 1921 wurden auch die Gemeinden der früheren Frankfurter Dörfer Bonames, Hausen, Niederrad, Niederursel und Oberrad dem Stadtsynodalverband angeschlossen. Das hatte die Stadtsynode unter der Bedingung genehmigt, dass sie ihr Eigentum an bebauten und unbebauten Grundstücken auf den Stadtsynodalverband übertragen. Dies ist jedoch nie umgesetzt worden. Die am 1. April 1929 in die Frankfurter Kirche und den Stadtsynodalverband aufgenommenen ehemals kurhessischen Gemeinden haben ihr Vermögen von vornherein behalten.[237] So gab es bis in die jüngste Zeit eine Ungleichheit der Frankfurter Gemeinden.

Da die Dotationsverpflichtungen der Stadt den Haushalt des Verbandes entlasteten, trugen die Innenstadtgemeinden auch zur Finanzierung der anderen Gemeinden bei, während diese ihr eigenes Vermögen behalten hatten. Noch etwas schärfer stellte sich die Situation dar, als der Verband 1974 die Dekanate als Mitglieder aufnahm. Mit ihrer Mitgliedschaft im Verband hatten die Dekanate auf einmal Vermögensanteile am (gemeindlichen) Verbandsvermögen erworben, ohne etwas einzubringen. Hinzu kam, dass die speziellen Kirchensteuerzuweisungen für die Dekanate deren Kosten nicht deckten, so dass die Frankfurter Dekanate zum Teil auch aus den Kirchensteuerzuweisungen für die Gemeinden finanziert wurden.

3.10.2 Die Kirchensteuer

Große Sorgen bereitete die Kirchensteuer.[238] Wie auch alle anderen Landeskirchen kannte die Frankfurter Kirche keine Landeskirchensteuer. Der finanzielle Bedarf der Landeskirche wurde vielmehr durch eine Umlage bei den Synodalverbänden gedeckt, die ihrerseits die Kirchensteuer erhoben. Dabei war die Steuerkraft der Reformierten etwa doppelt so hoch wie die der Lutheraner und der Unierten. Der Steuersatz in der Frankfurter Landeskirche betrug 1925 12 % der Lohn- und Einkommensteuer. In den evangelischen Gemeinden, die zu Frankfurt aber nicht zur Frankfurter Landeskirche gehörten, lag der Satz zwischen 12,5 % in Eschersheim und Preungesheim und 20 % in Heddernheim und Praunheim.[239] Die Erhebung der Kirchensteuer wurde bis zum Jahr 1920 durch die Steuerkasse der Stadt wahrgenommen. Im Jahre 1921 lehnte die Stadt aber die weitere Steuererhebung ab. Verhandlungen des Stadtsynodalverbandes mit den Finanzämtern wegen der Erhebung der Kirchensteuer durch diese waren auch nicht erfolgreich, weil sie sich aus räumlichen, technischen und personellen Schwierigkeiten hierzu nicht in der Lage sahen. Für das Rechnungsjahr 1922/23 trat dann die Stadtkasse doch noch einmal ein. Aber 1923 musste die Vereinigte Stadtsynode bei den einzelnen Kirchengemeinden 31 Kirchensteuerzahlstellen einrichten, die mit einem ehrenamtlichen Vorsteher und den erforderlichen Mitarbeitern besetzt waren. Dieses Provisorium galt bis 1932. Dann wurde ab 1. April 1932 bei der staatlichen Finanzkasse Ost eine Nebenstelle zur Erhebung der Kirchensteuer geschaffen. Bei den Sparkassenfilialen wurden Zahlstellen für die Annahme der Kirchensteuern errichtet.[240] Probleme brachten nicht nur die Steuererhebung, sondern auch die Währungszerrüttung und die volkswirtschaftlichen Krisen in der Weimarer Republik. Immer wieder mussten die Steuersätze verändert werden. Manchmal war die festgesetzte Kirchensteuer zum Zeitpunkt der Zahlung wesentlich weniger wert, so dass beispielsweise im Jahr 1923 der Kirchensteuerhebesatz 1200 % der im Jahr 1922 gezahlten Einkommensteuer betrug. In solchen Zeiten gab es natürlich auch Kürzungen der Gehälter und ab März 1933 auch ein zusätzliches Kirchgeld.

3.10.3 Zur Dotation

Die Tatsache, dass die sechs Innenstadtkirchen weiterhin der Stadt Frankfurt gehörten, führte in den zwanziger Jahren zu Problemen. Die Dotationsurkunde (§ 1) enthielt die Formulierung, dass die Kirchen *"ohne dieser Gemeinde ausdrückliche Einwilligung zu keinem anderen Gebrauch verwendet werden sollen,"* als dem kirchlichen. Nun hatte die Stadt 1926 zur Erinnerung an Reichspräsident Friedrich Ebert eine Gedenktafel anbringen lassen. Unter Berufung auf die Dotationsurkunde protestierte der Landeskirchenrat deshalb dagegen, dass dies ohne ausdrückliche Genehmigung des Stadtsynodalverbandes als Rechtsnachfolger der alten lutherischen Gemeinde geschehen sei. Daraufhin erklärte der Magistrat am 10. Dezember 1926, dass § 1 der Dotationsurkunde zwar auslegungsfähig sei, der Magistrat aber künftig in solchen Fällen die gewünschte Zustimmung einholen wolle.[241] Ein anderes Problem konnte sich daraus ergeben, dass zum Gebrauch der Kirchen auch die Beflaggung gehörte. In den zwanziger und dreißiger Jahren wurde häufig geflaggt. Nun sah das staatliche Recht vor, dass es für die Religionsgesellschaften keine Pflicht zur Beflaggung gab. Aus der Dotation und dieser Vorschrift ergab sich also, dass die Stadt eigentlich nicht befugt war, die Dotationskirchen mit der Reichs-oder Stadtflagge zu beflaggen. Da diese Beflaggung jedoch in Frankfurt Tradition war, erhob die Kirche hiergegen keinen Einspruch.[242]

3.10.4 Funktionales Bauen

Durch die Bautätigkeit der Stadt Frankfurt waren etliche Neubausiedlungen entstanden, für deren manche ein eigener Kirchenbau und die Gründung einer eigenen Gemeinde sinnvoll gewesen wären. Doch die Bautätigkeit musste sich beschränken. Es erscheint verständlich, dass unter den beschriebenen wirtschaftlichen Bedingungen auch der Kirchenbau litt. Dem entsprach auch der kirchliche Baustil. Keine Imitation historischer Stile mehr, kein Wiesbadener Programm. Sachlichkeit, schlichte Formen, Ausrichtung des Innenraums nach vorne auf Christus, Funktionalismus nannte man das. So wurde auch in Frankfurt gebaut:

- 1928 die Friedenskirche[243] in der Frankenallee als mächtige Klinkerkirche in einem Stadtviertel mit ähnlichen Industriebauten und der Innenraum ganz auf die große Christusfigur ausgerichtet (Architekt Karl Blattner).
- 1928 die Gustav-Adolf-Kirche[244] in Niederursel als moderne Dorfkirche im Achteck, gottesdienstliche Gemeinschaft verkörpernd und ganz ausgerichtet auf Altar und Kanzel (Architekt Martin Elsaesser).
- 1928 das Gemeindezentrum der Riederwaldgemeinde[245] mit einem durchaus sakralen Gemeindesaal, Altar auf der einen Querseite und Bühne auf der anderen (Architekt Gottlob Schaupp).

Abb. 63 Friedenskirche

Abb. 64 Gustav-Adolf-Kirche

- 1930 die hölzerne Notkirche der Dornbuschgemeinde[246] in der Eschersheimer Landstraße (Planer Synodalbaumeister Fritz Schöppe).
- 1930 die hölzerne Notkirche der Dreifaltigkeitsgemeinde[247] (Planer Synodalbaumeister Fritz Schöppe).
- 1930 das Gemeindehaus der Paul-Gerhardt-Gemeinde[248] in Niederrad mit einem großen Saal im Obergeschoss, der wie der Saal der Riederwaldgemeinde genutzt werden konnte (Architekt Gottlob Schaupp)

Als ein besonderes Beispiel für funktionales Bauen gilt die Gustav-Adolf-Kirche, weil hier in einem dörflichen Ensemble gebaut werden musste. Ein Zeitgenosse beschrieb sie so:[249]
„Und wieder ganz anders – vielleicht am zartesten – lag die Aufgabe bei dem Neubau in Niederursel. Im Kerne ist das noch eine Dorfgemeinde. In wundervoller befestigter Lage hatte das alte Kirchlein über dem Dorf droben gestanden. Sollte der alte herrliche Platz mit seiner großen Linde und dem übrigen alten Baumbestand wieder benützt werden – erfreulicher Weise kam es nach mancherlei Erwägungen dazu – so mußte das alte Dorfbild in zartester Weise geschont und der Bau fein hineinkomponiert werden.

Trotzdem durfte nicht vergessen werden, daß unsere Grenzgebiete Siedlungsland sind und daß hier das Dorfidyll bald überholt sein kann. Eine reine Dorfkirche, in der den Emporen entlang verwelkte Konfirmationskränze hängen, hätte hier der Zukunft nicht mehr entsprochen. Die Baumeister sind an

Abb. 65 Notkirche Dornbusch

diese Aufgaben sicher mit dem Gefühl herangegangen, daß wir auch im Bauen in einer Übergangszeit leben. Die kirchliche Bauart stand stets im engsten Zusammenhang mit dem Charakter der Zeit. Wir lieben die ruhige Linie, wir scheuen alle Ueberladung und suchen Einfachheit und Konzentration. ... Was in manchen Stadtbezirken mit ihren vielstöckigen Gebäuden kaum mehr zu ermöglichen wäre, hier beherrscht noch die Kirche oder sagen wir lieber: sie betreut die Gemeinde. ...

Ich werde zuerst in die Taufkapelle geführt, die mit dem einheitlichen rötlichen Farbton, den alten Sprüchen an den Seitenwänden auf dunklem Holz, die noch aus der früheren Kirche stammen, dem beherrschenden Taufstein im Vordergrunde und dem Blick durch die schlichten Fenster in die Baumkronen hinein die Sinne sammelt. Da kann man sich nicht nur eine eng untereinander verbundene Begleitung eines Täuflings, sondern auch eine Konfirmandenschar mit aufgeschlossenem Herzen denken. ... Es ist eine Rundkirche oder besser ein Achteck mit hoher, rötlich gestrichener Kuppel, aus deren Umkreis verborgene Soffitten das Licht in die Kirche hinuntersenden. ... Vor allem lag mir nun an der Fensterwirkung. Es hatte uns ja in den Vorbereitungen verblüfft, daß der Architekt auf hohe, stilisierte Kirchenfenster, die eine Wand ganz durchbrechen, völlig verzichtet hatte und um die oberen Enden der Wände kleine Fensterfelder mit ganz einfachem Glas herumlegte, die nur über Kanzel und Altar tiefer hinunterreichen. ... Durch den Mangel althergebrachter hoher Kirchenfenster entsteht ein merkwürdig geschlossenes Raumgefühl. Das Bild der versammelten Gemeinde wird durch nichts Dazwischentretendes gestört. Eine um den größten Teil des Achtecks herumfassende Rundbank schließt die feiernde Schar zu einem geschlossenen Kreise zusammen. Hier hat einer gebaut, der weiß, daß eine Gemeinde eine Gemeinschaft sein soll."

3.11. Das Verhältnis zu anderen Religionsgemeinschaften

3.11.1 Die Katholiken

In der Zeit nach dem 1. Weltkrieg verstärkte sich die Entwicklung des Bistums Limburg von einem durch das Land zu einem durch die Großstadt Frankfurt geprägten Bistum.[250] *„Jetzt wurde Limburg mehr und mehr ein Bistum, das seinen Schwerpunkt in der nicht-katholischen Großstadt hatte. Und der Frankfurter Katholizismus, bisher politisch, sozial und kulturell benachteiligt, gewinnt nun ein neues Selbstbewußtsein, welches teilweise betont modernere Züge als das anderer Großstadt-Katholizismen trägt"*[251] Beispiele dafür waren die Gründung der Philosophisch-Theologischen Hochschule Sankt Georgen[252] und die *„Rhein-Mainische Volkszeitung"* mit ihrer Ausstrahlung weit über Frankfurt hinaus. Nicht unwesentlich trug hierzu Bischof Augustinus Kilian bei, der z. B. in der ersten Limburger Diözesanversammlung die Anwesenden ermunterte, die neue politische Situation positiv anzunehmen: *„Nur nicht kleinmütig, nur nicht ausschließlich auf das schauen, was die Revolution genommen, auch auf das, was sie gebracht. Freiheit auch für die Kirche, mehr Gerechtigkeit: der Arbeiterstand wird gehoben und dadurch hoffentlich, wenn die Verhältnisse sich konsolidieren, zufriedener. Es herrscht nicht mehr ein Stand, Ostelbien, es gibt nicht mehr ausschließlich protestantische Landräte. Auch der Katholik kann jetzt etwas werden."*[253]

Von nachhaltiger Wirkung war die Gründung der Philosophisch-Theologischen Hochschule St. Georgen. Ursprünglich bestand im Bistum der Plan, an der neu errichteten Frankfurter Universität eine theologische Fakultät zu errichten. Man war der Auffassung, dass die modern und gut ausgestattete Frankfurter Universität mit ihren Natur- und Sozialwissenschaften in Zukunft ein geistiges Zentrum werden würde. Deshalb wollte man die universitäre Theologie mit der theologischen Ausbildung in einem Vollseminar verbinden. Allerdings sollten dort andere Schwerpunkte als an anderen theologischen Fakultäten gesetzt werden, indem sie *„den katholischen Geist bewahrt und sich an der scholastischen Methode ausrichtet"*. Doch begegnete dieses Vorhaben vielen Problemen. Die Frankfurter Universität war eine Stiftungsuniversität. Die Fakultät hätte also von der katholischen Kirche voll finanziert werden müssen. Wenn man sich in die Universität integrieren wollte, konnte man kaum wegen der kirchlichen Zuverlässigkeit die Jesuiten ins Spiel bringen, was Ablehnung befürchten ließ. Sodann stieß das Vorhaben bei den Jesuiten selbst auf Bedenken. So scheiterte dieses große Vorhaben daran, dass das Bistum Fulda nicht bereit war, sich an der Finanzierung der Fakultät zu beteiligen. Und wenn es auch keinen ablehnenden Bescheid der Universität gab, zeigt doch ein Vorgang aus dem Jahr 1921, welchen Schwierigkeiten die Besetzung von Lehrstühlen mit Jesuiten begegnete. Denn in diesem Jahr gab es prinzipielle Einwände der Universität gegen das Vorhaben, den Lehrauftrag für Religionsgeschichte einem Jesuiten zu übertragen. So kam es, dass Bistum und Orden sich 1923 in Rom einigten, in Frankfurt eine eigene Hochschule zu errichten. Man suchte nach einem geeigneten Grundstück und fand die in einem großen Park gelegene Villa Grunelius, nach dem ehemaligen Besitzer Saint George *„St. Georgen"* genannt. Am 25. Oktober 1926 begannen die Vorlesungen an der *„Philosophisch-Theologischen Hochschule St. Georgen"*. Einer der ersten Professoren war der bekannte Sozialethiker Oswald von Nell-Breuning.

In den zwanziger Jahren gab es stärkere Spannungen zwischen der evangelischen und Katholischen Kirche. Dabei ging es um die Mischehenfrage und um das Fronleichnamsfest. Senior Wilhelm Bornemann beschrieb die Situation so:[254] *„Die römische Kirche hat im Jahre 1918 ihr ‚kanonisches' (d.h. maßgebendes) Recht neu und verschärft herausgegeben. Unter Aufhebung der bis dahin gültigen mildernden Bestimmungen hat sie nunmehr festgesetzt, daß ein Katholik, der eine Mischehe eingeht und von einem nicht katholischen Geistlichen sie einsegnen läßt, bis auf Weiteres exkommuniziert ist, daß seine Ehe als wilde Ehe oder Konkubinat gilt, und die daraus hervorgehenden Kinder nach katholischer Anschauung unehelich sind. Bei einer Mischehe, die von einem katholischen Priester eingesegnet wird, müssen die Brautleute vorher eidlich geloben, daß sie die Kinder katholisch erziehen wollen, der katholische Teil, daß er alles tun will, um den evangelischen Teil zu bekehren, der evangelische Teil, daß er den katholischen in seinem Glauben nicht stören will. Die katholischen Priester sind angewiesen, möglichst in allen Mischehen, die evangelisch oder gar nicht eingesegnet sind, die Eheleute zur nachträglichen katholischen Trauung zu überreden."*
....

Das andere Gebiet, auf dem es gilt vorsichtig zu sein, ist das Fronleichnamsfest. Die katholische Kirche dehnt die Fronleichnamsprozession, die früher in Frankfurt nur in den Kirchen und um die Kirchen veranstaltet werden durfte, von Jahr zu Jahr weiter durch die Straßen aus und wiederholt sie zum Teil an dem auf das Fest folgenden Sonntag. Die Katholiken versuchen dabei jetzt schon, zuweilen mit Erfolg, die Evangelischen zu veranlassen, daß auch sie ihre Häuser schmücken. Die Evangelischen würden das nie tun, wenn sie wüßten, welche Folgen später sich daran schließen, und wenn sie daran dächten, zu welchem Zwecke das Fronleichnamsfest dienen soll, nämlich – wie das Konzil zu Trident feierlich beschlossen hat –, damit die Ketzer angesichts solcher glänzender Veranstaltung und solchen Freudenfestes schwach und gebrochen sich fühlen und beschämt und verwirrt sich bekehren!'

Darum, Ihr Evangelischen, seid tolerant, soweit es sich mit der evangelischen Ueberzeugung verträgt, aber verleugnet nicht Eure Ehre und die Wahrheit!"

3.11.2 Die evangelische Kirche und die Juden

Es gibt aus den zwanziger Jahren kaum Dokumente zum Verhältnis von evangelischer Kirche und Juden in Frankfurt. Das ist eigentlich erstaunlich, zeugt aber wohl davon, wie sehr man nebeneinander her lebte. Unter der Überschrift *„Vaterländische Bindungen"* im Kapitel *„Bürger und Christ"* hat sich dazu jedoch Johannes Kübel in seinen Erinnerungen geäußert.[255] Insofern ist das ein besonderes Zeitdokument.

„Der förmliche Antisemitismus begegnete mir eigentlich zum erstenmal, als mein Bruder von Berlin in die Ferien heimkam und uns über die dortige Studentenbewegung berichtete. Was er uns von den Kämpfen erzählte, vermochte uns nicht zu begeistern. Mich selbst berührte auf der Universität die Judenfrage gar nicht, in Erlangen so wenig wie in Halle. ... In Frankfurt stieß man eigentlich überall, im Geschäftsleben, im geselligen Verkehr, in der Presse, in der Sozialpolitik und in

der großen Öffentlichkeit auf Juden. Die besseren Geschäfte waren fast sämtlich in jüdischen Händen und arbeiteten vorzüglich. Bei den sozialen und humanitären Einrichtungen waren jüdische Männer und Frauen maßgebend beteiligt; die Zentrale für private Fürsorge hatte ein getaufter Jude gegründet; er unterhielt sie auch vorwiegend mit seinen Mitteln. Unter den Wissenschaftlern, Ärzten und Wirtschaftsführern war eine große Zahl kluger, warmherziger und opferwilliger Juden. Die Frankfurter Zeitung, die die öffentliche Meinung formte, war ursprünglich ganz ausgeprägt jüdisch. Unter den Altfrankfurter Familien waren wenige, die nicht jüdisch versippt waren. Hier in Frankfurt war man also gezwungen, zu der Judenfrage Stellung zu nehmen. Die Rassenfrage war damals noch nicht aufgeworfen; sobald ein Jude getauft war, hatte er im allgemeinen Urteil aufgehört, ein Jude zu sein. Mit nicht getauften Juden hatte ich im Ganzen wenig Berührung. Wenn aber, so prüfte ich, wie jeden andern, auch den Juden darauf, was für ein Mensch er war. Ein anständiger Jude war mir lieber als ein Christ von zweifelhaftem Charakter. An die Arbeitsgemeinschaft, die mich gelegentlich im Verein für Volksbildung und während des Krieges längere Zeit und ausgiebig mit Juden verband, denke ich gerne zurück. Getauft habe ich wenig Juden; einige von ihnen hielten in ihrem christlichen Lebensernst den Vergleich mit jedem anderen aus.

So war ich, so war das ganze liberale Bürgertum Frankfurts in der Judenfrage gesinnt. Einen gewissen Antisemitismus zwangen einem geschäftstüchtige Juden wie Barmat und Kustisker auf, die aus dem Osten kommend rasch reiche Leute wurden und sich mit ihrem Reichtum in keiner Weise dem Ganzen verpflichtet fühlten; aber auch das gehobene Frankfurter Judentum war mit uns einig in der Verurteilung solcher Schädlinge."

1 Mattis, Jugendbewegungen, S. 254.
2 Fischer, Hitler war kein Betriebsunfall.
3 Motschmann: Evangelische Kirche, S. 28 unter Bezugnahme auf eine Eingabe dieser Abteilung an die Regierung vom 21.12.1918.
4 Motschmann: Evangelische Kirche, S. 30, unter Bezugnahme auf Mitteilungen des Vertrauensrates Nr. 2 vom 23.12.1918.
5 Motschmann: Evangelische Kirche, S. 30 f.
6 Motschmann, Evangelische Kirche, S. 52.
7 Motschmann, Evangelische Kirche, S. 52.
8 Die Ausführungen folgen Kübel, Kirchenvertrag.
9 Motschmann, Evangelische Kirche, S. 37 f.
10 Zum Folgenden: Motschmann, Evangelische Kirche, S. 95–103.
11 Preuß. Gesetzsammlung 1924, S. 221.
12 Vertrag der Evangelischen Landeskirchen mit dem Freistaat Preußen vom 11. Mai 1931, Amtsblatt der Evangelischen Landeskirche Frankfurt am Main 1931, S. 13 ff; Telschow, Rechtsquellen, S. 242–251.
13 Kübel, Der Vertrag, S. 26.
14 Kübel, Der Vertrag der evangelischen Landeskirchen mit dem Freistaat Preußen.
15 Kübel, Der Vertrag, S. 21.
16 Kübel, Der Vertrag, S. 22 f.
17 Kübel, Der Vertrag, S. 24.
18 Kübel, Der Vertrag, S. 24.
19 Kübel, Der Vertrag, S. 43 f.
20 Kübel, Der Vertrag, S. 45 f.
21 Kübel, Der Vertrag, S. 75.
22 Foerster, Lebenserinnerungen, S. 57 f.
23 Kübel, Kirchenrecht, S. 53.
24 Hosemann, Der Deutsche Evangelische Kirchenbund, S. 29 f.
25 Rebentisch, Frankfurt am Main, S. 423 ff.
26 Rebentisch, Frankfurt am Main, S. 440.
27 Weber, Festschrift, S. 22 ff.
28 Weber, Chronik, S. 22–24.
29 Fresenius, Erinnerungen, S. 33–37.
30 Bornemann, Frankfurts evang. Kirche in der Revolutionszeit, S. 30, 31.
31 Chronik, FKK 1920, S. 64.
32 Dechent, Kirchengeschichte, Bd. II, S. 563 f.
33 Bornemann, Die Selbständigkeit.
34 Chronik, FKK 1921, S. 22: s. hierzu auch Schwarzlose, Verfassunggebende Kirchenversammlung.
35 Chronik, FKK 1923, S. 19 f.
36 Chronik, FKK 1923, S. 19.
37 Hierzu Kübel, Kirchenrecht, S. 24–26.
38 Landeskirche.
39 Kübel, Kirchenrecht, S. 24.
40 Kübel, Kirchenrecht, S. 26–29.
41 Kübel, Kirchenrecht, S. 29 f.
42 Kübel, Kirchenrecht, S. 30 f.
43 Kübel, Kirchenrecht, S. 31.
44 Kübel, Kirchenrecht, S. 33.
45 Kübel, Kirchenrecht, S. 34 f.
46 Kübel, Kirchenrecht, S. 232 ff.
47 Allgemeines Kirchenblatt für das evangelische Deutschland 1922, S. 346 ff.
48 Kübel, Erinnerungen, S. 84.
49 Chronik, FKK 1927, S. 19.
50 Chronik, FKK 1931, S. 38.
51 Kübel, Untergang.
52 Chronik, FKK 1925, S. 21.
53 Chronik, FKK 1925, S. 22 ff.
54 Pauly, Kirchensteuer, S. 90.
55 Chronik, FKK 1933, S. 40.
56 Chronik, FKK 1933, S. 41 f.
57 Chronik, FKK 1933, S. 48.
58 Kübel, Kirchenrecht, S. 128.
59 Chronik FKK 1932, S. 39.
60 Benad/Telschow, Alles für Deutschland" S. 15–26; Wintermann, Gottlosenbewegung.
61 Schlierf, Kirchenstatistik, S. 84 ff.; die Grafik S. 86.
62 Wintermann, Gottlosenbewegung, S. 58–63.
63 Benad/Telschow, Alles für Deutschland, S. 23.
64 Benad/Telschow, Alles für Deutschland S. 19 ff.
65 Predigtdrucke im Privatbesitz.
66 Telschow, Rechtsquellen, S. 176.
67 Kübel, Kirchenrecht, S. 187.
68 Enders, Das evangelisch-lutherische Kirchenwesen, S. 16 f.
69 Enders, Das evangelisch-lutherische Kirchenwesen, S. 18.
70 Kemler, Glauben, Bangen, Hoffen, S. 123 f.
71 Kübel, Erinnerungen, S. 70–75.
72 S. hierzu S. 34
73 Kemler, Glaube, Bangen, Hoffen, S. 124 f.
74 S. hierzu S. 34 f.
75 Schultze, Die Partei der Positiven Union.
76 Georgi, Christsein aus Erfahrung, S. 14.
77 Georgi, Christsein aus Erfahrung, S. 15.
78 Georgi, Christsein aus Erfahrung, S. 17.
79 Georgi, Christsein aus Erfahrung, S. 26.
80 Georgi, Christsein aus Erfahrung, S. 26.
81 Georgi, Christsein aus Erfahrung, S. 29.
82 S. hierzu S. 36 ff.
83 Meyer, Erich, „Freies Christentum", 1949 Nr 8, S. 2, zitiert nach www.bund_freies_christentum.de/Unsere_Geschichte.
84 Wintermann, Erinnerungen.
85 Im Tambacher Vortrag vom 25.9.1919, zitiert nach Scholder, Die Kirchen, Bd. I, S. 51 ff.
86 Im Römerbrief, nach Scholder, Die Kirchen, Bd. I, S. 56.
87 Chronik, FKK 1930, S. 38.
88 Hammerstein, Johann Wolfgang Goethe-Universität, Bd. I., S. 114 ff.
89 Tillich, Klassenkampf, S. 169.
90 Hammerstein, Johann Wolfgang Goethe-Universität, Bd. I., S. 114–139.
91 Carl Mennicke.
92 Adolf Löwe.
93 Spiegel, Paul Tillich, S. 129 f.
94 Spiegel, Tillich, S. 151 f., unter Bezugnahme auf: Sozialismus und Glauben, Verhandlungen der sozialistischen Tagung in Heppenheim a. B., Pfingstwoche 1928. Hrsg. von August Rathmann und Georg Beyer. Zürich und Leipzig 1929, S. 243.
95 Wallau, Pflege der Kirchenmusik, S. 106.
96 Kübel, Kirchenrecht, S. 308; Wallau, Gegenwärtiger Stand.
97 Hierzu: Lueken, Unser neues Gesangbuch; Auf dem Wege.
98 Lueken, Unser neues Gesangbuch, S. 46.
99 Lueken, Unser neues Gesangbuch, S. 49.
100 Dienst, Theologische Fakultät, S. 152 f.
101 Stoodt, in: Buber, Foerster, Tillich, S. 179.
102 Chronik, FKK 1931, S. 39.
103 Chronik, FKK 1931, S. 40, 67.
104 Chronik, FKK 1923, S. 20.
105 FKK 1926, S. 36.
106 Kahl, Chronik, S. 29.
107 Kirchengesetz über die Eingemeindung des Kirchenkreises Bockenheim,und der Gemeinde

108 Vertragstext bei Kübel, Kirchenrecht, S. 36–40. Abl. 1929, S. 9, 11.
109 Bornemann: Landeskirche-Großstadtkirche-Volkskirche.
110 Frankfurter Kirchenkalender 1930, S. 37 f.
111 S. hierzu auch die detailreiche Darstellung: Tenter, Die ev.-unierten Gemeinden.
112 Tenter, Die ev.-unierten Gemeinden, S. 85.
113 Chronik, FKK 1930, S. 37.
114 Chronik FKK 1922, S. 23.
115 Struckmeier, Die Paulskirche, S. 65–73.
116 Struckmeier, Die Paulskirche, S. 67.
117 Struckmeier, Die Paulskirche, S. 67.
118 Proescholdt/Telschow, Frankfurts Kirchen, S. 127–135.
119 Struckmeier, Die Paulskirche, S. 71 f.
120 Veidt, Paulskirchenjubiläum, S. 79–86.
121 Veidt, Paulskirchenjubiläum, S. 84.
122 Chronik, FKK 1931, S. 38.
123 Amtsblatt 1909, S. 39.
124 Kübel Kirchenrecht, S. 89–92.
125 Programm im Privatarchiv des Verfassers.
126 Henß, Hanauer Union, S. 234 f., zitiert nach Dienst, Kirchenkreis Bockenheim, S. 273 f.
127 Henß, Hanauer Union, S. 229 f.
128 Kübel, Kirchenrecht, S. 31 f., nach Henß, Hanauer Union, S. 211.
129 Dienst, Kirchenkreis Bockenheim, S. 275.
130 Dienst, Kirchenkreis Bockenheim, S. 277.
131 Dienst, Kirchenkreis Bockenheim, S. 277 f. unter Bezugnahme auf Henß, Hanauer Union S. 362–365.
132 Henß, Hanauer Union, S. 421, nach Dienst, Kirchenkreis Bockenheim, S. 278 f.
133 Dechent, Kirchengeschichte, Bd. II, S. 551 f.
134 Zur Geschichte der Kirche: Proescholdt/Telschow, Frankfurts Kirchen, S. 344–348.
135 So Kahl, Die ev.-unierten Kirchengemeinden, S. 14 f., anders Denkmaltopografie S. 431: 1634 und 1767
136 Zur Geschichte der Kirche: Proescholdt/Telschow, Frankfurts Kirchen, S. 349–352.
137 Dienst, Kirchenkreis Bockenheim, S. 280 f.
138 Dienst, Kirchenkreis Bockenheim, S. 275.
139 Dienst, Kirchenkreis Bockenheim, S. 468.
140 Dienst, Kirchenkreis Bockenheim, S. 270.
141 Zur Geschichte der Kirche: Proescholdt/Telschow, Frankfurts Kirchen, S. 162 f.
142 Dienst, Kirchenkreis Bockenheim, S. 282.
143 Dienst, Kirchenkreis Bockenheim, S. 282.
144 Dienst, Kirchenkreis Bockenheim, S. 281.
145 Zur Geschichte der Kapelle: Proescholdt/Telschow, Frankfurts Kirchen, S. 154 f.
146 Dienst, Kirchenkreis Bockenheim, S. 281 f.
147 Zur Geschichte der Kirche: Proescholdt/Telschow, Frankfurts Kirchen, S. 154–157.
148 Dechent, Kirchengeschichte, Bd. II, S. 552 f.
149 Zur Geschichte der Kirche: Proescholdt/Telschow, Frankfurts Kirchen, S. 184–186.
150 Dienst, Kirchenkreis Bockenheim, S. 275.
151 Dienst, Kirchenkreis Bockenheim, S. 81.
152 Dechent, Kirchengeschichte, Bd. II, S. 253 f.
153 Dechent, Kirchengeschichte, Bd. II, S. 554.
154 Zur Geschichte der Kirche: Proescholdt/Telschow, Frankfurts Kirchen, S. 207–209.
155 Proescholdt/Telschow, Frankfurts Kirchen, S. 202–204; Bill, Sakrale Monumentalmalerei.
156 Ausführlich zu den Wandmalereien: Bill, Sakrale Monumentalmalerei.
157 Dechent, Kirchengeschichte, Bd. II, S. 555.
158 Dienst, Kirchenkreis Bockenheim, S. 274.
159 Dienst, Kirchenkreis Bockenheim, S. 281.
160 Zur Geschichte der Kirche: Proescholdt/Telschow, Frankfurts Kirchen, S. 205 f.
161 Dienst, Kirchenkreis Bockenheim, S. 282; zum Folgenden Dechent, Kirchengeschichte, Bd. II, S. 555–557.
162 Dechent, Kirchengeschichte, Bd. II, S. 555.
163 Dechent, Kirchengeschichte, Bd. II, S. 556.
164 Zur Geschichte der Kirche: Proescholdt/Telschow, Frankfurts Kirchen, S. 245–248.
165 Kübel, Kirchenrecht, S. 33., Dienst, Kirchenkreis Bockenheim, S. 282.
166 Zur Geschichte der Kirche: Proescholdt/Telschow, Frankfurts Kirchen, S. 255 f.
167 Dechent, Kirchengeschichte, Bd. II, S. 55 f.
168 Zum Folgenden: www.ek-fechenheim.de; die Darstellung der Geschichte der Gemeinde ist präziser als Proescholdt/Telschow, Frankfurts Kirchen, S. 249–251; Letzteres bleibt aber wichtig für die Beschreibung der Kirche.
169 Dienst, Kirchenkreis Bockenheim, S. 282.
170 Kübel, Erinnerungen, S. 76 f.
171 Kübel, Erinnerungen, S. 77 f.
172 Getrost und freudig 125, S. 84 f.
173 Zum Folgenden: Weise, Christian/Wolfes, Matthias: Kübel, Johannes; Kübel, Erinnerungen.
174 Kübel, Erinnerungen, S. 107.
175 Ausführlich bei Weise/Wolfes, Kübel.
176 Spiegel, Tillich, S. 137.
177 Spiegel, Tillich, S. 140.
178 Spiegel, Tillich, S. 147.
179 Spiegel, Tillich, S. 166 f.
180 Kübel, Erinnerungen, S. 79–81.
181 Walcha, Werkverzeichnis der Frankfurter Bachstunden, veranstaltet von Professor Helmut Walcha, Frankfurt o. J. (1945), zitiert nach Ritter, Walchas Bachstunden, S. 11.
182 Walcha, Bedeutung der Konzentration, S. 179, zitiert nach Ritter, Walchas Bachstunden, S. 18.
183 Cordier, Evangelische Jugendkunde.
184 Cordier, Moderne Jugendbewegung, S. 18–20; Wintermann, Kirche und heranwachsende Jugend.
185 Kübel, Kirchenrecht, S. 180; Dam, Jugend.
186 Cordier, Evangelische Jugendkunde, Bd. II, S. 657 f.
187 Zum Folgenden: Neumeier, Evangelische Jugendarbeit, S. 13–15.
188 Zum Folgenden: Neumeier, Evangelische Jugendarbeit, S. 26 f.
189 Cordier, Evangelische Jugendkunde, Bd. I, S. 132–143; S. 244–274.
190 Zum Folgenden Cordier, Evangelische Jugendkunde, Bd. II, S. 256–263.
191 So das Ergebnis der „10. Internationalen Jünglingsvereinskonferenz vom 20.–24. August 1884 in Berlin.", nach Cordier, Evangelische Jugendkunde, Bd. II, S. 264 f.
192 Cordier, Evangelische Jugendkunde, Bd. I, S. 285 f.
193 Neumeier, Evangelische Jugend, S. 20–24.
194 Cordier, Evangelische Jugendkunde, Bd. II, S. 262.
195 Cordier, Evangelische Jugendkunde, Bd. I, S. 313–326; Bd. II, S. 402–409.
196 Cordier, Evangelische Jugendkunde, Bd. II, S. 665 f.

197 Thiele, Aufsatz „Es tagt", in: Innere Mission im evangelischen Deutschland, Januar 1925, S 8 f., nach Cordier, Evangelische Jugendkunde, Bd. II, S. 667.
198 Cordier, Evangelische Jugendkunde, Bd. II, S. 671.
199 Weiß, Verband evangelischer Vereine für weibliche Jugendpflege.
200 Cordier, Evangelische Jugendkunde, Bd. I, S. 367–381; Bd. II, S. 579–590.
201 Cordier, Evangelische Jugendkunde, Bd. II, S. 579.
202 Hierzu und zum Folgenden: Cordier, Evangelische Jugendkunde, Bd. II, S. 581–585.
203 Abdruck der Richtlinien und weiterer grundlegender Dokumente in: Cordier, Evangelische Jugendkunde, Bd. I, S. 367–381.
204 Häfner, Christdeutsches Jugend- und Freizeitheim.
205 Kayser, Der Wartburgverein.
206 Kübel, Kirchenrecht, S. 180.
207 In einer Rede am 17.9.1933 vor 400 Pfadfindern anlässlich der Eingliederung in die HJ, in: Wiesner, Weit sind die Wege, S. 45, zitiert nach Mattis, Immer im Aufbruch, S. 252.
208 Etwas ausführlicher zu Hamel: Evangelisches Jugendwerk, standpunkte + stationen. S. 57–62.
209 Neumeier, Evangelische Jugend, S. 15.
210 Neumeier, Evangelische Jugend, S. 16.
211 Neumeier, Evangelische Jugend, S. 28.
212 Neumeier, Evangelische Jugend, S. 28 f.
213 Neumeier, Evangelische Jugend, S. 35, 49.
214 Am Bußtag 1943, nach Mitschrift einer Mitarbeiterin, zitiert bei Neumeier, Evangelische Jugend, S. 18.
215 Neumeier, Evangelische Jugend, S. 33.
216 Neumeier, Evangelische Jugend, S. 30 f.
217 Archiv Marthahaus.
218 Bericht über das 61. Jahr der Arbeit des Marthahauses, Archiv des Marthahauses.
219 Majer, Das Marthahaus, S 29.
220 Archiv Marthahaus.
221 Kübel, Kirchenrecht, S. 313 f.
222 Chronik, FKK 1922, S. 23.
223 Probst, Neue Knospen, S. 20 f.
224 Probst, Bilder, S. 25.
225 Chronik, FKK, S. 24 f.
226 Freymann, Vereinshaus Westend.
227 Frankfurter Diakonissenhaus, Getrost und freudig 125 Jahre, S. 81.
228 Frankfurter Diakonissenhaus, Getrost und freudig 125 Jahre, S. 83.
229 Kübel, Erinnerungen, S. 118 f.
230 Zum Folgenden 100 Jahre St. Markus-Krankenhaus.
231 Jumel, Arbeiterverein.
232 Jumel, Arbeiterverein, S. 70.
233 Jumel, Arbeiterverein, S. 73.
234 Nagel, Deutsch-evangelische Volksvereinigung, S. 42.
235 Nagel, Deutsch-evangelische Volksvereinigung, S. 42.
236 Nagel, Deutsch-evangelische Volksvereinigung, S. 43.
237 Kübel, Kirchenrecht, S. 131–134.
238 Chronik, FKK 1924, S. 23.
239 Bornemann, Die Selbständigkeit, S. 17.
240 Chronik, FKK 1933, S. 43 f.
241 Kübel, Kirchenrecht, S. 256.
242 Kübel, Kirchenrecht, S. 256 f.
243 Zur Architektur und Geschichte: Proescholdt/Telschow, Frankfurts Kirchen, S. 325–328.
244 Zur Architektur und Geschichte: Proescholdt/Telschow, Frankfurts Kirchen, S. 196–199.
245 Zur Architektur und Geschichte: Proescholdt/Telschow, Frankfurts Kirchen, S. 257 f.
246 Zur Architektur und Geschichte: Proescholdt/Telschow, Frankfurts Kirchen, S. 180 f.
247 Zur Architektur und Geschichte: Proescholdt/Telschow, Frankfurts Kirchen, S. 319.
248 Zur Architektur und Geschichte: Proescholdt/Telschow, Frankfurts Kirchen, S. 299–301.
249 Schrenk, Gottesdienststätten, S. 37 f., 44–46.
250 1936 gab es in Frankfurt 188.486 Katholiken von 560.584 Einwohnern oder 33,6 %, und bei 522.687 Kirchenmitgliedern der ganzen Diözese, also 36,1 %.
251 Schatz, Bistum Limburg, S. 223.
252 Bertsch, St. Georgen.
253 Zitiert nach Schatz, Bistum Limburg, S. 226.
254 Bornemann, Zum konfessionellen Frieden.
255 Kübel, Erinnerungen, S. 107 f.

4. DIE KIRCHE IM NS-WELTANSCHAUUNGSSTAAT 1933 BIS 1945

4.1. Leitgedanken

Zu Beginn des Jahres 1933 war die Frankfurter Kirche keine in sich homogene Landeskirche. Überkommene Strukturen mussten nicht verteidigt werden, weil sie eh überholt erschienen. Man war offen für eine hessische oder eine Reichskirche. Und man sehnte einen starken Staat herbei, der Deutschlands Ansehen nach außen wiederherstellt, die wirtschaftlichen Probleme löst, der Kirche wohl gesonnen ist und sie in ihren volksmissionarischen Bestrebungen unterstützt. Das trug zu dem bei, was Günter Brakelmann[1] als die große Nähe des protestantischen Milieus zum Nationalsozialismus beschrieben hat.

Vom Nationalsozialismus und dem NS-Staat hatten die evangelischen Pfarrer mehrheitlich ein illusionäres Bild. Sie nahmen nicht wahr, wie sehr sich der Nationalsozialismus als Weltanschauung und der NS-Staat als Weltanschauungsstaat verstanden. Beiden ging es deshalb nicht um Kooperation mit der evangelischen Kirche, sondern um Unterwerfung. Dass in der NSDAP seit 1934 zwei Lösungen für die Regelung des Verhältnisses von Staat und Kirche erwogen wurden, nämlich entweder eine Staatskirche oder die strikte Trennung von Staat und Kirche,[2] war lange nicht erkennbar. Die Maßnahmen des Staates gegenüber der Evangelischen Landeskirche Nassau-Hessen (ELNH) muss man als teilweise Umsetzung des Staatskirchenkonzepts sehen.

Die evangelische Kirche reagierte hierauf unterschiedlich. Mit den Deutschen Christen (DC) fand der Nationalsozialismus willige Helfer. Mit der Bekennenden Kirche (BK) erwuchs ihm eine Opposition. Indem die BK den Absolutheitsanspruch des Nationalsozialismus ablehnte, traf sie diesen eigentlich im Kern. Trotzdem ging es ihr nicht um Widerstand oder Opposition gegen den NS-Staat. Es ging ihr vor allem um die Eigenständigkeit der Kirche.

In den Auseinandersetzungen lagen unterschiedliche Werteordnungen im Widerstreit. Hier die NS-Ideologie und in ihrem Gefolge die DC-Theologie – dort die Barmer theologische Erklärung als theologische Grundlage der Bekennenden Kirche. Hier die vom Staat abhängige offizielle Kirche und der NS-Staat – dort die Bekennende Kirche. Indem die BK versuchte, ihren eigenen theologischen und kirchenpolitischen Machtanspruch durchzusetzen, kam es zum eigentlichen Kirchenkampf. Dessen eine Ebene war die theologische Auseinandersetzung in Predigten, Ansprachen und vielfältigen Veröffentlichungen. Die andere Ebene war der kirchenregimentliche Anspruch bzw. die Ablehnung des gleichgeschalteten Kirchenregiments. In die rein theologischen Auseinandersetzungen griffen i. d. R. weder Landesbischof noch Gestapo ein. Wurde die Grenze hin zum Kirchenpolitischen überschritten, etwa mit Kritik am Reichsbischof, konnte dies von der Gestapo leicht als Gefährdung der öffentlichen Sicherheit und Ordnung angesehen werden. Auch die Anmaßung kirchenregimentlicher Befugnisse, etwa durch Tätigkeit im Landesbruderrat, konnte dazu gehören. Dann drohten Aufenthaltsverbote oder Redeverbote für bestimmte Regionen, in schweren Fällen auch Strafverfahren. Rechtsgrundlage war in der Regel die „*Verordnung zur Abwehr heimtückischer Angriffe gegen die Regierung der nationalen Erhebung*" vom 21. März 1933. Etwas anders sah es im gemeindlichen Alltag aus. Hier ging es um die Nutzung von Räumen, die Abführung von Kollekten aber auch um die Genehmigung von Urlaub des Pfarrers oder die Befolgung von Zwangsversetzungen. Das waren kircheninterne Angelegenheiten, bei denen die Frage nach der rechten Kirchenleitung eine Rolle spielte. Da wirkte die Kirchenleitung auf die Betroffenen ein, eröffnete Disziplinarverfahren, verhängte Geldstrafen oder Gehaltskürzungen oder sprach Versetzungen aus, in Einzelfällen auch Entlassung aus dem Dienst. 36 von 60 BK-Pfarrern in Frankfurt waren in solche Konflikte involviert und wurden in der skizzierten Weise bestraft.

Betrachtet man die Frankfurter Pfarrerschaft statistisch, kommt man zu interessanten Ergebnissen. Insgesamt waren zwischen 1933 und 1945 in Frankfurt 137 Pfarrer, Hilfspfarrer und Vikare tätig[3]. Von ihnen gehörten 60 der BK an,[4] 30 den DC[5] und 20 der organisierten Mitte[6] an. 43 gehörten keinem der kirchenpolitischen Lager an.[7] Insgesamt 17 Frankfurter Pfarrer gehörten der NSDAP an.[8] Die Mitgliedschaft bei der BK war bei einem Austritt und einem Ausschluss stabil, wenn man davon absieht, dass 15 der jungen Theologen nur kurz am Ort waren. Bei den Mitgliedern der DC war die Mitgliedschaft in 13 Fällen von Dauer, aber in 17 Fällen nur vorübergehend. Von den 17 Ausgetretenen arbeiteten sechs beim Bund für Einheit und Freiheit (organisierte Mitte) weiter mit. Vier traten zur BK über. 43 Frankfurter Pfarrer können formal keiner der genannten Gruppen zugeordnet werden. Dies bedeutete allerdings nicht, dass nicht etliche von ihnen im Sinne eines der kirchenpolitischen Lager gehandelt hätten. Die Statistik zum Lebensalter der Pfarrer zeigt, wie stark der Anteil junger Theologen in der BK war.

Im Rückblick stellt sich die Frage, was denn nun die verschiedenen kirchenpolitischen Lager trennte und was sie gemeinsam hatten. Gemeinsam waren ihnen die kirchliche Situation sowie die Erfahrungen des 1. Weltkrieges und der Weimarer Republik. Hinzu kamen die Hoffnungen, die sie mit dem Nationalsozialismus verbanden und die sich aus all' dem ergebende Nähe zum Nationalsozialismus. Auch theologisch lagen sie wohl, vom radikalen Flügel der DC abgesehen, nicht viel weiter auseinander, als dies im wissenschaftlichen Disput üblich ist. Sie alle beriefen sich auf die Heilige Schrift und die reformatorischen Bekenntnisse. Wirklich trennen tat sie dagegen die Frage, wer die Macht in der Kirche hat und wie sehr die Kirche vom NS-Staat abhängig sein dürfe.

4.2 Zeitgeschichtliche Zusammenhänge

4.2.1 Staat und Kirche

Die Machtübernahme der Nationalsozialisten und die evangelische Kirche
Am 30. Januar 1933 berief Reichspräsident Paul von Hindenburg Adolf Hitler zum Reichskanzler. Am 28. Februar 1933, einen Tag nach dem Reichstagsbrand, erging die „*Verordnung des Reichspräsidenten zum Schutz von Volk und Staat*", mit der alle Grundrechte der Reichsverfassung außer Kraft gesetzt wurden. Wenig später, am 5. März, wurden Reichstagswahlen abgehalten, in denen die NSDAP 44 Prozent der Stimmen erhielt, dank der Unterstützung der

Deutschnationalen Volkspartei aber im Reichstag über die Mehrheit von 52 Prozent verfügen konnte. Am 21. März erließ der Reichspräsident die „*Verordnung zur Abwehr heimtückischer Angriffe gegen die Regierung der nationalen Erhebung*". Nach dieser Verordnung konnte jeder, „*der unwahre oder gröblich entstellte Behauptungen ... aufstellt*" mit Gefängnis, mit Geldstrafe oder Zuchthaus bestraft werden, wenn das Wohl des Reiches, eines Landes, der Reichsregierung oder der hinter ihr stehenden Parteien und Verbände dadurch schwer geschädigt werden konnte. Zwei Tage später sagte Hitler in seiner Regierungserklärung, dass die Sorge seiner Regierung dem aufrichtigen Zusammenleben zwischen Kirche und Staat gälte. „*Der Bestand der Länder wird nicht beseitigt, die Rechte der Kirchen werden nicht geschmälert, ihre Stellung zum Staat nicht geändert*".[9] Am 24. März beschloss der Reichstag, nur gegen die Stimmen der Sozialdemokraten, das „*Ermächtigungsgesetz*".[10] Adolf Hitler wurde die gesetzgebende und ausführende Gewalt, auch gegen die Verfassung, übertragen.

Johannes Kübel berichtete in seinen Erinnerungen,[11] dass der Kirchenausschuss des Evangelischen Kirchenbundes kurz nach dem Reichstagsbrand sehr lange über die Einschätzung der politischen Lage beraten habe. Nur zwei der Mitglieder hätten die Entwicklung mit Sorge und Misstrauen betrachtet. Die anderen dagegen hätten den Nationalsozialisten gutgläubig gegenübergestanden. Wie große Teile der Pfarrerschaft waren sie auf Auseinandersetzungen mit dem Staat nicht vorbereitet. Die Mehrzahl der Pfarrer gehörte dem Bürgertum an und hatte ein sehr distanziertes Verhältnis zur Weimarer Republik. Nur wenige waren in der Lage, sie als Obrigkeit im paulinischen Sinne anzusehen. Umso mehr fanden die konservativen und nationalen Töne der Nationalsozialisten Anklang.

Am 7. April hielt es aber der Präsident des Preußischen Evangelischen Oberkirchenrats Hermann Kapler, zugleich Präsident des Deutschen Evangelischen Kirchenausschusses, für notwendig, gegenüber den Vertretern der großen Landeskirchen für eine „*Stärkung der Aktionsfähigkeit des Kirchenbundes*" zu plädieren. Doch am 25. April ernannte Hitler den Königsberger Wehrkreispfarrer Ludwig Müller zu seinem Bevollmächtigten in Angelegenheiten der evangelischen Kirche, „*nachdem sich ... die Notwendigkeit ergeben hat, zu ... Fragen, die das Verhältnis des Staates zu den evangelischen Kirchen betreffen, Stellung zu nehmen*".[12] Insbesondere erhielt Müller den Auftrag, alle Arbeiten zur Schaffung einer evangelischen Reichskirche zu fördern. Am gleichen Tage teilte Kapler mit, dass die Deutschen Christen forderten, an allen Sitzungen des Oberkirchenrates und der Konsistorien beteiligt zu werden. Im Grunde zu spät, beschloss der Kirchenausschuss am 27. April den Präsidenten zu bevollmächtigen, alle für das Wohl des Protestantismus erforderlichen Maßnahmen zu ergreifen.[13] Auf dieser Grundlage setzte Kapler einen Dreierausschuss mit sich selbst, dem Bischof August Mahrahrens (Hannover) und dem Pfarrer Hermann Hesse (Reformierte) ein. Hierbei wurde auch an eine Verfassungsreform gedacht mit dem Ziel, die „*Bündische deutsche evangelische Kirche*" zu schaffen. Doch Staat und Deutsche Christen betrieben die Gründung einer zentralistischen Reichskirche.

Am 16. Mai wurde Ludwig Müller „*Schirmherr der Deutschen Christen*". Um die gleiche Zeit stellten die DC Müller auch als Kandidaten für den in der neuen Reichskirche zu wählenden Reichsbischof auf. Hierauf reagierte der Dreierausschuss Kapler, Mahrahrens, Hesse am 24. Mai mit der Nominierung Friedrich von Bodelschwinghs d. J. Am 26. Mai tagte der Kirchenbundesrat, der Müller auf dessen Bitte hin die Möglichkeit gab, zur Situation zu reden. Müller warb zunächst für seine Person, drohte dann aber auch mit der Bereitschaft der DC zum Kampf.[14] Der Kirchenbundesrat stimmte danach über die Kandidatur Müllers ab und lehnte ihn mit 55 zu 31 Stimmen ab.

Am 27. Mai 1933 trug das gleiche Gremium mit 52 zu 28 Stimmen Bodelschwingh die Kandidatur an. Dies geschah, obwohl nicht wenige der Auffassung waren, dass man erst einmal eine neue Verfassung haben müsse, bevor man Personalfragen entscheiden könne. Andererseits war aber Bodelschwingh wohl doch Garant dafür, dass eine von ihm geleitete Kirche nicht so leicht den Nationalsozialisten ausgeliefert würde. Am 23. Juni trat jedoch Kapler aus Gesundheitsgründen zurück und brachte damit den Kirchenausschuss und die ganze Kirche in große Schwierigkeiten. Daraufhin beriet der Kirchenausschuss, ob man nicht von der Kandidatur Bodelschwinghs Abstand nehmen solle. Obwohl das Bodelschwingh von einigen Mitgliedern nahegelegt wurde, sah er sich nicht in der Lage, zurückzutreten. Er könne vor der Geschichte nicht die Verantwortung dafür übernehmen, dass ihrer guten Sache so Schaden zugefügt werde, erklärte er.

Andererseits berief man als provisorischen Nachfolger für Kapler den rheinischen Generalsuperintendenten Ernst Stoltenhoff, ohne hierfür die staatliche Zustimmung einzuholen. Hierin erblickte nun aber der kommissarische preußische Kultusminister Bernhard Rust einen Verstoß gegen den Staatskirchenvertrag, der die staatliche Zustimmung vorschreibe. In der Folge setzten verstärkt Auseinandersetzungen zwischen den Deutschen Christen und der offiziellen Kirche ein, die dem preußischen Minister für Wissenschaft, Kunst und Volksbildung Gelegenheit gaben, die Beseitigung der vorhandenen Verwirrung zu verlangen. Am 24. Juni 1933 ernannte er deshalb den Leiter der Kirchenabteilung im preußischen Kultusministerium, August Jäger, *„für den Bereich sämtlicher evangelischer Landeskirchen Preußens zum Kommissar mit der Vollmacht, die erforderlichen Maßnahmen zu ergreifen"*.[15] Am gleichen Tage ordnete der Kommissar an, dass er mit sofortiger Wirkung die Geschäftsführung sämtlicher preußischen Landeskirchen übernehme, und löste alle gewählten kirchlichen Vertretungen in diesen Landeskirchen auf.[16] Als preußische Landeskirche war auch die Frankfurter Kirche hiervon betroffen. Für die einzelnen Kirchen wurden Unterbevollmächtigte eingesetzt, ebenso für den Zentralausschuss für Innere Mission und für den Reichsverband evangelischer Arbeiter. Dieser Eingriff des Staates in die kirchliche Selbständigkeit und Eigenverantwortung machte es den gewählten kirchlichen Organen und Vertretern unmöglich, ihre Aufgaben wie bisher weiter wahrzunehmen. Bodelschwingh sah auch im Hinblick auf seine Aufgabe diese Unmöglichkeit und trat deshalb am gleichen Tage zurück. Zur Abrundung der Machtergreifung in der evangelischen Kirche erließ Ludwig Müller am 28. Juni die Verfügung *„zur Behebung der Notstände in Kirche und Volk"*.[17] Der Bundesdirektor des Kirchenbundesamtes Dr. Johannes Hosemann wurde mit sofortiger Wirkung beurlaubt. Die *„Übernahme"* der Geschäfte erfolgte dadurch, dass das Kirchenbundesamt von der SA besetzt wurde.

Am 11. Juli 1933 unterzeichneten die Vertreter der evangelischen Kirchen die „*Verfassung der Deutschen Evangelischen Kirche*".[18] Diese Verfassung wurde mit dem „*Gesetz über die Verfassung der Deutschen Evangelischen Kirche*" vom 14. Juli 1933 durch die Reichsregierung anerkannt. Ohne viele ins Einzelne gehende Regelungen aufweisen zu können, gab sie die Grundlage für eine nach dem Führerprinzip organisierte Kirche. Obwohl so rechtlich die Machtübernahme der DC gut abgesichert schien, fühlten sich diese offenbar erst dann sicher, wenn durch allgemeine Kirchenwahlen auch das letzte kirchliche Gremium neu besetzt sein würde. Anders ist es kaum zu verstehen, dass das Reichsgesetz über die Verfassung der DEK in Art. 5 bereits für den 23. Juli 1933 Neuwahlen für diejenigen kirchlichen Organe vorschrieb, die nach geltendem Landeskirchenrecht durch unmittelbare Wahl der kirchlichen Gemeindeglieder zu bilden waren. Die Wahlen wurden dann auch überstürzt durchgeführt. Die Einführung der neuen Verfassung führte andererseits dazu, dass der Kommissar August Jäger und seine Unterkommissare noch am 14. Juli 1933 zurückgezogen wurden.[19] Nach den Neuwahlen tagte am 27. September 1933 in Wittenberg die erste deutsche Nationalsynode. Sie berief den preußischen Landesbischof Ludwig Müller zum ersten Reichsbischof der DEK.[20] Die Machtübernahme in der Kirche schien abgeschlossen.

Die evangelische Kirche aus der Sicht des Nationalsozialismus
„*Herr Graf, eines haben das Christentum und wir Nationalsozialisten gemeinsam, und nur dies eine: wir verlangen den ganzen Menschen*", brüllte Roland Freisler in der Verhandlung vor dem Volksgerichtshof Helmuth James von Moltke an.[21] In der ihm eigenen Brutalität definierte der Präsident dieses Gerichts damit das Verhältnis zwischen dem Nationalsozialismus und den Kirchen. Zwischen beiden gab es nur ein konsequentes Entweder-Oder. Da Moltke letztlich nichts anderes vorgeworfen werden konnte, wurde er nach eigenem Verständnis zum Tode verurteilt, weil er sich zu Gott bekannt hatte.[22] Dieses Entweder-Oder ergab sich aus dem Selbstverständnis des Nationalsozialismus als Weltanschauung, die sich die Rechtsform einer politischen Partei gegeben hatte, aber keine politische Partei sein wollte. Der Staat war für sie die Hülle, in der sie handelte. Im „*Gesetz zur Sicherung der Einheit von Partei und Staat*"[23] hieß es, dass die NSDAP die Trägerin des Staatsgedankens und mit dem Staat unlöslich verbunden sei. Sie war Körperschaft des öffentlichen Rechts, und der Führer bestimmte ihre Satzung. So war der NS-Staat als „*Weltanschauungsstaat*" zu verstehen.[24]

Nach Kriegsende mussten sich Frankfurter Pfarrer wegen ihrer Mitgliedschaft in der NSDAP oder bei den DC rechtfertigen. Ganz überwiegend taten sie das mit der Aussage, sie hätten den positiven Äußerungen der Nationalsozialisten und insbesondere Hitlers vertraut. Hoffnungsvoll gelesen und gern zitiert wurde dabei Art. 24 Abs. 2 des Parteiprogramms der NSDAP: „*Die Partei als solche vertritt den Standpunkt eines positiven Christentums.*"[25] Das klang gut, meinte aber weder das „*positiv*" der aufgeklärten Religionsphilosophie im Sinn von „*schriftgemäß*" noch das „*positiv*" der Positiven Union. Gemeint war ein Christentum, das sich mit der NS-Ideologie verbindet und eine positive Einstellung zum NS-Staat hat: „*ein ungeteiltes ‚Ja' sagen zu den Charakterwerten des deutschen Volkes, den Gesetzen des deutschen Blutes, zu Volk und Vaterland und in all dem*

Gesetze des Schöpfers erblicken; sich zum Gott der Geschichte, zum deutschen Schicksal und zum Kampf Adolf Hitlers um das Dritte Reich bekennen; seinem Volk dienen und damit Ernst machen mit dem einzigen Gebot Jesu, dem Gebot der Liebe und der Gemeinschaft."[26] In vielen Ohren klangen auch Hitlers Regierungserklärungen vom 1. Februar 1933 und 23. März 1933 gut und beruhigend. Hieß es doch dort: *„Die nationale Regierung sieht in den beiden christlichen Konfessionen wichtigste Faktoren der Erhaltung unseres Volkstums."*[27] Allerdings folgte dem: *„Sie erwartet aber und hofft, dass die Arbeit an der nationalen und sittlichen Erhebung unseres Volkes, die sich die Regierung zur Aufgabe gestellt hat, umgekehrt die gleiche Würdigung erfährt."*[28] Solche Erklärungen nährten die Hoffnungen, dass der Staat in den kirchlichen Auseinandersetzungen mit Atheismus und Marxismus und bei volksmissionarischen Aktivitäten zumindest wohlwollende Neutralität wahren werde.[29]

Schon lange konnte man aber auch ganz anderes lesen. In *„Mein Kampf"* fand man zwar über das Inhaltsverzeichnis unter dem Stichwort *„Kirchen"* Aussagen zur Neutralität der NSDAP und zur konfessionellen Zwietracht. Im Kapitel Weltanschauung und Organisation wurde Hitler aber deutlicher: *„Denn die Weltanschauung ist unduldsam und kann sich mit der Rolle einer ‚Partei neben anderen' nicht begnügen, sondern fordert gebieterisch ihre eigene, ausschließliche und restlose Anerkennung sowie die vollkommene Umstellung des gesamten öffentlichen Lebens nach ihren Anschauungen. Sie kann also das gleichzeitige Weiterbestehen einer Vertretung des früheren Zustandes nicht dulden. Das gilt genauso auch für Religionen."*[30] *„Politische Parteien sind zu Kompromissen geneigt, Weltanschau-*

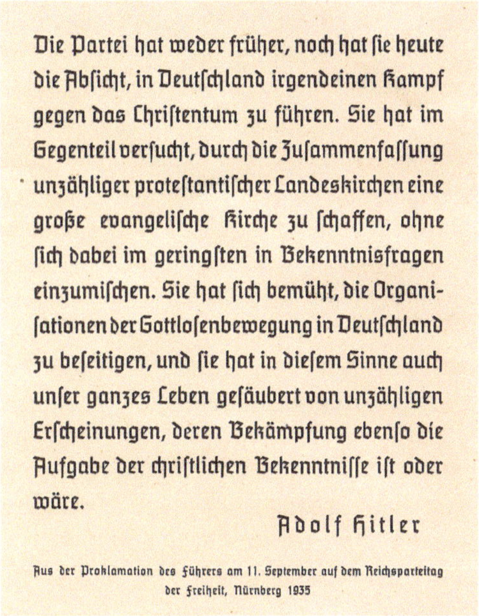

> Die Partei hat weder früher, noch hat sie heute die Absicht, in Deutschland irgendeinen Kampf gegen das Christentum zu führen. Sie hat im Gegenteil versucht, durch die Zusammenfassung unzähliger protestantischer Landeskirchen eine große evangelische Kirche zu schaffen, ohne sich dabei im geringsten in Bekenntnisfragen einzumischen. Sie hat sich bemüht, die Organisationen der Gottlosenbewegung in Deutschland zu beseitigen, und sie hat in diesem Sinne auch unser ganzes Leben gesäubert von unzähligen Erscheinungen, deren Bekämpfung ebenso die Aufgabe der christlichen Bekenntnisse ist oder wäre.
>
> Adolf Hitler
>
> Aus der Proklamation des Führers am 11. September auf dem Reichsparteitag der Freiheit, Nürnberg 1935

Abb. 66 Adolf Hitler 1935

ungen niemals. Politische Parteien rechnen selbst mit Gegenspielern, Weltanschauungen proklamieren ihre Unfehlbarkeit."[31]

Und so dachte auch die Führungsriege der NSDAP. Nur äußerte sich Hitler später aus taktischen Gründen in der Öffentlichkeit schwammiger und zügelte auch seine Anhänger, wenn sie über die Partei die Auseinandersetzung mit den Kirchen führen wollten. Die Zwangsmaßnahmen wurden der Gestapo und dem SD überlassen. Dementsprechend erklärte Reichsminister Wilhelm Frick anlässlich einer Kundgebung in Wiesbaden, dass der Staat sich nicht in kirchliche Angelegenheiten einmischen wolle. Aber er wolle auch nicht zusehen, wie sich *„unter dem Deckmantel christlicher Belange hier alle möglichen staatsfeindlichen und landesverräterischen Elemente sammeln."*[32] Das alles schloss eine enge Zusammenarbeit von DC-Kirchenregime und Gestapo ein. Als im

Jahre 1950 ein Prozess gegen den ehemaligen Gestapo-Beamten und SS-Untersturmführer Heinrich Baab stattfand, berichteten die „Frankfurter Allgemeine Zeitung" und die „Frankfurter neue Presse" ausführlich: Baab hätte ausgesagt, dass die meisten Anzeigen aus der evangelischen Landeskirche gekommen seien. Propst Alfred Trommershausen sei bei der Frankfurter Gestapo ein- und ausgegangen.[33] Auch hätten Baab für die Kirchenüberwachung 25 regelmäßig tätige Spitzel zur Verfügung gestanden. Diese hätte Monatsentlohnungen von 25 bis 50 RM erhalten. Auch Entlohnung in Naturalien wie Tabak habe es gegeben.[34] Im 2. Weltkrieg war es dann allerdings nicht geboten, Kräfte durch Auseinandersetzungen mit den Kirchen unnötig zu vergeuden.

Für die Regelung des Verhältnisses von Staat und Kirche wurden in der NSDAP seit 1934 zwei Lösungen erwogen, nämlich eine Staatskirche oder die strikte Trennung von Staat und Kirche.[35] Für die Staatskirche traten Reichskirchenminister Hanns Kerrl und seine Anhänger ein.[36] Die Maßnahmen des Staates gegenüber der evangelischen Kirche ab 1935 kann man als teilweise Umsetzung des Staatskirchenkonzepts sehen.[37] Im Januar 1936 legte Martin Niemöller den Bruderräten eine von Otto Dibelius erarbeitete Denkschrift vor, in der unter Hinweis auf die Errichtung der Finanzabteilungen, die Bildung der Kirchenausschüsse usw. konstatiert wird, dass die Staatskirche da sei.[38] Im Bereich der Evangelischen Landeskirche Nassau-Hessen lässt sich der Weg der evangelischen Kirche zur Staatskirche mittels der einzelnen rechtlichen Schritte nachzeichnen:[39]

Es begann mit der Ernennung August Jägers zum Kommissar für den Bereich aller preußischen Kirchen mit der Vollmacht zu allen erforderlichen Maßnahmen. Dann kam unter staatlichem Druck und durch Reichsgesetz[40] die Verfassung der Deutschen Evangelischen Kirche zustande. Auf Grundlage des Art. 5 dieses Reichsgesetzes konnten Kirchenwahlen für den 23. Juli 1933 verordnet werden. Danach wurden unter staatlichem Druck Beschlüsse zur Vereinigung der drei hessischen Kirchen zur ELNH am 12. September 1933 herbeigeführt. Die aus den Zwangswahlen hervorgegangene Frankfurter Landeskirchenversammlung beschloss die Einführung des Arierparagrafen für Geistliche und Kirchenbeamte[41] sowie die Übertragung der Befugnisse von Landeskirchenrat und Landessynode auf die DEK[42] und somit die Eingliederung der ELNH in die DEK. Dann übernahm die DEK die Leitung der Landeskirche,[43] es wurden viele Rechte der Kirchengemeinden aufgehoben[44] und eine „Finanzabteilung" genannte, staatliche Behörde bei der Landeskirche errichtet.[45] Diese bekam schließlich die gesamte Finanz- und Vermögensverwaltung der Landeskirche übertragen.[46] Die „Beschlussstelle" in Rechtsangelegenheiten der DEK, wurde geschaffen, so dass Prozesse in kirchlichen Angelegenheiten nicht mehr vor ordentlichen Gerichten geführt werden konnten.[47] Sodann wurde der Kirche das Gesetzgebungsrecht entzogen.[48] Da mit all diesen und anderen Schritten der Widerstand der Bekennenden Kirche nicht gebrochen werden konnte, wurde die Eingliederung in die DEK wieder aufgehoben, nun aber am 29. Juli 1937 der Präsident des Landeskirchenamtes Paul Kipper praktisch zum Staatskommissar für die ELKNH gemacht.[49]

Nach dem militärischen Sieg über Polen sollte der neu geschaffene Reichsgau Wartheland zu einem nationalsozialistischen Modellgau werden. Hier konnte man also erkennen, welche Ziele die Nationalsozialisten im Hinblick auf die Kirchen schließlich verfolgten:[50] Es gibt keine Kirchen im staatlichen Sinne, sondern nur noch religiöse Kirchengesellschaften im Sinne von Vereinen. Die Leitung liegt nicht in den Händen von Behörden, sondern von Vereinsvorständen. Es bestehen keine Beziehungen zu Gruppen außerhalb des Gaues. Mitglieder können nur Volljährige durch schriftlichen Beitritt werden. Alle konfessionellen Untergruppen, Nebenorganisationen (Jugendgruppen) sind aufgehoben und verboten. An den Schulen darf kein Religions- oder Konfirmandenunterricht erteilt werden. Es dürfen außer dem Vereinsbeitrag keine finanziellen Zuschüsse gegeben werden (keine Kollekten und Sammlungen). Die Vereine dürfen kein Eigentum wie Gebäude, Felder, Friedhöfe außer den Kulträumen besitzen. Die Vereine dürfen sich nicht in der Wohlfahrtspflege betätigen. In den Vereinen dürfen sich die Geistlichen nur aus dem Warthegau betätigen. Dieselben sind nicht hauptamtlich Geistliche, sondern müssen einen Beruf haben. Offenbar hat der Landesbruderrat am 23. Juli 1940 Pläne des Staates mit der Kirche beraten, die diesem Konzept entsprachen.[51]

Der Nationalsozialismus aus der Sicht der evangelischen Kirche

An der Verwirklichung der nationalsozialistischen Vorstellungen haben überzeugte evangelische Christen mitgewirkt, und es haben überzeugte evangelische Christen dagegen gekämpft. Wie viele von ihnen die ganze Dimension der Auseinandersetzung und das Ausmaß der Gefahr erkannt haben oder überhaupt erkennen konnten, wissen wir nicht. Die Zahl ist aber wohl gering gewesen. Um das zu verstehen, ist es nötig, sich in groben Zügen das Verhältnis von christlicher und dann evangelischer Kirche zum Staat vor Augen zu halten.

Nach mittelalterlichem Verständnis hatte Gott für den getauften Christen zwei Herrschaftsordnungen als zwei Seiten desselben geistlich-weltlichen Reiches vorgesehen. In der einen sollte die Christenheit nach Christi Auftrag vom Klerus geleitet werden, in der anderen sollte der christliche Regent herrschen. Diese Lehre hat Martin Luther in seiner Zwei-Regimente-Lehre dahin fortentwickelt, dass es zwei sich gegenüberstehende Ordnungssysteme gebe. Das verborgene Reich derer, die an Christus glauben, und das verborgene Reich der Gott entfremdeten Menschen. Für die Ersteren regiert Gott geistlich mit Hilfe des Predigtamtes, für die letzteren weltlich durch die weltliche Obrigkeit. Da der Mensch aber ohne rechtliche Ordnung nicht leben könne, gebe es Kirchenorganisationen und Staaten. Und da niemand solche Herrschaftsaufgaben besser wahrnehmen könne als ein christlicher Fürst, erhielt dieser nach Luther auch die „*cura religionis*", die obrigkeitliche Fürsorge für die Kirche in seinem Land. Bei dieser Weltsicht konnte man sich auch auf das Wort des Apostels Paulus in Römer 13, 1 beziehen. Betrachtet man den ganzen Vers und nicht nur die üblicherweise zitierte Kurzform, dann wird deutlich, wie streng diese Aussage formuliert war: *„Jedermann sei untertan der Obrigkeit, die Gewalt über ihn hat. Denn es ist keine Obrigkeit ohne von Gott; wo aber Obrigkeit ist, die ist von Gott verordnet."* Das wird ergänzt durch Verse aus dem 1. Petrusbrief, Kap. 2, 13 u. 14: *„Seid untertan aller menschlichen Ordnung um des Herren willen, es sei dem Könige, als dem Obersten, oder den Hauptleuten, als die von ihm gesandt sind, zur Rache über die Übeltäter und zu Lobe der Frommen."*

In der Augsburger Konfession[52] hieß es, dass beide Regimente und Gewalten um Gottes Gebots willen mit aller Andacht zu ehren und wohl zu halten seien. Die Wirkung kann kaum überschätzt werden, und unter ihr haben die Christen fast 2000 Jahre ihr Verhältnis zum Staat gesehen. Hier muss man auch die theologischen Grundlagen für die kirchenpolitisch als notwendig angesehene Unterwerfung der deutschen Protestanten unter den Staat sehen. Die enge Verbindung von Thron und Altar, wie sie sich dann herausbildete, ging allerdings weit über das *„untertan sein"* hinaus. Hier wurde die Kirche zur staatstragenden Kraft. Im 19. Jahrhundert gab es dann zwar einen langsamen Prozess der Lösung der Kirche vom Staat. Eine Trennung von Staat und Kirche in der Paulskirchenversammlung scheiterte jedoch. So sind bis in das 20. Jahrhundert Generationen von Theologen und Gemeindegliedern im Sinne dieser Auffassung groß geworden.

Die Abschaffung der Monarchie im Jahre 1918 erschütterte die evangelische Kirche, abgesehen von den rein organisatorischen und finanziellen Fragen, vor allem dadurch, dass dieses traditionelle Denkmuster nicht mehr funktionierte. Galten die zitierten Bibelverse nun auch für eine demokratische Regierung, die vom Volk gewählt war, oder brauchte Deutschland nicht doch wieder eine politische Ordnung, die solchen Maßstäben gerecht würde? Brauchte man angesichts der weltanschaulichen Vielfalt der neuen *„Weimarer Republik"* wieder eine staatliche Ordnung, die Kirche und Staat ihre alte Stellung einräumte? So mochten viele Christen die Weimarer Republik nicht als eine solche Obrigkeit ansehen. Aber das Dritte Reich mit dem *„Gottesgeschenk Adolf Hitler"* sehr wohl.

Hinzu kam, dass sich der Nationalsozialismus und weite Kreise des Protestantismus in der Bewertung der Gegenwart einig waren.[53] Beide sahen das Jahr 1933 als Zeitenwende, die das Zeitalter des bürgerlichen Liberalismus beendet hat. Dieser hätte die überkommene Religiosität mit der Einbettung des Einzelnen in die Gemeinschaft durch die Vereinzelung des Menschen in selbst geschaffenen Ordnungen abgelöst. Die Folge seien Rationalismus, Materialismus und Atheismus gewesen. Zugleich habe sich der weltanschauliche Liberalismus mit dem *„Demokratismus"* verbunden. An die Stelle sozialen Verhaltens und der Verantwortung für die Gemeinschaft seien ein Werteverfall und die Selbstverwirklichung getreten, der Staat wirke nicht mehr stabilisierend für die Gemeinschaft. Das Ergebnis seien Marxismus, Sozialismus und Kommunismus. Es drohte das Ende der christlichen Welt, und bei all´ dem seien Juden führend tätig gewesen.[54] Eine weitere Gemeinsamkeit war die nationalistische Einstellung. Die Idee des Nationalismus zielte ja darauf hin, die Haltung gegenüber dem Vaterland durch Gefühle zu manipulieren und appellierte nicht an den Verstand. So waren das *„deutsch-nationale"* Bürgertum und eben auch die evangelische Pfarrerschaft sehr empfänglich für die national-sozialistische Propaganda.[55]

Der keiner kirchenpolitischen Gruppierung angehörende Karl Scheibenberger blickte im Frankfurter Kirchenkalender 1939 unter der Überschrift *„Was wir nicht vergessen wollen"* auf die Zeit vor der Machtübernahme durch die Nationalsozialisten zurück. Dabei zeigte sich, wie sehr die Weimarer Republik und ihre Kultur fromme Gemüter verschreckt hatte und wie sie ihre Hoffnung auf die Nationalsozialisten gesetzt hatten:[56]

„Der Kampf für und gegen Christus ist auf der ganzen Welt entbrannt. Auch in Deutschland ringen die Geister miteinander, und schmerzlich genug berühren uns oft die Methoden, mit denen Menschen, die für ihr Vaterland alles hingeben würden, Christus als ‚Volksfeind' glauben bekämpfen zu müssen. Gerade deshalb wollen wir nie vergessen, welch höllischer Haß in dem Deutschland vor 1933 nicht nur gegen Christus, sondern gegen alles, was Gott, Religion, Ehrfurcht, Sittlichkeit, Anstand hieß, geschürt wurde - und wir werden danken müssen. Erinnern wir uns nur an einige typische Tatsachen aus dem Deutschland vor 6 Jahren!

Bei öffentlichen Straßenumzügen wurden die heiligsten Symbole der Kirche, Kreuz, Bibel, Gesangbuch, in der widerlichsten Weise verhöhnt. Galgen, an denen Pfarrer hingen, wurden herumgetragen; Diakonissen wurden als Betschwestern beschimpft. In Gera verteilte man Zettel, auf denen zu lesen war: ‚Wenns wirklich Gott gäbe mit'm Vollbart ums Kinn, dann säßen die Pfaffen als Läuse darin'. Mit eigenen Ohren habe ich gehört, wie im Deutschen Reichstag die Bibel als größtes Schund- und Schmutzbuch verlästert wurde.

Der Zeichner George Groß schuf Bilder folgenden Inhalts: ein predigender Geistlicher, dessen Mund Granaten speit, darunter die Worte ‚Ausgießung des Heiligen Geistes'. Oder: Christus am Kreuz mit der Gasmaske und Stulpenstiefeln, und als Überschrift ‚Maulhalten und weiterdienen!' – Alle Prozesse gegen diesen Schädling waren vergebens. Er wurde immer wieder freigesprochen. ...

Kampf gegen Schule und Kirche war das Ziel all der vielen Schulzeitungen, die unter dem Titel ‚Die Schulgranate', ‚Der Schulspion', ‚Der rote Vorposten' ... ‚Die rote Anna'(Frankfurt) massenweise an die Kinder verteilt wurden. Ein bekanntes Motiv in diesen Hetzschriften war die rote Windmühle: der Flügel schleudert einen Lehrer in die Luft, der andere Flügel schlägt einen Pfarrer auf den Rücken. ...

Die zotigsten Texte wurden nach verjazzten Lutherchorälen gesungen. Mit besonderer Schamlosigkeit kämpfte die Presse der Gottlosenverbände gegen die im Volk tief verwurzelten Weihnachtslieder. ‚Was bringt der Weihnachtsmann Emilien? Ein Strauß Rosmarin und Lilien'. Der weitere Text ist so gemein, daß er sich hier nicht wiedergeben läßt. – Dabei sind solche Verse noch längst nicht das Schlimmste was an Unflätereien damals in Deutschland möglich war.

Die ‚Dreigroschenoper', eine zynische Verherrlichung der Unterwelt mit ihren Dirnen, Zuhältern und Verbrechern, wurde monatelang allerorts vor ausverkauften Häusern gespielt. Das Recht auf Mord und Raub wird hier als ‚Freiheit' proklamiert ...

Der größte Theatererfolg der Jahre 1928/29 war Walter Hasenclevers Ehebruchsfarce ‚Ehen werden im Himmel geschlossen'. Hier erleben wir den Gipfel der Frivolität: Gott selbst kommt auf die Bühne als ein alter vertrottelter Lord in kurzen Sporthosen, die Mütze auf dem Kopf, die Pfeife im Mund, das Monokel an seidener Schnur. Er will keine Choräle im Radio hören. ...

Diese Beispiele ließen sich um tausend andere vermehren zum Beweis, wie in Deutschland vor 1933 weithin die Hölle los war. Dankbar wollen wir sein von ganzem Herzen, daß dies seit der Machtübernahme Adolf Hitlers doch anders geworden ist. Der Führer hat uns von dem Chaos des gottesfeindlichen Bolschwismus befreit. An uns Christen liegt es, unserm Volke Christus vorzuleben. Dann werden viele, die sich jetzt noch mit irgendeiner ‚Gottschau' begnügen, wieder erkennen: Mögen manche Brücken zum Ewigen führen; zu dem Gott, der sich über uns wie ein Vater über Kinder erbarmt und der uns *tröstet, wie einen seine Mutter tröstet, führt nur ein Weg: Jesus Christus, der gekreuzigte und auferstandene Heiland."*

Jedenfalls war es kein Zufall, dass eine Kirche wie die evangelische, die den Bezug zur Arbeiterschaft verloren hatte und mit dem Bürgertum national geprägt war, den Verlockungen des Nationalsozialismus nicht ohne weiteres widerstehen konnte. Gar zu gerne hörte man die, zwar schwammigen aber doch positiv klingenden, Aussagen über die wichtige Rolle der Kirchen, der Wahrung ihrer Rechte und dass die NSDAP auf dem Boden eines positiven Christentums stehe. Es ist zu vermuten, dass nicht jeder, der auf die schönen Formulierungen hereinfiel, es sich so gedacht hatte, wie es gemeint war. Auch lasen nur wenige Hitlers „*Mein Kampf*" kritisch und wurden früh Gegner des Nationalsozialismus. Nur wenige erkannten, dass die NSDAP nicht einfach eine politische Partei war, sondern die Organisationsform einer Weltanschauung mit allen Konsequenzen. Zunächst, über die Grenzen der protestantischen Lager hinweg, gab es deshalb Zustimmung zum NS-Staat, zu seiner Innen- und Außenpolitik und auch zu den Repressalien gegenüber seinen Gegnern.[57] So nahm man gerne „*Kollateralschäden*" in Kauf: Von der Verordnung des Reichspräsidenten vom 28. Februar 1933, die mit der Aussetzung aller Freiheitsrechte zum „*permanenten Belagerungszustand*"[58] führte, über die Verbote politischer Parteien, die Gleichschaltung oder das Verbot gesellschaftlicher Organisationen bis zu ersten Konzentrationslagern und ersten Diskriminierungen der Juden.

Für Frankfurt belegen das verschiedene positive Äußerungen zum Nationalsozialismus, auch aus der Bekennenden Kirche. Erich Meyer sagte in seiner Predigt am 1. Mai 1933 u.a.: „*Wir stehen unter dem starken Eindruck, dass die Führer in der nationalen Arbeit am Wiederaufbau unseres Volkes ganz stark gebunden sind durch dies: ‚ich muß, wir müssen'. ... Vor solch einem inneren Muß muß der Christ immer wieder Achtung und Ehrfurcht haben als vor dem Willen Gottes, der sich darinnen offenbart.*"[59] In der Erklärung von 30 Pfarrern zur Wahl am 23. Juli 1933, bekannten sich diese „*mit der Führung des Staates und der Kirche*" zu der einen evangelischen Kirche.[60] Paul Lange schrieb im Gemeindebrief der Matthäusgemeinde vom 30. Juli 1933 über Adolf Hitler: „*Sein Werk wird nur vielfach noch nicht verstanden und von vielen erschwert. Aber er wird siegen, weil er keinen Machtdünkel hat. Seine Reden sind wie eine Erfrischung in vielen Schwierigkeiten, Nöten, Missverständnissen, Torheiten, die man als Seelsorger miterlebt.*"[61] Karl Veidt gab am 12. September 1933[62] für eine kleine Gruppe vor der Landeskirchenversammlung die Erklärung ab, dass sie sich dem nationalen Staat verbunden fühlten und für vieles dankbar seien. Die evangelische Verpflichtung der Frankfurter Bekenntnisfront[63] von Ende Februar 1934 enthielt die Formulierung, dass der Unterzeichner als bewusster evangelischer Christ ganz auf dem Boden des Dritten Reiches stehe und als Nationalsozialist in treuer Gefolgschaft hinter Adolf Hitler; das Versandschreiben des Bruderrates dazu vom 2. Mai 1934 war ähnlich formuliert.[64] Hierher gehörte auch die am 18. Januar 1935 vom Landesbruderrat veröffentlichte Fürbitte für den 30. Januar 1935 zur Erinnerung an die Ernennung Hitlers zum Reichskanzler: „*Am heutigen Tage gedenken wir in besonderer Weise des Führers und Kanzlers unseres Reiches. Wir danken Dir, Herr, für alles, was Du in Deiner Gnade ihm in diesen zwei Jahren zum Wohle unseres Volkes hast gelingen lassen. Wir bitten Dich,*

Du wollest ihn leiten durch Deinen heiligen Geist, ihm weise Gedanken, ein festes Herz und einen starken Arm verleihen, daß er in Deiner Furcht unser Volk regiere und daß in allem Dein heiliger Wille geschehe."[65] Das alles ist wohl etwas mehr als das „untertan" Sein. Es scheint eher, als würde hier die Nähe zum Staat wie zu Zeiten von Thron und Altar gesucht, nur eben jetzt zum NS-Staat und zu seinem Führer.

Gerne wurde und wird gesagt, dass so etwas notwendig war, wenn man Kritisches äußern und sich nicht in Gefahr bringen wollte. Auch könne man die Situation von damals heute schwer nachvollziehen. Schon Zeitzeugen stellten das in Frage. Karl Veidt brachte klar zum Ausdruck, dass die evangelische Kirche als Volkskirche im Dritten Reich nur eine Überlebenschance habe, wenn sie sich mit dem NS-Staat arrangiere.[66] Loyalitätserklärungen waren also für sie – und sicher für manchen anderen – der Preis, den sie zu zahlen bereit waren, um das Überleben der Kirche zu sichern. Albert Krebs äußerte später,[67] dass solche Formulierungen gelegentlich als Tarnung benutzt worden seien, aber kritische Gemeindeglieder bedrückt hätten. Von wenigen Ausnahmen abgesehen, war niemand gezwungen, solche Erklärungen abzugeben. Deshalb spricht bei der Mehrzahl dieser Äußerungen vieles gegen die Interpretation als Tarnungsversuch und eher für die Suche nach Nähe zum NS-Staat.

Allerdings gab es einen Punkt, an dem die verschiedenen kirchlichen Lager kritisch reagierten: die Versuche, eine nordisch-germanische Religion wieder zu beleben. In seinem „*Mythus des zwanzigsten Jahrhunderts*" hatte Alfred Rosenberg dargelegt, dass die Botschaft von Christus durch die jüdischen Schriftsteller des Neuen Testaments verfälscht worden sei. Kern der Botschaft sei die wahre Gotteskindschaft und nicht die jüdische Lohnmoral. Ausgehend von der Gottgleichheit der menschlichen Seele sah er die wahre Gotteserfahrung in der Selbstversenkung des Menschen in den göttlichen Grund seiner Seele. Die Predigt von Demut, Askese, Barmherzigkeit, Unterwürfigkeit, vom stellvertretenden Sterben Christi und von der Gnade Gottes entstelle die nordische Seele. Christus habe sich nicht als Knecht, sondern als Herr geopfert. Auch konnte man bei Rosenberg lesen:[68] „*Die Sehnsucht, der nordischen Rassenseele im Zeichen des Volksmythus ihre Form als Deutsche Kirche zu geben, das ist mit die größte Aufgabe unseres Jahrhunderts.*" Später schob er noch sein Buch „*Protestantische Rompilger*" nach, in dem er den Protestanten (im Kirchenkampf) eine zu große Nähe zum Katholizismus vorwarf. In einer großen Anzahl von Büchern und Schriften setzten sich evangelische Theologen mit Rosenberg auseinander und verteidigten ihre theologischen Positionen.[69] Allerdings äußerte sich DC-Gauobmann Reinhold Krause auf der Sportpalast-Veranstaltung in eine ähnliche Richtung. Oder Pastor Paul Le Seur versuchte, christliche Begriffe und Gestalten so um zu deuten, dass sie Rosenberg keine Angriffsfläche mehr boten. Da war Christus dann ein Mann, der kämpfte, der keine Halbheiten kannte, herb, klar, heldisch.[70]

In Frankfurt mahnte Hermann Dechent mit einem Gedicht im Frankfurter Kirchenkalender 1934,[71] Germanenmythos und Evangelium nicht zu vermischen. Alfred Trommershausen warnte davor, Deutschtum und Christentum zu trennen[72], und Georg Probst seine Konfirmanden vor den neuheidnischen Lehren.[73] Der Kreis für entschiedenen Protestantismus trat mit zwei Vortragsreihen in die Öffentlichkeit[74].

> **Die ganze Bibel soll es sein**
>
> Alter und neuer Bund gehören eng zusammen.
> Wer treu zu diesem steht, kann jenen nicht verdammen.
> Der Herr hat auf den alten Bund sich oft berufen;
> Denn zu der Höhe geht es nur empor auf Stufen.
> Wer gegen die Entwicklung kämpft im Geistesleben,
> Nur der kann kalt dem alten Bund den Abschied geben.
> Löst ihr das Christentum von seinem Fundamente,
> So ist es mit der Kirche Christi bald zu Ende.
> Und werdet Wodan ihr an Christi Seite stellen,
> So wird der Kirche Schiff gar bald im Sturm zerschellen.
> Bedenket doch, was alles ihr verdankt dem Psalter,
> Der uns so oft erbaut in Jugend und im Alter.
> Vergeßt auch nicht den Dank für Worte der Propheten!
> Sie klingen oft so stark wie himmlische Drommeten.
> Drum, deutsches Volk, bewahre deine heil'gen Güter
> Und bleib, den Vätern gleich, der ew'gen Wahrheit Hüter!
> So löset nicht den neuen Bund vom alten!
> Gelobt: Die ganze Bibel wollen wir behalten!
>
> D. Dr. Dechent.

Abb. 67 Hermann Dechent zu den Deutschen Christen

Der sogenannte Kirchenkampf

Dank des mächtigen Staatsapparates gelang es den Nationalsozialisten also, die evangelische Kirche verhältnismäßig schnell und ohne allzu großen Widerstand nach ihren Vorstellungen zu ordnen und die wichtigen Positionen in der evangelischen Kirche mit ihren Leuten zu besetzen. Als es darum ging, die Macht auch im Detail durchzusetzen und die evangelische Kirche mit der nationalsozialistischen Weltanschauung zu durchdringen, erhob sich Widerstand. In dem nun beginnenden Kampf wurden Meinungen und Gruppen von Bedeutung, die ihren Ursprung schon wesentlich früher gehabt hatten. Schon Anfang der zwanziger Jahre war der *„Bund für deutsche Kirche"* gegründet worden, um für ein christliches Evangelium deutscher Ausprägung zu kämpfen. Er war antisemitisch und wollte die Volksgemeinschaft als Maßstab für die Wahrheit der Offenbarung. Wesentlich radikaler war die 1927 gegründete *„Kirchenbewegung Deutscher Christen"*. Sie wollte eine neue Kirche, losgelöst von Orthodoxie, Bürokratie und Schwerfälligkeit der seitherigen Kirche und sah eine neue Offenbarung in Adolf Hitler. Offen für die Nationalsozialisten war auch die rechts orientierte *„Christlich-Deutsche Bewegung"*. 1932 wurde aus dem „Bund für deutsche Kirche" und der „Kirchenbewegung Deutscher Christen" die *„Glaubensbewegung Deutscher Christen"* gebildet. Sie sollte dem zunächst indifferenten, nach dem kirchlichen Widerstand aber vom Hass gegen die Kirche getriebenen, Adolf Hitler als nützliches Instrument dienen. Mit ihrer Hilfe sollte die Kirche dem Staat bei der Erfüllung seiner Ziele willfährig dienen, ohne ihm gefährlich werden zu können.

Mit der Einführung neuer Verfassungen in den verschiedenen Landeskirchen und mit der Einführung des Arierparagraphen in das Dienstrecht der Pfarrer und Kirchenbeamten im Frühherbst 1933 zeichnete sich der Versuch ab, die evangelische Kirche nun auch im Sinne des Nationalsozialismus zu durchdringen. Deutlich wurden die Absichten der Väter der Deutschen Evangelischen Kirche auch aus vielfältigen Kundgebungen und Richtlinien für die kirchliche Arbeit. Als Beispiel seien die „*Richtlinien der Reichskirchenregierung für die Volksmission der DEK*" genannt[75] Davon ausgehend, dass der Reichsbischof die Kirche zum Kampf um die Seele des Deutschen Volkes aufgerufen habe, sollte die theologische Arbeit in erster Linie die Lösung folgender Fragen in Angriff nehmen: Gott oder Schicksal; Mythos und Offenbarung; Blut, Boden und Rasse im Licht des Evangeliums; Entartung, Vererbung und Erbsünde; der arische Christus; Kirche und Arierparagraph; Christuskreuz und Hakenkreuz; Kameradschaft des Blutes und des Glaubens. Immer deutlicher wurde nun auch der Zweck der Machtübernahme: eine einheitliche Nationalkirche als Staatskirche, Kontrolle der Kirche und ihrer Organisationen durch staatliche Organe, Entfernung aller „*Judaismen*" aus Bibel und Gesangbuch, christliche Verkündigung als religiöse Verbrämung des Volkstums.

Deshalb begann sich Widerstand zu formieren. Am 21. September 1937 versandte Martin Niemöller ein Rundschreiben zur Gründung eines Pfarrernotbundes. Dessen Mitglieder sollten sich u. a. verpflichten, sich für ihre Verkündigung nur an die Heilige Schrift und an die Bekenntnisse der Reformation zu binden. Innerhalb kurzer Zeit konnte eine große Zahl von evangelischen Pfarrern als Mitglieder für diesen Bund gewonnen werden. Am 15. Januar 1934 waren von 18.842 evangelischen Pfarrern in Deutschland 7.036 Mitglieder des Pfarrernotbundes.[76] Der energische Widerstand in der evangelischen Kirche führte zunächst dazu, dass die Parteiführung sich zunehmend mehr von den Deutschen Christen distanzierte.

Nachdem der Chef-Ideologe der NSDAP Alfred Rosenberg schon am 16. August 1933 einmal erklärt hatte, dass der Staat sich nicht in innere kirchliche Streitigkeiten einmischen wolle und nicht die Absicht habe, sich für eine Kirchenpartei zu entscheiden, bekräftigten dies auch der Leiter der Partei-Kanzlei der NSDAP, Martin Bormann, und der Stellvertreter des Führers, Rudolf Heß.[77] Die radikaleren Gruppen innerhalb der Deutschen Christen versuchten jedoch zunächst, sich durch eine Aufsehen erregende Aktion in Erinnerung zu rufen. So fand am 13. November 1933 die berüchtigte Sportpalastkundgebung statt, in der u. a. die Loslösung vom Alten Testament, vom jüdischen Paulus und die Verehrung eines heldischen Jesus propagiert wurden. Doch brachte diese Veranstaltung nicht nur ablehnende Reaktionen in der Bevölkerung und Massenaustritte aus den DC, sondern eine noch größere Stärkung des Pfarrernotbundes und noch größere Zerstrittenheit unter den Deutschen Christen. Allerdings bedeutete das nicht etwa eine behutsamere Politik der Nationalsozialisten.

Der Kampf gegen die Kirche vollzog sich in der Folgezeit auf drei Ebenen: erstens versuchten die Nationalsozialisten, sich der Verwaltung der Kirche zu bemächtigen, was ihnen nur teilweise gelang; zweitens sollte die neue Weltanschauung den Einfluss des Christentums beenden; drittens sollten Verbote und Gewaltakte die Kirche einschüchtern und sie zu einem unbedeutenden Relikt der Vergangenheit machen. So versuchten dann Anfang 1934 Ludwig Müller und August Jäger, auch die sogenannten intakten Kirchen Hannover, Bayern und Württemberg in ihre Gewalt zu bringen; also die Kirchen, in denen es bei den Kirchenwahlen von 1933 keine Mehrheiten für die Deutschen Christen gegeben hatte.

Dies führte dazu, dass die Unterstützung des Pfarrernotbundes durch die Kirchengemeinden zunahm. Deshalb begann sich langsam auch die Bekennende Kirche zu formieren. Die Ulmer Erklärung (22. April 1934), die erste Bekenntnissynode in Barmen (29. bis 31. Mai 1934) und die zweite Bekenntnissynode in Berlin (19. bis 20. Oktober 1934) verliehen dem Ausdruck. Die öffentlichen Reaktionen hierauf und auf die Nationalsynode vom 9. August 1934 brachten Hitler zu einem gewissen Einlenken. Allgemein wurde von einem Sieg der Bekenntnisfront gesprochen.[78] Doch auch dieses Einlenken Hitlers war vor allem taktischer Natur. Für die bevorstehende Abstimmung im Saarland brauchte er Stimmen und wollte sich deswegen möglichst wenige Sympathien verscherzen. Nach der Abstimmung im Saarland ging die antikirchliche Propaganda verstärkt weiter. Am 26. Oktober 1934 trat Jäger als „*Rechtswalter*" der Deutschen Evangelischen Kirche zurück. Es zeigte sich, dass es Müller und Jäger trotz des Einsatzes aller Machtmittel nicht gelungen war, die Leitung der Kirche zu übernehmen. Der sich formierende Widerstand der Bekennenden Kirche führte andererseits wohl dazu, dass Hitlers Interesse, die evangelische Kirche als Instrument seiner Politik zu verwenden, nachließ.

Die Folge hiervon war der Versuch einer Neuordnung der Deutschen Evangelischen Kirche. Am 22. November 1934 wurde eine „*Vorläufige Kirchenleitung der Deutschen Evangelischen Kirche*" durch die Bekennende Kirche bestellt. Diese erhob damit den Anspruch, die wahre Kirche zu repräsentieren. Versuche der Vorläufigen Kirchenleitung, die staatliche Anerkennung zu erhalten, blieben ohne Erfolg. Dagegen mehrten sich aufgrund des Heimtückegesetzes vom 20. Dezember 1934 polizeiliche Maßnahmen und Verhaftungen von Pfarrern. Auch mehrte sich die antikirchliche Propaganda.

Staatlicherseits wurden die Kirchenangelegenheiten bis in das Jahr 1935 sowohl im Reichs- und Preußischen Ministerium des Innern wie auch im Reichs- und Preußischen Ministerium für Wissenschaft, Erziehung und Volksbildung bearbeitet. Am 16. Juli 1935 ordnete Adolf Hitler an, dass die kirchlichen Angelegenheiten auf den Reichsminister ohne Geschäftsbereich Hanns Kerrl übergehen sollten.[79] Kerrl versuchte erneut, die kirchlichen Verhältnisse zu ordnen, vor allem mit der Bildung eines Reichskirchenausschusses (3. Oktober 1935), besetzt mit „*Männern der Kirche*". Dem Reichskirchenausschuss folgten Landeskirchenausschüsse in den einzelnen Landeskirchen. Vor allem der Reichskirchenausschuss bemühte sich in der Folgezeit darum, einen Ausgleich zwischen der Bekennenden Kirche, der „*Mitte*" und dem gemäßigten Teil der Deutschen Christen zustande zu bringen. Doch es kam zu keinem Kompromiss, und Kerrls Stellung wurde zunehmend schwächer. Andererseits verschärfte sich die allgemeine Lage mehr und mehr. Auch wurde zunehmend deutlicher, dass es beim Kirchenkampf gar nicht mehr um innerkirchliche Auseinandersetzungen ging, sondern um die Einflussnahme des von der NSDAP beherrschten Staates auf die Kirche. Doch Kerrl, der an sich mehr auf einen Ausgleich zwischen Staat und Kirche bedacht war, schaffte den entscheidenden Schritt zur Unterwerfung der evangelischen Kirche nicht. Deshalb schaltete sich von 1937 ab verstärkt die Gestapo in die Kirchenverfolgung ein.[80] Ziel ihrer Aktionen waren die kirchlichen Laienorganisationen, die Öffentlichkeitsarbeit der Kirche, deren Erziehungsarbeit und vor allem die kleinen Religionsgemeinschaften. Auch begann Mitte des Jahres

1937 eine neue Welle von Verhaftungen. Am 1. Juli 1937 wurde Martin Niemöller verhaftet, im November 1937 befanden sich über 700 evangelische Pfarrer in Haft. Das führte bis ins Jahr 1938 zu einer gewissen Unsicherheit und Mutlosigkeit in den Reihen der Bekennenden Kirche.

Die Bekennende Kirche wurde außerdem aber auch durch interne Zwistigkeiten geschwächt.[81] Einerseits gab es immer wieder Meinungsverschiedenheiten über das richtige Vorgehen gegenüber dem Staat, wobei längst nicht alle so radikale Standpunkte einnahmen wie Martin Niemöller. Andererseits waren die Wortführer der Bekennenden Kirche auch viel zu unterschiedliche Persönlichkeiten, als dass eine unproblematische Zusammenarbeit möglich gewesen wäre. Für die Folgezeit bis zum Kriegsbeginn kann man deshalb feststellen, dass weder dem Staat noch der Bekennenden Kirche eine entscheidende Verbesserung ihrer Position möglich war. Der Krieg brachte einen gewissen Burgfrieden. Allerdings zeichneten sich durchaus neue Entwicklungen ab. Am 10. Juni 1940 wurden im Reichskirchenministerium Überlegungen zur Neuorganisation der DEK vorgelegt, nach denen eine Staatskirche wie vor 1918 geschaffen werden sollte.[82] Andererseits ermöglichte es die Kirchenpolitik in den besetzten Ostgebieten auch, sich vorzustellen, welches Schicksal den Kirchen beschieden gewesen wäre, wenn Deutschland den Zweiten Weltkrieg gewonnen hätte.

4.2.2 Die Entwicklung Frankfurts

In Frankfurt sprechen einige wenige Zahlen aus den letzten Monaten der Weimarer Republik für sich: am 31. Dezember 1932 lebten in Frankfurt 558.896 Einwohner; 70.917 = 12,7 % von ihnen waren arbeitslos; mehr als die Hälfte von diesen waren ausgesteuert und lebten von der Fürsorge. Aber schon vorher wurde jeder dritte Frankfurter durch Volksküchen, Kleidungs- und Kohlebeihilfen sowie die Fürsorge von der Kommune unterstützt. Doch war die Stadt seit dem Herbst 1932 zahlungsunfähig und konnte ihren finanziellen Verpflichtungen nicht mehr nachkommen. Bei den Kommunalwahlen am 12. März 1933 veränderten sich die Stimmenanteile im Vergleich zur letzten Kommunalwahl im Jahre 1929 bei der SPD von 27,6 % auf 19,05 %, bei der KPD von 13,0 % auf 9,72 %, bei der DVP von 12,9 % auf 3,95 %, beim Zentrum von 12,2 % auf 11,45 % und bei der NSDAP von 9,9 % auf 47,87 %.

Die Rechten waren gegen das demokratische *„System"* und gegen das *„parlamentarische Schiebersystem"* angetreten. Jetzt schafften sie es umgehend ab und setzten auch auf kommunaler Ebene den *„völkischen Staat"* durch. Am 1. April gab es den ersten Boykott jüdischer Geschäfte unter dem Schlagwort *„Kauft nicht bei Juden!"* Am 10. Mai 1933 brannte gegen Abend auf dem Römerberg ein Scheiterhaufen, auf dem die *„akademische Jugend" „undeutsche Literatur"* verbrannte. Die Ansprache hielt der evangelische Studentenpfarrer Otto Fricke, später eines der herausragenden Mitglieder der Bekennenden Kirche.

Für eine kontinuierliche Weiterentwicklung der Stadt fehlten auf diesem Hintergrund das Interesse und die Mittel. Stattdessen gab es in und bei Frankfurt zunächst zwei spektakuläre Bauprojekte. Am 23. September 1933 begann der Reichsautobahnbau mit Hitlers erstem Spatenstich zum Abschnitt Frankfurt–Darmstadt am Mainufer zwischen Niederrad und Goldstein. Und im Jahre 1934 wurde der Bau eines neuen Flugplatzes im

Stadtwald begonnen, da der Flugplatz am Rebstock keine Erweiterungsmöglichkeiten hatte. Und noch etwas interessiert: ebenfalls im Jahre 1934 wurden ein Notstandsprogramm und ein Architektenwettbewerb zur „*Gesundung*" der fünf schlimmsten Stellen der Altstadt, der „*Brutstätte des Kommunismus*", aufgelegt. Ab 1936 wurden dann entstellende Anbauten an Karmeliterkirche und Dominikanerkirche entfernt und eine Fülle von Kleinmaßnahmen durchgeführt, die später als „*Musterbeispiel einer Innenstadtgesundung*" verherrlicht wurden. Der Wohnungsbau hielt den Vergleich mit dem vergangenen Jahrzehnt nicht aus. Auf einfache Weise, und vor allem in Selbsthilfe, wurden die Siedlungen Goldstein und Hausen fertiggestellt. Zwischen 1936 und 1939 entstanden an verschiedenen Orten in der Stadt Kleinsiedlungen, z. T. mit spartanischer Ausstattung: drei „*Gefolgschaftssiedlungen*", drei Siedlungen am Riederwald, in Sossenheim und am Frankfurter Berg, „*Volkswohnungen*" in Zeilsheim und am Frankfurter Berg und „*Arbeiterwohnstätten*" an sechs weiteren Stellen.

4.3 Die kirchliche Entwicklung in Frankfurt

4.3.1 Die kirchliche Situation

Der Senior Wilhelm Bornemann, beschrieb die Situation in einem undatierten Aufsatz (wohl Ende 1933/Anfang 1934) so:[83] „*Es ist unbestreitbar, daß mit dem Jahr 1933 nicht nur für Volk und Staat, sondern auch für die evangelische Kirche ein neues Zeitalter begonnen hat. … Aber es ist weder notwendig noch möglich, diese neueste Entwicklung in Kürze zu schildern. Im allgemeinen ist sie bekannt, im einzelnen schwer zu übersehen und vollständig darzustellen. Auch stehen wir noch mitten im Fluß der Ereignisse, da die in Aussicht gestellte freie Kirchenwahl bislang nicht durchgeführt noch angeordnet ist. … Mit Spannung und Sorge um unseres Volkes willen, aber mit ruhigem Herzen im Blick auf Gottes Gnade und Verheißung sehen wir den Entscheidungen entgegen. Das Evangelium wird, wenn auch unter Leiden und Opfern, siegreich bleiben. Es kommt nur darauf an, daß die frohe Botschaft von Gottes Gnade in Jesus Christus bei jung und alt in den einzelnen Herzen kräftig bleibt und für das wirkliche Leben in lebendigen Gemeinden sich auswirkt. Wenn gegenwärtig der Streit um die kirchliche Verfassung und um das Verhältnis von Staat und Kirche geht, so ist nicht zu vergessen, daß nach evangelischer Auffassung das Recht das Gebiet des Staates ist, und daß die Einzelheiten der Verfassung nicht unfehlbar und unwandelbar sind. Wohl aber sollte selbstverständlich sein, daß eine christliche Kirchenverfassung nichts enthält, was dem Worte Jesu widerspricht. Sie muß auch möglichst geeignet sein, persönliches Christentum in Gottvertrauen, Gebet, Nächstenliebe und Berufstreue zu sichern und lebendige Gemeindearbeit zu wecken, zu stärken und zu schützen. Die evangelische Kirche strebt nicht nach Macht, sondern lebt von innerer Kraft. Sie mischt sich nicht in die Politik, aber sie darf auch nicht politisiert werden. Daß sie von Herzen für Vaterland und Volksgemeinschaft eintritt, ist ihr göttliches Gebot. Daß die persönliche Frömmigkeit und das Gemeindeleben vom Worte und Geiste Jesu regiert wird, ist das entscheidende, – auch für Frankfurt a. M., soweit es christlich und evangelisch ist.*"

Mit dieser Auffassung war Bornemann repräsentativ für einen größeren Teil der Frankfurter Pfarrerschaft. In die Politik mischt man sich nicht ein, Rechtsetzung ist Sache des Staats. Wichtig ist die persönliche Frömmigkeit des Einzelnen und, daß die Kirche nicht politisiert wird. Das enthielt vorsichtige Kritik an der Entwicklung, ließ aber nicht erkennen, dass der Verfasser den Totalitätsanspruch des Nationalsozialismus durchschaute.

4.3.2 Die Machtübernahme durch die Deutschen Christen

In Frankfurt traten die Deutschen Christen Ende 1932 stärker in Erscheinung.[84] Dabei tat sich besonders der Pfarrer an der Erlösergemeinde, Johann Georg Probst, hervor. Am 20. Januar 1933 organisierten die DC eine Großveranstaltung auf dem Festhallengelände, in der erstmals in der Öffentlichkeit zu einer Erneuerung der Kirche an Haupt und Gliedern aufgerufen wurde. Am 4. Februar 1933 wurde Probst vom Landeskirchenrat ein Verweis wegen Verletzung der politischen Neutralität erteilt.[85] Eine weitere große Veranstaltung am 26. Februar 1933 im Hippodrom stellte *„die bevorstehenden Reichstagswahlen ins Licht eines Geisteskampfes gegen die ‚marxistische' Weltanschauung"*.[86] Diese und andere Aktivitäten waren der Anlass für einen Teil der Frankfurter Pfarrerschaft, am 26. Februar 1933 eine Erklärung zur gegenwärtigen kirchlichen Lage abzugeben:[87]

„(1) Die Kirche kann den Dienst an Volk und Nation nur erfüllen in der unbedingten Bindung an das Evangelium von Jesus Christus. (2) Sie ist berufen, dem ganzen Volke zu dienen, unabhängig von Parteien und Weltanschauungen. Wohl hat jeder Christ die Aufgabe, am Leben des Volkes und Staates mitzuarbeiten und gegebenenfalls auch Partei zu nehmen. Die Kirche ist aber unabhängig. Die Richtschnur ihres Handelns ist allein das Wort Gottes, wie es in der heil. Schrift alten und neuen Testaments bezeugt ist.

(3) Wir erkennen Volkstum, Rasse und Staat als von Gott gesetzte Lebensordnungen an, die zu erhalten wir berufen sind. Wir wissen aber, daß in einer Welt der Sünde alle diese Ordnungen keine ausschließliche Gültigkeit und keine erlösende Kraft haben. Die Kirche hat das Wort Gottes als allein maßgebend für alles menschliche Gemeinschaftsleben zu bezeugen."

Das klang mannhaft, hatte aber nur kurze Dauer und zeigte schon Anzeichen von Nachgeben, wenn die Rasse als Gott gegebene Ordnung genannt wurde, die zu erhalten auch die Kirche berufen sei. Zudem begannen die Deutschen Christen nun ihren *„Marsch durch die Institutionen"*, der als erstes die Auflösung der Landeskirchenversammlung bringen sollte. Am 27. Februar 1933 beriet die Landeskirchenversammlung über den Ausbau des Frankfurter Kirchenwesens, zunächst aber rein routinemäßig, weil der Anschluss des Kirchenkreises Bockenheim Veränderungen mit sich gebracht hatte, die auch Auswirkungen auf die Verfassung haben sollten. In dieser Sitzung stellten die DC den Antrag, die Landeskirchenversammlung aufzulösen.[88] Dafür gab es aber keine Rechtsgrundlage. Deshalb beschloss die Landeskirchenversammlung am 13. März 1933 die Änderung des § 85 der Kirchenverfassung und am 29. März 1933 ein Kirchengesetz über das Verfahren zur Auflösung der Landeskirchenversammlung.[89] Beide Gesetze gaben der Landeskirchenversammlung das Recht, ihre Auflösung selbst zu beschließen. Was harmlos schien, war aber nur der Anfang. Danach traten die Deutschen Christen häufiger öffentlich auf, so am 23. April mit einem *„Kirchentag der Deutschen Christen"*.[90] Eine ihrer wichtigen Forderungen war auch hier die Bildung einer Reichskirche. Am 12. Mai beauftragte der Reichsleiter der

„Glaubensbewegung Deutscher Christen", Joachim Hossenfelder, den Frankfurter Pfarrer Johann Georg Probst mit der Leitung der Glaubensbewegung in Hessen-Kassel, Hessen-Darmstadt, Nassau, Frankfurt am Main und Waldeck.[91]

Und die DC machten weiter Druck. Am 23. Juni beantragten sie beim Landeskirchenrat, die Führung der Landeskirche durch ein Ermächtigungsgesetz einem Vier- Männer-Gremium zu übertragen.[92] Der Landeskirchenrat konnte sich hierzu jedoch nicht entschließen, wohl aber dazu, seine Ämter der Landeskirchen-Versammlung zur Verfügung zu stellen. Zwei Tage später ernannte Kirchenkommissar August Jäger seinen Schwager, den Wiesbadener Pfarrer Albert Walther, zu seinem Bevollmächtigten in der Evangelischen Landeskirche Frankfurt am Main. Dies gab dem Landeskirchenrat Veranlassung, am 27. Juni über die Lage zu beraten. Dabei wies Johannes Kübel auf die Unrechtmäßigkeit der Einsetzung des Kommissars hin. Er meinte, dass der Landeskirchenrat deshalb auch nicht Jägers Bevollmächtigten empfangen dürfe. Das Kollegium teilte zwar seine Auffassung zur Rechtslage, konnte sich aber nicht zu den von Kübel geforderten Konsequenzen entschließen. Als deutlich wurde, dass der Landeskirchenrat Pfarrer Walther empfangen würde, legte Kübel sein Amt nieder.[93] Mit ihm trat die Person zurück, die in jener Phase in Frankfurts Kirchenleitung wohl am energischsten Widerstand gegen die Deutschen Christen leistete.

Nach dem Inkrafttreten der Verfassung der DEK erließ der Landeskirchenrat am 15. Juli 1933 eine „*Verordnung betreffend die im Kirchenwahlgesetz vom 2. Juli 1925 bestimmten Fristen und Ausübung des Stimmrechts*". Das war nötig, weil das Reichsgesetz zur Einführung der Verfassung Neuwahlen auf den 23. Juli 1933 festgesetzt hatte. Angesichts dieser kurzfristigen Anberaumung war es nicht mehr möglich, die vorgeschriebenen Fristen einzuhalten. Um wenigstens den Anschein der Rechtmäßigkeit aufrechtzuerhalten, war es also nötig, die im Wahlgesetz festgelegten Fristen durch Rechtsverordnung abzuändern. Am 23. Juli 1933 fanden dann die Wahlen statt, wohl vorbereitet durch eine Rede Hitlers am Vorabend[94], in der er massiv Einfluss nahm, und durch viele Aufrufe und Appelle der DC. Dabei beschrieb man die christliche Haltung der NSDAP u. a. mit folgenden Sätzen: „*Ehe, Familie, Rasse, Volk, Staat und Obrigkeit sind Gottes Schöpfungsordnungen, die wir heilig halten. Wo menschliche und völkische Sünde sie zerstört haben, suchen wir sie nach Gottes Gebot in ihrer Krankheit wiederherzustellen*".[95] In Frankfurt veröffentlichten andererseits am Wahltag 30 Pfarrer einen Wahlaufruf,[96] in dem sie zwar vielfältige Bedenken gegen die ganze Entwicklung äußerten, letztlich aber doch von Auseinandersetzungen mit den Deutschen Christen abrieten. Auf jeden Fall führten die allgemeine Situation im Lande, die Einflussnahme der NS-Größen und das veränderte Wahlverfahren zu dem gewünschten Erfolg. Am 26. Juli 1933 stellte der Landeskirchenrat fest, dass bis zum 20. Juli 1933 nur ein Wahlvorschlag für die Wahl der durch landeskirchliche Wahl zu bestimmenden Abgeordneten der Landeskirchenversammlung eingereicht worden sei. Die 33 geistlichen und die 33 weltlichen Bewerber galten daher nach der Reihenfolge ihrer Bewerbungen als gewählt.[97] Echte Wahlen hatten also gar nicht stattgefunden, und doch hatten die DC die notwendige Mehrheit von 75 Prozent,[98] um alle ihre Vorstellungen durchsetzen zu können. Gegen die formelle Durchführung der

Wahlen sind in der hessischen und in der Frankfurter Kirche seinerzeit keine Bedenken erhoben worden. Anders in Nassau, wo die neue Wahlordnung gegen Bestimmungen der noch bestehenden landeskirchlichen Verfassung verstieß.[99]

In der Folgezeit kamen die vom Staat und den DC betriebenen Arbeiten an einer Hessischen Kirche beschleunigt voran. Am 16. August 1933 wurde ein Entwurf für eine Verfassung der Vereinigten Südwest-Deutschen Kirche vorgelegt. Er trug den Vermerk. *„Vorberaten von entschlossenen Vertretern des Vereinigungsgedankens aus allen vier Landeskirchen am 11. und 14. August 1933 in Frankfurt am Main und Herrn Ministerialrat Jäger im preußischen Ministerium für Wissenschaft und Volksbildung am 16. August 1933"*.[100] In der Tat handelte es sich hier schon um mehr als einen Vorentwurf. Folgt man dem Protokoll,[101] so wurde zwar für den 17. August 1933 eine Beratung vorgesehen, doch erklärte Jäger bereits zu Beginn der *„Beratung"*, dass man sich doch schon am Vortage weitgehend einig gewesen sei, weshalb es beim Entwurf bleiben solle. Am 12. September 1933 tagten dann – jeder für sich – der neue Landeskirchentag der Landeskirche Nassau, die neue Hessische Landessynode und die neue Frankfurter Landeskirchenversammlung. Ihnen lagen die Entwürfe der Verfassung für die Landeskirche Nassau-Hessen und eines Einführungsgesetzes vor. Der Landeskirchentag von Nassau und die Frankfurter Landeskirchenversammlung nahmen beide Entwürfe an. Die Hessische Landessynode beschloss zwar die Vereinigung, beauftragte jedoch einen Ausschuss mit der Ausarbeitung der neuen Verfassung. Unter starkem staatlichem Druck unterwarf sich dann aber auch dieser Verfassungsausschuss den an ihn gestellten Forderungen und gab am 15. September 1933 eine Erklärung ab, die so ausgelegt werden konnte, dass auch die Hessische Kirche die neue Verfassung anerkannt habe.[102] Die Verfassung der neuen Landeskirche Nassau-Hessen trug das Datum vom 12. September 1933.

Die von der Landeskirchenversammlung beschlossene Verfassung der *„Evangelischen Landeskirche Nassau-Hessen"* wurde am 13. September 1933 vom Präsidenten der Landeskirchenversammlung, Pfarrer Hermann Oberschmidt, ausgefertigt und verkündet.[103] Artikel 10 der Verfassung schrieb vor, dass sich die neue Landeskirche in Propsteien gliedert und diese wiederum in Dekanate. Beides waren Organisationsformen, die der Frankfurter Landeskirche fremd gewesen waren. Jetzt gab es eine Propstei Frankfurt und zwei Frankfurter Dekanate. Propst wurde Alfred Trommershausen. Dekan des Dekanats Ost war Fritz Petermann, sein Stellvertreter Georg Grönhoff.[104] Dekan des Dekanats West war Ludwig Deitenbeck, sein Stellvertreter Hans Engeln.[105] Das Kirchengesetz über die Dekane[106] stellte fest, dass der Dekan der geistliche Führer des Dekanates ist (§ 1). Es führte in § 2 aus: *„Der Dekan führt unter der Oberaufsicht des Propstes die dienstliche Aufsicht über die Pfarrer und Kandidaten seines Bezirks. Er hat die Pfarrer amtsbrüderlich zu beraten und über ihre Amtsführung, Fortbildung und ihren Wandel zu wachen…"* In dieser Formulierung wurde das Führerprinzip deutlich. Es galt jedoch nicht nur für den Pfarrdienst, sondern hatte zur Folge, dass es keine synodale Struktur der Kirche mehr gab und z. B. auch keine Pfarrkonferenzen, in denen die Pfarrer sich austauschen konnten.

Der Chronist des Frankfurter Kirchenkalenders, Pfarrer Samuel Schrenk, charakteri-

Abb. 68 Fritz Petermann

Abb. 69 Ludwig Deitenbeck

sierte diese Entwicklung so: „*Die Vereinigung mit der nassauischen und Hessen-Darmstädtischen Kirche wäre nicht so rasch, so unbedenklich und so unbedingt erfolgt, wenn hinter ihr nicht die mächtige national-sozialistische Bewegung gestanden hätte, die auf so vielen Gebieten scheinbar unzerstörbare Trennungsmauern rasch niederriß. Hieß es früher: Zuerst einmal die Lösung der Einzelfragen und dann der Zusammenschluß – so hieß es jetzt: Zuerst die Hände ineinanderschlagen zum Bund, das Uebrige wird sich finden. Nachdem zum Tage der Wahl der Landeskirchenversammlung eine Einheitsliste mit einer Dreiviertelmehrheit der ‚Deutschen Christen' zustande gekommen war, erschienen die Ergebnisse ihrer Tagung am 12. September 1933 gesichert. Jene abendliche Versammlung im Stadtverordnetensaal des Römer in Gegenwart des Herrn Ministerialdirektors Jäger im braunen Kleide der SA wird wohl allen Teilnehmern unvergeßlich bleiben.*"[107] Hier klang an, dass zumindest ein Teil der evangelischen Bevölkerung die Deutschen Christen als Reformbewegung sahen, die in der verkrusteten Kirche für frischen Wind sorgte.

4.3.3 Der sogenannte Kirchenkampf

Diese Entwicklung führte dazu, dass sich in Nassau-Hessen langsam der Widerstand derer formierte, denen es vor allem um die biblische Verkündigung in der Kirche und um die Erneuerung der Kirche durch den Heiligen Geist ging. Sie trafen sich erstmals am 31. Juli 1933 in Frankfurt im Kronenhof und gründeten dann Pfarrerbibelkreise in verschiedenen Dekanaten.[108] In Pfarrkonventen wurde über die Bedeutung der Bekenntnisse gearbeitet.

Ungeachtet dessen, ging jedoch die Machtübernahme durch die Deutschen Christen weiter. Die neue Verfassung sah eine Synode mit 30 Mitgliedern vor. Das Einführungsgesetz übertrug den drei Bevollmächtigten als Kollegium die Durchführung der für die Konstituierung der Synode notwendigen Maßnahmen. In einer Sitzung des Reichsbischofs mit den Bevollmächtigten der drei ehemaligen Landeskirchen wurde am 14. November 1933 festgelegt, dass sich die künftige Landessynode der ELNH aus sechzehn hessischen, neun nassauischen und fünf Frankfurter Synodalen zusammensetzen sollte.[109] Die fünf Frankfurter Mitglieder der Landessynode und ihre Stellvertreter wurden am 15. November von dem inzwischen zum Bevollmächtigten für die Evangelische Kirche in Nassau-Hessen berufenen Pfarrer Georg Probst berufen.[110] Die Auswahl der Synodalen erfolgte nach rein politischen Gesichtspunkten. Von den dreißig Synodalen gehörten nur zwei Frankfurter nicht der NSDAP an. Vor dem ersten Zusammentreten der Synode am 28. November wurden die Synodalen, getrennt nach Parteimitgliedern und Nichtmitgliedern, über ihr Verhalten in der Synode unterwiesen.

Für das Amt des Landesbischofs wurden der hessische Prälat Wilhelm Diehl und der nassauische Pfarrer Ernst Ludwig Dietrich als Kandidaten benannt. Zuständig für die Ernennung des Bischofs war nach Artikel 5 Ziff. 5 der Verfassung der neuen Landeskirche, nicht aber nach der Verfassung der Deutschen Evangelischen Kirche, der Reichsbischof. Nach einer Kampagne der DC gegen Diehl und trotz massiver Gegenvorstellungen von Vertretern der ehemaligen hessischen Kirche,[111] berief der Reichsbischof am 6. Februar 1934 Dietrich zum Landesbischof.[112] Dieser ernannte daraufhin die Mitglieder des Landeskirchenrates.[113] Am gleichen Tage beschloss der Landeskirchenrat einstimmig ein Gesetz, das feststellte, dass die Verfassung am 15. September 1933 in Kraft getreten sei und dass alle seitdem vorgenommenen Rechtshandlungen der Bevollmächtigten und der Behörden der zur Evangelischen Landeskirche Nassau-Hessen vereinigten bisherigen Landeskirchen als rechtsgültig betrachtet würden und rechtswirksam blieben.[114] Doch sind damals erhebliche Bedenken gegen die Rechtmäßigkeit des Vorgehens geltend gemacht worden.[115] Schon die Wahl zum Landeskirchentag in Nassau war ungültig, denn ohne Verstoß gegen das geltende Recht konnte für diese Wahl nicht angeordnet werden, dass die gesamte Landeskirche nur einen Wahlkreis bildet. Ein verfassungsmäßiger, handlungsfähiger Landeskirchentag war also nicht zustande gekommen.

Den gleichen Geist brachten die Kirchengesetze und Maßnahmen dieses Kirchenregimes zum Ausdruck, insbesondere im Bereich des Dienstrechts und bei der Entfernung einer ganzen Reihe angesehener Geistlicher und Kirchenbeamter ohne Angabe eines Grundes aus ihren Ämtern.[116] Das führte unter anderem dazu, dass sich am 8. März 1934 die Predigerkonvente aus Frankfurt, Darmstadt, Mainz, Wiesbaden, Gießen und Limburg zum Pfarrernotbund der Evangelischen Landeskirche Nassau-Hessen zusammenschlossen. Auch für diesen Pfarrernotbund galt die Erkenntnis, dass die Kirche nicht mehr Kirche des Bekenntnisses sei und dass für eine neu entstehende Kirche Freiheit und Entfaltung gefordert und durchgesetzt werden müssten.[117] Vor allem in Frankfurt kam es dann bald zur Bildung der Bekenntnisgemeinschaft.[118] Ein vorläufiger Bruderrat, der zunächst nur aus Frankfurtern bestand, wurde gebildet und eine Geschäftsstelle eingerichtet.

Das offizielle Kirchenregiment reagierte mit Gewaltmaßnahmen. Im Juni 1934 wurden

Abb. 70 Spitzenpersonal der Deutschen Christen, Ernst Ludwig Dietrich, Ludwig Müller, Alfred Trommershausen

fünf Pfarrer in den Ruhestand und 14 strafversetzt. Doch die Bekennende Kirche ließ sich hierdurch wenig beeindrucken. Als im Oktober 1934 die Synode von Dahlem stattfand, wurde deren Botschaft auch in der Landeskirche Nassau-Hessen von vielen Kanzeln verlesen. Am 3. November wurde dann schließlich auch in Nassau-Hessen ein Landesbruderrat gebildet, der den Anspruch erhob, die rechtmäßige Leitung der Kirche zu sein.[119] Da er weder die Bekenntnisgemeinden aus der Kirche herauslösen noch eine Kirche in der Kirche sein wollte, wandte er sich in Zukunft an die ganze Kirche. In diesen ersten Landesbruderrat wurden aus Frankfurt Karl Veidt, Wilhelm Lueken, Otto Fricke, Leopold Cordier, Friedrich Schmidt-Knatz und Hans Wilhelmi gewählt.[120]

Als am Mittwoch, dem 19. September 1934 die Beamten der Hauptverwaltung, der Landeskirchenkasse Darmstadt und der Verwaltungsstelle Darmstadt in feierlicher Form vereidigt wurden, leisteten sie einen Eid, der sie nach den Worten des Bischofs in die *„Nachfolge des Führers stellt und sie zwingt, ihre Amtspflichten in seinem Sinne und in seinem Dienst gewissenhaft zu beobachten."* Im Amtsblatt wurde hierüber ausführlich berichtet.[121] Diese Verbundenheit mit dem Führer hatten die Beamten, Angestellten und Arbeiter auch der evangelischen Kirche auf Anordnung des Reichs- und Preußischen Ministers des Innern durch den *„deutschen Gruß"* und durch den gleichzeitigen deutlichen Ausspruch *„Heil Hitler"* zum Ausdruck zu bringen. Auf Anweisung des Landesbischofs war der entsprechende Erlass auch von den Geistlichen zu befolgen.[122] Später gab es sogar eine Regelung für die Grußpflicht der Geistlichen,[123] die grundsätzlich auch im Ornat mit dem *„deutschen Gruß"* zu grüßen hatten. Allerdings wurden ihnen Ausnahmen zugestanden, etwa während des Gottesdienstes. Selbstverständlich war des Geburtstags des Führers auch in Predigt und Gebet zu gedenken.

Der Winter 1934/35 brachte eine gewisse Festigung der Organisation der Bekennenden Kirche. An einem großen Bekenntnistag am 7. November 1934 nahmen in der St. Katharinen- und in der Dreikönigskirche sowie im Hippodrom über 9000 Menschen teil. In einem Artikel mit dem Titel *„Kirchenkampf als Kollektenkampf?"*[124] hat Karl Dienst dargestellt, welche Bedeutung dabei die Erhebung der Kollekten gespielt hat. Zum einen ging es der BK um dringend benötigte Gelder zur Finanzierung der eigenen Arbeit, da sie ja nicht auf Kirchensteuermittel zurückgreifen konnte. Zum anderen sah sie in der Sammlung der Kollekte eine wesentliche Form der christlichen Liebestätigkeit. Indem man dies nicht der Landeskirche überlassen wollte, benutzte man die Kollektenerhebung auch als

Waffe gegen das abgelehnte DC-Kirchenregime. Das reagierte darauf mit Zwangsmaßnahmen. Das Jahr 1935 wurde zunächst bestimmt durch neue Gewaltmaßnahmen. Bis Ende April 1935 gab es: 18 Strafversetzungen, bzw. Entfernungen aus dem Amt, sieben Gehaltssperren, fünf Einlieferungen in Konzentrationslager, zwei Laien in Schutzhaft, fünf Pfarrer mit Redeverbot, zwei Pfarrer mit Aufenthaltsverbot, drei Disziplinarverfahren mit dem Ziel der Entfernung aus dem Amt, 37 Geldstrafen.[125] So ging es weiter.

Einige Jahre später versuchte die Kirche dann, ihre Pfarrer dadurch zu disziplinieren, dass sie ihnen 1938 einen Treueid auf den Führer aufzwang. Allerdings war diese Eidesleistung innerhalb der Pfarrerschaft nicht unumstritten. So sahen sich mehr als 220 Pfarrer der ELNH nicht in der Lage, den Eid abzulegen. In einem Schreiben vom 1. Juni 1938[126], das u. a. Otto Fricke, Alfred Adam, Wilhelm Lueken und Wilhelm Fresenius unterschrieben, wurde das dem Reichsstatthalter mitgeteilt. Kernfrage sei, ob durch den Eid das Ordinationsgelübde mit der alleinigen Geltung von Gottes Wort und den Bekenntnissen. in Frage gestellt werde oder nicht. Die Verfasser baten den Reichsstatthalter um Unterstützung und sahen eine Lösung darin, dass der Eid vor staatlichen Organen abgelegt werde. Daraufhin erklärte Paul Kipper, dass der Eid das Ordinationsgelübde nicht berühre.[127]

Am nächsten Tag fand ein BK-Pfarrertag in Frankfurt statt, auf dem der spätere Stellvertreter des Kirchenpräsidenten, Karl Herbert, eine *„theologische Besinnung"* zur Eidesfrage hielt.[128] Er verwies zunächst auf das Verbot des Eides durch Christus (Matth. 5, 33 – 37), gab dann der Obrigkeit unter Berufung auf Römer 13, 1 das Recht, einen Eid zu

Abb. 71 Hakenkreuzfahnen an der Alten Nikolaikirche

verlangen, und stellte schließlich fest, dass auch der Eid seine Grenze im Gehorsam gegen Gottes Wort fände. Maßstab dafür sei das Ordinationsgelübde. Trotz der Erklärung Kippers müsste dazu festgestellt werden, dass der geforderte *„uneingeschränkte"* Gehorsam mit dem Ordinationsgelübde nicht zu vereinbaren sei und abgelehnt werden müsse.[129]

Die Vereidigungen fanden dann in der Zeit vom 1. bis 10. Juni statt und wurden von der großen Mehrzahl der Pfarrer akzeptiert. Präsident Kipper hielt vor der Vereidigung eine Ansprache, die sehr viel über die Situation der Pfarrer aussagte:

„Meine Herren!
So gewiß das geistliche Amt seinen Auftrag von dem Herrn der Kirche selbst hat, so ist

es doch als ein öffentliches Amt innerhalb der Volksgemeinschaft in Treue gegen Führer, Volk und Reich zu führen, wie dies auch aus der Natur der Kirche als Körperschaft des öffentlichen Rechts hervorgeht. Das soll durch den Treueid der Pfarrer bekundet werden.

Seelsorger im Deutschen Volk kann nur sein, wer das Deutsche Volk kennt und versteht. Das Deutsche Volk aber ist nationalsozialistisch und steht in Liebe und Treue hinter seinem Führer Adolf Hitler. Darum können sie Ihrem hohen Amte in Ihren Gemeinden nur dann ganz gerecht werden, wenn Sie in gleicher Liebe und Treue zum Führer stehen.

Gott hat das Wirken des Führers sichtbar gesegnet. Diesem von Gott gesandten Führer Treue zu halten und Gehorsam zu leisten, ist unsere heilige Pflicht. Der uneingeschränkt zu leistende Treueid auf den Führer liegt jenseits aller Verschiedenheit kirchlicher Anschauung. Er bedeutet die persönliche Bindung an den Führer unter feierlicher Anrufung Gottes.

Nunmehr schreite ich zur Vereidigung der geladenen Herren. Ich verlese zunächst die Eidesformel im Zusammenhang, die sie mir bei der Eidesleistung nachsprechen wollen. Der Eid lautet:

‚Ich schwöre: ich werde dem Führer des Deutschen Reiches und Volkes, Adolf Hitler, treu und gehorsam sein, die Gesetze beachten und meine Amtspflichten gewissenhaft erfüllen, so wahr mit Gott helfe.'

Nunmehr bitte ich Sie, die rechte Hand zu erheben und mir den Eid nachzusprechen.'"[130]

Der Vorgang macht Verschiedenes deutlich. In einer Zeit, da ein Eid für den Einzelnen noch eine erheblich größere Bedeutung hatte als heute, sollte dieser Eid die Pfarrer gegenüber Adolf Hitler persönlich verpflichten. Das war ein weiterer Schritt zur Eingliederung der evangelischen Kirche in das nationalsozialistische System. Dafür wurde die Argumentation verwendet, dass sich aus der Rechtsnatur der Kirche als Körperschaft des öffentlichen Rechts die Unterordnung nicht nur unter das staatliche Recht sondern unter Führer und Volk ergibt.

Etwas überraschend zeigten dann aber im Herbst 1938 Staat und Kirchenleitung eine gewisse Kompromissbereitschaft. Wohl auf dem Hintergrund der außenpolitischen Situation wollte man innenpolitisch eine Beilegung der Streitigkeiten. So unternahmen der faktisch abgesetzte Landesbischof Ernst Ludwig Dietrich, Oberkirchenrat Friedrich Müller von der Mitte und Pfarrer Karl Veidt von der Bekennenden Kirche den Versuch einer Einigung. Der Landesbischof bezeichnete seinen früheren Weg als Irrweg und verhalf dem Einigungswerk damit zu einer breiteren Basis.

Die Gründungsversammlung des kirchlichen Einigungswerkes fand am 25. Januar 1939 in der Frankfurter Matthäuskirche statt. Über 600 Pfarrer waren anwesend.[131] Ziel des Einigungswerkes war die Überwindung der Zerrissenheit in der Landeskirche und die Neuordnung auf der gemeinsamen Glaubensgrundlage. Doch weder der Staat noch die offizielle Kirchenleitung wollten dieses Einigungswerk anerkennen. Die Gewaltmaßnahmen gegen Mitglieder der Bekennenden Kirche hielten an und der Beginn des Zweiten Weltkrieges gab Anlass, noch härter durchzugreifen.

4.4 Aus dem kirchlichen Leben

4.4.1 Die kirchenpolitischen Gruppierungen

Allgemeines
In den vorherigen Ausführungen war schon von den Deutschen Christen und der Bekennenden Kirche die Rede. Das Spektrum war aber noch vielfältiger. Auch muss man sehen, dass es innerhalb einiger Gruppierungen verschiedene Richtungen gab. Um den Menschen in jener Zeit gerecht zu werden, muss man also differenzieren. Bei der Bekennenden Kirche muss man sehen, dass es manchen gab, der zwar dem Vorläufer, dem Pfarrernotbund, angehörte, aber nicht den Schritt in die Bekennende Kirche tat. Und später, im Jahre 1938, gab es die einen, die den Ausgleich mit NS-Kirche und DC suchten, und die anderen, die eine weitere Auseinandersetzung für nötig hielten. Auch die Deutschen Christen waren nicht so geschlossen, wie es erscheinen mag. Es gab Hardliner und Kompromissbereite. Die Glaubensbewegung in Frankfurt löste sich sogar von der Reichsleitung. Schließlich ist zu berücksichtigen, dass mancher auch wieder austrat. Das war vor allem bei den Deutschen Christen häufiger der Fall.

Die Jungreformatorische Bewegung
Nachdem die Deutschen Christen ihre Thesen und ihren Führungsanspruch veröffentlicht hatten, taten sich evangelische Theologen zusammen, die den DC nicht das Feld überlassen wollten. In Frankfurt gehörten zu ihnen Adolf Allwohn und René Wallau.[132] In der Vergangenheit hatten die kirchenreformerischen Impulse beim alten Kirchenregiment wenig Resonanz gefunden. Demgegenüber gaben sich die DC als jung, dynamisch und reformerisch. Aber es gab auch noch eine andere junge Generation, die jetzt zusammenkam und sich Jungreformatorische Bewegung nannte. Otto Riethmüller (Burckhardthaus), Walter Künneth (Apologetische Zentrale) und Hanns Lilje (Deutsche Christliche Studentenvereinigung) wollten den DC entgegentreten und Präsident Hermann Kapler unterstützen. Am 9. Mai 1933 traten sie mit einem Aufruf vor die Öffentlichkeit. Schon eine Woche später hatte der Aufruf 3.000 Unterschriften gefunden. Auch Martin Niemöller unterzeichnete ihn.

Kernaussagen der Jungreformatoren waren in Art. 1: *„Wir fordern, dass bei den kommenden Entscheidungen einzig und allein aus dem Wesen der Kirche heraus gehandelt wird."* In Art. 7: *„Wir bekennen uns zu dem Glauben an den Heiligen Geist und lehnen deshalb grundsätzlich die Ausschließung von Nichtariern aus der Kirche ab; denn sie beruht auf einer Verwechselung von Staat und Kirche."* In den *„Richtlinien für die Kirchenwahlen"* vom 17. Juni 1933[133] äußerten sie die Auffassung, dass der Reichskanzler mit seinem Eingreifen in Preußen der Kirche freie Wahlen ermögliche und dass es ihre Aufgabe sei, diese Freiheit zu nutzen. Wahlen könnten nur mit klaren Fronten durchgeführt werden, weshalb alle, denen es um die reine Verkündigung gehe, sich in einer Einheitsfront zusammenschließen sollten. Es gehe um die Selbstbehauptung der Kirche gegenüber den Irrlehren und Irrlehrern der DC. Die Parole, mit der man schnell in den Wahlkampf eintreten wollte, sollte lauten: *„Evang. Kirche (Evangelium und Bekenntnis)"*. Viel Widerhall haben sie damit offenbar nicht gehabt. So äußerte sich dann die Reichsführung der Jungreformartoren (Künneth, Lilje, Niemöller) nach den Wahlen[134] mit dem völligen Rückzug aus der Kirchenpolitik. Obwohl sie somit die einzige Gruppierung waren, die eine Selbstbehauptung der Kirche versuchte, wurden die Jungreformatoren vor allem nach dem Verdikt durch Karl Barth als problematische kirchenpolitische Gruppierung gesehen. Insbesondere wurde ihnen ihre Nähe zu den DC vorgeworfen, weil sie die nationale Revolution als Gottesgeschenk sahen, für das Dritte Reich und den Führer begeistert waren und sich reformerisch gegen die alte Kirche stellten.[135] Schon hier wurde ein Dilemma deutlich, das die evangelische Kirche im Dritten Reich begleiten sollte.

Der Pfarrernotbund
Am 6. September 1933 beschloss in Berlin die Generalsynode der Evangelischen Kirche der altpreußischen Union als erste Landessynode den Arierparagrafen, der von Pfarrern und Kirchenbeamten den Nachweis der arischen Abstammung verlangte. Selbst die Ehe mit Nichtariern war Einstellungshinderniss oder Entlassungsgrund. Kritische Stimmen wurden am Diskutieren gehindert. Daraufhin gründeten am folgenden Tage Berliner Pfarrer den Pfarrernotbund, dem ein paar Tage später auch Martin Niemöller und Dietrich Bonhoeffer beitraten. Binnen weniger Monate hatte der Notbund im Januar 1934 7.036 Mitglieder, 1938 waren es immerhin noch 4.952. In Frankfurt waren Karl Veidt und René Wallau[136], sowie Otto Fricke, Karl Goebels, Felix Rau und Rudolf Wintermann[137] Mitglieder des Pfarrernotbundes. Bonhoeffer und Niemöller formulierten ein Protestschreiben an die neue Kirchenregierung, in dem u. a. zu lesen war: *„Nach dem Bekenntnis unserer Kirche ist das kirchliche Lehramt lediglich an die ordnungsgemäße Berufung gebunden. Durch den „Arierparagraphen"… wird ein Recht geschaffen, das zu diesem grundlegenden Bekenntnissatz im Widerspruch steht. Damit ist ein Zustand, der nach dem Bekenntnis als Unrecht gelten muß, als kirchliches Recht proklamiert und das Bekenntnis verletzt. … Wer einem solchem Bruch des Bekenntnisses die Zustimmung gibt, schließt sich damit selbst aus der Gemeinschaft der Kirche aus. …"*

Am 20. Oktober fand die erste Vertrauensmänner-Versammlung statt, die als Vorstand einen Bruderrat wählte, dem auch Martin Niemöller angehörte. Dem Bruderrat ging es um die Solidarität mit den 30 bis 50 vom Arierparagraphen betroffenen Amtsbrüdern. Es ging nicht um die staatliche Diskriminierung der Juden. Im Gegenteil suchte Niemöller mit seinen „Sätzen zur Arierfrage" im November 1933 einen Kompromiss mit den Deutschen Christen, der vom kirchlichen Antijudaismus geprägt war. Damit erreichte man zunächst eine Abmilderung des Arierparagraphen. Als sich der Notbund nach den Reichstagswahlen vom 12. November verstärkt Angriffen der DC ausgesetzt sah, gab er ein Flugblatt heraus in dem es u. a. hieß:

„Das deutsche Volk hat sich in wunderbarer Einheit geschlossen hinter den Führer gestellt … Was hier nach außen sichtbar wurde, ist nur das Ergebnis der tatsächlichen Zuwendung Aller zum Führer und zum Nationalsozialismus. Wir verbitten uns, daran zu zweifeln, soweit das uns betrifft. Mit der Lüge, dass jeder Nationalsozialist auch Deutscher Christ sei, und daß jeder, der nicht Deutscher Christ sei, ein Feind des Nationalsozialismus und seines Führers sei, haben die Deutschen Christen die Massen ihrer Wähler gewonnen. Diese Lüge ist längst zusammengebrochen. Der Führer selbst hat deutlich erklärt, dass die innerkirchlichen Kämpfe ohne Einmischung der Staatsgewalt ausgetragen werden müssen. Was in der evangelischen Kirche vor sich geht, hat mit der Staatstreue jedes ihrer Mitglieder nichts zu tun. Die steht nach wie vor unerschüttert.[138]

Abb. 72 Dornenkranz aus Hakenkreuzen

An alle Mitglieder der Glaubensbewegung Deutsche Christen Groß-Hessen.

Die kirchenpolitische Frage hat zunächst ihre Lösung gefunden. Der Angriff der Notbund-Pfarrer auf den Reichsbischof ist abgeschlagen. Die Reichskirche und der Reichsbischof stehen. Wir haben damit die uns zugefallene kirchenpolitische Aufgabe erfüllt. Der Kampf war schwer und hat auch uns Wunden geschlagen. Nachdem der Sieg errungen ist, hat die bisherige Organisation der Deutschen Christen ihrem Wesen nach kein eigentliches Ziel mehr. Wir haben uns deshalb schon vor Monaten von der Reichsleitung in Berlin getrennt, und ich halte es jetzt für nötig, die alte, seit November mir persönlich verbundene, kirchenpolitisch gewordene Gruppe der früheren „Glaubensbewegung Deutsche Christen" in Groß-Hessen hiermit aufzulösen und meine Gauobmänner, Kreisführer und Amtswalter, ebenso wie alle Mitglieder von ihren Verpflichtungen der Landesleitung gegenüber zu entbinden. Ich bitte nur die finanziellen Rückstände zu begleichen, damit die Gauobmänner bei all ihrer Arbeit nicht noch irgendwie Verluste erleiden müssen. Allen treuen Helfern sei auf diesem Wege für alle Mitarbeit herzlicher Dank gesagt.

Die Deutschen Christen (DC)
Wenn man von den Deutschen Christen spricht, muss man mehrere Gruppierungen unterscheiden.[139] Vor allem handelte es sich um die „*Kirchenbewegung Deutsche Christen*" und die „*Glaubensbewegung Deutsche Christen*". Beiden gemeinsam waren die geistigen Vorläufer, protestantische Gruppen, die schon seit dem Kaiserreich nationalistisches, völkisches und rassistisches Gedankengut mit dem christlichen Glauben verbanden und eine Germanisierung des Christentums bewirken wollten.

1928 gründeten Thüringer Pfarrer die „*Kirchenbewegung Deutsche Christen*". Diese radikalere der beiden Bewegungen wollte eine deutsche Nationalkirche, neben der biblischen Botschaft auch die großen Taten der Nationalsozialistischen Revolution als Grundlage der Verkündigung, die Abschaffung des Alten Testaments und die „*Entjudung*" des Gesangbuches. In Frankfurt gehörten dieser Richtung Hans Geisow, Vorsitzender des Kirchenvorstandes der St. Katharinengemeinde sowie die Pfarrer Karl Knab und Berthold Schubert an.

Am 6. Juni 1932 gründete der Berliner Pfarrer Joachim Hossenfelder die „*Glaubensbewegung Deutsche Christen*". Ihre ersten Richtlinien sagten u. a.:

„Wir sehen in Rasse, Volkstum und Nation uns von Gott geschenkte und anvertraute Lebensordnungen ... Daher ist der Rassevermischung entgegenzutreten. ..."

Zum Programm gehörten: Eine nach dem Führerprinzip organisierte Reichskirche, Ausschluss der „*Judenchristen*", „*Entjudung*" der kirchlichen Botschaft, „*Reinhaltung der germanischen Rasse durch Schutz vor Untüchtigen*" und „*Minderwertigen*", Vernichtung des „*volksfeindlichen Marxismus*".

Die Deutschen Christen hatten großen Zulauf und Anfang 1933 1 Million Mitglieder. Schon ein Jahr später fielen sie auseinander.

Anlass war eine Veranstaltung im Berliner Sportpalast am 13. November 1933, in der Gauobmann Reinhold Krause die Ziele der DC so klar und provozierend aussprach, dass viele DC-Mitglieder das nicht mehr mitmachten. Die DC fielen auseinander in: eine Nachfolgeorganisation mit volksmissionarischer Ausrichtung als „*Reichsbewegung Deutsche Christen*"; andere, die eine überkonfessionelle Nationalkirche anstrebten als „*Kirchenbewegung Deutsche Christen*" u. a. m. 1937 schlossen sie sich zur „*Nationalkirchlichen Bewegung Deutsche Christen*" wieder zusammen.

Der Frankfurter Kreis für entschiedenen Protestantismus

Eine besondere Rolle spielte der „*Frankfurter Kreis für entschiedenen Protestantismus*", für den die Pfarrer Karl Eschenröder, Karl Irle, Hans Georg Jungheinrich, Rudolf Köhler, Friedrich Manz, Hermann Marhold und Erich Meyer in Erscheinung traten.[140] Zwei Vortragsreihen um das Jahr 1937 geben hier Aufschluss. Die Vorträge wurden im Verlag der Halbmonatsschrift „*Christliche Freiheit*" herausgegeben, einmal unter dem Thema „*Das Christentum in der Entscheidung*"[141] und zum anderen unter dem Thema „*Ist der Protestantismus auf dem Weg nach Rom?*".[142]

Im Vorwort des ersten Bandes führten die Herausgeber zu sich selbst aus: „*Der Freundeskreis, der hier zum Leser spricht ist in diesen Jahren ohne kirchenpolitische Bindungen und Parolen seinen eigenen Weg gegangen und hat seinen Standpunkt in dem Blatt ,,'Christliche Freiheit' vertreten. Er weiß von der Notwendigkeit, eine weiträumige deutsche evangelische Volkskirche zu schaffen, und setzt sich dafür ein, dass dieses Werk auf breitester Grundlage in Angriff genommen und vollendet wird. Er ist aber noch stärker ergriffen von*

Abb. 73 Pressezensur

dem Glauben an die lebensmächtige Erneuerung des Christentums in unsern Tagen."[143] Die 2. Vortragsreihe setzte sich mit Alfred Rosenbergs Schrift „*Protestantische Rompilger*" auseinander. Man meinte, auf die dort gestellten Fragen schon lange Antworten zu haben, die aber innerhalb und außerhalb der Kirche nicht gehört worden seien. „*Die Lösung der Krise, in die wir geistesgeschichtlich geraten sind, erfolgt nicht durch einen verkrampften Widerstand auf beiden Seiten, sondern nur durch die Bereitschaft, aufeinander hinzuhören und miteinander vor der Wahrheit sich zu beugen. Wir glauben, dass ... das vorbereitet wird, was den Höhepunkt unserer Zeitgeschichte darstellen soll: die Wiedergeburt des Christentums zu neuer Lebensgestalt auf deutschem Boden.*"[144]

Die Bekennende Kirche (BK)

Im Frühjahr 1934 begann sich die „Bekennende Kirche" zu formieren. Die Ulmer Erklärung (22. April 1934), die erste Bekenntnissynode in Barmen (29. bis 31. Mai 1934)[145] und die zweite Bekenntnissynode in Berlin-Dahlem (19. bis 20. Oktober 1934) verliehen dem Ausdruck. Allerdings sollte bei der Verwendung des Begriffs „Bekennende Kirche" bedacht werden, dass er eine Spätform ist. Zunächst wurden die Begriffe „Bekenntnisgemeinde", „Bekenntnisgemeinschaft", „Bekenntnisfront" und „bekennende Kirche" verwendet.

Die „Barmer Erklärung"[146] der Barmer Synode formulierte so etwas wie ein Bekenntnis der BK: „*Wir verwerfen die falsche Lehre, als könne und müsse die Kirche als Quelle ihrer Verkündigung außer und neben diesem einen Worte Gottes auch noch andere Ereignisse und Mächte, Gestalten und Wahrheiten als Gottes Offenbarung anerkennen*". (1.) „*Wir verwerfen die falsche Lehre, als gebe es Bereiche unseres Lebens, in denen wir nicht Jesus Christus, sondern anderen Herren zu eigen wären ...*" (2.) „*Wir verwerfen die falsche Lehre, als dürfe die Kirche die Gestalt ihrer Botschaft und ihrer Ordnung ihrem Belieben oder dem Wechsel der jeweils herrschenden weltanschaulichen und politischen Überzeugungen überlassen*" (3.) „*Wir verwerfen die falsche Lehre, als könne und dürfe sich die Kirche abseits von diesem Dienst besondere, mit Herrschaftsbefugnissen ausgestattete Führer geben oder geben lassen* (4.)"

Als roten Faden kann man erkennen: die Gründung des Pfarrernotbundes, weil man mit der Einführung des Arierparagrafen das Bekenntnis verletzt sah; die Gründung der BK, um die Laien einzubinden; die Barmer Erklärung als theologische Aussage gegen die außerkirchliche Einflussnahme auf innerkirchliche Angelegenheiten und gegen die Verbindlichkeit der NS-Weltanschauung; die Dahlemer Synode, auf der sich die BK als die wahre evangelische Kirche konstituierte, was dann auch den Namen Bekennende Kirche rechtfertigte. In seinen Erinnerungen meinte Karl Veidt, dass die Bekennende Kirche keinen politischen Kampf geführt habe, weil sie dazu keine Möglichkeit gehabt hätte. Auch sei anfangs die wahre Natur des Nationalsozialismus noch nicht klar offenbar gewesen. Auch um der Reinheit des Kampfes, der vom Evangelium her geführt werden musste, hätte vermieden werden müssen, dass er sich auf das politische Gebiet verlegte. Aber in der Auseinandersetzung mit der Weltanschauung des Nationalsozialismus hätten sie ihren Mann gestanden.[147]

4.4.2 Das Freie theologische Seminar

Die Ausbildung des theologischen Nachwuchses hatte für die Bekennende Kirche eine besondere Bedeutung.[148] Herkömmlicher Weise folgte dem Universitätsstudium das Erste Examen. Daran schloss sich der einjährige Besuch des Predigerseminars (Friedberg oder Herborn) an, abgeschlossen mit dem Zweiten Examen. Danach war in Nassau das Lehrvikariat Pflicht. Erst danach erfolgte die Ordination. 1934 wurde die Pflicht des Lehrvikariates auch in Frankfurt und Hessen eingeführt. In den Auseinandersetzungen zwischen der BK und der deutsch-christlichen bzw. staatlich gesteuerten Landeskirche bedeutete dies, dass der gesamte Theologennachwuchs der von der BK nicht akzeptierten Beeinflussung und Kontrolle dieser Landeskirche unterlag. Deshalb errichtete die BK deutschlandweit sogenannte Freie Theologische Seminare als Alternative zu den landeskirchlichen Seminaren.

Am 29. Januar 1935 beschloss der Landesbruderrat der ELHN die Gründung eines solchen Seminars. Pläne, dieses in Gießen anzusiedeln, zerschlugen sich. Leopold Cordier, früherer Pfarrer der Französisch-reformierten Gemeinde in Frankfurt, schlug dann Frankfurt vor. Dank der Unterstützung des Projekts durch Friedrich Schmidt-Knatz, den Präses-Ältesten der Gemeinde konnte das Seminar in den Räumen dieser Gemeinde unterkommen. Unterstützung fand man auch durch die Deutsche evang.-reformierte Gemeinde. In deren Gemeindehaus in der Bleichstraße 40 konnten Unterricht und Prüfungen stattfinden, vor allem in den *„Katakomben"* im Untergeschoss. Leiter und Inspektor war Walter Kreck, 1936 kam Karl Gerhard Steck als hauptamtlicher Mitarbeiter hinzu. Aus der Frankfurter Pfarrerschaft arbeiteten zunächst Wilhelm Lueken, René Wallau und Karl Veidt mit. Später kamen auch Alfred Adam, Karl Jakobi, Erich Klein und Karl Wessendorft aus Bergen-Enkheim hinzu. Die Arbeit war nicht leicht, weil die Seminaristen nicht zusammen wohnen konnten, keine Bibliothek vorhanden war und keine katechetische Praxis in Schulen möglich war, sondern nur in Konfirmandengruppen. So wurde 1936 darüber verhandelt, die Seminare in Herborn und Frankfurt zusammenzuführen, aber ohne Erfolg. 1937 wurde das Seminar durch den Staat aufgelöst. Die Arbeit aber ging im Untergrund weiter. Es wurden kleine illegale Arbeitsgruppen und Sammelvikariate bei jeweils mehreren BK-Pfarrern gebildet. Die letzten Prüfungen wurden im November 1939 durch Kreck, Lueken und Steck vorgenommen. 1940 wurde Kreck aus Nassau-Hessen ausgewiesen und erhielt Redeverbot für das ganze Reich. Der Ausbildungsgang wurde zunächst nicht verändert. 1936 änderte der Landesbruderrat ihn jedoch dahin, dass einem Semester Seminar ein Semester Lehrvikariat folgte und dem wiederum ein Semester Seminar, das mit dem Zweiten Examen abgeschlossen wurde.

Abb. 74 Fritz Schmidt-Knatz

Im Laufe der Jahre besuchten 156 junge Theologen das Seminar.[149] In den Frankfurter Pfarrdienst kamen von ihnen: Heinz Andres, Wilhelm Bremer, Ernst Dahmer, Albrecht Hedrich, Waldemar Lerch, Reinhard Ring, Christian Semler, Martin Vömel, Heinz Welke, Friedrich (Fritz) Werthmann, Kurt Wolf und Karl Zeiß. 31 der Absolventen verloren im 2. Weltkrieg ihr Leben, ein bemerkenswert hoher Anteil.

Da immer wieder einmal vom *„illegalen"* theologischen Seminar die Rede ist, sollte gesehen werden, dass diese Ausbildung aus der Sicht der Landeskirche illegal war. Somit waren auch die Kandidaten illegal. Der Staat aber duldete das Frankfurter Seminar durch seine Schulbehörde bis zur Zwangsauflösung aufgrund des sog. Himmlererlasses vom 29. August 1937. Danach war das Seminar auch aus staatlicher Sicht illegal. Die Examina und Ordinationen des ersten Kurses wurden 1936 von der Landeskirche anerkannt.

4.4.3 Die Frauenhilfe

Im Jahr 1933 wurde von Pfarrer Ernst Nell erstmals im Frankfurter Kirchenkalender über die evangelische Frauenhilfe in Frankfurt berichtet und ihre Notwendigkeit begründet.[150] *„Das neue Deutschland bedarf aller Kräfte, die willens sind, an der geistig-sittlichen Erneuerung unseres Volkes mitzuarbeiten. Auch an die evangelische Frau ergeht der Ruf: Dein Volk braucht dich und deine besonderen Gaben und Kräfte zum Neubau eines gesunden und starken Volkstums. Sollte sie diesen Ruf überhören dürfen, wo ihr in ganz besonderem Maße die Pflege der Keimzelle allen Volkstums, der Familie, anvertraut ist?*

Die evangelische Kirche deutscher Nation ist emsig an der Arbeit, sich neu zu gestalten, um die Kräfte des Evangeliums dienstbar zu machen dem Gesundungsprozeß unseres aus tausend Wunden blutenden Volkes. So wenig die Urchristenheit des Dienstes der Frau entraten konnte beim Aufbau eines christlichen Gemeindelebens, so wenig kann es die heutige Christenheit. Wenn die heutige Kirche der Frau ungleich größere Rechte zugebilligt hat als die alte Kirche, weil die Wertung der Frau eine ganz andere geworden ist, dann hat die Frau auch viel höhere Pflichten, in die Aufbauarbeit der Kirche einzutreten. Darf sie den Ruf, der an sie geht überhören?"

Nell erinnerte dann daran, dass es schon seit Jahrzehnten in den Gemeinden Frauenvereine gab, dass diese sich aber nicht so sehr auf den Aufbau des Gemeindelebens konzentriert hätten. Das hätte auch daran gelegen, dass es im alten Stadtgebiet nur eine lutherische Gemeinde gegeben habe. Erst dann seien ein Gemeindebewusstsein entwickelt und Helferkreise gebildet worden. Man habe sich mit dem Wiesbadener Bezirksverband der Frauenhilfe zusammengetan und sich über diesen dem Reichsverband der Frauenhilfe angeschlossen. Dazu habe auch die Übernahme von dessen Arbeitsprogramm gehört, *„das dahin geht, die freien Kräfte der evangelischen Frauenwelt aus der Gemeinde und zum Dienst an der Gemeinde zu organisierter Arbeit zu sammeln."*[151] So seien in verschiedenen Gemeinden oder Pfarrbezirken Gemeindefrauen- bzw. Bezirksfrauenhilfen entstanden. Diese hätten sich 1927 zum Stadtverband der evangelischen Frauenhilfe zusammengeschlossen, der sich wiederum dem Verband der evangelischen Frauenhilfe im Regierungsbezirk Wiesbaden angeschlossen habe. Leider hätte dabei aber nur die Hälfte der Frankfurter Frauenvereine mitgemacht. Deshalb habe sich der Frankfurter Stadtverband Anfang 1933 vom Wiesbadener Verband gelöst und sich direkt dem Reichsverband unterstellt. Das habe dazu geführt, dass nun drei Viertel der Frankfurter Frauenvereine beteiligt seien. Ihre Aufgabe solle es sein, *„nachdem das Familienleben, vor allem in unseren Großstädten, weithin zerstört ist, den Sinn für echtes Familienleben durch Beeinflussung der Mütter zu wecken und zu fördern."*[152] Dazu würden Zusammenkünfte, Freizeiten, Schulungen und Erholungskuren für Mütter angeboten. Auch würden die Frauen als Helferinnen des Pfarrers eingesetzt und bei der Hilfe und Unterstützung in Not geratener Familien.

Abb. 75 Erica Küppers

Während des Krieges und der sich aus ihm ergebenden Beeinträchtigungen der Frauenhilfsarbeit gehörten dem Stadtverband 46 Frauenhilfen an.[153] In dieser Zeit bewährte sich das Miteinander von gemeindlicher und übergemeindlicher Frauenhilfe. War der Gemeindepfarrer im Krieg und konnte die Pfarrfrau wegen ihrer sonstigen Belastungen sich nicht um die Frauenhilfe kümmern, half die Berufsarbeiterin des Stadtverbandes, Erica Küppers, aus. Andererseits ging die Arbeit des Stadtverbandes im gewohnten Gang weiter. Monatlich, manchmal auch vierzehntägig kamen die Leiterinnen der einzelnen Frauenhilfen und andere Mitglieder zur Bibelarbeit zusammen. Man traf sich in den Räumen des Evangelischen Volksdienstes in der Brentanostrraße, nach deren Zerstörung durch Bomben im Haus der Deutschen evang.-reformierten Gemeinde in der Bleichstraße und nach dessen Zerstörung zuletzt in der Markusgemeinde in Bockenheim. Als auch das nicht mehr möglich war, besuchten die Vorsitzende des Verbandes und Erica Küppers bis März 1945 regelmäßig die einzelnen Frauenhilfen. Je schwieriger die Lebensverhältnisse wurden und je weniger es die Möglichkeit der Verteilung von Schriften gab, desto wichtiger wurde der persönliche Kontakt und die Beschäftigung mit der Bibel. Das galt nicht nur für die Kontakte innerhalb Frankfurts, sondern auch mit der Reichsfrauenhilfe und anderen evangelischen Frauenverbänden außerhalb. Wichtig waren auch die drei- bis fünfmal im Jahr stattfinden viertägigen Bibelfreizeiten. Dazu kamen neue Aufgabenfelder. Der Stadtverband vermittelte erholungsbedüftigen Frauen Aufenthalte in den Mütterheimen Eppstein und Trautheim. Er beteiligte sich am kirchlichen Aufbauwerk in Polen mit Spenden. Er schickte den als Soldaten dienenden Pfarrern und Vikaren Grüße zu den kirchlichen Festen. Und er gewann Frauen als Hilfskräfte in Krankenhäusern, als die ausgebildeten Krankenschwestern ganz überwiegend im Felde oder in Lazaretten eingesetzt wurden.

4.4.4 Die Frankfurter Bibelgesellschaft

Seit 1931 hatte Pfarrer Karl Goebels den Vorsitz in der Frankfurter Bibelgesellschaft. Ihm gelang es zunächst, alle Frankfurter Pfarrer zu bewegen, Mitglied der Bibelgesellschaft zu werden. Auch warb er am Bibelsonntag intensiv um Kollekten für die Bibelgesellschaft. Als 1934 von der Reichskirche und dem Landesbischof ein *„Bibeltag"* eingeführt werden sollte, drohte das BK-Mitglied Goebels mit seinem Rücktritt, falls die Bibelgesellschaft sich dem anschließt. Das Direktorium der Bibelgesellschaft lehnte dann die Mitwirkung ab. In den folgenden Jahren gab es immer wieder Probleme mit der Reichsschrifttumskammer darüber, ob und wie Bibelgesellschaften Bibeln lagern und verteilen dürfen. Auch sonst unterlag die Bibelgesellschaft den Kontrollbestimmungen des

NS-Staates. Dazu gehörte die Anmeldung von Veranstaltungen bei der Gestapo. So teilte Goebels dieser im Jahre 1940 mit, „*auf Grund der fernmündlichen Vereinbarung vom 11.1. ..., daß die Frankfurter Bibelgesellschaft am Sonntag, dem 28. Januar 1940, ihr 124. Jahresfest feiert. Morgens um 10 Uhr findet ein Festgottesdienst statt, bei dem Herr Pfarrer Veidt in der Matthäuskirche die Festpredigt hält. Um 15 1/2 Uhr ist in der Matthäuskirche eine Festversammlung, bei der außer dem unterzeichneten Vorsitzenden Herr Pfarrer Wagner,*[154] *Herr Pfarrer Müller*[155] *(Markusgemeinde) und Herr Pfarrer Martin Schmidt sprechen werden.*"[156] Interessant ist, dass mit Goebels, Schmidt und Veidt drei BK-Mitglieder das Wort ergriffen. Müller gehörte keiner der kirchenpolitischen Fraktionen an und Wagner nicht mehr den Deutschen Christen. Mitglieder der DC waren also nicht beteiligt.

Diese traten aber 1935 in Erscheinung, als im Museum für Kunstgewerbe aus Anlass der Fertigstellung von Luthers Bibelübersetzung im Jahr 1534 eine große Bibelausstellung stattfand. Emma Brunner berichtete darüber im Kirchenkalender:[157] „*Der innere Umbruch des deutschen Volkes zu seinen eigenen seelischen Werten hat auch den Weg für das Verständnis der Bibel wieder freigelegt. Das gilt für beide christliche Bekenntnisse, die sich in der Heiligen Schrift als der gemeinsamen Quelle der religiösen Wahrheit und des religiösen Erlebnisses treffen.*
Es verstand sich von selbst, daß 1934 in der evangelischen Kirche das Jubiläum der Vollendung der deutschen Bibelübersetzung von D. Martin Luther feierlich begangen wurde, so besonders in Erfurt, Stuttgart und Wittenberg.
Die Eröffnung der Bibel-Ausstellung in Frankfurt am Main fand am 17. April 1935 vor einem großen Kreis von Ehrengästen durch Propst Trommershausen statt. Er wies darauf hin, daß diese Ausstellung in dieser Form und in dem Kunstgewerbemuseum nur im Dritten Reiche möglich gewesen sei. ... Wenn die Kirchenbehörde, so führte Propst Trommershausen aus, *diese Ausstellung gefördert hat, so wollte sie nicht nur die ehrwürdigen Bibeln vergangener Zeiten wieder herausstellen, sondern vor allem den Gedanken lebendig machen: Unsere Evangelische Landeskirche Nassau-Hessen und die Reichskirche im Dritten Reich ist eine Kirche der Bibel, sie gründet sich auf das Fundament, das Luther deutsch seinem deutschen Volke hinterlassen hat.*" So wie bei anderen Artikeln auch, befand sich am Ende des Artikels das Zitat einer bedeutenden Persönlichkeit, hier Adolf Hitlers: „*Deutsches Volk, besinne dich auf dich selbst, auf deine Vergangenheit und die Leistung deiner Väter, ja auf die Leistung deiner eigenen Generation. Vergiß 14 Jahre des Verfalles, hebe dich empor zu 2000 Jahren deutscher Geschichte.*"[158] Übrigens wurde die Frankfurter Bibelgesellschaft mit nicht einem Wort erwähnt.

Im Krieg wurde die Situation nicht einfacher. Der Schatzmeister Prof. Tenter sah 1941 die Hauptaufgabe der Gesellschaft so: „*die Veranstaltung von Bibelsonntagen in den lebendigen Gemeinden und in den Hauptkirchen der Innenstadt zwecks Erweckung des Interesses aller kirchlich gesinnten Kreise an unserer Aufgabe und die Gewinnung neuer Mitglieder.*" Im gleichen Jahr sollte das 125jährige Jubiläum gefeiert werden. Dieter Trautwein schilderte das: „*Krieg und politischer Gegenwind fordern den Vorstand heraus, nun erst recht zu einer angemessenen Feier und Besinnung einzuladen. Pfarrer Goebels kauft sich eine neue Schreibmaschine, um die Programme und Handzettel gut lesbar zu gestalten. Aber wieder setzen Gespräche und regelrechte Verhöre durch die Gestapo ein. Obwohl Programme und Handzettel schon fertiggestellt sind, ergeht ein amtliches Verbot der Jubiläumsfeier 1941. Pfarrer Goebels bringt trotzdem Programme unter die Leute – mit dem Aufdruck: „Verboten durch die NSDAP".* Mit der Zerstörung Frankfurts verlor auch die Bibelgesellschaft die Grundlagen ihrer Arbeit.

4.4.5 DIE KIRCHENMUSIK

In der Frankfurter Kirche hatte es vor 1933[159] haupt- oder nebenamtliche Kirchenmusiker nur in Person der *„Akademischen Organisten"* gegeben. Zur Anstellungsfähigkeit gehörte die Kirchenmusikerprüfung der Berliner Staatlichen Hochschule für Schul- und Kirchenmusik oder der Leipziger Musikhochschule. Die Anstellung und Beaufsichtigung war Sache der Gemeinden, die sich bei der Auswahl des Ausschusses für Kirchenmusik der Stadtsynode bedienen sollten. In den meisten Gemeinden gab es Kirchenchöre, für deren Leitung es keine festen Regeln gab. Die Kirchenchöre bildeten einen Verband, der aber keine große Bedeutung hatte.

Dies änderte sich im 3. Reich. Auf Initiative von Josef Goebbels wurde zur Organisation und Kontrolle des gesamten deutschen kulturellen Lebens die *„Reichskulturkammer"* geschaffen. Sie war eine berufsständische Dachorganisation mit Zwangsmitgliedschaft für alle im kulturellen Leben tätigen Deutschen und diente der Gleichschaltung aller kulturellen Institutionen. Präsident war Josef Goebbels. Die Reichskulturkammer war in sieben Einzelkammern gegliedert, darunter die Reichsmusikkammer. Diese wiederum hatte eine Fachschaft *„Kirchenmusik"*, der wiederum der Reichsverband für evangelische Kirchenmusik unterstand. Dieser hatte drei Fachverbände: Reichsverband evangelischer Kirchenmusiker, Reichsverband evangelischer Kirchenchöre, Reichsverband evangelischer Posaunenchöre. Haupt- und nebenamtliche Kirchenmusiker konnten ihren Dienst nur noch ausüben, wenn sie Mitglied des Reichsverbandes der Kirchenmusiker waren.

Die staatliche Einflussnahme ging sehr weit.[160] Beamten wurde die Nebentätigkeit als Kantor, Organist oder Kirchenchorleiter nur noch gestattet, wenn die Kirchenbehörde bescheinigte, dass es keinen geeigneten anderen Musiker gibt. Chormitgliedern, die NSDAP-Mitglieder waren, wurde die Teilnahme an den Chorproben erschwert. Chormitglieder mussten bei allen öffentlichen Auftritten eine Ausweiskarte der Reichsmusikkammer bei sich tragen. Der Verband der Kirchenchöre Nassau.Hessen unterstand dem Landesbischof und dem Reichsobmann Evang. Kirchenchöre Deutschlands. Kirchenchöre, die diesem Verband nicht angehörten, war es verboten, sich irgendwie zu betätigen. Ggf. verloren die Chöre ihren Vereinscharakter. Alle Kirchenchöre wurden kirchliche Organe, ihre Leiter unterstanden der kirchlichen Disziplin und Lehrzucht.

4.5 Aus dem gemeindlichen Leben

4.5.1 DIE GEMEINDESTRUKTUR

Die Gründung der Evangelischen Landeskirche Nassau-Hessen brachte für Frankfurt die Bildung eines Propsteibereiches an Stelle der alten Landeskirche und die Organisationsebene des Dekanates. Die Propstei umfasste nun auch die vormals Nassauer Gemeinden von Griesheim, Heddernheim, Höchst, Nied, Rödelheim, Schwanheim, Sindlingen, Zeilsheim, Sossenheim und Unterliederbach sowie die vormals hessischen Gemeinden in Vilbel, Massenheim und Dortelweil. Die vormals Nassauer Gemeinden hatten bis dahin zum Dekanat Kronberg der Evangelischen Landeskirche in Nassau gehört. Damit erweiterte sich erneut das Kirchengebiet, das Gegenstand dieser Betrachtung ist. Dekanate hatte Frankfurt bisher wegen seiner geringen Größe nicht gebraucht. Nun wurden zwei Dekanate geschaffen, das Dekanat Ost und das Dekanat West.[161] Außerdem hatte es mit den Gemeindeverbänden eine funktionierende übergemeindliche Struktur.

Im Frankfurter Kirchenkalender 1939 wurde für die dreißiger Jahre von einem Aufblühen kirchlicher Arbeit berichtet. Dabei verglich man die Statistiken der letzten Jahrzehnte für Geburten von Kindern evangelischer Eltern und die Taufen. Hatte man sich in den zwanziger und dreißiger Jahren immer wieder mit der *„Austrittswelle"* beschäftigt, wurde schon von 1933 an von einer *„Rücktrittswelle"* gesprochen. Und in der Tat war es so, dass für eine gewisse Zeit und veranlasst durch die Partei, Nationalsozialisten in die Kirche eintraten. Sicher hatte das auch mit dem Kirchenkampf zu tun und sollte die Zahl der Deutschen Christen stärken.

4.5.2 Die vormals Nassauer Gemeinden[162]

Allgemeines
Die heutigen westlichen Stadtteile Frankfurts waren durch die wechselnde politische Zugehörigkeit geprägt. Höchst, Nied, Griesheim, Schwanheim, Sindlingen und Sossenheim gehörten seit dem Mittelalter zur Amtsvogtei Höchst des Erzstifts Mainz im Kurfürstentum Mainz. Zur Amtsvogtei Hofheim gehörte Zeilsheim. Beide Amtsvogteien fielen 1803 an das Fürstentum Nassau-Usingen und dann an das Herzogtum Nassau.[163] Unterliederbach gehörte zum Anteil der Landgrafschaft Hessen-Darmstadt an der Herrschaft Eppstein, kam 1803 an Nassau-Usingen und dann an das Herzogtum Nassau.[164] Für die Evangelischen war Nied über Jahrhunderte das Zentrum.

Nied
Nied gehörte bald nach 800 zum Fiscus Franconofurt, einem königlichen Verwaltungsbereich, und nach dessen Auflösung um 1200 zum königlichen Amt Bornheimerberg und damit zur Grafschaft Hanau. Es teilte damit zunächst dessen Geschichte.[165] Kirchlich herrschte 1268 das Stift St. Maria ad Gradus zu Mainz (Mariagredenstift) in Nied, übertrug die Dörfer Nied und Griesheim aber 1474 und 1485 mit der niederen Gerichtsbarkeit und dem Stellenbesetzungsrecht an das Erzstift Mainz, die kirchliche Verwaltungsbehörde des Kurfürstentums Mainz. Nach der Teilung der Grafschaft Hanau 1458 gehörte Nied zu Hanau-Münzenberg. Allerdings begannen mit dieser Übernahme auch Dauerquerelen zwischen den Hanauern und dem Mariagredenstift sowie dem Erzbischof von Mainz um die Dorfherrschaft.

Nach einer Urkunde aus dem Jahr 1160 gab es in Nied eine Pfarrei, in einer Urkunde wurde im Jahr 1218 eine Kirche genannt, vermutlich aus Holz.[166] 1489 verfügte der Graf von Hanau den Bau einer Kirche aus Stein. Die Auseinandersetzungen verschärften sich, als die Hanauer evangelisch wurden. Die Einführung der lutherischen Reformation in Hanau-Münzenberg zwischen 1530 und 1543 erfolgte *„schleichend"*. Es gab keinen offiziellen Akt der Einführung. Vielmehr ersetzte man ausscheidende katholische Pfarrer durch lutherische Prädikanten. Dies und

Abb. 76 Christuskirche Nied

die Spannungen mit Mainz dürfte dazu geführt haben, dass in Nied erst 1554 erstmals evangelisch gepredigt wurde. Dort gab es nun katholische und evangelische Christen. Leidtragende waren beide, denn eine dauerhafte kirchliche Versorgung war weder für die einen noch für die anderen gewährleistet. Von 1562 bis 1584 war mit Hermann Carpentarius ein Pfarrer in Nied ansässig, der zunächst katholisch war und dann evangelisch wurde.

1596 führte Hanau-Münzenberg im Gegensatz zu Hanau-Lichtenberg aber unter Philipp Ludwig II. das reformierte Bekenntnis ein. Im gleichen Jahr sandte das Stift den katholischen Pfarrer Kaspar Follandus nach Nied. Hanau setzte ihn ab und beauftragte einen lutherischen Lehrer, Lesegottesdienste zu halten. Daraufhin nahmen die Höchster den Lehrer gefangen, und der Amtmann von Höchst verschloss die Kirche. Dabei blieb es, bis bei der Schlacht vor Höchst am 9. Juni 1622 zwischen katholischen Truppen unter General Tilly und protestantischen Truppen unter Christian von Braunschweig letztere Nied bis auf ein Haus zerstörten. Die Kirche wurde schwer beschädigt, nicht repariert und schließlich 1824 ganz abgetragen. Die kirchliche Betreuung der Evangelischen in Nied übernahm der reformierte Pfarrer von Bockenheim.[167] 1684 tauschte Hanau Nied und Griesheim gegen ihm näher liegende Dörfer mit dem katholischen Kurmainz. Im Vertrag wurde entsprechend dem Westfälischen Frieden festgehalten, dass den Niedern keine neue Religion aufgezwungen werden dürfe und dass für die kirchlichen Verhältnisse das Normaljahr 1624 maßgebend sein sollte. Nun zogen vermehrt Katholiken nach Nied. Offenbar wurde allerdings weiter von einer Gemeinde ausgegangen, denn 1707 gab es eine gemeinsame Kirchenrechnung[168] für beide Konfessionen, die von den beiden „Baumeistern", dem Katholiken Johannes Heeb und dem Protestanten Johannes Tempell, aufgestellt worden war. Das Kirchengebäude allerdings verfiel immer mehr. Um die gleiche Zeit gab es Aufbaupläne für die Kirche. Aber 1706 einigten sich Hanau und Mainz, die Kirche nicht wiederaufzubauen. Sossenheim blieb der katholische Pfarrsitz, Nied und Griesheim blieben dessen Filalen.[169] Die Protestanten orientierten sich weiter nach Bockenheim.

Als 1803 mit dem Reichsdeputationshauptschluss das Kurfürstentum Mainz aufgehoben wurde, kam Nied zum evangelischen Fürstentum Nassau-Usingen, ab 1806 Herzogtum Nassau. Hier galt die freie Religionsausübung, die den Protestanten am 4. Dezember 1805 auch gewährt wurde. Danach durften in Nied auch wieder evangelische Amtshandlungen vorgenommen werden. Doch gingen nun die Evangelischen aus Nied und Höchst nach Unterliederbach und die Griesheimer nach Niederrad. Jetzt und in den folgenden Jahren waren in Nied sowohl die Protestanten als auch die Katholiken zu schwach, sich eine eigene Kirche zu bauen. Deshalb durfte in den Jahren 1826 bis 1828 im kirchlich liberalen Nassau dann von beiden Konfessionen gemeinsam an der Stelle der alten Kirchenruine eine Kirche zur gemeinsamen Nutzung errichtet werden, eine sog. Simultankirche.[170] Die Einweihung am 2. Mai 1830 wurde in zwei getrennten Gottesdiensten gefeiert. Die Reihenfolge war durch Los festgelegt worden. Als später die gemeinsame Orgel eingeweiht wurde, ging es „ökumenischer" zu. Es gab einen Gottesdienst, in dem der katholische Pfarrer die Predigt hielt und der evangelische die Weihe-Ansprache.[171] Den Chorraum trennte, entsprechend dem katholischen Verständnis, eine halbhohe, hölzerne Barriere, vom Kirchenschiff. Vor der Barriere stand später ein evangelischer Altartisch. In der katholischen Messe wurde der Tisch mit einem Tuch verdeckt, im evangelischen Gottesdienst wurden die Heiligenbilder und Figuren mit Tüchern verhängt. Die gemeinsame Nutzung verlief allerdings ohne größere Schwierigkeiten, auch wenn es manche Unbequemlichkeit gab.

Gegen Ende des Jahrhunderts waren jedoch beide Gemeinden so gewachsen, dass der Wunsch nach eigenen Kirchen erfüllt werden konnte. So zahlte die evangelische Gemeinde im Jahr 1907 mit 19.130 Mark die katholische aus und behielt die seitherige Simultankirche. Die alte Orgel bekam die katholische Gemeinde für 150 Mark und konnte auch das Kirchengestühl mitnehmen. Die Glocken behielten die Evangelischen. Die katholische Gemeinde baute die St. Markuskirche. In der Fest-Zeitung zur Einweihung dieser Kirche am 2. Juni 1907 fanden sich bemerkenswerte Sätze zum Verhältnis der Katholiken zu den Protestanten in Nied:

„Nicht vergessen dürfen wir in diesem Festblatte die evangelische Gemeinde in Nied. Bei all den schwierigen Verhandlungen hinsichtlich der Auseinandersetzung über die gemeinsame Kirche wurde von unsern evangelischen Mitbürgern, namentlich von dem Herrn Pfarrer Schmidtborn[172], dem Kirchenvorstande und der Gemeindevertretung eine friedliche und gerechte Gesinnung an den Tag gelegt, die alle Anerkennung verdient und zu den besten Hoffnungen berechtigt, dass auch fernerhin, obwohl die beiden Kirchengemeinden in räumlich getrennten Gotteshäusern dem Schöpfer dienen, das einträchtige Verhältnis fortbestehen wird. Die Katholiken werden mit Interesse das Erstehen einer erneuerten und vergrößerten evangelischen Kirche verfolgen und ihren evangelischen Brüdern Gottes Segen zu ihrem Werke wünschen. Schiedlich-friedlich wird fernerhin der Wahlspruch der beiden christlichen Gemeinden sein müssen."

Aus der Simultankirche wurde eine evangelische Predigt- und Gemeindekirche nach dem Wiesbadener Programm.[173] Ab 1916 wurde in Nied ein Ausbesserungswerk für Lokomotiven errichtet. Für dessen Mitarbeiter und ihre Familien entwickelte sich daneben eine schnell wachsende Kolonie, die auch bald eine eigene kirchliche Versorgung benötigte. So wurde eine schlichte Kirche errichtet und am 8. Oktober 1933 als *„Apostelkirche"* eingeweiht.[174] Die wirtschaftliche Situation der Zeit schlug sich darin nieder, dass den Baufirmen zur Auflage gemacht werden sollte, zu 80 % erwerbslose Facharbeiter und Hilfsarbeiter zu beschäftigen.[175]

Höchst
An der Kreuzung uralter Verkehrswege und an der Mündung der Nidda in den Main gab es schon in der Jungsteinzeit eine Siedlung. Die Römer errichteten hier ein Kastell und Kurmainz eine Zollburg. Höchst blieb auch nach der Reformation katholisch. Hieran änderte sich erst im Dreißigjährigen Krieg kurzfristig etwas, als es von Gustav Adolf von Schweden am 27. November 1622 besetzt wurde. Er ließ den Katholiken die Justinuskirche und stellte den Lutheranern die Wolfgangkapelle im Schloss zur Verfügung. Hier fanden nun lutherische Gottesdienste statt, die u. a. von seinem Feldprediger Jakob Fabricius gehalten wurden. Doch entwickelte sich keine evangelische Gemeinde, da nach dem Abzug der Schweden wieder das katholische Mainz herrschte. Die wenigen Evangelischen wurden von Oberliederbach und dann von Nied aus betreut. Dass 1768 der tolerante Mainzer Fürstbischof Emmerich Josef zur Errichtung der Höchster Neustadt auch die Religionsfreiheit verkündete, änderte an der Situation nichts.

1803 kam Höchst zum Fürstentum Nassau, später Herzogtum Nassau. Erst 1819 fand eine erste evangelische Haustaufe statt, 1823 die erste evangelische Beerdigung. Im Zuge der Industrialisierung wuchs dann auch die Zahl der Evangelischen. Ab 1865 wurde Gottesdienst in der Kapelle des Bolongaro-Palastes abgehalten. 1878 wurde Höchst Filialgemeinde von Nied. 1882 erhielt die im Entstehen begriffene Gemeinde Höchst die in Mischformen des Historismus errichtete Stadtkirche.[176] 1883 wurde es eine selbständige Kirchengemeinde, zu der auch Sindlingen und Sossenheim gehörten.

Abb. 77 Stadtkirche Höchst

Griesheim
Griesheim gehörte kirchlich lange zu Nied. So lag es im Einflussbereich des Erzstifts Mainz, auch noch, als die Grafen von Hanau ab 1342 Landesherren waren. Diese führten dann auch in Griesheim und Nied die lutherische Reformation ein. Es folgten lange Streitigkeiten zwischen Kurmainz und Hanau, bis im Jahre 1684 festgelegt wurde, dass die Griesheimer und Nieder, die 1624 evangelisch gewesen waren, dies nach den Bestimmungen des Westfälischen Friedens auch bleiben könnten.

In Griesheim lebten 1648 nur wenige Protestanten, die nach Bockenheim, Ginnheim oder zum Gutleuthof in die Kirche gingen. Erst 1779 durfte erstmals der evangelische

Abb. 78 Segenskirche Griesheim

Pfarrer vom Gutleuthof Amtshandlungen in Griesheim vollziehen. Die Betreuung der Griesheimer vom Gutleuthof endete 1801 nach dem Brand des Gutleuthofes, der dessen Kapelle beschädigte.

1829/30 wurde in Nied eine Simultankirche errichtet, die beiden Konfessionen diente und die Griesheimer miteinschloss. Am 12. Januar 1861 genehmigte das Nassauische Staatsministerium die Errichtung einer evangelischen Kirchengemeinde in Griesheim, zu der auch Schwanheim und Goldstein gehörten. Zu diesem Zeitpunkt gab es in Nied und Höchst 800 Evangelische. 1865 erhielt die Gemeinde eine im neoromanischen Stil errichtete eigene Kirche.[177] 1888 wurde Schwanheim mit Goldstein selbständig.

Sossenheim

Der einst kurmainzische und damit katholische Ort Sossenheim wurde urkundlich erstmals im Jahr 1218 erwähnt und fiel 1803 an Nassau. Der erste evangelische Christ ließ sich hier 1848 nieder. Die evangelischen Sossenheimer wurden von Nied aus betreut. Im Jahr 1904 wurde Sossenheim eine selbständige Kirchengemeinde. Die Kirche wurde nach Plänen des Herborner Kirchenbaumeisters Ludwig Hoffmann erbaut und am 18. September 1898 eingeweiht.[178] Sie ist ein neogotischer Saalbau mit niedrigem Seitenschiff und Chor im Fünfachtelschluss. Der Entwurf der Fenster im Altarraum stammt von Rudolf Koch. Sie stellen den Auferstandenen und seine Gemeinde dar und erinnern an die Toten des 2. Weltkrieges.

Abb. 79 Tiberiaskirche Sossenheim

Abb. 80 Evang. Kirche Sindlingen

Sindlingen-Zeilsheim
Die Dörfer Sindlingen und Zeilsheim wurden 797 bzw. 794 erstmals urkundlich erwähnt. Sie gehörten kirchlich und politisch zu Kurmainz und blieben deshalb nach der Reformation katholisch. Spätere evangelische Einwohner waren nach Oberliederbach eingepfarrt. 1875 wurden fünf steuerpflichtige evangelische Männer und einige Witwen aus Sindlingen nach Nied umgepfarrt und mit der Gründung der Gemeinde Höchst 1883 nach dort.

1902 wurde eine selbständige Kirchengemeinde Sindlingen-Zeilsheim gegründet, die 1905 auch einen eigenen Pfarrer erhielt. Dank der evangelischen Familie von Meister, die in Sindlingen wohnte, konnten dort bereits 1907 Kirche[179] und Pfarrhaus gebaut werden, 1912 die Kirche in Zeilsheim.[180]

Zeilsheim weist bis heute ein Spezifikum auf, das der besonderen Erwähnung bedarf. Am 15. Dezember 1901 gründeten hier 22 evangelische Arbeiter den Evangelischen Arbeiterverein Zeilsheim.[181] Dieser, bis heute bestehende, Verein ist ein letztes Zeugnis für eine Bewegung in der evangelischen Kirche, die sich mit den Folgen der Industrialisierung auseinandersetzte. Die Arbeitervereine wollten die evangelischen Arbeiter sammeln, deren Bildung fördern, sie in einem sittlichen Lebenswandel bestärken, Geselligkeit pflegen sowie die Mitglieder und ihre Familien in Krankheits- und Todesfällen unterstützen. Die Vereine hatten nicht den Charakter von Gewerkschaften. Vielmehr wollten sie ein friedliches Verhältnis zwischen Arbeitgebern und Arbeitnehmern pflegen. Sie waren sozialdemokratisch und antikatholisch und

Abb. 81 Evang. Kirche Zeilsheim

standen treu zu Kaiser und Reich. Im Dritten Reich wurden die meisten Vereine aufgelöst. Seine Vereinsfahne von 1908 trug die Inschrift: *„Fürchtet Gott! Ehret den König. Habet die Brüder lieb!"* 1930 zählte der Verein 129 Mitglieder. In der Sterbekasse waren einschließlich der Frauen und Kinder 202 Personen. 1941 wurde die Vereinstätigkeit eingestellt, nach dem Krieg wieder aufgenommen. Das Besondere war, dass dieser Verein sich als Teil der Gemeinde verstand. Es gab Jahre, da musste man Vereinsmitglied sein, um in den Kirchenvorstand gewählt zu werden. Die Gemeindepfarrer Ludwig Weber und Johannes Weber, Horst Debus und Ulrich Mathei engagierten und engagieren sich im Verein und teilweise für ihn auch überregional. Zur Begründung dieses kirchlichen Engagements formulierte Ulrich Mathei:[182] *„Denn der christliche Glaube ist aufgefordert, Antworten auf die großen Fragen unseres Lebens zu finden. Hierzu gehört zweifelsohne auch die christliche Verantwortung im Bereich der Arbeitswelt: Ob Friedensfrage, Erhaltung der Schöpfung oder Armutsbekämpfung: Christen mischen sich ein."*

Heddernheim
Das lange Zeit überwiegend katholische Heddernheim wurde 802 erstmals urkundlich erwähnt und gehörte ab 1132 zu Kurmainz. 1584 wurden die Evangelischen Praunheim zugeordnet. Als Heddernheim 1802/1815 zu Nassau kam, wurden die Heddernheimer Evangelischen Eschborn zugepfarrt. Wegen des weiten Weges dorthin durften sie sich 1821 eine kleine Kirche bauen. Die dafür aufgenommenen Kredite wurden bis in die Jahre 1864 bis 1866 abgezahlt. Ein erstes kleines Pfarrhaus wurde 1866 aus Holz errichtet, das die Frankfurter eigentlich zum Bau von Schanzen gegen die anrückenden Preußen hatten verwenden wollen. 1874 wurde Heddernheim kirchlich selbständig. 1893 musste die Kirche wegen Baufälligkeit geschlossen werden. 1898 konnte ein imposanter Neubau eingeweiht werden.[183]

Die Heddernheimer Gemeinde war sehr arm. Das führte dazu, dass der dortige Pfarrer Carl Hartmann 1869 einen Frauen- und Jungfrauenverein gründete, lange bevor 1882 im Marthahaus der erste Frankfurter Jungfrauenverein entstand.[184] Im ersten Jahresbericht 1870 beschrieb Hartmann die Gründung so: *„Es war das heilige Osterfest des Jahres 1869, als der evangelische Geistliche sich an die Frauen und Jungfrauen in der Gemeinde mit der Bitte wandte, dieselben möchten sich zu einem Vereine zusammenschließen, welcher ihn in der Arbeit und im Streben, seiner armen evangel. Gemeinde dienstlich zu sein, unterstütze und fördere, und er forderte diejenigen, welche dieser Bitte Folge zu leisten gedächten, auf, sich am folgenden Sonntage* *nach dem Nachmittags-Gottesdienste in der Kirche versammeln zu wollen. Die Bitte des evangel. Geistlichen wurde auf das Bereitwilligste aufgenommen, denn zur bestimmten Zeit fanden sich Frauen und Jungfrauen der Gemeinde in ansehnlicher Zahl am bezeichneten Orte ein, so daß schon an demselben Tage zur Gründung eines evangelischen Frauenvereins geschritten werden konnte. Die Vereinsstatuten wurden festgestellt und ein Vorstand aus zehn Mitgliedern erwählt, der sich den äußeren Obliegenheiten des Vereins unterziehen sollte."*[185] Der Vorstand bestand dann aus zehn unverheirateten Frauen, dem Pfarrer als Vorsitzendem und Lehrer Dombach als Kassierer.

Nach der Satzung war damit der „Heddernheimer Frauen- und Jungfrauen-Verein" gegründet (§ 1 der Satzung). Der Verein stellte sich unter den besonderen Schutz des evangelischen Kirchenvorstandes (§ 2). Der vorläufige Zweck war: Unterstützung der evangelischen Gemeinde Heddernheim in ihrem Bestreben um ein selbständiges, wohlgeordnetes kirchliches Gemeinwesen und Sicherung ihres Fortbestandes, sowie Hülfeleistung zur Deckung ihrer Schuld, und wenn dieser Zweck erreicht ist, Unterstützung auswärtiger bedrängter Gemeinden (§ 3). Mitglied des Vereins war jede evangel. Frau oder Jungfrau, welche sich per Jahr zu einem wöchentlichen Beitrag von 1 Kreuzer und zur unentgeltlichen Anfertigung resp. Gabe irgend einer weiblichen Handarbeit, oder eines anderweitigen Gegenstandes, wenn auch von nicht hohem Werthe, verpflichtet (§ 4). Am Ende des Jahres hatte der Verein 94 Mitglieder, davon sieben aus Frankfurt und drei aus Eschersheim. Die Generalversammlung am Jahresende begegnete Schwierigkeiten. *„Gar gerne hätten wir auf Weihnachten 1869 unsere Generalversammlung gehalten, die damit zu verbindende Verloosung der angefertigten Arbeiten vorgenommen und das Jahresfest gefeiert, allein unser Todtenfest fiel auf den zweiten Weihnachtsfesttag, und wie immer, feierte diesen Tag die Gemeinde in stiller Andacht und durch einen feierlichen Abendgottesdienst zum Gedächtnisse ihrer in diesem Jahre heimgegangenen Lieben."*[186] Nun, die Jahresversammlung fand dann am 9. Januar 1870 statt. Nach dem Verkauf der Lose konnte der Kassierer eine Jahresrechnung aufmachen, die einen Überschuss von 315,53 Gulden erbrachte. Dem standen noch 2.460 Gulden Schulden für die Kirche und 9.939 Gulden Schulden für das Pfarrhäuschen gegenüber. Das war doch eine ganz beachtliche Bilanz.

4.5.3 Frankfurter Kirchengemeinden im Kirchenkampf

Der Weg der Frankfurter Kirchengemeinden im Dritten Reich verlief sehr unterschiedlich. Hier seien nur wenige Beispiele erwähnt, die aus unterschiedlichen Gründen bemerkenswert sind.[187]

Die Deutsche evang.-reform. Gemeinde
Im November 1933 hielten die drei Pfarrer Vorträge in der Gemeinde, die beispielhaft in ihrer Auseinandersetzung mit den Fragen der Zeit waren. *„Sie sollten den Gliedern und Freunden dieser Gemeinde zur Klärung in den brennenden religiösen und kirchlichen Fragen der Gegenwart dienen ..."*[188]

Wilhelm Lueken sprach über „Neues Testament und deutsches Christentum"[189] und begann mit den Worten: *„In dem ungeheuren Geschehen unserer Tage suchen wir Klarheit und inneren Halt. Wir haben einen gewaltigen Aufbruch unseres deutschen Volkes erlebt. Millionen und Abermillionen haben wieder* lität oder Rasse sie sind; *„Blut und Boden"* sind Schöpfungsgaben, aber Stoff zur Gestaltung für den Geist, der entscheidend ist; das Evangelium hat *„übervölkischen"* Charakter; auch das deutsche Volk hat keinen anderen Weg zum Heil als den des Kreuzes.

Erich Foerster beschäftigte sich unter dem Titel *„Deutsch, lutherisch und reformiert"*[190] mit der Frage, ob *„zwischen dem deutschen Wesen und dem lutherischen und reformierten Glauben eine innere Verbindung möglich und statthaft (ist), dass man also sagen könnte, diese Ehe zwischen dem reformatorischen Glauben in der einen oder anderen Ausprägung und dem Deutschtum wäre eine von Gottes Providenz gewollte und gesegnete Ehe? Eine Ehe, aus der den darin Lebenden und daraus hervorgangenen Heil und Leben erwächst?"*[191] Seine Antworten waren u. a.: *„Niemals ist bei einem der Reformatoren, ich darf sagen bei irgendeinem Wortführer des deutschen Luthertums bis heute der Gedanke aufgetaucht, als ob nur der Deutsche Christ im vollen Sinne des Wortes sein könne, als ob er kraft seines Deutschtums irgend einen Vorzug und ein Vorrecht vor den Nachfahren anderer Völker, vor Gott und der Ewigkeit in Anspruch nehmen könne. Denn diese unsre deutschen Väter waren ja durch Paulus gelehrt. ... Aber diese Tatsache, daß es Luthertum in der Welt fast nur bei Germanen, Deutschen und Skandinaviern, gibt, beweist nicht etwa, daß Luther den Weg des Glaubens nur für seine lieben Deutschen habe öffnen wollen, oder daß dieser Glaube nur für eine besondere Begabung der Deutschen passend sei, an der die Angehörigen anderer Völker nicht teilhaben"*.[192] Andererseits betrachtete er kritisch, was das Luthertum den Deutschen gebracht hat, und kam zu einem zwiespältigen Ergebnis: *„Aber dieses Luthertum hat dem deutschen Wesen*

Abb. 82 Deutsch-reformierte Kirche

deutsch fühlen gelernt. In seiner überwältigenden Mehrheit hat sich unser deutsches Volk freudig hinter den starken Führerwillen gestellt, der ihm eine neue deutsche Zukunft verheißt. Wir fühlen, dass es bei einem solchen Aufbruch um Letztes und Höchstes geht." Dazu wolle er sich ganz unter das Wort Gottes stellen und nicht von einer politischen Weltanschauung her sprechen. Auch bedankte er sich ausdrücklich beim Führer, der vor wenigen Tagen ausgesprochen habe, dass der Geistliche sich von der Politik fernzuhalten habe. Gottes Wort und Wille fand Lueken im Neuen Testament und zog dann aus der Kernaussage *„Die Herrschaft Gottes ist nah, Gott beansprucht dich ganz, er duldet keine anderen Götter neben sich"* höchst brisante Folgerungen: Jesus hat sich nicht vom Alten Testament gelöst; der Grundgedanke des Epheserbriefes ist die Einheit der Christen gleich welcher Nationa-

nicht nur Segen, Vertiefung, Verinnerlichung, Charakterpägung und Gemütsbildung geschenkt[193]*."* Es habe *"auch geschaffen jene erbärmliche Kleinstaaterei, welche nur Raum gewährt für den Familienvater, aber den Mann, den Bürger tötet, jenes armselige Philistertum, das die Kraft unsres Volkes in Banden schlägt, jene traurige Gewöhnung unsres Geistes, in den kühnsten Phantasien den Himmel zu stürmen und vor den kleinsten Hindernissen der Erde die Arme mutlos sinken zu lassen*[194]*."* Demgegenüber lobte er den reformierten Geist und die Bereicherung, die er für die Deutschen bedeutet: *"Und hier hat nun der Einfluß reformierter Art eine für das deutsche Wesen sehr heilsame Ergänzung geboten, denn diese Reformierten brachten nach Deutschland die Gewöhnung an eine strenge Zucht des Lebens, auch des Soziallebens in Stadt und Land, das Bewußtsein eines Berufes, das Katholische Erbe in kirchlichen Bräuchen und kirchlicher Verfassung nicht länger geduldig mitschleppen zu dürfen, sondern von Grund aus tilgen zu müssen, und vor allem ein wachsames Gefühl der Verantwortung dafür, daß der Katholizismus nie wieder sich des deutschen Wesens bemächtige und die Stellung einer ausschlaggebenden Macht wiedergewinne, und den starken Drang, durch den Eifer in wahrhaft guten Werken, in bürgerlicher Tüchtigkeit, in Fleiß, Sparsamkeit und gesunder Unternehmungslust den Tatbeweis für für praktische Überlegenheit des evangelischen Glaubens zu erbringen".*[195]

Erich Meyer sprach über *"Deutsches Christentum und Deutscher Glaube".*[196] Ausgangspunkt war, dass das Christentum von außen her zu den Germanen gekommen sei und dass drei Mächte das Evangelium Jesu geformt hätten: das Judentum, die griechische Philosophie sowie Recht und Staatsauffassung Roms. Doch dann: *"Es ist ganz gewiß nicht richtig, Paulus als den anzusehen, der das Evangelium Jesu durch durch die jüdische Religionsauffassung verdorben habe. Hat er doch gerade das überragende geschichtliche Verdienst, die Botschaft Jesu von der Gesetzlichkeit und Werkgerechtigkeit der jüdischen Religionsauffassung losgelöst zu haben. Aber zuzugeben ist ohne weiteres, daß bei Paulus wie in anderen Schriften des Neuen Testaments mancher ‚jüdische Sauerteig' in das Evangelium Jesu eingedrungen ist; die jüdische Messiasidee und die spätjüdische Eschatologie haben im Neuen Testament ihren Niederschlag gefunden. Daß das alles nicht zum Wesensbestand des Christentums gehört, sondern zeitgeschichtliche Hülle, Schale, nicht Kern, Form und Inhalt ist, sollte uns immer gegenwärtig sein.*[197] Dann aber stellte er fest, dass sich *"im Zuge der gewaltigen nationalen Bewegung unserer Tage"* die Frage des deutschen Christentums neu stelle und dass die Gefahr bestehe, die Religion zur Dienerin nationaler Ziele zu machen. Das lehnte er ab. Die Deutschen Christen definierte er als eine kirchenpolitische Reformbewegung aus Mitgliedern unterschiedlichster Herkunft, durchaus auch mit dem berechtigten Ziel einer Kirchenreform. *"Wenn ich aber die Bewegung der ‚Deutschen Christen' im Gesamtbild der geistigen Entwicklung des letzten Jahrhunderts schaue, so kann ich nichts anderes sagen als das eine, daß diese Bewegung eine typische Verweltlichungsbewegung des Christentums und der Kirche ist; das ist nicht ohne weiteres und unter allen Umständen ein Vorwurf und nicht immer eine persönliche Schuld; ich stelle aber die Tatsache fest, daß ein so verstandenes deutsches Christentum immer in Gefahr ist, den Absolutheitsanspruch des Christentums, ja Gottes über alle Lebensgebiete und über den ganzen Menschen aufzugeben zu*

Abb. 83 Erich Meyer

Gunsten einer Verwässerung des Christentums durch andere Mächte."[198] Diese Feststellung gelte erst recht für die neuesten Erscheinungen des Deutschen Glaubens. *„Der Deutsche Glaube ist nicht über einen Menschen gekommen wie eine unabweisbare Offenbarung des Ewigen und Göttlichen, der sich der Mensch beugen muß, ob er will oder nicht, sondern er ist ein Produkt aus germanischer Mythologie, philosophischer Erwägung und national-betonter Weltanschauung, ist also im letzten Grund kein Glaube, sondern eine religiös verbrämte, intellektuell erarbeitete und national begründete Weltanschauung."*[199]

Die Dreifaltigkeitsgemeinde

Mit Otto Fricke war in der Gemeinde einer der führenden Vertreter der Bekennenden Kirche tätig. Neben ihm war jedoch auch vom 26. Juli bis 10. Dezember 1935 der DC-Pfarrer Helmuth Monnard hier. Von Monnard ist ein 20 Seiten starker maschinenschriftlicher Bericht über seine Zeit in der Gemeinde erhalten, der davon zeugt, wie erbittert solche Konflikte ausgetragen werden konnten.[200] Dabei hatte er den Kirchenvorstand auf seiner Seite, in dem es wohl keine BK-Mitglieder gab.[201] Im Frühjahr 1935 wurde Fricke seines Amtes enthoben, arbeitete aber in der Gemeinde weiter. Am 20. Juli 1935 wurde die Dreifaltigkeitskirche im Zusammenwirken von Kirchenvorstand und Kirchenverwaltung wegen Renovierungsarbeiten verschlossen.[202] Daraufhin mietete Fricke von der Stadt Frankfurt die ehemalige französisch-reformierte Kirche in der Rödelheimer Straße von Bockenheim an. Hier fanden nun Gottesdienste und Bibelstunden mit großem Zulauf, auch aus den Nachbargemeinden, statt. In den Bibelstunden wurden jeweils 250 Teilnehmer gezählt. Das rief die Gegner auf den Plan, so dass das Mietverhältnis von der Stadt schon zum 31. August 1935 wieder gekündigt wurde. Allerdings führte dies zu einer weiteren Steigerung der Besucherzahlen. Als Alternative sah Fricke nun Hausgottesdienste. Umgehend meldeten sich 21 Familien, die bereit waren, Hausgottesdienste zu veranstalten. Elf Gemeindeglieder waren bereit, bei der Durchführung der Gottesdienste zu helfen. Nach der Aussendung durch Fricke gingen sie am nächsten Sonntag in die Häuser, wo sie Hausgemeinden mit zwischen 15 und 50 Teilnehmern vorfanden. Ähnlich verfahren wurde mit den Bibelstunden, zu denen sich, beginnend in 7 Häusern, nach und nach bis zu 300 Gemeindeglieder versammelten.

Parallel ging das Ringen um die Kirchennutzung weiter. Mehrfach wurde die Kirche verschlossen, um BK-Gottesdienste zu verhindern. Mehrfach wurde sie von der BK-Gemeinde gewaltsam geöffnet, um dort Gottesdienst zu halten.[203] Über die Dreifaltigkeitsgemeinde wurde weit über Frankfurt hinaus gesprochen. Aber auch eine Postkarte kam unter die Leute. Walter Pfeifer, einer der Vikare des Freien Seminars, hatte den mit Ketten versperrten Zugang zur Kirche foto-

Abb. 84 Verschlossene Dreifaltigkeitskirche

grafiert. Hiervon angefertigte Postkarten[204] fanden den Weg sogar nach Berlin in die Parteispitze. Aber der Vorgang hatte für die Beteiligten Folgen. Pfeifer wurde in Schutzhaft genommen, ein Teil der Karten konfisziert und Druckplatte wie Filme sichergestellt.[205] Otto Fricke musste sich gegenüber dem Geheimen Staatspolizeiamt rechtfertigen. Er legte dar,[206] dass die Kirche nicht nur verschlossen wurde, sondern dass die Wach- und Schließgesellschaft Tag und Nacht Wache hielt. Das habe die Gemeinde stark empört, zumal der DC-Kirchenvorstand nur etwa 50 Gemeindeglieder hinter sich habe. Die Fotos seien als Beleg für diesen Zustand angefertigt worden, weil die Gemeinde Minister Kerrl bitten wollte, dem Zustand ein Ende zu bereiten. Man habe geglaubt, damit im Sinne des Führers zu handeln, der die Befriedungsaktion eingeleitet habe. Sofort nach der Beschlagnahme habe er selbst begonnen, die Bilder einzusammeln. Pfeifer, der sich in der Gemeinde großer Beliebtheit erfreue, sei Opfer der Situation geworden, weshalb er um seine Entlassung bitte. In den Auseinandersetzungen suchte Monnard Unterstützung bei Alfred Trommershausen und fuhr sogar mit einer Gruppe von Anhängern nach Berlin, um den Reichskirchenminister zu sprechen.[207] Der versuchte allerdings gerade eine Befriedungsaktion, so dass Monnard mit großer Enttäuschung feststellen musste, dass er keine Hilfe von oben erhielt. Letztlich wurde sogar Fricke wieder in sein Amt gesetzt.

Die St. Paulsgemeinde
Der Gemeinde standen die Paulskirche und die Alte Nikolaikirche zur Verfügung. Anfang der 30er Jahre sollte letztere verschönert werden. Deshalb erhielt Lina von Schauroth 1932 von der Stadt Frankfurt (die Kirche war Dotationskirche) den Auftrag, für den Chor der Kirche Glasfenster an Stelle eines als zu groß angesehenen Altarbildes von Alfred Rethel zu schaffen. Doch nur das mittlere Fenster hatte noch einen Maßwerkabschluss. Bei den anderen beiden Fenstern war dieser herausgebrochen. Als die Anpassung dieser Fenster abgeschlossen war, waren inzwischen die Nationalsozialisten an die Macht gekommen. Nunmehr wünschte die Stadtverwaltung, dass die Fenster nicht *„christliche Figuren"*, sondern nur *„unauffällige christliche Symbole"* zeigen sollten. So verwendete die Künstlerin die Symbole der vier Evangelisten Adler, Engel, Stier und Löwe und andere Symbole wie Kelch, Fisch und Weintrauben. Die Fenster wurden 1939 in der Werkstatt von Otto Linnemann fertig gestellt und Lina von Schauroth in der Frankfurter Zeitung ausdrücklich gelobt, dass sie *„jeder figürlichen Legende ausgewichen"* sei. Keine Aufmerksamkeit aber fand, dass im linken Fenster die Wappen der Familien von Schauroth und von Weinberg angebracht waren. Immerhin waren die Weinbergs eine verfolgte jüdische Familie. Im März 1944 wurden die Fenster vernichtet.[208]

In der Gemeinde waren zunächst mit Georg Struckmeier von den DC und Karl Veidt von der BK zwei Pfarrer tätig, die den entgegen

Abb. 85 Paulskirche
1905

gesetzten kirchenpolitischen Lagern angehörten. Von 26 Kirchenvorstehern standen 14 hinter Veidt.[209] Das führte zu Konflikten. Im Jahr 1934 wurde Veidt vom Dienst suspendiert und hatte Redeverbot, so dass es ihm nicht möglich war, seine Konfirmation vorzunehmen. Deshalb wurde die Konfirmation seines Konfirmandenjahrgangs 1935 in der Dreikönigskirche gefeiert. Alle gesprochenen Teile des Gottesdienstes übernahm der frühere Nassauer Landesbischof August Kortheuer aus Wiesbaden, zu dessen Worten Veidt schweigend die Konfirmation vollzog.

Die *stumme Konfirmation* erregte Aufsehen. Als Veidt im Oktober 1934 zwangsversetzt wurde, trat der auch den DC angehörende Karl Irle die Nachfolge an. Nun spitzte sich die Situation zu.[210] Am 2. März 1935 ließ Struckmeier im Einvernehmen mit dem Kirchenvorstand an Paulskirche und Alter Nikolaikirche Riegel mit neuen Schlössern anbringen, um Veidt an der Durchführung von BK-Gottesdiensten zu hindern. Am 3. März fand die Einführung von Irle durch den Landesbischof statt. 600 bis 700 Gemeindeglieder protestierten dagegen, indem sie die Kir-

Abb. 86 Karl Irle

che verließen. Zur gleichen Zeit aber gelang es Veidt mit Hilfe des Küsters, durch die Sakristeitür in die Alte Nikolaikirche zu kommen. Hier feierte er nun bis zum Nachmittag einen Gottesdienst nach dem anderen, um seinerseits einen DC-Gottesdienst zu verhindern. Vor der Kirche versammelten sich weitere Veidt-Anhänger und seine Gegner. Auf Beschwerde Struckmeiers bei der Kirchenregierung ordnete Oberbürgermeister Friedrich Krebs am 16. März die Schließung der Kirche an und berief sich darauf, dass die Kirche als Dotationskirche im Eigentum der Stadt stünde. Diese Verfügung wiederum wurde vom Regierungspräsidenten am 9. April 1935 aufgehoben, weil staatliche Maßnahmen bei einem innerkirchlichen Streit nicht angebracht seien. Allerdings wurde die Kirche nun zur Propsteikirche erklärt,[211] und auch den DC Thüringer Richtung für ihre Veranstaltungen zur Verfügung gestellt.[212]

Andererseits rührten sich auch die DC. Ende Juli 1935 veröffentlichten verschiedene gemeindliche Gruppen einen Aufruf.[213] Sie behaupteten, dass Ruhe in der Gemeinde eingekehrt sei und warnten davor, dass Agitatoren, die sie von früher kennen würden, die friedliche Aufbauarbeit stören. Im Paulskirchenboten Nr. 8 vom 1. August 1935[214] äußerte sich Karl Irle positiv-ironisch zu den vermeintlichen Niederlagen der Bekenntnisfront: *„Wir sehen also, da geht es nicht mehr mit Glacéhandschuhen und Halbzylinder, da weht ein anderer Wind und der Staub wird aufgewirbelt. Es ist geradezu erfrischend, daß da endlich einmal die Fenster aufgehen und die frische Luft des Dritten Reiches hineinweht. Wir haben lange genug darauf warten müssen! Aber mancher soll da ein bißchen Husten bekommen haben und leicht fiebern!"*

Die Gemeinde Nied
Am Beispiel der Gemeinde Nied kann man sehen, mit welchen Mitteln NSDAP und DC versuchten, die Macht in Kirchenvorständen in die Hände zu bekommen. Dabei ist zunächst das Ergebnis der Reichstagswahl 1932 in Nied interessant, weil es etwas über die politische Haltung der Nieder aussagt. Es entfielen auf die KPD 30 %, auf die SPD 27 %, auf die NSDAP 20 % und auf die Zentrumspartei 14,5 % der Stimmen. Nach dem Parteiverbot existierten Gruppen der KPD und der SPD im Untergrund weiter.[215]

Am 17. Juli 1933 informierte der Vorsitzende des Kirchenvorstandes, Pfarrer Alexander Pelissier, diesen über die Bestimmungen für die auf den 23. Juli 1933 angeordneten Neuwahlen der Kirchenvorstände und Gemeindevertretungen.[216] Dabei berichtete er über die von ihm vorgenommenen Schritte zur Bildung einer Einheitsliste mit den Deutschen Christen. Für diese Liste schlug dann der Kirchenvorstand die bisherigen Kirchenvorsteher Wels, Weingardt, Steinebach und Frank vor. Die anderen Plätze sollten den DC zur Verfügung stehen. Mit dieser Liste begab sich sodann Wels um 9.45 Uhr in das Büro der NSDAP zur Beratung. Als er gegen 11.00 Uhr zurückkam, begleiteten ihn als Vertreter der NSDAP Lehrer Wendt und vier weitere NSDAP-Mitglieder. Wendt teilte dem Kirchenvorstand mit, dass diese Herren den gesamten bisherigen Kirchenvorstand ablehnen. Er forderte eine völlige Neubesetzung des Kirchenvorstandes mit Mitgliedern der NSDAP. Darauf ließ sich der Kirchenvorstand jedoch nicht ein, und es kam zu keiner Einigung. Der Vorsitzende wollte sich mit seiner Behörde und der Leitung der Deutschen Christen in Nassau in Verbindung setzen.

Am 18. Juli 1933 tagte der Wahlvorstand und arbeitete *„in Abwägung aller Bedürfnisse"* einen Wahlvorschlag mit drei Kandidaten des Kirchenvorstandes und zwei NSDAP-Mitgliedern aus. Außerdem wurde eine lange Kandidatenliste für die Gemeindevertretung aufgestellt. Nach ergänzenden Präzisierungen am 19. Juli teilten die DC mit, dass der Vorschlag für die DC nicht tragbar sei. Die Bedenken richteten sich vor allem gegen Steinebach und Weingardt. Da die Bedenken gegen Steinebach ausgeräumt werden konnten, wurde dieser für den Kirchenvorstand vorgeschlagen. Der Vorsitzende und die Herren Wels und Stahl gaben allerdings ausdrücklich zu Protokoll, dass sie schweren Herzens und um des Friedens willen auf Weingardt verzichten. Die Deutschen Christen erklärten daraufhin, dass von ihnen kein Einspruch mehr erhoben werde.

Bei der Wahl zum Kreiskirchentag gab es dann offenbar ein ähnliches Spiel. Zwei Jahre später legte der Kirchenvorstand den Nationalsozialisten mit Erfolg den Rücktritt nahe. Es konnten Gemeindekandidaten nachberufen werden.[217]

4.6 Evangelische Persönlichkeiten

4.6.1 Wilhelm Fresenius

Von Wilhelm Fresenius,[218] 1924 bis 1956 Pfarrer in der St. Katharinengemeinde und führendes Mitglied der Bekennenden Kirche, ist eine mutige Konfirmationsansprache überliefert, die er am 7. April 1935 in der St. Katharinenkirche[219] gehalten hat. Die Ansprache kam ganz traditionell daher und hatte doch eine deutlich politische Dimension.

„Einen andern Grund kann niemand legen außer dem, der gelegt ist, welcher ist Jesus Christus. 1. Cor. 3, 11.

*Liebe Gemeinde, liebe Eltern,
liebe Konfirmanden!
Es wird uns allen je länger, umso deutlicher, daß wir in dieser Zeit nicht nur vor diese und jene wichtige Frage, sondern vor die letzten, entscheidenden Fragen gestellt werden. Das mag vielen, vielleicht allen, unangenehm sein; viele mögen eine zeitlang versuchen, der Entscheidung auszuweichen oder sie irgendwie zu umgehen. Auf die Dauer muß solcher Versuch scheitern, kann sich niemand der Entscheidung entziehen, sondern jeder muß klar und eindeutig Stellung nehmen. Es geht in dieser gewaltigen Umwälzung, in der wir stehen und noch manche Zeit stehen werden, um die Grundlagen unseres Lebens. Das ist die Frage, die letzte, entscheidende Frage, an der niemand mehr länger vorüber gehen kann, die er sich selber irgendwie klar beantworten muß:*

Auf welchen Grund bauen wir unser Leben auf? Es hat Zeiten gegeben, ruhige, behagliche Zeiten, da hat man diese Frage nicht als brennend empfunden; da war einem die überkommene Antwort der Väter und Vorväter geläufig und selbstverständlich. Man konnte einfach mit ihr diese Frage beantworten. Und es hat Zeiten gegeben, da hat man auf die Frage eine Fülle von Kräften und Antworten nennen können, aus einem reichen, vielgestaltig erfüllten Leben heraus. Unsere Lage heute ist eine ganz andere; es ist gekommen und kommt weiter eine große Vereinfachung, die uns nicht mehr nach tausend Dingen fragen läßt, sondern nur noch nach dem Letzten, Eigentlichen. ...
Auf welchem Grund bauen wir unser Leben auf? ... Fragt man uns. Fragen wir uns selber, so wissen wir, daß es für uns nur eine Antwort gibt und geben kann:

> *‚Einen andern Grund kann niemand legen außer dem, der gelegt ist, welcher ist Jesus Christus.'*

Das ist unsere Christenantwort: wir bauen unser Leben, wie in der Vergangenheit, so in der Gegenwart, so in der Zukunft einzig und allein auf diesem einen Grund auf, weil wir ihn nicht erfunden und erwählt, weil nicht andere Menschen ihn dazu gemacht haben, sondern Gott selbst ihn so und nicht anders ein für allemal gelegt hat, für uns so gelegt hat. Das ist' s: er ist gelegt. Was Menschen tun – mag es noch so groß und wertvoll sein – vergeht, was Gott tut, ist ewig. Menschengrund wird gelegt und wird wieder erschüttert und zerstört und verschwindet. Gottesgrund ist unerschütterlich für die Ewigkeit gegründet.

> *‚Ich habe nun den Grund gefunden, der meinen Anker ewig hält.'*

Darüber sind wir uns aber wohl alle klar und, falls wir es nicht sind, müssen wir es alsbald werden: solche Antwort auf die entscheidende Lebensfrage ist Bekenntnis; Bekenntnis, das uns ein für allemal festlegt, das Opfer und völligen Einsatz von uns fordert. ...
Denn es kündigt sich ja nun öffentlich an, was bisher mehr im Verborgenen sich entfaltete: der entschlossene Wille, offen gegen das Christentum Stellung zu nehmen, zu leugnen, daß sich in ihm Gottes Wille an unser deutsches Volk kundtue. Neben der Front derer, die bewußt Gott-los sein wollen, die allem Glauben, aller und jeder Religion den Kampf bis zum Äußersten angesagt haben, nicht nur mit Worten, sondern mit sehr sichtbaren Taten, tritt nun die Front derer, die zwar nicht Gott-los, aber ohne Jesus Christus sein wollen; die bestreiten, daß er das lebendige Wort Gottes an uns zu allen Zeiten und in allen Völkern ist. ... Sie wollen einen anderen Grund legen, wollen ihr Leben nicht auf diesem Grund aufbauen. Hier kommt eine große Entscheidung für und wider. ...
Zu dieser klaren Entscheidung rufe ich uns alle auf, vor allem aber unsere Jugend; man sagt von ihr, sie sei des Christentums müde und wolle es nicht mehr. Sie mag selber entscheiden! ... Und ich vertraue fest darauf: unsere Jugend wird sich, gerade jetzt, nicht von Christus lossagen, sondern sich mutig und freudig zu ihm bekennen. ...
Ich gebe euch, liebe Konfirmanden, damit denselben Text und dieselben Worte mit auf den Weg, die ich euch und der Gemeinde am Reformationstag des Jahres 1933 zurief, als ihr in die Gemeinde als Konfirmanden eingeführt wurdet. Die Zwischenzeit hat uns gelehrt, daß sich als richtig gesehen und gesagt erwiesen hat, worauf wir damals ernst hinwiesen; der Kampf für Christus und gegen Christus ist jetzt offen entbrannt. Gott gebe euch und uns allen, den Jungen und den Alten, ein festes, fröhliches Herz, in diesem für unser Volk und seine Zukunft entscheidenden Kampf fest und unerschütterlich zu stehen ..."

4.2.2 Otto Fricke

Otto Fricke war seit 1929 Gemeindepfarrer in Bockenheim und später auch nebenamtlicher Hochschulpfarrer.[220] Obwohl Anhänger der Dialektischen Theologie, gehörte er zunächst den DC an. Am 10. Mai 1933 hielt er bei der Bücherverbrennung der Studentenschaft auf dem Römerberg die Ansprache.[221] Am 5. Juni 1933 veröffentlichte er in der Ausgabe Nr. 6/1933 der *„Fanfare"*, dem Frankfurter Blatt der DC, sieben Forderungen zur Veränderung der evangelischen Kirche.[222] Dabei vertrat er vehement deutsch-christliches Gedankengut.[223] Vorbild müsse das Deutsche Reich Adolf Hitlers sein. Die DC seien für die Vorbildfunktion des Staates für die Kirche dankbar und seien beschämt, dass der Staat evangelischer sei als die Kirche bisher. Am 27. September 1933 war er Mitglied des am 7. September gegründeten Pfarrernotbundes.[224] In dem am 26. Oktober 1934 gewählten ersten Landesbruderrat war Fricke Stellvertreter des Mitglieds Karl Veidt.[225] Als Fricke Anfang 1935 wegen seiner Vergangenheit angegriffen wurde, äußerte er sich zu seinem Sinneswandel.[226] Er beschrieb das Frühjahr 1933 als wildbewegte Zeit, in der man noch nicht wusste, wohin sich die Dinge entwickeln würden. Doch seien ihm alsbald die Augen geöffnet worden. Er sei von seinen *„Irrtümern und Fehldiagnosen gründlichst kuriert worden"* und stehe seitdem da, *„wo um die Existenz der Kirche gekämpft wird und wohin mich alle Linien meiner theologischen Entwicklung ohne weiteres wiesen."*

Zur gleichen Zeit lief gegen ihn ein Dienststrafverfahren, wohl weil er der BK angehörte und damit gegen ein Gebot des Landesbischofs verstieß. Dieses endete mit Amtsenthebung. Das daraufhin angerufene

Abb. 87 Otto Fricke

Landgericht Frankfurt gab ihm aber Recht, wobei eigenartiger Weise ein Landgerichtsrat mitwirkte, der der BK angehörte.[227] Im Landesbruderrat übernahm Fricke die Verantwortung für die Jungtheologen der BK.[228] Im Jahr 1936 unterzeichnete Fricke das Schreiben des Reichsbruderrates an Hitler mit. Das war der Anlass für die erste Verhaftung. Diese erfolgte, als die Familie in Hohwacht am Strand war, Otto Fricke in Badehose. Von dort nahmen ihn zwei Männer in schwarzen Mänteln mit[229] Am 15. Juli 1937 erhielt er Redeverbot für das ganze Reichsgebiet, weil er in einem Gottesdienst Äußerungen getan haben sollte, die die öffentliche Sicherheit und Ordnung gefährdeten.[230] Am 15. August 1937 wurde Fricke nach dem Gottesdienst von der Gestapo verhaftet.[231] Zwei Tage später erging ein Haftbefehl, weil er unwahre Behauptungen aufgestellt haben sollte (z. B. Niemöller habe im Gefängnis einen Schlaganfall erlitten). Über die Haftbeschwerde entschied das Sondergericht, das einer Vielzahl von eidesstattlichen Erklärungen von Gottesdienstbesuchern gegen die Aussagen der beiden Gestapo-Beamten glaubte und den Haftbefehl aufhob. Die Eröffnung des Hauptverfahrens in dieser Strafsache wurde am 12. Mai 1938 vom Landgericht abgelehnt.[232] Von 1936 bis 1938 war Fricke Mitglied der Vorläufigen Leitung der Bekennenden Kirche im Reich.[233] Obwohl das alles auch die Familie belastete, wurde dort ein bemerkenswert vertrauensvoller Umgang gepflegt. So berichtete sein Sohn Eberhard Fricke, Jahrgang 1930, dass er im Krieg unter der Bettdecke BBC hören und dann dem Vater berichten musste.[234]

Landesbischof Dietrich bezeichnete 1935 Fricke als einen der fanatischsten DC, der Dinge gefordert habe, bei denen es ihm *„ganz schwül"* geworden sei, weil er selbst viel zu konservativ sei.[235] Im Januar 1939 bezeichnete die Gestapo-Stapo-Stelle Frankfurt a. M. Fricke als einen der aktivsten und radikalsten BK-Geistlichen und zählte die verschiedensten Verfahren gegen ihn auf.[236] Zu den Konsequenzen seines Handelns gehörten Streit und Verfolgung. Schon im Mai 1935 deutete er in einem Brief[237] an, dass er sich gefragt habe, ob er die Streitigkeiten in seiner Gemeinde bestehen oder vielleicht doch wo anders hin gehen solle. Aber es wäre doch Fahnenflucht, wenn man der Gewalt aus dem Wege ginge. Man könne doch seine Gemeinde nicht im Stich lassen.

4.6.3 Fritz und Margarethe Kahl

Das Ehepaar Dr. Fritz Kahl[238] und Margarethe Kahl wurde schon 1945 in der Veröffentlichung des Ökumenischen Rates der Kirchen *„Die Evangelische Kirche in Deutschland und die Judenfrage"* als Helfer verfolgter Juden erwähnt.[239] Es wurde posthum 2006 von Yad Vashem als *„Gerechte der Völker"* geehrt.[240] An der Zeppelinallee wurde eine Grünanlage nach ihnen genannt. Der Arzt Fritz Kahl war der Sohn des Bockenheimer Pfarrers, Heinrich Kahl, der auch Mitglied der BK war. Von besonderem Einfluss auf ihn war jedoch seine fromme Mutter.[241] Fritz Kahl kannte seit Studentenzeiten Adolf Freudenberg, der ab 1939 die Flüchtlingshilfe des Ökumenischen Rates der Kirchen in Genf aufbaute und leitete.[242]

Kahl war, als es nicht mehr opportun war, als Arzt für jüdische Patienten da und half in jeder Hinsicht.[243] Wie er in den sechziger Jahren dem amerikanischen Politologen Dr. Manfred Wolfsohn berichtete,[244] verteilte er Flugblätter der BK, rettete vor den Augen der Gestapo 1938 den jüdischen Fabrikanten Albert Leon in das jüdische Gagern-Krankenhaus, nahm Schmuck, Teppiche u. a. von Verfolgten in Verwahrung, schaffte dies ins Ausland und besorgte falsche Papiere, damit jüdische Patienten im Krankenhaus behandelt werden konnten. Vor allem aber versteckten er und seine Frau Verfolgte in ihrem Haus, besorgten auch hier Dokumente und organisierten Fluchthilfe in die Schweiz. Letzteres geschah in Zusammenarbeit mit dem damaligen Vikar Heinz Welke. Aber Kahl war wohl die Spinne inmitten des *„Bockenheimer Netzwerkes"* (Petra Bonavita), das aus wenigen Personen bestand, die unter eigener Lebensgefahr halfen, wo sie konnten.[245] Kriminalbeamte warnten vor Gestapo-Aktionen. Karl Münch, einst Maat auf Martin Niemöllers U-Boot und Schlosser, half in vielen Dingen und konnte auch Geldschränke knacken. Kahl soll auch Widerstandskämpfern, deren Wohnungen über-

Abb. 88 Familie Fritz und Margarethe Kahl

wacht wurden, das Abhören des ausländischen Rundfunks in seiner Praxis ermöglicht haben.²⁴⁶

Eugen Kahl, ein Sohn der Eheleute Kahl erinnerte sich 2005 an sein Elternhaus:
„Mein Vater war zur ärztlichen Versorgung der Bevölkerung vom Wehrdienst freigestellt worden. Er behandelte im Jahr 1941 nun zunehmend jüdische Patienten, auch im Frankfurter Ostend. Er war einer der wenigen nichtjüdischen Ärzte Frankfurter Ärzte, von denen es bekannt war, dass sie Juden behandelten. ...
Die Lebensmittelzuteilungen für Juden waren in diesen immer dunkler werdenden Tagen so spärlich, dass viele von ihnen hungerten. ... In dieser Situation erwies sich Herr Fitaman als sehr hilfreich. Er war Angestellter des türkischen Konsulates. Mit Lebensmitteln, die Herr Fitaman irgendwie über sein Konsulat aufzutreiben wusste, und mit Obst und Gemüse aus unserem Garten schickte meine Mutter mich zu verschiedenen jüdischen Familien. Sie schärfte mir ein, mit niemandem darüber zu sprechen, falls ich auf de Straße ausgefragt werden sollte."²⁴⁷ ...

„Es wurde auf unserem Dachboden hinter einem Lichtschacht ein Verschlag eingerichtet, in dem Robert Eisenstaedt die nächsten Wochen zubrachte. Ich selber war damals mit gerade 16 Jahren als Luftwaffenhelfer zur Flak eingezogen worden. Ende Februar 1943 komme ich zum ersten Mal nach Hause dank eines unverhofften Kurzurlaubs. Ahnungslos steige ich die Treppe zum Dachboden hinauf und sehe einen Schatten hinter den Lichtschacht weghuschen. Mein Vater weiht mich daraufhin unter Verpflichtung zur strengsten Verschwiegenheit ein. Er sagt mir auch, dass die Erlebnisse von Herrn Eisenstaedt die furchtbaren Gerüchte vom Judenmord im Osten bestätigen ... Mein Bruder Georg, ein Jahr jünger als ich, wusste auch genau Bescheid. Meine Eltern waren aber sehr besorgt, dass wir unserem jüngsten Bruder Gerhard gegenüber dichthalten würden. Er war damals 9 Jahre alt und sie befürchteten zu Recht, dass er in seiner Lebhaftigkeit und

*Redefreudigkeit sein Wissen hinausposaunen könne.*²⁴⁸ Robert Eisenstaedt war einem ungarischen KZ entkommen und von seiner Verlobten zu Kahl gebracht worden. Um Eisenstaedt zu retten, unternahm Kahl wohl seine spektakulärste Aktion. Zu dieser Zeit war es fast unmöglich, als Flüchtling in der Schweiz Aufnahme zu finden. Eine Ausnahme gab es, wenn eine Schwangere um Aufnahme nachsuchte. Da Eisenstaedt durch die im KZ erlittenen Verletzungen zeugungsunfähig war, führte Kahl bei seiner Verlobten eine künstliche Befruchtung erfolgreich durch. Das war damals noch keine gängige Methode. Beide konnten so in der Schweiz Rettung finden.²⁴⁹

4.6.4 Johannes Kübel

Der aus Bayern stammende Kübel war deutschnational gesinnt und Mitglied der Deutschnationalen Volkspartei.²⁵⁰ Im Gegensatz zu vielen Konservativen war er ein Befürworter der Weimarer Republik. Als Theologe verfasste er eine lange Reihe von Veröffentlichungen. Als Kirchenpolitiker arbeitete er in der Zeit der Weimarer Republik an der neuen Verfassung der Frankfurter Kirche mit und vertrat die Frankfurter Kirche bei den Verhandlungen zum preußischen Staatskirchenvertrag wie auch im Evangelischen Kirchenbund. Kübel hat in Frankfurt eine wichtige Rolle gespielt.²⁵¹

Von Anfang an gehörte er dem Pfarrernotbund und dann der BK an. Klar und nüchtern, wie er war, konnte diese Mitgliedschaft jedoch nicht unkritisch sein. So stellte seine Schrift aus dem Jahr 1937 *„Die Bekennende Kirche im Selbstgericht"*²⁵² eine bemerkenswerte Standortbestimmung dar. Kübel stellte zunächst einmal fest, dass es im Kampf der Kirche seit 1934 nicht um das *„Bekenntnis"* gegangen sei, sondern um Glauben und Recht. Hätten doch die DC die evangelische Kirche einfach überrannt und selbst nunmehr führende Männer der BK hätten sich dem ergeben. *„Der Irrtum entehrt diese Männer nicht; Irrtum des Herzens ist am ehesten zu verzeihen. Aber führen kann nur, wer mit der Glut des Gefühls auch die Klarheit der Gedanken und die Nüchternheit des Urteils verbindet."*²⁵³ Mit dem Entstehen der BK habe sich das Bekenntnis nach vorne geschoben, zunächst mehr im Sinne eines Bekenntnisaktes. Anders dann das *„Barmer Bekenntnis"* vom Mai 1934, das so klar und sicher vom Evangelium her formuliert gewesen sei, dass es über die theologischen Trennlinien hinweg anerkannt und vertreten werden konnte. Höhepunkt sei die Dahlemer Botschaft vom 22. Oktober 1934 gewesen, mit der das kirchliche Notrecht konstituiert worden sei. Der folgende Kampf habe viele Opfer gefordert, aber auch zur Entmachtung von Ludwig Müller, Ernst Ludwig Dietrich und anderen DC-Kirchenführern geführt. Mit diesem Sieg habe jedoch auch in der Bekennenden Kirche ein Zerfall eingesetzt; denn nun habe sich der schroffere Flügel der BK nach vorne geschoben, aus dem Kampf um Glauben, Liebe und Recht sei der Kampf für ein neues Kirchenideal geworden. Die Lehre habe das Evangelium beiseitegeschoben, eine bestimmte Theologie sehe sich als alleinberechtigt an, die Differenzen zwischen Lutheranern und Reformierten bekämen kirchenspaltenden Charakter. Von Art. VII Confessio Augustana her bestritt Kübel der BK den Anspruch, allein *die* Kirche zu sein, weil ihr die Alleinstellungsmerkmale gegenüber anderen Gruppen des Kirchenkampfes fehlten. Die BK sei nicht gegründet worden, um ein neues Kirchenideal und die Herrschaft einer starren Orthodoxie aufzurichten. Hier wurde deutlich, dass ein liberaler Theologe gegen die dialektische Theologie argumentierte.

4.6.5 Georg Probst

Georg Probst war ein agiler und phantasievoller Pfarrer. In München geboren, arbeitete er nach der Ausbildung von 1910 bis 1916 für die Basler Mission in Indien. 1916 bis 1925 war er im Verein für Innere Mission tätig, wo er immer wieder mit spektakulären missionarischen Aktivitäten Schlagzeilen machte. Dem folgte das Gemeindepfarramt in der Erlösergemeinde zu Oberrad von 1925 bis 1939. Seit den dreißiger Jahren war er leitend bei den Deutschen Christen engagiert und deren Aushängeschild in Frankfurt.[254] Am 28. April 1933 sprach Probst auf der lutherischen Konferenz für Starkenburg über das Thema: *„Neues Werden in Staat und Kirche".*[255] Dabei beschrieb er die Glaubensbewegung Deutsche Christen als einen Aufbruch, *„um unsere hilflose, haltlose, schlafende Kirche aufzuwecken."* Evangelisation und Volksmission hätten das vorbereitet. Aber die babylonische Gefangenschaft in Rationalismus, Materialismus und Demokratie sei nicht gebrochen worden. Sie habe der Kirche vielmehr Sinn und Stoßkraft genommen. Um das Evangelium wieder eine Macht werden zu lassen, müsse die Kirche sich mit dem Ruf des Glaubens an die NSDAP wenden. Das sage er als 100-prozentiger Nationalsozialist. Die *„Nazi-Pfarrer"* (sic!) müssten ein *„wahres Trommelfeuer der Evangelisationspredigt auf die Bewegung loslassen".* Christus müsse gepredigt, aber das deutsche Volkstum dabei nicht übersehen werden. Durch intensives Studium habe er sich davon überzeugt, dass das Deutschtum durch die Schuld des Judentums verdorben und vergiftet sei. Deshalb müsse der Gottesdienst deutsche Formen erhalten; das Lied *„Tochter Zion"* rege ihn fast

Abb. 89 Georg Probst

auf. Und deshalb gebe es auch in der Bewegung die Ablehnung des Alten Testaments. Auch schwebe ihm die Gründung einer kirchlichen SA vor, die dann auf das Kirchenvolk losgelassen werden müsse, um es lebendig zu machen. Am 12. Mai 1933 beauftragte Joachim Hossenfelder, Reichsleiter der GDC, Probst mit der Leitung der Glaubensbewegung in den Landeskirchen Hessen-Darmstadt, Hessen-Kassel, Nassau, Frankfurt a. M. und Waldeck.[256]

Nach der Sportpalast-Kundgebung am 13. November 1933 beriet sich Probst am 27. November mit führenden Persönlichkeiten in seinem Verantwortungsbereich und schickte anschließend ein Telegramm an den Reichsbischof. Darin teilten die DC Groß-Hessen diesem mit, dass sie geschlossen hinter ihm stünden, sich aber *„um des Zusammenhaltens der großen Bewegung"* von der Reichsleitung lösten und den Rücktritt des

Reichsleiters forderten.²⁵⁷ Offenbar rief das Verwirrung hervor, denn am 3. Dezember fühlte sich Probst zu der Erklärung veranlasst²⁵⁸, dass er immer die Bewegung allein auf den Glauben an Jesus Christus gegründet und die Bibel als einzige Richtschnur gesehen habe. Reinhold Krauses Worte und Erklärungen seien Irrlehren. In einem undatierten Schreiben aus dem Jahr 1934 teilte er dann den Mitgliedern der GDC Groß-Hessen mit, dass die GDC ihre kirchenpolitische Aufgabe erfüllt hätte, da es jetzt die Reichskirche und den Reichsbischof gebe. Deshalb löse er die ihm persönlich verbundene Gruppe der früheren GDC in Großhessen auf.²⁵⁹ Zugleich gründete er die *„Landesgemeinde Deutsche Christen für Groß-Hessen"*, deren Grundlinien sich an die Thüringer Landesleitung der DC anlehnten.²⁶⁰

Andererseits äußerte er sich im Frühjahr 1934 auch in einem Artikel im *„Sonntagsgruß"*, den die Reformierte Kirchenzeitung unter der Überschrift *„Wenn ich Reichsbischof wäre"* übernahm.²⁶¹ Zum einen müsse sich ein Reichsbischof vergewissern, ob er das Vertrauen der Gemeinden besäße, da die Kirchenwahlen 1933 nicht einwandfrei gewesen seien. Sodann dürfe ein Reichsbischof auch gegenüber seinen Gegnern nichts mit Gewalt erzwingen. Sonst könnte die Reichskirche da sein, und der Herr Christus wäre in Deutschland nicht mehr zu finden. Am 15. Juni 1934 bedankte sich Pfr. Franz von Bernus aus Wiesbaden sogar bei ihm, dass er sich für strafversetzte Wiesbadener Pfarrer eingesetzt habe.²⁶² Und als Karl Veidt strafversetzt werden sollte, trat er mit einem großen Artikel im *„Sonntagsgruß"* für ihn ein. Es habe im *„Südwestwinkel Deutschlands"* niemand gegeben, der so deutsch und so evangelisch gewesen sein wie Veidt. Zwar stehe er gewissensmäßig im Gegensatz zur gegenwärtigen Reichskirchenregierung, aber man hätte mit so jemand nicht als Richter, sondern als christlicher Bruder umgehen müssen und den Konflikt mit der Bibel in der Hand im brüderlichen Gespräch austragen müssen.²⁶³ Der offenbare Gesinnungswandel Probsts wurde auch anderswo bemerkt. So sprach er am 23. November 1934 auf einer Versammlung der evangelischen Bekenntnisgemeinschaft Nassau-Hessen zum Thema *„Die kirchliche Lage"*.²⁶⁴

Im Frühjahr 1936 wurde Probst aus der Reichsschrifttumskammer ausgeschlossen, was es ihm unmöglich machte, weiter die Schriftleitung des *„Sonntagsgruß"* inne zu haben. Er legte dieses Amt deshalb am 31. März 1936 nieder.²⁶⁵ In einem Abschiedsgruß benannte er die Ziele seiner 20jährigen Tätigkeit beim Sonntagsgruß so : *„Niemals etwas gegen mein geliebtes deutsches Volk, sondern immer nur für dasselbe, auch nichts gegen das deutsche Reich, für dessen Werden und Wachsen ich täglich zu Gott bete, aber immer von ganzem Herzen voller Einsatz für Jesus Christus und das Evangelium."*²⁶⁶ Ab 1937 gibt es Belege dafür, dass Probst in BK-Veranstaltungen auftrat.²⁶⁷ Im Oktober 1939 wurde er wegen einer Predigt sogar verhaftet²⁶⁸. Zu Weihnachten 1939 bat Julius Rumpf in seinem Rundbrief, auch des *„Bruders"* Probst in der Fürbitte zu gedenken.²⁶⁹ Zum 31. Dezember 1939 wurde Probst in den einstweiligen Ruhestand versetzt.²⁷⁰ Am 12. Januar 1940 erhielt er ein Aufenthaltsverbot für den Bereich des Stapo-Bezirks Frankfurt am Main wegen seiner staatsabträglichen Äußerungen.²⁷¹

Im Rückblick berichtete 1961 Margarete Vollmer, Diakonisse des Frankfurter Mutterhauses, dass Probst sehr fürs Dritte Reich gekämpft, aber die BK-Schwestern ziemlich in

Ruhe gelassen habe. Sie erinnerte sich auch noch daran, wie er vor der Gemeinde erklärt habe, er sei einen Irrweg gegangen, es täte ihm leid, dass er viele Gemeindeglieder mit auf diesen Weg genommen habe und er bitte die Gemeinde um Verzeihung.[272] Nach dem Krieg hat er mehrere Jahre, auch unter Zuhilfenahme eines Rechtsanwalts, um die Rückkehr in die EKHN gekämpft, allerdings ohne Erfolg. Der Personalreferent OKR Hans-Erich Heß äußerte 1953, dass er sich nichts Ehrenrühriges habe zu Schulden kommen lassen, aber viele Menschen zum Nationalsozialismus verführt habe und deshalb in Frankfurt nicht mehr tragbar sei.[273]

4.6.6 BERTHA SCHEPELER

Bertha Schepeler war die Tochter eines wohlhabenden und angesehenen Frankfurter Kaufmanns, der sozial engagiert war und seine Kinder zu einer sozialen Einstellung aufzog.[274] Seine Tochter Bertha hatte ein angeborenes und nicht heilbares Hüftleiden, konnte sich nur an Stöcken und Krücken bewegen und hatte ständig Schmerzen. Trotzdem war sie eine starke und aktive Persönlichkeit. Wegen ihres Leidens konnte sie keine Ausbildung absolvieren, war aber als Gemeindehelferin und Fürsorgerin zu einer Zeit tätig, da die abgeschlossene Ausbildung hierfür noch nicht überall unbedingte Voraussetzung war. So arbeitete Bertha Schepeler zunächst in der St. Paulsgemeinde bei Pfarrer Karl Veidt. Da dieser häufig unterwegs war, vertrat sie ihn im Büro, bei Sprechstunden, im Konfirmandenunterricht und bei Verhandlungen mit Behörden. Sie war klug und konnte mit Menschen umgehen. Veidt soll von ihr einmal gesagt haben, sie sei der einzige Mann im Kirchenvorstand, damals ein großes Lob. Als Veidt 1939 aus St. Paulsgemeinde in die Matthäusgemeinde versetzt

Abb. 90 Bertha Schepeler

wurde, ging Bertha Schepeler zum Verein für Innere Mission. Dort hatte Pfarrer Arnold Schumacher im gleichen Jahr eine Außenstelle des „Büros Grüber" zur Hilfe für „nichtarische Christen" begründet. Bertha hatte selbst „nichtarische" Freundinnen und Nachbarn, litt unter deren Verfolgung und pflegte den Kontakt mit ihnen weiter. Sie nahm Juden in ihr Haus auf und half ihnen, bei ihren unverheirateten Cousinen Hanna Schepeler und Lilli Schepeler in Falkenstein unterzutauchen. Bei sich selbst ging das nicht, weil hier zu viele Menschen ein- und ausgingen. Schumacher wurde allerdings noch 1939 zur Wehrmacht eingezogen. Ob und wie die Arbeit durch Bertha Schepeler weiterging, ist nicht bekannt, da Bertha über diese Dinge nie gesprochen hat. Während des Krieges wurde ihr wichtigstes Arbeitsfeld die Weibliche Stadtmission. Deren Haus in der Seilerstraße wurde durch Bomben zerstört, wobei 33 Bewohnerinnen zu Tode kamen. Nach dem Krieg baute sie ein neues

Gebäude am heutigen Alfred-Brehm-Platz auf. Im Tätigkeitsbericht der Weiblichen Stadtmission von 1952 hieß es dazu: *„Sie ließ es sich nicht nehmen, trotz ihrer Behinderung mehrmals in der Woche nach dem Bau zu sehen, sie stieg über gefährliche Balken und beobachtete die Fortschritte. Sie war den Männern, die dort tätig waren, eine bekannte Erscheinung, die ihnen durch freundliche Worte und willkommene Zuwendungen den Ansporn gab, den Bau schnellstens zu vollenden. ... Ihr klarer Verstand, ihre Nüchternheit und ihr praktisches Denken standen im Einklang mit ihrem warmen, mitfühlenden Herzen. Ihre körperliche Unzulänglichkeit erachtete sie für nichts und machte Gutes daraus."*[275] Nach dem Krieg war sie auch wieder im Kirchenvorstand der St. Paulsgemeinde tätig. Sie starb 1965 durch einen Verkehrsunfall.

4.6.7 KARL VEIDT

Karl Veidt führte ein bewegtes Leben. Kandidatenjahren bei der Berliner Stadtmission (1902–1904) folgten das Stadtvikariat in Frankfurt am Main (1905), die Pfarrtätigkeit beim Frankfurter Verein für Innere Mission (1905–1910), die Hauptschriftleitung der „Frankfurter Warte", einer Zeitschrift im Geiste Adolf Stoeckers (1910–1912), das Pfarramt an der Wiesbadener Ringkirche (1912–1914), die Tätigkeit als Feldgeistlicher (1914–1918), das Pfarramt an der Frankfurter St. Paulsgemeinde (1918–1925), eine Professur am Theologischen Seminar in Herborn (1925–1929), wieder das Pfarramt an der St. Paulsgemeinde (1929–1939), das Pfarramt an der Matthäusgemeinde (1939–1944) und schließlich das Pfarramt in Wiesbaden-Biebrich (1944–1945). Die beiden letzten Wechsel waren bedingt durch NS-Zeit und Krieg. Daneben war er in der Deutschnationalen Volkspartei und ab 1929 im Christlich-Sozialen Volksdienst politisch tätig. 1919/20 gehörte er der Weimarer Nationalversammlung an und 1932/33 dem Preußischen Landtag.

Als angehenden Pfarrer faszinierte Veidt die christlich-soziale Gedankenwelt, so dass er in der Berliner Stadtmission tätig war.[276] Auch später verstand er sich immer als Christlich-Sozialen.[277] So findet man bei ihm trotz der Kritik am Nationalsozialismus auch Gemeinsamkeiten mit diesem. Ein Flugblatt des Christlich-Sozialen Volksdienstes (CSV) von Februar/März 1932 titelte: *„Keine Stimme für Hitler und sein System! Keine Stimme für das Hakenkreuz!"* und warb für Hindenburg.[278] Ein anderes Flugblatt des CSV zu den Märzwahlen 1933,[279] bei denen Veidt den Listenplatz 1 für die Landtagswahl inne hatte, begrüßte die Ernennung Hitlers zum Reichskanzler. Damit sei die NSDAP in die Verantwortung genommen, was der CSV schon seit 1930 gefordert habe. Andererseits wurde hier von dem Irrwahn, der von der Rasse alles Heil erwartet, gesprochen und vor einer einseitigen Parteiherrschaft der Rechten gewarnt.

In seinen Erinnerungen schilderte Veidt dann nur die eine Seite.[280] Danach habe der CSV schon vor der Machtergreifung den Kampf mit dem Nationalsozialismus aufgenommen. Er selbst begrüßte in der Predigt zur Reichstagseröffnung am 21. März 1933 die *„nationale Revolution"*, fand aber auch vorsichtig mahnende Worte.[281] So sprach er davon, dass das deutsche Volk einen Aufstieg nur erleben könne, wenn es eine Erneuerung seiner Gesinnung erlebe. Die Staatsmänner, die jetzt das Land führten, hätten das in den letzten Wochen *„zu unserer Freude"* mit großem Ernst zum Ausdruck gebracht.

In der Bekennenden Kirche versuchte Veidt, Vermittler zwischen deren radikalem und wenig kompromissbereiten Flügel und den Deutschen Christen zu sein, um die Einheit der Kirche zu erhalten.[282] Am 3. Oktober 1935 bildete Reichskirchenminister Hanns Kerrl für das Reich einen Reichskirchenausschuss und für die Altpreußische Union einen Landeskirchenausschuss, um die Lage zu befrieden. Veidt sah darin den Versuch, die Bekennende Kirche ernst zu nehmen und eine kirchenkonforme Lösung der Konflikte zu erreichen.[283] Er beteiligte sich an den Verhandlungen zur Bildung eines neuen Landeskirchenrates, der für Nassau-Hessen die Ausschusslösung ersetzen sollte,[284] was auf der BK-Seite kritisch gesehen wurde.[285] Als der Landeskirchenausschuss im Januar 1936 gebildet wurde, nahm er auch hierzu eine positive aber nicht unkritische Haltung ein.[286] Damit setzte er sich von den Beschlüssen der Oeynhauser Bekenntnissynode, der Nassau-Hessischen Bekenntnissynode vom 12. März 1936 und des Landesbruderrates vom 17. März 1936 ab.[287] In dessen Sitzung am 24. März 1936 gab er hierzu ein längere Erklärung ab.[288] Dabei wies er darauf hin, dass es in Nassau-Hessen faktisch zwei Kirchenleitungen gebe, die eine auf Grund des BK-Notrechts und die andere auf Grund des staatlichen Einflusses in der Kirche. Deshalb müsse es entweder zum Kampf oder zum Ausgleich kommen. Die Haltung der BK reiche zum Ausgleich nicht aus. Der Kurs des Landesbruderrates führe zur Verschärfung des Konflikts, sodass die Gefahr bestehe, dass viele Gemeinden dem nicht mehr folgten, die Jungtheologen nicht untergebracht werden könnten, die finanziellen Lasten der BK nicht mehr getragen werden könnten und die BK jeden Einfluss auf die weitere Entwicklung verlöre. Im Kampf zwischen Christentum und Antichristentum stünde eine zerstörte Kirche. Deshalb plädierte er für die Zusammenarbeit mit dem neuen Gremium. Eine Ablehnung des Angebotes des Ausschusses zur Mitarbeit werde er nicht mittragen.

Am 27. März 1936 wandte er sich im gleichen Sinne an Pfarrer und Gemeinden[289] und teilte mit, dass Wilhelm Lueken und Friedrich Schmidt-Knatz sowie die Mehrheit der Frankfurter BK-Pfarrer die Erklärung gebilligt hätten. Dies führte zum endgültigen Bruch mit der Mehrheit im Landesbruderrat, zu der auch der Frankfurter Hans Wilhelmi gehörte. Veidt teilte den BK-Pfarrern am 28. März 1936 mit, dass er den Vorsitz im Landesbruderrat niedergelegt habe, weil er den Kurs des LBR nicht mehr mittragen könne.[290] Der LBR blieb bei seiner harten Linie. Dabei hatte Karl Veidt durchaus Unterstützer auch außerhalb der Landeskirche. In einem Schreiben des Rates der Evang.-Luth. Kirche Deutschlands an den Evang. Oberkirchenrat Stuttgart vom 11. März 1937 war von der planlosen Finanzgebarung des Landesbruderrates Nassau-Hessen die Rede und, dass eine finanzielle Unterstützung nur in Frage käme, wenn der LBR seine Ämter in die Hände von Veidt und seinem Kreis zurücklegt.[291] Was hier wie ein hoffnungsloser Prinzipienstreit erscheint, war der Versuch einer Frankfurter Gruppe innerhalb der BK, eine Brücke zu den Gutwilligen unter den DC und den Dienern des NS-Kirchenregimes zu schlagen. Sie konnte sich zwar nicht durchsetzen, wirkte aber nach wie vor in diesem Geiste. Auch Veidt arbeitete weiter an der Vermittlung zwischen den verschiedenen Lagern. So gehörte er zu den Initiatoren des Einigungswerkes, das im Januar 1939 die große Pfarrerversammlung in der Matthäuskirche vorbereitete. Im September 1942 unterstützte Veidt auch das Kirchliche Einigungswerk, das Bischof Theophil Wurm ins Leben rief.[292]

In seinen Erinnerungen betonte Veidt, dass der Kampf gegen den NS-Staat um seiner Reinheit willen nur vom Evangelium her und nicht politisch zu führen war. Auch scheint er den Widerstand anderer als der Kirchen gegen das NS-System kaum wahrgenommen zu haben. Waren die National-Konservativen so weit weg von der Arbeiterschaft mit dem kommunistischen Widerstand oder der Gesellschaft überhaupt?[293] Andererseits bekannte er dort auch eine große persönliche und kollektive Schuld, weil kein Widerstand gegen das Verbrechen an den Juden geleistet worden sei.[294]

4.6.7 Heinz Welke

Heinz Welke begann 1932 sein Theologiestudium und begegnete 1934 in Bonn Karl Barth, was ihn für die Zukunft prägte. Als er am 8. Februar 1935 wie alle anderen Studenten den Eid auf den Führer ablegen sollte, verweigerte er dies, weil die bedingungslose Treue zum Führer nicht mit den Geboten Gottes vereinbar sei. Er wurde daraufhin von Schlägern schwer misshandelt. Welke trat früh in den Pfarrernotbund ein und wurde noch als Student 1935 vom Landesbruderrat ELNH in die Gemeinde Bechtheim zur Stärkung der dortigen Brüder im Kirchenkampf geschickt. 1936 wurde er in die Dreifaltigkeitsgemeinde entsandt, um Otto Fricke zu unterstützen. Nach Konflikten mit dem Staat wurde er aus Frankfurt ausgewiesen und arbeitete dann als illegaler Vikar in Offenbach. 1938 war er in Oppenheim und wurde am 7. Dezember aus Hessen ausgewiesen. Er tauchte in Frankfurt unter und wurde ungefähr zu Kriegsbeginn verhaftet. In der Haft zog er sich eine Knochentuberkulose zu, die

Abb. 91 Heinz Welke

er nach seiner Entlassung in Davos ausheilen konnte. In der Schweiz knüpfte er verschiedene Kontakte, die ihm noch nützlich werden sollten. Ende 1940 kehrte er in die Dreifaltigkeitsgemeinde als Vikar zurück und wurde dann dort Pfarrverwalter. 1944/45 war er Pfarrer beim Verein für Innere Mission und von Oktober 1945 bis März 1976 Pfarrer in der Paul-Gerhardt-Gemeinde. Von 1962 bis bis 1976 war er zudem Dekan im Dekanat Frankfurt-Sachsenhausen.

In der Dreifaltigkeitsgemeinde war er in näheren Kontakt mit dem Bockenheimer Arzt Dr. Fritz Kahl und seiner Frau gekommen. So entwickelte sich das Bockenheimer Netzwerk mit den Kahls und Welke, das Juden versteckte und ihnen zur Flucht ins Ausland verhalf. Welke hat darüber nie gesprochen. Auch die Familie wusste wenig. So war über diese Aktivitäten nichts bekannt, bis Petra Bonavita auf sie aufmerksam machte. Bei ihr erschien Welke als der, der Fluchtwege organisierte, Verstecke suchte und seine Kontakte in die Schweiz, auch zu Adolf Freudenberg, nutzte. Außerdem berichtete sein Sohn,[295] dass er immer wieder, in Verkleidung, einzelne Personen oder Gruppen auf dem Deportationsweg zum Bahnhof begleitet hat; als einziger Pfarrer, verzweifelt mitleidend und im Bewusstsein, nicht helfen zu können. Nach dem Krieg hat er sich schwer getan mit den restaurativen Tendenzen und dem Mangel an wirklichem Neubeginn im Bewusstsein der Schuld, die das deutsche Volk auf sich geladen hatte. Auf die Frage, warum er aus der Schweiz wieder nach Deutschland zurückgekommen sei, antwortete er der französischen Historikerin Hélène Roussel kurz vor seinem Tode: *„Wie hätte ich denn sonst gegen den Hitler und die Nazis kämpfen können?"*[296] Wurde er auf seine Rettungsaktionen angesprochen, zitierte er Jesus: *„Was ihr den geringsten unter meinen Brüdern getan habt, das habt ihr mir getan."*[297]

4.7 Jugendarbeit im Dritten Reich

4.7.1 Evangelische Jugendarbeit in Frankfurt

Die Zeit stand im Zeichen der Konzentration der Kräfte, die von Paul Both intensiv betrieben wurde. So schlossen sich am 19. März 1933 mit einem Festgottesdienst in der Paulskirche der Wartburgverein und der Christliche Verein Junger Männer zum *„Evangelischen Jungmännerwerk Groß-Frankfurt a. M."* zusammen. Das neue Werk fand seine Heimat im Vereinshaus Westend, wo auch der noch selbständige BK-Landesverband, der Mainkreisverband, die Kanzlei der Eichenkreuz-Sturmschaften, das Eichenkreuz-Presseamt, das Eichenkreuz-Zeugamt und der Christliche Verein für Jugendwohlfahrt (Freundes- und Förderkreis) ihren Sitz hatten.[298] Both hatte nun alle Teile seines Machtbereiches unter einem Dach. Als Adolf Hitler im April 1933 Ludwig Müller zu seinem kirchlichen Beauftragten berief, zeichnete sich die Einführung des Führerprinzips auch in der evangelischen Kirche ab. Am 20. April 1933 (Hitlers Geburtstag) trat der Vorstand des Frankfurter Jugendwerks geschlossen zurück und übertrug Paul Both *„außerordentliche Vollmachten zur Führung des gesamten Werkes in all seinen Teilen"*[299]. Both war nun der Erstführer der Pfadfinderschaft und des Jugendwerks mit allen Vollmachten. Auch der Bund deutscher Jugendvereine, die christliche Pfadfinderschaft und die Christdeutsche Jugend vereinbarten eine engere Zusammenarbeit. Der Chronist des Frankfurter Kirchenkalenders kommentierte das so: *„Freilich gerieten unsere evangelischen Jugendbünde angesichts der aktuellen Bedeutung der nationalen Jugendverbände im Staat mit Totalitätsanspruch in eine Krise, doch ist ihnen zunächst ihre Selbständigkeit zugesichert. Daß in ihnen warme Zustimmung zur nationalen Erhebung lebendig ist, weiß jeder, der mit ihnen lebt."*[300] Als Zentrale der gemeindlichen Jugendarbeit fungierte die Evangelische Jugendkanzlei unter Paul Both in der Neuen Schlesingergasse 22–24.[301]

Auch wenn dies erst mit Gesetz vom 1. Dezember 1936 so geregelt wurde, verfolgte die NSDAP seit 1933 das Ziel, das Deutsche Jungvolk (DJ), die Hitlerjugend (HJ) und den Bund Deutscher Mädchen (BDM) zur Staatsjugend zu machen. Das bedeutete, dass jeder

Junge und jedes Mädchen einer dieser Organisationen anzugehören hatte und ihnen die Mitgliedschaft in anderen Jugendorganisationen untersagt war. Dieser Situation begegneten die Frankfurter Jugendbünde unterschiedlich. In vorauseilendem Gehorsam überführte Paul Both seine Pfadfinder-Sturmschaft noch 1933 in die HJ in der Hoffnung, dort weiter missionarisch tätig sein zu können. Den anderen Teil des Jugendwerkes führte er in großer Nähe zum DC-Kirchenregime als Jugendwerk weiter.[302] Der Bund Deutscher Jugend schloss sich im Juni 1933 mit der Christdeutschen Jugend zum Christdeutschen Bund (CDB) zusammen. Dessen Jungenschaften wurden im November 1933 verboten. Der Bund löste sich 1934 auf,[303] nicht ohne das Heim auf der Hegewiese auf den Stadtsynodalverband übertragen zu haben. Gruppen des BDJ, der Christlichen Pfadfinder und der CVJM Nord-Ost u. a. arbeiteten häufig als Gemeindegruppen weiter und schlossen sich der Bekennenden Kirche an. Für die BDJ-Gruppen war das Haus auf der Hegewiese weiter ein Treffpunkt. Die Christlichen Pfadfinder trafen sich im Untergrund.[304] Das Evangelische Mädchenwerk mit seiner Arbeit für konfirmierte Mädchen schloss sich mit dem Burckhardthaus-Verband ebenfalls der Bekennenden Kirche an.[305]

4.7.2 Das Evangelische Jungmännerwerk und Paul Both

Nach der Reichstagswahl vom März 1933 begrüßte Paul Both[306] den Wahlerfolg der NSDAP (in Frankfurt 48 % der Stimmen) in einem Schreiben vom 12. März 1933 an die Mitglieder der Sturmschaft: *„Meine Kameraden! Nach dieser Woche gesunder Deutscher Gegenrevolution gegen die Schmach vom 9. November 1918 bin ich verpflichtet, euch ein Wort zu sagen. Wer mich und die Eichenkreuz-Sturmschafts-Arbeit im Lauf der vergangenen 10 Jahre kennen gelernt hat, der muss gehört und gelesen haben, was von Anbeginn an uns bewegte und wie wir um deutsche wehrhafte Art in unseren Reihen gekämpft haben – wie wir gerungen haben gegen die üble parlamentarisch-demokratische Besserwisserei sog. Jugendbewegungs-Mehrheiten für klare und gestraffte Führung – gegen ,Beschlüsse' und Resolutionen für resolute Taten - gegen den christlichen Missbrauch der Worte ,Bruderschaft' und ,Liebe', für den Gottesgeist der Kraft, der Liebe und der Zucht. ... Wir haben unter den Hunderten von Kameraden die Sehnsucht nach dem Tag deutscher nationaler Wiedergeburt wachgehalten auch als es unsern Führern teuer zu stehen kam! ... Kameraden! Stürmer, Späher und Knappen! Ich habe mich in diesen 10 Jahren nicht irre machen lassen und werde auch heute in ernster Entscheidung bleiben bei dem, was ER, der König der Ewigkeit, von uns in unseren Tagen fordert. ... Deutschland für Christus! Dann mag es wieder wahr werden: Christus auch für Deutschland!"* [307] So wurde die Schreckensherrschaft der Nationalsozialisten innerhalb der evangelischen Kirche von Frankfurt vorbereitet.

Schnell gab es erste Schritte der Anpassung, z. B. dass nun neben den eigenen Fahnen auch die schwarz-weiß-rote und die Hakenkreuzfahne getragen wurden, was durchaus interne Kritik hervorrief. Auch wurden die beiden DC-Pfarrer Georg Probst und Fritz Rohrbach in den Vorstand des EJW aufgenommen.[308] In einer Denkschrift für den Landeskirchenrat vom April 1933 betrachtete Both die Zukunft der kirchlichen Jugendarbeit skeptisch. Er prognostizierte einen staatlichen Jugendverband, in dem kirchliche Jugendorganisationen als Unterorganisationen weiter existieren könnten oder die Auflösung der Bünde, so dass konfessionelle Arbeit nur noch in den Gemeinden möglich sein könnte. Sein Rezept dazu: Evangelisation.[309]

Both trat den Deutschen Christen bei und wurde Sachberater für Jugendfragen der hessischen Landesgruppe.[310] Schon bald suchte die Hitler-Jugend Konflikte mit der evangelischen Jugend, z. B. in Form von Überfällen. Als Beschwerden Boths bei der NSDAP und Reichsjugendführer Baldur von Schirach nichts änderten, machte er diese Vorgänge in der DC-Zeitung „Fanfare" und in der Kirchenzeitung „Sonntagsgruß" öffentlich. Dabei beschuldigte er die HJ kommunistischer Methoden. Das hatte Konflikte in seinem eigenen Werk zur Folge und den Ausschluss aus der NSDAP.[311] Der Vorgang zeigt, wie sehr es Both vor allem um seine kirchliche Arbeit ging.[312] Als Hintergrund ist interessant, dass Reichsjugendführer Baldur von Schirach am 5. Oktober in Frankfurt erklärte, die Ausdehnung konfessioneller Verbände sei eine ernsthafte Gefährdung der Entwicklung der nationalsozialistischen Jugend. Tiefster Sinn der nationalsozialistischen Bewegung sei, das konfessionelle Bewusstsein zu überwinden und an die Stelle kirchlicher die völkische Überzeugung zu setzen.[313]

Nun hatte Both schon seit den ersten Wochen nach der Machtübernahme der Nationalsozialisten den Kontakt zur HJ gesucht und sondiert, ob es nicht eine Einheitsfront der deutschen Jugend geben könne.[314] Und seit dem Sommer gab es an verschiedensten Stellen in Deutschland einzelne Fälle der Überführung evangelischer Jugend in die HJ. Das wurde auch innerhalb des EJW diskutiert.[315] So war es nicht überraschend, dass Paul Both als Führer der Sturmschaft Groß-Frankfurt und Willy Stöhr als Führer des Oberbannes Frankfurt der HJ am 14. September 1933 die Eingliederung der Sturmschaften in die HJ vereinbarten.[316] Nach dem Krieg erklärte Both die Gründe: die zunehmende Anerkennung der nationalsozialistischen Regierung in der evangelischen Kirche, die Abwanderung von der evangelischen Jugend zur HJ, den politischen Druck auf die Jugendverbände, das Verbot der Doppelmitgliedschaft und die Voraussetzung der HJ-Mitgliedschaft für Partei und Beruf.[317] Aber es war eben auch so, dass Both seine bisherige Arbeit als Kampf für eine evangelische Front verstanden hatte und stolz war, eine Kompanie junger Kämpfer mit soldatischer Art herangezogen zu haben.[318] Auch war er von Anfang an begeistert gegenüber den DC. Die Vereinbarung sah vor, dass die Gruppen geschlossen in die HJ überführt, dort weiter bestehen würden und die kirchliche Arbeit gewährleistet werde. Die Führer des EJW sollten als HJ-Führer übernommen und Both selbst Mitglied des Stabes des Oberbannes werden. Aber schon Weihnachten war klar, dass der andere Vertragspartner nicht daran dachte, den Vertrag so umzusetzen. Andererseits sorgte der Vertrag auch für weitere Spannungen im EJW, die auch zum Bruch zwischen Paul Both und Albert Hamel führten. Hamel fand dann seinen Platz in der Bekennenden Kirche.[319]

Am 19. Dezember 1933 gliederte Reichsbischof Ludwig Müller die evangelische Jugend in die HJ ein. Er ernannte Karl Friedrich Zahn zum Reichsjugendpfarrer und dieser Both zu seinem Beauftragten in Frankfurt. Both hatte nun die Stellung eines Stadtjugendpfarrers. Seine Aufgabe war, die Eingliederung durchzuführen.[320] Deshalb wandte er sich im Februar 1934 an alle Kirchengemeinden und forderte sie auf, die Eingliederung ihrer Jugend zu beschließen. 34 Gemeinden kamen der Aufforderung nach.³²¹ Andererseits fasste die Reichskirche die gesamte evangelische Jugend per Gesetz als Gemeindejugendarbeit im „Jugendwerk der Deutschen Evangelischen Kirche" zusammen.³²² Dieses Jugendwerk war zuständig für Kindergottesdienste und Jugendgottesdienste, Religionsunterricht und Konfirmandenunterricht, Christenlehre, Gemeindejugendarbeit, Jugendliteratur, Singe- und Laienspielarbeit, volksmissionarische Lager und Kurse, Elternarbeit u. a.³²³ Both setzte das tatkräftig um. Im April 1934 errichtete er die Kanzlei des Evangelischen Jungmännerwerks als „Evangelische Jugendkanzlei".³²⁴ Diese war dann tatsächlich sein Büro als landeskirchlicher Bediensteter. Both formte alte Strukturen um und schuf nicht neue. Vertraute Mitarbeiter wurden in neuen Funktionen in den überkommenen Formen tätig.³²⁵ Dazu gehörte 1938/39, dass die Reste der Pfadfinderschaft zur Mitarbeiterschaft umgeformt wurden. Aus dem „Stürmerkreis", dem engen Kreis vertrauter Mitarbeiter in Leitungspositionen, wurde die „Heliandbruderschaft".

Wiederkehrende Konflikte der verbliebenen Jugendarbeit und die versuchte Neutralität im Kirchenkampf führten dazu, dass trotz der staatstreuen Haltung des Frankfurter EJW die Distanz zunächst zu den DC und dann zur HJ wuchs. Im Gefolge von Georg Probst, trat Both im Frühjahr 1934 aus den DC aus. An der Loyalität gegenüber dem DC-Kirchenregime änderte sich jedoch nichts.³²⁶ Auch ersuchte Both um die Wiederaufnahme in die NSDAP, die Anfang 1935 erfolgte.³²⁷ Andererseits sammelte Both im Evangelischen Jugendwerk erneut, und unabhängig von der Eingliederung, junge Menschen und ging in veränderten Formen den alten Weg weiter.³²⁸

Als Stabsmitglied in der HJ war Both bis zum April 1934 tätig. Dann wurden die Stäbe aufgelöst, so dass Both nur noch HJ-Führer in Frankfurt war.³²⁹ Doch die Konflikte gingen weiter, so dass Both im November 1936 um seine Entlassung bat. Am 6. Januar 1937 erhielt er die Entlassungsurkunde.³³⁰

Im Januar 1937 analysierte Both die Situation: der Nationalsozialismus ist totalitär und will die kirchliche Jugendarbeit verhindern; deshalb ist eine Zusammenarbeit unmöglich; für die Kirche folgt daraus, dass nichts schlimmer als die Zerstrittenheit ist; die eigene Arbeit muss sich der BK öffnen. Er verabschiedete sich von der Vorstellung, Christentum und Nationalsozialismus könnten mit einander verbunden werden.³³¹ Both nahm Kontakt mit der BK auf, konnte sich aber auch von den Bindungen zur Landeskirche nicht trennen.³³² Ebenfalls im Januar 1937 gab es eine Entschließung der Mitarbeiterschaft des Jugendwerkes, in der Fehler in der Vergangenheit eingeräumt und die Öffnung zur BK versucht wurde.³³³

Both arbeitete jedoch weiter in der gewohnten Art. So konnte das Jugendwerk in vielen Gemeinden wenigstens Bibelkreise von Jungen und jungen Männern sammeln. Größere Veranstaltungen waren nicht möglich. Das seit 1923 jährlich stattfinden Jungschartreffen konnte zunächst noch weiter veranstaltet werden, weil man es als „Frankfurter Kindergottesdienst-Tag" deklarierte.³³⁴ Als er 1937 in Oberstedten privat ein geräumiges Haus mit großem Grundstück erwarb, wurde dies das „Haus Heliand", neben das noch ein weiteres Gebäude gesetzt wurde. Hier wollte er im Verborgenen seine EJW-Arbeit tun, und hierher zog er mit seiner Frau 1938 auch selbst. Seine Frau war Guida Diehl, eine Nichte der Führerin des Neulandbundes gleichen Namens.³³⁵

4.7.3. Das Evangelische Mädchenwerk und Luise Willig

Für die Frankfurter Mädchenarbeit war die Situation schwieriger, weil sie sich weder dem Staat noch dem DC-Kirchenregiment andienen wollte.[336] Einerseits musste sie im Frühjahr 1934 den Eltern der Mädchen das Eingliederungsformular in den BDM zuleiten und die Unterschriften der Eltern hinnehmen. Man verlor die Mädchen unter 18 Jahren. Auch wurde sie Paul Both als dem Bevollmächtigten für Jugendarbeit in der Landeskirche unterstellt. Aber schon 1934 löste sie sich hieraus und schloss sich der Bekennenden Kirche an. Orientierung gab dabei das Burckhardthaus in Berlin. Den Pfadfinderinnen waren nun die grünen Blusen, das grüne Kreuz, Sport, Geländespiele und Fahrten verboten. Andererseits sah Otto Riethmüller in der Zentrale des Burckhardthauses darin die Chance, in einer auf Bibel und Lied beschränkten Gemeinschaft eine *„aus dem Evangelium lebende Gemeinde Jesu Christi"* zu werden.[337] Am 19. Februar 1935 sprach er auch in Frankfurt über die Zukunft evangelischer Jugendarbeit.[338]

Die Frankfurter Mädchenarbeit wurde zunächst von Leni Weiß geleitet, Vorsitzender des Vorstandes war Pfarrer Gerhard Lütgert. Im Rahmen der Unterstellung unter Paul Both kooperierte Leni Weiß mit diesem, und dieser übernahm sie auch in sein Jugendwerk. Das Verhältnis zwischen ihr und Both war aber nicht unkompliziert. Jedenfalls trat sie 1935 der Bekennenden Kirche bei. Das Mädchenwerk löste sich vom Jugendwerk, und Leni Weiß wurde von der BK bezahlt.[339] Nach der Loslösung vom Jugendwerk war Vorstandsvorsitzender zunächst Pfarrer Felix Rau,[340] später Pfarrer Karl Goebels. Am 1. April 1936 wurde Luise Willig Leiterin des Evangelischen Mädchenwerks Frankfurt. Sie hatte eine Ausbildung am *„Seminar für soziale Frauenarbeit"* in Frankfurt absolviert und war ab 1931 Gemeindehelferin in der St. Petersgemeinde. Hier baute sie eine Pfadfinderinnengruppe auf, zu der auch Mädchen aus anderen Gemeinden stießen, und die Teil des Mädchenwerks war. 1937 nahm sie eine Fortbildung im Burckhardthaus wahr und leitete das Mädchenwerk bis 1947. In Ihrem Erinnerungsbericht von 1994 beschrieb sie die Situation ihrer Pfadfindergruppe:

„Alles typisch Pfadfinderische war verboten, auch gemeinsame Wanderungen und Sportspiele. Aber die pfadfinderische Grundeinstellung konnte man nicht verbieten. Sie lebte weiter ohne feste Mitgliedschaft: ‚Allzeit bereit! Der Starke schützt den Schwachen! Gottes Weg und Willen in der Bibel suchen!' … Aber die Mehrzahl der Mädchen hielten als Gemeindejugend zusammen, weil sie – im Gegensatz zum CVJM – in ihren Gemeinden verankert waren. Die ‚Zielsätze', die Pfr. Riethmüller für die Jugend ausgegeben hatte, blieben weiterhin die Richtschnur. Häufig wurden sie zum Anfang des Zusammenseins gemeinsam gesprochen und auch immer wieder in den Einzelsätzen ausgelegt. Sie gaben die innere Ausrichtung über alle NS-Jahre hinweg:

‚Der Herr ist unser Richter. Der Herr ist unser Meister. Der Herr ist unser König. Der hilft uns. (Jes. 33, 22) – Mein ganzes Leben steht im Licht der frohen Botschaft von dem Herrn und König, Jesus Christus, der auch für mich gekommen und gestorben und auferstanden ist. Er schenkt aus freier Gnade mir ein neues Leben, das über Tod und Sünde siegt. Er schafft ein neues Reich und ruft auch mich zu seinem Volk. – Diesem König will ich folgen, sein Reich sei meines Lebens Ziel, sein Geist die Kraft, in der ich wandle. Die Bibel,

das Gebet, der Gottesdienst, die Gemeinde soll mir von Jugend auf zur Heimat werden; darin mein Herr mich täglich rüstet, aus Dank und Liebe ihm zu dienen, im Haus, im Beruf, in meinem Volk, in meiner Kirche, in allen Nöten, die uns treffen. Und tapfer will ich dazu helfen, dass mit uns viele junge Menschen für Christus und sein Reich gewonnen werden. – Der Herr ist unser Richter ...'
Besonders hilfreich in dieser Zeit war das ‚Neue Lied' und die ‚Schöne Musika', ein im Burckhardthaus erschienenes Notenblatt mit alten und neuen Liedern und Chorsätzen in immer neuen Folgen. Dagegen konnte selbst die Gestapo nichts einwenden."[341]

Neben den allgemeinen Beschränkungen gab es auch spezielle Vorschriften für die Freizeitarbeit. Freizeiten für 14–18jährige waren vorher über Paul Both bei der HJ anzumelden. Dabei mussten Listen der Teilnehmerinnen und der Leiterinnen vorgelegt werden. Die Genehmigung erteilte die Gestapo. Die Mädchen hatten dann einen Urlaubsschein der BDM-Unterführerin mitzubringen. War die Freizeit genehmigt, konnte sie zwar stattfinden; allerdings musste mit Kontrollen gerechnet werden, die durchaus zum Abbruch der Freizeit führen konnten, wenn nur im Geringsten gegen die allgemeinen Verbote verstoßen wurde. Trotzdem gelang es, Freizeiten in erheblichem Umfang weiter durchzuführen. Dabei half auch das Landheim, die alte Schule in Rod am Berg. Diese war 1930 erworben worden, mit einem großen Waschraum, zwei Plumps-Klos und wenig Wasserzuleitung (bei größerem Bedarf wurde das Wasser vom Dorfbrunnen geholt). Die primitive Ausstattung führte wohl auch dazu, dass das Haus erst 1943, und dann von der Wehrmacht, beschlagnahmt wurde. Die österreichische Militäreinheit, die dort untergebracht wurde, nahm bei ihrem Abzug das Inventar mit. Danach wurden dort evakuierte Frankfurter untergebracht. Mit zunehmenden Bombenkrieg und der Beschlagnahme durch die Wehrmacht fand die Freizeitarbeit ein Ende. Dies alles war nicht möglich ohne einige Gemeindehelferinnen und eine Anzahl von ehrenamtlichen Leiterinnen der Gemeindejugendkreise. Dieser Kreis wurde monatlich zusammengerufen, um mit Karl Goebels biblische Texte oder aktuelle Themen zu besprechen. Hilfreich war dabei das Arbeitsmaterial des Burckhardthauses.

4.8 Soziales, missionarisches und gesellschaftliches Handeln

4.8.1 Nationalsozialistische Politik als Praktisches Christentum?

Wie sehr das Dritte Reich auch in einem kirchlichen Kalender religiös überhöht und die biblische Botschaft politisch instrumentalisiert wurde, zeigte der Artikel eines Dr. Berthold Günsche im Frankfurter Kirchenkalender 1937:[342]
„Noch einmal wollen wir dem Allmächtigen in Demut sagen, wie sehr wir seine Gnade fühlen, die uns das große Werk der Wiedererringung unserer Ehre und damit unserer Freiheit ermöglicht und gesegnet hat. (Befreiung des Rheinlandes von französischer Besatzung, d. Verf.) So sprach der Führer in seiner großen Schlußrede auf dem Reichsparteitag der Ehre ... und wahres religiöses Erleben schwingt durch diese Worte, die nur ein Mann sprechen kann, der sich dem ewigen Gott verantwortlich weiß. Stärker als je ist im vierten Jahr des neuen Reiches die europäische, ja die Weltmission des Nationalsozialismus deutlich geworden: Warner zu sein vor dem völkervernichtenden Bolschewismus und Bollwerk zugleich gegen die rote Flut. ... Sie ist politisch und kulturell, wie sie zutiefst

auch religiös ist. Der Bolschewismus ist nicht allein der Gegner der Kirche, der Antichrist, er ist der Todfeind jeder Religiosität überhaupt. ... Adolf Hitlers Kampf gegen den Bolschwismus ist von universaler Bedeutung; er ist, religiös gesprochen, der Kampf für den Glauben, gegen den Unglauben, der Kampf für Gott gegen den Atheismus.
Praktisches Christentum – das hat der Nationalsozialismus auch im Innern im Jahre 1936 wieder gewirkt: die Massenarbeitslosigkeit ist bei einer Arbeitslosenziffer von nur noch rund einer Million überwunden; im Kampf gegen Hunger und Kälte hatte im letzten Winter die Hilfe einen Geldwert von 366 Millionen Mark; aufs neue gesteigerte Leistungen können die NS-Volkswohlfahrt und die NS-Gemeinschaft ‚Kraft durch Freude' aufweisen. ... Ein starkes Deutschland ist der beste Garant für den Frieden, auf dessen Erhaltung und Festigung des Führers heißes Wollen gerichtet ist. In seinem Friedensplan hat er den Weg gewiesen, der für ein Vierteljahrhundert Entspannung und wahre Befriedung unserem Kontinent zu bringen vermag. ... So geht das deutsche Volk in das neue Jahr einig und frei, stark und bereit zur Erfüllung der neuen Aufgaben seines friedlichen Aufbauwerkes, die mit dem zweiten Vierjahresplan gestellt sind. Erfüllt von tiefer Dankbarkeit und Treue gegenüber dem Manne, der den großen Wandel in Deutschland vollbracht hat: Adolf Hitler."

Möglich wurde so etwas im Frankfurter Kirchenkalender, weil Propst Alfred Trommershausen sofort nach seinem Amtsantritt die Verantwortung für den Kalender übernommen hatte. Er hatte mit Emma Brunner, der Gaukulturreferentin der N.S. Frauenschaft Hessen-Nassau, einen wesentlichen Teil der Redaktionsarbeit einer NS-Funktionärin in die Hände gelegt. So hatte man schon im ersten Jahrgang als Begleitworte ausschließlich Zitate von Adolf Hitler, Emma Brunner, Walter von der Vogelweide und Friedrich II. von Preußen gefunden. Der erste Artikel hatte auf sieben Seiten die Schlacht von Tannenberg im 1. Weltkrieg geschildert. Der Kirchenkalender war „gleichgeschaltet".

4.8.2 Der Evangelische Volksdienst

Der Evangelische Volksdienst war in der Frankfurter Landeskirche ein landeskirchliches Amt gewesen. Mit dem Aufgehen der Landeskirche in der Evangelischen Landeskirche Nassau-Hessen verlor der Volksdienst diesen Träger und wurde am 1. April 1935 der *„Stadtsynode der evangelisch-lutherischen und evangelisch-unierten Kirchengemeinden der ehemaligen Landeskirche Frankfurt am Main"* (Stadtsynodalverband) angegliedert.[343] Den Vorsitz hatte der Vorsitzende der Stadtsynode, Pfarrer Adalbert Pauly. Er war Mitglied des *„Vereins für christliche Freiheit"*, vertrat also den Freien Protestantismus. In Konsequenz dessen band er sich kirchenpolitisch nicht und konnte so den Stadtsynodalverband und den Volksdienst einigermaßen ungeschoren durch die schwierige Zeit des Nationalsozialismus bringen.

In seinem Jahresbericht 1936 resümierte Pauly vorsichtig. *„Im Jahr 1936, dem 17. Jahr seiner Tätigkeit, hat der Evangelische Volksdienst in seitheriger Weise auf den verschiedenen Gebieten seine Tätigkeit weitergeführt. Wenn auf der einen Seite eine gewisse Entlastung sich bemerkbar gemacht hat, besonders auf dem Gebiet der Wohlfahrtspflege, da durch die weite und ausgedehnte Arbeit der NSV und des WHW ein großer Kreis von Personen erfaßt worden ist, der früher neben den anderen freien Wohlfahrtsorganisationen unserer Stadt besonders auch die kirchliche Armenpflege in Anspruch* *genommen hat, so sind doch eine große Anzahl von Fällen für unsere Hilfsmaßnahmen übriggeblieben."*[344]

Auch im Jahresbericht 1938 fanden sich vorsichtige Andeutungen der schwierigen Situation: *"Auch wir in unserm kleinen Kreis haben ruhig weitergearbeitet. Bei uns wurde dem Kirchenkampf kein Raum gegeben, da wir uns die Aufgabe gestellt haben, allen Gemeinden bei ihrer Arbeit zu helfen und dem zu dienen, der unseren Dienst in Anspruch nimmt. An Arbeit hat es uns nicht gefehlt. Vielleicht sind wir nicht so viel in die Öffentlichkeit hervorgetreten; vielleicht wurde unsere Arbeit weniger beachtet, vielleicht mußten wir manches wegen der Ungunst der Verhältnisse unvollendet liegen lassen. Das hat uns aber nicht abhalten können, in der Stille unsere Pflicht zu tun und zu dienen dem Einzelnen, der Gemeinde und damit unserm Gott. Der Bericht über unsere Arbeit im vergangenen Jahr will zeigen, wie wir versucht haben, unsere Aufgaben zu lösen."*[345]

4.8.3 Der Verein für Innere Mission

Die Geschichte des Vereins für Innere Mission im Dritten Reich begann eigentlich mit einem höchst erfreulichen Ereignis. Konnte der Verein doch am 28. Mai 1933 in der Neuen Schlesinger Gasse 22/24 ein Vereinshaus eröffnen.[346] Nachdem die Stiftung „Westend" das frühere Hasselsche Institut erworben und umgebaut hatte, standen hier ein Saal für 500 Besucher, eine Turnhalle, eine Bibliothek, Spiel-, Lese- und Vereinsräume in einem bisher nicht gegebenen Umfang zur Verfügung. Vor allem der Saal schloss eine bis dahin empfundene Lücke für die ganze Frankfurter Kirche. Die Räume wurden nach „*bedeutenden Persönlichkeiten*" benannt: darunter fand man: Adolf Hitler, Friedrich Naumann, Turnvater Friedrich Ludwig Jahn, Conrad Kayser, Friedrich von Bodelschwingh, Philipp Jakob Spener, Martin Luther und Johann Hinrich Wichern. Ein Raum trug den Namen „*Wartburg*" zur Würdigung des entsprechenden Vereins und die Turnhalle den Namen „*Eichenkreuz-Saal*".

Die Geschichte des Vereins im Dritten Reich[347] ist deshalb von besonderem Interesse, weil seine Aktivitäten zunächst im Widerspruch zur Haltung des Vorstandsvorsitzenden, Pfarrer Georg Probst, und des geschäftsführenden Pfarrers Arnold Schumacher zu stehen schienen. Probst war die führende Persönlichkeit der Deutschen Christen in Frankfurt und Nationalsozialist, geriet aber auch in Konflikte mit diesen und fühlte sich später als deren Gegner. Schumacher hatte zunächst auch eine führende Position bei den Deutschen Christen inne, schwenkte aber spätestens 1935 zum Pfarrernotbund und zur Bekennenden Kirche um. Mit Karl Veidt und Samuel Schrenk waren zwei Pfarrer Vorstandsmitglieder des Vereins, die zur Bekennenden Kirche gehörten. Kirchenrat Alfred Trommershausen, ein weiteres Vorstandsmitglied, gehörte der NSDAP an, war nach 1933 Propst von Frankfurt und vertrat dort das Kirchenregiment der ELNH. Pfarrer Ernst Nell verhielt sich im Dritten Reich neutral und gehörte dem Einigungwerk an. Der ebenfalls erwähnte Herr Müller könnte angesichts der breiten Vertretung der Frankfurter Kirche der Jugendpfleger Karl Müller vom Evangelischen Volksdienst gewesen sein. Probst war der Inneren Mission seit 1916 verbunden und verantwortlicher Redakteur des „*Sonntagsgrußes*", einer von Friedrich Naumann gegründeten Kirchenzeitung. Mit dieser wollte der Verein missionarisch wirken und zur Belebung des kirchlichen Lebens beitragen. Für die schwierigen Jahre war also genug Sprengstoff angesammelt.

Ein Vorbote war die auf Wunsch von 12 der 15 Vorstandsmitglieder kurzfristig einberufene Vorstandssitzung vom 14. November 1932. Hier ging es um die politische Haltung des „Sonntagsgrußes". Karl Veidt nahm auf einen Brief des Landeskirchenrates an den Vorstand Bezug und kritisierte einen Artikel, den Probst zum Reformationstag geschrieben hatte: „Gustav Adolf, Christ und Politiker". Veidt beanstandete, dass der Artikel die derzeitige Regierung heftig angriffe und dass indirekt eine bestimmte politische Partei empfohlen werde. Er forderte, „daß die Andacht oder die Artikel auf der ersten Seite des ‚Sonntagsgrußes' die politische Grenzlinie eng bewahren". Als einziger begrüßte Müller den Artikel: „Er drückt seine Freude über den tapferen Ton des ‚Sonntagsgrußes' aus, der gerade in seinen Kreisen, nämlich den Kreisen der Arbeitnehmer, stärkstes Echo findet. Gerade Arbeitnehmer empfinden das Vorgehen der gegenwärtigen Regierung als höchst unsozial, daß von in geringem Gehalt Stehenden weit mehr abgezogen wird, als von den oberen Schichten."[348] Auch er hielt es aber für besser, wenn Probst politische Stellungnahmen in besonderen Briefen weitergebe. Probst versprach daraufhin, zurückhaltender zu werden. Offenbar konnte Probst das aber gar nicht. Denn wenige Wochen später tauchte das Problem wieder auf, aber verschärft. Probst hatte die „Fanfare" gegründet, ein Kampfblatt gegen die Gottlosenbewegung, wie er sagte, tatsächlich das Kampfblatt der Deutschen Christen. Als „Entlastung" für den „Sonntagsgruß" wollte er die Fanfare nun diesem beilegen. Der Vorstand akzeptierte das nicht und machte ihm schwere Vorhaltungen. Trotzdem konnte sich der Vorstand nicht entschließen, Probst von der Schriftleitung zu entbinden. Doch Probst vertrat weiter im „Sonntagsgruß" Positionen der Deutschen Christen. Daraufhin erhielt der Vorstand folgenden Brief:[349]

„Seit etwa einem Jahr vertritt der ‚Sonntagsgruß' die Gedanken und Bestrebungen der ‚Glaubensbewegung deutsche Christen' mit einer Einseitigkeit und einem Nachdruck, daß er geradezu als ein Organ der Deutschen Christen bezeichnet werden kann und auch in der Öffentlichkeit als solches gilt. Da der ‚Sonntagsgruß' auch in den Gemeinden der unterzeichneten Pfarrer stark verbreitet ist, da er ferner in weitesten Kreisen der Öffentlichkeit als Frankfurter Kirchenblatt gilt, ist es uns nicht länger möglich, zu diesem Zustand zu schweigen.
Die unterzeichneten Pfarrer richten daher an den Vorstand des Frankfurter Evangelischen Vereins für Innere Mission hierdurch die Frage, was er zu tun gedenkt, um wieder den ‚Sonntagsgruß' zu dem zu machen, was er früher war und was er nach Lage der Sache wieder werden muß, zu einem evangelischen Wochenblatt, das allen Kreisen der Gemeinden dient und die gemeinsame kirchliche Arbeit in unserer Frankfurter Kirche fördert. Sollte es dem Vorstand des Ev. Vereins für Innere Mission nicht möglich sein, Abhilfe zu schaffen, so behalten wir uns in der Blattfrage weitere Schritte vor."

Die 24 Unterzeichner werden später überwiegend der Bekennenden Kirche angehören.

Probst und Schumacher verteidigten den ‚Sonntagsgruß', u.a. mit dem Argument, dass die Deutschen Christen in Frankfurt etwas anderes seien als im Reich. Die Mehrheit des Vorstandes entschied jedoch, dass die Redaktion in Zukunft aus sieben Personen bestehen solle, drei Mitgliedern des Vorstandes und je zwei Mitgliedern der Deutschen Christen und des Pfarrernotbundes. Nach weiteren Diskussionen beschloss man in der nächsten Sitzung, dass weder Georg Probst noch Karl Veidt dem Gremium angehören sollten. Offenbar blieb auf den Vorstand auch nicht ohne Eindruck, dass die Abonnentenzahlen seit 1931 um 30 % zurückgegangen waren. Erst 1937 hat man sich davon erholt. Die Schriftleitung ging nun auf Arnold Schumacher über. In den nächsten Jahren bekam der „Sonntagsgruß" immer wieder Schwierigkeiten wegen einzelner Artikel. 1938 teilte der „NS-Gaudienst" mit:

„Der von Pfarrer Schumacher geleitete ‚Evangelische Sonntagsgruß – Frankfurt am Main' wurde gemäß § 1 der Verordnung des Reichspräsidenten zum Schutz von Volk und Staat vom 28. Februar 1933 auf die Dauer von drei Monaten wegen wüster Beschimpfungen gegenüber Andersgläubigen verboten. Dieses Blatt hatte sich zur Jahreswende nicht geschämt, Andersgläubige als gottlos zu bezeichnen und ihnen im Jahr 1938 ‚Friedlosigkeit in Glück und Unglück, in Geschäft und Urlaub, zu Hause und draußen, in Gesundheit und Krankheit, im Leben und Sterben' gewünscht. Da die Bezeichnung Andersgläubiger als gottlos in Anbetracht des scharfen Kampfes, den der nationalsozialistische Staat gegen die Gottlosigkeit führt, die denkbar größte Diffamierung darstellt und darüber hinaus die ganz und gar unchristliche Beschimpfung andersgläubiger Volksgenossen die Volksgemeinschaft aufs ernsteste gefährdet, wurde diesem Hetzblatt die gebührende Antwort zuteil."[350]

Es handelte sich dabei um einen Beitrag von Pastor Wilhelm Busch d. J., zum Thema „Was das neue Jahr bringt?!" Darin hieß es u. a.:[351]

Was das neue Jahr bringt?
Es bringt den Gottlosen Unrast und Friedlosigkeit. Im Worte Gottes steht nämlich: ‚Die Gottlosen haben keinen Frieden, spricht mein Gott' (Jes. 57, 21). Und was der Herr spricht, geht in Erfüllung. Du kannst dich darauf verlassen, auch wenn's im Alten Testament steht, über das heute so viele sehr großspurig reden. Es bleibt dabei: ‚Die Gottlosen haben keinen Frieden!' Das wird auch im Jahre 1938 so sein. Die Friedelosigkeit wird so groß und bestimmend sein, daß alles andere ziemlich unwichtig daneben sein wird. ...

„Friedelos!
   Friedelos im Glück und im Unglück
   Friedelos im Geschäft und im Urlaub!
   Friedelos zu Hause und draußen!
   Friedelos in Gesundheit und Krankheit!
   Friedelos im Leben und im Sterben!
   Friedelos trotz ‚Prosit Neujahr'!

Aber ich weiß noch mehr:
Was das neue Jahr bringt?
Es bringt Heil und Segen den Kindern Gottes. In Gottes Wort steht nämlich: ‚Mein Volk soll meiner Gaben die Fülle haben, spricht der Herr' (Jer. 31, 14). Und was Gott verspricht, das hält er gewiß. Darauf kann man sich verlassen, mehr als auf die Unterschrift von zehn Freunden. ‚Mein Volk soll meiner Gaben die Fülle haben.' Das wird auch im Jahre 1938 so sein. Der Segen Gottes, der in Jesus unser Vater ist, wird so groß und herrlich sein, daß alles andere daneben sehr unwichtig sein wird. ‚Mein Volk' – das sind alle die, die in aufrichtiger Buße sich Jesus ausgeliefert haben, die ihn ihren Bruder und darum Gott ihren Vater nennen – alle die wird Gott segnen mit ‚himmlischen Gütern in Christus'. ...

,Gesegnet'
   Gesegnet im Glück und im Unglück!
   Gesegnet im Beruf und im Urlaub!
   Gesegnet zu Hause und draußen!
   Gesegnet in Gesundheit und Krankheit!
   Gesegnet im Leben und im Sterben!
Wohl allen, denen es gilt:
   Ein gesegnetes Neujahr!"

Das war schon ein besonderer Neujahrsgruß im „Sonntagsgruß" vom 2. Januar 1938: dicht an der Heiligen Schrift, wohl komponiert und mutig. Die NSDAP musste sich zu Recht getroffen fühlen.

4.8.4 Das Diakonissenhaus

Der Weg des Diakonissenhauses im Dritten Reich war dadurch geprägt, dass sowohl der Vorsitzende des Vorstandes Senatspräsident Heinrich Heldmann als auch der Vorsteher Pfarrer Karl Christian Hofmann der Bekennenden Kirche angehörten. Dabei befand Heldmann sich von Anfang an in einer grundsätzlichen Gegnerschaft zum Nationalsozialismus. Hofmann hatte dagegen anfangs Sympathien für die neue Zeit. Am 11. April 1933 richtete er folgendes Schreiben an die Schwestern:[352]

„Heute ist es not, daß ich ein Wort zu dem großen Geschehen sage, welches in das abgelaufene erste Vierteljahr des Jahres 1933 gefallen ist. Es ist uns wohl allen unfaßlich, was alles geschehen ist und wie schnell alles gekommen ist. Wenn man wissen will, wie Gott der Herr die Geschichte unseres Volkes macht und gestaltet, so muß man sich das erste Vierteljahr des Jahres 1933 in Erinnerung behalten. ... Deswegen wollen wir die Hände falten und weiter bitten, daß Gott der Herr unsern alten Reichspräsidenten und die jetzt verantwortlichen Führer des deutschen Volkes segnen und in seiner Zucht halten wolle, damit sie in allem tun, was Gott recht ist. Gott der Herr halte auch seine Hand über unserm Mutterhaus und allen unsern Schwestern in Stadt und Land, damit wir bei allem Miterleben und Durchleben der Zeit die rechte Nüchternheit erwerben und bewahren, welch uns den Weg der Diakonie, d. h. des Dienens halten hilft. In Frankfurt, der Judenstadt, sind die Wogen der nationalen Revolution recht hoch gegangen. Und auf den Dörfern, in denen bis jetzt die Gegensätze zwischen Marxisten und Nicht-Marxisten geherrscht haben, wird auch manche Schwierigkeit entstanden sein ... Zweierlei scheint mir in erster Linie notwendig zu sein:

1. Daß wir viel schweigen. Es wird in den Häusern jetzt über die Judenfrage und die Sozialistenfrage viel verhandelt. Der eine ist dafür; der andere erklärt sich dagegen. Unsere Schwestern werden sich davor hüten müssen, sich nicht in die Debatte ziehen zu lassen, sondern zu schweigen. Auch wenn jetzt der Kampf um die Kirche kommt, und in Frankfurt zum mindesten wird die sogenannte ‚Glaubensbewegung deutscher Christen' dafür sorgen – so werden unsere Schwestern sich ganz zurückhalten müssen. Es wird auch nicht angängig sein, daß unsere Schwestern die in der nächsten Zeit stattfindenden kirchenpolitischen Volksversammlungen besuchen. Denn hinter dem allen steht das Zweite, worauf ich hinweisen wollte.

2. Unser großer, schöner Dienst, den wir jedem ohne Ausnahme irgend einer Person von Gott her schuldig sind. Der stille Tatbeweis der Liebe ist in dieser Zeit von den Diakonissenhäusern zu liefern. Wir sind niemals Parteileute, sondern Christi Dienerinnen, des Christus, welcher für alle gestorben und auferstanden ist. Liebe Schwestern, wir sind im letzten Grunde

das, was wir aus uns machen. Darum lassen wir uns in keinerlei Parteieifer und politische Leidenschaft hineinziehen, sondern haben nur eine Liebe: Den Herrn Christus, und ein Ziel: daß die uns anvertrauten Menschen selig werden."

Wie dieser Brief zeigt auch ein Schreiben von Oberin Elly Schwedtke vom 4. Juli 1933, wie sehr sich die Leitung des Diakonissenhauses bereits in dieser Zeit bedroht fühlte:[353] *„Liebe Schwestern! Bitte, bedenkt doch, um wieviel erregter und schwieriger sich die Zeitverhältnisse gestaltet haben. Darum ist es unsere ganz besondere Pflicht, besonnener denn je unsern Dienst zu tun, der allein darin besteht, unsere stille Arbeit an den Kranken zu leisten und ihnen das Wort Gottes zu sagen. Wer unbesonnen in den Häusern, ganz gleich ob Pfarrhaus oder Gemeinde, spricht, muß sich die Tragweite klar machen, daß die Unbesonnenheit einer Schwester erheblich schwerwiegende Folgen für unser ganzes Mutterhaus haben kann. Ihr Lieben, es besteht tatsächlich die Möglichkeit, daß Euch selbst das Mutterhaus nicht schützen kann, wenn ihr in politischen Dingen unbesonnen handelt oder redet. Bitte, laßt uns in dieser versuchlichen Zeit besonders wachsam und treu in Gebet und Fürbitte sein, damit unser liebes Vaterland, unsere evangelische Kirche und unser Mutterhaus vor Argem bewahrt bleibt. ..."*

Am 15. Juli 1933 hieß es dann von Hofmann:[354] *„... Wenn ich schließlich über die Lage unsres ganzen Volkes etwas sagen soll, so kann ich mich nur dahin ausdrücken, daß ich dieselbe sehr ernst ansehe. Unser Mutterhaus kämpft, wie die ganze Diakonie, in der gegenwärtigen Stunde um ihre Selbständigkeit. Ob es uns gelingt, dieselbe zu behalten, steht dahin. Jedenfalls ist eins aber Not: Mag die Entscheidung von Seiten der Staats-*

behörde ausfallen wie sie will, unsere Schwesternschaft muß ganz anders als bisher den Weg des schlichten Dienstes vor den Augen Gottes gehen, das Wort Gottes, mit dem wir täglich angesprochen werden, tief ernst nehmen, und uns als Gemeinschaft des Glaubens und der Liebe und des Gebetes fest zusammenschließen. Es geht jetzt wirklich um unsere Existenz, darum erwartet der Hausvorstand von jeder Schwester, daß sie sich treu zum Mutterhaus hält und unseren Anordnungen genau und gewissenhaft Folge leistet. Deswegen richten wir, der Hausvorstand, allerlei jetzt ein, ordnen mancherlei durch Verträge, damit wir von unserer Seite keine Fehler machen, welche die Sicherheit unseres Mutterhauses und seiner Arbeit gefährden könnte. ..."

Und am 11. Dezember 1933:[355] *„Es ergehen an unsere Schwestern immer wieder Aufforderungen, bei mancherlei Neuorganisationen Mitglieder zu werden. Es ist richtig und gut, daß unsere Schwestern in solchen Fällen immer im Mutterhaus fragen, was sie tun sollen. Denn bei der Beantwortung dieser Fragen und bei der Entscheidung dieser Fälle ist von einem Doppelten auszugehen:*
1. *Von dem Führerprinzip, und das ist in unserm Falle der Hausvorstand und*
2. *von der Tatsache, daß unsere Schwesternschaft eine geschlossene Korporation darstellt, sodaß nicht die einzelne Schwester entscheiden kann, was sie tun will, sondern das Mutterhaus als Ganzes. ..."*

Nun sollten diese Aufrufe zur Vorsicht nicht so verstanden werden, als wollte das Diakonissenhaus sich in den Auseinandersetzungen der Zeit neutral verhalten.[356] Vielmehr verlas Pfarrer Hofmann am Sonntag, 28. Oktober 1934, im Anschluss an den Einsegnungsgottesdienst, zusammen mit seinem

Amtsbruder Karl Goebels die „*Botschaft der Bekenntnissynode der Deutschen Evangelischen Kirche*" vom 25. Oktober 1934. Zugleich erklärten beide, dass sie sich auf den Boden dieser Botschaft stellen und fortan nur noch vom Reichsbruderrat Weisungen und Anordnungen entgegen nehmen würden. Am Montag, den 29. Oktober fand dann ein Diakonissentag statt, auf dem Hofmann über die Entwicklung im Reich berichtete und insbesondere im Kaiserswerther Verband. Vertreter der Äußeren und Inneren Mission sowie großer freier evangelischer Verbände hätten als Reaktion auf die Wahl Ludwig Müllers zum Reichsbischof die „*Arbeitsgemeinschaft der missionarischen und diakonischen Werke in der deutschen Evangelischen Kirche*". Diese Arbeitsgemeinschaft solle zur Bekennenden Kirche gehören. Sodann erklärte der Hausvorstand im Einverständnis mit dem Vorsitzenden des Vorstands, sich sowohl der Bekenntnissynode als auch der zuvor genannten Arbeitsgemeinschaft anschließen zu wollen. Nach eingehender Aussprache und im Bewußtsein der möglichen Konsequenzen beschloss auch die Diakonissenschaft einmütig, beiden Organisationen beizutreten. Dem schlossen sich später die Novizen und die Probeschwestern an. Als Konsequenz hieraus gehörte die Oberin der Kreissynode der Bekennenden Kirche an und Karl Goebels der Landessynode der BK. Als die DC-Kirchenleitung verlangte, dass 75 Prozent der Mitglieder des Vorstands der NSDAP anzugehören hätten, lehnte dies dessen Vorsitzender ab, und der Verein verzichtete auf Zuschüsse und Kollekten der Landeskirche. Das Diakonissenhaus wurde ein Ort, an dem gerne Veranstaltungen der BK abgehalten wurden, so vom 2. bis 6. September 1935 ein Pfarrertag mit etwa 300 Teilnehmern. 1939/40 fand im Diakonissenhaus ein Lehrgang für katechetische Laienhelfer statt.

Diese sollten lernen, biblische Geschichten zu erzählen, den Vorkonfirmandenunterricht zu erteilen und Bibelstunden abzuhalten. Die BK reagierte so auf die Einschränkungen des Religionsunterrichts an den Schulen.

4.8.5 Evangelische Krankenhäuser

Die Situation der jüdischen Ärzte[357]
Schon im März 1933 sprach der Vorsitzende des Nationalsozialistischen Deutschen Ärztebundes, Gerhard Wagner, von der „*Verjudung*" des Ärztestandes und forderte die Abkehr von „*artfremden Irrwegen*".[358] Wilhelm Strebel, später hessischer Beauftragter des Reichsärzteführers, wurde bei einem Vortrag im Frankfurter Haus für Volksgesundheit zur gleichen Zeit deutlicher: „*Wir dürfen nicht eher ruhen, als bis alle kirchlichen Krankenhäuser von jüdischen Kollegen gesäubert sind.*"[359] Beim Judenboykott am 1. April 1933 sollten auch die Praxen jüdischer Ärzte boykottiert werden.[360] Mit dem Gesetz zur Wiederherstellung des Berufsbeamtentums vom 7. April 1933 legte die Reichsregierung die Grundlage für die Entfernung missliebiger Beamter aus dem öffentlichen Dienst, was auch Nichtarier oder nicht reinrassige Arier betraf. Am 22. April 1933 wurde jüdischen Ärzten die Kassenzulassung entzogen.[361] Das waren Details der Umgestaltung des gesamten öffentlichen Lebens durch Gleichschaltung und betraf auch die evangelischen Krankenhäuser.[362] Die folgenden drei Beispiele zeugen vom Mut der einen und vom Versagen der anderen.

Das St. Markuskrankenhaus
In Bockenheim unterhielt der Bockenheimer Diakonissenverein das St. Markuskrankenhaus.[363] Dieses war auf Initiative von Dr. Otto Loewe durch Umwandlung eines Pflegeheims entstanden, und sein Gebäude in der

Falkstraße war 1928 eingeweiht worden. Loewe, evangelisch mit jüdischer Herkunft, war Chefarzt der Chirurgie und zunächst auch nach 1933 dort tätig.[364] Auch der Träger dieses Krankenhauses geriet wegen der Beschäftigung Loewes und weiterer nichtarischer Ärzte unter den Druck der Kassenärztlichen Vereinigung. Deshalb trat Loewe als ärztlicher Direktor zurück. Zwei Jahre konnten sich nun der Vorstand in Person von Pfarrer Heinrich Kahl und der ärztliche Direktor Dr. Wilhelm Schöndube mit vielen Tricks der Forderungen der Behörden und der Kassenärztlichen Vereinigung erwehren. Im September 1935 musste sich das Krankenhaus aber von den Ärzten Dr. Behrend und Dr. Feiler trennen, wollte jedoch Loewe weiter halten. Nun entzog Ärzteführer und Leiter der Kassenärztlichen Vereinigung Wilhelm Strebel dem Krankenhaus die Erlaubnis, ärztliche Leistungen mit den Krankenkassen abzurechnen. Daraufhin schied Loewe freiwillig aus, um Schaden vom Krankenhaus abzuwenden. Die Sperre wurde nach 17 Tagen wieder aufgehoben. Nach dem Ausscheiden Löwes verlangte die Stadt Frankfurt vom Verein die Aufnahme des Ortsgruppenleiters der NSDAP in den Vorstand und den Rücktritt von Pfarrer Kahl. Um der Weiterexistenz des Krankenhauses Willen traten Kahl und andere zurück. Der ärztliche Leiter Dr. Wilhelm Schöndube legte aus Protest sein Amt nieder.

Kahls Sitz übernahm Rektor Heinrich Taufkirch, der aber ebenso wie Verwaltungsleiter Pietrovic ebenfalls weichen musste. Das Krankenhaus war trotz heftigen Widerstandes gleichgeschaltet. Dr. Loewe wurde am 11. November 1938 („*Reichskristallnacht*") verhaftet und starb kurz darauf an den Folgen der Mißhandlungen. Am 8. Februar 1944 wurde das Krankenhaus nahezu vollständig zerstört. Daraufhin wurde der Krankenhausbetrieb im Mai 1944 nach Schlangenbad verlegt, wo im Hotel Römerbad vor allem Opfer des Bombenkrieges mit Brandverletzungen behandelt wurden.

Das Krankenhaus Sachsenhausen
Das Krankenhaus Sachsenhausen befand sich ab 1932 in der Trägerschaft des Deutschen Gemeinschaftsdiakonieverbandes, der den Deutschen Christen und dem Nationalsozialismus nahestand. Hier war seit 1928 Prof. Dr. med. Dr. med. dent h. c. Max Flesch-Thebesius Chefarzt der Chirurgischen Abteilung.[365] Schon 1933 wurde ihm die Chefarztposition entzogen und er nun zweiter Chirurg. Im Jahr 1934 wurde er ganz entlassen, u. a. deshalb, weil sich sein bisheriger Assistent, Sanitätssturmführer der SA Dr. Hans Richter weigerte, weiter mit ihm zusammenzuarbeiten.[366] Nur Pfarrer Martin Schmidt von der benachbarten Dreikönigsgemeinde, Mitglied des Pfarrernotbundes und der BK, setzte sich für ihn ein. Er richtete, als sich die Entlassung abzeichnete, zusammen mit dem Verwaltungsdirektor des Krankenhauses eine Eingabe an Reichsminister Wilhelm Frick zu Gunsten von Flesch-Thebesius. Diese hatte keinen Erfolg. Wohl aber wies Reichsärzteführer Gerhard Wagner auf eine Intervention die Kassenärztliche Vereinigung an, den Boykott der Ärzteschaft zu beenden. Doch der Krankenhausträger folgte dem nicht.[367] Als die Entlassung ausgesprochen war, fuhr Schmidt zum Krankenhausträger nach Marburg und bat den Vorsitzenden, Pfarrer Theophil Krawielitzki, um die Rücknahme der Entlassung. Dieser meinte, dass er das nicht ändern könne. „*Wen's treffen soll, den trifft's*". Flesch-Thebesius war dann bis 1938 Belegarzt am Viktoria-Institut. Von 1945 bis 1958 war er Chefarzt der Chirurgie des Krankenhauses Frankfurt a. M.-Höchst.

Das Diakonissenkrankenhaus
Dass das Diakonissenhaus geschlossen zur Bekennenden Kirche stand, war besonders Senatspräsident Dr. Heldmann zu verdanken, der das Haus als Vorstandsvorsitzender gegenüber Staat und Partei vertrat. Aus der Sicht der Kreisleitung der NSDAP wurde das Haus von Deutschnationalen beherrscht.[368] Deshalb ordnete Gauleiter Jakob Sprenger im Frühjahr 1934 an, dass es einer gründlichen Säuberung unterzogen werden müsse.[369] Auch auf dieses Krankenhaus wurde also Druck ausgeübt. Trotzdem konnte die Diakonissenanstalt in einer Festschrift 1995 feststellen,[370] dass der Arierparagraf auf Beschluss des Vorstandes nicht angewendet wurde und was das bedeutete. Prof. Dr. Heinrich von Mettenheim blieb im Vorstand. Dr. Richard von Lippmann blieb Chefarzt der Inneren Abteilung. Prof Dr. Max Flesch-Thebesius konnte vertretungsweise operieren. Pfarrer Gustav Oehlert,[371] von der Hannoverschen Kirche in den Wartestand versetzt, nahm inoffiziell seelsorgerliche Aufgaben wahr. Die Schwestern sorgten, so lange wie möglich, auch für jüdische Patienten.

4.9 Das Verhältnis zu anderen Religionsgemeinschaften

4.9.1 Das Verhältnis zur Katholischen Kirche

Aus heutiger Sicht mag man fragen, ob nicht der Druck des nationalsozialistischen Weltanschauungsstaates auf die Kirchen zu einer engeren Zusammenarbeit geführt hat. Aber dies entsprach nicht den damaligen ökumenischen Beziehungen. Unter Berufung auf Zeitzeugen schrieb der katholische Kirchenhistoriker Klaus Schatz dazu, dass das Verhältnis der Katholiken zu den Juden besser gewesen sei als zu den Protestanten. Erst 1940 habe im Antoniushaus ein erstes Treffen zwischen katholischen und evangelischen Pfarrern stattgefunden.[372] Auf evangelischer Seite konnten hierfür bisher keine Belege gefunden werden. Aber es hat in Nied engere Kontakte gegeben. In einem Rechenschaftsbericht über seine Amtszeit äußerte Pfarrer Alexander Pelissier, dass er mit den katholischen Amtsbrüdern ein gutes Verhältnis gehabt und mit ihnen in der Una-Sancta-Bewegung zusammengearbeitet habe.[373] Auch habe er mit ihnen versucht, der Mischehenproblematik *„etwas auf den Grund zu kommen"*, wozu *„Mischehenpfleger"* eingesetzt worden seien.[374] Leider äußerte er nicht, wann das gewesen war. Die Una-Sancta-Bewegung entstand in den dreißiger Jahren als katholische Basisbewegung und war ein Zweig der ökumenischen Bewegung. In ihr kamen ökumenisch gesinnte Katholiken mit ebensolchen Protestanten zusammen, um in Gebet und Gespräch dogmatische, moralische, institutionelle und soziale Gemeinsamkeiten heraus zu arbeiten und Gegensätze zu erörtern. Das Ziel war eine mit innerer Erneuerung verbundene Vereinigung der katholischen und der evangelischen Kirche in eine *„evangelische Katholizität."* Die vertraulichen Gespräche fanden auch im Dritten Reich und im 2. Weltkrieg statt. Ein Vertreter dieser Bewegung war der in Höchst getaufte und einige Zeit dort lebende Priester Herrmann Joseph Wehrle. Wehrle musste aus gesundheitlichen Gründen sein Theologiestudium aufgeben, studierte dann aber an der Frankfurter Universität ab 1922 und wurde dort zum Dr. phil. promoviert. Er lebte danach als Journalist und freischaffender Referent, ab 1931 als Landessekretär des römisch-katholischen Hilfs- und Informationswerks Catholica Uno. 1933 war er nicht bereit, in die Reichsschrifttumskammer einzutreten und konnte deshalb nicht mehr journalistisch tätig sein. Er war nun in der Frankfurter Stadtbibliothek und als Nachhilfelehrer tätig und hielt Vorträge in der Una-Sancta-Bewegung. 1936 ging er nach Bayern und erhielt dort 1942 die Priesterweihe. Er hatte Kontakt zu Alfred Delp und seinem Cousin Rupert Mayer und wurde 1944 in Plötzensee gehenkt. Wer in Frankfurt und Umgebung zur Una-Sancta-Bewegung gehörte, kannte ihn vermutlich. Es ist gut möglich, dass dazu auch die Pfarrer beider Konfessionen in Nied gehörten.

Zur allgemeinen Situation der Katholiken in Frankfurt meinte Schatz,[375] dass die Stadt ihren liberalen und toleranten Charakter auch in dieser Zeit bewahrt habe. Der nationalsozialistische Druck auf die katholische Kirche sei relativ schwächer als in anderen Großstädten gewesen. Dazu habe auch die *„noble"* Haltung von Oberbürgermeister Friedrich Krebs beigetragen. Dabei berief er sich auf katholische Zeitzeugen. Das *„Kirchenvolk"* teilte er unter Berufung auf den späteren Bischof Wilhelm Kempf in drei Gruppen:[376] ein Drittel sei immun gegen den Nationalsozialismus gewesen, ein Drittel habe laviert und ein Drittel sei mit dem Strom geschwommen. Unter den Geistlichen hätten sich Stadtpfarrer Jakob Herr und die Pfarrer Alois Eckert, Georg Hörle, Georg Rudolphi, Georg Nilges, Alfons Kirchgässner und Hans Karl Seidenather gegen den Nationalsozialismus gestellt.

4.9.2 Das evangelische Frankfurt und die Juden

Allgemeines
Anfang der dreißiger Jahre lebten in Frankfurt und den inzwischen eingemeindeten Stadtteilen etwa 31.000 Juden. 1938 gab es in Frankfurt 25 Synagogen und Betsäle. Davon war eine Synagoge vor 1938 verkauft worden, neun wurden niedergebrannt oder zerstört, 16 demoliert bzw. die Einrichtung verbrannt.[377] Für offizielle Beziehungen zwischen der evangelischen Kirche in Frankfurt und den jüdischen Gemeinden findet man keine Belege. Das änderte sich auch in den folgenden Jahren nicht und schlug sich darin nieder, dass Juden im NS-Staat nicht auf die Unterstützung der offiziellen evangelischen Kirche rechnen konnten. Da wir wissen, wie groß der staatliche Druck auf die Bevölkerung war, ist die Haltung derer, die den Mund auftaten oder halfen, umso bemerkenswerter. Fiel doch ihre Handlungsweise völlig heraus aus dem üblichen Umgang mit dem Schicksal der Juden in der evangelischen Kirche. Es war ja nicht nur so, dass die Deutschen Christen dem Rassenwahn der Nationalsozialisten folgten, sondern auch die Bekennende Kirche sah sich nach dem Krieg zu Schuldbekenntnissen verpflichtet. Beim Versuch, sich ein Bild von damals zu verschaffen, stößt man auch auf eine Reihe mutiger Menschen, die aber eben die Ausnahme waren.[378] Über Fritz Kahl und Margarethe Kahl sowie Heinz Welke wurde bereits berichtet. Einige weitere Beispiele finden sich auch in den folgenden Ausführungen.

Der Umgang mit Diskriminierungen und Gewaltakten
Als die NSDAP am 1. April 1933 zum Judenboykott aufrief, fand sie auch in der evangelischen Kirche Unterstützung. So fand man im *„Paulskirchenboten"*[379] eine Anzeige, mit der zum Kauf von Konfirmandenanzügen im *„deutschen Geschäft"* Kreuzner am Liebfrauenberg aufgefordert wurde.[380] Im Sommer 1934 kritisierte der Kirchenvorstand der St. Jakobsgemeinde in einem Schreiben an Nachbargemeinden, dass das gemeinsame

Gemeindeblatt in einer katholischen Druckerei gedruckt werde und darin Inserate jüdischer Kaufleute zu lesen seien.[381] Selbst die Nürnberger Gesetze im Jahre 1935 führten kaum zu Reaktionen in der evangelischen Kirche. Zu groß war die Loyalität gegenüber dem Staat und zu stark die antijudaistische bis antisemitische Grundhaltung.

Allerdings ist eine Predigt von Pfarrer Wilhelm Schümer überliefert, der bald danach wegen seiner BK-Haltung, ausgewiesen wurde. Sie war wohl als Reaktion auf die Nürnberger Gesetze zu verstehen und trotz einiger fragwürdiger Formulierungen sehr mutig. Schümer äußerte sich in seiner Bußtagspredigt 1935[382] über Psalm 127, 1 auch zur Nächstenliebe und bestritt, dass sie im deutschen Volke herrsche. Als Beispiel erwähnte er die Behandlung der Juden. Er nannte es erschreckend, dass viele Glieder der Kirche die Maßnahmen gegen die Juden guthießen und das damit begründeten, dass die Juden dem deutschen Volk Schlimmes angetan hätten. Dem hielt er entgegen, dass man auch bei den Juden differenzieren müsse. Man könne nicht das, was ein Teil von ihnen dem deutschen Volk an Leid und Unrecht zugefügt hätte, allen anrechnen; denn Gott sei ein Gott der Wahrheit und Gerechtigkeit. Auch gelte allen Juden gegenüber das Gebot der Nächstenliebe. Liebe könne niemals verachten und hassen. Zugleich müsse man beschämt sein über Blätter wie den Stürmer. Denn: *„Wo der Herr nicht das Haus baut, arbeiten umsonst, die daran bauen Wo der Herr nicht die Stadt behütet, so wacht der Wächter umsonst. ... Wie können wir hoffen, dass Gott die Arbeit unseres Volkes segnet, wenn wir als Christen nicht gegen diesen Geist, wie er uns etwa im Stürmer entgegentritt, mit aller Kraft ankämpfen, die uns Gott schenkt."* Das brachte ihm eine Anklage der Staatsanwaltschaft wegen Gefährdung des öffentlichen Friedens (§130 a StGB) ein.[383] Das Verfahren wurde aber am 26. Juni 1936 aufgrund einer Amnestie vom 23. April 1936 eingestellt.

Abb. 92 Paulskirchenbote April 1933

Auch von den Ereignissen in der Nacht vom 9. auf den 10. November 1938, als die Synagogen geschändet worden waren, oder aus der Zeit danach gibt es keine Dokumente aus der Frankfurter Kirche. Allerdings hat sich der damalige Schüler und spätere Frankfurter Pfarrer Joachim Proescholdt später erinnert:

„Es war der 10. November 1938. Wir, Schüler des Kaiser-Friedrich-Gymnasiums, hatten Schwimmunterricht im Stadtbad-Mitte in der Klingerstraße. Nach der Schwimmstunde kamen wir aus der Vorhalle. Die Luft war voller Brandgeruch und Qualm. Wir sahen die Synagoge am heutigen Börneplatz in hellen Flammen stehen. Gebannt von den lodernden Flammen diskutierten war darüber, warum die Feuerwehr nicht lösche, sondern nur das Übergreifen der Flammen verhinderte. Wir standen lange im Kreis der zuschauenden Menschenmenge. Da war nichts zu spüren von der ‚spontanen Volkswut', von der am nächsten Tag das Frankfurter Volksblatt berichtete. Aber es war auch nichts zu hören von Widerspruch oder Protest. ...

Auf dem Heimweg entdeckten wir Erschreckendes: Auf der Zeil wurden Geschäfte geplündert, Fensterscheiben zerschlagen, Kleidung, Wäsche, Schuhe, zerbrochenes Porzellan lagen wüst durcheinander auf der Straße. Polizei stand daneben, griff nicht ein. Kleine Gruppen von Männern in Zivil waren bei ihrem Zerstörungswerk in jüdischen Geschäftshäusern zu beobachten, auch einige Plünderer waren unterwegs.

Auf der Heimfahrt durch das Westend erlebten wir, wie Männer, alte und junge, zusammengetrieben, in der Eppsteiner Straße gesammelt wurden. Angst stand ihnen ins Gesicht geschrieben. Aus Wohnhäusern, vor denen johlende Menschengruppen gestikulierten, wurden Möbel, Schreibtische, Klaviere in Vorgärten geworfen, auf die Straße geworfen. Auch hier sahen Polizisten zu, wie Unrecht und Chaos geschah. Auch am Schönhof, auf der Schloßstraße, brannte die Synagoge. Am nächsten Tag sahen wir: auch die Synagoge in der Friedberger Anlage war ausgebrannt."[384]

Der Umgang mit dem Arierparagrafen für Pfarrer und Kirchenbeamte

Hatte die evangelische Kirche der Diskriminierung der Juden weithin zugesehen, so wachte sie auf, als der Arierparagraf eingeführt wurde. Allerdings wurde schnell deutlich, dass Vertreter eines klaren und eindeutigen Kurses wie Dietrich Bonhoeffer in der Minderheit waren. Vielmehr setzten sich Martin Niemöller und seine Anhänger durch.[385] Der Grund hierfür dürfte in taktischen Erwägungen und der vorherrschenden Stimmung gegen die Juden in der evangelischen Kirche gelegen haben.

Was immer Kritisches dazu zu äußern ist, die Einführung des Arierparagrafen durch das DC-Kirchenregime war der Auslöser für die Formierung des Widerstandes in der evangelischen Kirche. Am 6. September 1933 beschloss die Generalsynode der Evangelischen Kirche der Alt-Preußischen Union als erste Landessynode den Arierparagrafen, der von Pfarrern und Kirchenbeamten den Nachweis der arischen Abstammung verlangte. Selbst die Ehe mit Nichtariern war Einstellungshindernis oder Entlassungsgrund. Daraufhin gründeten am folgenden Tage Berliner Pfarrer den Pfarrernotbund. In einem Protestschreiben an die neue Kirchenregierung,[386] das Dietrich Bonhoeffer und Martin Niemöller formulierten, ist u. a. zu lesen: *„Nach dem Bekenntnis unserer Kirche ist das kirchliche Lehramt lediglich an die ordnungsgemäße Berufung gebunden. Durch den „Arierparagraphen" ... wird ein Recht geschaffen, das zu diesem grundlegenden Bekenntnissatz im Widerspruch steht. Damit ist ein Zustand, der nach dem Bekenntnis als Unrecht gelten muss, als kirchliches Recht proklamiert und das Bekenntnis verletzt. ... Wer einem solchem Bruch des Bekenntnisses die Zustimmung gibt, schließt sich damit selbst aus der Gemeinschaft der Kirche aus. ..."*

Dem Pfarrernotbund ging es um die Solidarität mit den 30 bis 50 vom Arierparagraphen betroffenen Amtsbrüdern.

Allerdings muss auch an Martin Niemöllers *„Sätze zur Arierfrage in der Kirche"*[387] erinnert werden. Sie versuchten im November 1933 einen Kompromiss mit den Deutschen Christen, um eine Abmilderung des Arierparagrafen zu erreichen. Niemöller legte zunächst dar, dass sich in den reformatorischen Kirchen vom Volkstum bestimmte Einzelkirchen gebildet hätten, in denen jedes Volk das Evangelium in seiner Art und Sprache durch Menschen seiner Art und Rasse vermittelt würde. Wenn daraus geschlossen würde, dass Juden und Nichtvolarier vom Amt der Wortverkündigung ausgeschlossen seien, verkenne dies aber die besondere Rolle des jüdischen Volkes in der Heilsgeschichte, dem nach Römer 11, 25 – 25 keine eigene Volkskirche beschieden sei. Bis zum Ende aller Zeiten blieben die bekehrten Juden also auf die Mitgliedschaft in der Kirche ihres Gastvolkes angewiesen und müssten dort, *"ob uns das sympathisch ist oder nicht,"* als vollberechtigte Mitglieder anerkannt werden. Unter diesen Umständen sei der Arierparagraf bekenntniswidrig, weil er die Gemeinschaft der Heiligen negiere. Dies würde für das deutsche Volk, das unter dem Einfluss des jüdischen Volkes schwer zu tragen gehabt habe, ein hohes Maß an Selbstverleugnung verlangen. Unter Bezugnahme auf 1. Korinther 8 erwartete er dann aber von Amtsträgern jüdischer Abstammung um der herrschenden „*Schwachheit"* willen Zurückhaltung, um kein Ärgernis zu geben. Herausgehobene Stellungen sollten sie meiden, ohne dass dies zu einem Gesetz gemacht werden dürfe. Da scheint es doch so, als würde hier der Begriff der „*Schwachheit"* auf die Täter statt auf die Opfer angewendet.

Dagegen war Pfarrer Wilhelm Lueken an einem Gutachten namhafter Theologen beteiligt,[388] in dem vom Neuen Testament her dargelegt wurde, dass die christliche Kirche aus Juden und Heiden bestehe, für die Zugehörigkeit zu ihr nur der Glaube und die Taufe maßgebend seien, Juden und Heiden gleichermaßen für Ämter geeignet seien, und das darin begründet sei, dass die Kirche ihr Dasein allein dem Heiligen Geist verdanke. In die gleiche Richtung ging auch die an Hitler gerichtete Denkschrift der Vorläufigen Leitung und des Rates der DEK vom 26. Mai 1936.[389] Hier war Otto Fricke beteiligt.

Der Umgang mit Christen jüdischer Herkunft

Ein ganz großes Unrecht war der Umgang der evangelischen Kirche mit den evangelischen Christen jüdischer Herkunft. Als später nichtarische Christen aus dem Gemeindeleben ausgeschlossen wurden, gab es keinen Aufschrei der Entrüstung. Immerhin protestierte der Landesbruderrat. Wie viele Gemeindeglieder, die nicht rein arisch waren, es in Frankfurt gab, ist unbekannt. 1925 lebten in Frankfurt 29.385 Juden. Nach nationalsozialistischer Auffassung waren das Menschen, die jüdische Großeltern hatten. Wie viele Christen jüdischer Herkunft es gab, ist nicht bekannt und lässt sich auch nicht mehr ermitteln. Eine im Jahr 2002 gegründete Initiativgruppe, aus der 2008 eine Arbeitsgruppe der EKHN und der der EKKW wurde, befasste sich intensiv mit diesem Personenkreis. Aus ihrer Arbeit gingen ein Arbeits- und Lesebuch sowie eine Ausstellung mit dem Titel „*Getauft, ausgestoßen - vergessen?"*[390] hervor An dem Projekt beteiligten sich acht Frankfurter Gemeinden. Den Beteiligten ist es zu verdanken, dass 1346 Personen ermittelt werden konnten, die namentlich in Erinnerung behalten werden können.

Hans Geisow, Vorsitzender des Kirchenvorstands der St. Katharinengemeinde, äußerte sich in den „*Blättern aus der Fichardstraße"* Nr 5 und 6/1933 zu einem „*artgemäßen Christentum"* und bezeichnete die Segnung von Ehen zwischen Deutschen und Juden als widernatürlich und damit widergöttlich.[391] Daraufhin veröffentlichte der Herausgeber, Pfarrer Willy Veit, den Brief eines Gemeindegliedes als „*religiösen Aufschrei"*. Die Verfasserin stammte aus einer jüdischen Familie und war mit Eltern und Geschwistern 1912 in die evangelische Kirche eingetreten. Aus der Äußerung Geisows ersehe sie, dass die DC zwischen vollwertigen Protestanten und Judenchristen unterscheiden wollten. Sie habe bisher das Christentum als etwas gesehen, was nicht von einem Volke in Erbpacht genommen werden könne. Und nun frage sie Veit: Ist das, was hier geschieht, wirklich das, was unser Herr Jesus wollte?

Ende 1941 erreichte die Verfolgung und Unterdrückung der Juden für die evangelische Kirche eine neue Phase. Im Dezember richteten die „Führer" von sieben evangelischen Landeskirchen, darunter Präsident Paul Kipper aus Darmstadt, folgendes Schreiben an die Deutsche Evangelische Kirche:

„*Die nationalsozialistische deutsche Führung hat mit zahlreichen Dokumenten unwiderleglich bewiesen, daß dieser Krieg in seinen weltweiten Ausmaßen von den Juden angezettelt worden ist. Sie hat deshalb im Innern wie nach außen die zur Sicherung des deutschen Lebens notwendigen Entscheidungen und Maßnahmen gegen das Judentum getroffen.*

Als Glieder der deutschen Volksgemeinschaft stehen die unterzeichneten deutschen evang. Lkn in der Front dieses historischen Abwehrkampfes, der u. a. die Reichspolizei-VO über die Kennzeichnung der Juden als der geborenen Welt- und Reichsfeinde notwendig gemacht hat, wie schon Dr. Martin Luther nach bitteren Erfahrungen die Forderung erhob, schärfste Maßnahmen gegen die Juden zu ergreifen und sie aus den deutschen Landen auszuweisen.

Von der Kreuzigung Christi bis zum heutigen Tage haben die Juden das Christentum bekämpft oder zur Errichtung ihrer eigennützigen Ziele mißbraucht und verfälscht. Durch die christliche Taufe wird an der rassischen Eigenart eines Juden, seiner Volkszugehörigkeit und seinem biologischen Sein nichts geändert.

Eine deutsche evang. Kirche hat das religiöse Leben deutscher Volksgenossen zu fördern. Rassejüdische Christen haben in ihr keinen Raum und kein Recht. Die unterzeichneten deutschen evang. Kirchen und Kirchenleiter haben deshalb jegliche Gemeinschaft mit den Judenchristen aufgehoben. Sie sind entschlossen, keinerlei Einflüsse jüdischen Geistes auf das deutsche religiöse und kirchliche Leben zu dulden."[392]

Dementsprechend erließ Präsident Paul Kipper am 15. Januar 1942 eine Verordnung über den „*Ausschluß rasse-jüdischer Christen aus der ELNH*".[393] Diese wurde aber erst am 1. Juli im Gesetz- und Verordnungsblatt veröffentlicht und erst dann rechtswirksam. Mit der Verordnung des Landeskirchenamtes vom 15. Januar 1942 über den Ausschluss „*rassejüdischer Christen*" aus der ELNH wurden Personen, die unter die Polizeiverordnung vom 1. September 1941 über die Kennzeichnung von Juden fielen, von jeder kirchlichen Gemeinschaft ausgeschlossen.[394] Hiergegen protestierte der Landesbruderrat, in dem aus Frankfurt Wilhelm Lueken und Friedrich Schmidt-Knatz beteiligt waren, am 7. August in einem Schreiben an Präsident Kipper:

„*Gegen die im GVBl. der NH-Kirche vom 1. Juli 1942 veröffentlichte VO des Präsidenten des LKA vom 15. Jan 1942 erheben wir im Namen der uns angeschlossenen Pfarrer und Gemeinden Einspruch. Die VO verneint die göttlichen Grundlagen, die Jesus Christus seiner Kirche gegeben hat, und damit ist eine LK, in der diese VO gilt, keine christliche Kirche mehr. Sie verstößt zunächst gegen den Tauf-*

befehl, den ihr Christus selbst aufgetragen hat und an den sie sich gebunden weiß: ‚Gehet hin und lehret alle Völker und taufet sie im Namen des Vaters und des Sohnes und des Hl. Geistes und lehret sie halten alles, was ich euch befohlen habe'(Matth. 28, 19–20). Jesus Christus hat keine rassischen und völkischen Grenzen gezogen, als er seiner Kirche die Mission auftrug. Gerade die Weite des Taufbefehls bezeugt auch die Weite des Evangeliums. Nirgends sind Gottes Gnade Grenzen gezogen. ‚Wer da glaubt und getauft wird, der wird selig werden'(Mark. 16, 16) und ist durch die Taufe Glied des Leibes Christi geworden. ‚Wieviel euer auf Christum getauft sind, die haben Christum angezogen. Hier ist kein Jude noch Grieche, hier ist kein Knecht noch Freier, hier ist kein Mann noch Weib; denn ihr seid allzumal einer in Christo'(Gal. 3, 27–28). Eine Grenzziehung nach rassischen Gesichtspunkten ist nichts anderes als die Proklamierung einer Nationalreligion, die mit der christlichen Kirche nichts mehr zu tun hat. Denn eine Kirche, die mit Judenchristen oder christlichen Nichtariern keine Gemeinschaft haben will, verläßt den Weg, den Gott selbst in seiner Weisheit und Barmherzigkeit zur Rettung der Völkerwelt beschritten hat. Der göttliche Auftrag seiner Kirche besteht darin, das Evangelium Jesu Christi unverkürzt so zu verkündigen, wie es sich im AT und NT offenbart hat. Diesen Auftrag könnte sie dann als Zeuge des heute wirkenden Christus –heute wie gestern und in Ewigkeit – im Gottesdienst, in Predigt und Sakrament nicht mehr ausführen, ebenso wie sie keinen Missionsauftrag mehr hätte. Die VO hebt das Ordinationsgelübde in gleicher Weise auf wie den Art. 1 der Verfassung der DEK, die uns beide an Bibel und Bekenntnis binden. Die VO ist außerdem ein Übergriff der kirchlichen Verwaltungsbehörde, die in Fragen des Kultus und der Lehre nicht zuständig ist."[395]

Kippers Verordnung war ein Rechtsakt. Für Frankfurt stellte die Vorläufige Leitung der evangelischen Kirche in Frankfurt am 20. März 1946 fest: „Es wird festgestellt, dass die Verordnung über den Ausschluss rasse-jüdischer Christen aus der Evang. Landeskirche Nassau-Hessen vom 15. Januar 1942 und die rechtsverbindliche Anordnung über die Nicht-Erhebung von Kirchensteuern von rasse-jüdischen Christen im Bereich der Evang. Landeskirche Nassau-Hessen vom 15. Januar 1942 gemäß Artikel II des Gesetzes der amerikanischen Militärregierung mit dessen Inkrafttreten nicht mehr anwendbar sind."[396] Eine eigene kirchliche Entscheidung wurde damit wohl nicht mehr für notwendig gehalten.

Was das für die Betroffenen konkret bedeutete hat Claire von Mettenheim[397] in Briefen und in einem Tagebuch geschildert.[398] Sie stammte aus einer wohlhabenden jüdischen Familie in Mannheim. Nach einer geschiedenen Ehe heiratete sie 1918 Heinrich von Mettenheim, den Leiter der städtischen Kinderklinik. Sie hatte aus erster Ehe vier und und aus zweiter Ehe zwei Kinder. Ihre Familie hielt sich zur St. Paulsgemeinde, insbesondere zu Pfarrer Karl Veidt, und gehörte auch der BK an. Wegen seiner Ehe mit einer Jüdin wurde Heinrich von Mettenheim als Professor entlassen. Am 29. Januar 1944 kam er bei einem Fliegerangriff in seiner Villa, Unterlindau 33, um's Leben. Claire überlebte den Krieg und die Verfolgungen auf dem Gut einer Bekannten in der Mark Brandenburg.

13.4.1943

„Aber nun will ich Dir noch von meinem Kummer erzählen, der mich am 6.4. am Schreiben hinderte. Wir hatten besprochen, wann wir das Abendmahl nehmen und – da es von der Kirche verboten (aber geheim verboten) war, dass Rassejuden es nehmen dürfen – ob wir

unter den augenblicklichen Umständen Veidt in Verlegenheit bringen könnten damit. Vater trifft an dem Abend in einem Konzert Veidt und sagt ihm von unseren Erwägungen. Veidt wird nachdenklich, will sich's überlegen – wir können es ja in der Wohnung nehmen (!) – hat aber bis heute nichts von sich hören lassen. Nun – ich würde ja unter diesen Umständen danken, denn wenn ich nicht in die Gemeinde gehöre – was bleibt dann von Kirche, Taufe, Sakrament, Bibel? Damit ist doch alles hinfällig. Aber ich wusste doch trotz des Kummers und der Wut, dass das eben Menschenschwächen sind und die Angst mächtiger ist als Christi Macht in den Herzen. Ich halte mich an IHN und nicht an Veidt und Maas und all die anderen Geschöpfe."

Wie riskant es war, mit jemand wie Claire von Mettenheim Kontakt zu halten, zeigte sich am Beispiel von Dora von Oettingen, 1942 Gemeindehelferin in der Lukasgemeinde.[399] Sie hatte Claire von Mettenheim Predigten des württembergischen lutherischen Bischofs Theophil Wurm und des katholischen Bischofs von Münster, Graf von Galen gegeben. Diese wurden bei einer Hausdurchsuchung gefunden und Dora von Oettingen verhaftet. Die Zeit vom 21. Januar bis 10. Juli 1942 verbrachte sie im Untersuchungsgefängnis Hammelsgasse und wurde nur dank mehrerer Helfer vor der „Verschubung" ins KZ Ravensbrück bewahrt.

Der Umgang mit Auswanderung und Deportation
Von Jahr zu Jahr nahm der Druck auf die Juden zu. Zunächst benötigten sie Alltagshilfen wie die Aufhebung der Ausgrenzung oder gesundheitliche Betreuung, dann Hilfen bei der Auswanderung und schließlich Schutz vor Verfolgung und Deportation. Offizielle Verlautbarungen der Kirche in Frankfurt sind nicht zu finden. Sucht man Mitglieder der Frankfurter Kirche, die jüdischen Mitmenschen geholfen haben, steht man vor verschiedenen Problemen: es waren nicht viele; wenige haben selbst darüber geredet; viele Unterlagen sind verloren gegangen. Trotzdem gab es „Gerechte", und jüngerer Zeit ist auch verschiedentlich an sie erinnert worden.[400]

Auch Pfarrer Arnold Schumacher versuchte, vor allem Christen jüdischer Herkunft zu helfen.[401] So beschloss der Vorstand des Evangelischen Vereins für Innere Mission, Vormundschaften für „nichtarische" Kinder zu übernehmen, nachdem der Evangelische Volksdienst dies im August 1935 abgelehnt hatte.[402] Begründet wurde diese Entscheidung mit der Verpflichtung des Vereins aus dem Evangelium und der volksmissionarischen Aufgabe. Zwischen 1936 und 1938 errichtete Schumacher eine Hilfsstelle für christliche *„Rasseverfolgte"*. Nach eigenen Angaben half er einer großen Zahl von Juden und Judenchristen, auch bei der Auswanderung. Das geschah wohl schon vor der Errichtung des *„Büros Grüber"* in Berlin. Pfarrer Heinrich Grüber erhielt Ende Mai 1938 von der BK den Auftrag, evangelischen *„Rasseverfolgten"* zu helfen.[403] Er schuf in kurzer Zeit in 20 Städten Zweigstellen und nannte die Verantwortlichen *„Vertrauensleute"*. Schumachers Name stand schon auf der ersten Liste der *„Vertrauensstellen"*.[404] Im Dezember 1938/Januar 1939 wurde in Grübers Listen Schumachers Wohnung, Cronstettenstraße 50, als Adresse genannt, danach die offizielle Anschrift des Vereins für Innere Mission, Hans-Handwerk-Straße 16 (früher und nach 1945 Lange Straße). Am 3. Februar 1939 beschloss der Vorstand des Vereins, dass Schumacher in Zusammenarbeit mit dem Büro Grüber die Beratung und

Abb. 93 Arnold Schumacher

Betreuung „*nichtarischer*" Christen übernehmen solle. Dabei votierte der Vorsitzende des Vereins, Pfarrer Georg Probst, dafür, weil es von jeher Aufgabe der Inneren Mission gewesen sei, sich da zu engagieren, wo ihr Dienst geboten sei. Diakon Wilhelm Kißmann bestätigte nach dem Krieg, dass sich in und nach der „*Reichskristallnacht*" viele Juden Hilfe suchend an Schumacher gewandt hätten und Hilfe bekommen hätten. Auch wurden Ende 1938 Juden, die aus ihren Wohnungen vertrieben worden waren, im „*Rheinischen Hof*", einem Haus der Inneren Mission, ohne polizeiliche Anmeldung aufgenommen. Schumachers Sekretärin berichtete später, dass in den Jahren 1938/39 täglich 20 bis 30 „*nichtarische*" Christen Rat und Hilfe erbeten hätten. Die Angaben über Schumachers Hilftätigkeiten fanden durch Zeugen und in der Familie aufbewahrte Unterlagen ihre Bestätigung. Im August 1939 wurde Schumacher auch als Beauftragter des Büros Grüber für den Bezirk Frankfurt in einem Protokoll des Landesbruderrates erwähnt.[405]

Lotte Eckert war von 1928 bis 1936 und von 1946 bis 1970 Mitarbeiterin der Frankfurter Bahnhofsmission. Nach der Schließung der Bahnhofsmission 1936 war sie Jugendleiterin in der Matthäusgemeinde. 1984 erhielt sie das Bundesverdienstkreuz am Bande, weil sie bei sich zu Hause und im Ferienhaus des Gemeindepfarrers Samuel Schrenk in Weipersfelden (Waldsolms) jüdische Kinder versteckt und zwanzig von ihnen gerettet hat. Die Schule in Waldsolms trägt ihren Namen.[406]

4.10 Die Frankfurter Kirche zu Beginn des 2. Weltkrieges

Die Frankfurter Kirche ging in diesen Krieg als Propstei Frankfurt mit Propst Alfred Trommershausen, gegliedert in die Dekanate Ost und West und zwei Wehrmachtsseelsorgebezirke für die Standorte Frankfurt, Offenbach, Bad Homburg, Babenhausen, Dieburg, Hanau, Aschaffenburg, Langendiebach und Büdingen sowie das Amt für Kirchenmusik und die Evangelische Jugendkanzlei. In Frankfurt bestanden weiter die Stadtsynode der evangelisch-lutherischen und evangelisch-unierten Kirchengemeinden der ehemaligen Landeskirche Frankfurt am Main (Stadtsynodalverband) mit dem Evangelischen Volksdienst und der Pressestelle, die Vereinigte evangelische Stadtsynode (Kirchensteuersynode) und die Evangelisch-reformierte Stadtsynode. Unter der Überschrift „*Wo finde ich Hilfe mit Rat und Tat in evangelischen Anstalten, Heimen und Verei-*

nen?⁴⁰⁷" informierte der Kirchenkalender 1940 über ein Fülle von Hilfsangeboten: für Kleinkinder in 31 Kindergärten, für schulpflichtige Kinder in zwei Horten, für Kranke in vier Krankenhäusern und 44 Schwesternstationen, für alleinstehende Schulentlassene und Ältere in zwei Heimen für Männer und zehn Heimen für Frauen, für Reisende in sechs Heimen, für Wanderer in drei Heimen, für Gefährdete beim Ev. Volksdienst, der Weiblichen Stadtmission und an zwei anderen Stellen, für Alkoholkranke bei Volksdienst, Innerer Mission und Stadtmission, für Gefangene, für erholungsbedürftige Kinder in acht Heimen, für erholungsbedürftige Jugendliche in fünf Heimen, für erholungsbedürftige Erwachsene in vier Heimen, für Alte in 13 Altenheimen und für Sieche im Schmidbornschen Siechenhaus. Dahinter standen neben dem Evangelischen Volksdienst und dem Verein für Innere Mission eine ganze Reihe von Vereinen, die sich diakonisch betätigten.

4.11 Die Frankfurter Amtskirche und der Krieg

Als Beginn des 2. Weltkrieges wird der deutsche Angriff auf Polen am 1. September 1939 angesehen. Die deutsche Expansionspolitik hatte jedoch schon 1938 begonnen, als verschiedene Gebiete an das Deutsche Reich „angeschlossen" wurden, immer verbunden mit dem Einmarsch deutscher Truppen, allerdings ohne militärische Gegenwehr.

Der Frankfurter Kirchenkalender für das Jahr 1940 erschien Ende 1939 und nahm den Beginn des 2. Weltkrieges auf. Der Journalist Richard Daub, 1975 Träger der Ehrenplakette der Stadt Frankfurt, jubelte über „Das Jahr des Krieges und des Sieges".⁴⁰⁸ Dabei blickte er zunächst auf das Jahr 1938 zurück, in dem der Führer das Großdeutsche Reich geschaffen hätte. Die Ostmark sei heimgekehrt und die sudetendeutschen Gebiete friedlich mit dem Reich vereinigt. *„Mit dem Dank an den Führer verband sich in den Herzen der Gläubigen der Dank an den Allmächtigen, dessen segnende Hand sichtbar über unserem Volke waltete."* Dann beschrieb er die politische Lage mit ihren Spannungen, die allein England zu verantworten habe. Ganz anders der Führer. *„Er hat darüber hinaus noch einmal den Westmächten die Friedenshand dargeboten; aber der englische Premierminister Chamberlain glaubte, sie ausschlagen zu müssen. Er wird es vor dem Allmächtigen und vor der Geschichte verantworten müssen. Das deutsche Volk aber blickt voll Vertrauen auf seine politische und militärische Führung in die Zukunft. Unter Adolf Hitlers genialer Führung wurde im März 1939 der durch die Gründung der tschechoslowakischen Republik geschaffene Unruheherd in Mitteleuropa beseitigt und mit der Schaffung des Reichsprotektorats Böhmen und Mähren ... eine Lösung herbeigeführt. ... Unter seiner Führung wurde wenige Monate später auf dem Wege friedlicher Verständigung auch das Memelgebiet wieder mit dem Reich vereinigt. Vor den Augen der ganzen Welt hat der Führer mit unerhörter Langmut immer wieder versucht, auch die Frage der Wiedervereinigung Danzigs und des polnischen Korridors mit dem Reich auf dem gleichen Wege durchzuführen."* Doch England habe das verhindert.

„Aber es kam zu dem in der Weltgeschichte beispiellos gewordenen ‚Achtzehn-Tage-Feldzug', mit dem Ergebnis der fast restlosen Vernichtung der polnischen Armeen ... Der polnische Staat aber, den die Diktatoren von Versailles ins Leben gerufen hatten, war dank der unvergleichlichen Tapferkeit der deut-

schen Truppen von der Bildfläche verschwunden. Und wieder zeigte sich die große Staatskunst des Führers, als am 28. September für alle Welt überraschend in Moskau ein Freundschaftspakt zwischen Deutschland und Rußland geschlossen wurde, in dem zugleich die Abgrenzung der beiderseitigen Interessengebiete in der ehemaligen Republik Polen erfolgte. ... So haben schon die ersten Wochen des Krieges gezeigt, daß dank der politischen Führung und der unerhörten Schlagkraft der neuen Wehrmacht Deutschland in diesem Kriege eine ungleich günstigere Position einnimmt, als etwa 1914. Das deutsche Volk aber sieht voll Zuversicht der weiteren Entwicklung der internationalen Lage entgegen. Es nimmt würdig und Ernst die Entbehrungen und Opfer auf sich, die der Krieg für jeden einzelnen mit sich bringt, denn es weiß, daß es nach diesem Krieg kein Versailles mehr geben wird."* Dieses Bild zeichnete im Herbst 1939 eine Frankfurter Publikation der offiziellen evangelischen Kirche.

Das Jahr 1941 begrüßte Trommershausen mit den Worten:

„Geschichtliche Zeiten ohnegleichen erleben wir. Der Herr der Zeiten geht über die Erde und hält Gericht. Er straft das Verbrechen von Versailles, richtet alles Scheinchristentum und hebt unser deutsches Volk wieder zur Höhe empor. Das macht uns dankbar und frohgemut. Dankbar gegenüber unserem unvergleichlichen Führer, den Gott uns gegeben, dankbar gegenüber den Männern und Söhnen unseres Volkes, dankbar gegenüber allen, die in der Front und in der Heimat sich eingesetzt haben, dankbar aber vor allen Dingen gegenüber Gott, der uns ruft, uns beschenkt und verpflichtet. Das soll der Segen unseres Gottes für uns Kirchenleute unter den Deutschen sein ... "[409]

4.12 Beeinträchtigungen der kirchlichen Arbeit

In einem Rückblick nannte Georg Struckmeier die vielfältigen Einschränkungen, die die kirchliche Arbeit im Krieg erfuhr[410]: die Überführung der kirchlichen Kindergärten in die NSV im Sommer 1941; die Verdrängung der Konfirmationsgottesdienste vom Palmsonntag auf einen Tag, der von Parteiveranstaltungen frei war, aber erst kurzfristig bekannt gegeben wurde; die Einschränkung und das Verbot kirchlicher Veranstaltungen außerhalb der kirchlichen Räume (hierzu gehörten selbst Kaffeeausflüge); die Versuche, die Frauenhilfe in die NS-Frauenschaft einzugliedern; die Behinderung der kirchlichen Presse, auch der Gemeindeblätter, durch Verbot oder Vorenthaltung des Druckpapiers (mit der Schreibmaschine geschriebene und vervielfältigte „Rundbriefe" dienten als Ersatz); die Anordnung, dass Kirchen als Aufbewahrungsraum für Möbel Fliegergeschädigter zur Verfügung gestellt werden mussten (z. B. Dreikönigskirche und Marienkirche). Man sollte hinzufügen die Unterbindung des schriftlichen Kontakts der Gemeinden mit den Soldaten, den Verlust von kirchlichen Gebäuden infolge der Luftangriffe[411] und die zunehmende Evakuierung der Bevölkerung aus Frankfurt. So wurde im Jahre 1944 die ganze Schuljugend aus Frankfurt nach außerhalb verlagert, weshalb manche Gemeinden schon Weihnachten 1943 konfirmierten. Das verbleibende Gemeindeleben fand also unter sehr erschwerten Umständen statt.

Besonders deprimierend war die Situation der evangelischen Kindergärten. Im Frankfurter Kirchlichen Jahrbuch 1951 beschrieb ein Anonymus Vorgänge aus dem April 1941:[412] *„Da halten wiederholt die Autos der nationalsozialistischen Kreisleitung vor den* evangelischen Kindergärten. Einige uniformierte Personen betreten den Kindergarten, weisen sich als bevollmächtigte Referenten der Kreisleitung bei der Kinderschwester (Kindergärtnerin) aus und erklären den evangelischen Kindergarten der betreffenden Kirchengemeinde für geschlossen. Etwas kurz wird die Leiterin gefragt, ob sie gewillt ist, im Auftrag und im Sinn der N.S.V. ihre Arbeit an der vorschulpflichtigen Jugend fortzuführen. In diesem und in allen bekannten Fällen wurde dies Angebot abgelehnt. ‚Dann übergeben Sie sofort der neuen Kindergärtnerin, die wir mitgebracht haben, Arbeit und Inventar.' Welch ein bitterer Augenblick im Leben der evangelischen Kindergartenleiterin! - Sie wird ihn nie vergessen. Dennoch melden sich jetzt schon zuversichtliche Stimmen, die prophezeien: ‚es kommt die Stunde, wo sich die Pforten der evangelischen Kindergärten wieder öffnen. Darum sorgsam die Kindergarten-Einrichtung (Tische, Stühle usw.) aufbewahren, wenn sie nicht zwangsmäßig von der N.S.V. beansprucht wird'."

4.13 Pfarrer und der Krieg

4.13.1 Ernst Friedrich: Kein Platz für Wehrdienstverweigerer

Der 1909 in Hofheim geborene Friedrich war nach dem Theologiestudium ab 15. Mai 1934 Vikar in der Friedensgemeinde. Da die dortigen Pfarrer DC-Mitglieder und die BK-Gemeindeglieder nicht organisiert waren, hatte er einen schweren Stand. So gab es für Friedrich ständige Konflikte mit den Amtsbrüdern und dem DC-Kirchenregiment. Der Versetzung zur Verwaltung der Pfarrstelle in Oberrossbach ab 9. August 1935 kam er nicht nach, weil der dortige Amtsinhaber, ebenfalls ein BK-Vikar, mit Zustimmung des Kirchenvorstandes eingesetzt war und er ihn nicht aus dem Amt drängen wollte. Er erhielt eine Gehaltssperre für die Dauer der Weigerung,[413] wurde von der BK übernommen und arbeitete als „*illegaler*" Vikar[414] weiter in Frankfurt.

Schon am 5. August 1934 hat Friedrich in einer Predigtausarbeitung zu Lukas 19, 41 – 44[415] seine Haltung gegenüber dem Krieg beschrieben. Jesus habe gefordert, sich bei jedem Krieg der Waffen zu enthalten. In einem zukünftigen Krieg könne zudem nicht mehr von einem Krieg im Dienste des Nächsten die Rede sein, weil es durch die Totalität des Krieges keine Fronten mehr gebe, sondern nur ein allgemeines Zerstören und Töten. Schon mit der Aufrüstung oder durch Ableistung des Wehrdienstes beteilige man sich daran.

Am 21. Juli 1937 erhielt Friedrich den Gestellungsbefehl zu einer Wehrübung des Landsturms. Daraufhin wandte er sich zunächst an einzelne leitende Mitglieder der BK und am 11. August 1937 an den Landesbruderrat Nassau-Hessen. Dem teilte er mit, dass er den Wehrdienst verweigern, aber auch nicht gegen seinen Eid verstoßen möchte.[416] Zwei Tage später beurlaubte ihn der Bruderrat für die Wehrübung und teilte ihm u. a. mit „ ... *haben wir nicht die Freiheit, Ihrer Argumentation beizutreten.*"[417] Daraufhin suchte Friedrich am 14. August 1937 das Wehrmeldeamt auf, trug sein Anliegen vor und legte in einem Schreiben an dieses Amt[418] seine Gedanken dar. Dabei fragte er sich auch, ob er mit dem Wehrdienst wirklich seinen Nächsten schütze und ob die Maßnahme des Staates diesem Zweck diene. Er sei dabei zu dem Ergebnis gekommen, dass der Krieg nicht mehr dem Schutz des Nächsten diene. Krieg sei nicht mehr eine notwendige Sünde, sondern eine vermeidbare. Deshalb lehne er

Abb. 94 Ernst Friedrich

den Dienst mit der Waffe ab. Im Wehrmeldeamt wies man ihn auf die Konsequenzen und die Möglichkeit hin, als Pfarrer zurückgestellt zu werden. Friedrich ließ das aber nicht gelten. In dem Gespräch hatte er auch den Eindruck, dass seine Gesprächspartner bereits informiert seien. Und in der Tat hatte der Landesbruderrat seine Kontakte spielen lassen. So stellte die Wehrbehörde Friedrich wegen seiner „*ernsthaften Gründe*" zurück, was nur selten geschah.

Anschließend[419] berichtete Friedrich dem Landesbruderrat über sein Gespräch und brachte seine Empörung darüber zum Ausdruck, dass der Landesbruderrat ihm in den Rücken gefallen sei. Daraufhin beurlaubte ihn dieser am bis zur völligen Klärung der Angelegenheit.[420] Nach einigen persönlichen Vorsprachen war schließlich für den 28. Oktober 1937 ein Gespräch angesetzt, [421] das jedoch wegen der Verhinderung einiger Mitglieder des Landesbruderrates nicht stattfand. Julius Rumpf, Mitglied des Bruderrates, teilte Friedrich noch am selben Tag mit, dass das Gespräch nachgeholt werden solle.[422] Parallel informierte jedoch das Mitglied Wilhelm Fresenius die Friedensgemeinde,[423] dass der Landesbruderrat Friedrich endgültig aus der Arbeit dort abgezogen habe.

Friedrich erhielt auf seine Bitte, dies zu begründen, einen Beschluss vom 28. Oktober 1937 mitgeteilt, in dem es u.a. hieß:[424] Von Schrift und Bekenntnis aus könnte die Verweigerung des Kriegsdienstes nicht begründet werden. Die Bekenntnisse der Reformation wiesen daraufhin, dass ein Christ in der Regel genauso Kriegsdienst leisten könne, wie er auch als Christ im Amte der Obrigkeit das Schwert führen könne (z.B. Richter sein u.ä.). Die Kirche sei sich darüber klar, dass in der Gegenwart das Kriegsproblem kompliziert geworden ist. Trotzdem gelte es nach wie vor als allgemeine Meinung, dass auch heute noch die Teilnahme am Kriegsdienst in keiner Weise im Widerspruch zu Schrift und Bekenntnis steht, dass vielmehr auch heute noch die Erfüllung des Militärdienstes als das Gebotene erscheint. Da sich die Kirche zur Zeit zu bekenntnisbedingtem Protest nicht aufgerufen wisse, verstoße der Einzelne, der den Kriegsdienst verweigert, gegen die Unterweisung, die die Kirche heute nach dem ihr geschenkten Maß an Erkenntnis ihren Gliedern zuteilwerden lässt. Wenn der Einzelne glaube, den oben genannten Protest anmelden zu müssen, täte er dies auf eigene Verantwortung, könne aber kein Amt in der Kirche ausüben, falls er nach brüderlicher Beratung bei seiner vorgefassten Meinung beharre.

In ein anderes Amt berief der Landesbruderrat ihn nicht mehr. Friedrich schlug sich nun recht und schlecht mit Hilfsarbeiten durch. Um die gleiche Zeit entschloss er sich, aus Rücksichtnahme auf seine Eltern den Sanitätsdienst zu leisten. Im März 1940 folgte ein weiterer Gestellungsbefehl. Bei der Musterung bekräftigte Friedrich, Sanitätssoldat werden zu wollen, verweigerte aber den Eid. Darauf bekam er Standortarrest und wurde am 1. April 1940 dem Reichskriegsgericht vorgeführt. Dort erklärte er, dass er seine Überzeugung beibehalte, aber seinen Eltern zu Liebe nachgeben wolle. Daraufhin wurde das Verfahren wegen Wehrkraftzersetzung eingestellt. Vier Tage später wurde er aus der Haft entlassen, nachgemustert und als Sanitäter vereidigt.[425] Am 6. Juni 1940 wurde er eingezogen und geriet am Ende des Krieges in englische Gefangenschaft.

Sicher entsprach die Position des Landesbruderrates einer allgemeinen Meinung. Aber es überrascht die Härte der Aussage und der Konsequenzen. Da rang ein Amtsbruder in einer schwierigen Frage mit sich und seiner Umgebung. Er argumentierte ausführlich und differenziert. Und die Verantwortlichen zogen sich hinter die allgemeingültige Meinung zurück. Da fragt man sich nach den Motiven. Hatte man im Landesbruderrat nur die staatlichen Eingriffe in die kirchliche Existenz im Blick gehabt und die innen- und außenpolitische Entwicklung nicht wahrgenommen? Schlug hier durch, dass viele Mitglieder der BK die staatliche Neuordnung von 1933 immer noch bejahten? Wollte man angesichts des schwierigen Verhältnisses zur eigenen Kirche und dem Staat nur vermeiden, dass man auch noch wegen der Friedensfrage angegriffen würde? Oder war es die hilflose Reaktion auf die provozierenden Fragen an die eigene Theologie und das eigenen Selbstverständnis? Immerhin gab es schon seit der Antike die Lehre vom gerechten Krieg. Dietrich Bonhoeffer hatte in seinem Katechismus von 1936 geschrieben, dass ein Christ niemals an einem ungerechten Krieg teilhaben könne. Das hätte doch Anlass zu einer abwägenden Stellungnahme sein können.

Eine späte Rechtfertigung erfuhr Friedrich nach seinem Tode. Anlässlich des Trauergottesdienstes am 18. Juli 1985 äußerte Oberkirchenrat i. R. Karl Herbert, früherer Stellvertreter des Kirchenpräsidenten der EKHN, in der Predigt: *„Wir, die wir damals in der Bekennenden Kirche Verantwortung trugen, wir mussten uns hinterher schämen vor diesem unserem Bruder Friedrich. Da haben wir 1937 im Landesbruderrat kühn den Satz formuliert und ihm geschrieben: ‚Von Schrift und Bekenntnis aus kann die Verweigerung des Kriegsdienstes nicht begründet werden'. Und nun hat er gegen uns alle recht behalten. Nicht, dass wir jetzt seine Entscheidung zum Gesetz machen für alle. Aber das ist uns doch aufgegangen: dass die Verweigerung auch ein legitimes christliches Zeugnis und eine echte christliche Entscheidung darstellt, ja vielleicht das deutlichere Zeichen ..."*[426]

4.13.2 KARL SCHEIBENBERGER ZUM POLENFELDZUG

Im Frankfurter Kirchenkalender 1941, dessen Redaktionsschluss Mitte 1940 gewesen war, stellte Pfarrer Karl Scheibenberger den militärischen Sieg über Polen in einen größeren historischen Zusammenhang und führte ihn auf Gottes unmittelbares Eingreifen zurück:[427]

*„Gott offenbart sich in der Natur als der Schöpfer Himmels und der Erden; er bezeugt sich in der Geschichte als der Herr der Menschen und Völker. Gott allein die Ehre! Dies steht denn auch in leuchtenden Lettern über dem Schicksalskampf unserer deutschen Nation geschrieben.
Es war ein Gotteswunder, als im Dreißigjährigen Krieg der Schwedenkönig Gustav Adolf nach Deutschland kam, um durch seine Siege die evangelische Sache zu retten. Dankerfüllt*

bekannte der Glaube: ‚Der Herr ist noch und nimmer nicht von seinem Volk geschieden; er bleibet ihre Zuversicht, ihr Segen, Heil und Frieden. Mit Mutterhänden leitet er die Seinen ständig hin und her, gebt unserm Gott die Ehre!'
Die Schlacht bei Leuthen sollte über die Zukunft Preußens entscheiden. Durch beispiellose Tapferkeit erzwangen des Königs Grenadiere den Sieg. Doch sie rühmten sich nicht eigener Stärke, sie sangen an den nächtlichen Lagerfeuern: ‚Nun danket alle Gott mit Herzen, Mund und Händen, der große Dinge tut an uns und allen Enden.'
Ein Gottesgericht erblickte man im Untergang der großen Napoleonsarmee auf Rußlands Eisfeldern. Als die letzten Reste des vernichteten Heeres durch Deutschland keuchten, da sprach das Volk ergriffen die Worte nach, die Ferdinand August gedichtet hatte:

> ‚Es irrt durch Schnee und Wald umher
> das große mächt'ge Franzosenheer.
> Der Kaiser auf der Flucht,
> Soldaten ohne Zucht.
> Mit Mann und Roß und Wagen
> hat sie der Herr geschlagen."

Nach der Schlacht bei Sedan am 1. September 1870 telegraphierte der fromme Kaiser Wilhelm an seine Gemahlin: ‚Welch eine Wendung durch Gottes Fügung!' Und über die deutschen Gaue hinweg brauste der Freudenruf: ‚Nun laßt die Glocken von Turm zu Turm durchs Land frohlocken im Jubelsturm! Des Flammenstoßes Geleucht facht an! Der Herr hat Großes an uns getan. Ehre sei Gott in der Höhe!'
Polens freche Herausforderung des deutschen Reiches konnte nicht länger hingenommen werden. Doch was kein Mensch erträumte, geschah: in achtzehn Tagen hatte deutscher Siegeswille Polens Armeen vernichtet. Adolf Hitler bemerkte dazu in seiner Danziger Rede am 19. September 1939: ‚Kaum jemals in der Geschichte konnte mit mehr Recht der Spruch angeführt werden: Mit Mann und Roß und Wagen hat sie der Herr geschlagen." Bei aller Anerkennung deutschen Heldentums gab der Führer Gott als dem ‚Lenker der Schlachten' die Ehre und wies uns so den Weg demütiger Tapferkeit. Wir wollen diesen Weg gehen in froher Gewißheit: ‚Der Glaube an Gott tut noch täglich Wunder, und die Zuversicht auf auf den Himmel überwindet die Hölle' (E. M. Arndt)."

4.13.3 Warten auf den Tag X

1973 erinnerte sich Karl Goebels an die Kriegszeit im Reformierten Gemeindeblatt:[428]

„Der Krieg nahm immer verheerendere Ausmaße an. Viele Gemeindeglieder waren evakuiert. Auch ausgebombte Pfarrer hatten die Stadt verlassen. Die Pfarrer der Bekennenden Kirche waren zu einem kleinen Bruderkreis zusammengeschmolzen. Pfarrer Reinhard Ring – damals noch Pfarrvikar – gehörte dazu. Er litt schwer an seiner Kriegsverletzung. Ich selbst war infolge einer Operation nicht mehr k. v. und wurde nicht eingezogen. Ein paar Jüngere, die nicht wehrdienstfähig waren, hielten sich zu uns. ... Die Daheimgebliebenen suchten die Gemeinden zusammenzuhalten – und warteten auf den Tag X. Wir waren von der tiefgreifenden Zerstörung unserer Kirche überzeugt und suchten nach einer Planung, wie wir am Tage X zum Neuaufbau ansetzen könnten. Einmal hatten wir uns zu diesem Zweck in der Wohnung von Bruder Ring in der Hartmann-Ibach-Straße versammelt, als die Sirenen heulten und wir unsere Sitzung in den Keller verlegen mußten. Dort trug uns Erich Foerster, der nach meiner Erinnerung damals schon im Ruhestand war, seinen Entwurf einer neuen Kirchenordnung vor. Im Keller wurden Pläne geschmiedet und verworfen. ... Natürlich wurde damals im Gedanken an eine Neuordnung des Frankfurter Kirchenwesens auch die Frage nach der Daseinsberechtigung der beiden reformierten Gemeinden in unserer Stadt aufgeworfen. Es setzte sich die Überzeugung durch, daß sie weder in ihrem Personalgemeindeprinzip noch in ihrer in Krisenzeiten bewährten Gemeindeordnung allein begründet sein könne, sondern in einer Neubesinnung auf das reformierte Bekenntnis, das sie in das Gesamtgefüge der Frankfurter Gemeinden einzubringen hätten.

Übrigens begannen wir uns damals auch Gedanken zu machen über die Notwendigkeit der Neugliederung der großstädtischen Massengemeinden. Als wir dann nach dem Kriege an den Wiederaufbau der zerstörten Kirchen gehen konnten, zeigte es sich zu unserem Leidwesen, daß oft noch die Ruinen der großen Kirchen die Maße des Wiederaufbaus bestimmten und damit auch die Ausmaße der Großgemeinden. Die reformierte Gemeinde allerdings ist dieser Gefahr nicht erlegen. ... Ich machte Bruder Ring mit den Erkenntnissen meines Tübinger Lehrers Adolf Schlatter bekannt, der für eine gesunde Entwicklung der Kirche in der Großstadt die Bildung von kleinen, übersichtlichen Gemeinden empfohlen hatte. Die reformierte Gemeinde hat dann später die Dezentralisation gewagt ...

Wenn bei unseren ‚Keller- und Katakombengesprächen'... die Notwendigkeit der Neubesinnung auf die reformatorischen Bekenntnisse zu Tage trat, so bedeutete das nicht, daß wir einem neuen Konfessionalismus das Wort geredet hätten. Dafür standen wir zu sehr unter dem Einfluß der Schrifttheologie eines Adolf Schlatter, des theologischen Neuansatzes durch Karl Barth und der Theologischen Erklärung von Barmen. Dafür hatten wir auch zu tiefgehende Erfahrungen der brüderlichen Begegnung im Kirchenkampf gemacht. ... – so scheuten wir uns auch nicht, das ‚ein Leib und ein Geist' (Eph. 4, 5) Wirklichkeit werden zu lassen, indem wir miteinander das Herrenmahl feierten. In der Zeit, als der Tag X deutlicher und katastrophaler heranrückte, kamen Reinhard Ring, Heinz Welke, Hugo Schmidt mit mir in unserer Seckbacher Kirche zusammen, um an jedem Montagmorgen das Abendmahl zu feiern und uns anschließend auf unseren Predigtdienst zu rüsten – bis dann auch diese Kirche in einer Brandnacht in Flammen aufging. Wir aber suchten die Zusammenkünfte unter dem Wort – wirklich bis zum Äußersten – festzuhalten. Der Predigtvorbereitungskreis war noch vor der Machtergreifung Hitlers im Januar 1933 mit den damals fünf jüngsten Frankfurter Pfarrern in meinem ehemaligen Pfarrhaus in der Eyseneckstraße entstanden. Es war für uns Frankfurter Individualisten, die von keiner Perikopenordnung der Kirche wußten, ungemein heilsam, sich für jede Predigt auf einen gemeinsamen Text zu einigen, ihn gemeinsam zu bedenken und auf seinen Verkündigungsgehalt hin abzuhören. Auch das Gebet über dem Text und angesichts der immer schwieriger werdenden Lage in der Gemeinde gewann an Gewicht. Es war dann auch auf der Kanzel angesichts der oft so ratlosen oder mißgeleiteten Gemeinde sehr tröstlich, um die Brüder zu wissen, die die Predigt mitverantworteten.

An einem sonnigen Septembermorgen des Jahres 1944 saßen wir in meinem Studierzimmer im Seckbacher Pfarrhaus, um den Predigttext für den nächsten Sonntag bemüht. Der einsetzende Fliegeralarm störte uns zunächst nicht wesentlich. Als das Sur-

ren und Schießen näher kam verlegten wir unsere gemeinsame Arbeit in den Keller. Schließlich aber merkten wir, daß die Sache ernst wurde, und verzogen uns in den mit Balken abgestützten Luftschutzkeller des angebauten Gemeindehauses, wo schon etwa 40 Gemeindeglieder versammelt waren. Da schlugen auch schon drei schwere Sprengbomben ein, zwei in das Pfarr- und Gemeindehaus, eine verwüstete den Pfarrgarten und hinterließ einen riesigen Trichter. Die Ausgänge waren verschüttet, die Keller eingebrochen – bis auf einen, in dem wir versammelt waren. Fast unversehrt konnten wir mit allen Gemeindegliedern durch einen Notausgang ins Freie gelangen: Jürgensmeier, der treue und in der Zeit der vielen Hinrichtungen bewährte Gefängnisseelsorger, Klemann, der mit zerschossener Hand aus der Wehrmacht entlassen worden war, Reinhard Ring und ich.
Wir hielten mit Zähigkeit an diesen Predigtvorbereitungen fest. … die politische Relevanz dieser Haltung kam uns nur bei den Verhören bei der Gestapo zum Bewußtsein. Wir waren nachher einigermaßen erstaunt, als uns später bei der Entnazifizierungswelle dieses Selbstverständliche als ‚Widerstand gegen den Nationalsozialismus' angerechnet wurde. Immerhin – so etwa sah unser Warten auf den Tag X aus. …"

4.14 Die Kirchengemeinden im Krieg

4.14.1 Gemeindearbeit im Krieg

„Mit dem Einsetzen der erst noch leichten Luftangriffe begannen die Evakuierungen aus der Stadt auf das Land, zunächst in geringem Umfang, schon 1942 auf freiwilliger Basis. Die Dreikönigsgemeinde berichtete von der ersten angeordneten Evakuierung von Kindern am 6. August 1943. Diese wurden bald auf sämtliche Schulen ausgedehnt, sodaß in den ersten Monaten des Jahres 1944 die gesamte Schuljugend Frankfurt verlassen hatte, z. T. in geschlossenem Schulverband. Nur in vereinzelten Ausnahmefällen durften aus zwingenden Gründen Kinder zurückbleiben. Die Jugend aufs Ganze gesehen war den Gemeinden entzogen. Die Konfirmationen 1944 mußten vorverlegt werden, wenn sie überhaupt noch stattfinden sollten. Die Matthäusgemeinde konfirmierte schon Weihnachten 1943, die deutsch-reformierte Gemeinde am 2. Januar 1944. Zu Ostern des Jahres 1945 hatten viele Gemeinden keine Konfirmanden mehr, die andern nur einige wenige, die z. T. aus der Nähe Frankfurts zu diesem Zweck in die Stadt gekommen waren. Der Umstand, daß die Mütter meist mit ihren Kindern evakuiert waren, wirkte sich auf den Besuch der Gemeindeveranstaltungen abträglich aus. Auch die alten, nicht mehr im Arbeitsprozeß stehenden, Leute weilten vielfach nicht mehr in der Stadt. Seit Herbst 1944 entzog der Dienst beim Volkssturm, der auf sonntagvormittags angesetzt war, die älteren Männer dem Gottesdienst.
Die Pfarrer, soweit sie noch in ihren Heimatgemeinden Dienst taten, versuchten auf verschiedenste Weise mit ihren auswärtigen Gemeindegliedern in Fühlung zu bleiben. … Nach Möglichkeit wurden die auswärtigen Pfarrämter benachrichtigt. Die Heimatpfarrämter hielten durch Rundbriefe die Verbindungen mit ihren auswärtigen Gliedern aufrecht. Auch Besuche in den hauptsächlichsten Aufnahmegebieten dienten diesem Zweck. So betreute Pfarrer Haas von der Lukasgemeinde regelmäßig die evakuierten Schulen im Westerwald und konnte bei dieser Gelegenheit auch Briefe von Angehörigen in der Stadt und umgekehrt befördern, als die Post nicht mehr ordnungsgemäß funktionierte.

Abb. 95 Konfirmationsurkunde der St. Katharinengemeinde

Vier Gemeindehelferinnen wurden schließlich beauftragt, die Besuche in den Aufnahmegebieten systematisch durchzuführen. Sie sorgten für die Einordnung der Konfirmanden in den Unterricht der Gastgemeinde und hielten in Verbindung mit den dortigen Pfarrämtern Jugendstunden und Kindergottesdienst. Pfarrer Struckmeier, dessen Familie nach Burggräfenrode (Kreis Friedberg) evakuiert war, betreute die dorthin und nach Ilbenstadt evakuierten Familien. Pfarrer Zickmann, dessen Familie in einem Ort des Vogelsberges untergekommen war, besuchte und bediente die dorthin Evakuierten."[429]

Einige wenige Zahlen belegen das. So hatte z. B. die St. Paulsgemeinde von den einstmals 26.000 Gemeindegliedern nur noch 1.500, die St. Nicolaigemeinde von 23.000 nur noch 5.000, die Matthäusgemeinde von 13.000 nur noch 2.000 und die Erlösergemeinde in Oberrad von 8.000 Gemeindegliedern nur noch 2.000.[430] Für die Weiterführung der kirchlichen Arbeit mussten deshalb viel Provisorien geschaffen werden.

4.14.2 Bestattungsfeiern

„Als ein zutiefst erschütternder Vorgang erwiesen sich die großen Bestattungsfeiern für die Opfer der Luftangriffe. Diese wurden zumeist gemeinsam auf dem Waldfriedhof bei Oberrad, z. T. auch auf dem Hauptfriedhof beigesetzt. In langen Reihen standen die Särge zu Hunderten auf den Friedhöfen. Bei den Feiern sprachen Pfarrer beider Konfessionen und Vertreter der Städt. Behörden und der nationalsozialistischen Partei. Der evangelische Pfarrer wurde jeweils aus der Gemeinde beauftragt, die am meisten betroffen war. Oftmals hatte das Pfarramt am Tage der Begräbnisfeier noch keinen Ueberblick über Zahl und Namen der aus der Gemeinde Umgekommenen. In einem einzigen Luftschutzkeller innerhalb des Pauls-Bezirks am Großen Kornmarkt, wurden am 22.3.1944 über 200 Insassen getötet. Darunter befanden sich eine Reihe der regsten und wertvollsten Glieder und Mitarbeiter der Gemeinde. Im Luftschutzbunker in Bockenheim kamen bei dem großen Herbstangriff 1944

160 Personen ums Leben; in derselben Nacht auch die beiden Schwestern der Markusgemeinde. Mit der Länge der Zeit häuften sich die Nöte der Stadt und in ihr der Kirchengemeinden bis fast zur Unüberwindlichkeit. Die Verkehrsmittel fielen oft gänzlich aus, alle Wege mußten dann zu Fuß zurückgelegt werden. Wenn die Straßenbahn fuhr, war meist wegen Ueberfüllung das Mitkommen unmöglich. Termine konnten nicht eingehalten werden. Den wenigen laufenden Taxi-Droschken war es verboten, Pfarrer zu befördern. Die Verkehrsschwierigkeiten wirkten sich besonders bei Beerdigungen aus. Oft konnten entweder die Leidtragenden oder der Pfarrer oder beide nicht zur festgesetzten Zeit eintreffen; ..."[431]

4.14.3 Die Zerstörung der Paulskirche

Von der Zerstörung kirchlicher Gebäude gibt es zwei ausführliche Berichte, einen von der Diakonissenanstalt und einen von der Paulskirche. Pfarrer Georg Struckmeier hat das „Sterben der Paulskirche" geschildert:[432]

„Da aber naht der Katastrophenmonat März. Die Schutzmaßnahmen für die Kirche laufen auf vollen Touren. Der weitschichtige Dachstuhl mit seinem schweren Gebälk, die von unten sichtbare Kuppel, die vielbewunderte, herrlich gemalte zweite Decke – Leinwand auf Holzsparren – sind gründlich mit Feuerschutzstoffen imprägniert, die Türen vom Hauptportal und Turm zum Innern der Kirche mit Asbestplatten abgeschirmt. Ein Wachlokal ist neben der Kirche in der Barfüßergasse gemietet und Tag und Nacht besetzt. Eine Wache liegt ohne Unterbrechung in der unteren Sakristei, der Pfarrer hat seine Schlafstelle in der Orgelkammer. Der Luftschutztrupp mit 30 Personen übt wöchentlich mehrere Male in voller Ausrüstung unter sach- und ortskundiger Leitung, zwei 70 Meter lange Schläuche liegen griff- und montierungsbereit. Es scheint eine schier übermenschliche Aufgabe, diesen riesigen Bau in seiner komplizierten Gestaltung mit Laienkräften schützen zu wollen, aber was menschenmöglich ist, soll geschehen und geschieht täglich mit größter Gewissenhaftigkeit. Wir warten der Dinge, sie können kommen.

Und sie kommen! In die dunkle, sternenlose Nacht des 18./19. März hinein brüllen die Sirenen, die ‚Christbäume' stehen über der Stadt, das Ungewitter rast heran. Das donnert und prasselt und braust und zischt, als ob die Hölle losgelassen sei. Noch vor Ende des Angriffs ist der gesamte Schutztrupp zur Stelle, durch brennende Straßen und Gässchen, herunterstürzende Ziegel, Steine und Dachsparren, zusammenbrechende Häuser, z. T. auf weiten Umwegen, haben sich die meisten unter Lebensgefahr zur Kirche hindurchgearbeitet. Die östliche Altstadt bis zur Fahrgasse ist ein ungeheures Flammenmeer. Die Grenze des Angriffs geht mitten durch die Paulsgemeinde, klar ersichtlich. Nur einzelne Brandherde flammen in der westlichen Hälfte des Gemeindebezirks auf. Sollte unsere Kirche noch einmal verschont bleiben? Eine rasche Untersuchung der Kirche hat keinerlei Feuerherd entdeckt. Doch, da plötzlich kriecht, nur von außen sichtbar, eine feurige Schlange am 50 Meter hohen First des Spitzdaches entlang, langsam aber sicher findet sie ihren Weg. – Heraus mit den Schläuchen! Vier Hydranten rund um die Kirche warten auf Arbeit. Geübte Hände schließen die Schläuche an. Der Trupp ist im Turm verteilt. Die Schlauchmundstücke wandern von Hand zu Hand nach oben. Jetzt sind sie in Dachhöhe. Die Feuerschlange hat sich schon weitergefressen, der First beginnt zu krachen und zu bersten. Doch wir hoffen, ihr das gierige Maul zu stopfen. Die Hydranten auf! Ein

Gluckern, ein Zischen, ein Brodeln in der Tiefe, aber kein Tropfen Wasser dringt nach oben. An allen Ecken und Enden der Stadt wird ja gezapft. Die Schläuche ab und an die beiden anderen Hydranten! Dasselbe vergebliche Spiel. Der Brand greift nun nach unten. Aber wir stehen wie entmachtet da. Jeder Versuch, Wasser aus den Tiefen zu holen, ist vergeblich. Der Pfarrer rast zur Feuerwache, Münzgasse: ‚Eine Dampfspritze!' ‚Sie sind alle unterwegs. Das Luftschutzrevier hat disponiert.' Im Laufschritt zur brennenden Ziegelgasse. Der Revierbunker liegt 10 Meter unter der Erde. ‚Herr Hauptmann, wissen sie, dass die Paulskirche brennt?' – ‚Wir wissen es, aber alle Spritzen sind in Tätigkeit. Nach Vorschrift müssen wir erst die Industriebauten löschen, alles andere, auch die Kirchen, steht in zweiter und dritter Linie.'" – ‚Aber es ist die Paulskirche, Kulturbau! Und dann – Gefahr für die ganze westliche Altstadt, die doch noch steht!' – ‚Wir können gar nichts tun. Sie müssen sich selber helfen.' Eben werden Verwundete blutüberströmt aus der nahen Graubengasse in den Bunker hineingetragen; ‚Zwanzig Menschen in unserem Keller eingeschlossen, sie sind verloren, wenn nicht sofort Hilfe kommt!' – ‚Wir haben keine Spritzen und keine Leute mehr.' Was können wir noch tun? Wenn in nächster Nähe Menschenleben in höchster Gefahr des Verbrennens sind? Das Löschbecken auf dem Römerberg? Aber bis dahin reichen unsere Schläuche nicht. Damit haben wir nicht gerechnet. Eine Pumpe ist auch nicht da.

Jetzt brennt schon der ganze Dachstuhl lichterloh und schleudert seine Flammen gegen den unheimlich glühenden Himmel. Die riesigen Dachgaupen stürzen mit gewaltigem Getöse hinunter aufs Pflaster. Wer jetzt in die Nähe der Kirche kommt, riskiert sein Leben doppelt. Die Asbestwände zwischen Turm und Kircheninnern halten noch. Durchs Schlüsselloch der oberen Sakristei kann man für Augenblicke ins Innere sehen. Schwere Dachbalken krachen herunter auf die Empore und ins Kirchenschiff. Wenn wir jetzt Wasser bekämen, könnte wenigstens das Innere mit dem wertvollen Gestühl noch halbwegs gerettet werden. Aber es müsste viel Wasser sein. Der Schutztrupp ist noch im Turm, noch halten die Asbestwände. Aber schon wird die Hitze kaum noch erträglich. (Sie ist später auf 2.000 Grad geschätzt worden.) Und draußen heult und braust der Feuersturm. Der Sog ist so stark, dass man sich kaum aufrecht halten kann und friert. Eine Stunde schon brennt die Kirche; doch da, ein Freudenschrei: ‚Eine Feuerspritze neben der Kirche vor der alten Börse!' Es hat also doch etwas genützt, ein Hoffnungsstrahl. Aber es ist eine kleine Spritze und sie muß ihre Schläuche mühselig durch die Wedelgasse zum Löschbecken auf dem Römerberg legen. Wieder eine halbe Stunde Verlust. Und nun kommt endlich ein dünner Strahl. – ‚Herr Spritzenführer, das Dach ist nicht mehr zu retten, setzen sie das Kirchenschiff unter Wasser, was von oben noch herunterkommt, verlischt dann von selbst. Vielleicht können wir das Gestühl noch retten, den Altar, die Kanzel!' Der Appell verhallt wirkungslos. ‚Stur wie die Panzer.' Der einzige Wasserstrahl wird unentwegt in die brennenden Reste des Dachstuhls geleitet und verzichtet dort oben sinn- und zwecklos wie ein Tropfen auf einem heißen Stein.

Der Schutztrupp zieht sich resigniert in die beiden Sakristeien zusammen. Doch die Asbestwände biegen sich schon, hier und da ein Riß. Es wird Zeit, ehe sie platzen und das Feuer in den Turm durchbricht. Was tragbar ist: Klavier, Möbel, Bücher, hinunter ins Freie. Das braucht nur wenige Minuten. Zufällig vorbeikommende Soldaten legen mit Hand an. Und dann plötzlich ein dumpfer, nie ge-

Abb. 96 Die zerstörte Paulskirche

hörter, jedes andere Geräusch verschlingender Schlag. Es ist, als ob die Erde birst. Die noch brennenden Teile des Daches stürzen, wie oben abgesprengt, in die Kirche hinein, schlagen die auf Säulen ruhende Empore mit ihren 1.200 Sitzplätzen herunter, die brodelnde, glühende Masse begräbt das Kirchenschiff unter sich, drückt die Asbestwände zum Turm wie Pappdeckel ein, und setzt nun auch das Innere des Turmes in Flammen. Wie in einem ungeheuren Kessel kracht und platzt und kreischt es in den Ohren der vor Entsetzen stummen Mannschaft des Schutztrupps, der sich draußen in Ecken und Winkeln der Rathausmauern zusammendrückt. Wie eine Riesenfackel steht die Feuerlohe über der Stadt und greift in den blutroten Himmel hinauf. ... Noch jahrelang ist das an der Turmruine kopfüber nach unten hängende, goldene Turmkreuz von den* Frankfurtern als Symbol der Zerstörung zu sehen."

4.14.4 Eine Bilanz des Schreckens

Der 2. Weltkrieg hinterließ große Teile Frankfurts als Trümmerfeld. Hunderte von *„lebensunwerten Menschen"* und mehr als 10.000 Frankfurter als Häftlinge von Konzentrationslagern waren ermordet worden; 4.822 Frankfurter hatten ihr Leben bei Luftangriffen verloren; rund 18.000 Frankfurter hatten ihr Leben als Soldaten gelassen; 47 % aller Wohnungen waren zerstört worden; 26 % der Wohnungen waren mehr oder weniger stark beschädigt worden; von 47.500 Gebäuden waren 8.400 übrig geblieben und von 177.000 Wohnungen nur 44.000; von rund 2000 über hundert Jahre alten Bürgerhäusern haben 10 den Krieg unversehrt überstanden; rund 8.000 Wohnungen wurden von den Besatzungstruppen requiriert; die Werke in Höchst, Griesheim, Fechenheim und andere Fabriken, Werkstätten, Lagerhäuser, die Großmarkthalle und viele Büros wurden besetzt oder für Zwecke der Armee geräumt. Etwa 270.000 Menschen lebten am Kriegsende in Frankfurt.

Von den Schäden an kirchlichen Gebäuden zeugt die folgende Bestandsaufnahme:[433]
- Auferstehungsgemeinde: Kirche weitgehend zerstört; Gemeindehaus mit Kindergarten total zerstört; Pfarrhaus total zerstört.
- Betlehemgemeinde: Nur geringfügige bauliche Beschädigungen.
- Gemeinde Bonames: Nur geringfügige bauliche Beschädigungen.
- Cyriakusgemeinde: Kirche und Gemeindehaus total zerstört.
- Dornbuschgemeinde: Pfarrhaus total zerstört.

- Dreifaltigkeitsgemeinde: Notkirche mit Gemeinderäumen total zerstört; Pfarrwohnung total zerstört.
- Dreikönigsgemeinde: Kirche teilbeschädigt; Gemeindehaus total beschädigt.
- Emmausgemeinde: Wöhlerhaus ernstlicher beschädigt.
- Erlösergemeinde: Kirche und Gemeindehaus total zerstört; Pfarrhaus schwer beschädigt.
- Friedensgemeinde: Kirche total ausgebrannt; Gemeindesaal sehr stark beschädigt; beide Pfarrhäuser sehr stark beschädigt.
- Gustav-Adolf-Gemeinde: keine baulichen Schäden.
- Gemeinde Hausen: Kirche und Pfarrhaus stark beschädigt.
- St. Jakobsgemeinde: Kirche und Pfarrhaus total ausgebrannt; Gemeindesaal total zerstört.
- Johannisgemeinde: Kirche und Pfarrhaus sehr stark zerstört; Gruppenräume Turmstraße total zerstört; Gemeindehaus Günthersburg Allee beschädigt.
- St. Katharinengemeinde: Kirche total ausgebrannt; Pfarrhaus Fichardstraße beschädigt.
- Lukasgemeinde: Kirche total ausgebrannt; Gemeindehaus und Pfarrhaus Gartenstraße total zerstört; Küster- und Schwesternhaus schwer beschädigt.
- Luthergemeinde: Kirche und Gemeindehaus total zerstört; beide Pfarrhäuser schwer beschädigt.
- Mariengemeinde: Kirche und Gemeindehaus total zerstört; Pfarrhaus schwer beschädigt.
- Markusgemeinde: Kirche, Gemeindesaal, Pfarrhäuser total zerstört.
- Matthäusgemeinde: Kirche und Küsterhaus mit Schwesternstation zu 70% zerstört; ein Pfarrhaus total zerstört, eins schwer beschädigt.
- Melanchthongemeinde: Kirche leicht beschädigt; Gemeindehaus total zerstört; Pfarrhaus schwer beschädigt.
- Michaelisgemeinde: keine baulichen Schäden.
- Nazarethgemeinde: keine baulichen Schäden.
- St. Nicolaigemeinde: Kirche total ausgebrannt; Gemeindehaus und ein Pfarrhaus total zerstört; ein Pfarrhaus schwer beschädigt.
- Paul-Gerhardt-Gemeinde: Kirche und Gemeindehaus schwer beschädigt; Pfarrhaus total ausgebrannt.
- St. Paulsgemeinde: Paulskirche total ausgebrannt; beide Pfarrhäuser total zerstört.
- St. Petersgemeinde: Kirche und Gemeindehaus total ausgebrannt und sehr zerstört; beide Pfarrhäuser schwer beschädigt.
- Gemeinde Preungesheim: Nur kleinere bauliche Schäden.
- Philippusgemeinde: Gemeindehaus total zerstört; Pfarrhaus schwer beschädigt.
- St. Thomasgemeinde: Kirche total ausgebrannt; Gemeindehaus, Kindergarten und Pfarrhaus leicht beschädigt.
- Weißfrauengemeinde: Kirche total zerstört; Gemeindehaus beschädigt.
- Nieder-Erlenbach: keine baulichen Schäden.
- Nieder-Eschbach: keine baulichen Schäden.
- Höchst: keine baulichen Schäden.
- Unterliederbach: keine baulichen Schäden.
- Sindlingen: Kirche und Gemeindehaus leichte Schäden.

- Griesheim: Kircheninneres zerstört: Gemeindehaus total ausgebrannt; altes Pfarrhaus total zerstört.
- Nied: keine baulichen Schäden.
- Sossenheim: Kirche leicht beschädigt.
- Zeilsheim: keine baulichen Schäden.

Ergänzend sei noch bemerkt, dass der „Evangelisch-kirchliche Hilfsverein" 1942 sein Pfarr- und Vereinshaus *„Falkenhof"* in Bockenheim an einen Rüstungsbetrieb verkaufen musste. Dieser hatte es als *„unentbehrlich zur Erfüllung seiner Verpflichtungen"* angefordert.[434] Die Christuskirche auf dem Beethovenplatz brannte aus. Die Immanuelskirche und der *„Eschenhof"* an der Nibelungenallee wurden bis auf das Pfarrhaus zerstört.[435]

4.15 Jugendarbeit im Krieg

4.15.1 Das Evangelische Jungmännerwerk

Im Krieg gewann die Arbeit an den im Feld stehenden Mitgliedern des EJWs eine besondere Bedeutung.[436] Paul Both hielt Kontakt zu ihnen und in den Briefen an ihn stand auch Kritisches. Ab 1940 überwachte das Landratsamt des Obertaunuskreises im Auftrag der Gestapo den Posteingang von Haus Heliand.[437] Auch erhielt Both im gleichen Jahre eine Verwarnung der Gestapo wegen illegaler Rüstzeiten. 1943 wurde ein Ermittlungsverfahren wegen unerlaubter Versendung illegalen konfessionellen Schrifttums an die Front eröffnet. Im Rahmen dessen fand am 23. März 1943 eine Hausdurchsuchung und die Beschlagnahme von Unterlagen statt. Zum 9. April 1943 wurde Both mit einem Vorführungsbescheid, der die Vermerke *„Zersetzung der Wehrkraft"* und *„als Volksschädling"* trug, zur Gestapo in die Frankfurter Lindenstraße bestellt und dann mehrfach vernommen. Es folgten eine Strafanzeige der Gestapo wegen Wehrkraftzersetzung und seine Einlieferung in das Polizeigefängnis in der Klapperfeldstraße. Weitere Verhöre brachten ihn zu dem Geständnis, dass er sich der Wehrkraftzersetzung schuldig gemacht habe, dies aber nicht bewusst und böswillig. Nach Abschluss der Vernehmungen am 19. April erließ das Amtsgericht am nächsten Tag Haftbefehl. Er wurde in das Untersuchungsgefängnis in der Hammelsgasse verlegt. Die Anklage wurde beim Frankfurter Sondergericht erhoben. Dieses gab das Verfahren an den Volksgerichtshof weiter. Am 1. Juni 1943 wurde Both aus der NSDAP ausgeschlossen. Der Oberreichsanwalt prüfte den Vorgang, hörte Zeugen an und bewertete offenbar schriftliche Äußerungen im Laufe der Jahre höher als die Vernehmungsprotokolle. Er kam jedenfalls zu dem Ergebnis, dass eine Wehrkraftzersetzung oder eine landesverräterische Feindbegünstigung nicht nachzuweisen seien. Der Vorgang ging zurück an das Frankfurter Sondergericht, das am 30. September 1943 die Entlassung aus der Untersuchungshaft anordnete. Both erlitt in der Haft eine Herzerkrankung und ein Nervenleiden. Seine Arbeit nahm er zunächst nicht wieder auf. Im Spruchkammerverfahren wurde er wegen seiner Verfolgung und der kontinuierlichen Arbeit gegen die NS-Ideologie als *„entlastet"* eingestuft. Es dürfte einmalig sein, dass ein Mann zweimal in die NSDAP eingetreten und zweimal ausgeschlossen wurde.

4.15.2 Das Evangelische Mädchenwerk

Die ohnehin schwierige Situation verschlechterte sich mit Kriegsbeginn weiter. Der Luftschutz, Verdunkelungen am Abend, Beschlagnahme von Räumen und die begrenzten

Reisemöglichkeiten beeinträchtigten die Arbeit. Auf Einladung des Vorsitzenden des Mädchenwerkes Nassau, Pfarrer Franz von Bernus/Wiesbaden, trafen sich am 3. Oktober 1939 etwa 80 Mitarbeiterinnen und Mitarbeiter der Mädchenwerke aus ganz Hessen in der Frankfurter Mariengemeinde zu einer Arbeitstagung. Gastgeber war Pfarrer Karl Goebels. Von Bernus fasste das Ergebnis dieser und anderer Beratungen, auch in einer Konferenz der Sekretärinnen des Burckhardthauses, in einem Schreiben an Mitarbeiterinnen zusammen und beschrieb so die Arbeitssituation und die Arbeitsmethoden der Mädchenarbeit:

> „1. Die Verkündigung des Evangeliums an die Jugend und die Sammlung junger Menschen um Gottes Wort ist auch während der Kriegszeit geboten. Der Befehl des Herrn: ‚Taufet und lehret sie!' duldet kein Moratorium.
> 2. Angesichts der mit den Kriegsverhältnissen zusammenhängenden besonderen Versuchungen ist der Dienst der Kirche heute nötiger denn je.
> 3. Seine Durchführung erfordert vermehrte Beweglichkeit. Werden die bisher zur Verfügung stehenden Räume jetzt für andere Zwecke gebraucht, so findet der Wille doch einen Weg. Kann die Zusammenkunft wegen Verdunkelung nicht mehr abends sein, so wird sie auf den Nachmittag gelegt. Ist es nicht möglich am Wochentag, so versucht man´s am Sonntag. Empfohlen wird – wo es nicht anders geht – ein kurzer Appell (mit Rücksicht auf die Familie) am Sonntagmittag zwischen zwei und drei Uhr.
> 4. Leichter als die Sammlung der konfirmierten Jugend und nicht weniger wichtig ist der Dienst an den Kindern vom 6. Lebensjahr an. Neben den Kindergottesdienst trete die biblische Erzählstunde in der Woche. Man fordere bei uns Material und Anleitung. Auf diesem Gebiet arbeiten wir in engster Fühlung mit der Frauenhilfe.
> 5. Eine erhöhte Bedeutung gewinnen unsere Zeitschriften. Durch sie halten wir Verbindung auch mit solchen jungen Menschen, die z. Z. an den Zusammenkünften der ‚Gemeindejugend' nicht teilnehmen können. Diese Jugend sollte durch treuen Hausbesuch, bei dem die Zeitschriften mitgebracht werden, die helfende und tragende Gemeinschaft spüren.
> 6. Wenn irgend möglich, rufe man junge Menschen zum Dienst. Monatslied und Monatsspruch müssen durch die Jugend in die Gemeinde getragen werden, auf allerlei Weise. Wir empfehlen die monatlich erscheinenden Sing- und Sprechchorfeiern von Pfr. Rau/Ffm-Niederrad.
> 7. Suchet in der Schrift! Die Ordnungen der Bibellese, die nicht von wechselnden Stimmungen abhängt, ist gerade jetzt eine Wohltat. Lasst uns selbst treu sein in ihrem Gebrauch und andere früh erziehen. Man bestelle jetzt das Bibellesematerial ...
> 8. Wo Pfarrer oder Vikar, der bisher die Jugendarbeit in der Gemeinde getan hat, eingezogen ist, bitten wir herzlich, dafür zu sorgen, dass die Arbeit weitergetrieben wird durch die Pfarrfrau, Gemeindeschwester oder ein geeignetes Gemeindeglied. Ergeben sich hier Schwierigkeiten, so bitten wir dringend um Mitteilung. Es darf gerade jetzt keine Arbeit eingehen. ..."[438]

Steht auch die Situation einer Flächenkirche im Vordergrund, so zeigten sich doch die Situation und die Handlungsabsichten, wie sie auch für Frankfurt galten. Was sich daraus in einer Notsituation ergab, schilderte Luise Geißler:

„Eine Gebetshilfe bei Fliegeralarm oder -angriff wurde uns der 23. Psalm. Im Leiterinnen- und Helferinnenkreis hatten wir verabredet, diesen Psalm in den Notsituationen zu beten. In einem Gottesdienst in einer Baracke an der Grenze von Offenbach kam dies zum Tragen. Mitten in der Predigt Fliegeralarm, gleichzeitig brummten die feindlichen Geschwader schon über uns. Der bemitleidenswerte Pfarrer erlitt einen Nervenschock und flüchtete von der Kanzel in die Sakristei. Die Gemeinde stürzte von ihren Plätzen und drängte zum Ausgang. Zufällig waren wir zu dritt vom Frankfurter Mädchenwerk in diesem Gottesdienst. Wir taten gemäß unserer Verabredung und beteten stehend laut den Psalm 23. Die Gemeinde stimmte mehr und mehr mit ein und wurde ruhig. Einige Herren aus dem Kirchenvorstand waren zum Altar gegangen und beteten kniend den Vers ‚Wenn ich einmal soll scheiden, so scheide nicht von mir ...' Die Gemeinde war zur Ruhe gekommen. Das Geschwader hatte seine Bombenlast nicht abgeworfen. Ein Kirchenvorsteher entließ die Gemeinde mit dem Segen: ‚... Er gebe dir Frieden.' Mit einem tiefen Dankgefühl gingen wir nach Hause. So erlebten wir staunend, dass die geistliche Kraft einer unansehnlichen kleinen Schar junger Mädchen auswirken kann ... Es schien uns wunderbar."[439]

Ganz geheuer war der Darmstädter Kirchenregierung diese Eigenständigkeit wohl nicht. Jedenfalls gab es 1938 Überlegungen, für die Mädchenarbeit nach dem Vorbild von Paul

Abb. 97 Luise Geißler

Boths Jugendwerk ebenfalls ein landeskirchliches Mädchenwerk zu schaffen. Luise Willig lehnte aber ab mit der Begründung, dass sie zum Burckhardthaus gehörten.[440]

4.15.3 Die Jugendarbeit der Bekennenden Kirche[441]

Dass die Jugendarbeit auch für die Bekennende Kirche wichtig war, zeigte sich bereits daran, dass die Pfarrer Felix Rau und Karl Goebels sich im Mädchenwerk engagierten. Goebels war auch auf Bitten der in die SA überführten Jugendverbände von 1933 bis 1935 Mitglied der SA. Dort sollte und wollte er die Älteren, vor allem Pfadfinder, die nicht in die HJ überführt werden konnten und deshalb in die SA kamen, seelsorgerlich betreuen. Er trat wieder aus, als die Betreuung nicht mehr möglich und BK- und SA-Mitgliedschaft als unvereinbar angesehen wurden.

Ab 1936 war in Frankfurt für die BK Vikar Ernst Pohle als Jugendpfarrer tätig. Naturgemäß hatte er nur in einigen Gemeinden

Arbeitsmöglichkeiten. Sein Nachfolger war Vikar Wilhelm Bremer. Nach dessen Einberufung zur Wehrmacht kam die Arbeit zum Erliegen. Die Zusammenarbeit der BK-Vikare mit Paul Both beschränkte sich auf das notwendige Genehmigungsverfahren für Veranstaltungen. Freizeiten wurden ihnen deutlich seltener genehmigt, als das für Boths Veranstaltungen galt.

4.16 Die Innere Mission im Krieg

4.16.1 Der Verein für Innere Mission

Der Verein für Innere Mission wurde am 15. März 1934 mit den Landesvereinen für Innere Mission in Hessen und in Nassau zum Landesverband der Inneren Mission in der Landeskirche Nassau-Hessen zusammengeschlossen. Landesführer wurde der Direktor des hessischen Landesverbandes Pfarrer Wilhelm Röhricht, sein Stellvertreter Pfarrer Arnold Schumacher.

Im Bombenkrieg wurden 80 % der Einrichtungen der Inneren Mission zerstört. Dabei ist zu berücksichtigen, dass dem Verein für Innere Mission verschiedene Vereine angeschlossen waren. So begann denn auch eine Schilderung der Lage, die Karl Veidt in einer Vorstandssitzung am 4. Juni 1944[442] gab, mit der Weiblichen Stadtmission e. V. Das Haus Schützenbrunnen 17 war total zerstört, die Fürsorgeerziehungsarbeit sollte im Böttgerheim fortgeführt werden, da die Stadt ein starkes Interesse daran hatte. Das *„Luisenheim"*, Seilerstr. 26, war ebenfalls total zerstört. Die beiden Leiterinnen waren mit 43 Mädchen im Luftschutzkeller des Landgerichts, der schwer getroffen wurde. Beide Leiterinnen und 31 Mädchen kamen ums Leben. Der Wittenberger Hof, Hans-Handwerkstr. 16 (Lange Straße 16), mit der Geschäftsstelle der Inneren Mission, einem Diakonenheim u. a. war ausgebrannt. Die Geschäftsstelle fand im Hospiz „Heimat" in der Taunustraße 9 ein Unterkommen. Der „Rheinische Hof" in der Buchgasse 1 mit Hospiz und Altersheim war ausgebrannt. 80 alte Menschen konnten gerettet werden und fanden in der *„Waldmühle"* ein Dach über dem Kopf. Im Haus *„Heimat"* für Mädchen, Taunustraße 9, waren die beiden oberen Geschosse abgebrannt. Im *„Marthahaus"* des Marthahaus e. V. brannten ebenfalls die beiden oberen Geschosse ab. Das *„Hospiz Kronenhof"*, Scharnhorststraße 20, war niedergebrannt. Das Wohnheim für berufstätige Frauen und Mädchen, Gutleutstraße 45, war kaum beschädigt. Keine Erwähnung fanden das Vereinshaus Westend und das Hotel Basler Hof.

4.16.2 Das Diakonissenhaus

Nur aus wenigen kirchlichen Bereichen sind detaillierte Berichte über das Geschehen im 2. Weltkrieg zu finden. So stellt das Archiv des Diakonissenhauses einen besonderen Schatz dar. Auszüge aus der Festschrift von 1995 sprechen deshalb auch für das, was andere erlebt haben.[443]

„Frankfurt am Main, den 29. März 1944,
Eysseneckstraße 9
Liebe Schwestern,
Ihr habt bereits aus den Tageszeitungen vernommen, daß unsere liebe Stadt Frankfurt am Main in der letzten Zeit das Ziel mehrerer feindlicher Luftangriffe war. Laßt mich Euch mitteilen, wie es uns in der Kolonie und in den Gemeindepflegestationen dabei ergangen ist. Unter dem 21. März hatte ich Euch einen vier Seiten langen Brief über den am Samstag, dem 18. März 1944, erfolgten feindlichen Angriff zugehen lassen; der Brief wird aber meistenteils nicht in Eure Hände gelangt

sein, weil am Mittwoch, dem 22. März, die ganze Hauptpost abgebrannt ist. Auf jeden Fall berichte ich jetzt auch noch kurz über das, was am Samstag, den 18. März, bei uns passiert ist.

Obenan stelle ich den Satz, **daß wir alle leben**, alle Schwestern in der Kolonie und alle unsere Schwestern in der Stadt leben. Und in unserer Kolonie leben alle unsere Kranken, unsere Alten und unsere Kinder. Auf eine wunderbare Weise ist zustande gekommen, daß wir trotz der furchtbarsten Angriffe alle leben; und darum sind wir nach wie vor voll Lob und Dank gegen unseren Herrn und Gott, der uns so sichtbar bewahrt hat.

Drei Angriffe haben wir erlebt: am Samstag, dem 18. März 1944, am Mittwoch, dem 22. März 1944, und am Freitag, dem 24. März 1944, von denen einer immer furchtbarer war als der andere und der letzte am furchtbarsten. Am Samstag, dem 18. März 1944, abends von 9.10 bis 10.15 Uhr ging Ecke Cronstetten- und Eysseneckstraße, gegenüber dem Nellinistift, eine Luftmine nieder, welche die Dächer, Decken, Wände, Fenster und Türen im Nellinistift, Kursushaus, Mutterhaus und Krankenhaus übel zurichtete, ebenso unsere liebe Kirche, so daß diese durchaus unbenutzbar gemacht wurde. Aber es war in keinem einzigen Haus Feuer ausgebrochen, und alle Häuser in der Kolonie standen. Dann kam am Mittwochabend, dem 22. März 1944, von 9.30 bis 10.30 Uhr ein Angriff englischer Flieger, welcher die ganze Innenstadt in Brand steckte. Bei uns brannten aus: das Nellinistift, die Kirche, zwei Drittel unseres Krankenhauses und das Dach vom Arzthaus, während die Brandbomben, welche auf alle unsere anderen Häuser, ausgeschlossen das Pfarrhaus, niedergingen, gelöscht werden konnten. Am Freitagvormittag, dem 24. März 1944, von 9.30 bis 10.30 Uhr erfolgte als dritter Angriff ein solcher von nordamerikanischen Fliegern, welche vor allem schwere Sprengbomben abgeworfen haben. Eine Sprengbombe ging auf das ausgebrannte Mittelstück unseres Krankenhauses und vernichtete noch alles, was wir dahin und in den Keller an Krankenhausmobiliar, Instrumenten und dergl. gerettet hatten. Zwei Sprengbomben gingen in der Holzhausenstraße vor dem Natalienheim herunter und verwüsteten Jäger'sches Haus, Natalienheim, Altersheim und Katharinenhaus. Während ein gegenüber liegendes Haus einstürzte, sind alle unsere Häuser stehen geblieben. Sofort mußten unsere Kranken und Alten abtransportiert werden und unsere Kinder im Natalienheim abrücken, erstere zusammen mit zehn Schwestern unter Leitung von Schwester Babette Kreiselmeier nach Schloß Assenheim bei Butzbach in Oberhessen, letztere mit unseren Schwestern nach dem Elisabethenhof. Unsere letzten Feierabendschwestern wurden mit unserem ‚Tempo' nach Auerbach gebracht, einzelne reisten nach Eisenach, einige auf Gemeindepflegestationen, usw. Was unsere Arbeit in der Stadt angeht, so sind ganz zerstört: Die Gemeindepflegestationen von Matthäus, Dreikönig, Oberrad, die Weibliche Stadtmission, Paulsgemeinde. Das Kinderspital in der Hans-Thoma-Straße liegt in Schutt und Asche; wie gut, daß das ganze Haus geräumt war. Im Marthahaus ist der obere Teil abgebrannt, die Insassen sind nach auswärts gebracht. Lukas- und Luthergemeindeschwestern können schwerlich in ihren ramponierten Wohnungen bleiben. …"

Auch gab es verschiedene Berichte von Schwestern. Aus einem Vermerk ohne Unterschrift:[444] „Es war am 23. März 1944 abends 8 Uhr, als Voralarm gemeldet wurde. Fast alle Kranken waren noch auf den Abteilungen, als bereits ein Hagel von Brandbomben auf die Dächer niederprasselte und ein unheimliches

Brummen von unzählbaren Flugzeugen die Luft erfüllte. Es brannte in kurzer Zeit die ganze Stadt, und auch unsere Häuser standen in kurzer Zeit in Flammen. Nur dem tapferen Zugreifen unserer ‚Schwesternfeuerwehr' ist es zu danken, daß heute noch der größte Teil der Kolonie steht. Das eigentliche Krankenhaus, an das sich durch einen Gang die Kirche anschloß, brannte sofort lichterloh, und durch die ungünstige Windrichtung wurde noch ein mächtiger Funkenflug auf unser Kirchdach getrieben, das allerdings auch bereits durch Brandbomben geschädigt war. Überall waren Schwestern tätig mit Schläuchen, Eimern und Spritzen, um dem Brand zu wehren, und Eimerketten wurden gebildet und Wasser auf Wasser zur Orgel geschleppt – unsere Mühe war umsonst, wir mußten unsere liebe Kirche aufgeben, um nicht Menschen zu opfern. ... Inzwischen hatte sich der Brand auf dem Krankenhaus so stark ausgedehnt, daß an ein Bleiben der in den Luftschutzkellern untergebrachten Kranken nicht mehr gedacht werden konnte, sie mußten schnell in die Nebenhäuser verlegt werden, in denen der Brand in den Dachstühlen gelöscht war. Da war viel Jammer und Not bei den Kranken und helles Entsetzen malte sich in ihren Augen, als sie durch den von Flammen hell erleuchteten Garten getragen wurden. Jeder von ihnen empfand seine Hilflosigkeit ... doppelt."

Abb. 98 Diakonisse Minna Müller als Luftschutzwart in ihrer Ausrüstung mit Stahlhelm und Gasmaske, März 1944

Schwester Minna Müller Müller, der Luftschutzwart, erzählte:[445] *„Es war nach der schrecklichen grauenvollen Brandnacht im März des Jahres 1944. Unsere schöne Diakonissenkirche und auch der Dachstuhl des Krankenhauses waren abgebrannt, und es mußten Tag und Nacht Brandwachen eingesetzt werden, die alle zwei Stunden abgelöst wurden. In einem schwerbeschädigten Raum im oberen Mutterhausflügel, fast unter dem offenen Himmel, wurde für die Feuerwehrleute ein Notquartier hergerichtet. Die beschädigten Wände, Fenster und Türen wurden mit Decken zugehängt, und auf dem Fußboden lagen Strohsäcke, auf denen wir abwechselnd ruhten und schliefen. Schwester Martha Meißner und ich hatten in der ersten Nacht von 2 bis 4 Uhr Löschdienst. Da war plötzlich am äußersten gefährlichen Ende des Dachstuhls das Feuer erneut aufgeflammt, das wir nun zu löschen versuchten. Ich war angeseilt dabei, den phosphorgetränkten brennenden Balken herauszuhauen. ...*

Bei den Aufräumungsarbeiten am verbombten Krankenhaus haben uns italienische und französische Kriegsgefangene etliche Wochen geholfen. Die Franzosen, welche Spezialhandwerker waren, wurden als Schreiner und Glaser eingesetzt. Die Italiener halfen uns beim Schuttfahren. Durch ihre Hilfe wuchs der Schuttberg schnell zu Stockwerkshöhe. Während der Arbeit und beim Frühstück haben sie uns von ihrer schönen Heimat erzählt und oft und viel gesungen, am liebsten ihre Heimatlieder. Sie hatten während ihrer Gefangenschaft schon etwas Deutsch gelernt. Wir benutzten die Zeit, um auch etwas Italienisch zu lernen. Dabei gab es manchen Spaß. So sehen wir auf dem Bild, wie von den „Sorellas" die „Karett" gefahren wird. Nach dem Abendbrot sah man ein anderes Bild am Trümmerhaufen. Alle Schwestern, die tagsüber im Haus beschäftigt waren, kamen und halfen, Steine abklopfen. Die baufertigen Steine wurden unter die Kastanienbäume gefahren und dort aufgesetzt."

4.17 Ein Rückblick

Dreißig Jahre später ging Karl Goebels, als Mitglied der Bekennenden Kirche und nun Propst für Frankfurt unverdächtig falscher Parteinahme, der Frage nach, wie es denn möglich war, dass ein Großteil der evangelischen Bevölkerung dem *„Blendwerk des Nationalsozialismus"* erlegen ist:[446]

„*War diese Fehlentscheidung so unverständlich? Es war doch ein besonders geschickter Propagandatrick, die Begriffe ‚national' und ‚sozial' zu verbinden. In der notvollen Zeit der zwanziger Jahre sehnten sich Unzählige nach nationaler Erneuerung und sozialer Erfüllung auf einer anderen als der marxistischen Grundlage. Und wagten nicht auch manche, die unter der Entchristlichung unseres Volkes litten – geblendet von dem ungeprüften Punkt des Parteiprogramms vom ‚positiven Christentum' – an ungeahnte volksmissionarische Möglichkeiten zu denken?*

Die Welle des Nationalismus brach im 19. Jahrhundert auf. Was hatte die Kirche dem entgegenzusetzen? Aus ihrer Tradition wenig. Sie selbst hatte sich ja mit dem Nationalismus aufs engste verbündet. Volk und Vaterland waren angeblich Werte an sich, Schöpfungsordnungen Gottes, das Verhältnis zu ihnen bedurfte nicht der Prüfung am Zeugnis der Heiligen Schrift, der nationale Bezug bedurfte nicht des Kreuzes Christi. Der Tod für das Vaterland war Rechtfertigung in sich: ‚... seines Volkes Schuld zahlt ihm Gottes Huld, und sein edler Name ist geweiht der Unsterblichkeit' sangen tausend Jungen der Frankfurter Schülerbibelkreise. Und längst bevor der Marschtritt der braunen Bataillone durch die Straßen hallte, konnte man in der Osterpredigt von einer Frankfurter Kanzel hören: ‚Deutschland muß wieder auferstehen mit den guten alten Farben Schwarz, Weiß, Rot!' – so war es kein Wunder, daß auch in Frankfurt viele evangelische Christen der Verführung des Hakenkreuzes erlagen. ...

Die Antwort auf die sozialen Nöte, die im vergangenen Jahrhundert aufgebrochen waren, und auf die ungelösten sozialpolitischen Probleme war die Entstehung der Sozialdemokratie marxistischer Prägung. ... Die sozialistischen Parteien aber, die nach dem ersten Weltkrieg in Erscheinung traten, konnten in ihrer marxistischen Grundhaltung und unverhohlenen Kirchenfeindlichkeit im evangelischen Kirchenvolk, das sich seinerseits in der Deutschen evangelischen Volksvereinigung zusammengeschlossen hatte, keine Sympathien gewinnen. ... So kam es, daß viele aufatmeten, als eine politische Bewegung die

Macht ergriff, die den Kommunismus zum Staatsfeind Nr. 1 erklärte und die ‚Arbeiter der Stirn und der Faust' in einer großen nationalen Arbeitsfront zusammenzuführen versprach, in der ein nationaler Sozialismus ohne Klassenkampf verwirklicht werden sollte. ... Heute aber ist ‚Sozialismus' Lebenselement der Frankfurter Gemeinden. ...

Auch die Stellung zum politischen Sozialismus konnte sich wandeln, sofern die Sozialdemokratie nicht mehr im Ansatz marxistisch und im Grundsatz kirchenfeindlich ist. Wir haben nach dem Krieg in Frankfurt drei sozialdemokratische Oberbürgermeister erlebt – und zu Grabe getragen, die überzeugte Glieder ihrer evangelischen Kirche waren."

1 Brakelmann, Hitler und Luther 1933.
2 Scholder, Die evangelische Kirche in der Sicht, S. 25.
3 Wegen der Aus- und Eintritte stimmt die Gesamtzahl der Pfarrer nicht mit der Gesamtzahl der Mitgliedschaften überein. Wanderer zwischen den Lagern wurden doppelt gezählt.
4 Zu den Mitgliedern der BK: Telschow, Ringen um den rechten Weg, S. 165–189.
5 Zu den Mitgliedern der DC: Telschow, Ringen um den rechten Weg, S. 189–200.
6 Zu den Mitgliedern der Einigungsbestrebungen: Telschow, Ringen um den rechten Weg, S. 200–205.
7 Zu den Personen: Telschow, Ringen um den rechten Weg, S.205–211.
8 Telschow, Ringen um den rechten Weg, S. 18.
9 Hoffmann, Martin etc., Kirchenkampfdokumentation, Bd. I, S. 27.
10 Reichsgesetzblatt 1933, I, S. 14.
11 Zum Folgenden ausführlich Kübel, Erinnerungen, S. 88–98; hier S. 88.
12 Hoffmann, Martin etc., Kirchenkampfdokumentation, Bd. I, S. 32.
13 Hoffmann, Martin etc., Kirchenkampfdokumentation, Bd. I, S. 32.
14 Kübel, Erinnerungen, S. 93.
15 Hoffmann, Martin etc., Kirchenkampfdokumentation, Bd. I, S. 19.
16 Telschow, Rechtsquellen, S. 260–265.
17 Hoffmann, Martin etc., Kirchenkampfdokumentation, Bd. I, S. 50.
18 Telschow, Rechtsquellen, S. 266–273.
19 Hoffmann, Martin etc., Kirchenkampfdokumentation, Bd. I, S. 388.
20 Hoffmann, Martin etc., Kirchenkampfdokumentation, Bd. I, S. 399.
21 Moltke, Briefe an Freya, S. 609.
22 Moltke, Briefe an Freya, S. 610.
23 RGBL. 1933, S. 1016 vom 1.12.1933; Hoffmann, Martin etc., Kirchenkampfdokumentation, Bd. I, S. 155 f.
24 Gürtler, Nationalsozialismus und evangelische Kirchen, S. 17 f.
25 Siegele-Wenschkewitz, Nationalsozialismus und Kirchen, S. 40.
26 Hildebrandt, Positives Christentum, S. 15 ff.
27 Siegele-Wenschkewitz, Nationalsozialismus, S. 65.
28 Siegele-Wenschkewitz, Nationalsozialismus, S. 65.
29 Zipfel, Kirchenkampf, S. 25.
30 Hitler, Mein Kampf, S. 506.
31 Hitler, Mein Kampf, S. 507.
32 Am 8.12.1934; Schmidt, Die Bekenntnisse, Bd. III, S. 29.
33 Fresenius, Frankfurt/Main, S. 327.
34 Fresenius, Frankfurt/Main, S. 328.
35 Scholder, Die evangelische Kirche in der Sicht, S. 25.
36 Scholder, Die evangelische Kirche in der Sicht, S. 30.
37 Scholder, Die evangelische Kirche in der Sicht, S. 27.
38 Dibelius, Die Staatskirche ist da, S. 150.
39 Ausführlicher: Lueken, Kampf, Behauptung und Gestalt, S. 18–71.
40 Reichsgesetz vom 11.7.1933, RGBl. I, S. 471.
41 Amtsblatt Frankfurt 1933, S. 58 ff.; Hoffmann, Martin etc., Kirchenkampfdokumentation, Bd. I, S. 397.
42 Kirchengesetz der DEK vom 27.4.1934, GVBl N-H Nr. 9 v. 2.5.1934.
43 Kirchengesetz der DEK vom 7.5.1934, GBl. DEK v. 7.5.1934.
44 Kirchengesetz der DEK zur Ausführung des Art. 1 der Verfassung der ELNH vom 22.6.34, GBl. DEK v. 29.6.1934.
45 Gesetz der Preuß. Staatsregierung vom 11.3.1935, Preuß. Gesetzessammlung 1935, S. 39.
46 1. DVO vom 11. April 1935, Preuß. Gesetz. Samml. 1935, S. 57 f.
47 Reichsgesetz vom 26.6.1935, RGBl. 1935, I, S. 774.
48 Reichsgesetz zur Sicherung der DEK vom 24.9.1935, RGBL. 1935, I, S. 1178.
49 Erlass des Reichskirchenministers vom 29.7.1937, GVBl. ELN-H v. 2.8.1937, S. 149.
50 Gürtler, Nationalsozialismus und evangelische Kirchen.
51 Hoffmann, Martin etc., Kirchenkampfdokumentation, Bd. VII, S. 612 f.
52 CA XXVIII, 4, M 63; K 121, 8 ff.
53 Brakelmann, Hitler und Luther.
54 Brakelmann, Hitler und Luther, S. 16 ff. Beispiele dafür sind Putz, Völkische Religiosität, S. 6 ff. oder Kupisch, Der Jude im Sperrfeuer.
55 Baumgärtel, Kirchenkampflegenden, S. 10.
56 Scheinberger, Was wir nie vergessen wollen.
57 Brakelmann, Hitler und Luther, S. 14 ff.
58 Zipfel, Kirchenkampf, S. 138.
59 Meyer, Frohe Botschaft, S. 54.
60 Benad/Telschow, Alles für Deutschland, S. 41.
61 Die Matthäusgemeinde 14, 1933 (30. Juli).
62 Hoffmann, Martin etc., Kirchenkampfdokumentation, Bd. I, S. 393 ff.
63 Hoffmann, Martin etc., Kirchenkampfdokumentation, Bd. II; S. 212 f.
64 Hoffmann, Martin etc., Kirchenkampfdokumentation, Bd. II, S. 292.
65 Hoffmann, Martin etc., Kirchenkampfdokumentation, Bd. III, S. 294.
66 Veidt, Erinnerungen, S. 13.
67 Krebs, Albert, Dreikönig.
68 Rosenberg, Der Mythus, S. 614 ff.
69 Benad/Telschow, Alles für Deutschland, S. 155.
70 Le Seur, Heldische Lebensgestaltung.
71 FKK 1934, S. 45.
72 Trommershausen, Geleitwort.
73 Konfirmandengabe 1938.
74 Manz, Das Christentum in der Entscheidung; Ist der Protestantismus auf dem Wege nach Rom?
75 Gesetzblatt DEK 1933, S. 2 ff.
76 Niemöller, Wilhelm, Pfarrernotbund, S. 31.
77 Conway, Nationalsozialistische Kirchenpolitik, S. 71 f.
78 Conway, Nationalsozialistische Kirchenpolitik, S. 126.
79 GVBl. 1935, S. 106.
80 Conway, Nationalsozialistische Kirchenpolitik, S. 187.
81 Niemöller, Wilhelm, Handbuch des Kirchenkampfes, S. 46 ff.
82 Conway, Nationalsozialistische Kirchenpolitik, S. 262.
83 Zitiert nach Dienst, Bockenheim, S. 284 f.
84 Hierzu und zum Folgenden ausführlicher Kübel, Erinnerungen, S. 98–106.
85 Hoffmann, Martin etc., Kirchenkampfdokumentation, Bd. I, S. 367.
86 Chronik, FKK 1934, S. 46.

87 Erklärung vom 26. Februar 1933, Hoffmann, Martin etc., Kirchenkampfdokumentation, Bd. I. S. 370.
88 Hoffmann, Martin etc., Kirchenkampfdokumentation, Bd. I, S. 370.
89 Telschow, Alte Frankfurter Kirche, S. 140.
90 Hoffmann, Martin etc., Kirchenkampfdokumentation, Bd. I, S. 379.
91 Hoffmann, Martin etc., Kirchenkampfdokumentation, Bd. I, S. 381.
92 Hoffmann, Martin etc., Kirchenkampfdokumentation, Bd I, S. 385.
93 Kübel, Erinnerungen, S. 103.
94 Hoffmann, Martin etc., Kirchenkampfdokumentation, Bd. I, S. 64.
95 Zipfel, Kirchenkampf, S.35.
96 Benad/Telschow, Alles für Deutschland , S. 41.
97 Kirchl. Abl. 1933, S. 44 ff.
98 FKK 1934, S. 48.
99 Lueken, Kampf, Behauptung, S. 18 ff.
100 Hoffmann, Martin etc., Kirchenkampfdokumentation, Bd. I, S. 72 ff.
101 Hoffmann, Martin etc., Kirchenkampfdokumentation, Bd. I, S. 78.
102 Schmidt-Knatz, Die Rechtslage; Lueken, Kampf, Behauptung, S. 20 ff.
103 Abl. Frankfurt 1933, S. 57.
104 FKK 1935, S. 74.
105 FKK 1935, S. 74.
106 GVBl. ELNH, Nr. 8, 1934, S. 77.
107 Chronik, FKK 1935, S. 40.
108 Steitz, Geschichte der Evangelischen Kirche, S. 572.
109 Hoffmann, Martin etc., Kirchenkampfdokumentation, Bd. I, S. 405.
110 Hoffmann, Martin etc., Kirchenkampfdokumentation, Bd. I, S. 405.
111 Lueken, Kampf, Behauptung, S. 28.
112 GVBl. ELNH, 1934, S. 2.
113 Lueken, Kampf, Behauptung, S. 28.
114 GVBl. ELNH, 1934, S. 3.
115 Schmidt-Knatz, Die Rechtslage; Lueken, Kampf, Behauptung.
116 Niemöller, Pfarrernotbund, S. 88.
117 Rundbrief des Pfarrernotbundes Nassau-Hessen vom 13. März 1934.
118 Rundbrief an die Frankfurter Pfarrer vom 2. Mai 1934.
119 Lueken, Kampf, Behauptung, S. 43.
120 Niemöller: Handbuch, S. 131.
121 GVBl. ELNH, 1934, S. 204 ff.; GBl. DEK 1934, S. 122 und 157.
122 GVBl. ELNH, 1935, S. 38.
123 GVBl. ELNH, 1936, S. 45.
124 Dienst, Kirchenkampf als Kollektenkampf?
125 Steitz, Geschichte der evangelischen Kirche, S. 575.
126 Hoffmann, Martin etc., Kirchenkampfdokumentation, Bd. VI, S. 554 f.
127 Rundschreiben vom 07.06.1938; Hoffmann, Martin etc., Kirchenkampfdokumentation, Bd. VI, S. 560.
128 Hoffmann, Martin etc., Kirchenkampfdokumentation, Bd. VI, S. 560–565.
129 Heß in einem Rundschreiben vom Dezember 1938, Hoffmann, Martin etc., Kirchenkampfdokumentation, Bd. VII, S. 207 f.
130 Pauly, Vereidigung.
131 Hoffmann, Martin etc., Kirchenkampfdokumentation, Bd. VII, S. 225 ff.
132 Hoffmann, Martin etc., Kirchenkampfdokumentation, Bd. I, S. 47; Telschow, Ringen um den rechten Weg, S. 59–61.
133 Hoffmann, Martin etc., Kirchenkampfdokumentation, Bd. I, S. 60 f.
134 Am 25.7.33; Hoffmann, Martin etc., Kirchenkampfdokumentation, Bd. I, S. 66.
135 Scholder, Kirchen und Drittes Reich, Bd. I, S 406 ff.
136 Hoffmann, Martin etc., Kirchenkampfdokumentation, Bd. I, S. 157, 418.
137 Hoffmann, Martin etc., Kirchenkampfdokumentation, Bd. I, S. 427, 428, 429.
138 Prolingheuer, Kleine politische Kirchengeschichte, S. 174,182.
139 Telschow, Ringen um den rechten Weg, S. 57–59.
140 Ausführlicher: Telschow, Ringen um den rechten Weg, S. 10 f.
141 Manz, Christentum in der Entscheidung.
142 Manz, Ist der Protestantismus. auf dem Wege nach Rom?
143 Manz, Christentum in der Entscheidung, S. 3.
144 Manz, Christentum in der Entscheidung, S. 6.
145 Pausch, Präludium einer Theologie der Freiheit.
146 Schmidt, Bekenntnisse 1934, S. 92 ff.
147 Becher, Karl Veidt, S. 212.
148 Zum Folgenden: Dölemeyer, Das Freie theologische Seminar.
149 Hierzu und zum Folgenden: Becht, Jungtheologen.
150 Nell, Evangelische Frauenhilfe.
151 Nell, Evangelische Frauenhilfe, S. 62 f.
152 Nell, Evangelische Frauenhilfe, S. 64.
153 Hierzu und zum Folgenden: Staritz, Evangelische Frauenhilfe, S. 93 f.
154 Albert Wagner.
155 Johannes Müller.
156 Trautwein, Eine Geschichte, S. 34.
157 Brunner, Bibel-Ausstellung, S. 65, 66.
158 Brunner, Bibel-Ausstellung, S. 69.
159 Zum folgenden Kübel, Kirchenrecht, S. 93, 115 f.
160 Heymel, Geschichte der Kirchenmusik, S. 56–59, 74–80.
161 S. hierzu Telschow, Geschichte ..., Bd. III, Anhang 4.
162 Deitenbeck, Nassauische Kirchengemeinden.
163 Wagner, Rhein-Main-Gebiet, S. 29 f., nach Dienst, Bockenheim, S. 267.
164 Wagner, Rhein-Main-Gebiet, S. 81, nach Dienst, Bockenheim, S. 267.
165 Zur Geschichte des Kirchenkreises Bockenheim Kap. 3.6.1.
166 Knohl, Geschichte, S. 7.
167 Festzeitung, ohne Seitenangabe.
168 Festzeitung, ohne Seitenangabe.
169 Vollert, Chronik, S. 31.
170 Knohl, Geschichte, S. 10–14; Proescholdt/Telschow, Frankfurts evangelische Kirchen, S. 310–314.
171 Krämer, Evangelische Kirchen, S. 13 f.
172 Otto Schmidtborn.
173 Knohl, Geschichte, S. 14–24.
174 Zum Kirchengebäude: Proescholdt/Telschow, Frankfurts evangelische Kirchen, S. 307 f.
175 Protokollbuch des Kirchenvorstandes unter dem 12. Juli 1932.
176 Zum Kirchengebäude: Proescholdt/Telschow, Frankfurts evangelische Kirchen, S. 339–343.
177 Zum Kirchengebäude: Proescholdt/Telschow, Frankfurts evangelische Kirchen, S. 355–358.

178 Zum Kirchengebäude: Proescholdt/Telschow, Frankfurts evangelische Kirchen, S. 263 f.
179 Zum Kirchengebäude: Proescholdt/Telschow, Frankfurts evangelische Kirchen, S. 359 f.
180 Weber, Sindlingen-Zeilsheim; Zum Kirchengebäude: Proescholdt/Telschow, Frankfurts evangelische Kirchen, S. 370 f.
181 Zum Folgenden: Evangelischer Arbeitnehmer-Verein Zeilsheim.
182 Evangelischer Arbeitnehmer-Verein Zeilsheim, S. 7.
183 Zur Geschichte der Kirchen Proescholdt/Telschow, Frankfurts Kirchen, S. 218–222.
184 Hartmann, Erster Bericht.
185 Hartmann, Erster Bericht, S. 1.
186 Hartmann, Erster Bericht, S. 6.
187 Ausführlicher: Telschow, Ringen um den rechten Weg, S. 113–134.
188 Deutsches Christentum, S. 2.
189 Deutsches Christentum, S. 4–13.
190 Deutsches Christentum, S. 14–21.
191 Deutsches Christentum, S. 14.
192 Deutsches Christentum, S. 15–17.
193 Deutsches Christentum, S. 18 f.
194 Deutsches Christentum, S. 19.
195 Deutsches Christentum, S. 20 f.
196 Deutsches Christentum, S. 22–30.
197 Deutsches Christentum, S. 23.
198 Deutsches Christentum, S. 27.
199 Deutsches Christentum, S. 30.
200 Monnard, Vier Monate Kirchenkampf.
201 Monnard, Vier Monate Kirchenkampf, S. 13.
202 Bericht der Gemeinde vom 09.09.1935; Hoffmann, Martin etc., Kirchenkampfdokumentation, Bd. IV, S. 387 ff.; Monnard, Vier Monate, S. 6 ff.
203 Monnard , Vier Monate Kirchenkampf, S. 8 ff.
204 Benad/Telschow, Alles für Deutschland, S. 118 f.; Hoffmann, Martin etc., Kirchenkampfdokumentation, Bd. IV, S. 337 f.
205 Hoffmann, Martin etc., Kirchenkampfdokumentation, Bd. IV, S. 338.
206 Hoffmann, Martin etc., Kirchenkampfdokumentation, Bd. V, S. 11 f.
207 Monnard, Vier Monate Kirchenkampf, S. 10 ff.
208 Proescholdt/Telschow, Frankfurts Evangelische Kirchen, S. 47 f.; Rexroth, Die Kirchenfenster.
209 Hoffmann, Martin etc., Kirchenkampfdokumentation, Bd. V, S. 82, Bd. VI, S. 49–54.
210 Zum Folgenden: Hoffmann, Martin etc., Kirchenkampfdokumentation, Bd. III, S. 435–439; Benad/Telschow, Alles für Deutschland, S. 85 f.; Becher, Veidt, S. 206 ff., Becher, Die Nikolaikirche, S. 223–231.
211 Hoffmann, Martin etc., Kirchenkampfdokumentation, Bd. IV, S. 267.
212 Hoffmann, Martin etc., Kirchenkampfdokumentation, Bd. IV, S. 93, 188.
213 Hoffmann, Martin etc., Kirchenkampfdokumentation, Bd. IV, S. 393.
214 Hoffmann, Martin etc., Kirchenkampfdokumentation, Bd. IV, S. 393 f.
215 Vollert, Chronik, S. 95.
216 Dies und das Folgende ergibt sich aus den Protokollen des Kirchenvorstandes.
217 Knohl, Geschichte, S. 27.
218 Telschow, Ringen um den rechten Weg, S. 123, 125, 168 f.
219 Privatarchiv des Verfassers.
220 Ausführlicher: Telschow, Ringen um den rechten Weg, S. 69–73 u. a
221 Benad/Telschow, Alles für Deutschland, S. 33.
222 Hoffmann, Martin etc., Kirchenkampfdokumentation, Bd. I, S. 384 f.
223 Hoffmann, Martin etc., Kirchenkampfdokumentation, Bd. I, S. 384 f.
224 Hoffmann, Martin etc., Kirchenkampfdokumentation, Bd. I, S. 283 f.
225 Hoffmann, Martin etc., Kirchenkampfdokumentation, Bd. III, S. 30.
226 Hoffmann, Martin etc., Kirchenkampfdokumentation, Bd. III, S. 347 f.
227 Hoffmann, Martin etc., Kirchenkampfdokumentation, Bd. IV, S. 210–218, insbes. S. 213, 215, 217 und 248, 262, 292, 316.
228 Hoffmann, Martin etc., Kirchenkampfdokumentation, Bd. V, S. 81.
229 Mündlicher Bericht von Eberhard Fricke am 18.3.2013.
230 Hoffmann, Martin etc., Kirchenkampfdokumentation, Bd. VII, S. 384.
231 Hoffmann, Martin etc., Kirchenkampfdokumentation, Bd. VI, S. 340 ff.; Bd. VII, S. 384 f.
232 Hoffmann, Martin etc., Kirchenkampfdokumentation, Bd. VII, S. 384.
233 Niemöller, Kirchenkampf, S. 57; Hoffmann, Martin etc., Kirchenkampfdokumentation, Bd. VII, S. 392.
234 Mündlicher Bericht von Eberhard Fricke am 18.3.2013.
235 Hoffmann, Martin etc., Kirchenkampfdokumentation, Bd. IV, S. 364.
236 Hoffmann, Martin etc., Kirchenkampfdokumentation, Bd. VII, S. 392.
237 Hoffmann, Martin etc., Kirchenkampfdokumentation, Bd. IV, S. 193.
238 Gedenkstätte Stille Helden, Biografien, Fritz Kahl.
239 Flüchtlingsdienst, Deutsche Kirche, S. 187.
240 Bonavita, Mit falschem Pass, S. 11.
241 Aussage des Sohnes am 04.05.2011 anlässlich einer Veranstaltung in Frankfurt.
242 Stöhr/Würmell, Juden, Christen und die Ökumene.
243 Kahl, Erinnerungen.
244 Bonavita, Mit falschem Pass, S. 11.
245 Bonavita, Mit falschem Pass, S. 15. f.
246 Keval, Widerstand, S. 30; unter Bezugnahme auf Mausbach-Bromberger, Arbeiterwiderstand, S. 169.
247 Kahl, Erinnerungen, S. 7 f.
248 Kahl, Erinnerungen, S. 8 f.
249 Bonavita Mit falschem Pass, S. 17–23; Gedenkstätte Stille Helden, Biografien, Robert Eisenstädt .
250 Ausführlicher: Telschow, Ringen um den rechten Weg, S. 78–89, 173 f. u.a
251 Kübel, Erinnerungen.
252 Kübel, Die Bekennende Kirche im Selbstgericht.
253 Kübel, Bekennende Kirche, S. 3.
254 Ausführlicher: Telschow, Ringen um den rechten Weg, S. 25–28, 98–102, u.a
255 Bericht von OKR Zentgraf in Hoffmann, Martin etc., Kirchenkampfdokumentation, Bd. I, S. 35 ff.
256 Hoffmann, Martin etc., Kirchenkampfdokumentation, Bd. I, S. 42.
257 Hoffmann, Martin etc., Kirchenkampfdokumentation, Bd. I, S. 137.
258 Hoffmann, Martin etc., Kirchenkampfdokumentation, Bd. I, S. 138.
259 Hoffmann, Martin etc., Kirchenkampfdokumentation, Bd. I, S. 139.

260 Hoffmann, Martin etc., Kirchenkampfdokumentation, Bd. I, S. 140.
261 Hoffmann, Martin etc., Kirchenkampfdokumentation, Bd. II, S. 279 f.
262 Hoffmann, Martin etc., Kirchenkampfdokumentation, Bd. II, S. 345.
263 Hoffmann, Martin etc., Kirchenkampfdokumentation, Bd. III, S. 4 f.
264 Hoffmann, Martin etc., Kirchenkampfdokumentation, Bd. III, S. 135.
265 Hoffmann, Martin etc., Kirchenkampfdokumentation, Bd. V, S. 523.
266 Hoffmann, Martin etc., Kirchenkampfdokumentation, Bd. V, S. 524.
267 Hoffmann, Martin etc., Kirchenkampfdokumentation, Bd. VI, S. 64, 213, 276.
268 Hoffmann, Martin etc., Kirchenkampfdokumentation, Bd. VII, S. 497.
269 Hoffmann, Martin etc., Kirchenkampfdokumentation, Bd. VII, S. 516.
270 Hoffmann, Martin etc., Kirchenkampfdokumentation, Bd. VI, S. 598.
271 Hoffmann, Martin etc., Kirchenkampfdokumentation, Bd. VII, S. 509.
272 Hoffmann, Martin etc., Kirchenkampfdokumentation, Bd. VIII, S 655.
273 ZA 120A/1884.
274 Flesch-Thebesius, Bertha Schepeler.
275 Zitiert nach Flesch-Thebesius, Bertha Schepeler, S. 24 f.
276 Veidt, Erinnerungen, bei Becher, Veidt, S. 62.
277 Becher, Veidt, S. 159, 181.
278 Abgedruckt bei Benad/Telschow, Alles für Deutschland, S. 83.
279 Benad/Telschow, Alles für Deutschland, S. 86 f.
280 Becher, Veidt, S. 200.
281 Becher, Veidt, S. 20; Hoffmann, Martin etc., Kirchenkampfdokumentation, Bd. I, S. 375 f.
282 Ausführlicher: Telschow, Ringen um den rechten Weg, S. 86–90, 18 f. u. a.
283 Hoffmann, Martin etc., Kirchenkampfdokumentation, Bd. V, S. 25.
284 Hoffmann, Martin etc., Kirchenkampfdokumentation, Bd. V, S. 53–77.
285 Hoffmann, Martin etc., Kirchenkampfdokumentation, Bd. V, S. 60, 198.
286 Hoffmann, Martin etc., Kirchenkampfdokumentation, Bd. V, S. 25, 205 ff.
287 Zu den Hintergründen: Herbert, Kirchenkampf, S. 143–154.
288 Hoffmann, Martin etc., Kirchenkampfdokumentation, Bd. V, S. 244–247.
289 Hoffmann, Martin etc., Kirchenkampfdokumentation, Bd. V, S. 247/250.
290 Hoffmann, Martin etc., Kirchenkampfdokumentation, Bd. V, S. 250.
291 Hoffmann, Martin etc., Kirchenkampfdokumentation, Bd. VI, S. 234 f.
292 Hoffmann, Martin etc., Kirchenkampfdokumentation, Bd. VIII, S. 133.
293 Veidt, Erinnerungen, S. 13.
294 Benad/Telschow, Alles für Deutschland, S. 137.
295 Evang. Paul-Gerhardt-Gemeinde, Zivilcourage und Widerstand, S. 101.
296 Evang. Paul-Gerhardt-Gemeinde, Zivilcourage und Widerstand, S. 17.
297 Bonavita, Mit falschem Pass, S. 172.
298 Neumeier, Evangelische Jugendarbeit, S. 57.
299 Neumeier, Evangelische Jugendarbeit, S. 66.
300 Schrenk in FKK 1934, S. 52.
301 Ihre „Pflichtenkreise" sind beschrieben bei Both, Jugendkanzlei; ihre Tätigkeit bei Both, Jugend und Kirche sowie 5 Jahre Jugendarbeit.
302 Both, Jugendwerk; Unser evangelisches Jugendwerk.
303 Dam, Jugend und Nationalsozialismus, S. 251.
304 Mattis, Im Aufbruch, S. 256.
305 Mattis, Im Aufbruch, S. 254.
306 Zu Both: Telschow, Ringen um den rechten Weg, S. 91–96.
307 Neumeier, Evangelische Jugendarbeit, S. 66 f. und Dokument 1.
308 Neumeier, Evangelische Jugendarbeit, S. 58.
309 Neumeier, Evangelische Jugendarbeit, S. 62 f.; zur Gesamtsituation: Jürgensen, Die bittere Lektion.
310 Neumeier, Evangelische Jugendarbeit, S. 65.
311 Neumeier, Evangelische Jugendarbeit, S. 74.
312 Neumeier, Evangelische Jugendarbeit, S. 72 f.
313 Hoffmann, Martin etc., Kirchenkampfdokumentation, Bd. I, S. 122.
314 Neumeier, Evangelische Jugendarbeit, S. 81.
315 Neumeier, Evangelische Jugendarbeit, S. 81 f., abgedruckt in: Benad/Telschow, Alles für Deutschland, S. 52.
316 Neumeier, Evangelische Jugendarbeit, S. 84 ff.
317 Neumeier, Evangelische Jugendarbeit, S. 83.
318 Neumeier, Evangelische Jugendarbeit, S. 86.
319 Neumeier, Evangelische Jugendarbeit, S. 89 ff.
320 Neumeier, Evangelische Jugendarbeit, S. 119 ff.
321 Neumeier, Evangelische Jugendarbeit, S. 125.
322 Gesetzblatt DEK 3.3.1934.
323 Gesetzblatt DEK 6.6.1934.
324 Neumeier, Evangelische Jugendarbeit, S. 131.
325 Neumeier, Evangelische Jugendarbeit, S. 133–138.
326 Neumeier, Evangelische Jugendarbeit, S. 128.
327 Neumeier, Evangelische Jugendarbeit, S. 167.
328 Neumeier, Evangelische Jugendarbeit, S. 140.
329 Neumeier, Evangelische Jugendarbeit, S. 150.
330 Neumeier, Evangelische Jugendarbeit, S. 152.
331 Neumeier, Evangelische Jugendarbeit, S. 200 f.
332 Neumeier, Evangelische Jugendarbeit, S. 203 f.
333 Wortlaut bei Neumeier, Evangelische Jugendarbeit, S. 274, Dokument 4. 1.
334 Both, Das Evangelische Jungen- und Jungmännerwerk, S. 75.
335 Neumeier, Evangelische Jugendarbeit, S. 209.
336 Hierzu und zum Folgenden: Dam, Jugend, insbes. S. 213–215, 253–255; Neumeier, Evangelische Jugendarbeit, S. 138–140.
337 Hoffmann, Martin etc., Kirchenkampfdokumentation, Bd. VIII, S. 412 f.
338 Hoffmann, Martin etc., Kirchenkampfdokumentation, Bd. III, S. 544–547.
339 Neumeier, Evangelische Jugendarbeit, S. 138–140.
340 Dam, Jugend, S. 214, Anm. 86.
341 Geißler, Bericht, S. 491 f.
342 Jahresschau, FKK 1937, S. 29.
343 Huth, Sozialdiakonisches Handeln, S. 73.
344 Evangelischer Volksdienst, 17. Jahresbericht, S. 5; zitiert nach: Frase/Dahmer, Diakonie in der Großstadt, S. 95.
345 Evangelischer Volksdienst, 19. Jahresbericht, S. 5; zitiert nach: Frase/Dahmer, Diakonie in der Großstadt, S. 96.
346 Chronik, FKK 1934, S. 52; Schumacher, Vereinshaus.

347 Treplin, Die Innere Mission im Dritten Reich.
348 Treplin, Die Innere Mission im Dritten Reich, S. 78.
349 Treplin, Die Innere Mission im Dritten Reich, S. 79.
350 Ludwig, Innere Mission im Dritten Reich, S. 84.
351 Ludwig, Innere Mission im Dritten Reich, S 83.
352 Frankfurter Diakonissenhaus, Getrost und freudig 125 Jahre, S. 86 f.
353 Frankfurter Diakonissenhaus, Getrost und freudig 125 Jahre, S. 87.
354 Frankfurter Diakonissenhaus, Getrost und freudig 125 Jahre, S. 88.
355 Frankfurter Diakonissenhaus, Getrost und freudig 125 Jahre, S. 88.
356 Zum Folgenden: Frankfurter Diakonissenhaus, Getrost und freudig 125 Jahre, S. 90–92 .
357 Zum Hintergrund: Kudlien, Ärzte im Nationalsozialismus.
358 Bauer/Hoede, In guten Händen, S. 64.
359 Bauer/Hoede, In guten Händen, S. 66.
360 Bauer/Hoede, In guten Händen, S. 66.
361 Bauer/Hoede, In guten Händen, S. 66.
362 Zur politischen Situation in Frankfurt: Rebentisch, Frankfurt 1918-1945, S. 485–507.
363 Zum Folgenden: Bauer/Hoede, In guten Händen, S. 60–90.
364 Bauer/Hoede, In guten Händen, S. 52 f.
365 Flesch-Thebesius, Hauptsache Schweigen, S. 50 ff.; Informationen von Dr. Eugen Kahl; Bauer/Hoede, In guten Händen, S. 63, 65.
366 Bauer/Hoede, In guten Händen, S. 65.
367 Bauer/Hoede, In guten Händen, S. 63.
368 Zur politischen Situation in Frankfurt: Rebentisch, Frankfurt 1918-194, S. 485–507.
369 Schneider, Krebs, S. 355 f.
370 Frankfurter Diakonissenhaus, Getrost und freudig 125, S. 97 f.; Bauer/Hoede, In guten Händen, S. 60.
371 Ausführlicher: Schmidt, Pfarrer Gustav Oehlert, S. 78–81.
372 Schatz, Bistum Limburg, S. 278.
373 Pelissier, Rechenschaftsbericht, S. 19.
374 Pelissier, Rechenschaftsbericht, S. 19.
375 Schatz, Bistum Limburg, S. 289.
376 Schatz, Bistum Limburg, S. 290.
377 Geißler, Kristallnacht, S. 84.
378 Telschow, Ringen um den rechten Weg, S. 135–151.
379 Paulskirchenbote, Nr. 4/1933.
380 Benad/Telschow, Alles für Deutschland, S. 54.
381 Benad/Telschow, Alles für Deutschland, S. 54.
382 Hoffmann, Martin etc., Kirchenkampfdokumentation, Bd. VIII, S. 158 ff.
383 Hoffmann, Martin etc., Kirchenkampfdokumentation, Bd. VIII, S. 160.
384 Proescholdt, Der Weg zur Endlösung, S. 1.
385 Bethge, Bonhoeffer, S. 357–363; Scholder, Die Kirchen, Bd. I, S. 682 f.
386 Schreiben vom 07.09.1933; Bethge, Bonhoeffer, S. 363 f.
387 Schmidt, Bekenntnisse 1933, S. 96 ff.
388 Schmidt, Bekenntnisse 1933, S. 189 f.
389 Flüchtlingsdienst, Evang. Kirche und Judenfrage, S. 152.
390 Ausführlich Daume, Düringer etc., Getauft, ausgestoßen; Arbeitskreis „Evangelische jüdischer Herkunft", Getauft, ausgestoßen.
391 Dieses und das Folgende ist zitiert nach: Proescholdt, Kirche im Dritten Reich, S. 131.
392 Kirchliches Jahrbuch für die Evangelische Kirche in Deutschland, 1933–1944, 1948, S. 481.
393 GVBl. ELNH, 1942, S. 50 f.
394 Hoffmann, Martin etc., Kirchenkampfdokumentation, Bd. VIII, S. 174 f.
395 Hoffmann, Martin etc., Kirchenkampfdokumentation, Bd. VIII, S. 177 f.
396 Arbeitskreis Evangelische Jüdischer Herkunft, Katalog Getauft, ausgestoßen, S. 25.
397 Schmidt, Claire Mettenheim.
398 Die folgenden Auszüge nach: Arbeitskreis „Evangelische Jüdischer Herkunft", Katalog Getauft, ausgestoßen, S. 77.
399 Hoffmann, Martin etc., Kirchenkampfdokumentation, Bd. VIII, S. 145–149.
400 Bonavita: Mit falschem Pass und Zyankali; Arbeitskreis „Evangelische Jüdischer Herkunft", Katalog „Getauft und ausgestoßen"; Telschow, Ringen um den rechten Weg, S. 135–151.
401 Hierzu und zum Folgenden: Ludwig, Arnold Schumacher, S. 94–101.
402 Zur Haltung des Evangelischen Volksdienstes: Hoffmann, Martin etc., Kirchenkampfdokumentation, Bd. VIII, S. 71.
403 Evangelische Hilfsstelle für ehemals Rasseverfolgte, An der Stechbahn.
404 Evangelische Hilfsstelle für ehemals Rasseverfolgte, An der Stechbahn, S. 13.
405 Hoffmann, Martin etc., Kirchenkampfdokumentation, Bd. VIII, S. 172.
406 Arbeitskreis Evangelische Jüdischer Herkunft, Katalog Getauft, ausgestoßen, S. 64.
407 FKK 1940, S. 106–112.
408 So sein Beitrag in FKK 1940, S. 29 f., dem auch die folgenden Zitate entnommen sind. Daub erzählte dann auch als Oberleutnant in FKK 1941, S. 24–26 von Weihnachten an der Front im 1. Weltkrieg.
409 Trommershausen, Geleitwort in FKK 1941, S. 3.
410 Struckmeier, Chronik der evangelischen Gemeinden, S. 10 f.
411 Telschow, Komm, bau ein Haus, S. 149 ff.
412 Unsere evangelischen Kindergärten, S. 117.
413 ZAEKHN 120A/2744.
414 Bredemeier, Kriegsdienstverweigerung, S. 169.
415 Bredemeier, Kriegsdienstverweigerung, S. 172.
416 ZAEKHN 120A/1169.
417 ZAEKHN 120A/1169.
418 ZAEKHN 120A/1169.
419 Schreiben vom 16.08.1937, ZAEKHN 050404/31; Hoffmann, Martin etc., Kirchenkampfdokumentation, Bd. VI, S. 384.
420 ZAEKHN 050404/33, Hoffmann, Martin etc., Kirchenkampfdokumentation, Bd. VI, S. 386.
421 ZAEKHN 050404/36 und 120A-1169; Hoffmann, Martin etc., Kirchenkampfdokumentation, Bd. VI, S. 387.
422 ZAEKHN 050404/37.
423 ZAEKHN 120A/1169 und 050404/38; Hoffmann, Martin etc., Kirchenkampfdokumentation, Bd. VI, S. 392.
424 Hoffmann, Martin etc., Kirchenkampfdokumentation, Bd. VI, S. 386.
425 ZA 050404/41; Hoffmann, Martin etc., Kirchenkampfdokumentation, Bd. VI, S. 395.
426 Bredemeier, Kriegsdienstverweigerung, S. 168.
427 Scheibenberger, Mit Mann, S. 22 f.
428 Goebels, Warten auf den Tag X.
429 Struckmeier, Chronik, S. 13 f.

430 Struckmeier, Chronik, S. 17 f.
431 Struckmeier, Chronik, S. 19 f.
432 Struckmeier, Vom Sterben der Paulskirche.
433 Aufstellung im Frankfurter Kirchlichen Jahrbuch 1954, S. 44–59.
434 100 Jahre Christuskirche, S. 28.
435 100 Jahre Christuskirche, S. 28..
436 Neumeier, Evangelische Jugendarbeit, S. 317 ff., 341 ff.
437 Neumeier, Evangelische Jugendarbeit, S. 324 ff.
438 Hoffmann, Martin etc., Kirchenkampfdokumentation, Bd. VIII, S. 480.
439 Geißler, Evangelische Mädchenarbeit, S. 498 f.
440 Geißler, Bericht, S. 499.
441 Neumeier, Evangelische Jugendarbeit, S. 265–267.
442 Ludwig, Die Innere Mission, S. 90–93.
443 Getrost und freudig 125 Jahre, S. 106–114.
444 Getrost und freudig 125 Jahre, S. 109 f.
445 Getrost und freudig 125 Jahre, S. 111 f.
446 Goebels, Evangelisches Leben, S. 12–14.

Abkürzungsverzeichnis

Abl	Amtsblatt
BBC	British Broadcasting Corporation
BCDJ	Bund Christdeutscher Jugend
Bd.	Band
BDJ	Bund Deutscher Jugend
BK	Bekennende Kirche
BK	Bibelkreis
CA	Confessio Augustana
cand. theol.	Kandidat der Theologie
CSV	Christlich Sozialer Volksdienst
CVJM	Christlicher Verein Junger Männer
DC	Deutsche Christen
DDP	Deutsche Demokratische Partei
DEG	Deutsches Einheitsgesangbuch
DEK	Deutsche Evangelische Kirche
DNVP	Deutsch-Nationale Volkspartei
DVP	Deutsche Volkspartei
ebd.	ebenda
EJW	Evangelisches Jugendwerk
EJWF	Evangelisches Jugendwerk Frankfurt a. M.
EKG	Evangelisches Kirchengesangbuch
EKHN	Evangelische Kirche in Hessen und Nassau
ELNH	Evangelische Landeskirche Nassau-Hessen
ERV	Evangelischer Regionalverband Frankfurt am Main
evang.	evangelisch
FAZ	Frankfurter Allgemeine Zeitung
FKJ	Frankfurter Kirchliches Jahrbuch
FKK	Frankfurter Kirchenkalender
FRV	ERV Archiv
GDC	Glaubensbewegung Deutsche Christen
Gemeindeverband	Gemeindeverband der evangelisch-lutherischen und evangelisch-unierten Kirchengemeinden
GO	Gemeindeordnung
GVBl	Gesetz- und Verordnungsblatt
k.v.	kriegsverwendungsfähig
KGSO	Kirchengemeinde- und Synodalordnung von 1899
KPD	Kommunistische Partei Deutschlands
KV	Kirchenvorstand
LKR	Landeskirchenrat
Maj.	Majestät
NSDAP	Nationalsozialistische Deutsche Arbeiterpartei
NSV	Nationalsozialistische Volkswohlfahrt
o.S.	ohne Seitenangaben
Pfg.	Pfennig
Predigerministerium	Evangelisch-lutherisches Predigerministerium in Frankfurt a. M.
SA	Sturmabteilung der NSDAP
Se.	Seine
SP.	Spalte
SPD	Sozialdemokratische Partei Deutschlands

Stadtsynodalverband	Stadtsynodalverband der evangelisch-lutherischen und evangelisch-unierten Kirchengemeinden	Vorstand	Vorstand des Gemeindeverbandes bzw. des Regionalverbandes
USPD	Unabhängige Sozialdemokratische Partei Deutschlands	WHV	Winterhilfswerk des Deutschen Volkes
		WRV	Weimarer Reichsverfassung
Verf.	Verfasser	ZA	Zentralarchiv der EKHN
Vltg	Vorläufige Leitung	ZAEKHN	Zentralarchiv der EKHN
Vorsitzende(r)	Vorsitzende(r) des Vorstandes des Gemeindeverbandes bzw. des Regionalverbandes	Zentrum	Deutsche Zentrumspartei

Literaturverzeichnis

Amtsblatt der Evangelischen Landeskirche Frankfurt am Main.

Arbeitskreis „Evangelische Jüdischer Herkunft", Frankfurt a. M. (Hrsg.): Ausstellung „Getauft, ausgestoßen – und vergessen? Evangelische jüdischer Herkunft in Frankfurt am Main 1933–1945", Katalog, Schriftenreihe des evangelischen Regionalverbandes Frankfurt am Main, Band 35, Frankfurt a. M. 2013.

Archiv Evangelischer Regionalverband.

Archiv Marthahaus.

Arnsberg, Paul: Die Geschichte der Frankfurter Juden seit der Französischen Revolution, 3 Bände, Darmstadt 1983.

Baerrn: Evangelischer Arbeiterverein Frankfurt a. M., in: Frankfurter Kirchenkalender 1918, S. 54–57.

Balke, Bendix: Eduard de Neufville und Charles Correvon: Zwei Pioniere der ökumenischen Friedensarbeit aus der Französisch-reformierten Gemeinde Frankfurt a. M. vor und im Ersten Weltkrieg, in: Jahrbuch der Hessischen Kirchengeschichtlichen Vereinigung, Band 65–66, Darmstadt / Kassel 2015, S. 249–292.

Bammel, Ernst: Die Reichsgründung und der deutsche Protestantismus. Erlanger Forschungen, Reihe A – Geisteswissenschaften – Band 22, Erlangen 1973.

Battenberg, Friedrich Wilhelm: Die alte und die neue Peterskirche zu Frankfurt am Main, Leipzig / Frankfurt a. M. 1895.

Bauer, Thomas / Hoede, Roland: In guten Händen. Vom Bockenheimer Diakonissenverein zum Frankfurter Markus-Krankenhaus 1876–2001, Frankfurt a. M. 2001.

Baumgärtel, Friedrich: Wider die Kirchenkampflegenden, Neuendettelsau 1959.

Becher, Werner (Hrsg.): Karl Veidt. Paulskirchenpfarrer und Reichstagsabgeordneter, Quellen und Studien zur Hessischen Kirchengeschichte, Band 14, Darmstadt und Kassel 2006.

Becher, Werner / Fischer, Roman (Hrsg.): Die Alte Nikolaikirche am Römerberg. Studien zur Stadtgeschichte, Studien zur Frankfurter Geschichte, Band 32, Frankfurt a. M. 1992.

Becher, Werner: Die Nikolaikirche von der Reformationszeit bis zum Jahr 1949, in: Becher Werner / Fischer, Roman (Hrsg.): Die Alte Nikolaikirche am Römerberg, Studien zur Stadtgeschichte, Studien zur Frankfurter Geschichte, Band 32, Frankfurt a. M. 1992, S. 157–244.

Becht, Lutz: Die „illegalen" Jungtheologen der BK Nassau-Hessen, in: Grunwald, Klaus-Dieter / Oelschläger, Ulrich (Hrsg.): Evangelische Landeskirche Nassau-Hessen und Nationalsozialismus. Auswertungen der Kirchenkampfdokumentation der EKHH, Quellen und Studien zur Hessischen Kirchengeschichte, Band 22, Darmstadt 2014, S. 135–188.

Becht, Lutz: Elisabeth Neumann: In Schwesterntracht in die Schweiz geflohen, in: Daume, Heinz / Düringer, Hermann / Kingreen, Monica / Schmidt, Hartmut (Hrsg.): Getauft, ausgestoßen – und vergessen? Zum Umgang der evangelischen Kirchen in Hessen mit den Christen jüdischer Herkunft im Nationalsozialismus, Hanau 2013, S. 85 ff.

Bekenntnissynode der Evangelischen Landeskirche Nassau-Hessen: Bericht über die VII. Ordentliche Tagung 8. bis 10. April 1946, 7. bis 9. Mai 1946, 10. bis 12. Juli 1946. Frankfurt a. M. o. J.

Benad, Matthias / Telschow, Jürgen: „Alles für Deutschland. Deutschland für Christus." Evangelische Kirche in Frankfurt am Main 1929 bis 1945, Frankfurt a. M. 1985.

Benad, Matthias: Die Umgestaltung des Frankfurter Kirchenkalenders unter dem deutsch-christlichen Kirchenregiment 1934, in: Jahrbuch der Hessischen Kirchengeschichtlichen Vereinigung, Band 39, Darmstadt 1988, S. 69–82.

Benad, Matthias: Protestantische Kirchlichkeit und industrielle Urbanisierung. Die Anfänge der modernen Ortskirchengemeinde in Frankfurt am Main um 1900, in: Nord, Ilona / Volz, Rüdiger (Hrsg.): An den Rändern. Theologische Lernprozesse mit Yorick Spiegel, Festschrift zum 70. Geburtstag, Münster 2005.

Bernhard: Amtsgerichtsrat Karl Allmenröder, in: Frankfurter Kirchenkalender 1927, S. 13–16.

Bertsch, Ludwig: Die Philosophisch-Theologische Hochschule St. Georgen, in: Benad, Matthias (Hrsg.): Gott in Frankfurt? Frankfurt a. M. 1987, S. 133–139.

Besier, Gerhard: Preußische Kirchenpolitik in der Bismarckära, Die Diskussion in Staat und evangelischer Kirche um eine Neuordnung der kirchlichen Verhältnisse Preußens zwischen 1866 und 1872, Berlin 1980.

Bethge, Eberhard: Dietrich Bonhoeffer, Eine Biographie, München 1970.

Beyer, Petra: Schriftenmission und Publizistik, in: Treplin, Hans Gustav (Hrsg.): Evangelischer Verein, S. 49–53.

Bill, Helga: Sakrale Monumentalmalerei der Spätromanik im Umbruch zur Gotik, Kunst- und Kulturgeschichte im Spiegel einer Wandmalerei in Frankfurt am Main, Schriftenreihe des Evangelischen Regionalverbandes Frankfurt am Main, Nr. 36, Frankfurt a. M. 2014.

Blüher, Hans: Wandervogel, Geschichte einer Jugendbewegung, 4. Auflage, Prien / Obb. 1919.

Böcher, Otto: Erwägungen zum Protestantischen Kirchenbau des Historismus, in: Aspekte protestantischen Lebens im hessischen und nassauischen Raum, Festschrift für Karl Dienst zum 65. Geburtstag, Quellen und Studien zur Hessischen Kirchengeschichte, Band 1, Darmstadt 1995, S. 175–185.

Bonavita, Petra: Mit falschem Pass und Zyankali. Retter und Gerettete aus Frankfurt am Main in der NS-Zeit, Stuttgart 2009.

Bornemann, Wilhelm: Carl Teichmann, in: Frankfurter Kirchenkalender 1907, S. 36–40.

Bornemann, Wilhelm: Die Feier des Reformationsjubiläums 1917 in Frankfurt am Main, in: Frankfurter Kirchenkalender 1919, S. 28–37.

Bornemann, Wilhelm: Die Frankfurter Universität und ihre theologische Fakultät, in: Frankfurter Kirchenkalender 1920, S. 44–49.

Bornemann, Wilhelm: Die Selbständigkeit der Frankfurter Landeskirche, in: Frankfurter Kirchenkalender 1926, S. 15–18.

Bornemann, Wilhelm: Frankfurts evangel. Kirche in der Revolutionszeit, in: Frankfurter Kirchenkalender 1920, S. 30–41.

Bornemann, Wilhelm: Hermann Dietze, in: Frankfurter Kirchenkalender 1919, S. 17–21.

Bornemann, Wilhelm: Landeskirche – Großstadtkirche – Volkskirche, in: Frankfurter Kirchenkalender 1930, S. 53–59.

Bornemann, Wilhelm: Opfer, in: Die Religion im Krieg, in: Frankfurter Vorträge, 8. Reihe, Frankfurt a. M. 1914, S. 52–71.

Bornemann, Wilhelm: Pfarrer Julius Werner, in: Frankfurter Kirchenkalender1925, S. 12–15.

Bornemann, Wilhelm: Unsere Heimgegangenen, in: Frankfurter Kirchenkalender 1916, S. 19 ff.

Bornemann, Wilhelm: Zum konfessionellen Frieden, in: Frankfurter Kirchenkalender 1926, S. 27.

Bornemann, Wilhelm: Zwei Jahrzehnte Frankfurter kirchlichen Lebens unter Konsistorialpräsident D. Dr. Ernst, in: Frankfurter Kirchenkalender 1920, S. 52–59.

Bornemann, Wilhelm: 50 Jahre Frankfurter Kirchenkalender, in: Frankfurter Kirchenkalender 1938, S. 64–72.

Bornemann: Hermann Dechent (1850–1935), in Frankfurter Kirchenkalender 1937, S. 62 f.

Bösch, Frank: Der Beginn des modernen Medienkrieges, in: Potsdamer Neueste Nachrichten 26.2.2014, S. 21.

Both, Das Evangelische Jungen- und Jungmännerwerk, in: Frankfurter Kirchliches Jahrbuch 1951, S. 74–77.

Both, Paul: 5 Jahre Jugendarbeit in der Evg. Kirche in Nassau-Hessen, in: Frankfurter Kirchenkalender 1939, S. 72–75.

Both, Paul: Aus der Arbeit unserer Evangelischen Jugendkanzlei. Ein Baustein für die Gemeinde von morgen, in: Frankfurter Kirchenkalender 1937, S. 49 f.

Both, Paul: Das neu geordnete Jugendwerk der evangelischen Kirche, in: Frankfurter Kirchenkalender 1935, S. 57 ff.

Both, Paul: Ein Jugendführer von Gottes Gnaden. Albert Hamel wird 85 Jahre alt, in: Frankfurter Kirchliches Jahrbuch 1954, S. 155–158.

Both, Paul: Kirche und Jugend – gestern und heute, in: Frankfurter Kirchenkalender 1938, S. 52 f.

Both, Paul: Unser evangelisches Jugendwerk arbeitet, in: Frankfurter Kirchenkalender 1936, S. 70 ff..

Bothe, Friedrich: Geschichte der Stadt Frankfurt am Main, 3. Aufl. 1929, Reprint Frankfurt a. M. 1977.

Brakelmann, Günter: Hitler und Luther 1933, Schriftenreihe des Kirchenkreises Bochum

„Evangelische Perspektiven", Band 1, Dortmund 2008.

Bredemeier, Karsten: Kriegsdienstverweigerung im Dritten Reich, Baden-Baden 1991.

Broechtel, Hermann: Frankfurter Theologen und der Weltkrieg, in Frankfurter Kirchenkalender 1938, S. 34.

Bruch, Rüdiger vom: Erster geistiger Waffenplatz Deutschlands, in: Potsdamer Neueste Nachrichten 6.6.2014, S. 24.

Brunner, Emma: Bibel-Ausstellung in Frankfurt a.M., in: Frankfurter Kirchenkalender 1936, S. 65–69.

Brunner, Emma: Geheimrat D. Dr. Ebrard, in: Frankfurter Kirchenkalender 1936, S. 74.

Busch, Eberhard: Karl Barths Lebenslauf, München 1975.

Clark, Christopher: Die Schlafwandler. Wie Europa in den Ersten Weltkrieg zog, 7. Aufl. München 2013.

Conway, John S.: Die nationalsozialistische Kirchenpolitik 1933–1945, München 1969.

Cordier, Leopold: Aus der modernen Jugendbewegung, in: Frankfurter Kirchenkalender 1922, S. 18 ff.

Cordier, Leopold: Evangelische Jugendkunde, Band I. Quellenbuch zur Geschichte der Evangelischen Jugend, 2. Aufl. Schwerin 1925; Band II. Die evangelische Jugend und ihre Bünde, 2. Aufl. Schwerin 1927; Band III. Evangelische Jugendwohlfahrt, Schwerin 1929.

Correvon: Zum Andenken an Dr. theol. Louis Bonnet, in: Frankfurter Kirchenkalender 1903, S. 18–22

Creter, Fritz: Kurt Thomas wird uns verlassen! In: FKJ 1957, S. 94 f.

Dam, Harmjan: Jugend und Nationalsozialismus in der Evangelischen Landeskirche Nassau-Hessen 1933–1945, in: Grunwald, Klaus-Dieter / Oelschläger, Ulrich (Hrsg.): Evangelische Landeskirche Nassau-Hessen und Nationalsozialismus. Auswertungen der Kirchenkampfdokumentation der EKHH, Quellen und Studien zur Hessischen Kirchengeschichte, Band 22, Darmstadt 2014, S. 189–294.

Das Evangelische Deutschland, Jahr- und Adressbuch der kirchlichen Behörden und der gesamten evangelischen Geistlichkeit Deutschlands, 9. Jahrgang, Leipzig 1913.

Daub, Richard: Das Jahr des Krieges und des Sieges, in: Frankfurter Kirchenkalender 1940, S. 29 f.

Daume, Heinz / Düringer, Hermann / Kingreen, Monica / Schmidt, Hartmut (Hrsg.). Getauft, ausgestoßen- und vergessen? Zum Umgang der evangelischen Kirchen in Hessen mit den Christen jüdischer Herkunft im Nationalsozialismus, Hanau 2013.

Dechent, Hermann: Der Krieg und das kirchliche Leben, in Frankfurter Kirchenkalender 1915, S. 39 ff.

Dechent, Hermann: Die Entwicklung des evangelischen Vereinslebens in Frankfurt a.M. im Laufe des 19. Jahrhunderts, in Frankfurter Kirchenkalender 1901, S. 19–28.

Dechent, Hermann: Die ganze Bibel soll es sein, in: Frankfurter Kirchenkalender 1934, S. 45.

Dechent, Hermann: Georg Eduard Steitz, in: Frankfurter Kirchenkalender 1897, S. 28–32

Dechent, Hermann: Kirchengeschichte von Frankfurt am Main seit der Reformation, 2 Bände, Leipzig 1913 und 1921.

Dechent, Hermann: Sind die Geistlichen der lutherischen Stadtgemeinde überlastet? In: Frankfurter Kirchenkalender 1898, S. 16–19.

Dechent, Hermann: Unsere Heimgegangenen, in: Frankfurter Kirchenkalender 1916, S. 25.

Dechent, Hermann: Wilhelm Steinhausen, in: Frankfurter Kirchenkalender 1901, S. 31 ff.

Dechent, Hermann: Wo bleibt nun der Idealismus? In: Im Kampf um die Volksseele, Frankfurter Vorträge, 9. Reihe 1915, S. 5–29.

Dechent, Hermann: Zum Andenken an Pfarrer Philipp Jakob Collischonn, in: Frankfurter Kirchenkalender 1904, S. 33–41.

Dehnhard, Walther / **Ritter,** Gottlob: Bachstunden, Festschrift für Helmut Walcha zum 70. Geburtstag überreicht von seinen Schülern, Frankfurt a.M. 1978.

Deitenbeck, Hermann: Die Eingemeindung Nassauischer Kirchengemeinden in die Stadtgemeinde Frankfurt a. M., in: Frankfurter Kirchenkalender 1929, S. 56 f.

Denkmaltopographie Stadt Frankfurt am Main, Hrsg. Magistrat der Stadt Frankfurt am Main – Untere Denkmalschutzbehörde, Braunschweig / Wiesbaden 1986.

Der Deutsche Evangelische Kirchenbund in seinen Kundgebungen. Sonderdruck des II. Teils von „D. Hosemann. Der Deutsche Evangelische Kirchenbund in seinen Gesetzen, Verordnungen und Kundgebungen", 2. Aufl., Berlin 1933, S. 5 f.

Der Wartburgverein zu Frankfurt am Main, Bilder aus seinem Leben und Treiben, Frankfurt a.M. 1913.

Dettmering, Otto: Das Pfarrhaus Leydhecker, in: Frankfurter Kirchenkalender 1914, S. 22–27.

Deutsches Christentum. Drei Vorträge, Frankfurt a.M. 1933.

Diakonissenanstalt Frankfurt am Main (Hrsg.): Blätter aus dem Diakonissenhaus Frankfurt am Main, Nr. 248, April–Juni 1960, Frankfurt a.M. 1960.

Dibelius, Otto: Die Staatskirche ist da! Wuppertal-Barmen 1936.

Dibelius, Otto: Die große Wendung im Kirchenkampf, Schriftenreihe in sechs Heften von D. Dr. Dibelius „Christus und die Deutschen", Heft 4, Berlin 1936.
Die Christuskirche in Frankfurt am Main 1883–1933, Festschrift, hrsg. von den Vorständen des Evangel.-kirchlichen Hilfsvereins zu Frankfurt a. M. und der Stiftung für kirchliche Versorgung der Außenstadt, Frankfurt a. M. 1933.
Die Dalberg-Feier der beiden reformierten Gemeinden zu Frankfurt am Main am 31.1.1907, Frankfurt a. M. 1907.
Dienst, Karl: Ein Kapitel Hessen-Kassel-Hanauischer Kirchengeschichte im heutigen Frankfurt / M. – Zur Geschichte des ehemaligen Kirchenkreises Bockenheim, in: Jahrbuch der Hessischen Kirchengeschichtlichen Vereinigung, Band 43, Darmstadt 1992, S. 265–288.
Dienst, Karl: Geh. Konsistorialrat Pfr. D. Dr. Hermann Dechent (1850–1935), in: Fischer, Roman (Hrsg.): Von der Barfüßerkirche zur Paulskirche. Studien zur Frankfurter Geschichte, Band 44, Frankfurt a. M. 2000, S. 265–291.
Dienst, Karl: Hoher Meißner 1913: Autonomie als Religionsersatz? Vorbereitende Gedanken zu einem anstehenden Jubiläum, in: Jahrbuch der Hessischen Kirchengeschichtlichen Vereinigung, Band 62, Darmstadt 2011, S. 251–266.
Dienst, Karl: Kirchenkampf als Kollektenkampf? In: Jahrbuch der Hessischen Kirchengeschichtlichen Vereinigung, Band 54, Darmstadt 2003, S. 197–208.
Dienst, Karl: Rund um die Paulskirche, Die Kirchen der freien Stadt Frankfurt am Main um 1848 zwischen Verkündigung und Politik, in: Jahrbuch der Hessischen Kirchengeschichtlichen Vereinigung, Band 42, Darmstadt 1991, S. 13–47.
Dienst, Karl: Theologie ohne Theologische Fakultät? Zu den Anfängen des Fachbereichs „Evangelische Theologie" an der J. W. Goethe-Universität in Frankfurt / M, in: Jahrbuch der Hessischen Kirchengeschichtlichen Vereinigung, Bd. 60, Darmstadt 2009, S. 145–185.
Dienst, Karl: Zwischen Paulskirche und Vereinshaus. Über Entstehungszusammenhänge der Inneren Mission, vornehmlich anhand Frankfurter Quellen, in: Jahrbuch der Hessischen Kirchengeschichtlichen Vereinigung, Band 49, Darmstadt 1998, S. 65–83.
Dölemeyer, Barbara: Das Freie theologische Seminar der BK Nassau-Hessen, in: Grunwald, Klaus-Dieter / Oelschläger, Ulrich (Hrsg.): Evangelische Landeskirche Nassau-Hessen und Nationalsozialismus. Auswertungen der Kirchenkampfdokumentation der EKHH, Quellen und Studien zur Hessischen Kirchengeschichte, Band 22, Darmstadt 2014, S. 107–134.
Dölemeyer, Barbara: Die Französisch-reformierte Gemeinde Frankfurt am Main im Kirchenkampf, in: Altrock, Georg / Düringer, Hermann / Kriegstein, Mathias von / Weintz, Karin (Hrsg.): Migration und Modernisierung. 450-jähriges Bestehen der evangelischen Französisch-reformierten Gemeinde Frankfurt am Main 2006, S. 159–192.
Dölemeyer, Barbara: Zwischen Bekennender Kirche und Deutschen Christen, Französisch-reformierte Gemeinden im Frankfurter Raum unter dem Nationalsozialismus, in: Jahrbuch der Hessischen Kirchengeschichtlichen Vereinigung, Band 54, Darmstadt 2003, S. 209–223.
Drewello-Merkel, Christiane / **Puchert,** Sylvia: 100 Jahre ... auf gutem Kurs. Evangelische Frauen in Hessen und Nassau und ihre Geschichte. Darmstadt 2007.
Drüner, Hans. Im Schatten des Krieges. Zehn Jahre Frankfurter Geschichte von 1914–1924. Frankfurt a. M. 1934.
Ebrard, Friedrich Clemens: Die französisch-reformierte Gemeinde in Frankfurt a. M. 1554–1904, Frankfurt a. M. 1904.
Ehlers, Rudolf Wilhelm: Zur Verständigung über die Frankfurter Kirchenfrage, Frankfurt a. M. 1868.
Ehlers, Rudolf: Rede am Grabe von Konsistorialrat Pfarrer D. Enders, in: Frankfurter Kirchenkalender 1907, S. 40–42.
Eimuth, Kurt-Helmuth: Evangelische Kirche im Bildungswesen der Stadt, in: Telschow, Jürgen (Hrsg.): Alles hat seine Zeit. 100 Jahre evangelische Kirchengemeinden im alten Frankfurter Stadtgebiet 100 Jahre evangelischer Gemeindeverband, Frankfurt a. M. 1999, S. 218–241.
Einhundert Jahre Christuskirche Frankfurt a. M. 1883–1983, Festschrift, hrsg. von den Vorständen des Evangel.-kirchlichen Hilfsvereins zu Frankfurt a. M. und der Stiftung für kirchliche Versorgung der Außenstadt, Frankfurt a. M. 1983.
Enders, Karl: Das evangelisch-lutherische Kirchenwesen in Frankfurt a. M. 1900–1923, in: Frankfurter Kirchenkalender 1924, S. 16–20.
Enders, Karl: Pfarrer Nathanael Strobel, in: Frankfurter Kirchenkalender 1927, S. 9 ff.
Enders, Karl: Pfarrer Heinrich Lommel, in: Frankfurter Kirchenkalender 1926, S. 10 ff
Engler-Heidle, Helga: Um Gleichberechtigung und Einfluß. Ein Jahrhundert der Frauen, in: Telschow, Jürgen (Hrsg.): Alles hat seine Zeit. 100 Jahre evangelische Kirchengemeinden im alten Frankfurter Stadtgebiet 100 Jahre evangelischer Gemeindeverband, Frankfurt a. M. 1999, S. 188–214.

Evangelisches Jugendwerk: Standpunkte + Stationen, Frankfurt a. M. 1973.
Evangelische Paul-Gerhardt-Gemeinde (Hrsg.): Zivilcourage und Widerstand. Ausstellung zum 100. Geburtstag von Pfarrer Heinz Welke, Frankfurt a. M. 2011.
Evangelischer Arbeiterverein Zeilsheim: Festschrift 100 Jahre Evangelischer Arbeitnehmer-Verein Zeilsheim 1901–2001, Frankfurt a. M. 2001.
Evangelischer Volksdienst, 17. Jahresbericht für das Jahr 1936.
Evangelischer Volksdienst, 19. Jahresbericht für das Jahr 1938.
Fest-Zeitung zur Einweihung der neuerbauten katholischen Markus-Kirche in Nied am Sonntag, den 2. August 1907, o. S.
Fischer, Fritz: Griff nach der Weltmacht. Die Kriegszielpolitik des kaiserlichen Deutschland 1914 / 18, Düsseldorf 1971.
Fischer, Fritz: Hitler war kein Betriebsunfall, München 1992.
Fischer, Peter: Das Frankfurter Königliche Konsistorium im Ersten Weltkrieg, Kopie einer Seminararbeit im Archiv des Evangelischen Regionalverbandes Frankfurt am Main.
Flesch-Thebesius, Marlies: Bertha Schepeler 1891–1965, in: Sterik, Edita: 50 Jahre Evangelische Kirche in Hessen und Nassau, Begleitband zur gleichnamigen Ausstellung, Darmstadt 1997.
Flesch-Thebesius, Marlies: Erste Licentiatin der Theologie in Deutschland, Carola Barth, in: Engler-Heidle, Helga / Flesch-Thebesius, Marlies: Frauen im Talar. Ein Stück Frankfurter Kirchengeschichte, Schriftenreihe des Evangelischen Regionalverbandes Frankfurt am Main, Band 22, Frankfurt a. M. 1997, S. 37–46.
Flesch-Thebesius, Marlies: Hauptsache Schweigen, Stuttgart 1988.
Flesch-Thebesius, Marlies: Verlassen in der eigenen Gemeinde, in: Düringer, Hermann / Schmidt, Hartmut (Hrsg.): Kirche und ihr Umgang mit Christen jüdischer Herkunft während der NS-Zeit – dem Vergessen ein Ende machen, Arnoldshainer Texte, Band 130, S. 11–21.
Flüchtlingsdienst des Ökumenischen Rates der Kirchen (Hrsg.): Die evangelische Kirche in Deutschland und die Judenfrage, Genf 1945.
Foerster, Erich: Bekenntnis, in: Die Religion im Krieg, in: Frankfurter Vorträge, 8. Reihe, Frankfurt a. M. 1914, S. 38–51.
Foerster, Erich: D. Rudolph Ehlers, in: Frankfurter Kirchenkalender 1910, S. 40–43.
Foerster, Erich: Die Religion im Leben der Stadt Frankfurt, in: Geist und Leben im alten und neuen Frankfurt, Frankfurt a. M. 1918, S. 79–86.
Foerster, Erich: Lebenserinnerungen von D. Erich Foerster (1865 bis 1945). Nach seiner Handschrift von Mai und Juni 1943 neu geschrieben und mit Ergänzungen versehen von seinem Enkel Erich Schulz-Du Bois, Preetz Holstein 1996.
Foerster, Erich: Reformation und bürgerliche Freiheit, in: Das Vermächtnis der Reformation, Frankfurter Vorträge, 10. Reihe, Frankfurt a. M. 1917, S. 5–22.
Frankfurter Diakonissenhaus (Hrsg.): getrost und freudig, Festschrift 125 Jahre Frankfurter Diakonissenhaus 1870–1995, Frankfurt a. M. 1995.
Frankfurter Diakonissenhaus (Hrsg.): getrost und freudig, Hundert Jahre Frankfurter Diakonissenhaus 1870–1970, Frankfurt a. M. 1995.
Frankfurter Diakonissenhaus (Hrsg.): Kommt, laßt uns unsern Kindern leben, Festschrift 100 Jahre Kinderhaus und Fachschule für Sozialpädagogik des Frankfurter Diakonissenhauses 1892–1992, Frankfurt a. M. 1992.
Frankfurter Evangelisches Gesangbuch, Frankfurt a. M. 1886.
Frankfurter Evangelisches Gesangbuch, Frankfurt a. M. 1907.
Frankfurter Evangelisches Gesangbuch, Frankfurt a. M. 1928.
Frankfurter Vorträge (Vortragsreihen):
1907: Die religiösen Ideale der modernen Theologie, Frankfurter Vorträge, 1. Reihe, 2. Aufl.,
1908: Darf Religion Privatsache bleiben? Frankfurter Vorträge, 2. Reihe, Frankfurt a. M. 1909.
1909: Jesus, Frankfurter Vorträge, 3. Reihe, Frankfurt a. M. 1910.
1910: Die Kirche im Gericht ihrer Gegner, Frankfurter Vorträge, 4. Reihe, Frankfurt a. M. 1911.
1911: Zur Auseinandersetzung mit Jatho, Frankfurter Vorträge, 5. Reihe, Frankfurt a. M. 1912.
1914: Die Religion im Krieg, Frankfurter Vorträge, 8. Reihe, Frankfurt a. M. 1914.
1915: Im Kampf um die Volksseele, Frankfurter Vorträge, 9. Reihe, Frankfurt a. M. 1915.
1917: Das Vermächtnis der Reformation, Frankfurter Vorträge, 10. Reihe, Frankfurt a. M. 1917.
Frankfurt-Sachsenhausen, Frankfurt a. M. o. J.
Frase, Michael / Dahmer, Ulrich: Diakonie in der Großstadt, in: Telschow, Jürgen (Hrsg.): Alles hat seine Zeit. 100 Jahre evangelische Kirchengemeinden im alten Frankfurter Stadtgebiet – 100 Jahre evangelischer Gemeindeverband, Frankfurt a. M. 1999, S. 78–114.
Fresenius, Wilhelm: Erinnerungen eines alten Pfarrers, Frankfurt a. M. 1959.
Fresenius, Wilhelm: Frankfurt am Main, in: Harder, Günther / Niemöller, Wilhelm: Die Stunde der Versuchung. Gemeinden im Kirchenkampf 1933–1945. München 1963, S. 319–329.

Fresenius, Wilhelm: Vom Neu-Erwachen des kirchlichen Selbstbewußtseins, in: Frankfurter Kirchenkalender 1927, S. 23 ff.
Fresenius: Otto Weyand, in: Frankfurter Kirchenkalender 1934, S. 76.
Friedberg, Emil: Die evangelische und katholische Kirche der neu einverleibten Länder in ihren Beziehungen zur preußischen Landeskirche und zum Staate, Halle 1867.
Gazer, Hacik Rafi: Schreiben vom 14.4.2016 zum „*Hilfsbund für Armenien*", O. O. o.J.
Gedenkstätte Stille Helden in der Stiftung Gedenkstätte Deutscher Widerstand, <https://www.gedenkstaette-stille-helden.de/de/biografien/bio/eisenstaedt-robert/> (Stand: 15.06.2018).
Gedenkstätte Stille Helden in der Stiftung Gedenkstätte Deutscher Widerstand, <https://www.gedenkstaette-stille-helden.de/de/biografien/bio/kahl-fritz/> (Stand: 15.06.2018).
Geißler, Hermann Otto: Die Entstehung der Dokumentation zum Kirchenkampf in Hessen und Nassau, in: Grunwald, Klaus-Dieter / Oelschläger, Ulrich (Hrsg.): Evangelische Landeskirche Nassau-Hessen und Nationalsozialismus, Quellen und Studien zur Hessischen Kirchengeschichte, Band 22, Darmstadt 2014, S. 1–56.
Geißler, Hermann Otto: Die Pogrome der „*Kristallnacht*" und ihr Echo in der Evangelischen Landeskirche Nassau-Hessen, in: Jahrbuch der Hessischen Kirchengeschichtlichen Vereinigung, Band 39, Darmstadt 1988, S. 83–98.
Geißler, Hermann Otto: Ernst Ludwig Dietrich (1897–1974). Ein liberaler Theologe in der Entscheidung. Quellen und Studien zur Hessischen Kirchengeschichte, Band 21, Darmstadt 2012.
Geißler, Luise: Bericht aus dem Jahr 1994, Kirchenkampf-Dokumentation VIII, S. 491–501.
Georgi, Curt: Christsein aus Erfahrung, Von der Gruppenbewegung zum Marburger Kreis, Gladbeck 1970.
Gerner, Manfred: Niederursel, Mittelursel. Chronikalische Aufzeichnungen zu einem Dorf, Frankfurt a.M. 1976.
Goebels, Karl: Evangelisches Leben in Frankfurt seit der Jahrhundertwende, in: Frankfurter Kirchliches Jahrbuch 1975, S. 7–15.
Goebels, Karl: Warten auf den Tag X, in: Reformiertes Kirchenblatt, 1. April 1973.
Görcke, Ernst: Das Bauen der evangelischen Kirche von 1900 bis 1975 in der Stadt Frankfurt a.M., in: Frankfurter Kirchliches Jahrbuch 1975, S. 38–43.
Gößling, Werner: Neue Aufgaben, in: Treplin, Hans Gustav (Hrsg.): Evangelischer Verein für Innere Mission in Frankfurt am Main 1850–1990. Frankfurt a.M. 1990, S. 117–125.

Grabau, Richard: Das evangelisch-lutherische Predigerministerium der Stadt Frankfurt am Main, Frankfurt / Leipzig 1913.
Greiner, Hermann: Pfarrer Dr. Wilhelm Busch, in: Frankfurter Kirchenkalender 1923, S. 10 ff.
Greschat, Martin: Adolf Stoecker und der deutsche Protestantismus, in: Brakelmann, Günter: Protestantismus und Politik. Werk und Wirkung Adolf Stoeckers, Hamburg 1982, S. 19–83.
Groenhoff, Georg: Verträgt sich das Schwert mit dem Evangelium? In: Im Kampf um die Volksseele, Frankfurter Vorträge, 9. Reihe, Frankfurt a.M. 1915, S. 30–46.
Grunwald, Klaus-Dieter / Oelschläger, Ulrich (Hrsg.): Evangelische Landeskirche Nassau-Hessen und Nationalsozialismus, Quellen und Studien zur Hessischen Kirchengeschichte, Band 22, Darmstadt 2014.
Günsche, Dr. Berthold: Jahresschau, in: Frankfurter Kirchenkalender 1937, S. 29.
Gürtler, Paul: Nationalsozialismus und evangelische Kirchen im Warthegau, Trennung von Staat und Kirche im nationalsozialistischen Weltanschauungsstaat, Göttingen 1958.
Haag: Evangelischer Arbeiterverein Frankfurt a.M., in: Frankfurter Kirchenkalender 1898, S. 53 f.
Häfner, Ernst: Unser Christdeutsches Jugend- und Freizeitheim, in: Frankfurter Kirchenkalender 1938, S. 56 f.
Hahn, Karl Heinz: Vom Jugendbund zum Jugendwerk in der Kirche. Eine Untersuchung des Führungsbegriffes, wie er bei dem Frankfurter Lehrer und Jugendführer Paul Both in den Jahren 1920–1966 zur Auswirkung kam. Dissertation Frankfurt a.M. 1981.
Hammerstein, Notker: Die Johann Wolfgang Goethe-Universität Frankfurt am Main. Von der Stiftungsuniversität zur staatlichen Hochschule, Band I 1914 bis 1950, Neuwied/Frankfurt 1989.
Hammerstein, Notker: Von der hohen Schule des Geistes zur Hochschule der Gleichgeschalteten, in: Forschung Frankfurt. Sonderband zur Geschichte der Universität, Heft 3 / 2000.
Hartmann, Carl W. A.: Erster Bericht des evangelischen Frauen- und Jungfrauenvereins zu Heddernheim bei Frankfurt a.M. über das Jahr 1869, Frankfurt a.M. 1870.
Hartmann, E. / Schubert, P.: Alt Rödelheim – Ein Heimatbuch, Frankfurt a.M. 1921.
Hein Martin: Wilhelminischer Protestantismus. Der Zusammenhang von Politik, Kirche und Theologie an der Wende zum 20. Jahrhundert, in: Jahrbuch der Hessischen Kirchengeschichtlichen Vereinigung, Band 51. Darmstadt 2000, S. 99–114.

Henrich, Reinhard: Die Lutherkirche, in: Frankfurter Kirchliches Jahrbuch 1989, S. 31 ff.

Henß, Carl: Die Hanauer Union. Festschrift zur Hunderjahrfeier der ev.-unierten Kirchengemeinschaft im Konsistorialbezirk Cassel am 28. Mai 1918, Hanau 1918.

Herbert, Karl: Der Kirchenkampf. Historie oder bleibendes Erbe? Frankfurt a. M. 1985.

Herbert, Karl: Durch Höhen und Tiefen. Eine Geschichte der Evangelischen Kirche in Hessen und Nassau, 1. Aufl. Frankfurt a. M. 1997.

Hermelink, Heinrich: Das Christentum in der Menschheitsgeschichte von der Französischen Revolution bis zur Gegenwart, 3 Bände, Tübingen / Stuttgart 1953 – 1955.

Herrenbrück, Ernst: 400 Jahre Französisch-Reformierte Gemeinde Frankfurt am Main, Frankfurt a. M. 1954.

Heuberger, Rachel / Krohn, Helga: Hinaus aus dem Ghetto ... Juden in Frankfurt am Main 1800 – 1950, Frankfurt a. M. 1988.

Heuss, Theodor: Naumanns Konflikt mit dem Frankfurter Konsistorium, in: Die Hilfe, 49. Jg., Nr. 7, 1. April 1934, S. 163 – 167.

Heymel, Michael: Eine Geschichte der Kirchenmusik in der Evangelischen Kirche in Hessen und Nassau (EKHN), Kamen 2016.

Hildebrandt, Ernst: Positives Christentum, Schwerin o. J.

Hitler, Adolf: Mein Kampf. 248. – 251. Aufl. München 1937.

Hoffmann, Martin / Lenz, Friedrich / Schäfer, Paul / Stoll, Johannes: Dokumentation zum Kirchenkampf in Hessen und Nassau, 9 Bände, Darmstadt 1974 – 1996.

Hosemann: Der Deutsche Evangelische Kirchenbund in seinen Kundgebungen, 2. Aufl. Berlin 1933.

Huth, Reinhard: Sozialdiakonisches Handeln im evangelischen Bereich Frankfurts seit der Jahrhundertwende, in: Frankfurter Kirchliches Jahrbuch 1975, S. 69 – 75.

Jatho,Georg: Rede am Grabe von Konsistorialrat Pfarrer Dr. Jung, in: Frankfurter Kirchenkalender 1903, S. 22 ff.

Jumel: Der Evangelische Arbeiterverein, in: Frankfurter Kirchenkalender 1930, S. 70 – 73.

Jürgensen, Johannes: Die bittere Lektion: Evangelische Jugend 1933. aej-Studienband, Nr. 7. Stuttgart 1984.

Kahl, Eugen: Erinnerungen an die Verfolgung der Juden in Frankfurt am Main während des Nationalsozialismus, maschinenschriftlich, Berlin 2005.

Kahl, Heinrich: Chronik des Kirchenkreises Bockenheim, in: Frankfurter Kirchenkalender 1929, S. 29 ff.

Kahl, Heinrich: Die evangelisch-unierten Kirchengemeinden in Frankfurt (Main) – Bockenheim in alter und neuer Zeit, Frankfurt a. M. 1937.

Kaiser Jochen-Christoph: Konfessionelle Verbände im 19. Jahrhundert. Versuch einer Typologie, in: Kirche in Staat und Gesellschaft im 19. Jahrhundert (Veröffentlichungen der Arbeitsgemeinschaft der Archive und Bibliotheken in der ev. Kirche 17), Neustadt / Aisch 1992, S. 198 f.

Kanngießer, Otto: Geschichte der Eroberung der freien Stadt Frankfurt durch Preußen im Jahre 1866, Frankfurt a. M. 1877.

Kayser, Conrad / Teudt, Wilhelm (Hrsg.): 50 Jahre Innere Mission in Frankfurt am Main, Frankfurt a. M. 1900.

Kayser, Conrad: Der Wartburgverein, Frankfurter Kirchenkalender 1927, S. 17.

Kayser, Conrad: Die Frankfurter Diakonissen-Anstalt 1870 – 1920, in: Frankfurter Kirchenkalender 1921, S. 9 – 12.

Kayser, Conrad: Ich gedenke der vorigen Zeiten, in: Marthahaus, Zum 1. Mai 1916, S. 1.

Kemler, Herbert: Evangelische Kirche zwischen Glauben, Bangen, Hoffen. Die Jahre zwischen 1899 und 1945. In: Jahrbuch der Hessischen Kirchengeschichtlichen Vereinigung, Band 51, Darmstadt 2000, S. 115 – 129.

Keval, Susanna: Widerstand und Selbstbehauptung in Frankfurt am Main 1933 – 1945, Frankfurt a. M. 1988.

Kinkel, Walter: Von der Domgemeinde zum katholischen Frankfurt heute, in: Frankfurter Kirchliches Jahrbuch 1975, S. 30 – 37.

Kirchenleitungen und Synoden über soziale Frage und Sozialismus 1871 – 1914, Gütersloh 1977.

Kirste, Robert: Der Maler Wilhelm Steinhausen: Vom Romantiker zum Prediger. Die Ausmalung der Lukaskirche in Frankfurt war eines seiner Hauptwerke, in: Hessisches Pfarrerblatt Nr. 5, Dezember 2010, S. 148 – 154.

Kittel, Erna: Deutsch-Evangelischer Frauenbund, in: Frankfurter Kirchliches Jahrbuch 1951, S. 97 f.

Klauth, Jan: Seit 130 Jahren gegen den Krieg, in: Frankfurter Rundschau, 72. Jahrgang, Nr. 245, S. 15.

Klöß, Ernst: Evangelische Jugendarbeit in Frankfurt seit der Jahrhundertwende, in: Frankfurter Kirchliches Jahrbuch 1975, S. 61 – 68.

Knoblauch, August: Moritz Schmidt, in: Frankfurter Kirchenkalender 1909, S. 34 – 37.

Knohl, Gerhard: Geschichte, Bilder und Symbole der evangelischen Christuskirche Frankfurt-Nied, Frankfurt-Nied 1991.

Koch, Fritz: Diakonie im Zentrum. Das Krankenhaus Sachsenhausen von 1895 bis 2010, Frankfurt a. M. 2010.

Krämer, Heinz: Zur Geschichte der evangelischen Kirchen in Frankfurt-Nied, Vortrag gehalten am 23. September 2008 im Rahmen der Festwoche 100 – 75 – 50 Jahre.

Krebs, Albert: Dreikönig im Kirchenkampf, in: Gegenwart, Wilhelm (Hrsg.): 450 Jahre Evangelische Dreikönigsgemeinde, 100 Jahre neue Dreikönigskirche, Frankfurt a. M. 1981, S. 151 – 177.

Krebs, Johann Jakob: Die neue Verfassung der Frankfurter Stadt- und Landgemeinden, in: Frankfurter Kirchenkalender 1898, S. 15 ff.

Krebs, Johann Jakob: Gegenwärtiger Zustand des Frankfurter evang.-luth. Kirchenwesens, in: Frankfurter Kirchenkalender 1889, S. 23 – 29.

Krebs, Johann Jakob: Johann Christian Deichler, in: Frankfurter Kirchenkalender 1895, S. 25 – 29.

Krebs, Johann Jakob: Worte der Erinnerung an Herrn Pfarrer von Seydewitz, in: Frankfurter Kirchenkalender 1891, S. 36 f.

Krebs, Johann Jakob: Zur Revision der Kirchenverfassung, in: Frankfurter Kirchenkalender 1892, S. 39 ff.

Krebs: Senior Dr. Johann Jakob Krebs, in: Frankfurter Kirchenkalender 1929, S. 48 f.

Krockow, Christian Graf von: Kaiser Wilhelm II. und seine Zeit, 2. Aufl. Berlin 2002.

Kropat, Arno: Frankfurt zwischen Provinzialismus und Nationalismus. Die Eingliederung der „Freien Stadt Frankfurt" in den preußischen Staat (1866 –1871), Studien zur Frankfurter Geschichte, Heft 4, Frankfurt a. M. 1971.

Krumwiede, Hans Walter / Greschat, Martin / Jacobs, Manfred / Lindt, Andreas (Hrsg.): Kirchen- und Theologiegeschichte in Quellen, Band IV, Heft 2 – Neuzeit. 2. Teil: 1870 –1975.

Kübel, Johannes: Der Vertrag der evangelischen Landeskirchen mit dem Freistaat Preußen, Berlin-Steglitz 1931.

Kübel, Johannes: Festschrift zur 400 Jahrfeier der Frankfurter Reformation. Frankfurt a. M. 1933.

Kübel, Johannes (Hrsg. Frommer, Martha): Erinnerungen. Mensch und Christ, Theologe, Pfarrer und Kirchenmann. Villingen-Schwenningen 1973.

Kübel, Johannes: Der Untergang unserer evangelischen Stiftungen, in: Frankfurter Kirchenkalender 1925, S. 27 f.

Kübel, Johannes: Die Bekennende Kirche im Selbstgericht, Gotha 1937.

Kübel, Johannes: Evangelisches Kirchenrecht für Frankfurt am Main, Frankfurt a. M. 1932.

Kübel, Johannes: Mensch und Christ, Theologe, Pfarrer und Kirchenmann, Maschinenschriftlich, ausführlicheres Manuskript, Nürnberg 1947.

Kübel, Johannes: Unsere neue Kirchenverfassung, in: Frankfurter Kirchenkalender 1924, S. 14 ff.

Kübel: Richard Schulin, in: Frankfurter Kirchenkalender 1934, S. 73 f.

Kudlien, Fridolf: Ärzte im Nationalsozialismus. Köln 1985.

Kupisch, Karl: Adolf Stoecker. Hofprediger und Volkstribun, Berlin 1970.

Kupisch, Karl: Das Jahrhundert des Sozialismus und die Kirche, Berlin 1958.

Kupisch, Karl: Der Jude im Sperrfeuer, Berlin 1934.

Lachenmann, Hanna: Rose Livingston – Gründerin des Nellinistifts, Schriftenreihe des Evangelischlutherischen Predigerministeriums Frankfurt am Main, Heft 3, Frankfurt a. M. 1995, S. 35 – 57.

Le Seur, Paul: Heldische Lebensgestaltung und die biblische Botschaft, Berlin 1935.

Lepp, Claudia: Protestantisch-liberaler Aufbruch in die Moderne: Der deutsche Protestantenverein in der Zeit der Reichsgründung und des Kulturkampfes, Gütersloh 1996.

Löffelbein, Martin (Hrsg.): 100 Jahre Luthergemeinde Frankfurt am Main, Frankfurt a. M. 1993.

Lohmann, Ernst: Nur ein Leben, Lebenserinnerungen, Schwerin in Mecklb. 1933.

Lück, Wolfgang: Hans Wilhelmi. Rechtsanwalt, Politiker und engagierter Protestant in Frankfurt, Darmstadt 2016.

Ludwig, Hartmut: Arnold Schumacher, in: Treplin, Hans Gustav (Hrsg.): Evangelischer Verein für Innere Mission in Frankfurt am Main 1850 –1990, Frankfurt a. M. 1990, S. 94 –101.

Ludwig, Hartmut: Die Innere Mission im Dritten Reich, in: Treplin, Hans Gustav (Hrsg.): Evangelischer Verein für Innere Mission in Frankfurt a. M. 1850 –1990, Frankfurt a. M. 1990, S. 75 –101.

Lueken, Wilhelm (jun.): Kampf, Behauptung und Gestalt der evangelischen Landeskirche Nassau-Hessen, Göttingen 1963.

Lueken, Wilhelm: Auf dem Wege zum Einheits-Gesangbuch, in: Frankfurter Kirchenkalender 1927, S. 26 f.

Lueken, Wilhelm: Der Gottesdienst im Geist, in: Das Vermächtnis der Reformation, in: Frankfurter Vorträge, 10. Reihe, 1917, S. 23 – 41.

Lueken, Wilhelm: Dürfen wir nach Weltherrschaft streben? In: Im Kampf um die Volksseele, Frankfurter Vorträge, 9. Reihe 1915, S. 47 – 68.

Lueken: Die evangelische Kirche auf der Wegscheide, in Frankfurter Kirchenkalender 1932, S. 9 – 62.

Luther, Christian: Das kirchliche Notrecht, seine Theorie und seine Anwendung im Kirchenkampf 1933 –1937, Göttingen 1969.

Luther, Martin: Werke. Kritische Gesamtausgabe / Weimarer Ausgabe, Neuausgabe Stuttgart 2000 – 2007.

Mahnkopp, Volker: Emmaus, Zur Ausmalung der Lukaskirche zu Frankfurt am Main von Wilhelm Steinhausen, Frankfurt a. M. 2008.

Mahnkopp, Volker: Wilhelm Steinhausen. Die Jünger auf dem Weg nach Emmaus – Denen der Herr nahe ist, Privatdruck, Frankfurt a. M. 2007.

Manz, Friedrich (Hrsg.): Das Christentum in der Entscheidung. Frankfurt a. M. 1937.

Manz, Friedrich (Hrsg.): Ist der Protestantismus auf dem Weg nach Rom? Frankfurt a. M. 1937.

Marhold, Hermann: Hermann Dechent als Kirchengeschichtsschreiber, in: Jahrbuch der Hessischen Kirchengeschichtlichen Vereinigung, Band 2, Heft 1, Darmstadt 1950, S. 7–50.

Marhold, Hermann: Pfarrer i. R. Willy Veit, in: Frankfurter Kirchenkalender 1941, S. 62 f.

Marhold, Hermann: Friedrich Manz, in: Frankfurter Kirchliches Jahrbuch 1958, S. 127.

Mariscotti de Görlitz, Anna Maria / **Bredehorn,** Uwe / **Happel,** Hans Gerd: Martin Rade. Theologe, Publizist, Demokrat 1857–1940, Katalog einer Ausstellung der Universitätsbibliothek Marburg vom 26. April bis 20. Mai 1990, Schriften der Universitätsbibliothek Marburg Nr. 47, Marburg 1990.

Marthahaus (Hrsg.): Zum ersten Mai 1916, Festschrift, Frankfurt a. M. 1916.

Marx, Hermann: Der rhythmische Choralgesang, in Frankfurter Kirchenkalender 1895, S. 33 ff.

Mattis, Jürgen: Immer im Aufbruch. Jugendbewegungen und Jugendarbeit, in: Telschow, Jürgen (Hrsg.): Alles hat seine Zeit. 100 Jahre evangelische Kirchengemeinden im alten Frankfurter Stadtgebiet 100 Jahre evangelischer Gemeindeverband, Frankfurt a. M. 1999, S. 242–267.

Mattis, Jürgen: Von den Anfängen evangelischer Jugendarbeit im 19. Jahrhundert und ihren Entwicklungen in Frankfurt am Main, Vortragsmanuskript, Frankfurt a. M. 2016.

Mausbach-Bromberger, Barbara: Arbeiterwiderstand in Frankfurt am Main, Frankfurt a. M. 1976.

Meißner, Axel: Martin Rades „Christliche Welt" und Armenien, Bausteine für eine internationale politische Ethik des Protestantismus, in: http://www.hist.net/kieser/aghet/Essays/EssayMeissner.html

Merten, Klaus / **Mohr,** Christoph: Das Frankfurter Westend, München 1974.

Meyer, Erich, in: Freies Christentum, 1949, Nr. 8, S. 2.

Meyer, Erich: Bund deutscher Jugendvereine, in: Frankfurter Kirchenkalender 1927, S. 17 f.

Meyer, Erich: Frohe Botschaft – Predigten und Ansprachen aus bewegter Zeit. 1. Heft, Frankfurt a. M. 1935. 2. Heft, als Manuskript gedruckt, Frankfurt a. M. 1940.

Mohs, Friedrich: Führer durch die Vereine und Anstalten des evangelischen Frankfurt a. M., in: Frankfurter Kirchenkalender 1905, S. 49 ff.

Moltke, Helmuth James von (Beate Ruhm von Oppen, Hrsg): Briefe an Freya 1939–1945, München 1988.

Monnard, Helmut: Vier Monate Kirchenkampf in Frankfurt a/Main in Dreifaltigkeit. Erlebtes und Erlittenes (26. Juli bis 10. November 1935), maschinenschriftlich, Frankfurt a. M. 1936.

Motschmann, Claus: Evangelische Kirche und preußischer Staat in den Anfängen der Weimarer Republik. Möglichkeiten und Grenzen einer Zusammenarbeit (Hrsg. Wilhelm Berges u. a.) Historische Studien, Heft 413, Lübeck und Hamburg 1969.

Müller, Carl R.: Aus der Arbeit des Amtes für Kirchenmusik, in: Frankfurter Kirchenkalender 1939, S. 84 ff.

Müller, Gerhard: Die Union auf dem Weg zur Ökumene. Zum 150jährigen Bestehen der Hanauer Union, in: Jahrbuch der Hessischen Kirchengeschichtlichen Vereinigung, Band 20, Darmstadt 1969, S. 105–123.

Müller, Otto: St. Cyriakus in Rödelheim. Beiträge zur Geschichte der St. Cyriakuskirche in Frankfurt-Rödelheim (Hrsg. Heinz-Albrecht Müller), Schriftenreihe des Evangelischen Regionalverbandes Frankfurt am Main, Band 13. Frankfurt a. M. 1987.

Münkler, Herfried: Der große Krieg, Die Welt 1914–1918, 4. Aufl. Berlin 2014.

N.N.: Ernst Hermann Dietze zum Gedächtnis, in: Frankfurter Kirchenkalender 1939, S. 65 f.

N.N.: Pfarrer i. R. Heinrich Kahl, in: Frankfurter Kirchenkalender 1939, S. 67.

N.N.: Zum Gedächtnis von Professor Dr. Schmidt-Metzler, in: Frankfurter Kirchenkalender 1939, S. 64.

Nagel: Deutsch-evangelische Volksvereinigung, in: Frankfurter Kirchenkalender 1920, S. 42 f.

Naumann, Friedrich: Gotteshilfe, Gesamtausgabe der Andachten aus den Jahren 1895–1902, Göttingen 1902.

Naumann, Friedrich: Schleiermacher, der Philosoph des Glaubens, Berlin-Schöneberg 1910.

Naumann, Friedrich: Zeugnisse seines Wirkens, Lebensbild und Auswahl von Kurt Oppel, Stuttgart 1961.

Nell, Ernst: Gerhard Lütgert 18.12.1871–24.11.1962, in: Frankfurter Kirchliches Jahrbuch 1964, S. 122 ff.

Nell: Die evangelische Frauenhilfe in Frankfurt/M., in: Frankfurter Kirchenkalender 1934, S. 62–65.

Neumeier, Klaus: Frankfurter Evangelische Jugendarbeit unter Paul Both im 3. Reich, Frankfurt a. M. 1988.

Nicksen, H.-J.: Der synodale Verfassungsgedanke in der evangelischen Landeskirche Preußens während der ersten Hälfte des 19. Jh.
Niemöller, Wilhelm: Der Pfarrernotbund – Geschichte einer kämpfenden Bruderschaft, Hamburg 1973.
Niemöller, Wilhelm: Die evangelische Kirche im Dritten Reich, Handbuch des Kirchenkampfes, Bielefeld 1956.
Nipperdey, Thomas: Religion im Umbruch, Deutschland 1870–1918, München 1988.
Oberschmidt: Die Toten des Jahres, in: Frankfurter Kirchenkalender 1929, S. 50–55.
Oelschner, Walter: Kein ander Heil, Eine Zeugenaussage 1929–1939, Privatdruck, Wächtersbach 1983.
Palmer, Heinrich: Aus der Arbeit eines Lazarettpfarrers in der Etappe, in: Frankfurter Kirchenkalender 1916, S. 35–38.
Pauly, Adalbert: Frankfurter Theologen und der Weltkrieg, in Frankfurter Kirchenkalender 1937, S. 57–60.
Pauly, Adalbert: Evangelischer Volksdienst, in: Frankfurter Kirchenkalender 1921, S. 25 ff.
Pauly, Adalbert: Vereidigung der Pfarrer der Landeskirche Nassau-Hessen am 1. und 10. Juni 1938, in: Frankfurter Kirchenkalender 1939, S. 35.
Pauly, Adalbert: Wozu Kirchensteuer? In: Frankfurter Kirchenkalender 1937, S. 88–92.
Pausch, Eberhard: Präludium einer Theologie der Freiheit. Zur bleibenden Aktualität der Barmer Theologischen Erklärung, in: Hessisches Pfarrblatt 2009, Heft Oktober, S. 128–135.
Pelissier, Alexander: Rechenschaftsbericht, maschinenschriftlich, 1958.
Pett, Ernst: Thron und Altar in Berlin, 18 Kapitel Berliner Kirchengeschichte, 1. Aufl. Berlin 1971.
Piper, Ernst: Das niedrige Niveau der großen Geister, in: Potsdamer Neueste Nachrichten 19.3.2014, S. 10.
Pollmann, K. E.: Landesherrliches Kirchenregiment und soziale Frage, Berlin 1973.
Probst, Georg: Bilder aus der Volksmission, in: Frankfurter Kirchenkalender 1927, S. 25 f.
Probst, Georg: Neue Knospen am Baume der Inneren Mission, in: Frankfurter Kirchenkalender 1922, S. 20 f.
Proescholdt, Joachim / **Telschow**, Jürgen: Frankfurts evangelische Kirchen im Wandel der Zeit, Frankfurt a. M. 2011.
Proescholdt, Joachim: Der Weg zur Endlösung in Frankfurt am Main. Antisemitismus und Vernichtung der jüdischen Gemeinde, Vortragsmanuskript 1998.
Proescholdt, Joachim: Kirche im Dritten Reich: Anpassung und Widerstand, in: Proescholdt, Joachim (Hrsg.): St. Katharinen zu Frankfurt am Mai, Frankfurt a. M. 1981, S. 123–138.
Proescholdt, Joachim (Hrsg.): St. Katharinen zu Frankfurt am Main, Frankfurt a. M. 1981.
Proescholdt, Joachim: Was sie dachten, was sie glaubten. Theologien und Frankfurter Theologen im 20. Jahrhundert, in: Telschow, Jürgen: Alles hat seine Zeit. 100 Jahre evangelische Kirchengemeinden im Frankfurter Stadtgebiet. 100 Jahre Gemeindeverband, Frankfurt a. M. 1999, S. 26–75.
Prolingheuer, Hans: Kleine politische Kirchengeschichte. 50 Jahre Kirchenkampf von 1919–1968, Bonn 1984.
Putz, Eduard: Völkische Religiosität und christlicher Gottesglaube. „Bekennende Kirche", Heft 4, München 1933.
Rathje, Johannes: Die Welt des freien Protestantismus. Ein Beitrag zur deutsch-evangelischen Geistesgeschichte. Dargestellt am Leben und Werk von Martin Rade, Stuttgart 1952.
Rebentisch, Dieter: Frankfurt am Main in der Weimarer Republik und im Dritten Reich 1918–1945, in: Frankfurter Historische Kommission (Hrsg.): Frankfurt am Main. Die Geschichte der Stadt in neun Beiträgen, Sigmaringen 1991, S. 423–519.
Rebentisch, Dieter: Industrialisierung, Bevölkerungswachstum und Eingemeindungen. Das Beispiel Frankfurt am Main 1870–1914, in: J. Reulecke (Hrsg.): Die deutsche Stadt im Industriezeitalter, 2. Aufl. Wuppertal 1980, S. 90 ff.
Rexroth, Karl Heinrich: Die Kirchenfenster der Lina von Schauroth, in: Becher, Werner / Fischer, Roman (Hrsg.): Die Alte Nikolaikirche am Römerberg. Studien zur Stadtgeschichte, Studien zur Frankfurter Geschichte, Band 32, Frankfurt a. M. 1992, S. 377–389.
Ritter, Gottlob: Helmut Walchas Frankfurter Bachstunden, in: Dehnhard, Walther / Ritter, Gottlob: Bachstunden. Festschrift für Helmut Walcha zum 70. Geburtstag überreicht von seinen Schülern, Frankfurt a. M. 1978, S. 11–21.
Rose, Miriam: Der Begriff „Liberale Theologie", in: Evangelische Orientierung. Zeitschrift des Evangelischen Bundes, Nr. 1, 2011, S. 6 ff.
Rosenberg, Alfred: Der Mythus des 20. Jahrhunderts, 57.–58. Aufl. München 1935.
Ruddies, Hartmut: Friedrich Naumann – Christ und Sozialliberaler, in: Schriftenreihe des evangelisch-lutherischen Predigerministeriums, Heft 3, S. 59–76.
Ruddies, Hartmut: Friedrich Naumanns Frankfurter Wende, in: Benad, Matthias (Hrsg.): Gott in Frankfurt? Frankfurt a. M. 1987, S. 95–106.
Ruddies, Hartmut: Martin Rade, in: Matthias Benad

(Hrsg.): Gott in Frankfurt? Frankfurt a. M. 1987, S. 107–116.

Schaeffer, Fr. B.: Frankfurter Armen- und Wohlfahrtspflege in alter und neuer Zeit, Frankfurt a. M. 1927.

Schatz, Klaus: Geschichte des Bistums Limburg, Mainz 1983.

Scheibenberger, Karl „Mit Mann und Roß und Wagen hat sie der Herr geschlagen", in: Frankfurter Kirchenkalender 1941, S. 22.

Scheibenberger, Karl: Was wir nie vergessen wollen, in: Frankfurter Kirchenkalender 1939, S. 89 f.

Schian, Martin: Die Arbeit der evangelischen Kirche im Felde, als Band 1 von: Deutscher Evang. Kirchenausschuss (Hrsg.): Die deutsche evangelische Kirche im Weltkriege, Berlin 1921.

Schlicht, Lothar: Vom Bonifatiusbrunnen zur Pfarrkirche „in der Burg", Band 7 der Schriftenreihe des Evangelischen Regionalverbandes Frankfurt am Main, Frankfurt a. M. 1981.

Schlierf, Heinrich: Kirchenstatistik, in: Frankfurter Kirchenkalender 1937, S. 84 ff.

Schlotzhauer, Inge: Ideologie und Organisation des politischen Antisemitismus in Frankfurt am Main 1880–1914, in: Wolfgang Klötzer / Dieter Rebentisch (Hrsg.): Studien zur Frankfurter Geschichte, Band 28, Frankfurt a. M. 1989.

Schmidt, Hartmut: Anton Urspruch: Der Taufpfarrer, in: Daume, Heinz / Düringer, Hermann / Kingreen, Monica / Schmidt, Hartmut (Hrsg.): Getauft, ausgestoßen – und vergessen? Zum Umgang der evangelischen Kirchen in Hessen mit den Christen jüdischer Herkunft im Nationalsozialismus, Hanau 2013, S. 74 f.

Schmidt, Hartmut: Claire Mettenheim: Dauerbrief über den Alltag in der NS-Zeit in Frankfurt, in: Daume, Heinz / Düringer, Hermann / Kingreen, Monica / Schmidt, Hartmut (Hrsg.): Getauft, ausgestoßen – und vergessen? Zum Umgang der evangelischen Kirchen in Hessen mit den Christen jüdischer Herkunft im Nationalsozialismus, Hanau 2013, S. 219 f.

Schmidt, Hartmut: Pfarrer Gustav Oehlert: Schutz im Frankfurter Diakonissenhaus, in: Daume, Heinz / Düringer, Hermann / Kingreen, Monica / Schmidt, Hartmut (Hrsg.): Getauft, ausgestoßen – und vergessen? Zum Umgang der evangelischen Kirchen in Hessen mit den Christen jüdischer Herkunft im Nationalsozialismus, Hanau 2013, S. 78–81.

Schmidt, Kurt Dietrich: Die Bekenntnisse und grundsätzlichen Äußerungen zur Kirchenfrage, Band 1: Das Jahr 1933, Göttingen 1934· Band 3: Das Jahr 1935, Göttingen 1936.

Schmidt-Knatz, Fritz: Die Rechtslage der Evangelischen Landeskirche Nassau-Hessen, als Manuskript gedruckt, Frankfurt a. M. 1935.

Schmidt-Knatz: Pfarrer Johann Nikolaus Ditzen, in: Frankfurter Kirchenkalender 1938, S. 46.

Schmidt-Scharff, Wolfgang: Frankfurter Frauenverein. Zur Erinnerung an seine hundertjährige Wirksamkeit (1813–1913), Frankfurt a. M. 1913.

Schneider, Konrad: Neue Quellen zur Tätigkeit des Frankfurter Oberbürgermeisters Friedrich Krebs 1933–1945, in: Archiv für Frankfurts Geschichte und Kunst, Band 65, Frankfurt a. M. 1999, S. 350–362.

Scholder, Klaus: Die evangelische Kirche in der Sicht der nationalsozialistischen Führung, in: Vierteljahreshefte für Zeitgeschichte, 16. Jahrgang 1968, 1. Heft, Stuttgart 1968, S. 15–35.

Scholder, Klaus: Die Kirchen und das Dritte Reich, Band I Vorgeschichte und Zeit der Illusionen 1918–1934, Frankfurt a. M. / Berlin / Wien 1977.

Schottroff, Willy: Martin Buber an der Universität Frankfurt a. M. (1923–1933), in: Stoodt, Dieter (Hrsg.): Martin Buber, Erich Foerster, Paul Tillich, Evangelische Theologie und Religionsphilosophie an der Universität Frankfurt a. M. 1914 bis 1933, Frankfurt a. M. / Bern / New York / Paris 1990, S. 68–131.

Schrenk, Samuel: D. Conrad Kayser, in: Frankfurter Kirchenkalender 1930, S. 100–104.

Schrenk, Samuel: : Neue Gottesdienststätten in Frankfurt, in: Frankfurter Kirchenkalender 1929, S. 37–47.

Schubert, Berthold: In serviendo consumor. Pfarrer Wallau trat in den Ruhestand, in: Frankfurter Kirchliches Jahrbuch 1954, S. 155.

Schultze, Leopold: Die Partei der Positiven Union, ihr Ursprung und ihre Ziele, Halle 1878.

Schulze & Co, Verlagsbuchhandlung in Leipzig (Hrsg): Das evangelische Deutschland, Jahr- und Adressbuch der kirchlichen Behörden und der gesamten evangelischen Geistlichkeit Deutschlands, 9 Jahrgang 1913.

Schumacher, Arnold: Das neue Vereinshaus „Westend", in: Frankfurter Kirchenkalender 1934, S. 60 ff.

Schumacher, Arnold: Wehrmachtseelsorge, in: Frankfurter Kirchenkalender 1941, S. 32 f.

Schwarz, Jürgen: Die Anfänge der Luthergemeinde, in: Löffelbein, Martin (Hrsg.): 100 Jahre Luthergemeinde Frankfurt am Main, Frankfurt a. M. 1993, S. 7–40.

Schwarzlose, Karl: Bibel und Kirchenlied im Felde, in: Frankfurter Kirchenkalender 1917, S. 21 ff.

Schwarzlose, Karl: Die verfassunggebende Kirchenversammlung, in: Frankfurter Kirchenkalender 1921, S. 27–31.

Siegele-Wenschkewitz, Leonore: Nationalsozialismus und Kirchen, Religionspolitik von Partei und Staat bis 1935, Düsseldorf 1974.

Souchay (aber anonym): Die protestantischen

Gemeinden der Stadt Frankfurt in Preußen, Frankfurt a. M. o. J.

Spiegel, Yorick: Paul Tillich in Frankfurt (1929–1933), in Stoodt, Dieter (Hrsg.): Martin Buber, Erich Foerster, Paul Tillich. Evangelische Theologie und Religionsphilosophie an der Universität Frankfurt a. M., Frankfurt a. M. / Bern / New York / Paris 1990, S. 133–177.

Steen, Jürgen / **Wolzogen**, Wolf von: Die Synagogen brennen. Die Zerstörung Frankfurts als jüdische Lebenswelt, Kleine Schriften des Historischen Museums, Band 41, Frankfurt a. M. 1988.

Steinhausen, Wilhelm: Die Bilder der Lukaskirche in Frankfurt am Main, Frankfurt a. M. 1923.

Steinhilber, Reinhold: 100 Jahre St. Georgen-Stiftung, Manuskript.

Steitz, Heinrich: Geschichte der evangelischen Kirche in Hessen und Nassau, Marburg 1977.

Stöhr, Martin / **Würmell**, Klaus: Juden, Christen und die Ökumene: Adolf Freudenberg 1894–1994. Ein bemerkenswertes Leben, Frankfurt a. M. 1994.

Stoodt, Dieter (Hrsg.): Martin Buber, Erich Foerster, Paul Tillich. Evangelische Theologie und Religionsphilosophie an der Universität Frankfurt a. M. 1914 bis 1933, Frankfurt am Main / Bern / New York / Paris 1990.

Stoodt, Dieter: Erich Foerster, Der erste evangelische Theologieprofessor an der Frankfurter Universität, in: Benad Matthias, (Hrsg.): Gott in Frankfurt? Frankfurt a. M. 1987, S. 117–120.

Struckmeier, Georg: Chronik der Evangelischen Gemeinden in Frankfurt am Main 1943–1950, in: Frankfurter Kirchliches Jahrbuch 1951, Frankfurt a. M., S. 9–43.

Struckmeier, Georg: Die Paulskirche in der Gegenwart, in: Becher, Werner (Hrsg.): Das Kreuz auf der Paulskirche. Quellen zur Kirchengeschichte der Paulskirche (1833–1953), Schriftenreihe des Evangelischen Regionalverbandes Frankfurt am Main, Band 16, Frankfurt a. M. 1999, S. 65–77.

Struckmeier, Georg: Vom Sterben der Paulskirche, in: Frankfurter Kirchliches Jahrbuch 1955, S. 136–139.

Teichmann, Karl: Die kirchliche Neuordnung, in: Frankfurter Kirchenkalender 1900, S. 15–18.

Teichmann, Karl: Konsistorialrat a. D. und Pfarrer emer. Dr. phil. Wilhelm Basse, in: Frankfurter Kirchenkalender 1905, S. 44 ff.

Teichmann, Karl: Rede am Grabe von Oberkonsistorialrat Senior Dr. Krebs, in: Frankfurter Kirchenkalender 1903, S. 24–27.

Telschow, Jürgen (Hrsg.): Alles hat seine Zeit. 100 Jahre evangelische Kirchengemeinden im alten Frankfurter Stadtgebiet 100 Jahre evangelischer Gemeindeverband, Frankfurt a. M. 1999.

Telschow, Jürgen (Hrsg.): Hermann Dechent. Ich sah sie noch, die alte Zeit, Frankfurt a. M. 1985.

Telschow, Jürgen / **Proescholdt**, Joachim: Frankfurts evangelische Kirchen im Wandel der Zeit, Frankfurt a. M. 2011.

Telschow, Jürgen / **Reiter**, Elisabeth: Die evangelischen Pfarrer von Frankfurt am Main, 2. Aufl. Frankfurt a. M. 1985.

Telschow, Jürgen / **Ulrich**, Helmut: Festschrift anlässlich des Jubiläums 150 Jahre Martha-Haus und 20 Jahre Neubau Martha-Haus in Frankfurt / Sachsenhausen, Frankfurt a. M. 2016.

Telschow, Jürgen: „Alles für Deutschland, Deutschland für Christus", in: Frankfurter Kirchliches Jahrbuch 1986, S. 15–18.

Telschow, Jürgen: Die alte Frankfurter Kirche, Recht und Organisation der früheren evangelischen Kirche in Frankfurt, Frankfurt a. M. 1979.

Telschow, Jürgen: Die evangelische Kirche in Frankfurt am Main 1945–1999, „Trümmer – Wiederaufbau – Expansion – Rückgang?" In: Frankfurter Kirchliches Jahrbuch 2000, S. 9–24.

Telschow, Jürgen: Die kirchlichen Verhältnisse, die zur Gründung der St. Nicolaigemeinde im Jahr 1900 führten, und die Anfänge der Gemeinde, in: St. Nicolai-Bote Nr. 313 (33. Jahrgang) Ausgabe Oktober / November 1984, S. 82–86.

Telschow, Jürgen: Geschichte der evangelischen Kirche in Frankfurt am Main, Band I., Frankfurt a. M. 2017.

Telschow, Jürgen: Komm bau ein Haus. Hundert Jahre Strukturen, Finanzen und Gebäude der evangelischen Kirche in Frankfurt, in: Telschow, Jürgen (Hrsg.): Alles hat seine Zeit. 100 Jahre evangelische Kirchengemeinden im alten Frankfurter Stadtgebiet 100 Jahre evangelischer Gemeindeverband, Frankfurt a. M. 1999, S. 116–185.

Telschow, Jürgen: Organisatorisch-strukturelle Veränderungen im Frankfurter Kirchenwesen von 1899 bis 1974, in: Frankfurter Kirchliches Jahrbuch 1975, S. 23–29.

Telschow, Jürgen: Rechtsquellen zur Frankfurter Kirchengeschichte, Frankfurt a. M. 1978.

Telschow, Jürgen: Ringen um den rechten Weg. Die evangelische Kirche in Frankfurt am Main zwischen 1933 und 1945, Darmstadt 2013.

Telschow, Jürgen: Trennung von Staat und Kirche: Prozeß einer Neuorientierung, in: Proescholdt, Joachim: St. Katharinen zu Frankfurt am Main. Frankfurt a. M., 2. erw. Auflage 1993.

Telschow, Jürgen: Vom Gemeindeverband zum Regionalverband, in: Frankfurter Kirchliches Jahrbuch 1974, S. 38–43.

Tenter, Heinrich: Die evangelisch-unierten Gemeinden der Landeskirche Frankfurt a. M., Vergangenheitskämpfe, Gegenwartsarbeit, Zukunftsaufgaben, in: Frankfurter Kirchenkalender 1930, S. 74–85.

Tenter, Heinrich: Zum ehrenden Gedächtnis an Hermann Marx, in: Frankfurter Kirchenkalender 1934, S. 77 ff.

Thadden, Rudolf von: Wie protestantisch war Preußen? In: Jahrbuch für Berlin-Brandenburgische Kirchengeschichte, 53. Jahrgang, 1981, S. 37 ff.

Thiele, Barbara: Jugendarbeit als Spiegel des Zeitgeschehens. Burckhardthaus 1893–1968, Gelnhausen / Berlin 1968.

Tillich, Paul: Klassenkampf und Religiöser Sozialismus, in: Ratschow, Carl Heinz (Hrsg.): Paul Tillich: Hauptwerke in 6 Bänden, Band 3: Sozialphilosophische und ethische Schriften, Berlin 1998.

Trautwein, Dieter: Lieder zur Bibel – damals und heute, in: Frankfurter Bibelgesellschaft – Evangelisches Bibelwerk für Hessen und Nassau (Hrsg.): Gottes Wort reichlich unter uns. 175 Jahre Frankfurter Bibelgesellschaft, Frankfurt a. M. 1991, S. 49–56.

Trautwein, Dieter:1816–1991. Eine Geschichte, die nicht zu Ende sein kann, in: Frankfurter Bibelgesellschaft – Evangelisches Bibelwerk für Hessen und Nassau (Hrsg.): Gottes Wort reichlich unter uns, 175 Jahre Frankfurter Bibelgesellschaft, Frankfurt a. M. 1991, S. 14–42.

Treplin, Hans Gustav (Hrsg.): Evangelischer Verein für Innere Mission in Frankfurt am Main 1850–1990, Frankfurt a. M. 1990.

Treplin, Hans Gustav: Die Innere Mission im 3. Reich, in: Treplin, Hans Gustav (Hrsg.): Evangelischer Verein für Innere Mission in Frankfurt am Main 1850–1990, Frankfurt a. M. 1990, S. 75–94.

Treplin, Hans Gustav: Nach dem 2. Weltkrieg, in: Treplin, Hans Gustav (Hrsg.): Evangelischer Verein für Innere Mission in Frankfurt am Main 1850–1990, Frankfurt a. M. 1990, S. 103–115.

Trommershausen, Alfred: 25 Jahre Lutherkirche in Frankfurt am Main, Frankfurt a. M. 1918.

Trommershausen, Alfred: Geleitwort, in: Frankfurter Kirchenkalender 1935, S. 3.

Trommershausen, Alfred: Pfarrer i. R. Carl Enders, in: Frankfurter Kirchenkalender 1941, S. 64 f.

Trommershausen: Das neue Volksschulgesetz und das evangelische Schulwesen in Frankfurt a. M., in Frankfurter Kirchenkalender 1909, S. 38–41.

Unsere evangelischen Kindergärten, in: Frankfurter Kirchliches Jahrbuch 1951, S. 117 ff.

Veidt, Karl: Pfarrer Samuel Schrenk, in: Frankfurter Kirchenkalender 1940, S. 68.

Veidt, Karl: Rede zum 100jährigen Jubiläum der St. Paulskirche am 10. Juni 1933, in: Becher, Werner (Hrsg.): Das Kreuz auf der Paulskirche. Quellen zur Kirchengeschichte der Paulskirche (1833–1953), Schriftenreihe des Evangelischen Regionalverbandes Frankfurt am Main, Band 16, Frankfurt a. M. 1999, S. 79–86

Veidt; Karl: Erinnerungen, in: Becher, Werner (Hrsg): Karl Veidt. Paulskirchenpfarrer und Reichstagsabgeordneter, Quellen und Studien zur Hessischen Kirchengeschichte, Band 14, Darmstadt / Kassel 2006.

Veit , Willy: Die Religion als Erlebnis, in: Das Vermächtnis der Reformation, Frankfurter Vorträge, 10. Reihe, 1917, S. 58–78.

Veit, Willy: Buße, in: Die Religion im Krieg, Frankfurter Vorträge, 8. Reihe, 1914, S. 21–37.

Veit, Willy: Der Gottheit lebendiges Kleid. Bilder vom Parallelismus zwischen Natur und Gott, Frankfurt a. M. 1930.

Veit, Willy: Predigten aus der Zeit zwischen 1913 und 1919, Sammlung von einzelnen Privatdrucken, gebunden, in Privatbesitz.

Vogel, Wilhelm Dieter: Die Ausmalung der Lukas-Kirche zu Frankfurt am Main im biblischen Werk von Wilhelm Steinhausen, Frankfurt a. M. 1980.

Vollert, Adalbert: Nied – wie es einmal war. Historische Notizen eines Frankfurter Stadtteils, Frankfurt 1989.

Vollert, Adalbert: Nied am Main. Chronik eines Frankfurter Stadtteils, Frankfurt a. M. 1998.

Vollert, Adalbert: Zur Geschichte der christlichen Gemeinden in Nied, in: 50 Jahre 1933–1983 Evangelische Apostelkirche Frankfurt a. M.-Nied. Festschrift zum 50jährigen Jubiläum der evangelischen Apostelkirche zu Frankfurt/M.-Nied, Frankfurt a. M. 1983.

Wagner, Albert: Pfarrer Arthur Zickmann zum Abschied, in Frankfurter Kirchliches Jahrbuch 1965, S. 117–120.

Wagner, Walter: Das Rhein-Maingebiet 1787, Darmstadt 1938 (Nachdruck 1975).

Walcha, Helmut: Über die Bedeutung der Konzentration für die musikalische Gestaltung, in: 1843–1968 Hochschule für Musik Leipzig (Festschrift), Leipzig 1968.

Walcha, Helmut: Werkverzeichnis der Frankfurter Bachstunden, veranstaltet von Professor Helmut Walcha, Frankfurt 1945.

Walcha, Ursula: Helmut Walchas Lebenslauf, in: Dehnhard, Walther / Ritter, Gottlob: Bachstunden. Festschrift für Helmut Walcha zum 70. Geburtstag überreicht von seinen Schülern, Frankfurt a. M. 1978, S. 174–178.

Wallau, René: Der gegenwärtige Stand der Kirchenmusikpflege in der Landeskirche Frankfurt a. M., in: Frankfurter Kirchenkalender 1930, S. 86–92.

Wallau, René: Die Pflege der Kirchenmusik in Frankfurt am Main, in Frankfurter Kirchliches Jahrbuch 1951, Frankfurt a. M., S. 105–110.

Weber, Johannes: Sindlingen-Zeilsheim, in: Frankfurter Kirchenkalender 1936, S. 62 ff.
Weber, Paul: Festschrift zum 25jährigen Jubiläum der Martinuskirche Frankfurt am Main – Schwanheim, Frankfurt a. M. 1936.
Weber, Paul: O Deutschland Hoch In Ehren! Ein Heimatgruss ins Feld den Kriegsteilnehmern der Ev. Gemeinde Schwanheim. Ein Kriegsgedenkbüchlein den Daheimgebliebenen von Paul Weber. Pfarrer in Schwanheim am Main, Schwanheim 1915.
Wehler, Hans-Ulrich: Deutsche Gesellschaftsgeschichte, 5 Bände, München 1987 – 2008.
Weichert, Friedrich: Hintergründe des letzten Berliner Dombaus, in: Jahrbuch für Berlin-Brandenburgische Kirchengeschichte, 46. Jahrgang, 1971, S. 117 ff.
Weise, Christian / **Wolfes,** Matthias: Kübel, Johannes, in Verlag Traugott Bautz: Biographisch-Bibliographisches Kirchenlexikon; Band XX, Sp. 875 – 886, Nordhausen 2002.
Weiß, Lina: Verband evangelischer Vereine für weibliche Jugendpflege, in: Frankfurter Kirchenkalender 1927, S. 18 f.
Wiesner, Stefan (Hrsg.): Weit sind die Wege – 50 Jahre Heliand-Pfadfinderschaft 1946 – 1996, Frankfurt a. M. 1996.

Winkelmann, Erich: Die Kämpfe um Bekenntnis und Verfassung in der Evangelischen Landeskirche von Hessen-Darmstadt (1848 – 1878), in: Jahrbuch der Hessischen Kirchengeschichtlichen Vereinigung, Band 5, S. VII / VIII / 1 – 119.
Wintermann, Rudolf: Erinnerungen aus meinem Leben, maschinenschriftlich, Zentral-Archiv, Bestand 166, S. 552 – 558.
Wintermann, Rudolf: Kirche und Gottlosenbewegung, in: Frankfurter Kirchenkalender 1933, S. 58 – 63.
Wintermann, Rudolf: Kirche und heranwachsende Jugend, in: Frankfurter Kirchenkalender 1930, S. 46 – 53.
Wippermann, Wolfgang: Das Leben in Frankfurt zur NS-Zeit, 4 Bände, Frankfurt a. M. 1986.
Wolter, Hans: Katholisches Leben im Frankfurt des 20. Jahrhunderts, in: Frankfurter Kirchliches Jahrbuch 1975, S. 16 – 22.
Wüst, Herbert: Sprechende Zahlen, in: Frankfurter Kirchenkalender 1939, S. 92 – 97.
Zipfel, Friedrich: Kirchenkampf in Deutschland 1933 – 1945, Berlin 1965.
Zurhellen, Otto: Friedrich Wilhelm Battenberg, in: Frankfurter Kirchenkalender 1913 S. 19 – 22.

Personenregister

Adam, Alfred, Dr. theol., 1899 – 1975, evang. Theologe, Mitglied der BK, Pfr. in Frankfurt (1931 – 1949 Ffm.-Berkersheim/Michaelisgemeinde), 1949 – 1967 Prof. für Kirchengeschichte an der Kirchlichen Hochschule Bethel 136, 202, 277, 284

Adickes, Franz, 1846 – 1915, Jurist, Kommunalpolitiker, Oberbürgermeister von Frankfurt 1890 – 1912 100

Alexander Friedrich, Landgraf von Hessen, 1863 – 1945, Dr. phil. 57

Allmenröder, Karl, 1861 – 1926, Amtsgerichtsrat, erster Frankfurter Jugendrichter, ehrenamtlich tätig in: Kirchenvorstand der St. Petersgemeinde, lutherischer Stadtsynode, Landeskirchenversammlung, Landeskirchengericht, dem Diakonissenhaus, dem Gustav-Adolf-Verein, der Weiblichen Stadtmission und dem Elisabethenhof zu Marburg 105

Allwohn, Adolf, Prof. Lic. Dr., 1893 – 1975, evang. Theologe, Mitglied der Einigungsbestrebungen, Pfr. in Frankfurt (1934 – 1944 Weißfrauengemeinde, Oktober 1947 Lagerpfarrer im Interniertenlager Frankfurt, 1954 – 1958 Universitätskliniken) 136, 198 – 199, 279

Andres, Heinz, 1909 – 1993, evang. Theologe, Pfr. in Frankfurt (1956 – 1974 Ffm.- Nied) 284

Arndt, Ernst Moritz, 1769 – 1680, Prof. für Geschichte in Greifswald und Bonn, patriotischer Schriftsteller, Abgeordneter der Nationalversammlung 208, 236

Augusta, Prinzessin von Sachsen-Weimar-Eisenach, 1811 – 1890, verh. mit Kaiser Wilhelm I., preußische Königin und deutsche Kaiserin 82

Auguste Viktoria, Prinzessin von Schleswig-Holstein-Sonderburg-Augustenburg, 1858 – 1921, verh. mit Kaiser Wilhelm II. preußische Königin und deutsche Kaiserin 20, 123

Baab, Heinrich, *1909, SS-Untersturmführer und Kriminalsekretär in Frankfurt a. M.,

1950 wegen verschiedenster Verbrechen zu lebenslanger Schwerstarbeit verurteilt, 1973 aus gesundheitlichen Gründen aus der Haft entlassen   260

Baden-Powell, Robert, 1857–1941, britischer Kavallerie-Offizier, Gründer der Pfadfinderbewegung   116

Baltzer, Gottfried, 1862–1934, evang. Theologe, Pfr. in Frankfurt (1906–1925 in Ffm.-Oberrad/ Erlösergemeinde)   130

Barth, Carola, 1879–1959, Dr. theol., evang. Theologin und Oberstudiendirektorin, Kommunalpolitikerin in Frankfurt a. M.   5, 110

Barth, Karl, Dr. theol., 1886–1868, Schweizer evang.-reformierter Theologe, Prof. u. a in Münster, Bonn und Basel, Vertreter der Dialektischen Theologie   60, 68, 200, 203, 280, 314, 344

Basse, Wilhelm, Dr. phil., 1820–1903, evang.-luth. Theologe, Pfr. in Frankfurt (1845–1859 Hauslehrer, Lehrer und Direktor in Krefeld und Frankfurt, 1859–1902 Pfr. an der St. Katharinenkirche/-gemeinde), 1879–1899 Mitglied des lutherischen Konsistoriums   57, 196

Battenberg, Friedrich Wilhelm, 1847–1912, evang.-luth. Theologe, Pfr. in Frankfurt (1872–1873 Lehrer und Hauslehrer in Frankfurt, Leipzig und Neapel, 1873–1877 Lehrer am Gymnasium Frankfurt, 1883–1912 Pfr. an der St. Peterskirche/-gemeinde)   44, 65, 85, 196, 242

Bauer, Heinrich, Dr. phil., 1843–1915, evang.-ref. Theologe, Pfr. in Frankfurt (1875–1915 Deutsch-reform. Gemeinde)   125, 130

Baumgarten, Otto, 1858–1934, Dr. theol., evang. Theologe, Prof. theol. in Kiel   117

Bebel, August, 1840–1913, Drechsler, Publizist und Politiker, Begründer der deutschen Sozialdemokratie   103

Benemann, Paul, 1842–1934, evang. Theologe, Pfr. in Frankfurt (1883–1886 Evangelisch-kirchlicher Hilfsverein)   47

Bernus, Bertha von, 1866–1922, verh. mit Aage von Kauffmann, Mitgründerin des St. Markus-Krankenhauses   83, 241

Bernus, Emil Moritz von, 1843–1913, kaufmännische Ausbildung in London und Paris   26, 46–47, 51, 88, 202

Beseler, Georg, 1809–1888, Jurist, Professor, Mitglied der Nationalversammlung 1848, Mitglied der liberalen/nationalliberalen Casino-Fraktion   208

Bethmann, Helene von, geb. Freiin von Wendland, Freifrau, 1856–1921, Wohltäterin der weiblichen Stadtmission   123

Bethmann-Hollweg, Theobald von, 1856–1921, Jurist, Landrat, Regierungspräsident, Reichskanzler   173

Beyschlag, Willibald, 1823–1900, evang. Theologe, 1844–1849 in Frankfurt wohnhaft, lutherischer Vermittlungstheologe, Professor in Halle/Saale, einflussreicher Kirchenpolitiker   36, 41

Bismarck, Otto von Bismarck-Schönhausen, 1815–1898, Graf, Fürst, Politiker, preuß. Ministerpräsident, Reichskanzler   11, 13–16, 19–20, 23, 165–167, 208

Blecher, Karl Ferdinand, 1830–1900, evang.-luth. Theologe, Pfr. in Frankfurt (1870–1894 Ffm.-Bornheim)   49

Bodelschwingh, der Ältere, Friedrich von, 1831–1910, evang. Theologe, 1872–1910 Leiter der Von Bodelschwinghschen Anstalten in Bethel bei Bielefeld   118

Bodelschwingh, der Jüngere, Friedrich von, 1877–1946, evang. Theologe, Leiter der von seinem Vater gegründeten Von Bodelschwingschen Anstalten in Bethel bei Bielefeld   257, 322

Böhm, Friedrich Wilhelm, evang.-ref. Theologe, 1814–1820 reform. Pfr. in Bockenheim, 1820–1848 unierter Pfr. in Bockenheim, Metropolitan der Pfarreiklasse Bockenheim   212–214

Bonavita, Petra, *1950, Soziologin, Publizistin   306

Bonhoeffer, Dietrich, 1906–1945 (ermordet), Dr. theol., evang. Theologe, Privatdozent, Leiter des Predigerseminars in Finkenwalde   280, 332, 342

Bonifatius, geb. Wynfreth, um 673–754/755, Missionar, Kirchenreformer, Bischof von Mainz, dann von Utrecht   55

Bonnet, Jean Louis, Dr. theol., 1805–1892, evang.-ref. Theologe aus der Schweiz, Pfr. in Frankfurt (1835–1881 Französisch-reform. Gemeinde), Mit-Gründer des Zentralvorstands des Vereins für Innere Mission und 1850–1859 dessen Vorsitzender, 1846 Teilnahme an der Gründungsversammlung der Evangelischen Allianz in London und deren Vizepräsident beim 3. Allgemeinen Friedenskongress 1850 in Frankfurt, 1873–1874 nebenamtlicher Hausgeistlicher der Diakonissen   40, 79, 81

Bormann, Martin, 1900–1945, Reichsleiter der NSDAP, Leiter der Partei-Kanzlei im Rang eines Reichsministers   267

Bornemann, Wilhelm, Dr. theol., 1858–1946, evang. Theologe, liberaler Theologe, 1898–1902 Prof. für Kirchengeschichte und praktische Theologie in Basel, Pfr. in Frankfurt (1902–1931 St. Nicolaigemeinde), Senior des Ev.-luth. Predigerministeriums, Mitbegründer der „Christlichen Welt" 6, 29, 38–39, 41, 45, 67–68, 102–104, 108, 128–129, 136, 158, 161–162, 185–186, 191–192, 199, 202, 224, 249, 270

Both, Paul, 1903–1966, Volksschullehrer, 1923 Vorsitzender des Landesverbandes der Schülerbibelkreise, 1945 hauptamtlicher Leiter des Evangelischen Jungen- und Jungmännerwerkes in Frankfurt 7, 116, 173, 232–233, 235–236, 315–317, 319–320, 351, 354

Bothe, Friedrich, 1869–1952, Lehrer und Lokalhistoriker in Frankfurt 12

Brakelmann, Günter, *1931, Dr. theol., evang. Theologe, Prof. für christliche Gesellschaftslehre in Bochum 254

Bremer, Wilhelm, 1913–2003, evang. Theologe, Mitglied der BK, Pfr. in Frankfurt (1936–1937 Vikar St. Petersgemeinde, 1937–1945 Pfr. St. Katharinengemeinde, 1945–1952 Friedensgemeinde, 1952–1978 Versöhnungsgemeinde), 1973–1978 Dekan im Dekanat Bockenheim 284, 354

Bretschneider, Karl Gottlieb, 1776–1848, Dr. theol., evang. Theologe, Pfr. in Schneeberg und Annaberg, Generalsuperintendent in Gotha 1816, Vertreter des theologischen Rationalismus 37

Brunner, Emma, Gaukulturreferentin der N.S. Frauenschaft Hessen-Nassau 287, 321

Buber, Martin, 1878–1965, jüdischer Religionsphilosoph, Prof. in Frankfurt 1924–1933, in Jerusalem 1938–1951 201

Buchmann, Frank, 1878–1961, evang. Prediger in den USA, geistiger Führer der Oxford-Gruppe, Gründer der antikommunistischen „Moralischen Aufrüstung" 198

Burckhardt, Johannes, 1853–1914, evang. Theologe, Gemeindepfarrer in Berlin 1889–1914, Gründer des Evangelischen Verbandes der weiblichen Jugend Deutschlands, gen. „Burckhardthaus" 118–119, 233

Busch, Wilhelm, 1897–1966, evang. Theologe, Pfarrer (1924–1962 in Essen), Prediger und Schriftsteller

Busch, Wilhelm, der Ältere, 1868–1921, Dr., evang. Theologe, Pfr. in Frankfurt (1906–1921 in Ffm.-Sachsenhausen/Lukasgemeinde) 44, 104, 324

Carpentarius, Hermann, 1562–1584 Pfr. in Nied 290

Chamberlain, Arthur Neville, 1869–1940, konservativer britischer Politiker, Premierminister 1937–1940 338

Classen, Walter (Walther), 1874–1954, evang. Theologe und Pädagoge, Mitbegründer der Jugendsozialarbeit in Hamburg 117

Collischonn, Philipp Jakob, 1824–1903, evang. Theologe, Lehrer und Pfarrer in Frankfurt (1856–1858 Lehrer an der Höheren Bürgerschule und Dreikönigschule sowie Prediger am Waisenhaus und Arresthaus, 1858–1868 Pfr. in Nieder-Erlenbach, 1869–1897 Pfr. an der Paulskirche) 47, 49, 62

Colnot, Heinrich, Dr. iur., Landgerichtspräsident in Frankfurt um 1908, beteiligt an der Errichtung des ersten Jugendgerichts und der Besetzung mit Karl Allmenröder, Mitglied des Frankfurter Konsistoriums 1905/06 105

Cordes, August, Dr. theol., Dr. h. c., 1859–1936, evang.-luth. Theologe, Pfr. in Frankfurt (1892–1904 Pfr. in Ffm.-Bornheim/Luthergemeinde) 44, 50–52, 196

Cordier, Leopold, Lic. theol. Dr. phil., 1887–1939, evang. Theologe, Pfr. in Frankfurt (1917–1922 Franz.-ref. Gemeinde), 1926 Prof. für Praktische Theologie in Gießen, Gründer und Führer der „Christdeutschen Jugend" 119, 230, 234, 276, 284

Correvon, Charles, 1856 Yverdon/Schweiz-1928, evang.-ref. Theologe, Pfr. in Frankfurt (1881–1922 Franz.-ref. Gemeinde), 1914–1918 Betreuer französischer Kriegsgefangener 41, 44, 103, 121, 140–142, 149

Creizenach, Theodor, 1818–1877, jüdischer Lehrer, Dichter und Literaturhistoriker, Lehrer am Philanthropin 1839–1853, 1854 Übertritt zur evangelischen Kirche, Lehrer am Gymnasium 1863–1877 91

Cronstetten, Justina Catharina Steffan von, 1677–1766, Stifterin 86

Curjel, Robert, 1859–1925, Schweizer Architekt dänischer Herkunft mit deutscher Staatsangehörigkeit 127

Dahlmann, Friedrich Christoph, 1785–1860, Dr. phil., Historiker und Staatsmann, Prof. für Geschichte und Staatswissenschaften in Göttingen und Bonn, einer der „Göttinger Sieben", Mitglied der Nationalversammlung 1848 208

Dahmer, Ernst, 1913–2002, evang. Theologe, Mitglied der BK, Pfr. in Frankfurt (1937 Vikar in Ffm.-Sachsenhausen/Dreikönig, 1961–1977 in Ffm.-Eschersheim/ Emmausgemeinde) 284

Dalberg, Karl Theodor Reichsfreiherr von und zu, 1744–1817, Erzbischof und Kurfürst von Mainz, Großherzog von Frankfurt 91, 211

Daub, Richard, 1900–1991, Journalist, Träger der Frank-

furter Ehrenplakette 1975   338
Debus, Horst, 1926–2015, evang. Theologe, Pfr. in Frankfurt (1953–1956 in Ffm.-Sindlingen, 1956-, in Frankfurt-Zeilsheim)   295
Dechent, Hermann, D., Dr. phil., 1850–1935, evang. Theologe, Pfr. in Frankfurt (1872–1879 am Versorgungshaus, 1879–1891 Paulskirche, 1891–1924 Weißfrauen), liberaler Theologe   4, 33, 37–39, 44–45, 59–61, 64, 73, 78, 93, 103–104, 112, 123, 129–130, 196, 265–266
Dechent, Johannes, 1789–1873, evang. Theologe, Pfarrer in Westhofen Vater von Hermann   59
Dechent, Rosa, geb. Finger, Frankfurter Bürgertochter, Frau von Hermann Dechent   123
Deichler, Johann Christian, 1804–1873, evang. Theologe, theologisch positiv/pietistisch, Pfr. in Frankfurt (1835–1843 Dreikönigskirche, 1843–1873 St. Peterskirche), im Diakonissenverein 1861–1869 Hausgeistlicher und 1865–1873 Vorstandsvorsitzender   81
Deitenbeck, Ludwig, 1881–1958, evang. Theologe, Mitglied der Einigungsbestrebungen, Pfr. in Frankfurt (1909–1951 in Ffm.-Sossenheim), Dekan Dekanat Kronberg und Frankfurt-West   273–274
Delp, Alfred, 1907–1945 (ermordet), kath. Theologe, Jesuit, Seelsorger in München-Bogenhausen 1939–1945, Mitglied des Kreisauer Kreises   330
Deluz, Emile, geb. 1879 in Genf, evang.-ref. Theologe, Pfr. in Frankfurt (1906–1916 Franz.-reform. Gemeinde)   41, 142
Devrient, Otto Eduard, 1838–1894, Dichter, Dramatiker, Intendant des Frankfurter Stadttheaters 1878/79   33
Dibelius, Otto, 1880–1967, Dr. phil., evang. Theologe, Generalsuperintendent der Kurmark 1925–1933, Bischof der Kirchenprovinz Mark Brandenburg 1945–1966   203, 227, 260
Diehl, Guida, 1868–1961, 1893 Volksschullehrerin in Frankfurt, 1918 Mitglied DNVP, 1930 Mitglied NSDAP, 1940 aus Reichsschrifttumskammer ausgeschlossen   119, 233–234, 318
Diehl, Wilhelm, 1871–1944, Lic. theol. et Dr. phil., evang. Theologe, Prälat (Präsident) der Evangelischen Landeskirche in Hessen (Darmstadt) 1923–1933   275
Dienst, Karl, 1930–2014, Prof. Dr., evangelischer Theologe, Oberkirchenrat in der Kirchenverwaltung der ELHN, Honorarprofessor an der Hochschule für Musik und darstellende Kunst Frankfurt a.M. (1972–2003), Honorarprofessor an der Theologischen Fakultät der Universität Frankfurt (1984–2006), Kirchenhistoriker, Publizist   276
Dietrich, Ernst Ludwig, 1897–1974, Dr. theol., Dr. phil., evangelischer Theologe, Landesbischof der ELNH 1934–1945   275–276, 278, 308
Dietze, Hermann, 1837–1917, Besuch des Polytechnikums Karlsruhe, Direktor der von ihm und seinem Bruder gegründeten chemischen Fabrik „Verein für chemische Industrie AG", in Mainz, ab 1871 wieder in Frankfurt ansässig, „Finanzminister des lutherischen Kirchenwesens", Vorstandsmitglied der Bezirkssynode und der lutherischen Stadtsynode, vielfältige Ehrenämter   52, 64
Dove, Richard Wilhelm, 1833–1907, Dr. iur., Kirchenrechtler, Prof. in Tübingen, Kiel, Göttingen   15
Drüner, Hans, 1873–1958, 1899–1932 Lehrer am Goethegymnasium, 1940–1945 im Stadtarchiv Bearbeiter der zeitgeschichtlichen Abteilung   134
Ebert, Friedrich, 1871–1925, Sattler, sozialdemokratischer Politiker, Reichspräsident 1919–1925   245
Ebrard, Friedrich Clemens, 1850–1935 (?), Dr. phil., Dr. theol. h.c., Historiker, Leiter der Stadtbibliothek Frankfurt, Mitglied des Konsistoriums und des Landeskirchengerichts   125, 130
Eckert, Alois, 1890–1969, kath. Theologe, Priesterweihe 1913, dann u.a Kaplan in Höchst, Schwanheim und Deutschorden, 1926–1950 Pfarrer St. Bernardus, 1950–1965 Stadtpfarrer von Frankfurt, Mitbegründer der kath. Volksarbeit in Frankfurt   330, 337
Eckert, Lotte, 1905–1984, Jugendleiterin Matthäusgemeinde   337
Ehlers, Martha   124
Ehlers, Rudolf, Dr. theol., Dr. theol. h.c., Dr. phil., 1834–1908, evang.-reform. Theologe, Pfr. in Frankfurt (1864–1907 Deutsch.-reform. Gemeinde), 1878 Konsistorialrat (reform. Konsistorium), 1899 Oberkonsistorialrat u. Stellvertreter des Konsistorialpräsidenten   24, 27, 32, 37
Eisenstaedt, Robert, 1919–1996, jüdischer Herkunft, Techniker in einer Hanauer Gummischuhfabrik, 1938 nach Arisierung der Fabrik entlassen, nach dem Novemberprogrom mit zwei Freunden in Frankfurt verhaftet, KZ Buchenwald, Zwangsarbeit, 1942 KZ Majdanek, Flucht nach Frankfurt, mit Dr. Kahls Hilfe Flucht in die Schweiz, 1947 Emigration in die USA   307–308

Elsaesser, Martin, 1884–1957, Architekt im Stil einer moderaten Moderne, 1925–1932 künstlerischer Leiter des Hochbauamtes der Stadt Frankfurt, Hochschullehrer in München 184, 245

Emmerich Josef, von Breitbach zu Bürresheim, 1707–1774, Kurfürst und Erzbischof von Mainz 1763–1774 292

Encke, Fritz (Johann Friedrich Wilhelm), 1840–1918, evang. Theologe, Pfr. in Frankfurt (1867–1869 Prediger am Hospital zum Heiligen Geist, 1881–1906 Pfr. in Ffm.-Niederrad) 53, 196

Enders, Ernst Ludwig, Dr. theol. h. c., 1833–1906, evang. Theologe, Lutheraner, Pfr. in Frankfurt (1863–1906 in Ffm.-Oberrad), 1882 Kreisschulinspektor, Konsistorialrat 196

Enders, Karl, 1862–1940, evang. Theologe, Pfr. in Frankfurt (1888–1892 Hauslehrer und Hausgeistlicher an Versorgungshaus, Kranken- und Siechenhaus, Dr. Bockenheimerscher Klinik, 1892–1906 Pfr. in Ffm.-Bonames, 1907–1928 Pfr. in Ffm.-Niederrad/ab 1926 Paul-Gerhardt-Gemeinde) 106, 196

Engeln, Hans, *1897, evang. Theologe, Pfr. in Frankfurt (1923/24 Hilfspfarrer, 1925–1935 in Ffm.–Bockenheim/1929 St. Jakobsgemeinde) 273

Engels, Friedrich, 1820–1895, Unternehmer in der Textilindustrie, Philosoph, Gesellschaftstheoretiker, Historiker, Journalist 176

Erdmann, David, 1821–1905, ev. Theologe, Kirchenhistoriker, Prof. Königsberg i. Pr., Generalsuperintendent von Schlesien 1864 12

Ernst, Walter Friedemann, Dr. iur., Dr. theol. h. c., 1857–, Jurist in verschiedenen preußischen Ämtern, Konsistorialpräsident in Wiesbaden und in Frankfurt 1899–1918 28, 130

Eschenröder, Karl, 1872–1957, evang., liberaler Theologe, Pfr. in Frankfurt (1915–1939 St. Petersgemeinde) 104, 136, 199, 282

Fabricius, Jakob, 1593–1654, Dr. theol., Hofprediger Bogislaw XIV. von Pommern, Feldprediger Gustav Adolfs, Generalsuperintendent von Hinterpommern 292

Fellner, Karl Konstanz Victor, 1807–1866, Kaufmann, Direktor der chemischen Fabrik Griesheim, mehrfach Jüngerer und Älterer Bürgermeister von Frankfurt 11

Finger, Johann Justus, 1781–1868, Kaufmann in Frankfurt 58, 106

Finger, Rosa, s. Rosa Dechent 59

Flesch, Karl, 1853–1915, Dr. iur., Rechtsanwalt, Stadtpolitiker der Fortschrittlichen Volkspartei, seit 1884 Leiter des städtischen Armenamtes 100, 106

Flesch-Thebesius, Max, 1889–1983, Prof. Dr. med., Chirurg, Mitbegründer des Privatkrankenhauses Sachsenhausen, dort Chefarzt bis 1933, Direktor der Chirurgie des Krankenhauses Frankfurt-Höchst, Kommunalpolitiker für die CDU, stellv. Stadtverordnetenvorsteher 1960–1964 328–329

Flex, Walter, 1887–1917, Dr. phil., nationalistischer Schriftsteller und Lyriker 137, 236

Foerster, Erich, Dr. theol., Dr. phil., 1865–1945, liberaler Theologe, Pfr. in Frankfurt (1895–1935 Deutsch-reform. Gemeinde), 1915 Honorarprofessor für Kirchengeschichte Frankfurt an der Universität Frankfurt, Mitarbeiter der „Der Christlichen Welt" 6, 38, 104, 109, 124–125, 143–146, 156–157, 162–163, 165, 179, 186, 196, 199, 202, 224, 297, 344

Follandus, Kaspar, Kath. Theologe, Pfr. Nied 1596 290

Franz II., 1768–1835, letzter Kaiser des Heiligen Römischen Reiches Deutscher Nation 1792–1806, danach Kaiser Franz I. von Österreich 13

Freisler, Roland, 1893–1945, Dr. iur., politisch für die NSDAP tätig, Verwaltungsbeamter und berüchtigter Richter, ab 1942 Präsident des Volksgerichtshofes 258

Fresenius, Remigius, 1777–1820, evang. Theologe, Pfr. in Frankfurt (1804–1811 Hausen, 1811–1820 Frankfurt) 58, 106

Fresenius, Wilhelm, Lic. theol., 1886–1971, liberaler Theologe, Mitglied der BK, Pfr. in Frankfurt (1912/1913 Stadtvikar, 1924–1956 St. Katharinengemeinde) 7, 38, 45, 104, 182–183, 199–200, 277, 303

Freudenberg, Adolf, 1894–1977, Dr. iur., Diplomat und evang. Pfr., wegen der jüdischen Abstammung seiner Frau 1939 Emigration nach London, dann in Genf beim ökumenischen Rat der Kirchen für die Betreuung deutscher Flüchtlinge zuständig, 1947 Rückkehr nach Deutschland, Pfr. der Flüchtlingsgemeinde auf dem Heilsberg in Bad Vilbel 306, 315

Frick, Wilhelm, 1877–1946, Dr. iur., Verwaltungsjurist, Reichsinnenminister 1933–1943, Reichsprotektor von Böhmen und Mähren 1943–1945 259, 328

Fricke, Eberhard, 1930–2014, Sohn von Otto Fricke, Geschäftsführer des Evang. Krankenhauses Wesel 1961–1994 306

Fricke, Otto, Lic., D. D., 1902–1954, evang. Theologe, Mitglied der DC 1933, danach der BK, Pfr. in Frankfurt (1927–1954 Ffm.-Bockenheim, 1929 Dreifaltigkeitsgemeinde), Hochschulpfarrer, Geschäftsführer des Hilfswerks der Evangelischen Kirche 7, 200, 203, 269, 276–277, 280, 299–300, 305, 314, 333

Friedberg, Emil, 1837–1910, Kirchenrechtler, Prof. in Halle, Freiburg i. Br., Leipzig 15

Friedrich II., 1194–1250, deutscher König 1212, römisch-deutscher Kaiser 1220 55, 218

Friedrich II., König von Preußen, 1712–1786, König 1740–1786 20, 321

Friedrich III., Deutscher Kaiser, 1831–1888, 99-Tage-Kaiser 111

Friedrich Kasimir von Hanau-Lichtenberg, 1623–1685, Graf von Hanau-Lichtenberg 1641, Graf von Hanau-Münzenberg 1642 211, 214

Friedrich Magnus I. zu Solms-Laubach, 1521–1561, Graf von 1548–1561 218

Friedrich Wilhelm III. von Preußen, 1770–1840, König von Preußen und Kurfürst von Brandenburg 1797 13

Friedrich Wilhelm IV. von Preußen, 1795–1851, König von Preußen 1840–1851 13

Friedrich, Ernst, 1909–1985, evang. Theologe, Vertreter der dialektischen Theologie, Mitglied der BK 1934–1937, Pfr. in Frankfurt (1934–1937 Vikar in der Friedensgemeinde, 1948/49 Pfarrverwalter, 1949–1966 Pfr. St. Katharinengemeinde, 1966–1980 Nordgemeinde) 7, 340–341

Fritz, Alfred, 1886–1963, evang. Theologe, Pfr. in Frankfurt (1922–1927 frz.- ref. Gemeinde) 199

Fuchs, Emil, 1874–1971, Dr. theol., evang. Theologe, religiöser Sozialist, Quäker, Prof. an der Pädagogischen Akademie Kiel 1931–1933, aus politischen Gründen entlassen, Prof. für Systematische Theologie und Religionssoziologie in Leipzig 1949–1959, Gründungsmitglied der Christlichen Friedenskonferenz 226

Gagern, Heinrich Freiherr von, 1799–1880, Jurist, liberaler Politiker, kurzzeitig hessischer Ministerpräsident, Präsident der Nationalversammlung von 1848 208

Galen, Clemens August Kardinal Graf von, 1878–1946, Bischof von Münster 1933–1946, Kardinal 1946 336

Geisow, Hans, Dr., 1879–1939, Chemiker und Schriftsteller, Landesleiter Nassau-Hessen der DC bis zum Wegzug 1936, Vors. des Kirchenvorstandes der St. Katharinengemeinde 281–282, 333

Geißler, Luise, geb. Willig, 1904–2007, Gemeindehelferin, Evangelisches Mädchenwerk 319, 353

Gelzer, Marianne, geb. Wackernagel, 1891–1928 203

Georgi, Ernst, 1864–1935, evang. Theologe, Pfr. in Frankfurt (1903–1910 Verein für Innere Mission) 120

Gerhardt, Paul, 1607–1676, evang.-luth. Theologe, Pfr. in Berlin, Mittenwalde und Lübben, Kirchenlieddichter 39, 202

Glöckler, Caspar Konrad, Dr. phil., 1805–1892, evang. Theologe, Pfr. in Frankfurt (1837–1843 Arbeits- und Versorgungshaus, 1843–1892 Ffm.-Bonames) 54

Goebbels, Josef, 1897–1945, NS-Politiker, Reichsminister für Volksaufklärung und Propaganda 1933–1945 288

Goebels, Karl, 1901–1991, evang. Theologe, Mitglied der BK, Pfr. in Frankfurt (1926–1928 Hilfspfr. in Ffm.-Eschersheim, 1928–1936 Diakonissenhaus, 1936–1950 Ffm.-Seckbach/ Mariengemeinde), 1950–1970 Propst für Frankfurt am Main 241, 280, 286–288, 319–320, 327, 343, 352–353, 357

Gontard, Alexander, 1788–1854, Kaufmann 69

Gontard, Amalie Louise, 1799–1878, Stifterin 81

Gontard, Rosalie Antonie, 1806–1887, Stifterin 69, 81

Greiner, Hermann, Lic. theol., Dr. theol. h. c., 1876–1943, evang. Theologe, Pfr. in Frankfurt (1914–1927 Ffm.-Sachsenhausen/ Lukasgemeinde) 202

Grimm, Robert, 1885–1951, evang. Theologe, Lutheraner, Pfr. in Frankfurt (1910–1913 Stadtvikar und Hilfspfarrer, 1913–1950 Ffm.-Bornheim/ Johannesgemeinde) 117, 235

Grönhoff, Georg, 1876–1945, evang. Theologe, liberaler Theologe, Pfr. in Frankfurt (1912–1940 St. Petersgemeinde) 104, 199, 273

Gustav Adolf von Schweden, d. i. Gustav II. Adolf von Schweden, 1594–1632, König von Schweden 1611–1632 33, 39, 236, 292, 323, 342

Grüber, Heinrich, 1891–1975, evang Theologe, Leiter der diakonischen Einrichtung Waldhof in Templin 1926–1933, Pfr. in Kaulsdorf 1933–1936, Mitglied der BK, Pfr. der Calvinistischen Gemeinde in Berlin 1936–1940, Leiter des „Büros Grüber" als Hilfsstelle für nichtarische Christen 1938–1940, Haft im KZ Sachsenhausen Dachau 1940–1943, Propst an St. Marien und St. Nicolai in Berlin 1945 311, 336–337

Haas, Otto, 1891–1980, evang. Theologe, Pfr. in Frankfurt (1928–1960 Ffm.-Sachsenhausen/Lukasgemeinde) 136

Haeckel, Ernst, 1834–1919, Dr. med., Mediziner, Zoologe, Philosoph, Prof. für Zoologie in Jena 1865–1909, Freidenker, Austritt aus der evangelischen Kirche 1910 18

Haenisch, Konrad, 1876–1925, Journalist, Redakteur, Politiker (SPD), Mitglied des Preußischen Landtags, Kultusminister bis 1921   174

Hallgarten, Charles, 1838–1908, deutsch-US-amerikanischer Bankier, Philanthrop und Sozialreformer jüdischer Herkunft, geb. in New Yorck, seit 1877 in Frankfurt ansässig   64, 100

Hamel, Albert, 1867–1954, kaufmännischer Angestellter bei der Firma Latscha, erwecklich geprägt von Elias Schrenk, Gründer des Evangelischen Jugendwerkes   115, 231, 233, 235–236, 317

Harleß, Adolf, Gottlieb, Christoph von, 1806–1879, ev. Theologe, Prof. in Erlangen, Leipzig, Präsident des Oberkonsistoriums München   12

Harnack, Adolf von 1851–1930, evang. Theologe, Kirchenhistoriker und Wissenschaftsorganisator   38, 65, 68, 108, 135, 224

Hartmann, Carl, 1841–1922, evang. Theologe, 1864–1921 Pfr. in Heddernheim   295

Hartung, Bruno, 1846–1919, Dr. phil. et Lic. theol., evang. Theologe, Pfarrer in Leipzig 1876–1916, Leipziger Superintendent 1902–1916   39, 45

Hauptmann, Gerhart, 1862–1946, Dramatiker und Schriftsteller des Naturalismus, Nobelpreis für Literatur 1912   208

Häuser, (Heuser), Jakob, † 1627, 1596–1597 Pfr. in Eschersheim und 1597–1600 in Bockenheim   217

Hedrich, Albrecht, 1909–1986, evang. Theologe, Mitglied der BK, Pfr. in Frankfurt (1934/35 Pfarrverwalter in Nieder-Eschbach, 1935–1949 Pfr. in Nieder-Eschbach)   284

Hegel, Friedrich, 1770–1831, Lic. theol. et phil., Philosoph, Prof. in Heidelberg 1816–1818, in Berlin 1818–1831   162, 200

Hegel, Immanuel, 1814–1891, Sohn des Philosophen, konservativer Konsistorialpräsident der Kurmark 1865–1891   15

Heimann, Eduard, 1889–1967, Dr. rer. pol., Wirtschafts- und Sozialwissenschaftler, Prof. in Hamburg 1925–1933, wegen seiner jüdischen Herkunft entlassen, Emigration in die USA, 1963 wieder in Hamburg, führender religiöser Sozialist   200

Heinemann, Gustav, 1899–1976, Dr. iur. et rer. pol., Rechtsanwalt, Oberbürgermeister von Essen 1946–1949, Bundesinnenminister 1949/50, Bundesjustizminister 1966–1969, Bundespräsident 1969–1974, Mitglied der BK, Unterzeichner des Stuttgarter Schuldbekenntnisses, Mitglied der rheinischen Kirchenleitung 1949–1962, Präses der gesamtdeutschen EKD-Synode 1949–1955, Ratsmitglied der EKD bis 1967, Mitbegründer des Deutschen Evangelischen Kirchentages   17

Heinz, Ernst Karl, 1871–1960, evang. Theologe, Pfr. in Frankfurt (1896–1899 Vikar und Hauslehrer in Soden, Köln und Frankfurt, 1907–1939 Pfr. in Ffm.-Bonames)   104, 199

Heldmann, Heinrich, Dr. iur., 1871–1945, Senatspräsident, Mitglied der Bekennenden Kirche, Vorsitzender des Vorstandes des Frankfurter Diakonissenhauses   6, 224–226, 241, 325

Henning, Max, 1861–1927, Arabist und Publizist, Freidenker   103

Henrici, Johann Heinrich, 1634–1675, evang. Theologe, Pfr. in Frankfurt (Hospital 1661, Barfüßerkirche 1662) und Bonames 1662–1675   54

Henß, Karl Moritz Gottlieb, 1863–1936, Dr. theol. h. c., evang. Theologe, Pfr. in Windecken 1886–1936, Metropolitan   215, 217

Herbert, Karl, 1907–1995, Dr. theol. h.c., evang. Theologe, Pfr. in Ober-Hörlen 1932–1950, Propst für Nord-Nassau 1950–1964, Stellv. des Kirchenpräsidenten 1964–1972, Mitglied der Bekennenden Kirche   277, 342

Herr, Dr. Jakob, 1867–1950, kath. Theologe, 1906–1919 Regens und Prof. am Limburger Priesterseminar, 1908 Diözesanpräses der Katholischen Arbeitervereine, Stadtpfarrer Frankfurt–1950   330

Heß, Hans-Erich, 1904–1982, evang. Theologe, Pfr. in Sinn 1930–1950, Personalreferent OKR 1950–1969   267, 311

Heß, Rudolf, 1894–1987, NS-Politiker, 1933 Stellvertreter des Führers, und Reichsminister ohne Geschäftsbereich, 1941 Flug nach England, 1945 im Rahmen der Nürnberger Prozesse lebenslange Haft   267

Hesse, Hermann Albert, 1877–1957, Lic. theol., evang.-reform. Theologe, Pfr. in Elberfeld 1929–1943, aus politischen Gründen abgesetzt, Mitglied der Bekennenden Kirche   256, 257

Heuss, Theodor, 1894–1963, Journalist, Politikwissenschaftler, liberaler Politiker, 1949–1959 Bundespräsident   66

Heyden, Adolf, 1838–1902, Berliner Architekt, Architektengemeinschaft Kyllmann und Heyden, Bauten im Stil der Neorenaissance   49

Heyden, Lucas von, 1838–1915, Prof. Dr. phil., Hauptmann d. R. (im Frankfurter Linienregiment bis 1866), namhafter Forscher der Insektenkunde   49

Hindenburg, Paul von Beneckendorf und von, 1847–1934, Generalfeldmarschall, Reichspräsident 1925–1934 68, 131, 134, 208, 230, 255, 312
Hitler, Adolf, 1889–1945, deutscher Politiker österreichischer Herkunft (NSDAP), „Führer" und Reichskanzler des 3. Reiches 172, 174, 208, 236, 255–256, 258–259, 262–264, 266, 268–269, 272, 276, 278, 287, 305, 312, 315, 317, 321–322, 333, 338, 343–344
Hofacker, Ludwig, 1798–1828, evang. Theologe, Pfr. in Stuttgart 1823–1826, in Rielinghausen, bekannter Pietist 115
Hoffmann, Adolph, 1858–1930, sozialistischer Politiker in SPD und USPD, Mitglied des Preußischen Landtags und des Reichstags, aus der freireligiösen Gemeinde kommender scharfer Kirchenkritiker 142, 174, 186
Hoffmann, Heinrich, 1809–1894, Dr. med., Psychiater, Lyriker, Kinderbuchautor, Verfasser des „Struwwelpeter" 111
Hoffmann, Ludwig, 1862–1933, Herborner Architekt des Historismus, Kirchenbaumeister der Evang. Kirche in Nassau 1904–1933 127, 293
Hoffmann, Wilhelm, 1806–1873, evang. Theologe, Hof- und Domprediger in Berlin 1852, Generalsuperintendent der Kurmark 1853–1873 15
Hofmann, Karl Christian, 1875–1955, evang. Theologe, Mitglied der Bekennenden Kirche, Pfr. in Frankfurt (1928–1948 Pfr. Diakonissenhaus) 200, 225, 241, 325
Hörle, Dr. Georg Heinrich, 1889–1942, kath. Theologe, Pfr. in Frankfurt (1916 in der Seelsorge, 1925 Ffm.-Riederwald, 1928 dort erster Pfarrer) 330
Hosemann, Johannes, 1881–1941, Dr., Bundesdirektor des Deutschen Evangelischen Kirchenbundesamts 257
Hossenfelder, Joachim, 1899–1976, evang. Theologe, Pfr. in Schlesien, Brandenburg und Eutin, Mitglied der NSDAP, Mitbegründer der Glaubensbewegung Deutsche Christen 272, 281, 309
Huth, Reinhard, Dr. phil., *1901, evang. Theologe, Mitglied der DC 1933 und der Einigungsbestrebungen, Pfr. in Frankfurt (1935–1940 Pfr. in Ffm.-Niederrad/ Paul-Gerhardtgemeinde, 1946/1947 Ev. Volksdienst, 1948–1967 Ffm.-Eckenheim/Nazarethgemeinde, 1951–1963 Leiter des Ev. Volksdienstes) 200

Irle, Karl, 1890–1969, evang. Theologe, Mitglied der DC, Pfr. in Frankfurt (1935–1944 St. Paulsgemeinde) 282, 301–302

Jäger, August, 1887–1949, Dr. iur., Richter und Ministerialbeamter im Preußischen Kultusministerium, NSDAP-Mitglied, Staatskommissar für die Preußischen Kirchen Juni/Juli 1933, 1939 stellv. Chef der Zivilverwaltung im Warthegau, später dort Regierungspräsident, „Kirchenjäger" und „Henker Großpolens", in Posen hingerichtet 257–258, 267, 272
Jäger-Graubner, Emilie, 1820–1892, Stifterin 70
Jahn, Friedrich Ludwig, 1778–1852, Dr. phil., Pädagoge, Mitglied der Nationalversammlung 1848, „Turnvater Jahn" 322
Jakobi, Karl, *1910, evang. Theologe, Pfr. in Frankfurt (1933–1950 Griesheim) 284
Jatho, Carl, 1851–1913, evang. Theologe, Pfr. Köln 1891–1911, wegen Lehrbeanstandungen in den Ruhestand versetzt 105

Jatho, Georg, 1848–1914, evang. Theologe, Pfr. in Frankfurt (1880–1911 St. Nicolaigemeinde) 196
Jordan, Carl Friedrich Wilhelm, 1819–1904, Dr. phil., Schriftsteller und liberaler Politiker, Mitglied der Nationalversammlung 1848 208
Joseph II., 1741–1790, Kaiser des Heiligen Römischen Reiches 1765–1790, Reformer im Sinne des aufgeklärten Absolutismus 39
Jumel, Heinrich, Arbeitersekretär im Evangelischen Arbeiter-Verein, 1. Vorsitzender, Geschäftsführer 1929 242
Jung, Philipp, Dr. phil., 1829–1901, evang. Theologe, Pfr. in Frankfurt (1852–1857 Hilfsprediger in den Landgemeinden, 1857–1863 Ffm.-Sachsenhausen/ Dreikönigskirche, 1863–1901 St. Nicolaikirche), Mitglied des lutherischen/preußischen Konsistoriums 49, 196
Jungheinrich, Hans Georg, Dr., 1907–2000, evang. Theologe, Mitglied der DC, Pfr. in Frankfurt (1940–1973 St. Petersgemeinde) 282
Jürgensmeier, 1890–1961, evang. Theologe, Gefängnisseelsorger im Rheinland und in Westfalen, in Frankfurt-Preungesheim 1942–1955, Mitglied der BK 345

Kahl, Eugen, der Ältere, Sohn von Ernst Kahl, im 1. Weltkrieg gefallen 136, 307
Kahl, Fritz, 1895–1974, Sohn von Heinrich Kahl, Dr. med., praktischer Arzt, Helfer der Juden, Gerechter der Völker 136, 306, 314, 330
Kahl, Heinrich, 1863–1937, evang. Theologe, Mitglied der BK, Pfr. in Frankfurt (1906–1934 Ffm.-Bockenheim/1929 Markusgemeinde), 1924–1929 Kreispfarrer des Kirchenkreises Bockenheim, 1929 Kirchenrat der Frankfur-

ter Landeskirche, Vorsitzender des Vorstandes Bockenheimer Diakonissenverein 203–204, 242, 306, 328

Kaiser, Georg, 1878–1945, Schriftsteller, Dramatiker des Expressionismus 164

Kanngießer, Otto, 1836–1892, Journalist, Demokrat, Lokalpolitiker, Frankfurter Patriot 11

Kant, Immanuel, 1724–1804, Prof. für Logik und Metaphysik in Königsberg i. Pr. 1770, Philosoph der Aufklärung 196

Kapler, Hermann, 1867–1941, Dr. iur., Beamter im Kirchendienst, Präsident des Evangelischen Oberkirchenrates der Altpreußischen Union 1925 und Präsident des Deutschen Evangelischen Kirchenausschusses 180, 256–257, 279

Kasimir von Hanau-Lichtenberg gleich Friedrich Kasimir von Hanau-Lichtenberg 211, 214

Kautzsch, Rudolf, 1868–1945, Dr. phil., Kunsthistoriker der deutschen Architektur des Mittelalters, Prof. in Frankfurt 1915–1930 109

Kayser, Conrad, 1848–1929, Dr. theol., evang. Theologe, Pfr. in Frankfurt (1889–1905 Weißfrauenkirche/-gemeinde, 1905–1920 Matthäusgemeinde) 44, 64, 73, 85, 103f., 130, 151, 196, 242, 322

Kayser, Friedrich, 1817–1857, Liederdichter, Schwiegersohn von Pfr. Johann Georg Zimmer 202

Kennan, George, 1904–2005, US-amerikanischer Historiker und Diplomat, Russland-Spezialist 130

Kerrl, Hanns, 1887–1941, Justizbeamter, nationalsozialistischer Politiker, Reichsjustizminister 1933–1934, Reichskirchenminister 1935–1941 260, 268, 300, 313

Kilian, Augustinus, Dr., 1856–1930, kath. Theologe, 1884–1890 Domkaplan in Limburg, 1890–1899 Religionslehrer, 1899–1913 Mitglied des Domkapitels und Ordinariates, 1913–1930 Bischof von Limburg 248

Kipper, Paul, 1876–1963, Jurist, Richter in Posen, Hagen und Wiesbaden, Präsident der Landeskirchenkanzlei 1934–1937, Präsident des Landeskirchenamtes 1937–1945 260, 277, 334

Kirchgässner, Alfons, 1909–1993, Dr. theol., kath. Theologe, und Schriftsteller, Pfr. In Frankfurt (1935–1939 Kaplan am Dom, 1939–1943 an St. Leonhard, 1943–1945 Jugendpfarrer, 1945–1950 an Allerheiligen, 1950–1956 St. Bernhard, 1954–1972 St. Michael) 330

Kirchner, Konrad, 1809–1874, Dr. phil., Dr. theol., evang. Theologe, Pfr. Frankfurt (1833–1842 Dreikönigskirche, 1842–1874 Weißfrauenkirche), Konsistorialrat 58, 106

Klein, Erich, 1890–1965, evang. Theologe, Mitglied der BK, Pfr. in Frankfurt (1920–1922 Hilfsprediger in Griesheim/Main, 1922–1960 Pfr. in Ffm.-Griesheim), 1951–1960 Dekan Dekanat Höchst 284

Klemann, Heinrich, 1903–1964, evang. Theologe, Pfr. in Frankfurt (1938–1954 Ffm.-Bornheim/Johannisgemeinde) 345

Klenck, Georg von, 1872–1923, Regierungsrat in Frankfurt a.M. 130

Klettenberg, Susanna Katharine von, 1723–1774, Pietistin, religiöse Schriftstellerin 202

Klotz, Leopold, 1878–1956, Verleger in Gotha 227

Knab, Karl, 1880–1973, evang. Theologe, Mitglied der DC, Pfr. in Frankfurt (1939–1945 Krankenhausseelsorge) 281

Knöll, Wilhelm, 1859–1930, evang. Theologe, Pfr. in Frankfurt (1886–1918 Ffm.-Seckbach 136

Koch- von St. George, Anna Louise Friederike, geb. von Saint George, 1822–1912, verh. mit Peter Markus Koch, Stifterin 53, 125–126

Köhler, Rudolf, Dr. phil., 1891–1946, evang. Theologe, Vertreter des Entschiedenen Protestantismus, Pfr. in Frankfurt (1933–1944 St. Katharinengemeinde) 104, 199, 282

Kornfeld, Paul, 1889–1942 (Ghetto Litzmannstadt), Dramaturg und Schriftsteller 164

Kortheuer, August, 1868–1963, evang. Theologe, Nassauer Landesbischof 1925–1933 (Verlust des Amtes) 301

Koser, Reinhold, 1852–1914, Dr. phil., Historiker, Direktor des Preußischen Geheimen Staatsarchivs, Prof. in Berlin und Bonn 135

Krause, Reinhold, 1893–1980, Dr. phil., Religionspädagoge und Lehrer, DC Gauobmann 265, 282

Krawielitzki, Theophil, 1866–1942, evang. Theologe, Pfr., führende Person der westpreußischen Gemeinschaftsbewegung, Gründer des Deutschen Gemeinschafts-Diakonieverbandes in Marburg 328

Krebs, Albert, 1897–1992, Sohn des Frankfurter Pfarrers Eduard Krebs, Dr. phil., Justizbeamter im höheren Dienst in Thüringen (1923–1933, von den Nationalsozialisten entlassen) und Hessen (1945–1965), Ministerialrat, Strafvollzugsreformer, enger Freund von Adolf Reichwein 265

Krebs, Eduard, 1863–1945, evang. Theologe, Pfr. in Frankfurt (1888–1892 Bornheim, 1892–1930 Hausen) 196

Krebs, Friedrich, 1894–1961, Dr. iur., Jurist, Richter, Mitglied der NSDAP, Oberbürgermeister von Frankfurt 1933–1945 302, 330

Krebs, Johann Jakob, Dr. phil., 1829–1902, evang. Theologe, Pfr. in Frankfurt (1857–1902 Ffm.-Sachsenhausen/Dreikönigskirche), 1873 Konsistorialrat, 1879 Senior des Luth. Predigerministeriums, Vorsitzender der Frankfurter Bibelgesellschaft, Mitgründer des Marthahaus-Vereins 26–27, 45, 47, 49, 55, 73, 77, 81, 196

Kreck, Walter, Dr. theol., 1908–2002, Vertreter der Dialektischen Theologie, Mitglied der Bekennenden Kirche, 1935–1937 Leiter des Predigerseminars der BK in Ffm., 1937–1940 Pfr. in Frankfurt (Franz.-reform. Gemeinde), Systematiker 200, 284

Kübel, Johannes, Dr. h. c., 1873–1953, evangelischer Theologe, liberaler Theologe, Mitglied der BK, Pfr. in Frankfurt (1909–1938 Weißfrauengemeinde), Mitglied des „Evangelisch-sozialen Kongresses", und des „Evangelischen Bundes", Hrsg. der Zeitschrift „Die Christliche Welt", Vorstandsmitglied der „Freunde der Christlichen Welt", stellvertretender Präsident des Frankfurter Landeskirchenrates 6–7, 38, 44, 60, 68, 78, 103, 110, 126, 136–137, 178, 190, 197, 199, 224, 226, 228, 241, 249, 256, 272, 308

Künneth, Walter, 1901–1997, Dr. phil. et Lic. theol., evang. Theologe, Mitglied der BK, Prof. in Erlangen 1945–1966 279

Küppers, Erica, 1891–1968, evang. Theologin, Vertreterin der Dialektischen Theologie, Mitglied der Bekennenden Kirche, 1935–1945 Mitarbeiterin der Frankfurter Frauenhilfe, Vikarin in Frankfurt (1945–1950 Evang. Frauenhilfe, 1950–1956 Frauenstrafanstalt Preungesheim) 200, 286

Lange, Paul, 1881–1948, evang. Theologe, Pfr. in Frankfurt (1911–1914 Verein für Innere Mission, 1920–1948 Matthäusgemeinde) 36, 234, 264

Lassalle, geb. Lassal, Ferdinand, 1825–1864, Studium der Geschichte und Philosophie, Schriftsteller, sozialistischer Politiker, Wortführer der deutschen Arbeiterbewegung, Gründer des Allgemeinen Deutschen Arbeitervereins 176

Latscha, Jakob, 1849–1912, Kaufmann in Frankfurt, Mäzen, Gründer der Lebensmittel- Einzelhandels-Kette Latscha, 1977 an REWE verkauft, Gründer der Villensiedlung Buchschlag 64

Laun, Ferdinand Justus, Lic. theol., 1899–1963, Pfr. in Frankfurt (1938–1947 Volksmission, 1947–1948 St. Petersgemeinde, 1948–1961, Ffm.-Eschersheim/Emmausgemeinde) 198

Le Seur, Paul, 1877–1963, Dr. theol., evang. Theologe, Pfr. bei der Berliner Stadtmission 1909–1925, Leiter der Jugendhochschule Hainstein in Eisenach 1925–1933, Jugendreiseprediger des CVJM bis 1944 265

Lepsius, Johannes, 1858–1926, Dr. phil., evang. Theologe, Pfr. in Friesdorf bei Mansfeld 1887–1896, Orientalist, Mitbegründer der Deutschen Orientmission, Gründer des Armenischen Hilfswerks, Dokumentar der Massaker an den Armeniern Ende des 19. und Anfang des 20. Jahrhunderts 42–44

Lerch, Waldemar, 1912-1994, evang. Theologe, Pfr. in Frankfurt (1950–1965 Ffm.-Fechenheim/Melanchthongemeinde, 1965–1977 Ffm.-Schwanheim/Martinusgemeinde) 284

Leydhecker, Karl, 1837–1913, evang. Theologe, konservativer Lutheraner, Pfr. in Frankfurt (1875–1899 Diakonissenhaus) 44, 49, 69–70, 79, 84

Leydhecker, Laura s. Schmidtborn, Laura 69, 79

Liebknecht, Karl, 1871–1919 (ermordet), in der Leipziger Thomaskirche ev. getauft, Paten waren Karl Marx und Friedrich Engels, Dr. iur., Rechtsanwalt, Mitglied der SPD, Gründer der deutschen KPD 103

Lilje, Hanns, 1899–1977, Dr. theol., evang. Theologe, Generalsekretär der Deutschen Christlichen Studentenvereinigung 1927–1935, Generalsekretär des Lutherischen Weltkonvents 1935–1945, Landesbischof der Hannoverschen Kirche 1947–1971 279

Lindheimer, Louise, 1804–1888, Stifterin 81

Lindheimer, Therese, † 1868, Stifterin 81

Linnemann, Otto, 1876–1961, Glas-, Wand- und Dekorationsmaler, Prof. Technische Universität Darmstadt 300

Livingston, Marks John, geb. Marx Löwenstein, 1824–1889, Kaufmann, Multimillionär 61f.

Livingston, Rose, 1860–1914, Mäzenin und Stifterin 4, 61–63, 112, 148

Loewe, Otto, 1878–1938 (ermordet), Dr. med., Chirurg jüdischer Herkunft, evang. getauft, Chefarzt am St. Markuskrankenhaus 327–328

Lohmann, Ernst, 1860–1936, evang. Theologe, Pfr. in Frankfurt (1891–1896 Evang.-kirchlicher Hilfsverein/Christuskirche) 10, 43

Loofs, Friedrich, 1858–1928, Dr. phil. et Lic. theol., evang. Theologe, Prof. für Kirchengeschichte in Leipzig und Halle (1887–1926) 38

Löwe, Adolf, gen. Adolf Lowe, 1893–1995, Dr. iur., Soziologe

und Nationalökonom, Religiöser Sozialist, Prof. in Kiel 1926–1930, in Frankfurt 1931–1933, Emigration nach England und in die USA 1933   200
Ludendorff, Erich, 1865–1937, General und Politiker, Stellv. von Hindenburg als Chef der Heeresleitung, Beteiligter am Kapp-Putsch 1920 und am Hitler-Putsch 1923, Reichstagsabgeordneter der Deutschvölkischen Freiheitspartei   131
Ludendorff, Mathilde, 1877–1966, Lehrerin, Ärztin, Schriftstellerin, Vertreterin der Völkischen Bewegung   194
Ludwig IV., gen. „der Bayer", 1282/86–1347, deutscher König 1314–1347, römisch-deutscher Kaiser 1328–1347   218
Lueken, Wilhelm, Lic. theol., 1875–1961, evang. Theologe, Vertreter der Religionsgeschichtlichen Schule, Mitglied der BK, Pfr. in Frankfurt (1907–1944 Deutsch-reform. Gemeinde), 1930 Lehrauftrag für Neues Testament Universität Frankfurt, 1935 Dozent am Predigerseminar der Bekennenden Kirche   38, 104, 106, 159–160, 162, 199, 202, 276–277, 284, 296–297, 313, 333–334
Luise von Baden, 1838–1929, preußische Prinzessin, Witwe des Großherzogs von Baden   141
Lütgert, Gerhard, 1871–1962 Frankfurt, evang. Theologe, Mitglied der Einigungsbestrebungen, Pfr. in Frankfurt (1909–1949 Ffm.-Bornheim/Luthergemeinde, 1949–1951 Versorgungshaus)   36, 104, 198, 202, 319
Luther, Martin, eigentl. Luder o. ä., 1483–1546, evang. Theologe, 1505 Augustiner-Eremit, 1507 Priesterweihe, 1512 Dr. theol., Prof. Wittenberg, 1514 Provinzialvikar, reformatorische Wende, 1517 95 Thesen, 1520 Bannbulle, 1521 Wormser Edikt, Reformator   33–34, 39, 66, 77, 157, 163, 214, 232, 234, 236, 261, 287, 297, 322, 334
Luxemburg, Rosa, 1871–1919, Dr. rer. pol., Politikerin, Vertreterin der europäischen Arbeiterbewegung, des Marxismus und des Antimilitarismus   99

Madai, Guido von, 1810–1892, preußischer Verwaltungsjurist, Zivilkommissar in Frankfurt 1866/67, Polizeipräsident von Frankfurt 1867–1872, danach Polizeipräsident von Berlin   32
Mahrahrens, August, 1875–1950, evang. Theologe, Mitglied der BK, Hannoverscher Landesbischof 1925–1947, umstritten wegen seiner Nähe zum NS-Regime   256–257
Man, Hendrik de, 1885–1953, Dr. phil., belgischer Sozialpsychologe, Theoretiker des Sozialismus und Politiker, Dozent an der Akademie der Arbeit in Frankfurt 1922–1926, Lehrauftrag an der Frankfurter Universität 1926–1933   201
Manz, Friedrich, 1872–1957, evang. Theologe, Vertreter der liberalen Theologie, Pfr. in Frankfurt (1914–1923 St. Nicolaigemeinde, 1923–1938 Ffm.-Riederwald/Philippusgemeinde), Mitglied der „Freunde der Christlichen Welt", des „Verbandes des Freien Protestantismus", des „Freundeskreises für entschiedenen Protestantismus" und des „Bundes für Freies Christentum"   61, 104, 136, 199, 282
Marhold, Hermann, Dr. theol., 1897–1988, evang. Theologe, Vertreter liberalprotestantischer Positionen Frankfurt, Pfr. in Frankfurt (1922–1926 Stadtvikar, 1926–1962 Ffm.-Bornheim/Johannisgemeinde, Krankenhausseelsorge)   61, 104, 136, 199, 282
Marx, Hermann,† 1933 im 91. Lebensjahr, Studienrat, Prof. Dr. am Wöhlergymnasium, Religionslehrer, Förderer der Kirchenmusik und des Gemeindegesanges   58
Marx, Karl, 1818–1883, Dr. phil., Philosoph, Ökonom, Theoretiker des Sozialismus und Kommunismus   63, 176, 200
Marx, Wilhelm, 1863–1946, Jurist und Politiker des Zentrum, Richter, Reichskanzler 1923/24 und 1926–1928   68
Mathei, Ulrich, * 1956, Studium der Theologie und Politikwissenschaften, Pfr. in Frankfurt (seit 1989 Frankfurt-Zeilsheim)   295
Max, Prinz von Baden, 1867–1929, Jurist, Offizier, Reichskanzler Okt./Nov. 1918   164
May, Ernst, 1886–1970, Architekt und Stadtplaner im Geist des Funktionalismus, 1925–1930 Leiter des Hochbau- und Siedlungsamtes der Stadt Frankfurt   184
Mayer, Rupert, 1876–1945, kath. Priester, Jesuit, Mitglied des Katholischen Widerstands gegen die NS-Herrschaft   330
Meister, Carl Friedrich Wilhelm, 1827–1895, Kaufmann und Industrieller, Mitgründer der Chemischen Fabrik Meister, Lucius & Brüning   70
Meister, Marie Georgine Arnoldine, geb. Becker, 1840–1912, Ehefrau von Carl Meister   70
Melander, Dionysius, um 1486–1561, Dominikaner in Ulm, Prädikant in Frankfurt 1525–1535, Hofprediger von Philipp dem Großmütigen   222
Mennicke, Carl, 1887–1958, Theologe, Sozialpädagoge, Religiöser Sozialist, Gründer und Leiter des „Seminars für Jugendwohlfahrt" in Berlin 1923, Prof. in Frankfurt 1930/31–1934, Lehrbefugnis aus politischen Gründen

Personenregister | 389

entzogen, Emigration in die Niederlande, KZ Sachsenhausen, ab 1952 Honorarprofessor in Frankfurt, Träger der Goetheplakette   200

Merton, Wilhelm, bis 1856: William Moses, 1856–1899: William Merton, 1848–1916, Unternehmer, Sozialpolitiker, Philanthrop, Mitgründer der Metallgesellschaft   64, 100–101

Mettenheim, Claire von, geb. Hirschhorn, 1884–1980, Ehefrau von Heinrich von Mettenheim   336

Mettenheim, Heinrich von, 1867–1944, Prof. Dr. med., Kinderarzt am Christ'schen Kinderhospital 1899–1908, Direktor der Städtischen/ Universitäts-Kinderklinik 1908–1935, Prof. an der Frankfurter Universität 1914 bis in die dreißiger Jahre   329, 335

Metzler, Christina Bertha, 1800–1861, geb. Meyer, Stifterin   69, 81

Metzler, Gustav, 1839–1918, geadelt 1901, Bankier, Stadtverordneter, unbesoldeter Stadtrat   69

Meuschen, Johann Gerhard, 1680–1743, evang. Theologe, 1716 Oberhofprediger in Hanau, 1720 Generalsuperintendent in Hanau, ab 1723 in Coburg Superintendent   215

Meyer, Erich, 1884–1955, evang., liberaler Theologe, Mitglied der Einigungsbestrebungen, Pfr. in Frankfurt (1915–1955 Deutsche evang.-reformierte Gemeinde), 1942–1945 Vertreter des Propstes für Frankfurt   104, 117, 136, 196, 199, 264, 282, 298–299

Meyer, Johann Friedrich von, 1772–1849, Jurist, evang. Theologe, Politiker, Vizedirektor des lutherischen Konsistoriums, Bibelübersetzer, Kirchenliederdichter in Frankfurt   58, 106, 202

Moltke, Helmut Karl Bernhard Graf von, 1800–1890, Gutsbesitzer, preußischer Generalfeldmarschall, Generalstabschef   20

Moltke, Helmuth James Graf von, 1907–1945 (ermordet), Gutsbesitzer, Jurist, Rechtsanwalt, Widerstandskämpfer   258

Monnard, Helmuth, 1907–1955, evang. Theologe, Mitglied der DC, Pfr. in Frankfurt (1933 Stadtvikar, 1935/36 Verwalter der Pfarrstelle der Dreifaltigkeitsgemeinde in Ffm.-Bockenheim)   299–300

Moser, Karl, 1860–1936, Dr. phil., Schweizer Architekt, Prof in Zürich   127, 164–165

Mühler, Heinrich von, 1813–1874, Dr. iur., Jurist, Ministerialbeamter, preuß. Kultusminister 1862–1872   15, 32

Müller, Friedrich, 1879–1947, Dr. theol., evang. Theologe, Oberkirchenrat, Propst, Präsident der Vorläufigen Kirchenregierung der früheren Evang. Landeskirche in Hessen 1945–1947   278

Müller, Johannes, 1904–1980, evang. Theologe, Pfr. in Frankfurt (1938–1969 Ffm.-Bockenheim/Markusgemeinde) Vorstandsvorsitzender des Bockenheimer Diakonissenvereins   287

Müller, Ludwig, 1883–1945, evang. Theologe, Pfr., Mitglied der NSDAP, Reichsbischof 1933–1945   256–2 58, 267, 276, 308, 315, 317

Müller-Otfried, Paula, 1865–1946, Pionierin der Sozialarbeit, Frauenrechtlerin, Politikerin, Mitbegründerin des Deutsch-evangelischen Frauenbundes Reichstagsabgeordnete der DNVP   123

Naumann, Friedrich, 1860–1919, evang. Theologe, Pfr. in Frankfurt (1890–1894 Verein für Innere Mission, 1894–1896 Süddeutsche Konferenz), politischer Schriftsteller und liberaler Politiker (1907–1918 Reichstagsabgeordneter)   4, 10, 19, 43–44, 57, 63–67, 72–73, 79, 85, 226, 242, 322

Nell, Ernst, 1884–1983, evang. Theologe, Mitglied der Einigungsbestrebungen, Pfr. in Frankfurt (1928–1955 Johannisgemeinde), 1948–1950 Vorstandsvorsitzender des Gemeindeverbandes der lutherischen und unierten Kirchengemeinden in Frankfurt, 1950 Oberkirchenrat der EKHN   36, 136, 285, 322

Nell-Breuning, Oswald von, 1890–1991, kath. Theologe, Jesuit, Nationalökonom und Sozialphilosoph, Berater Pius XI. bei der Formulierung der Sozialenzyklika „Quadresimo anno" von 1931, die die Sozialbindung des Eigentums forderte und das Subsidiaritätsprinzip entwickelte, 1928 Prof. für Moraltheologie, Kirchenrecht und Gesellschaftsrecht an der Philosophisch-Theologischen Hochschule in Frankfurt   249

Neufville, Carl de, 1849–1938, Kaufmann, Mäzen, Gründer der Nord-Ost-Gemeinde   48, 50–51, 209

Neufville, Eduard de, 1857–1942, Bankier, Kaufmann, ökumenischer Friedensaktivist   10, 40–41

Neufville, G. A. von, 1848–1942, Bankier, Schatzmeister des Frauenvereins   123

Niemöller, Martin, 1892–1984, Berufsoffizier, evang. Theologe, Gemeindepfarrer, Mitbegründer des Pfarrernotbundes und der BK, Häftling in den KZs Sachsenhausen und Dachau 1937–1945, Kirchenpräsident der Evang. Kirche von Hessen und Nassau 1947–1964, einer der Präsidenten des Weltkirchenrates 1961   260, 267, 269, 279–280, 306, 332

Nilges, Georg, 1891–1972, kath. Theologe, Kaplan u. a in Ffm.-Niederrad, 1929 Pfarrer Heilig-Kreuz-Gemeinde, 1950 Dekan Dekanat Bornheim 330

Nitzsch, Karl Emanuel, 1787–1868, Dr. theol., evang. Theologe, Gemeindepfarrer, Prof. für systematische und praktische Theologie in Bonn 1822–1847, Berlin 1847–1868, Propst in Berlin 37

Noll, Minna, 1845–1909, Gouvernante und Freundin von Rose Livingston 62

Oberschmidt, Hermann, 1888–1971, evang. Theologe, Mitglied der Einigungsbestrebungen, 1923–1937 Pfr. in Frankfurt (1923–1934 in Ffm.-Niederursel, 1934–1937 Krankenhausseelsorge), Präsident der Landeskirchenversammlung 273

Oehlert, Gustav, 1893–1965, evang. Theologe mit jüdischer Mutter, in Frankfurt aufgewachsen, Pfr. im Ausland, Pfr. in Rinteln/Weser (ab 1937 zur Hannoverschen Kirche gehörend) 1926–1939, Versetzung in den einstweiligen Ruhestand als „Nichtarier", obwohl DC-Mitglied und Nationalsozialist, Aufenthalt in Frankfurt, Pfr. in Lemförde 1945–1958 329

Oettingen, Dora von, † 2009, Gemeindehelferin in der Lukasgemeinde 336

Palmer, Heinrich, * 1864, evang. Theologe, 1906–1933 Pfr. in Frankfurt (1906–1909 Matthäusgemeinde, 1909–1933 Friedensgemeinde) 44, 104, 136, 138

Pauly, Adalbert, 1868–1949, evang. Theologe, Pfr. in Frankfurt (1892–1898 Hilfsprediger in Ffm.-Bornheim, 1898–1943 Pfr. in Bornheim/Johannisgemeinde, 1943–1949 im Versorgungshaus), 1925–1945 Vorsitzender des Evangelischen Volksdienstes und des Gemeindeverbandes 45, 104, 136, 196, 199, 238–239, 321

Pelissier, Alexander, 1885–1961, evang. Theologe, Mitglied der Einigungsbestrebungen, Pfr. in Frankfurt (1911–1912 Lehrvikar in der deutschreform. Gemeinde, 1912 Stadtvikar in der Friedensgemeinde, 1917–1956 in Ffm.-Nied) 136, 302, 329

Petermann, Fritz, 1880–1962, evang. Theologe, Pfr. in Frankfurt (1906–1911 Stadtvikar, 1911–1947 Pfarrverweser und Pfr. St. Nicolaigemeinde), zeitweise Mitglied der Deutschen Christen 136, 273–274

Petrenz, Georg, 1861–1940, evang. Positiver Theologe, 1913–1927 Pfr. in Frankfurt (Diakkonissenhaus) 155

Peus, Heinrich, 1862–1937, Studium der Theologie, Nationalökonomie und Geschichte, Schriftsteller, Reichstagsabgeordneter der SPD 103

Pfeifer, Walter, * 1912, Mitglied der BK, Freies theol. Seminar 1935–1937, Dreifaltigkeitsgemeinde 1936/37, Pfarr-Vikar in Frankfurt (Neue St. Nicolaigemeinde 1937/38, Paul-Gerhardtgemeinde 1938/39) 299–300

Philipp Ludwig II. von Hanau-Münzenberg, Graf, 1576–1612, führte das reformierte Bekenntnis ein 211, 290

Philipp Reinhard, Graf von Hanau-Münzenberg, 1664–1712, regierte von 1680–1712 214

Pius X., geb. Giuseppe Melchiorre Sarto, 1835–1914, Papst 1903–1914 39

Pohle, Ernst, 1911–1937 (Suizid), Ausbildung am illegalen Predigerseminar WS 1936 353

Polligkeit, Wilhelm, 1876–1960, Dr. iur., Mitbegründer der deutschen Fürsorge und Wohlfahrtspflege, Geschäftsführer der Centrale für private Fürsorge 1903–1920, Geschäftsführer des Deutschen Vereins für öffentliche und private Fürsorge 1920–1936 und 1946–1950, Stadtrat und Leiter des Frankfurter Wohlfahrtsamtes 145

Poullain, Valérand, evang. Theologe, 1554–1556, 1554–1556 Pfr. Frankfurt (Frz.-ref. Gemeinde und deren Gründer) 189

Probst, Johann Georg, 1885–1962, evang. Theologe, Mitglied der Deutschen Christen, Pfr. in Frankfurt (1916–1925 Verein für Innere Mission, 1925–1939 Ffm.-Oberrad/Erlösergemeinde) 7, 59, 239–240, 265, 271–272, 275, 309–310, 316, 318, 322–324, 337

Proescholdt, Joachim, 1927–2015, evang. Theologe und Kirchenhistoriker, Barthianer, Pfr. in Frankfurt (1954 Vikar Luthergemeinde, 1972–1992 St. Katharinengemeinde) 331

Rade, Martin, 1857–1940, evang. Theologe, Pfr. in Frankfurt (1892–1899 Paulskirche) Hochschullehrer und Publizist, Hauptvertreter des Kulturprotestantismus, Herausgeber der „Der Christlichen Welt", Mitglied des „Evangelisch-sozialen Kongresses" 4, 10, 38, 41–43, 64, 66, 69, 93, 108, 156, 175, 226

Radowicz (Radowitz), Joseph von, 1797–1853, General, Diplomat, Politiker, Mitglied der Nationalversammlung 1848, Anführer der äußersten Rechten 208

Ramin, Günther, 1898–1956, Organist, Cembalist, Chorleiter und Komponist, Thomaskantor 1939–1956 288

Rathje, Johannes, 1879–1956, Dr. phil. Journalist und liberaler Politiker, Mitglied der Freunde der Christlichen Welt,

Mitglied der NSDAP und der BK, Biograph von Rade, Großvater von Lothar de Maizière 68

Rau, Felix, 1902–1968, evang. Theologe, Mitglied der BK, Pfr. in Frankfurt (1931–1950 Ffm.-Niederrad/Paul-Gerhardt-Gemeinde), 1950–1968 Propst für Starkenburg 280, 319, 353

Rethel, Alfred, 1816–1859, Historienmaler der Spätromantik, ab 1836 in Frankfurt ansässig 300

Riethmüller, Otto, 1889–1938, evang. Theologe und Liederdichter, Mitglied der BK, Leiter des Evangelischen Reichsverbandes der weiblichen Jugend 1928–1938 233, 279, 319

Ring, Reinhard, 1912–1973, evang.- reform. Theologe, Mitglied der Bekennenden Kirche, Pfr. in Frankfurt (1937–1973 Deutsche evang.-reform. Gemeinde) 284, 343–345

Ritschl, Albrecht, 1822–1889, evang. Theologe, Prof. für Neues Testament in Bonn 1852–1864, für Dogmatik und Kirchengeschichte in Göttingen 1864–1889 38, 63

Rogge, Bernhard, 1831–1919, evang. Theologe, Hof- und Garnisonsprediger in Potsdam 12

Rohrbach, Fritz, 1898–1977, evang. Theologe, Mitglied der DC 1933/34, Pfr. in Frankfurt (1923 Synodalvikar, 1924–1934 Friedensgemeinde) 316

Röhricht, Wilhelm, 1893–1959, evang. Theologe, Pfarrer, Vereinsgeistlicher und Direktor des Hessischen Landesvereins für Innere Mission 1927–1959 354

Rose, Miriam, *1974, Dr. theol., evang. Theologin, Prof. für Systematische Theologie in Jena 2011 37

Rosenberg, Alfred, 1892/1893–1946, aus Reval stammend, schon während der Weimarer Republik Politiker und führender Ideologe der NSDAP, im 2. Weltkrieg Leiter des Reichsministeriums für die besetzten Ostgebiete 265, 267

Rothe, Richard, 1799–1867, evang. Theologe, Prof. für Neues Testament, Dogmatik und Prakt. Theologie in Heidelberg 1837–1867 mit Unterbrechung 37

Rothschild, Wilhelm Carl (Willi) von, 1828–1901, Bankier und Mäzen, Förderer der konservativen Juden in der Israelitischen Gemeinde 91

Rücker, Emilie, geb. Finger, 1820–1905, Stifterin 83

Rücker, Friedrich Karl, Stifter 70

Rudolphi, Georg, 1894–1971, kath. Theologe, Kaplan u. a in Ffm.-Bornheim/St. Josef, Ffm.-Höchst und Frankfurt-Dom, 1931 Pfr. in Ffm.-Ginnheim/St. Albert) 330

Rumpf, Julius, 1874–1948, evang. Theologe, Pfr. an der Wiesbadener Marktkirche 1921, Mitglied im Pfarrernotbund und in der BK, Vorsitzender des Landsbruderrates 1936, 1939 Versetzung in den Ruhestand zwangsweise, Ausweisung aus Hessen, 1946/47 Rücktritt von allen Ämtern aus Gesundheitsgründen 310, 341

Rust, Bernhard, 1883–1945, Studienrat, NSDAP-Politiker, kommissarischer preußischer Kultusminister 1933/34, Reichsminister für Wissenschaft, Erziehung und Volksbildung 1934–1945 257

Rüstow, Alexander, 1885–1963, Dr. phil., Soziologe und Wirtschaftswissenschaftler, Referent im Reichswirtschaftsministerium 1919–1924, Syndikus beim Verein Deutscher Maschinenbauanstalten 1924–1933, Exil in der Türkei, Prof. für Wirtschaftsgeografie und Wirtschaftsgeschichte in Istanbul 1933–1949, Prof. für Wirtschafts- und Sozialwissenschaften in Heidelberg 1950–1956 200

Schatz, Klaus, *1938, Dr., Jesuit, kath. Kirchenhistoriker, Prof. für Kirchengeschichte Sankt Georgen 329

Schauroth, Lina von, 1874–1970, jüngste Tochter von Philipp Holzmann, Malerin, Zeichnerin, Glaskünstlerin 300

Scheibenberger, Karl, Dr. phil., 1906–1985, evang. Theologe, Pfr. in Frankfurt (1930–1933 Vikar St. Petersgemeinde, 1934–1971 Ffm.-Praunheim/Auferstehungsgemeinde 7, 262, 342

Scheidemann, Philipp, 1865–1939, Schriftsetzer und Buchdrucker, Redakteur, SPD-Politiker, Reichstagsabgeordneter, ab 1933 Exil in verschiedenen Ländern 174

Schepeler, Bertha, 1891–1965, Gemeindehelferin in der St. Paulsgemeinde, Mitarbeiterin im Verein für Innere Mission 7, 311

Scherer, Friedrich, 1726–1794, evang. Theologe, 1756–1760 Pfr. in Eschersheim, 1766–1794 Pfr. in Preungesheim 217

Schirach, Baldur von, 1907–1974, Mitglied der NSDAP, Reichsjugendführer, Staatssekretär, Gauleiter und Reichsstatthalter in Wien 1940–1945, Reichsverteidigungskommissar der Stadt Wien 317

Schlatter, Adolf, 1852–1938, evang. Theologe mit Schweizer Herkunft, Prof. für Neues Testament und Systematische Theologie in Bern, Greifswald, Berlin und Tübingen 344

Schleiermacher, Friedrich, 1768–1834, evang. Theologe, Altphilologe, Philosoph, Publizist, Prof. für Theologie und Philosophie in Halle

1804–1807, Pfr. in Berlin 1809/10, Prof. für Theologie in Berlin 1810–1834   63

Schlosser, Gustav, 1826–1890, evang. Theologe, Pfr. in Frankfurt (1873–1890 Verein für Innere Mission) 49, 79

Schlosser, Ludwig Heinrich, 1663–1696, evang. Theologe, Lehrer und Pfr. in Frankfurt (1697 Lehrer am Gymnasium, 1697–1732 Pfr. in Ffm.), Liederdichter   58, 106

Schlümbach, Fritz von, d. i. Friedrich von Schlümbach, 1842–1901, Erweckungsprediger in den USA und in Deutschland, Gründer des ersten CVJM in Deutschland   232

Schmidt, Georg Kaspar, † 1721, evang. Theologe, Pfr. (in Bergen 1684–1688)   222

Schmidt, Hugo, * 1907, BK-Vikar, Pfarrverwalter in Frankfurt 344

Schmidt, Martin, 1892–1967, evang. Theologe, Mitglied der BK, Pfr. in Frankfurt (1931–1962 Ffm.-Sachsenhausen/Dreikönigsgemeinde), 1950–1962 Dekan des Dekanats Sachsenhausen   287, 328

Schmidtborn, Georg Gustav Adolph, † 1867, Privatgelehrter   69

Schmidtborn, Laura, geb. Remy, 1842–1913, Stifterin   69, 79, 83

Schmidtborn, Otto, 1856–1917, evang. Theologe, Pfr. in Frankfurt (1892–1898 Vikar in Ffm.-Nied, 1899–1917 Pfr. in Nied)   291

Schmidt-Heyder, Adolf, 1806–1889, Arzt, Mitbegründer der Frankfurter Armenklinik   111

Schmidt-Knatz, Friedrich (Fritz), Dr. iur., 1873–1950, Rechtsanwalt in Ffm., Justizrat, Vorstandsmitglied der Frankfurter Pfandbriefbank, Mitglied der Franz.-reform. Gemeinde, Mitglied der Bekennenden Kirche 276, 284, 313, 334

Schmidt-Metzler, Mathilde, geb. Metzler, 1840–1932, Ehefrau von Moritz Schmidt-Metzler, aktiv im Frauenverein   111

Schmidt-Metzler, Moritz, Prof. D. Dr. med., 1838–1907, Arzt, Vorsitzender des evangelisch-lutherischen Gemeindevorstandes, der Bezirkssynode und der lutherischen Stadtsynode 5, 50, 111, 127

Schmidt-Scharff, Friedrich, Dr. iur., Konsulent (Rechtsanwalt)   123

Schneesing, Johannes, geb. in Frankfurt, † 1567, Pfr. in Friemar bei Gotha 58, 106

Schöndube, Wilhelm, 1892–1985, Dr. med., Arzt am St. Markuskrankenhaus, Chefarzt 1933–1962, Ärztlicher Direktor   242, 328

Schrader, Johann Ludolf, 1800–1875, evang. Theologe, Pfr. in Frankfurt (1830–1975 Deutsch-reform. Gemeinde) 81

Schrempf, Christoph, 1860–1944, evang. Theologe und Philosoph, Pfr. in Württemberg, 1892 wegen Lehrbeanstandung aus dem Pfarrdienst entlassen   67

Schrenk, Elias, 1831–1913, Kaufmann, Evangelist und Erweckungsprediger, Missionar an der Goldküste 1865–1872, Reiseprediger der Basler Mission in Frankfurt 1875–1879, Evangelische Gesellschaft Bern 1879–1886, danach freier Evangelist in Deutschland   47

Schrenk, Samuel, 1874–1939, evang., positiver Theologe, Pfr. in Frankfurt (1912–1939 Matthäusgemeinde) 155, 273, 322, 337

Schubert, Berthold, 1894–1977, evang. Theologe, Mitglied der DC 1937–1939, Pfr. in Frankfurt (1939–1962 St. Petersgemeinde)   281

Schulin, D. Richard, 1863–1932, Jurist, stellv. Regierungspräsident in Trier, Konsistorialpräsident in Nassau und Frankfurt 1919–1925, Präsident des Landeskirchenrates Frankfurt 1925–1932   178

Schumacher, Arnold, 1901–1972, evang. Theologe, Pfr. in Frankfurt (1927–1950 Verein für Innere Mission), 1939–1945 Militärpfarrer   311, 322–324, 336–337, 354

Schümer, Wilhelm, Lic. theol., 1909–1945 (Todeserklärung, da im Osten vermisst), evang. Theologe, Mitglied der BK, Pfr. in Frankfurt (1935–1937 Deutsch-reform. Gemeinde) 331

Schütz, Johann Jakob, Dr. iur., 1640–1690, Jurist, Advokat in Frankfurt, Freund Speners, Bruch mit Spener, Vorsteher des Armen-, Waisen- und Arbeitshauses, Kirchenliederdichter   58, 106, 202

Schwarzlose, Karl, Lic. theol., Dr. iur. et phil. 1866–1929 Frankfurt, evang. Theologe, Pfr. in Frankfurt (1903–1924 St. Katharinengemeinde), Lehrauftrag Universität Frankfurt   136, 138, 202, 243

Schwedtke, Elly, 1897–1974, Oberin des Frankfurter Diakonissenhauses 1932–1970 241, 326

Seidenather, Hans Karl, 1908–1994, kath. Pfr., Kaplan in Eckenheim, Jugendpfarrer und Gefängnispfarrer in Frankfurt 1940–1943, Generalvikar des Bistums Limburg 1974–1979   330

Sell, Ludwig August, 1808–1880, evang. Theologe, Pfr. in Frankfurt (1836–1879 Ffm.–Niederursel)   55

Semler, Christian, 1908–1994, evang. Theologe, Mitglied der BK, Pfr. in Frankfurt (1954–1965 St. Katharinengemeinde)   284

Seydewitz, Hans von, 1849–1910, evang. Theologe, Pfr. in Frankfurt (1875–1890 Weißfrauengemeinde), konservativer Lutheraner   50, 76, 79

Sinzheimer, Hugo, 1875–1945, Dr. iur., Rechtsanwalt in Frankfurt 1903–1920, Prof. für Arbeitsrecht und Rechtssoziologie in Frankfurt 1920–1933, wegen seiner jüdischen Herkunft 1933 in Schutzhaft, Exil in den Niederlanden, Prof. in Amsterdam und Leiden, nach der deutschen Besetzung Verhaftungen und Leben im Untergrund, kurz nach der Befreiung an den Folgen der Illegalität verstorben   201

Souchay, Eduard Franz, 1800–1872, Dr. iur., Mitglied der Franz.-reform. Gemeinde, Schöffe, 1823–1831, Advokat in Frankfurt, liberaler Politiker, Mitglied des Senats, des Vorparlaments, 1850 Vizepräsident der Gesetzgebenden Versammlung, Schriftsteller, Förderer der Senckenbergischen Naturforschenden Gesellschaft, des Vereins für Innere Mission und des Magdalenenvereins, Mitgründer und Förderer des Diakonissenvereins   81

Spener, Philipp Jakob, 1635–1705, Dr. theol., evang. Theologe, Pfr. in Frankfurt (1666–1686 Barfüßerkirche), Senior des lutherischen Predigerministeriums, Vater des Pietismus, 1686–1691 Oberhofprediger in Dresden, 1691–1705 Propst in Berlin   25, 54, 58, 202, 322

Spieß, Gustav, 1862–1948, Dr. med., Prof. für Hals- und Nasenkrankheiten, Geheimrat   241

Spieß, Johann Christoph, Dr. theol., 1771–1829, evang. Theologe, Pfr. Frankfurt (1813–1829 Deutsch.-reform. Gemeinde)   58, 106

Sprenger, Jakob, 1884–1945, Postinspektor, NS-Politiker, Gauleiter Nassau-Hessen   329

Stahl, Friedrich Justus, 1802–1861, 1819 vom Judentum zum Christentum konvertiert, Jurist, Prof. für Römisches Recht in Würzburg 1832–1834, für Staats- und Kirchenrecht 1834–1840 in Erlangen, für Naturrecht, Kirchenrecht, Staats- und Fürstenrecht in Berlin 1840–1861, Präsident des Deutschen Evangelischen Kirchentages 1848–1861   35

Starck, Johann Friedrich, Dr. theol., 1680–1756, evang. Theologe, Pfr. in Frankfurt (1709–1715 Hauslehrer, 1715–1723 Ffm.-Sachsenhausen/Dreikönig, 1723–1756 Barfüßerkirche u. Hospital), Konsistorialrat   58–59, 106

Steck, Karl Gerhard, 1908–1983, evang. Theologe, Dozent am Freien theologischen Seminar in Frankfurt 1936 1940, Prof. für Systematische Theologie in Frankfurt 1952–1964, in Münster von 1964–1980   200, 284

Steinhausen, Wilhelm, 1846–1924, ab 1876 in Frankfurt, Maler und Lithograph christlicher Volkskunst, Monumentalbilder   5, 62, 64, 105, 111–112, 128

Steitz, Georg Eduard, Dr. theol., 1810–1879, evang. Theologe, Pfr. in Frankfurt (1834–1839 Lehrer, 1842–1843 Pfr. Dreikönigskirche, 1843–1848 Paulskirche, 1848–1879 St. Nicolaigemeinde), Konsistorialrat, Senior des luth. Predigerministeriums   37

Sternheim, Karl, 1878–1942, Dramatiker, Lyriker, Autor, Kritiker der Wilhelminischen Zeit   164

Stilgebauer, Otto, 1837–1905, evang. Theologe, Pfr. in Frankfurt (1864–1869 Hilfsprediger in den Landgemeinden, 1869 Pfr. im Versorgungshaus, 1870–1874 Ffm.-Praunheim, 1874–1904 St. Katharinenkirche/-gemeinde)   196

Stoecker, Adolf, 1835–1909, evang. Theologe und Politiker, Hof- und Domprediger in Berlin 1874–1877 und 1883 1890, Leiter der Berliner Stadtmission 1877–1883, Reichstagsabgeordneter   17, 19–20, 35, 63, 65, 85, 92–93, 141

Stoehr, Willi, 1903–nach 1994, NS-Politiker, Führer des Oberbannes Ffm. der Hitlerjugend 1933–1935, Gaupropagandaleiter 1937–1944, Gauleiter der Westmark 1945, nach 1945 in Kanada   317

Stoltenhoff, Ernst, 1879–1953, evang. Theologe, Pfr., Generalsuperintendent der Rheinischen Kirchenprovinz 1928–1948   257

Stoltenhoff, Gertrud, geb. Funcke, 1878–1958, Ehefrau von Ernst Stoltenhoff, erste Vorsitzende der Evangelischen Frauenhilfe 1926–1933   123

Strauß, David Friedrich, 1808–1874, evang. Theologe, Philosoph, Schriftsteller   37

Strobel, Ferdinand Nathanael, 1860–1925, evang. Theologe, Vikar in Preungesheim und Eckenheim 1886/87, Pfr. in Bornheim 1895–1925   196

Strobel, Georg, 1832–1912, evang. Theologe, Missionar in Indien 1856–1874, Pfr. in Frankfurt (1875–1906 Bockenheim)   242

Struckmeier, Georg, 1885–1974, evang. Theologe, Mitglied der DC 1933–1935 und der Einigungsbestrebungen, Pfr. in Frankfurt (1912/1913 und 1919 Hilfsprediger, 1925–1947 St. Paulsgemeinde, 1948–1965 Leiter der Theol. Zentralbibliothek)   36, 136, 206–207, 300, 339, 347

Stutz, Ulrich, 1868–1938, Dr. iur., Rechtshistoriker und Kirchenrechtler, Prof. in Basel

1895/96, in Freiburg
1896–1904, in Bonn
1904–1917, in Berlin
1917–936   177
Sulze, Emil, 1832–1914, evang. Theologe, lutherischer Pfarrer und Gemeindetheoretiker in Osnabrück, Chemnitz und Dresden-Neustadt, Mitglied des „*Evangelischsozialen Kongresses*"   26, 50
Suttner, Bertha Freifrau von, 1843–1914, österreichische Schriftstellerin, Friedensforscherin und Pazifistin   40

Taufkirch, Heinrich, 1901–1993, Rektor, Vors. des Kirchenvorstandes der Markusgemeinde, Chorleiter   328
Teichmann, Karl, 1837–1906, evang. Theologe, Pfr. in Frankfurt (1871–1903 Ffm.-Sachsenhausen/Dreikönigskirche bzw. -gemeinde, 1903–1906 Lukasgemeinde), Senior des luth. Predigerministeriums   44, 89, 102, 196
Tenter, Heinrich, Studienrat, Prof.   205, 287
Teudt, Wilhelm, 1860–1942, evang. Theologe, Pfr. in Frankfurt (1894–1902 Verein für Innere Mission)   120–121
Thissen, Eugen Theodor, 1813–1877, kath. Theologe, Stadtpfarrer, Domkapitular in Frankfurt 1858–1874   90
Thoma, Hans, 1839–1924, Maler und Grafiker, in Frankfurt 1878–1899   64, 111
Tillich, Paul, 1886–1965, Dr. phil., evang. Theologe und Religionsphilosoph, Prof. in Marburg 1924/25, in Dresden 1925–1929, in Frankfurt 1929–1933, aus dem Staatsdienst entlassen, Emigration in die USA, Prof. in New York   6, 200, 226–227
Tröltsch, Ernst 1865–1923, evang. Theologe, Kulturphilosoph und liberaler Politiker   109
Trommershausen, Alfred, 1880–1942, evang. Theologe,

Pfr. in Frankfurt (1916–1934 Luthergemeinde), 1925 Kirchenrat, 1922–24 stellv. Präsident des Landeskirchenrates, 1934–1942 Propst von Frankfurt, ab 1939 auch Mitglied des Landeskirchenrates Darmstadt   36, 45, 85, 190, 196, 260, 265, 273, 276, 287, 300, 321–322, 337, 339

Unruh, Fritz von, 1885–1970, Offizier, Schriftsteller, Dichter und Maler   164
Urspruch, Anton, 1869–1942, evang. Theologe, Pfr. in Frankfurt (1896–1899 Hilfsprediger Ffm.-Bornheim, 1899–1925 St. Paulsgemeinde, 1925–1933 Ffm.-Sachsenhausen/Dreikönigsgemeinde)   106, 196

Veidt, Karl, 1879–1946, evang. Theologe, Mitglied der BK, Pfr. in Frankfurt (1905–1910 Verein für Innere Mission, 1918–1925 St. Paulsgemeinde, 1929–1939 St. Paulsgemeinde, 1939–1944 Matthäusgemeinde), 1910–1912 Hauptschriftleiter der „Frankfurter Warte", 1912–1914 Pfr. in Wiesbaden (Ringkirche) 1914–1918 Militärpfarrer, 1925–1929 Prof. am Theol. Seminar in Herborn, 1944–1945 Pfarrer Wiesbaden-Biebrich   7, 17, 36, 136, 139–140, 196, 198, 208, 237, 264–265, 276, 278, 280, 283–284, 287, 300–302, 305, 310–314, 322–324, 335–336, 354
Veit, Willy (Philipp Friedrich Wilhelm), 1872–1940, evang., liberaler Theologe, Lutheraner, Pfr. in Frankfurt (1905–1933 St. Katharinengemeinde, Mitarbeiter im Verein für christliche Freiheit   6, 44, 104, 135, 152–153, 155–156, 162, 165–166, 184, 194–195, 199, 210, 228, 333–334
Vincke, Georg Freiherr von, 1811–1875, Rittergutsbesitzer,

Verwaltungsjurist, liberales Mitglied der Nationalversammlung 1848   208

Wächter, Hugo, *1865, evangelischer Theologe, Pfr. in Frankfurt (Evang.-kirchlicher Hilfsverein 1896–1901)   47
Wagner, Albert, 1905–1989, evang. Theologe, Mitglied der DC 1933/34 und der Eingungsbestrebungen, Pfr. in Frankfurt (1929/1930 Stadtvikar, 1933–1973 Friedensgemeinde), 1968–1973 Dekan des Dekanats Bockenheim, 1950–1977 Vorsitzender des Frankfurter Gustav-Adolf-Vereins   287
Wagner, Gerhard, 1888–1939, Dr. med., Mitglied der NSDAP und der SA, Leiter des NS-Ärztebundes 1932, Leiter der neu gegründeten Kassenärztlichen Vereinigung 1933, Reichsärzteführer 1935, SA-Sanitätsobergruppenführer   327–328
Walcha, Helmut, 1907–1991, Organist, Cembalist und Komponist, Organist in Frankfurt (Friedenskirche 1929–1944, Dreikönigskirche 1946–1981)   6, 201, 228–229
Waldersee, Alfred Graf von, 1832–1904, preußischer Generalfeldmarschall, Generalstabschef 1888–1891   20
Wallau, René, Lic. theol., 1891–1955, evang. Theologe, Mitglied der BK, Pfr. in Frankfurt (1925–1955 St. Petersgemeinde)   104, 199, 279, 284
Walter, Johann, 1496–1570, Kantor, Komponist, Liederdichter   202
Weber, Johannes, 1891–1965, evang. Theologe, Mitglied der Deutschen Christen 1933/34, Pfr. in Frankfurt (1930–1958 Ffm.-Sindlingen/Zeilsheim)   295
Weber, Ludwig, 1863–1931, evang. Theologe, Pfr. in Frankfurt (1890–1905

Ffm.-Sindlingen/Zeilsheim) 295
Weber, Paul, geb. 1869, Pfarrer in Frankfurt (1898–1936 Ffm.-Schwanheim/Martinusgemeinde) 146f., 181
Wehrle, Hermann Joseph, 1899–1944, Dr., kath. Theologe, Priester in München-Bogenhausen, als Mitwisser des Attentats vom 20. Juli 1944 zum Tode verurteilt und ermordet 329
Weinberg, Karl von, 1861–1943, Kaufmann, Unternehmer, Stifter, sozial engagierter Bürger 53
Weiß, Leni, Mitarbeiterin im Mädchenwerk 319
Welke, Heinz (Heinrich), 1911–1977, evang. Theologe, Mitglied der BK, Pfarrer in Frankfurt (1939–1944 Pfarrverwalter Ffm.-Bockenheim/Dreifaltigkeitsgemeinde, 1944/1945 Verein für Innere Mission, 1945–1976 Ffm.-Niederrad/Paul-Gerhardt-Gemeinde), 1962–1976 Dekan des Dekanats Sachsenhausen 284, 306, 314, 315, 330, 344
Welling, Friedrich Adolf von, Dr. iur., Amtsgerichtsrat 50, 123
Werner, Julius, 1860–1924, evang. Theologe, Pfr. in Frankfurt (St. Paulsgemeinde 1898–1917) 44, 92–93, j5104, 135, 196
Werthmann, Fritz (Friedrich), *1911, evang. Theologe, Pfr. in Frankfurt (1951–1974 St. Nicolaigemeinde) 284
Wessel, Wilhelm Ludwig Georg, Dr. phil., 1879–1922, Pfarrer in Westfalen und Berlin, politisch konservativ, Vater des SA-Sturmführers Horst Wessel 174

Wessendorft, Karl, 1889–1978, evang. Theologe, Mitglied der BK, Pfr. in Bergen 1923–1959, 1948 Dekan des Dekanats Hanau-Stadt 284
Wichern, Johann Hinrich, 1808–1881, evang. Theologe, Pädagoge, Gründer des „Rauen Hauses" in Hamburg und der „Inneren Mission" 15, 18, 39, 63, 79, 85, 234, 322
Wilhelm I., 1797–1888, König von Preußen 1861–1888, Deutscher Kaiser 1871–1888 11–13, 15–16, 208
Wilhelm II., 1859–1941, Deutscher Kaiser, König von Preußen 1888–1918 17, 19–20, 28, 111, 116
Wilhelmi, Hans, 1899–1970, Dr. iur., Rechtsanwalt und Notar, Politiker der CDU, Bundestagsabgeordneter, Bundesminister 1960/61, Mitglied der BK 276, 313
Willig, Luise, verh. Geißler, s. dort 319, 353
Wilson, Thomas Woodrow, 1856–1924, Dr. phil., Jurist und Lehrer, Prof. für Geschichte und Volkswirtschaftslehre 1888–1890, für Rechtswissenschaften und Nationalökonomie in Princeton 1890–1913, amerikanischer Präsident 1913–1921 167
Wintermann, Rudolf, 1886–1970, evang. Theologe, Mitglied der BK, Pfr. in Frankfurt (1925–1934 Weißfrauengemeinde) 104, 194, 199
Wolf, Karl, 1855–1925, 1882–1887, evang. Theologe, Pfr. in Frankfurt (1887–1924 St. Peterskirche/-gemeinde) 44, 104, 196, 199
Wolf, Kurt, *1912, evang. Theologe, Mitglied der BK, Pfr. in Frankfurt (1937/38 Pfarrvikar in Ffm.-Seckbach, 1939/40 und 1945/46 Pfr. Evang. kirchlicher Hilfsverein) 284
Wurm. Theophil, 1868–1953, evang. Theologe, Pfr. in Württemberg, Kirchenpräsident/Landesbischof der Württembergischen Landeskirche 1929–1948 314, 336

Zeiß, Karl, 1912–1994, evang. Theologe, Mitglied der BK, Pfr. in Frankfurt (1949/50 Ffm.-Nieder-Erlenbach, 1950–1956 Ffm.-Nieder-Eschbach, 1956–1977 Matthäusgemeinde), Olympia-Pfarrer, Johanna-Kirchner-Medaille 284
Zickmann, Arthur, 1901–1966, evang. Theologe, Pfr. in Frankfurt (1935–1964 Luthergemeinde), 1950–1964 Vorstandsvorsitzender des Evangelischen Gemeindeverbandes 246
Zimmer, Conrad, 1808–1878, Dr. phil, Pharmazeut und Chemiker, Gründer der namhaften Chininfabrik Zimmer & Co. in Frankfurt, die später in Böhringer & Söhne aufging 79
Zinzendorf, Nikolaus Reichsgraf von, 1700–1760, Gründer der Herrnhuter Brüdergemeine und deren Bischof 116
Zurhellen, Otto, 1877–1914, Lic. theol., evang. Theologe, Vertreter des Freien Protestantismus, Pfr. in Frankfurt (Vikar Deutsche-reform. Gemeinde 1903/1904, St. Petersgemeinde 1909–1914) 136
Zwingli, Ulrich (Huldrych), 1484–1531, evang. Theologe, Reformator von Zürich 34, 236

Sachregister

Abgeordnetenhaus 24, 28, 108
Agende 14, 56, 110, 190, 204, 209
Akademie für Sozial- und Handelswissenschaften 101, 109
Allgemeiner Deutscher Protestantenverein 36
Almosenkasten 69, 78, 125, 192
Alte Nikolaikirche 78, 86, 126, 146, 187, 277, 300, 301, 302
Älterer evangelischer Jünglingsverein 79, 80
Alternativer Gottesdienst 210
Ältester evangelischer Jünglingsverein 72
Altpreußische Union 15
Altstadt 43, 126, 145, 206, 270, 347
Amerikaner 110, 192
Amt Bornheimerberg 210, 218, 219, 220, 221, 222, 223, 289
Amt für Kirchenmusik 202, 337
Amtsgericht 105, 351
Anstalt für Irre und Epileptische 106
Antijudaismus 280
Antisemitenverein 92
Antisemitismus 20, 141, 174, 249, 250
Apologetische Zentrale 279
Apostelkirche 291
Apostolikum 16, 110
Apostolikumsstreit 67
Arbeiter 63, 68, 77, 81, 99, 117, 135, 240, 242, 276, 294, 358
Arbeiter- und Soldatenräte 164, 165, 185
Arbeiterschaft 17, 64, 65, 130, 264, 314
Arbeiterverein 33, 53, 72, 122, 242
Arbeiterwohnungsgenossenschaft 242
Arbeitgeber 242, 294
Arbeitnehmer 242, 294
Arbeitsgemeinschaft der missionarischen und diakonischen Werke 123, 327
Arierparagraf 260, 266, 280, 283, 329, 332
Armen- und Waisenamt 100

Armenien 41, 42, 43, 44, 160, 165
Atheismus 259, 262, 321
Atheisten 179, 194
Aufenthaltsverbot 254, 277, 310
Auferstehungsgemeinde 349
Augsburger Konfession 162, 189, 262
Auseinandersetzungsrezess 21, 54

Babenhausen 211, 337
Babylonische Gefangenschaft 309
Bachverein 59
Bahnhofsviertel 21, 78
Barfüßerkirche 86, 207
Barmen 118, 268, 283, 344
Barmer Synode 283
Barmer theologische Erklärung 254, 283, 308
Basler Hof 80, 354
Basler Mission 309
Bayern 85, 137, 218, 226, 267, 308, 330
BDJ 117, 316
BDM 319, 320
Beichte 110
Bekennende Kirche 60, 68, 115, 116, 117, 123, 173, 199, 226, 231, 233, 236, 254, 255, 260, 264, 268, 269, 276, 277, 278, 279, 283, 284, 286, 287, 299, 300, 301, 303, 305, 306, 308, 310, 313, 316, 317, 318, 319, 322, 323, 325, 327, 328, 329, 330, 331, 335, 336, 340, 342, 343, 353, 354, 357
Bekenntnis 15, 34, 35, 36, 37, 44, 67, 110, 157, 158, 179, 188, 189, 195, 203, 209, 211, 213, 255, 267, 274, 279, 280, 283, 287, 290, 304, 308, 332, 335, 341, 342, 344
Bekenntnisfront 264, 268, 283, 302
Bekenntnisgemeinde 283
Bekenntnisgemeinschaft 275, 283, 310
Bekenntnisgruppe 190

Bekenntnisstand 188, 189, 204
Bekenntnissynode 268, 283, 313, 327
Bekenntnistag 276
Bergen 92, 210, 214, 222
Bergen-Enkheim 284
Bergkirche 223
Berkersheim 22, 90, 98, 203, 210, 212, 214, 219, 221, 222
Berlin 11, 14, 16, 17, 19, 64, 65, 66, 67, 77, 92, 111, 118, 119, 129, 131, 135, 141, 144, 146, 165, 166, 232, 233, 249, 268, 280, 283, 300, 319, 336
Berliner Bewegung 20
Bernus'sches Kinderspital 70
Berufsarbeiter 106, 238
Berufsarbeiterin 119
Beschlussstelle 260
Besteuerungsrecht 175
Bethanien-Verein 148
Bethlehemkirche 219
Betlehemgemeinde 349
Bevollmächtigte 256, 272, 275, 319
Bezirkssynodalvorstand 60, 186
Bezirkssynode 29, 30, 31, 48, 57, 102, 105, 108, 109, 121, 124, 186, 187, 202, 238
Bezirksversammlung 187
Bibelkränzchen 115, 116, 122
Bibelkreis 115, 116, 231, 232, 318
Bibeltag 40, 286
Bilderkirche 62, 128
Bischof 24, 31, 90, 129, 151, 172, 179, 202, 248, 256, 314, 330
Bischofsheim 210
BK-Landesverband 315
BK-Pfadfinderschaft 236
BK-Pfarrer 313
Blut- und Rassenideologie 227, 258, 267
Bockenheim 8, 22, 30, 47, 70, 80, 83, 84, 90, 92, 99, 128, 148, 173, 190, 203, 204, 205, 210, 214, 216, 217, 219, 220, 232, 241, 242, 271, 286, 290, 292, 299, 305, 327, 346, 351
Bockenheimer Netzwerk 306
Bockenheimer Synagoge 92

Sachregister

Bolschewismus 167, 320
Bonames 20, 21, 22, 25, 26, 27, 29, 31, 52, 54, 87, 90, 98, 184, 190, 203, 206, 244
Bonifatiuskirche 110
Börneplatzsynagoge 92
Bornheim 20, 21, 22, 24, 26, 27, 28, 29, 31, 38, 44, 49, 52, 69, 78, 87, 90, 210
Boykott 269, 328
Bruderrat 275, 280, 340
Bücherverbrennung 305
Buchgasse 72, 80, 354
Bund Christdeutscher Jugend 234
Bund der religiösen Sozialisten 200
Bund deutscher Bibelkreise 115
Bund Deutscher Jugend 316
Bund deutscher Jugendvereine 117, 315
Bund Deutscher Mädchen 315
Bund für deutsche Kirche 172, 266
Bund für Einheit und Freiheit 255
Bund für freies Christentum 111
Burckhardthaus 77, 118, 119, 120, 233, 279, 316, 319, 320, 352, 353
Bürgerhospital 106
Büro Grüber 311, 336, 337
Buß- und Bettag 12, 186, 210
Buße 13, 156, 157, 324

Cäcilienverein 59
Caritasverband 91
Catholica Uno 329
CDU 111
Choralbuch 58
Choralgesang 59, 201
Choralvesper 201
Christ 12, 19, 36, 50, 51, 131, 138, 155, 157, 159, 167, 172, 180, 200, 210, 213, 239, 256, 261, 262, 263, 281, 290, 295, 297, 311, 331, 333, 334, 335, 336, 337, 357
Christdeutsche Jugend 120, 234, 315, 316
Christdeutscher Bund 234, 316
Christen jüdischer Herkunft 333, 336
Christentum 18, 35, 51, 60, 67, 109, 111, 114, 122, 155, 157, 227, 234, 258, 265, 270, 282, 296, 298, 304, 313, 318, 320, 321, 333, 334, 357
Christlich-Deutsche Bewegung 172, 266
Christliche Gewerkschaft 90
Christliche Pfadfinderschaft 315, 316
Christliche Welt 38, 41, 42, 43, 66, 67, 68, 156, 226
Christlicher Verein für Jugendwohlfahrt 315
Christlicher Verein junger Kaufleute 72, 80
Christlicher Verein Junger Männer 121, 315
Christlicher Verein Junger Männer Immanuel 80
Christlicher Verein Junger Männer Nordost 80
Christlicher Verein Junger Männer Sachsenhausen 80
Christlicher Verein Junger Männer, Siegfried' 121
Christlicher Verein Junger Männer Westend 80
Christlich-nationale Gedanken 207
Christlich-nationale Gruppe gegen die Frauenemanzipation 93
Christlichsoziale Arbeiterpartei 16, 19
Christlich-Soziale Partei 141
Christlich-Soziale 65, 312
Christlich-Sozialer Kongreß 117
Christlich-sozialer Volksdienst 17, 312
Christus 13, 37, 49, 115, 119, 123, 140, 147, 157, 162, 167, 187, 188, 195, 213, 231, 233, 235, 245, 261, 263, 265, 267, 270, 271, 277, 283, 303, 304, 309, 310, 316, 319, 324, 325, 334
Christuskirche 26, 43, 47, 88, 115, 127, 146, 289, 351
Chronik der Christlichen Welt 226
Cronstett- und Hynspergische evangelische Stiftung 86
cura religionis 261
CVJM 115, 117, 121, 140, 173, 232, 319
CVJM Nordost 72, 232, 316
CVJM Wittenberg 72, 232
CVJM-Mainkreisverband 235
CVJM-Siegfried 72

CVJM-Westbund 73, 233
CVJM-Westend 72
Cyriakusgemeinde 349

Dahlem 276, 283
Dahlemer Synode 283
Danzig 338
Darmstadt 55, 115, 139, 142, 218, 233, 269, 275, 276, 289, 334
DC-Kirchenregime 259, 277, 316, 318, 319, 332, 340
DDP 65, 175
DEK 258, 260, 267, 269, 272, 333, 335
Dekanat 244, 273, 288, 289, 337
Demobilisierung 165
Demokratie 42, 131, 163, 226, 309
Demokratische Volkspartei 196
Demokratisierung 193, 234
Deutsche Christen 120, 191, 199, 254, 255, 256, 257, 258, 265, 267, 268, 271, 272, 273, 274, 275, 279, 280, 281, 282, 287, 289, 298, 299, 300, 302, 303, 305, 306, 308, 309, 313, 317, 318, 322, 323, 324, 328, 330, 332, 340
Deutsche Christen-Kirchenleitung 327
Deutsche Christliche Studentenvereinigung 279
Deutsche Demokratische Partei 65, 66, 68, 111
Deutsche evang.-reformierte Gemeinde 24, 25, 27, 32, 77, 109, 130, 189, 209, 284, 286, 296
Deutsche Evangelische Kirche 123, 258, 260, 267, 268, 275, 327
Deutsche evangelische Volksvereinigung 186
Deutsche Friedensgesellschaft 40, 67
Deutsche Gruppenbewegung 198
Deutsche Reformpartei 92
Deutsch-englisches Verständigungskomitee 40
Deutscher Evangelischer Kirchenausschuß 179, 180
Deutscher Evangelischer Kirchenbund 190

Deutscher Evangelischer Kirchentag 180
Deutscher Gemeinschaftsdiakonieverband 328
Deutscher Glaube 299
Deutscher Hilfsbund für christliches Liebeswerk im Orient 44
Deutscher Orden 53, 55, 220, 221
Deutscher Reformverein 92
Deutscher Verein 92
Deutsches Evangelisches Gesangbuch 202
Deutsch-evangelische Volksvereinigung 196, 204, 242, 243
Deutsch-evangelischer Frauenbund 123, 203
Deutsch-französische Gesellschaft 40
deutsch-französischer Krieg 12
Deutschkatholik 103, 124
Deutsch-Liberale Volkspartei 196
Deutschnationale 329
Deutschnationale Volkspartei 182, 196, 226, 232, 256, 308, 312
Deutsch-reformierte Gemeinde 345
Deutschtum 19, 120, 160, 265, 297, 309
Diakonenhaus 121
Diakonenheim 80, 354
Diakonie 10, 40, 70, 105, 226, 238, 325, 326
Diakonieverein 220
Diakonissenheim 148, 241
Diakonissenkirche 70, 85, 356
Diakonissenschaft 327
Diakonissenverein 69, 70, 81, 85, 189, 241, 327
Dialektische Theologie 37, 198, 200, 305
Die Gemeinde 199, 223, 226
Diskriminierung 280, 332
Disziplinarverfahren 184, 255, 277
DNVP 120, 175, 176, 226
Dominikanerkirche 120, 270
Dornbuschgemeinde 190, 206, 246, 349
Dortelweil 20, 25, 289
Dotation 21, 86, 87, 177, 178, 245
Dotationskirche 300, 302

Dotationsurkunde 33, 45, 46, 86, 87, 243, 245
Dreifaltigkeitsgemeinde 190, 206, 246, 299, 314, 350
Dreikönigsgemeinde 28, 31, 122, 123, 229, 328, 345, 350
Dreikönigskirche 73, 86, 88, 126, 228, 229, 276, 301, 339
Dreißigjähriger Krieg 55, 56, 221, 292, 342
Drittes Reich 8, 17, 86, 227, 259, 262, 264, 280, 302, 310, 320
DVP 175, 176, 269

Eckenheim 22, 90, 98, 203, 210, 214, 219, 220, 221, 222
Eichenkreuz-Sturmschaft 236, 315
Eid 33, 276, 277, 278, 314, 340, 342
Eingliederung 260, 278, 317, 318
Einigungswerk 278, 313
Einwohner 55, 154, 184, 218, 219, 269, 294
Einzelkelch 110
Eisenach 36, 38, 70, 120, 191, 355
Eisenacher Konferenz 15
Eisenacher Regulativ 89, 126
EJW 316, 317, 318
EKHN 202, 311, 333, 342
ELNH 254, 260, 275, 277, 314, 322, 334
Emmausgemeinde 350
England 41, 130, 145, 153, 154, 159, 160, 165, 166, 338
Engländer 110, 154
Enkheim 92, 210
Entjudung 281
Epiphaniaskirche 47
Erfurt 39, 287
Erlösergemeinde 54, 191, 206, 271, 309, 346, 350
Erlöserkirche 53, 128
Ermächtigungsgesetz 256, 272
Erneuerung der Kirche 271, 274
Erntedankfest 210
Erster Weltkrieg 41, 44, 130, 174, 255, 338
Erstführer 232, 236, 315
Erweckungsbewegung 18, 73
Eschborn 56, 295
Eschenhof 47, 351
Eschersheim 22, 85, 90, 98,

99, 203, 210, 212, 214, 215, 216, 219, 220, 232, 244, 296
Ev. Bund 204
Ev. Volksdienst 204, 338
Evakuierung 339, 345
Evangelisation 47, 149, 309, 317
Evangelische Frauenhilfe 123
Evangelische Gemeindeschule 46
Evangelische Jugend 173, 207, 317
Evangelische Jugendkanzlei 315, 318
Evangelische Jungen- und Jungmännerwerk 235
Evangelische Landeskirche 188, 287
Evangelische Landeskirche Nassau-Hessen 254, 260, 273, 275, 288, 321
Evangelische Schulen 203
Evangelische Vereinigung 26, 36, 104, 162
Evangelische Volksvereinigung 203
Evangelische 39, 53, 56, 57, 103, 104, 216, 219, 231, 238, 249, 289, 290, 291, 292, 293, 295
Evangelischer Arbeiterinnenverein 85, 124
Evangelischer Arbeiterverein 64, 85
Evangelischer Arbeiterverein Oberrad 85
Evangelischer Arbeiterverein Unterliederbach 85
Evangelischer Arbeiterverein Zeilsheim 85, 294
Evangelischer Bund 39, 128, 129, 226
Evangelischer Elternbund 243
Evangelischer Jungfrauenverein Sachsenhausen 80
Evangelischer Kirchenbund 256
Evangelischer Landeskirchenrat 178
Evangelischer Männer- und Jünglingsverein Sachsenhausen 121
Evangelischer Oberkirchenrat 14, 18, 23, 146, 174, 180
Evangelischer Verband zur Pflege der weiblichen Jugend 119

Sachregister

Evangelischer Verein für Innere Mission 64, 65, 70, 79, 80, 81, 120, 121, 232, 239, 309, 311, 312, 322, 323, 336, 354
Evangelischer Verein Junger Männer ‚Wartburg' 121
Evangelischer Verein Nordost 149
Evangelischer Volksdienst 190, 238, 239, 321, 322, 336, 337
Evangelisches Gesangbuch 58, 59, 106, 189, 202, 212, 214, 263, 267
Evangelisches Jugendwerk Frankfurt 173
Evangelisches Jungmännerwerk 351
Evangelisches Jungmännerwerk Groß-Frankfurt a. M. 315
Evangelisches Mädchenwerk 233
Evangelisch-kirchlicher Hilfsverein 46, 88, 351
Evangelisch-lutherische Kreissynode 30
Evangelisch-lutherische Stadtsynode 30
Evangelisch-reformierte Stadtsynode 30, 337
Evangelisch-Sozialer Kongreß 17, 43, 64, 65, 67, 117, 226
Evangelist 47, 188, 300
Evangelium 46, 64, 122, 156, 158, 163, 172, 188, 195, 213, 234, 265, 266, 270, 271, 279, 283, 297, 298, 308, 309, 310, 314, 319, 332, 335, 336

Fachschule für Sozialpädagogik 85
Falkenhof 47, 351
Falkenstein 54, 311
Fanfare 305, 317, 323
Fechenheim 22, 84, 92, 99, 184, 203, 210, 212, 214, 215, 223, 349
Finanz- und Vermögensverwaltung der Landeskirche 260
Finanzabteilung 260
Finanzämter 244
Finanzkasse 244
Fliegeralarm 344, 353
Fortschrittliche Volkspartei 67
Frankfurter Bibelgesellschaft 39, 149, 286, 287

Frankfurter Diakonissenhaus 29, 49, 50, 61, 69, 70, 75, 76, 77, 79, 82, 83, 84, 126, 148, 189, 225, 226, 240, 241, 242, 325, 326, 329, 347, 354
Frankfurter Evangelisches Gesangbuch 202
Frankfurter Evangelische Vereinigung 34, 35, 36
Frankfurter Frauenverein 81
Frankfurter Frieden 57
Frankfurter Friedensverein 40, 41, 130
Frankfurter Gesangbuch 202, 204
Frankfurter Kreis für entschiedenen Protestantismus 199, 282
Frankfurter Kriegsfürsorge 145
Frankfurter Landeskirche 52, 173, 177, 180, 187, 188, 189, 191, 195, 203, 228, 237, 244, 273, 321
Frankfurter Mittelstandsvereinigung 93
Frankfurter Motette 201
Frankfurter Musikhochschule 201, 228
Frankfurter Pfarrerverein 204
Frankfurter Universität 107, 109, 200, 202, 248, 329
Frankfurter Verein der Reformfreunde 91
Frankfurter Vorträge 162
Frankfurter Wohnungsgenossenschaft 122
Franzosen 55, 156, 181, 182, 183, 357
Französische Besatzung 181
Französisch-reformierte Gemeinde 25, 27, 32, 40, 77, 140, 149, 189, 232, 284
Französisch-reformierte Kirche 299
Frauen- und Jungfrauenverein 295
Frauenhilfe 123, 147, 285, 286, 339, 352
Frauenstimmrecht 102
Frauenverein 69, 74, 123, 220
Frauenverein der evangelischen Gustav Adolf-Stiftung 123
Frauenwahlrecht 101, 124, 187, 189
Freiendiez 183

Freier Protestantismus 66, 111
Freies theologisches Seminar 283
Freiheit 8, 12, 14, 17, 35, 37, 61, 110, 158, 162, 163, 177, 182, 198, 199, 225, 248, 263, 275, 279, 282, 320, 340
Freireligiöse 103, 124
Freisinnige 17, 37, 38, 64, 65
Freisinnige Vereinigung 65
Freizeit 120, 320
Freunde der christlichen Freiheit 162
Freunde der Christlichen Welt 34, 38, 68, 104, 156, 199, 226
Freunde der Union 34
Friedberg 15, 115, 283, 346, 359
Friedensbewegung 40, 41
Friedensgemeinde 29, 31, 77, 202, 340, 341, 350
Friedenskirche 228, 229, 245
Friedenskongress 40, 67
Friedensnobelpreis 40
Friedensplan 321
Friedenssehnsucht 151
Führer 114, 118, 139, 181, 235, 258, 263, 264, 267, 273, 276, 277, 278, 280, 283, 297, 300, 314, 317, 318, 320, 321, 325, 334, 338, 339, 343
Führerprinzip 258, 273, 281, 315, 326
Fulda 55, 90, 213, 248
Funktionalismus 173, 245
Fürbittgebet 14, 32, 33, 131
Fürsorge 72, 77, 100, 118, 121, 123, 147, 156, 204, 207, 224, 232, 237, 238, 239, 261, 269
Gagern-Krankenhaus 306
Garnisonkirchengemeinde 29
GDC 309, 310
Gefallenen-Gedächtnisfeier 207
Gefangenenseelsorge 136, 141
Gefolgstreue 235
Gehalt 52, 86, 87, 145, 191, 192, 196, 245
Geist der Paulskirche 208
Gemeinde Bonames 349
Gemeinde Hausen 350
Gemeinde Höchst 292
Gemeinde Nied 302
Gemeindeexperiment 46
Gemeindegliederzahlen 186

Gemeindehaus 26, 51, 53, 54, 89, 122, 126, 128, 219, 246, 284, 345, 349, 350, 351
Gemeindehelferin 233, 311, 319, 320, 336, 346
Gemeindekirchenräte 15
Gemeindeleben 26, 45, 50, 114, 207, 233, 285
Gemeindeordnung 25, 26, 35, 52, 91, 209, 344
Gemeindeverband 30, 31, 205
Gemeindeversammlung 149, 209
Gemeindevertretung 28, 31, 291, 302, 303
Gemeindevorstand 24, 25, 26, 27, 32, 42, 46, 57, 86, 87, 90, 91, 125
Gemeinschaftsbewegung 48, 189, 209
Gemeinschaftschristenum 79
Generalsynodalordnung 15
Germanen 297, 298
Germanisierung 281
Gesamtdeutsche Partei 17
Gesamtverein für Innere Mission 71
Gesellschaft 36, 39, 43, 52, 64, 91, 108, 115, 130, 173, 193, 198, 199, 201, 231, 238, 287, 314
Gesellschaft für Wohlfahrtseinrichtungen 101
Gesetzgebungsrecht 178, 260
Gestapo 38, 254, 259, 268, 287, 288, 305, 306, 320, 345, 351
Gethsemanegemeinde 126
Gewerkschaft 99, 164, 242, 294
Gießen 66, 108, 115, 142, 230, 275, 284
Ginnheim 22, 90, 98, 99, 148, 164, 203, 210, 212, 214, 215, 217, 218, 219, 220, 292
Glaubens- und Gewissensfreiheit 162, 175
Glaubensbewegung Deutscher Christen 172, 266, 272, 281, 309, 323, 325
Glocke 146, 291, 343
Goethefeier 208
Goldstein 184, 269, 293
Gotik 89
Gottesdienst 25, 29, 32, 53, 56, 57, 59, 62, 107, 110, 120, 121, 138, 141, 150, 162, 193, 209, 210, 212, 216, 223, 292, 296, 299
Gottesdienstordnung 57, 214
Gottlosenbewegung 194, 323
Griesheim 22, 85, 181, 184, 210, 217, 288, 289, 290, 292, 349, 351
Gronau 210, 212, 222
Großes Presbyterium 209
Großherzogtum Hessen 20, 25, 55, 87
Grundrecht 198, 255
Gustav-Adolf-Gemeinde 206, 350
Gustav-Adolf-Kirche 245, 246
Gustav-Adolf-Verein 38, 53, 56, 204
Gustav-Adolf-Werk 88
Gutleuthof 28, 53, 292
Gutleutkaserne 107

Halle 19, 43, 82, 249
Hanau 52, 115, 210, 211, 213, 214, 217, 218, 219, 220, 222, 232, 289, 290, 292, 337
Hanauer Konsistorium 214
Hanauer Union 213, 220, 223
Hanau-Lichtenberg 211, 219, 290
Hanau-Münzenberg 211, 219, 223, 289
Hannover 11, 28, 123, 256, 267
Harheim 54
Hauptfriedhof 68, 83, 346
Hauptsynagoge 92
Haus Heliand 318
Hausen 20, 21, 22, 25, 26, 29, 31, 52, 54, 55, 87, 90, 98, 190, 203, 206, 210, 218, 244, 270
Hausgottesdienst 299
Hausvorstand 326, 327
Heddernheim 22, 39, 56, 90, 92, 98, 124, 218, 244, 288, 295, 296
Hegewiese 117, 235, 316
Heiliggeisthospital 106
Heilig-Geist-Kirche 86
Heliand 234, 351
Heliandbruderschaft 318
Heppenheim 39, 200
Herborn 234, 240, 283, 284, 312
Herrschaft des Proletariats 18, 165
Hessen 31, 55, 57, 79, 184, 191, 202, 203, 206, 211, 218, 233, 274, 283, 288, 289, 314, 335, 352, 354
Hessen-Darmstadt 218, 272
Hessen-Kassel 203, 204, 206, 211, 218, 272, 309
Hessen-Nassau 21, 77, 211, 321
Hilfsausschusses für Gefangenenseelsorge 142
Hilfsbund für Armenien 42, 43, 44
Hilfsstelle für christliche Rasseverfolgte 336
Hilfsverein junger Männer aus dem Gewerbestande 79
Historismus 89, 292
Hitler 172, 174, 208, 236, 255, 256, 258, 259, 262, 263, 264, 266, 268, 269, 272, 276, 278, 315, 321, 333, 338, 343, 344
Hitlerjugend 315, 316, 317, 318, 320, 353
Hochschulpfarrer 305
Höchst 22, 33, 85, 88, 92, 181, 182, 184, 288, 289, 290, 291, 292, 293, 294, 329, 349, 350
Hofheim 151, 289, 340
Hohensolms 235
Höhere Schüler 115
Holländer 192
Hort 338

Idealismus 18, 37, 60, 134, 226
Immanuelskirche 26, 47, 88, 351
Individualismus 103, 163, 205
Innere Mission 10, 19, 20, 25, 38, 39, 44, 49, 51, 53, 59, 64, 65, 67, 70, 71, 73, 75, 76, 77, 78, 79, 80, 81, 92, 118, 121, 173, 207, 223, 238, 239, 240, 257, 322, 323, 327, 337, 338, 354
Institut für Gemeinwohl 100
Internationales Friedensbüro 40
Israelitische Gemeinde 91, 202
Israelitische Religionsgesellschaft 91, 92

Jena 59, 67, 110, 117
Jesuiten 128, 129, 248
Jesus 67, 83, 104, 105, 147, 157, 166, 210, 239, 259, 270, 298, 319, 335

Sachregister | 401

Johannisgemeinde 31, 77, 123, 244, 350
Johanniterorden 148
Johann-Wolfgang-Goethe-Universität 111, 226
Juden 19, 91, 92, 136, 249, 250, 262, 264, 269, 280, 306, 307, 311, 314, 329, 330, 331, 332, 333, 334, 336, 337
Judenboykott 327, 330
Judenchristen 281, 334, 335, 336
Judenfrage 92, 249, 250, 306, 325
Judentum 93, 250, 298, 309, 334
Jüdische Gemeinde 91
Jugendamt 101
Jugendbewegung 43, 117, 118, 193, 230, 231, 232, 233, 234, 235, 239
Jugendbund 192, 231, 235, 315, 316
Jugendbund für entschiedenes Christentum 115
Jugendfürsorge 71, 73, 100
Jugendgericht 101, 106
Jugendhilfe 71
Jugendpfarrer 193, 353
Jugendpflege 71, 73, 77, 100, 103, 113, 115, 118, 119
Jugendwerk 235, 315, 316, 318, 319, 353
Jungfrauenverein 48, 49, 50, 76, 77, 80, 89, 118, 122, 220
Jünglingsverein 33, 48, 50, 71, 72, 73, 76, 77, 79, 80, 81, 112, 113, 115, 116, 117, 121, 122, 232
Jünglingsverein Bockenheim 80
Jünglingsverein Sachsenhausen 80
Jungmännerwerk 231, 316
Jungreformator 279, 280
Jungreformatorische Bewegung 279
Jungtheologe 305, 313
Jungvolk 315
Justinuskirche 292

Kaiser 13, 14, 15, 17, 18, 19, 20, 39, 41, 42, 55, 57, 99, 102, 111, 116, 131, 152, 158, 162, 164, 174, 185, 186, 208, 218, 295, 331, 343, 359
Kaiserreich 12, 17, 66, 172, 281

Kaiserswerther Diakonissen 75
Kalbach 54
Kanzelparagraf 14
Karmeliterkirche 270
Kassenärztlichen Vereinigung 328
Katechismus 189, 190, 212, 214, 342
Kategorischer Imperativ 196
Katholiken 19, 31, 34, 90, 128, 129, 186, 216, 248, 249, 290, 291, 292, 329, 330
katholische Kirche 14, 16, 30, 39, 41, 86, 162, 177, 248, 329
Katholischer Fürsorgeverein für Mädchen und Frauen 90
Katholizismus 65, 227, 248, 265, 298
Kinder- und Jugendarbeit 10, 71, 76, 112, 230
Kindergarten 100, 146, 338, 339, 340
Kinderschwester 85
Kinder-Siechenhaus 70
Kinderspital 84, 355
Kinderstation 84
Kirche der Altpreußischen Union 191
Kirchen- und Gemeindeblätter 44
Kirchenausschuss 181, 256, 257
Kirchenaustritt 174, 194
Kirchenaustrittsbewegung 174, 194
Kirchenbesuch 78, 101
Kirchenbewegung Deutscher Christen 172, 266, 281
Kirchenbund 15, 180, 308
Kirchenbundesamt 257
Kirchenchöre 53, 201, 220, 288
Kirchengebäude 25, 86, 87, 212, 290
Kirchengemeinde Sindlingen-Zeilsheim 294
Kirchengemeinde- und Synodalordnung 9, 10, 15, 27, 28, 29, 36, 52, 89, 102, 107, 124, 125, 189
Kirchengemeindeordnung 26, 31, 52
Kirchenheizung 192
Kirchenkalender 26, 29, 33, 35, 44, 45, 48, 57, 58, 60, 80, 85, 102, 122, 136, 137, 138, 142, 150, 161, 185, 191, 193, 194, 204, 230, 242, 262, 265, 285, 287, 289, 320, 321, 338, 342
Kirchenkampf 194, 199, 254, 265, 266, 268, 274, 276, 289, 296, 314, 318, 322, 344
Kirchenleitung 177, 255, 272, 278
Kirchenmusik 58, 59, 106, 192, 201, 229, 288
Kirchenmusikalisches Institut 201
Kirchenordnung 214, 218, 344
Kirchenpräsident 277, 342
Kirchensteuer 8, 26, 27, 30, 33, 88, 98, 103, 124, 204, 244, 335
Kirchensteueraufkommen 125, 192
Kirchensteuergesetz 124
Kirchensteuerkartei 193
Kirchensteuersynode 30, 337
Kirchensteuerzahlstelle 244
Kirchentag 15, 79, 179, 271
Kirchenverfassung 23, 24, 25, 26, 31, 78, 103, 176, 188, 195, 270, 271
Kirchenvorstand 31, 52, 184, 190, 200, 207, 208, 221, 295, 299, 300, 301, 302, 303, 311, 330, 353
Kirchenwahl 258, 260, 267, 279, 310
Kirchenwahlgesetz 272
Kirchgeld 245
kirchliche Mitte 34, 36, 73, 92, 174, 233, 242, 255, 268, 278, 331, 342
Kirchweihfest 210
klassizistisch 54, 216
Kleinkinderschule 52, 56, 70, 77, 84, 85, 220, 223
Klub für junge Mädchen 119
Kollekte 243, 255, 261, 276, 286, 327
Kommissar 257, 258, 260, 272
Kommunalwahl 269
Kommunismus 194, 198, 207, 262, 270, 358
Kommunistische Partei 18
Konfessionalismus 34, 35, 36, 79, 108, 344
Konfessionsschule 46, 203

Konfirmand 51, 58, 110, 113, 135, 212, 265, 303, 304, 345, 346
Konfirmandenunterricht 50, 57, 110, 122, 150, 193, 261, 311, 318
Konfirmation 33, 47, 54, 57, 110, 145, 209, 215, 301, 345
Konfirmationsgottesdienst 339
Konfirmierte 51, 114, 210
König 11, 12, 13, 14, 15, 20, 23, 25, 28, 29, 31, 32, 35, 58, 172, 176, 187, 218, 234, 295, 316, 319, 343
Konkordat 178, 180
Konkordienbuch 189
Konservative 104
Konservativismus 37, 65, 93
Konsistorialbezirk 10, 28, 29, 31, 98, 124, 187, 209, 215
Konsistorialverfassung 24
Konsistorium 21, 24, 25, 26, 28, 29, 31, 32, 40, 47, 57, 60, 64, 65, 86, 101, 102, 105, 108, 121, 125, 130, 131, 133, 144, 145, 146, 150, 174, 179, 187, 190, 196, 214, 217, 256
Konstitutionsergänzungsakte 91
Konsumgenossenschaft 242
Kontribution 11
Konzentrationslager 141, 264, 277, 308, 336, 349
Körperschaft des öffentlichen Rechts 175, 190, 258, 278
KPD 269, 302
Krankenhaus 42, 83, 84, 85, 193, 241, 286, 306, 328, 329, 338, 355, 356, 357
Krankenhaus Frankfurt a.M.-Höchst 328
Krankenhaus Sachsenhausen 328
Krankenhauspfarrer 106
Krankenpflege 77, 78, 80, 81, 83, 121
Kreisleitung 329, 339
Kreissynode 15, 16, 52
Kreissynode der Bekennenden Kirche 327
Kreuzkirche 221
Kriegsanleihe 145
Kriegsdienst 136, 226, 236, 341
Kriegspredigt 152
Kriegsschuldfrage 180
Kronberg 55, 289

Kronenhof 80, 148, 274, 354
Kronprinz 19, 20
Kulturkampf 14, 128, 174
Kultusministerium 23, 24, 48, 77, 107, 257
Kurhessen 11, 191, 202, 219
Kurmainz 290, 292, 294, 295
Kurrende 59, 240

Laie 16, 37, 73, 77, 85, 190, 191, 196, 227, 277, 283
Landesbischof 254, 258, 275, 276, 278, 286, 288, 301, 305, 306
Landesbruderrat 254, 261, 264, 276, 284, 305, 313, 314, 333, 334, 337, 340, 341, 342
Landesgemeinde Deutsche Christen 310
Landesherr 31, 210
landesherrliches Kirchenregiment 34, 175, 176, 178, 188
Landeskirche 9, 14, 15, 23, 27, 30, 31, 41, 42, 47, 49, 55, 121, 130, 172, 173, 176, 179, 180, 187, 189, 190, 195, 196, 203, 204, 209, 244, 254, 256, 257, 260, 266, 268, 272, 273, 275, 276, 278, 283, 284, 285, 309, 313, 318, 319, 321, 327, 334, 335, 337, 354
Landeskirchenausschuss 187, 268, 313
Landeskirchenrat 153, 189, 190, 194, 198, 226, 228, 245, 260, 271, 272, 275, 313, 316, 323
Landeskirchensteuer 244
Landeskirchentag 273, 275
Landeskirchenversammlung 187, 189, 190, 191, 192, 193, 194, 201, 209, 226, 242, 260, 264, 271, 272, 273, 274
Landessynode 15, 260, 273, 275, 280, 332
Landessynode der Bekennenden Kirche 327
Landesverband der Inneren Mission 354
Landgemeinden 25, 26, 30, 31, 44, 45, 52, 55, 123
Lebensordnung 271, 281
Lehrvikariat 283, 284
Liberale Gruppe 188
Liberale Theologie 35, 37, 104
Liberale 26, 35, 37, 38, 64, 67, 104, 190, 198, 199

Liberalismus 19, 38, 63, 66, 79, 90, 235, 236, 262
Limburg 90, 129, 151, 183, 202, 248, 275
Listenwahlverfahren 191
Liturgie 57, 190, 222
Luftangriff 339, 345, 346, 354
Luftschutz 351
Luftschutztrupp 347
Luftschutzwart 356
Luisenheim 354
Lukasgemeinde 28, 29, 31, 77, 106, 123, 146, 148, 232, 336, 345, 350, 355
Lukaskirche 62, 112, 126, 128
Lusitania 153, 154
Luther 49, 66, 103, 162, 163, 214, 287
Lutheraner 23, 27, 29, 30, 31, 34, 35, 36, 52, 79, 86, 187, 189, 214, 219, 220, 222, 223, 244, 292, 308
Luthergemeinde 29, 31, 49, 52, 53, 57, 76, 77, 89, 123, 128, 232, 244, 350
lutherische Kirchengemeinde 10, 24, 25, 26, 27, 29, 47, 48, 52, 57, 69, 78, 86, 107, 189, 214, 245
lutherische Stadtsynode 186
Lutherische Vereinigung 104
Lutherkirche 26, 50, 52, 53, 57, 88, 146
Luthertum 14, 23, 297

Machtübernahme 172, 255, 258, 262, 263, 267, 271, 274, 317
Mädchenwerk 316, 319, 351, 353
Magdalenenverein 69, 70, 74
Magistrat 24, 25, 46, 90, 142, 218, 245
Mainkreisverband 233, 315
Mainz 56, 181, 211, 275, 289, 290, 292
Männer- und Jünglingsverein 80
Männerverein 48, 49, 79, 220
Männerverein Nordost 80
Marburg 60, 67, 68, 108, 111, 242, 328
Marburger Konferenz 191
Mariagredenstift 289
Maria-Magdalena-Kapelle 219
Mariengemeinde 350, 352
Marienkirche 222, 223, 339

Markusgemeinde 117, 205, 286, 287, 347, 350
Markuskirche 128, 204, 216
Marthahaus 73, 74, 75, 76, 77, 80, 151, 236, 237, 295, 354, 355
Martinusgemeinde 147
Martinuskirche 127
Marxismus 194, 226, 259, 262, 281
Massenarbeitslosigkeit 321
Massenheim 210, 214, 222, 289
Materialismus 39, 79, 120, 198, 262, 309
Matthäusgemeinde 29, 31, 77, 113, 121, 123, 130, 232, 264, 311, 312, 337, 345, 346, 350
Matthäuskirche 29, 60, 107, 126, 127, 146, 278, 287, 313
Mein Kampf 259, 264
Melanchthongemeinde 350
Melanchthonkirche 223
Memelgebiet 338
Methodist 148, 219
Michaelisgemeinde 350
Militärseelsorge 107, 141, 165
Ministerium der Geistlichen und Unterrichts-Angelegenheiten 28
Mischehenfrage 249
Missionsverein Nordost 80
Mittelpartei 44, 188
Mobilmachung 10, 11, 41, 131, 134, 135, 144, 148, 149
Monarchie 131, 172, 176, 177, 231, 262
Moralische Aufrüstung 199
Mutterhaus 63, 325, 326, 355
Mütterschule 120

N.S.V. 340
Nachmittagsgottesdienst 210
Nächstenliebe 18, 19, 63, 270, 331
Nassau 11, 14, 20, 31, 39, 44, 55, 56, 82, 148, 182, 184, 191, 202, 203, 206, 211, 260, 272, 273, 274, 283, 284, 287, 288, 289, 290, 292, 293, 295, 303, 309, 335, 352, 354
Nassau-Dillenburg 211
Nassau-Hessen 260, 273, 274, 275, 276, 284, 310, 313, 335, 354
Nassau-Usingen 56, 289, 290

Nation 12, 17, 66, 165, 227, 271, 281, 342
Nationalismus 262, 357
Nationalkirche 15, 36, 267, 281, 282
Nationalkirchliche Bewegung Deutsche Christen 282
Nationalprotestantismus 17
Nationalsozialer Verein 17, 65
Nationalsozialismus 17, 172, 199, 226, 227, 232, 254, 255, 258, 261, 262, 264, 266, 271, 280, 283, 311, 312, 318, 320, 321, 325, 328, 330, 345, 357
Nationalsozialisten 8, 111, 135, 172, 174, 179, 180, 194, 199, 255, 256, 257, 258, 261, 262, 266, 267, 289, 300, 303, 316, 317, 330
Nationalsozialistischer Deutscher Ärztebund 327
Nationalsynode 258, 268
Nationalversammlung 13, 40, 174, 186, 207
Nazarethgemeinde 350
Nazarethkirche 220, 221
Nellinistift 62, 63, 148, 355
Neogotik 88, 89
Neoklassizistik 88
Neorenaissance 88, 89
Neoromanik 88, 89
Neue St. Nicolaikirche 126, 127
Neulandbewegung 120, 230
Neulandbund 119, 120, 234
Neuwahl 187, 258, 272, 302
Nichtarier 279, 280, 332, 335
Nied 127, 181, 184, 210, 217, 288, 289, 290, 291, 292, 293, 294, 302, 329, 351
Nieder-Erlenbach 20, 25, 350
Nieder-Eschbach 350
Niederrad 21, 22, 24, 26, 27, 29, 31, 46, 52, 53, 64, 77, 85, 87, 90, 98, 148, 184, 190, 206, 244, 246, 269, 291, 352
Niederursel 21, 22, 25, 26, 29, 31, 52, 55, 87, 90, 92, 98, 124, 190, 203, 206, 218, 244, 245, 246
Nikolaigemeinde 123
Nordend 21, 26, 88
nordisch-germanische Religion 265
Nordost-Gemeinde 48, 77
Notkirche 246, 350
Notrecht 308

NSDAP 120, 199, 254, 255, 258, 259, 260, 264, 267, 268, 269, 272, 275, 288, 302, 303, 309, 312, 315, 316, 317, 318, 322, 325, 327, 328, 329, 330, 351
NS-Kirchenregime 279, 313
NS-Staat 194, 203, 254, 255, 258, 264, 265, 287, 314, 330
NS-Volkswohlfahrt 321, 339
NS-Weltanschauung 283

Oberin 82, 148, 151, 241, 326, 327
Oberkirchenrat 131, 256, 278, 313, 342
Oberliederbach 292, 294
Oberrad 20, 21, 22, 24, 26, 27, 29, 31, 52, 53, 70, 77, 87, 90, 98, 126, 128, 148, 190, 206, 210, 244, 309, 346, 355
Oberursel 21, 54, 68, 70
Obrigkeit 14, 58, 130, 256, 261, 262, 272, 277, 341
Öffentlichkeit 20, 36, 44, 91, 128, 142, 153, 155, 161, 172, 177, 194, 229, 238, 239, 243, 250, 259, 265, 271, 279, 322, 323
Ökumenischer Rat der Kirchen 41, 306
Opfer 41, 55, 144, 145, 153, 158, 159, 229, 238, 300, 304, 308, 328, 333, 339, 346
Orbishöhe 233
Ordination 189, 283
Ordinationsgelübde 195, 277, 335
Ostend 21, 307
Österreich 10, 12, 39, 99, 134
Oxford-Gruppen-Bewegung 198

Pariser Basis 116
Parteimitglieder 275
Patronat 21, 54, 55, 218, 220, 221, 223
Patronatsrecht 54, 55, 218
Paul-Gerhardt-Gemeinde 206, 246, 350
Paulskirche 32, 36, 44, 49, 54, 59, 60, 66, 67, 86, 88, 93, 102, 103, 107, 126, 129, 135, 155, 186, 207, 208, 243, 300, 301, 315, 347, 348, 349, 350

Paulskirchenverfassung 175
Paulskirchenversammlung 15, 172, 208, 262
Pazifisten 40, 41, 179
Personalgemeinde 48, 80, 209
Personalkirchengemeinde Nord-Ost 189, 209, 232
Pfadfinderschaft 116, 173, 231, 235, 236, 315, 318, 319
Pfadfinder-Sturmschaft 316
Pfarrbezirke 25, 125, 193, 195, 216
Pfarrdienst 67, 195, 215, 273, 284
Pfarreivermögen 54, 243
Pfarrerbibelkreis 274
Pfarrergehalt 33, 86, 87, 192, 209
Pfarrernotbund 226, 267, 268, 275, 279, 280, 283, 305, 308, 314, 322, 324, 328, 332
Pfarrerschaft 9, 33, 67, 103, 136, 153, 155, 195, 199, 202, 228, 255, 256, 262, 270, 271, 277, 284
Pfarrkonferenz 273
Pfarrwahl 24, 102
Philanthropin 91
Philippusgemeinde 350
Positive Gruppe 188
Positive Konferenz 34, 36, 104, 155
Positive Union 35, 36, 258
Positive 26, 35, 64, 190, 198, 199
positives Christentum 258, 264
Praunheim 21, 22, 54, 55, 56, 90, 98, 184, 203, 210, 214, 215, 218, 244, 295
Predigerkonvente 275
Predigerministerium 24, 28, 44, 78, 121
Predigerseminar 283
Pressestelle 133, 337
Preungesheim 22, 90, 98, 99, 203, 210, 212, 214, 215, 216, 217, 219, 220, 221, 222, 244, 350
Preußen 8, 10, 12, 14, 18, 20, 22, 23, 24, 28, 30, 32, 35, 36, 45, 52, 54, 55, 56, 82, 92, 98, 101, 125, 130, 160, 174, 175, 178, 187, 196, 211, 218, 257, 279, 295, 321, 343
Preußische Landesversammlung 68, 175

Preußische Regierung 27
Preußische Verfassung 175
Preußischer Landtag 189, 312
Propstei 273
Propsteibereich 288
Protestanten 9, 17, 34, 54, 55, 90, 128, 148, 179, 186, 196, 224, 262, 265, 290, 291, 292, 329, 334
Protestantenverein 34, 36, 37
Protestantismus 14, 15, 34, 111, 163, 188, 199, 213, 227, 256, 262, 265, 282, 321, 359

Quäker 192

Rasse 200, 227, 267, 271, 272, 281, 297, 312, 332
„Rassevermischung" 281
Rat der Volksbeauftragten 174
Rationalismus 37, 58, 59, 262, 309
Redeverbot 226, 254, 277, 284, 301, 305
Reformation 13, 17, 19, 26, 86, 103, 161, 162, 163, 178, 185, 188, 195, 211, 216, 218, 220, 221, 222, 234, 267, 289, 292, 294, 341
Reformationsfeier 161, 185, 207
Reformationsgottesdienst 210
Reformationstag 193
Reformierte 23, 26, 27, 29, 30, 31, 34, 35, 36, 52, 186, 187, 189, 214, 219, 220, 221, 223, 244, 256, 298, 308, 343
Reichsbewegung Deutsche Christen 282
Reichsbischof 254, 257, 258, 267, 275, 309, 310, 317, 327
Reichsbruderrat 327
Reichsgründung 13, 14, 15, 17, 40, 61, 89, 359
Reichskirche 23, 254, 256, 257, 271, 281, 286, 287, 310, 318
Reichskirchenausschuss 268, 313
Reichskriegsgericht 342
Reichskristallnacht 328, 337
Reichspräsident 255, 264, 324, 325
Reichsprotektorat 338
Reichsschrifttumskammer 286, 310, 329
Reichsverband der Frauenhilfe 285

Reichsverband der Schülerbibelkreise 116
Reichsverband evangelischer Arbeiter 257
Reichsverband Evangelischer Weiblicher Jugend 233
Reichsverfassung 14, 176, 255
Religionsfreiheit 292
Religionsgesellschaft 176, 245
Religionsunterricht 57, 82, 111, 174, 185, 186, 203, 261, 318, 327
Religiöse Sozialisten 18, 198, 200, 227
Republik 174, 176, 197, 208, 236, 243, 262, 308, 338
Revolution 15, 18, 66, 73, 134, 138, 140, 165, 166, 167, 172, 175, 179, 185, 192, 197, 208, 225, 231, 238, 243, 248, 280, 281, 312, 325
Rheinischer Hof 72, 80, 337, 354
Rhein-Mainische Volkszeitung 248
Riederwald 110, 270
Riederwaldgemeinde 190, 206, 245, 246
Robert-Grimm-Heim 117, 235
Rod am Berg 233, 320
Rödelheim 22, 55, 90, 92, 98, 288
Römerstadt 184
Rühlscher Verein 59
Rundfunkgottesdienst 201, 210
Rundfunkmorgenfeiern 201
Russland 42, 134, 159, 160

SA 257, 274, 309, 328, 353
Saarland 268
Sachsenhausen 27, 62, 77, 80, 220, 328
Sammelvikariat 284
Sammlungen 177, 261
Sankt Georgen 248
Schmitten 117
Schöpfungsordnung 272, 357
Schulaufsicht 14
Schule 45, 46, 57, 69, 70, 75, 107, 111, 115, 133, 180, 203, 212, 217, 222, 237, 243, 263, 320, 337
Schülerbibelkränzchen 230
Schülergottesdienst 210
Schuljugend 339, 345
Schulvorstand 46, 107

Sachregister

Schutzhaft 277, 300
Schwanheim 21, 53, 127, 137, 181, 182, 184, 288, 289, 293
Schweden 39, 192, 292
Schweiz 42, 140, 142, 192, 306, 308, 314, 315
Schwester 50, 70, 76, 82, 84, 85, 104, 148, 151, 226, 231, 241, 242, 310, 325, 326, 329, 347, 354, 355, 356, 357
Schwesternfeuerwehr 356
Schwesternschaft 83, 84, 85, 326
Schwesternstation 192, 338
Seckbach 22, 90, 98, 148, 203, 210, 212, 214, 215, 222, 223
Sedan 13, 148, 151, 343
Seelsorge 25, 50, 106, 134, 141, 142, 148, 155, 193, 199, 213, 215
Seelsorgekartei 193
Selbsthilfe 242, 270
Selbstverwaltungsrecht 175
Senckenbergische Naturforschende Gesellschaft 111
Senior 26, 29, 31, 44, 47, 49, 54, 55, 74, 77, 89, 102, 104, 108, 136, 185, 186, 191, 224, 249, 270
Siechenhaus 70, 83, 148, 338
Siedlung 184, 220, 270
Simultankirche 212, 291, 293
Simultanschule 46
Sindlingen 85, 181, 184, 288, 289, 292, 294, 350
Soldatenräte 164, 165
Solms 54, 218
Solms-Rödelheim 55, 218
Sondergericht 306, 351
Sonntagsarbeit 78, 144
Sonntagsgruß 44, 64, 121, 310, 317, 323, 324, 325
Sonntagsruhe 78
Sonntagsschule 49, 53, 79, 84, 115, 122
Sossenheim 181, 184, 270, 289, 290, 292, 293, 351
Sowjetunion 194
Sozialdemokrat 99, 151, 165, 256
Sozialdemokratie 17, 19, 63, 64, 103, 124, 133, 151, 357
Sozialdemokratische Partei 18
soziale Frage 63, 180
Sozialismus 18, 63, 64, 79, 90, 103, 200, 227, 262, 358
Sozialisten 19, 114, 200, 203

Sozialistenfrage 325
Sozialpolitik 99, 100, 249
Sparmaßnahme 192, 241
SPD 64, 65, 78, 134, 151, 174, 175, 176, 269, 302
Sportpalastkundgebung 267
Spruchkammerverfahren 351
St. Bartholomäusstift 53, 216, 223
St. Georgen 70, 126, 248
St. Georgen-Stiftung 125, 126
St. Georgskapelle 55
St. Jakobsgemeinde 205, 330, 350
St. Jakobskirche 54, 216, 217
St. Katharinengemeinde 28, 30, 77, 123, 184, 243, 281, 303, 333, 350
St. Katharinenkirche 29, 32, 53, 57, 67, 86, 88, 107, 126, 131, 134, 146, 186, 210, 276, 303
St. Leonhardsstift 218
St. Markuskirche 291
St. Markuskrankenhaus 327
St. Nicolaigemeinde 28, 77, 346, 350
St. Nikolaigemeinde 29, 31
St. Paulsgemeinde 28, 30, 63, 77, 92, 113, 121, 123, 140, 186, 200, 206, 207, 300, 311, 312, 335, 346, 347, 350, 355
St. Petersgemeinde 28, 30, 59, 63, 77, 113, 121, 123, 206, 311, 312, 319, 350
St. Peterskirche 86, 88, 126, 146, 193, 201, 223
St. Thomasgemeinde 350
Staatliche Genehmigung 176, 187
Staatsaufsicht 31, 174
Staatskirche 9, 130, 175, 179, 189, 254, 260, 267, 269
Staatskirchentum 17
Staatskirchenvertrag 8, 175, 176, 177, 180, 257, 308
Stadiongottesdienst 210
Stadtbibliothek 130, 330
Stadtgemeinde 24, 25, 26, 27, 28, 30, 33, 45, 87, 88, 243
städtisches Krankenhaus 106
Stadtkasse 244
Stadtkirche 88, 292

Stadtmission 17, 19, 20, 121, 239, 312, 338
Stadtsynodalverband der evangelisch-lutherischen und evangelisch-unierten Kirchengemeinden in Frankfurt am Main 30, 31, 52, 53, 57, 125, 126, 190, 206, 209, 244, 245, 316, 321, 337
Stadtsynodalvorstand 125, 193, 196
Stadtsynode 28, 30, 101, 103, 107, 111, 113, 124, 127, 164, 192, 193, 201, 206, 226, 237, 238, 244, 288, 321, 337
Stadtverband der evangelischen Frauenhilfe 285
Stadtverordnetenversammlung 46, 100, 108, 111, 145, 164
Stehendes Presbyterium 209
Steinbach 55, 219
Steuersatz 245
Stiftung für kirchliche Versorgung der Außenstadt 47
Strafversetzung 277
Strickschule 77
Stuttgart 287, 313
Summus Episcopus 14, 172
Synagoge 91, 92, 330, 331, 332
Synodale 108, 275
Synodale Vereinigung 34, 36, 104
Synodalvorstand 192
Synode 30, 106, 113, 213, 238, 274, 276

Talitha-Verein 77
Tannenbergbund 194
Taubstummengottesdienst 210
Taufe 33, 45, 47, 67, 193, 194, 212, 289, 333, 334, 335, 336
Theologin 110
Titanic 153
Totalitätsanspruch 199, 271, 315
Totensonntag 110, 210, 228
Trennung von Staat und Kirche 103, 172, 174, 186, 192, 196, 254, 260, 262

Ultramontanismus 39
Una-Sancta-Bewegung 329
Unierte 52, 244
Union 14, 23, 27, 30, 34, 36, 128, 213, 214, 216, 217, 220, 222, 280, 313, 332

Universität Frankfurt 224, 226
Unterliederbach 181, 184, 289, 291, 350
USA 50, 62, 154
USPD 175, 176

Vaterland 10, 35, 58, 114, 131, 135, 137, 147, 157, 158, 163, 180, 181, 192, 197, 200, 230, 234, 258, 262, 263, 270, 326, 357
Vaterlandspartei 138, 226
Veranstalter der Wissenschaftlichen Vorträge 34
Verband der Evangelischen Vereine für weibliche Jugendpflege von Frankfurt am Main 77, 119
Verband evangelischer Vereine für weibliche Jugendpflege 233
Verband für freien Protestantismus 37
Verdunkelung 68, 352
Verein 10, 73, 74, 76, 81, 100, 106, 112, 148, 238, 261, 338
Verein für christliche Freiheit 104, 199, 321
Verein für Erbauung einer ev.-luth. Kirche im Nordosten 88
Verein zur Förderung christlicher Sitte und Geselligkeit 79
Vereinigte Lutherische und Reformierte Stadtsynode 30
Vereinigter evangelischer Jünglings und Gesellenverein 72
Vereinigung christlicher Glaubensgenossen 34, 35
Vereinigung der Freunde der der Christlichen Welt 66
Vereinigung von Mitgliedern und Freunden der evangelisch-lutherischen Kirche 34, 35, 44
Vereinshaus 48, 79, 80, 113, 121, 232, 240, 315, 322, 351
Vereinshaus Nordost 48, 148, 232
Vereinshaus Sachsenhausen 120, 121
Vereinshaus Westend 80, 121, 240, 315, 354
Verfassung 23, 26, 28, 80, 91, 163, 173, 175, 176, 185, 187, 188, 189, 195, 197, 198, 209, 256, 257, 258, 260, 270, 271, 272, 273, 274, 275, 298, 308, 335
Verfassunggebende Kirchenversammlung 187, 188
Verfassungsfeier 208
Verfassungstag 197, 210
Verhaftung 268, 269
Verkäuferinnenverein 80
Vermögenssituation 243
Versailler Diktat 181
Versailles 13, 14, 61, 174, 179, 236, 338, 339
Versorgungsengpass 142
Versorgungshaus 59, 106
Verwundete 131, 138, 148, 151, 152, 159, 348
Vilbel 210, 289
Volk 12, 13, 19, 58, 114, 120, 131, 133, 135, 137, 155, 158, 159, 160, 163, 164, 180, 181, 197, 198, 217, 230, 235, 255, 257, 258, 262, 263, 265, 270, 271, 272, 278, 280, 285, 287, 297, 304, 310, 312, 315, 319, 321, 324, 331, 332, 338, 339, 343, 357
Völkerbund 167
Volksgemeinschaft 135, 139, 172, 266, 270, 278, 324, 334
Volksgerichtshof 258, 351
Volkshochschule 235
Volkskirche 187, 189, 265, 282, 333
Volksmission 194, 240, 267, 309
Volksschulunterhaltungsgesetz 107
Volkssturm 345
Volkstrauertag 210
Volkstum 158, 160, 234, 259, 267, 271, 281, 285, 309, 332
Vorläufige Kirchenleitung der Deutschen Evangelischen Kirche 268
Vorläufige Leitung 335
Vorsänger 87, 201
Vortragreihe liberaler Theologen 155
Vorzensur 43

Wahl 33, 175, 191, 203, 258, 272, 273, 279
Wählerliste 193
Wahlrecht 25, 33, 87, 101, 111, 186
Wahlvorschlag 272, 303
Waldeck 272, 309
Waldgottesdienst 210
Wandervogel 116, 232
Warschau 148, 151
Wartburg 114, 150, 204, 322
Wartburgfest 234
Wartburgverein 33, 77, 98, 112, 113, 114, 115, 148, 150, 173, 233, 235, 240, 315
Wartheland 260
Wehrdienstverweigerer 340
Wehrkraftzersetzung 342, 351
Wehrmacht 199, 311, 320, 339, 345, 354
Wehrmachtsseelsorgebezirk 337
Weibliche Stadtmission 311, 312, 338, 354, 355
Weihnachten 194, 195, 296, 310, 317, 339, 345
Weilmünster 183
Weimarer Nationalversammlung 167, 208, 312
Weimarer Reichsverfassung 8, 66, 173
Weimarer Republik 61, 66, 107, 172, 231, 236, 245, 255, 256, 262, 269, 308
Weimarer Verfassung 61, 172, 175, 177, 189, 196, 208
Weißfrauengemeinde 28, 30, 46, 77, 78, 107, 112, 113, 121, 123, 130, 226, 350
Weißfrauenkirche 50, 59, 60, 76, 79, 86, 126, 146
Weltanschauung 18, 45, 85, 122, 225, 254, 258, 259, 264, 266, 267, 297, 299
Weltanschauungsstaat 254, 258
Weltbund für Freundschaftsarbeit der Kirchen 41
Weltkirchenkonferenz 180
Westend 21, 25, 79, 80, 86, 88, 113, 121, 232, 322, 332
Westendsynagoge 92
Westfälischer Frieden 290
Wetzlar 142, 235
WHW 321
Wiedergeburt 236, 282, 316
Wiesbaden 14, 20, 23, 24, 28, 29, 39, 55, 56, 115, 123, 139,

211, 259, 275, 285, 301, 310, 312, 352
Wiesbadener Konsistorium 184
Wiesbadener Programm 126, 127, 128, 245, 291
Wirtschaftsgenossenschaft 242
Wirtschaftsliberalismus 65
Wittenberg 18, 180, 258, 287
Wittenberger Hof 72, 77, 78, 80, 81, 85, 120, 124, 354
Wochengottesdienst 210
Wohlfahrtspflege 261, 321
Wohnungsamt 100
Wohnungsbau 65, 270
Wohnungsbaugenossenschaft 64, 85
Wolfgangkapelle 292
Württemberg 115, 267

Yad Vashem 306

Zeilsheim 181, 184, 270, 289, 294, 351
Zentrale für private Fürsorge 100, 145, 250
Zentralstelle für Fürsorgeerziehungs- und Jugendgerichtsangelegenheiten 105
Zentralstelle für Kirchenmusik 190, 193, 201
Zentrumspartei 16, 129, 175, 181, 200, 216, 248, 269, 289, 302
Zivilehe 14
Zuschüsse 192, 261, 327
zwei Herrschaftsordnungen 261
Zwei-Regimente-Lehre 261
Zweiter Weltkrieg 293, 337, 338
Zwingenberg 233

Bildnachweis

Archiv Evangelisches Jugendwerk Hessen e. V.: Abb. 61
Archiv Frankfurter Diakonissenhaus: Abb. 23, 39, 58
Evang. Kreuzgemeinde: Abb. 56
Evangelischer Regionalverband: Abb. 16, 19, 24, 26, 28, 35, 40, 41, 43, 49, 54, 55, 59, 60, 63, 64, 75, 83, 87, 93, 97
Evang. St. Paulsgemeinde: Abb. 86, 92
Familie Friedrich: Abb. 94
Familie Kahl: Abb. 88
Institut für Stadtgeschichte: Abb. 10 (S7A 1998/17720: Römmler und Jonas), 13 (S7A 1998/18607), 14 (S7A 1998/24736), 15 (ISG Bauaufsicht 330), 30 (S7A 1998/18602), 31 (S7A 1998/18908), 32 (S7A 1998/18667: Theo Thiem), 42 (S7P/8426), 51 (S7A 1998/20245), 52 (S7A 1998/20282), 53 (S7C 1998/57004: Bilderdienst Grieshaber), 65 (S7Vö/270: Gottfried Vömel), 71 (S7A 1998/18753), 74 (S7P/12733), 76 (S7C 1998/53257: Klaus Meier-Ude), 77 (S7C 1998/54583: Hübner), 78 (S7C 1998/56992: Klaus Meier-Ude), 79 (S7C 1998/57064: Jutta Hofmann), 80 (S7C 1998/57000: Atelier Geist), 81 (S7C 1998/57167: Hans Rempfer), 82 (S7A 1998/17764), 85 (S7A 1998/18769), 91 (S 1-461_11), 96 (S7B 1998/1644: Kurt Weiner)
Kultur und Geschichtsverein 1954 Seckbach: Abb. 57
Ott, Thomas: Einband
Pfarrarchiv Unterliederbach: Abb. 72
Pfeifer, Walter: Abb. 84
Telschow, Jürgen: Abb. 2, 8, 9, 11, 20, 21, 27, 29, 34, 36, 37, 38, 44, 45, 46, 47, 48, 62, 66, 67, 68, 69, 70, 73, 89, 90, 95, 98
wikipedia: Abb. 1, 3, 4, 5, 6, 7, 18, 25, 50

Danksagung

Auch für diesen zweiten Band meiner „Geschichte der evangelischen Kirche in Frankfurt am Main" möchte ich mich bei denen bedanken, die mich dabei unterstützt haben.

Danken möchte ich denen, die die Veröffentlichung finanziell ermöglicht haben:

dem Evangelischen Regionalverband Frankfurt am Main, insbesondere Herrn Stadtdekan Dr. Achim Knecht, der Cronstett- und Hynspergischen Evangelischen Stiftung zu Frankfurt am Main, insbesondere dem geschäftsführenden Administrator, Herrn Bernolph Freiherr von Gemmingen-Guttenberg, der Stadt Frankfurt am Main, insbesondere Herrn Bürgermeister und Kirchendezernenten Uwe Becker.

Danken möchte ich auch denen, die den Abdruck von Bildern genehmigt haben.

Mein besonderer Dank gilt Frau Renate Stecay (Archiv des Evangelischen Regionalverbandes), Frau Beate Kolberg (Referat Organisation und Meldewesen des Evangelischen Regionalverbandes) und Herrn Helmut Müller (Evangelisch-lutherisches Predigerministerium) für die vielfältigen Hilfen bei der Verwirklichung dieses Buchprojekts. Dem Verlagshaus Römerweg, insbesondere den Herren Lothar Wekel und Bernhard Suchy, danke ich für die Aufnahme dieses Bandes in sein Verlagsprogramm.

Frankfurt am Main, im August 2018

Jürgen Telschow